JPT 독해
달인이 되는 법™

사람 in 커뮤니케이션

머리말

이 책의 출간 목적은 수험생의 다양화와 수적인 증가에 부응하여 수험생에게 시험 경향의 분석을 돕고 실전 문제 풀이 능력을 향상시키려는데 있다. JPT라는 시험은 고도의 집중력과 문제 풀이의 순발력을 절대로 요구하고 있다. 나는 고득점이 필요한 수험생 여러분에게 이 책을 권하며, 나는 이 책을 보는 여러분에게 놀라운 고득점의 길이 열리기를 진심으로 바란다.

15여 년을 오로지 JPT 대비 강의에 전념해 온 필자는 오늘날 시험으로서의 JPT의 발전과 위상에 그저 감격할 따름이며, 동시에 아직도 대부분의 수험생들이 여전히 시험 대비를 소홀히 하고 특히 일본어 시험 대비에 대한 경시적인 풍조에 대해서는 안타까울 따름이다. 그러나 이제는 시대의 흐름이 JPT에 대비하는 자세와 새로운 공부 방법을 요구하고 있다. 전무하다시피 했던 JPT 관련 학습서도 서서히 세분화되어 나오고 그 수도 날로 늘어가고 있다. 그만큼 수험생의 판단이 요구되는 진짜와 모조품이 확연히 구별되는 시대인 것이다. 나는 진짜를 찾아 제공하기 위하여 지금도 계속 JPT를 보고 있다. 내가 가르치는 학생들에게 신경향과 흐름을 가르쳐 주기 위해서이다. JPT는 출제되는 문제의 내용이 기본적인 어휘 능력의 점검과 문법, 표현 등에서 일상생활에 적용할 수 있는 문제가 대부분이어서, 바로 비즈니스 현장에 투입되어 활동을 개시해도 좋을 만한 인재를 고르는데 적절한 그야말로 살아 있는 일본어 시험이라고 생각한다. 실제 문제를 분석해 보면 그런 활동에 도움을 주는 능력 여부를 판단하는 문제가 많은 비중을 차지한다. 따라서 강사 혹은 집필자의 위치에 있는 사람들은 말뿐이 아니라 본인이 부단히 실제 JPT시험에 응시하며 연구를 게을리 하지 말아야 한다. 실제 시험을 보며 실전 경험을 쌓아야 하는 이유가 또 하나 있다. 출제 흐름의 파악이 그것이다. 뭐가 비중 있게 다뤄지는가를 아는 것만큼 효과적인 시험 대비를 위해 필요한 것은 없다. 나는 시중의 문제집 중에서 "적중 운운"하는 것 중에서 과연 실전 문제를 몇 번이나 접하고 그런 말을 하는지 묻고 싶다. 그럼 구체적으로 JPT를 대비해서 알아야 할 것이 무엇인가? 그것은 200문항 속에는 초급, 중급, 고급으로 적정 레벨 분포에 따라 8가지 유형의 문제가 출제되는데 이 문제들은 문제 은행 식으로 매회 문제 예문은 달리하면서도 매번 묻는 어구와 문법은 일정한 범주에서 반복 출제되는 경향이 있다는 점이다. 즉, JPT는 한마디로 유형에 따른 다양한 문제를 접하는 것이 고득점의 비결이고, 이는 지금까지 출제되었던 문제를 분석하는 작업에서 시작한다. 무조건 열심히 하는 것은 분명 칭찬할 만하나 그 보다는 좀 더 경험자의 충고에 귀를 기울이는 것이 시간과 정렬을 덜 소진하는 것이 될 것이다. 필자의 오랜 경험을 여러분에게 나눠주기 위해 이 책을 펴낸다. 이 책을 통해 높은 적중률의 환희를 맛 볼 수도 있으며, 동시에 JPT를 대비한 튼튼한 문제 해결 능력을 제공할 것이다. 성경에 이런 말씀이 있다. 「철이 철을 날카롭게 하는 것 같이 사람이 그 친구의 얼굴을 빛나게 하느니라(잠언 27장17절)」. 부디 이 책이 여러분들에게 JPT에 대한 예리한 안목을 길러 주고 더욱 고득점에 대한 열망을 주는 교재가 되기를 진심으로 바란다. 끝으로 초기 단계부터 기획과 격려를 해 주신 사람in 박효상 실장님과 편집부 직원 여러분에게 감사드리며, 사람을 통해 이 모든 것을 예비하고 준비시키신 하나님께 영광을 돌립니다.

저자 姜星光

차례

머리말 … 2
진단 평가 100문항 … 6

Section. I

1. JPT에 대하여 … 26
1) JPT란 무엇인가?
2) JPT 실전 문제 구성
3) JPT 평가 기준
4) JPT 독해 파트별 문제 유형

2. JPT고득점 어떻게 공략할 것인가? … 35
1) 일러두기
2) 내 점수대에 맞는 학습 방법을 찾아라!
3) JPT 학습 TIP
4) JPT 정기 시험 세부 전략!!
5) JPT 고득점 전략 키워드 5

Section. II

PART 5   1. 알고 넘어가기 … 48
1) 기본 한자 읽기
2) 한자 숙어 읽기
3) 틀리기 쉬운 한자

2. 유형별 문제 분석 … 61
1) 같거나 비슷한 음독을 가진 한자 중 올바르게 쓴 것을 찾는 문제
   [연습문제]
2) 한자를 올바로 읽은 것을 찾는 유형
   [연습문제]
3) 문제와 같은 의미를 가진 어휘를 찾는 유형
   [연습문제]

PART 6   1. 알고 넘어가기 … 78
1) 문장에 밑줄 친 부분 중 오류 찾기
2) 틀리기 쉬운 오용 표현
3) 시험에 자주 출제되는 관용구

2. 유형별 문제 분석 … 143
　　　1) 조사의 오용
　　　2) 자/타동사의 구별
　　　3) 접속 형태
　　　4) 관용 표현 및 연어의 바른 사용
　　　5) 품사의 활용
　　　6) 잘못된 표기
　　　7) 의미상 어울리지 않는 단어
　　　8) 올바른 존경어·겸양어의 사용
　　　[연습문제]

PART 7　1. 알고 넘어가기 … 155
　　　1) 문장의 빈칸에 맞는 말 고르기
　　　2) 시험에 자주 출제되는 의성어·의태어
　　　3) 시험에 자주 출제되는 속담

2. 유형별 문제 분석 … 214
　　　1) 적절한 조사 넣기
　　　2) 품사의 활용
　　　3) 사역, 수동, 사역수동
　　　4) 의미상 적절한 어휘 넣기
　　　5) 의성어·의태어
　　　6) 올바른 문형 사용
　　　7) 접속사
　　　8) 가타카나의 사용
　　　9) 올바른 존경어·겸양어의 사용
　　　[연습문제]

PART 8　1. 유형별 문제 분석 … 228
　　　1) 문제의 유형
　　　2) 지문의 유형
　　　　[연습문제 1]
　　　　[연습문제 2]

Section. Ⅲ

1. 실전 모의고사 1 … 264
2. 실전 모의고사 2 … 288
3. 실전 모의고사 3 … 311

해답 … 335

진단평가 100문항

JPT의 반을 차지하는 독해를 시험 직전 단기간에 효과적으로 공략할 수 있도록 마련된 문제이다. 독자 여러분들께서는 이 책의 핵심 정리 문제에 들어가기 전에 진단평가 문제를 통해 자신의 부족한 점을 빨리 간파하고 오답 부분에 대한 철저한 대비를 할 때 비로소 JPT 고득점 대열에 합류할 수 있을 것이다.

Ⅴ. 下の_____線の言葉の正しい表現、または同じ意味のはたらきをしている言葉を(A)から(D)の中で一つ選びなさい。

101 私の誕生日は1月20日です。
　　(A) にじゅうにち　　(B) ふつか　　(C) にじっか　　(D) はつか

102 結婚式のためにスーツを一着買うことにしました。
　　(A) ひとぎ　　(B) いちちゃく　　(C) いっちゃく　　(D) いっき

103 先月生命保険に加入しました。
　　(A) しょうめい　　(B) せいみょう　　(C) しょうみょう　　(D) せいめい

104 この先は工事中で通れません。
　　(A) くじ　　(B) こうさ　　(C) くごと　　(D) こうじ

105 彼の発言は矛盾だらけだ。
　　(A) むじゅん　　(B) ぼうげん　　(C) ふじゅん　　(D) よだん

106 女ひとりで人気のない道は通らないようにしなさい。
　　(A) にんき　　(B) にんけ　　(C) ひとき　　(D) ひとけ

107 シャワーをあびた後、ビールを飲みました。
　　(A) 当　　(B) 挙　　(C) 浴　　(D) 上

108 お墓に花をそなえました。
　　(A) 準　　(B) 供　　(C) 置　　(D) 設

109 こうようが始まったので山にドライブにでも行こうと思っている。
 (A) 光葉   (B) 黄木
 (C) 紅葉   (D) 銀杏

110 他人の意見をそんちょうしなければならない。
 (A) 尊長   (B) 尊重
 (C) 存長   (D) 存重

111 雨はもうあがりました。
 (A) ずっと降り続いています。
 (B) 降り出してきました。
 (C) 今にも降り出しそうです。
 (D) すでにやみました。

112 薄着だと寒いので厚着してください。
 (A) 服をたくさん着ないと寒い。
 (B) 服をあまり着ていないから寒い。
 (C) 服を重ねて着ても寒い。
 (D) 服が薄い割には寒い。

113 休みの日に急に客に来られました。
 (A) 休みだから客に来てもらいました。
 (B) 休みなので急な来客を歓迎しました。
 (C) 休日に客を招待してあげました。
 (D) 休日なのに約束もなく客が来て困りました。

114 初デートはドキドキして落ち着いて食事をするどころではなかった。
 (A) 忙しくてゆっくり食事をするひまがなかった。
 (B) 人がいっぱいで食事をする席もないほどだった。
 (C) 心配したとおり食事をするところも見つからなかった。
 (D) 緊張して食事ものどを通らなかった。

115 成功したのは日々の努力にほかならない。
 (A) 毎日努力していたからだ。
 (B) 毎日努力しても何も変わらない。
 (C) 努力を続けても結果が出ない。
 (D) 努力を続けることが大切だ。

116 彼はいつも二枚舌を使って女を口説く。
 (A) 彼はいつもしゃれた言葉を言って女性にプロポーズする。
 (B) 彼はいつも持って回った言い方をして女に嫌われる。
 (C) 彼はいつも好きだ好きだと二回言って女性に告白する。
 (D) 彼はいつも言葉巧みに女性に言い寄る。

117 土曜日に母と買い物に出かけました。
 (A) それは明日になってみなければわかりません。
 (B) 昼はサンドイッチだったので、夕飯はすしにします。
 (C) 友達がうちに本を借りに来ました。
 (D) 久しぶりに高校の先生にお会いしました。

118 さっきごはんを食べたところですからもう食べられません。
 (A) こんどひっこししたところは会社から近いです。
 (B) ちょうど電車が発車するところです。
 (C) 今、宿題が終わったところです。
 (D) 彼の会社に行ったところ、彼は外出中だった。

119 新幹線が止まったのは大雪のためです。
 (A) 新聞にはためになることがたくさん書いてある。
 (B) 留学のためこつこつ貯金しています。
 (C) テレビを長く見たために目が悪くなってしまった。
 (D) 将来は困っている人のために働きたいです。

120 毎日日本語を勉強していながら、日本語が話せない。

(A) 歩きながら食べるのは行儀が悪い。

(B) このノート型パソコンは小型ながら性能がいい。

(C) 私はたいてい音楽を聞きながら勉強します。

(D) 誰でも生まれながらの権利を持っている。

VI. 下の_____線のA、B、C、Dの言葉の中で正しくない言葉を一つ選びなさい。

121 今日はアルコールを飲まなくて腹を割って話しあおう。
　　　　　　　　(A)　　　(B)　　(C)　　(D)

122 私は会社の近くで住んでいるのによく遅刻をします。
　　　(A)　(B)　　(C)　　　　(D)

123 体の具合が悪くなったので、家に 早いに帰りました。
　　　　　　(A)　　　(B)　(C)　(D)

124 どこかに財布を落としてしまったので、木村さんに借りて もらいました。
　　　(A)　　　　(B)　　　　　　　　　　(C)　　(D)

125 明日田中さんは田舎から ご両親がいらっしゃるので会社を休みますと思う。
　　　　　　(A)　(B)　　　　(C)　　　　　　　(D)

126 お酒を飲む後、運転するのは危険だからやめた方がいいよ。
　　　　(A)　(B)　　　(C)　　　　(D)

127 私の趣味はしいて 言えば、切手を集まることぐらいです。
　　　　　　(A)　　(B)　　　　(C)　　(D)

128 きれいな女の人の前だと緊張して話せる ことができません。
　　　(A)　　　　　(B)　　　(C)　(D)

129　お見合いは必ずしも本人がほしい相手が見つかるとは限らない。
　　　　　　 (A)　　　　　(B)　　　　　(C)　　　　　(D)

130　隣りの家から焦げ臭いにおいが出たので火事かと思ったら魚を焼いているにおいだった。
　　　 (A)　　　 (B)　　　　　(C)　　　(D)

131　私は図書館で日本語の方言に対して 詳しく 調べました。
　　　(A)　　　　　　　　　(B)　　　(C)　　(D)

132　佐藤先生は私たちのつたない演奏をお忙しいにもかかわらず最後までお聞きしました。
　　　　　　　　　(A)　　　　(B)　　　　(C)　　　　　　　　(D)

133　この問題はほとぼりがさめるまでこっそりしておいた方がよさそうだ。
　　　　　　　　　　　(A)　　　　(B)　　　　　(C)　　(D)

134　すみませんが、痛い ので会社を休ませて いただきたいのですが。
　　　　　　　　(A)　(B)　　　　　(C)　　　(D)

135　遠くからわざとお見舞いに来てくださらなくてもよかったのに。
　　　 (A)　　(B)　　　(C)　　　　　　(D)

136　何が何でもあさってまでこの厚い本を読みきらなければならない。
　　　(A)(B)　　 (C)　　　　　　　(D)

137　子供が就職して一段落したのでこれからは老後の人生をいかに 住むべきか考えようと思う。
　　　　　　　　(A)　　　　　(B)　　　　　　　(C)　(D)

138　最近はアトピーなどアレジー体質の人がますます増える傾向にある。
　　　　　(A)　　　　(B)　　　　　　(C)　　　(D)

139　昔は桜が咲く頃になると会社の先輩からお花見の席取りをさせた ものだ。
　　　　　(A)　　(B)　　　　　　　　　　　　　(C)　(D)

140　こんなに苦しい生活を送るぐらい なら、いっそのこと死んだ方がまれだ。
　　　　　　　　　　(A)　　(B)　　　(C)　　　　　(D)

VII. 下の_____線に入る適当な言葉を(A)から(D)の中で一つ選びなさい。

141 昨日は映画を_____も見ました。
(A) にこ (B) ふたり (C) にほん (D) にさつ

142 お父様はどんな_____ですか。
(A) ほう (B) かた (C) もの (D) こと

143 外は寒いので_____服を着て行きなさい。
(A) ふとい (B) うすい (C) あつい (D) おもたい

144 こう見えても昔は_____んです。
(A) きれいな (B) きれいかった (C) きれいだった (D) きれいでした

145 _____に予定がたくさん書き込まれている。
(A) キャレンダ (B) カレンド (C) カレンダー (D) キャーレンド

146 さしみは_____食べられません。
(A) まあまあ (B) かなり (C) どうも (D) よく

147 革靴を_____と気持ちがひきしまるようだ。
(A) けずる (B) あらう (C) はらう (D) みがく

148 うっかり手がすべってお皿を_____。
(A) こわしてしまった (B) やぶってしまった
(C) わってしまった (D) つぶしてしまった

149 すみませんが、ここでタバコを_____いいですか。
(A) すいても (B) すうても (C) すっても (D) すわっても

150 耳が遠いので電話口の声がよく_____。
(A) 聞けません (B) 聞かれません (C) 聞きません (D) 聞こえません

151 ＿＿＿＿が立つから走り回るのはやめなさい。
(A) とりはだ　　(B) はら　　(C) かど　　(D) ほこり

152 道にお財布が＿＿＿＿。
(A) 落としてありました　　(B) 落としていました
(C) 落ちてありました　　(D) 落ちていました

153 今日は案外道が＿＿＿＿いたのでいつもより早く着きました。
(A) こんで　　(B) つまって　　(C) あいて　　(D) すいて

154 うちの母は機械音痴で携帯電話＿＿＿＿ろくに使えない。
(A) だけ　　(B) さえ　　(C) ばかり　　(D) ぐらい

155 就職しないニートの若者がいちがいに怠け者＿＿＿＿。
(A) だと言える　　(B) だということになる
(C) だとは言えない　　(D) である

156 留学する＿＿＿＿絶対成功して故郷へ錦を飾りたい。
(A) うえには　　(B) わりには　　(C) からには　　(D) ぶんには

157 家庭をとるか仕事をとるか＿＿＿＿な選択を迫られてしまった。
(A) 窮極的　　(B) 極端的　　(C) 結果的　　(D) 消極的

158 山を高く登れば＿＿＿＿空気が薄くなっていきます。
(A) 登っても　　(B) 登ると　　(C) 登るほど　　(D) 登ったので

159 夜になると危ないから暗くならない＿＿＿＿家に帰ろう。
(A) ように　　(B) までに　　(C) うちに　　(D) のに

160 愛知万博は6ヶ月に＿＿＿＿繰り広げられた。
(A) よって　　(B) わたって　　(C) おいて　　(D) かけて

161 彼女は病気がちの娘の前では＿＿＿＿＿明るくふるまっている。
(A) 走って　　(B) 勧めて　　(C) 努めて　　(D) 定めて

162 約束の時間を間違えた＿＿＿＿＿えらい目にあった。
(A) ぐらいで　(B) うえで　　(C) せいで　　(D) わけで

163 田中さんは昨日恋人にふられて＿＿＿＿＿いるのでそっとしておこう。
(A) おちぶれて　(B) おちついて　(C) おちこんで　(D) おちいって

164 彼は彼女のことを＿＿＿＿＿愛している。
(A) いっさいに　(B) いちずに　(C) いっせいに　(D) いっぽうに

165 油断した＿＿＿＿＿風邪をひいてしまった。
(A) だけに　　(B) ように　　(C) とおりに　(D) ばかりに

166 しまった。居眠りをしていてうっかり一駅＿＿＿＿＿しまった。
(A) 乗り換えて　(B) 乗り越えて　(C) 乗り遅れて　(D) 乗り過ごして

167 彼はぜんぜん勉強していなかったので＿＿＿＿＿試験に落ちた。
(A) あんのじょう　(B) おそらく　(C) いがいに　(D) あんがい

168 警察は犯人検挙に全力を＿＿＿＿＿が、芳しい成果は得られなかった。
(A) 込めた　　(B) 向けた　　(C) 尽いた　　(D) 傾けた

169 彼女は不幸な＿＿＿＿＿に生まれながらも、健気に自分の人生を生き抜いた。
(A) 境界　　　(B) 一隅　　　(C) 境遇　　　(D) 処遇

170 若年層ほど保険料を払わない傾向が強く、国民年金制度の空洞化に＿＿＿＿＿。
(A) 歯止めをかけている
(B) 浮彫にしている
(C) 拍車がかかっている
(D) 水をかけている

Ⅷ. 下の文章を読んで、後の問いにもっとも適したものを(A)から(D)の中で一つ選びなさい。

[171~173]

　私には、自分のことをすごく素直に話せる友だちがいます。幼稚園の時は、ずっと一緒に通っていましたが、小学校に上がってから昨年初めて同じクラスになりました。同じクラスになって、少し話したのがきっかけで、いろんなことを話す間柄になりました。兄弟は3人で、末っ子というのも同じです。今はふたりでいると、すごく楽しいです。話しているうちに、友だちも私と同じような悩みを持っていることがわかりました。悩んでいることを話し合ったら、少しずつ心の重荷が取れていくような気がしました。しかし、残念なことに今年の4月から別の中学に進むことになってしまいました。ただ一緒にいるだけが友だちじゃない、相手のことを考え、そして、相手も自分のことを考えてくれる、2人で支え合っていくのが友だち。今はそう考えられるようになりました。「おばあちゃんになるまで、友だちでいようね」と言ってくれた、友だちの言葉がうれしく、いつまでも心に残っています。

171 この人は何年生ですか。

(A) 小学校4年生
(B) 小学校5年生
(C) 小学校6年生
(D) 中学校1年生

172 この人は兄弟は何人で何番目ですか。

(A) この人を入れないで3人で一番目です。
(B) この人を入れて3人で三番目です。
(C) この人を入れないで3人で二番目です。
(D) この人を入れないで3人で三番目です。

173 二人はどのようにして友達になりましたか。

(A) 小学校に通う途中で話すようになったので
(B) 幼稚園も小学校もずっと同じクラスだったので
(C) 去年クラスが一緒になって話すようになったので
(D) お互いのきょうだいを通じて知り合うようになったので

[174~177]

　僕には、医者になるという夢があります。そう思ったのは、僕が中学生のころ、今は亡き祖父が医者と二人三脚でがんと闘っている姿を見たときです。命の尊さを身にしみて実感し、人の命を助ける医者という職業に憧れを抱くようになりました。親せきの医者に「勉強ができるからといって、いい医者になれるとは限らない」と言われたことが今でも忘れられません。その言葉を念頭におきながら、アイスホッケーのクラブチームに入ったり、友だちと音楽バンドを組んだりして、スポーツや音楽も楽しんでいます。そして、学校の勉強では得られないチームワークや仲間を持つ素晴らしさを実感しています。高2の半ばに入り、大学受験について真剣に考えなければならない時期です。だけど、高校生活を受験勉強だけで終わらせたくありません。クラブ活動もほどほどにしながら、将来、立派な医者になるためにも人の気持ちがわかる人間としての魅力も磨いていきたいと思います。

174 　この人はいつ医者になりたいと思いましたか。
　　　(A) 親せきの医者から医者の職業のすばらしさを聞いたとき
　　　(B) 医者が病気の祖父と一体になって懸命に助けている姿を見たとき
　　　(C) 祖父の病気が少しずつ回復してきたとき
　　　(D) 自分が祖父を助けられなかったことが悔しいと思ったとき

175 　親せきの医者から何と言われましたか。
　　　(A) よい医者の条件は第一に頭がいいことである。
　　　(B) 立派な医者になるためには勉強が欠かせない。
　　　(C) 学校の成績が優秀であればすばらしい医者になる確率が高い。
　　　(D) 成績がいいことだけで立派な医者になれるとは言えない。

176 　これからどんな高校生活をしたいと思っていますか。
　　　(A) 勉強だけではなくクラブ活動も少ししたい。
　　　(B) 勉強はしないでスポーツや音楽を楽しみたい。
　　　(C) 受験勉強は全くせずに遊んで暮らしたい。
　　　(D) 医学部に入るために放課後は予備校に通いたい。

177 医者になるためにどんなことをしていますか。

　　(A) 優秀な家庭教師に勉強を教わっている。

　　(B) 放課後にみんなで集まって勉強している。

　　(C) 参考書を買って猛勉強している。

　　(D) 人間的に成長するためにいろいろなクラブに入っている。

[178~180]

　　私には大切で大好きな人がたくさんいます。今日はそのひとり、祖母の命日です。祖母は、若いころから病気がちで、入退院を繰り返したあとで、おととし亡くなりました。がんこで短気なのに、涙もろくて優しい人でした。祖母とは離れて住んでいたので、まだ向こうで生きている気がして、亡くなった直後を思い出しては涙を流し、形見の品を見てはさびしさにくれていました。そんなある日、テレビのドラマでこんなせりふを耳にしました。「泣かないで下さい。姉ちゃんが泣いた時、雨が降ってたら、それはおれの涙です。」はっとしました。きっと祖母も天国で、こんな私を見て泣いている。それから私は、いつも笑顔を絶やさないように心がけるようになりました。そんな私を祖母はきっと喜んでいるはずです。

178 おばあさんはいつ亡くなりましたか。

　　(A) 1年前　　　(B) 2年前　　　(C) 3年前　　　(D) 4年前

179 今日は誰のどんな日ですか。

　　(A) 私のおばあさんが生まれた日です。

　　(B) 私のおじいさんが亡くなった日です。

　　(C) 私のおじいさんが生まれた日です。

　　(D) 私のおばあさんが亡くなった日です。

180 私はどうしてテレビを見てはっとしましたか。

　　(A) 私の亡くなったおばあさんにそっくりな人が出ていたので

　　(B) 天国のおばあさんがそばにいるような気がしたので

　　(C) 私に元気がないと天国のおばあさんが悲しむと思ったので

　　(D) おばあさんがまだどこかで生きているような気がしたので

[181~184]

　みなさんが幼いころ、見て育った絵本は、ヨーロッパを中心に発達しました。子どもは絵を目で追いながら物語の世界にさそいこまれ、絵本を読んでくれる人の気持ちを感じて喜びを広げます。そして、心を育てていきます。

　字が読めない幼い子どもでも、本を読んであげれば、本の世界を楽しむことができます。読み聞かせには、文字を声にかえるだけでなく、大事な働きがあります。読む人の物語の理解や味わい方、心から物語をしたう気持ちが表れます。子どもに本を読んであげる時、その声を通して物語といっしょに、さまざまなよいものが、子どもの心に流れ込みます。それが子どもが本を読む楽しみを大きくするのです。では、どんな読み方がいいのでしょう。大事なのは語り口よりも物語の中身です。いい読み方とは、読み終わった時に、物語の世界が聞いた子の心に残る読み方です。子どもが頭の中で物語をたどれるようにゆっくりと、読む人も楽しみながら、すなおに心をこめて読むことだといいます。絵本は楽しむものです。読んでいる途中で、子どもに質問や説明をしないで、わからない言葉があっても読み進めます。知識をふやすことより物語の世界に入りこむこと、考えるより先に感じることが大事なのです。絵本は感じる力を育てます。驚いたり、おもしろいと感じたり、ほっとしたり。そうした心の働きから感動が生まれ、感動をくり返すことで　①　が育っていくのです。

181 読んでいる途中で子どもに質問や説明をしないのはなぜですか。
(A) 説明を加えるとすぐに寝てしまう子どもが出てくるから
(B) 子どもは質問するとずっと考え込んでしまうから
(C) 答えをすぐに教えるのではなく、子ども自分で考えてほしいから
(D) 頭で考えるのではなく、物語を感じることを優先したいから

182 読み聞かせの大事な働きとは何ですか。
(A) 読む人の語り口によって物語をそのまま楽しむこと
(B) 読む人の物語に対する気持ちや味わい方が表れること
(C) 聞く子どもに物事を論理的に考える力をつけさせること
(D) 聞く子どもに物語の内容に興味を持たせること

183 どんな物語の読み方がいいですか。
(A) 聞く力を育てるためにゆっくりとではなく、少し早めに読むこと
(B) 子どもが繰り返して読めるポーズをおきながら読むこと
(C) 子どもが物語についてこられるぐらいのペースで楽しみながら読むこと
(D) 感情を入れて、それぞれの登場人物になりきって読むこと

184 ＿＿①＿＿ に入る最も適した言葉はどれですか。
(A) 頭　　　　　(B) 耳　　　　　(C) 心　　　　　(D) 目

[185~188]

　学生ではなく、仕事に就いておらず、職業訓練中でもない「①ニート」と呼ばれる若者が増えている。「怠惰で働く意欲のない若者」と決めつけられがちだが「何かの理由で働く意欲を失ってしまった若者」も含まれる。大学四年生の冬になっても、一向に就職活動を始める気配のない学生が目立ってきている。何社か面接を受けたものの採用に至らず、②意気消沈したまま卒業してしまうケースもある。今の就職難について、理解が足りない親御さんも多い。子供がアルバイトで得た賃金に対し『そんなに安いのか』と見下したり、『＿＿③＿＿大学を出たのだから、アルバイトじゃなく「ちゃんとした仕事」に就きなさい』などの発言が、ますます若者たちを追い込んでいく。全国で四十万人に達するともいわれるニート。「甘ったれるな」「今の若者はダメだ」と厳しく批判する声も多い。でも、昼夜逆転した生活から抜け出したくてもできない人に『早起きしろ』と叫び続けても何も変わらない。例えば『まずは昼寝してでもいいから』というふうに、地道で具体的なアドバイスが大事だと思う。それにしても、今の世の中は会社勤めにこだわり過ぎのような気がする。職人とか農林漁業とか、一人で働く方法もあるというのに。

185 ①ニートについて正しいのはどれですか。
(A) 意欲的に何社も面接を受けている若者
(B) 定職に就かずアルバイトで生計を立てている若者
(C) 就職活動もせず、働こうとしない若者
(D) 昼夜逆転した生活を送っている大学生

186 ②意気消沈したまま卒業してしまうとはここではどんな意味ですか。

    (A) 採用はされたものの、働く意欲がないまま卒業すること

    (B) 就職先が決まらなくて、落ち込んだ様子で卒業すること

    (C) 内定は取れていないが、将来を楽観視して卒業すること

    (D) 就職活動をもっとがんばろうと意気込んで卒業すること

187 ＿＿＿③＿＿＿ に入る最も適した言葉はどれですか。

    (A) もし

    (B) もはや

    (C) どうか

    (D) せっかく

188 どんな親が若者をニートにさせてしまう恐れがありますか。

    (A) ほったらかしにして何も干渉しない親

    (B) アルバイトでも何でもいいからとにかく働かせようとする親

    (C) 定職に就くようにプレッシャーをかける親

    (D) 甘やかして何でも買ってあげようとする親

[189~192]

　「しまった」と思うことは多い。たとえば、自動券売機で切符を買うとき。あせると①ロクなことがない。先日、190円の切符を買おうとして、1000円札と、10円玉9枚を次々に投入していった。財布がふくれるのはイヤだから、なるべくお釣りが少なくなるよう、小銭を総動員する。私は、最後の10円玉を入れてすぐ、画面の「190円」のボタンを押した。し、しまった！　画面の表示は、「投入金額1080円」。ボタンを押すのが早すぎて、最後の10円玉が認識されなかったのだ。10円玉が1枚、「だめでした、ボク」というふうに、釣り銭の受け取り口へ、ころりんと転がり出てきた。その後を追うように、ざざざーと大挙してくる100円玉と10円玉。計18枚、900円分の硬貨の重みを、ずっしりと手に感じながら、「けっこうせっかちなんだな、自分…」とむなしくなった。せっかちで時間を　②　、結果は大して変わらないし、案外メリットが少なそうだ。むしろ損をすることが多いようだ。なのに、なぜ、せっかちになってしまうのだろう。私の場合、機械を前にするとだめなようだ。たぶん機械がどんどん高度になって、次々と期待に答えてくれるからだと思う。このまえ久々にスピード写真を撮ったら　③　まで23秒だった。ちょっと前まで3分だったのに。次に撮るとき23秒以上かかったら、きっとイライラしてしまうに違いない。いったん速くなったものが、ふたたび遅くなると、ストレスを感じるものだ。現に、ADSLからダイヤルアップにはもう戻せない。便利な道具も高速処理もありがたいが、自分がどんどんせっかちになっていきそうで怖くもある。

189 　①ロクなことがないとはどういう意味ですか。

(A) 思いも寄らないいいことがある。
(B) 意外と得をすることがある。
(C) ひどい目にあってしまう。
(D) 気が気でなくなる。

190 　　②　　に入る最も適した言葉はどれですか。

(A) 貢いでも
(B) 稼いでも
(C) 損しても
(D) 費やしても

191 ＿＿＿③＿＿＿に入る最も適した言葉はどれですか。

(A) 焼き立て

(B) 仕上がり

(C) 出来映え

(D) 下拵え

192 本文の内容と違うものはどれですか。

(A) せっかちは得をするより損をすることの方が多いように感じる。

(B) 機械がどんどん高度になっても、古いやり方や伝統を守っていくべきである。

(C) いったん早いのに慣れてしまうとこんど遅くなった時にいらいらしてしまう。

(D) 機械の処理が早くなるのに伴い、自分がどんどんせっかちになっていきそうで心配である。

[193~196]

世界保健機関は22日、60億人余りの世界の人口のうち10億人以上が太りすぎで、このまま増加を続ければ2015年までに15億人に達する、との推計を発表した。中高年の過半数が太りすぎの国もあることから、25日の「世界ハートの日」を前に「肥満は心臓病や脳卒中などの①引き金となる」と警鐘を鳴らしている。WHOは、体重（キロ）を身長（メートル）で2度割った数値「体格指数」（BMI）が25以上を「太りすぎ」、30以上を「肥満」と規定している。＿＿＿②＿＿＿、175センチ、88キロはBMI28余りとなり、太りすぎだが肥満までには至らない。日本肥満学会は、日本人の体質の違いから、これよりやせた人も「肥満」と呼ぶ厳しい基準を設けている。今回発表された「肥満注意国」に日本は含まれていない。かつて先進国に多く見られた肥満が、最近では所得の低い国々でも急増しているのが目立つ。世界的に脂肪や糖分の多い高カロリー摂取の食生活が定着しているうえ、途上国でも車社会が広がり、運動量が減ったことなどが原因とみられる。

193 ①引き金となるとはどういう意味ですか。

(A) いろいろな事柄を示すことによって、事実がはっきりとわかるようになる。

(B) 互いに関連して動いていくはずの物事が、うまく進まなくなる。

(C) あるできごとを起こす直接のきっかけとなる。

(D) 難しい状況を切り開くための手がかりとなる。

194 ＿＿＿②＿＿＿に入る最も適した言葉はどれですか。

(A) しかし
(B) ところで
(C) それで
(D) たとえば

195 今回発表された「肥満注意国」からわかったことは何ですか。

(A) 先進国では肥満に関する認識が広まり、肥満の人が減る傾向にある。
(B) 食べることもままならない途上国の人々にも欧米型肥満が蔓延している。
(C) 以前と同様、裕福で何不自由ない生活をしている先進国が最も多い。
(D) 先進国と同様、途上国でも肥満が目につくようになってきた。

196 途上国で肥満が増えた原因は何ですか。

(A) 高所得者が増え、高級な食品を食べられるようになったから
(B) 所得が低いのでジムに通うお金もないから
(C) 交通手段が発達し、人々があまり歩かなくなったから
(D) 運動嫌いな人が先進国に比べて多いから

[197~200]

　私的使用目的の音楽や映像の複製は著作権法の例外となり、著作権者に①補償金を支払う必要がない。しかし、デジタル方式だと同じ品質の複製物をいくつでもつくれることから、MD、DVDレコーダーなどデジタル録音、録画機材に対して、例外として補償金を支払うように1992年に義務づけられた。これまではMDプレーヤーに対する課金はあったが、新しく登場したアップルコンピューターの②「iPod」のような携帯デジタル音楽プレーヤーは課金対象に含まれていない。携帯デジタル音楽プレーヤーは内蔵のハードディスクやフラッシュメモリーに音楽を記憶させて再生する装置である。各メーカーが競って発売しているが、そのなかでも「iPod」は大人気で、2005年1～3月には全世界で530万台が売れた。ドイツやフランスでは課金を実施しているが、アメリカや日本は未徴収。日本では文化審議会著作権分科委員会の法制度問題小委員会が、課金すべきか＿＿＿③＿＿＿について議論しており、05年内に報告書をまとめる予定である。

197　現在、①補償金を払わなければならないものはどれですか。

(A) MDプレーヤー　　　　　　　(B) ビデオデッキ
(C) ステレオ　　　　　　　　　(D) iPod

198　②「iPod」の説明として正しいものはどれですか。

(A) コンパクトではないので持ち運びは向かないが最新デジタル音楽プレーヤーである。
(B) 私的使用目的の音楽の場合のみ、使用を許されている。
(C) 以前は人気があったが今は著作権の問題で人気に陰りが見え始めている。
(D) 世界的な人気を誇る持ち運びができるデジタル音楽プレーヤーである。

199　＿＿＿③＿＿＿に入る最も適した言葉はどれですか。

(A) 拒か　　　　　　　　　　　(B) 不か
(C) 非か　　　　　　　　　　　(D) 否か

200　課金を徴収できていない国は次のうちどれですか。

(A) フランス　　　　　　　　　(B) アメリカ
(C) ドイツ　　　　　　　　　　(D) イギリス

Section. I

1. JPT에 대하여
JPT란 무엇인가? | JPT 실전 문제 구성
JPT 평가 기준 | JPT 독해 파트별 문제 유형

2. JPT 고득점 어떻게 공략할 것인가?
일러두기 | 내 점수대에 맞는 학습 방법을 찾아라! | JPT 학습 TIP
JPT 정기 시험 세부 전략!! | JPT 고득점 전략 키워드 5

1. JPT에 대하여

1) JPT란 무엇인가?

국제사회에서의 日本語 Communication能力을 측정

JPT 일본어능력시험은 기존에 실시되고 있던 일본어능력시험의 여러 가지 문제점을 개선할 필요성에서 연구, 개발된 즉 학문적인 일본어 지식의 정도를 측정하기 위한 시험이 아닌 언어 본래의 기능인 Communication 능력을 측정하기 위한 시험이다. 이를 위해 사용 빈도가 낮고 지역적이며 관용적, 학문적 어휘는 배제하고 도쿄를 중심으로 한 표준어를 중심으로 문제를 개발, 출제하고 있다.

수험자의 정확한 일본어 실력 평가

JPT 일본어능력시험은 청해와 독해 Test만으로도 Speaking능력과 Writing능력을 간접적으로 평가할 수 있게 하였으며 각 Part 별로 쉬운 문항에서 어려운 문항들을 고르게 분포시키는 등 각각의 문제에 대한 객관성, 실용성, 신뢰성을 유지하여 수험자의 언어 구사 능력을 정확하게 측정하고 있다.

Computer분석을 통한 문제의 변별력 검증

JPT 일본어능력시험은 국내의 권위 있는 통계 처리 기관의 Computer분석을 통한 각 문항별 난이도와 변별도, 타당도를 측정하게 함으로써 그 우수성을 객관적으로 입증 받았다. 또한 이러한 검증된 결과를 바탕으로 문제를 개발, 시행함으로써 본인의 종합적인 일본어 실력을 정확하게 측정할 수 있다.

Conversion Table

JPT 일본어능력시험은 하나의 Form에 대해서 뿐만 아니라, 각 Form마다의 상관관계 및 연관성을 조사하여 Conversion Table(성적 환산표)을 작성한다. 이 Conversion Table은 한 응시자가 여러 Form의 시험을 보더라도 응시자의 실력에 변동이 없는 한 항상 점수 결과는 같게 나오게 하는 역할을 함으로써 JPT 일본어능력시험은 어느 시험에서도 따라오지 못할 공정하고 신뢰성 있는 Test로 인정받고 있다.

2) JPT 실전 문제 구성

(1) JPT 문제 유형

아래 8가지 유형을 「청해」「독해」 각각 50%의 비율로 진행한다.

청해(50분)	독해(45분)
PART1. 사진 묘사(20문항)	PART5. 정답찾기(20문항)
PART2. 질의 응답(30문항)	PART6. 오문정정(20문항)
PART3. 회화문(30문항)	PART7. 공란 메우기(30문항)
PART4. 설명문(20문항)	PART8. 독해(30문항)
495점(100문항)	495점(100문항)

(2) JPT 정기시험 난이도 구성 비율

레벨	450점	600점	800점	900점
JLPT급수	4급	3급	2급	1급
JPT정기시험	입문	초급	중급	고급
구성 비율	23%	30%	28%	19%

3) JPT 평가 기준

⬆ A 880 이상

어떠한 상황 하에서도 적절한 대응이 가능할 만큼 뛰어난 커뮤니케이션 능력을 갖고 있다. 어휘 및 표현이 풍부하고 복잡 미묘한 내용에 대해서도 유창하게 의사소통을 할 수 있다.

⬆ B 740 이상

일상적인 여러 상황 하에서 충분히 대응할 수 있는 커뮤니케이션 능력을 갖고 있다.

일반적인 화제라면 문제없이 원활하게 이해하고 응답할 수 있다. 아직은 문법적인 실수나 부자연스러운 표현이 있지만 의사소통에 크게 지장을 초래할 정도는 아니다. 복잡한 상황이 아니라면 일본어에 의한 business도 가능하다.

⬆ C 460 이상

일상적인 회화 정도의 제한된 범위 내에서의 커뮤니케이션이 가능하다.

복잡한 대화를 하기에는 곤란하지만 일상적인 화제라면 자신의 생각 등을 꽤 상세하게 전달할 수 있다. 어휘나 표현이 아직 불충분하고 더듬거리는 경우가 있기는 하지만 기본적인 의사소통 정도라면 일본어에 의한 business도 가능하다.

⬆ D 220 이상

일상생활에 있어 최소한의 커뮤니케이션만이 가능하다.

기초적인 문법 지식이 있기는 하나 그것을 활용해 커뮤니케이션을 하기에는 아직 무리가 따른다. 상대가 사용 어휘에 유의하며 천천히 이야기한다면 이해가 가능하며 단문을 연결해 간단한 회화를 할 수는 있다. 일본어로 business를 하기에는 다소 무리가 따른다.

⬆ E 220 미만

커뮤니케이션은 도저히 불가능한 수준이다.

상대가 쉬운 내용을 천천히 이야기해도 부분적으로 밖에 이해가 되지 않는다. 간단한 인사나 자기소개 정도만 가능할 뿐 실질적인 의사소통은 어렵다.

▶JPT점수와 일본어능력시험(JLPT) 급수별 합격과의 비교

자신의 JPT점수와 일본어능력시험 합격 급수와의 상관관계를 궁금해 하는 수험생들이 많다. 엄밀하게 이야기하면 일본어능력시험의 급수는 일정 점수를 득점하면 합격 판정을 하기 때문에 실제 1급 합격이라 하더라도 몇 점에 합격했느냐에 따라 그에 상응하는 JPT점수를 가늠해 볼 수 있을 것이다. 참고적인 사항으로 매회 적용되는 절대적인 통계는 아니지만 JPT수험자에게 일본어능력시험 급수 취득 여부를 설문 조사한 결과 각 급수에 따른 JPT성적별 인원 분포는 대략 다음과 같았다.

일본어능력시험 1급은 JPT 705~800점에서 가장 높은 인원 분포를 보이고 있고, 2급은 JPT 505~600점, 3급은 JPT 405~500점에서 가장 높은 인원 분포를 보였다. 이를 바탕으로 평균적인 일본어능력시험 급수에 대응하는 적절한 JPT 점수는 아래와 같다. 즉 아래의 내용은 <u>JPT정기시험에서 아래 점수 이상을 득점한 수험생이라면 일본어능력시험의 해당급수의 합격을 예상해도 무난할 정도의 학습량과 일본어능력을 나타낸다고 판정해도 좋을 것이다.</u>

- A 715점 ⬆ 1급
- B 540점 ⬆ 2급
- C 415점 ⬆ 3급

4) JPT 독해 파트별 문제 유형

1 PART5. 정답찾기

표기 문제에는 2가지 유형이 있으며, 총 20문제로 구성되어 있다. 첫 번째 유형은 문제를 읽고 바른 표기를 고르는 문제이다. 다시 말해서 한자의 읽는 법과 히라가나를 한자로 표기하는 법을 측정하는 문제이다. 이 유형은 명사의 장, 단음 표기와 탁음 표기의 정확도에 성패가 결정된다고 할 수 있다. 더불어 명사의 장, 단음 및 탁음의 존재 여부에 특별히 주의해야 한다. 이러한 장, 단음 및 탁음의 장벽을 넘기 위해서는 단어를 무작정 암기하는 것이 아니라, 큰소리로 발음해 보며, 장, 단음과 독음의 존재 여부를 습관적, 감각적으로 익히려는 노력을 게을리해서는 안 되겠다. 두 번째 유형은 하나의 예문을 주고, 그 예문 안의 밑줄 친 똑같은 의미, 또는 같은 문법적 성분을 갖는 말을 4개의 보기 중에서 골라내는 문제이다. 특히 한자의 음은 같으나 글자가 다른 한자「동음이자(同音異字)」및「음이 동일하나 문맥에 따라 다른 의미로 사용되는 어휘」는 고정적으로 출제된다. 이 파트는 일본어의 세세한 부분에 처한 평가라 할 수 있으므로 여러 가지 의미를 가지는 단어나 동일한 문법적 성분을 갖는 말들을 따로 정리해 두어야 한다.

한자 읽기, 같은 의미 찾기 문제로 표기 문제에는 2가지 유형이 있으며, 총 20문제로 구성되어 있다.

첫 번째 유형은 문제를 읽고 바른 표기를 고르는 문제이다. 다시 말해서 한자의 읽는 법과 히라가나를 한자로 표기하는 법을 측정하는 문제이다. 이 유형은 명사의 장, 단음 표기와 탁음 표기의 정확도에 성패가 결정된다고 할 수 있다.

---

1. 細かな文法事項はそんなに重要ではないと思う。
  (A) ちごう
  (B) しこう
  (C) じこう
  (D) じごう

  풀이 세세한 문법 사항은 그렇게 중요하지 않다고 생각한다.

  정답 │ (C)

두 번째 유형은 하나의 예문을 주고, 그 예문 안의 밑줄 친 똑같은 의미, 또는 같은 문법적 성분을 갖는 말을 4개의 보기 중에서 골라내는 문제이다.

---

2. 大学にお入りになったそうで、おめでとうございます。
  (A) さっきは雨が降って来そうだった。
  (B) とても静かそうな家ですわ。
  (C) 天気予報によると、夕方から雨が降るそうだ。
  (D) こんなに着ているから暑そうだ。

  풀이 대학에 들어가셨다던데, 축하합니다.
   ※문제 예문의 「そうで」와 (C)의 「そうだ」는 전문의 뜻이고, (A) 「そうだった」, (B) 「そうな」, (D) 「そうだ」는 추량의 의미로 사용되었다.

  정답 │ (C)

2 PART6. 오문정정

　총 20문제가 모두 짧은 문장으로 되어 있으며, 네 개의 밑줄 친 부분 중 틀린 곳을 골라내는 유형이다. 이 파트는 문법, 관용 표현, 이해력을 측정하기 위한 것으로 다른 문제 유형에 비해 비교적 까다로운 편이다. 실제로 이제까지의 총계를 보면 파트 5의 정답률에 비해 이 부문의 정답률이 10% 이상 떨어진다.

　제시된 문장은 문장 일본어라기보다 구두 일본어를 문자로 표기해 놓은 것이라 할 수 있는데, 밑줄 친 부분의 표현 하나 하나에 대한 정확한 판단이 중요하다.

　이 파트는 독해력뿐만 아니라 구두 또는 문자에 의한 정확한 표현력을 평가하는데 작문 능력 측정에 주목적이 있으므로 이에 대한 대비책으로 읽고 쓰는 연습이 필요하다. 읽기와 쓰기는 양자 간에 밀접한 관련이 있으므로 읽기는 그 자체만의 학습으로는 한계에 부딪히게 된다. 따라서 쓰기 능력 배양은 물론 읽기 능력의 무한한 신장을 위해서도 읽기 학습이 쓰기 학습과 병행되어야 한다는 점을 강조하고 싶다. 효과적인 읽기 능력을 배양하기 위해서는 신문, 잡지 등 시사적인 것 이외에 일어 대역본 및 소설을 꾸준히 읽는 것이 독해력을 평가하는 파트 8의 대비도 아울러 할 수 있다는 점에서 일석이조가 될 것이다.

---

1. 今は手を空きませんのでお供できません。明日、会うことにしましょう。
　　　　(A)　　　　　(B)　　(C)　　　　　　　(D)

풀이 지금은 시간이 없으므로 모시고 갈 수 없습니다. 내일 만나기로 합시다.

※ 「手(て)が空(あ)く」(일손이 비다, 틈이 나다)
관용구를 많이 학습한 사람들은 선뜻 틀린 부분을 지적할 수도 있겠으나, 이것이 조사와 연관된 문제라는 것을 빨리 간파하지 못하면 쓸데없는 시간을 허비할 가능성이 높다. 따라서 이 부분에서는 틀린 문법, 관용구를 사용하거나 어순 및 조사 부분에 이상한 부분이 없는가에 신경이 집중되어야 할 것이다.

정답 │ (A)

3 PART7. 공란 메우기

　이 부분은 총 30문제로, 간단한 묘사문 속의 공란에 적합한 단어를 4개의 보기로부터 골라내는 문제이다. 공란 메우기에 사용되는 문장은 관용적이고 평이한 문장으로 지나치게 문법 위주의 문장과는 관련이 없는 문제이므로 일상 회화문을 많이 읽어 본 사람이라면 누구나 쉽게 공란을 메울 수 있을 것이다. 하지만 공란 속에 들어가는 단어는 동사, 형용사, 부사, 접속사, 명사 등 다양한 형태의 단어이므로 어휘력이 부족하면 당연히 어려움을 느끼게 된다. 특히 일본어로 적합한 표현을 잘 알아두어야 하는데 일한사전에 나와 있는 우리말 뜻을 그대로 대입시켜 오답을 고르는 일이 없도록 일본어 뉘앙스의 차이를 알아두기 위하여 하루 빨리 〈日日辞典〉으로 공부하는 습관을 들여야 한다. 특히 정답을 고를 때에는 전후 문장에서의 의미가 통하는 것뿐만 아니라 접속 및 연결 관계에도 각별히 신경을 써야 한다. 평소 시험 대비에 있어 이러한 유형은 실제로 정답이라고 생각되는 보기를 실제로 공란에 써넣어 봄으로써 더욱 확실한 답을 얻어 낼 수 있다. 예를 들면 君はぼく____テニスが上手だ。라는 묘사문과 「(A)から (B)より (C)まで (D)にも」라는 4개의 보기가 주어졌을 때 의미를 아는 보기부터 공란에 채워 봄으로써 정답이 명확해 질 수 있다. 그리고 짧은 문장 청해 파트 회화문을 읽어 가는 연습을 꾸준히 한다면 실전 문제를 맞이하여 감각적으로 무엇이 가장 공란에 적합한 단어인가를 쉽게 찾을 수 있을 것이다.

　그러면 출제 빈도가 높은 문제를 하나 더 연습해 보자.

---

1. _____遠くまでおいでくださり、ありがとうございます。

(A) せっかく

(B) わざと

(C) わざわざ

(D) やっと

풀이　일부러 멀리까지 와 주셔서 감사합니다.
※「わざわざ」는 호의를 가지고 상대를 위해 유익한 일을 하는 경우에 쓰이고, 「わざと」는 '고의로, 일부러'로 「わざわざ」에 비해 악의(悪意)가 있거나 자기의 이익을 도모하는 경우에 쓰인다.

정답│(C)

4 PART8. 독해

이 부분은 총 30문제로, 다양한 유형의 독해문이 등장한다. JPT가 일반 비즈니스 사회에서 일본어로 일상생활을 할 수 있는 능력을 평가하는 것이라 할 때, 일본어로 쓰여 있는 것이면 무엇이든 출제될 수 있는 것이다. 따라서 그 내용은 심오한 사상이나 논문, 소설이 아니라 일본어로 쓰여 있는 구체적인 것, 예를 들면 신문기사, 광고, 게시문, 무역 통신문, 안내장 등이 주류를 이루고 있다.

이 파트는 독해문제(파트5~8) 중에서 가장 많은 시간이 소요되기 때문에 문제 풀이 시 자신의 실력을 고려한 시간 안배가 중요하다.

독해 문제는 여타 유형의 문제와 다소 차이가 있으므로 아래와 같은 요령의 학습이 중요하다.

첫째》》소재가 일상적이고 구체적이기 때문에 일간지, 잡지의 기사와 각종 광고(상품, 구인, 안내문 등) 등을 광범위하게 읽어보아야 한다.

둘째》》읽어 갈 때에는 제한 시간을 정하여 속독이 가능한지 수시로 체크해 보아야 한다.

셋째》》모르는 단어가 나오더라도 곧바로 사전을 펼칠 것이 아니라 전체 문맥을 통하여 그 적절한 의미를 추적해 본 다음 확인하는 것이 좋다.

[1~3]

　私の生まれたところは、人口の少ない小さなさびしい村です。村には、働くところがないので、わかい人たちは、高校を卒業すると、たいてい東京や大阪などへ働きにいきます。

　この村は、雪のおおいことで有名なところです。毎年、冬になると、おおぜいの人がスキーをしにくるので、村はかなりにぎやかになります。けれども、村の人たちにとっていちばん楽しいときは、わかい人たちがかえってくるお正月です。

1. わかい人たちは、なぜ村をでますか。
　(A) 学校へ行くためです。
　(B) 村では働きたくないからです。
　(C) 村には、働くところがないからです。
　(D) 村の人口がおおいからです。

> **풀이** 이유를 나타내는 접속 조사를 잡아야 한다. 참고로 돈벌이를 위하여 객지에 나가 일시적으로 일하는 것을 「出稼(でかせ)ぎ」라고 한다.
>
> 정답 | (C)

2. 働きにでている人たちが村へかえってくるのは、どんなときですか。
   (A) 雪のすくないときです。
   (B) お正月です。
   (C) 村で働くときです。
   (D) たくさんの人がスキーにくるときです。

> **풀이** 다음은 질문2, 3을 동시에 해결할 수 있는 문장이다. 「村(むら)の人たちにとっていちばん楽(たの)しいときは、若(わか)い人たちが帰(かえ)ってくるお正月(しょうがつ)です。」(마을 사람들에게 있어서 가장 기쁠 때는 젊은이들이 마을로 돌아오는 설입니다.)
>
> 정답 | (B)

3. 村の人たちにとって、いちばんたのしいときは、どんなときですか。
   (A) はたらきにでている人たちがかえってくるときです。
   (B) スキーをする人がたくさんくるときです。
   (C) 東京や大阪へはたらきにいくときです。
   (D) 若者が帰ってくる、雪がたくさん降るときです。

> **풀이** 정답을 고르는데 있어 본문에서 제시하는 것을 약간 변형한 내용이나 사족을 다는 답변 형태를 특히 주의해야 한다.
>
> 정답 | (A)

내가 태어난 곳은 인구가 적은, 작고 한적한 마을입니다. 마을에는 일할 곳이 없기 때문에, 젊은이들은 고등학교를 졸업하면, 대체로 도쿄나 오사카 등에 일하러 갑니다.

이 마을은 눈이 많은 것으로 유명한 곳입니다. 매년 겨울이 되면, 많은 사람이 스키를 타로 오기 때문에, 마을은 매우 활기를 띱니다. 하지만, 마을 사람들에게 있어서 가장 기쁠 때는 젊은이들이 마을로 돌아오는 설입니다.

2. JPT 고득점 어떻게 공략할 것인가?

1) 일러두기

1 이 책의 효과적인 정복을 위하여

이 책은 시험에 앞서 중요도에 따른 문법·문형 및 핵심 어휘를 체크하고 실전 문제에 대한 적응력을 높이게 하려는데 있다.

이 책을 집필함에 있어 세부 방향으로 가장 역점을 둔 부분은 다음과 같다.
① JPT 핵심 어휘에서 가장 많이 틀리는 부분을 점검하고 보충함
② JPT 문법·문형 및 순수 독해에서 가장 어려워하고 답답해하는 부분을 해독함

2 문제 선별에 대한 기준

① 항목 선별
450점, 600점, 800점대에 빈출되는 문법, 문형, 어휘를 문제로 제시하고 해결 포인트를 제공하였다.

② 지루한 나열식 설명을 피하고 구체적인 문제의 예와 변형된 사례를 제시하였다.
예를 들어 〈조사〉 중에서 출발점(격조사)이나 원인, 이유(접속 조사)를 나타내는 「から」를 설명할 때는 시험에 나올 수 있는 내용을 뽑아 「からある」 「からには」 「からといって」 「てからというもの」 등을 부각시켰다.

3 어휘력의 확장

초급부터 고급까지 난이도별, 품사별, 어휘별 확장을 통해 수험자가 레벨이 점점 올라가는 효과를 느낄 수 있도록 하였고 2달 후 어휘력의 자연스러운 확장을 도모하였다.
① 현재 자신의 점수에서 단시간 내에 점수를 올리고자 한다면 가장 점수를 확실하게 UP해 줄 수 있는 〈어휘&문법〉 문제를 공략하길 권한다. 특히 PART5, 6, 7에 대한 철저한 학습을 하자.
문법 및 어휘는 물론이고 전반적으로 기본기가 약해 항상 시험 결과가 600점 미만에서 맴도는 경향이 있다면 이 부분을 집중 공략하기 바란다.

② 예문은 가급적 실제 JPT에 근접한 어휘와 표현법에 근접한 것을 제시하였고, 중요 항목은 빠짐없이 문법적 해설을 하였다. 특히 문제에는 해석 및 파트별 문제 풀이의 핵심 요령을 알려주어 수험생 스스로가 문제를 보는 안목을 기르도록 하였다.

③ 〈기출 문제와 적중 예상 문제〉를 바탕으로 한 PART별 실전 문제를 출제하여, 수험생의 부족한 점과 이미 학습한 내용에 대한 적응력 및 문제 풀이 순발력을 기르도록 하였다. 수험생은 적어도 이 책을 3번 통독하기 바란다. 현재 여러분의 점수에서 100점 향상을 약속한다.

2) 내 점수대에 맞는 학습 방법을 찾아라!

2002년도를 기점으로 끝나 버린 흘러간 문제 풀이 요령 및 경향이 여러분의 점수를 확 올려 줬는지 궁금하다. 대체로 550점대 수험생들은 JPT수험 자세에 심각한 문제가 있음을 느낀다. 너무 요령 위주로 쉽게 점수를 얻으려고 한다. 노력은 치열하게 하지 않으면서 노력한 기간에 비해 점수를 거저 올리려는 경향이 많다. 그러나 그런 수험 대비 방식으로는 백년이 흘러도 고득점 대에 진입할 수 없다. 자신에게 너무 관대한 것을 버려야 한다. 여러분은 신경향 문제집 및 문제의 흐름에 집중해야 한다. 원시적인 신화에 현혹되지 말아야 한다. 550점 이상만 맞으면 되는 사람이라면 지금 방식대로 해도 무방하다. 그러나 고득점을 원하는 수험생이라면 내 말을 경청해 주기 바란다.

문법 문제의 예를 들어 보더라도 정답을 맞추지 못하는 가장 큰 원인은 문제의 포인트를 정확히 읽어 낼 수 있는 독해 능력이 아직 되어 있지 않던가, 근본적으로 접근조차 해 본 적이 없는 모르는 문법 사항이 많던가 둘 중 하나이다.

문법 사항을 알고 있는데도 틀렸다면 포인트를 읽어 내는 독해력이 부족한 것이므로, 이 책에 있는 포인트를 잘 읽고 문제를 해결해 가는 과정을 익히면 될 것이다. 즉, 문제를 보는 관점과 해결해 나가는 과정을 참고하여 다른 변형된 문제에 적용해 보라는 것이다. 또 어떤 문제에 나오는 문법 사항에 관한 문제에서 전혀 모르는 문제를 만났다면 그 항목을 기초부터 철저히 마스터해야 한다.

그런 점에서 고득점으로 도약하려는 수험생 여러분은 먼저 능력 시험 1, 2급 문법 및 문형 그리고 어휘에 해당하는 부분을 빠짐없이 공부하여 기본을 다지기 바란다. 그리고 여기서 출발하여 JPT 실전 문제 풀이 및 JPT시험이 추구하는 실용 일본어 능력을 향상시키는 시험공부를 반드시 따로 병행해 주어야 한다.

다음 문법 독해에 있어 나의 공부 경험을 소개하고자 한다.

첫째 >> 인정받으려면 노력해야 한다!

대학에서 일본어를 전공하면서, 어떤 일이 있어도 지켰던 원칙이 두 가지 있었다. 어학으로 어느 정도 인정을 받으려면 적어도 일정 기간은 집중적으로 노력하는 대가를 지불해야 한다고 생각한다. 먼저 나는 대학생 때 3년을 아침 7시 도서관에 도착하여 저녁 10시 반까지 특별한 날이 없는 한 지속적으로 공부했다. 보통 책상에 앉으면 2시간은 공부하고 10분 정도 몸을 풀며 쉬었다. 내 좌우에 앉아 있던 고시 준비생들과 거의 같은 수준의 공부를 하였다. 그럼 무엇이 이런 지독한 공부를 가능하게 했나? 그것은 개개인이 가진 절박성과 그에 대한 자각이 없으면 불가능하다고 본다.

두번째 >> 꼭 사전을 찾는다는 원칙이다.

나는 일본어 신문 사설을 복사하여 대학노트 한쪽에 붙이고 다른 한 페이지는 여백으로 남긴 다음 모르는 단어가 나오면 곰처럼 무식할 정도로 사전을 찾았다. 그런 기분 아는가? 내가 지금까지 알고 있던 단어의 의미가 다른 문장에서는 전혀 생소한 뜻으로 쓰일 때…! 그럴 때면 난 여지없이 빨간 줄을 그었다. 그렇게 모두 빨간 줄이 처진 사전을 대학생 때 두 권 삶아 먹었다. 사전을 효과적으로 공략하며 독해력을 향상시키기 위해 쉬운 일본어 원서를 지속적으로 보았다. 대개 일본어 문고판 소설이었는데 지금도 기억에 생생한 것은 신문 사설도 그렇지만 처음 일본 소설을 읽을 때 1페이지를 읽는데 단어를 찾으며 꼬리에 꼬리를 무는 식으로 공부하니 한나절이 훌쩍 지나갔다.

수험생 >> 에게 마지막으로 하고 싶은 말이 있다.

JPT 수험 준비에 있어 요령 주의와 테크닉의 맹신에 빠지지 말라는 것이다. 요령이란 기본기를 철저히 한 다음 다양한 문제를 풀어 가는 과정에서 나온 부산물일 뿐이다. 매일 매일 반복된 기본기와 문제풀이를 통해 공통적으로 적용되는 요령 및 테크닉을 더욱 발전시켜야 하는 것이다. 나는 현장 수업에서도 2개월 동안의 이런 혹독한 훈련 과정을 통해 현재의 본인 성적에서 100단위 레벨 업을 공약으로 내걸고 수업을 진행해 왔다. 고득점!! 그것은 결코 테크닉과 요령만으로는 이루어지지 않는다. 목표를 정하고 노력하는 것 못지않게 확실한 정보를 바탕으로 하여 문제에 대한 해독 연습을 해 준다면 훨씬 고득점에 이르는 시간을 단축시켜 줄 것이다. 하나의 문제는 그것으로 끝나지 않고 다른 유형의 문제로 변형될 뿐만 아니라 레벨을 달리하여 얼마든지 출제될 수 있음을 알고 패턴을 익히는 것도 중요하다.

3) JPT 학습 TIP

　개별 학습에서의 JPT 독해에 대한 종합적인 대책을 생각해 볼 때, 평소 일본인들의 일상생활과 관련된 어휘나 표현, 일본인과의 비즈니스 현장에서 접하는 실용문 위주의 학습이 중요하며, 특히 단어나 한자는 정확한 뉘앙스 및 발음을 암기해야 한다는 점이다. 만일 어떤 단어에 대해 대충 우리말 해석이나 또는 한자의 토(ふりがな)를 등한시하고 대충 우리말로 읽고 이해하는 식의 공부 방법은 실제 시험에서 전혀 도움이 되지 않음을 명심해야 한다.

　본서는 일본어 기초 과정을 최저 200시간 학습한 예비 수험생부터, 고득점을 목표로 하는 수험생을 염두에 두고 개발한 교재이다. 문제는 실제 문제에 가급적 근접한 형태로 만들어져 있으므로 실제 문제에 접하기 전 단기간에 독해 파트를 공략하고 자신의 실력을 측정해 보고자 하는 수험생에게 최적의 교재라고 생각한다. 특히 독해는 주어진 시간 50분 내에 100문항을 공략해야 하는 대부분의 수험자가 힘들어 하는 시간 배분의 중요성도 있으므로 실전에 임하는 자세로 이 책을 학습해 주길 당부한다.

1 PART5. 어휘

　한자 실력과 어휘력을 평가하는 파트로 표기 문제, 어휘의 정확한 의미와 동일 용법 문제 및 의미를 묻는 문제로 분류된다. 한자 문제는 반드시 출제되며 「훈독 문제」 6문항, 「음독 문제」 4문항이 출제된다. 일본어는 한자가 차지하는 비중이 크고, 읽는 법도 다양하므로 주의해야 한다. 동일 용법 및 의미를 묻는 문제는 단어의 다양한 용법을 잘 알고 있는가를 측정한다. 문장 안에서의 단어의 의미 변화에 주의하고 문장 자체의 의미 해석도 정확히 해야 한다. 평소 사전을 찾을 때 자기가 원하는 것만 보고 끝내지 말고 그 외 용법도 정리하는 자세가 필요하다. 또한 동의어나 관용구, 속담 등에 대한 풍부한 지식과 일본어에서 자주 쓰이는 관용적인 인사말에 대한 용법도 꼭 암기하도록 하자. 한 문제 당 10초~15초 사이에 해독하는 것이 시간 배분 상 최적이다.

어휘 한자 읽기, 한자 쓰기, 관용어, 다의어, 같은 용법 찾기

　이 파트는 일본어의 세세한 부분에 대한 평가라 할 수 있으므로 여러 가지 의미를 가지는 단어나 동일한 문법적 성분을 갖는 말들을 따로 정리해 두어야 한다.

　더불어 명사의 장, 단음 및 탁음의 존재 여부에 특별히 주의해야 한다. 이러한 장, 단음 및 탁음의 장

벽을 넘기 위해서는 단어를 무작정 암기하는 것이 아니라, 큰소리로 발음해 보며, 장, 단음과 독음의 존재 여부를 습관적, 감각적으로 익히려는 노력을 게을리해서는 안 되겠다.

2 PART6. 문법, 어휘

　네 개 중 틀린 하나를 고르는 문제로 비교적 어려운 부분으로, 문장 안에서 어구의 문법상 혹은 의미상의 오류를 판별하는 능력을 평가하는 파트이다. 이 유형은 의미의 오류에서 문법의 오류까지 출제 방식이 다양하여 일정한 규칙에 의해 풀기가 어려우므로 정확한 문법 지식과 어휘 실력을 요한다.

　우선 문장의 뜻을 파악해야 쉽게 틀린 부분을 찾을 수 있다. 잘못 사용된 조사, 접속사, 자동사, 타동사, 존경 표현 등이 출제된다. 서둘러 답을 체크해서 실수하는 일이 없도록 네 부분을 확실하게 다 확인하고 답을 고른다. 관용 표현을 알아야만 풀 수 있는 문제가 항상 여러 문제 출제되고 있으므로 평소 관용 표현에 관한 공부를 게을리해서는 안 된다. 실제 시험에서는 틀린 부분을 올바른 표현으로 고치는 것을 요구하지는 않지만, 평소 시험 준비를 할 때 틀린 부분을 바른 답으로 고칠 수 있을 정도의 실력을 쌓아 두어야 득점과 확실히 연결될 수 있다는 것을 잊지 말자.

　만약 모르는 문제가 나온 경우에는 계속 붙들고 시간을 낭비하지 말고, 남은 문제를 푼 뒤 다시 생각하는 시간 배분의 지혜가 필요하다.

어휘 관용 · 잘못된 한자 표기 · 의미상 어울리지 않는 어휘 · 의미 중복

　파트 6은 독해력뿐만 아니라 구두 또는 문자에 의한 정확한 표현력을 평가한다는 것에 주목적이 있으므로 이에 대한 대비책으로 읽고 쓰는 연습이 필요하다.

　읽기 능력을 배양하기 위해서는 시사적인 것 이외에 일문 대역본을 일독하는 것이 독해력을 평가하는 파트 8의 대비도 아울러 할 수 있다는 점에서 일석이조가 될 것이다.

　읽기와 쓰기는 양자 간에 밀접한 관련이 있으므로, 읽기는 그 자체만의 학습으로는 한계에 부딪히게 된다. 따라서 쓰기 능력 배양은 물론 읽기 능력의 무한한 신장을 위해서도 읽기 학습이 쓰기 학습과 병행되어야 한다는 점을 강조하고 싶다.

3 PART7. 문법, 어휘

공란 메우기는 문제의 공란에 가장 적절한 단어나 어구를 찾아 골라 넣는 문제이다. 문법, 어휘, 관용어, 의성어·의태어 문제 등 다양하고 폭 넓게 출제된다. 단순한 문법뿐 아니라 상투어, 낱말의 다양한 쓰임 등의 문제가 많이 출제되므로 관용어나 상투어 등은 확실히 익혀 두는 것이 좋다. 이 부분 역시 최대로 시간을 단축하여 「파트8」의 독해를 여유 있게 할 수 있도록 해야 한다.

문법 적당한 조사 넣기·품사(い형용사·な형용사·동사)의 활용·사역·수동·사역수동
어휘 적당한 어휘·의성어·의태어·올바른 문형

파트7은 수험생이 지금까지 공부한 언어 구사 능력을 종합적으로 테스트하는 문제 형식이다. 접속 및 의미를 충족시키는 가장 적절한 어구나 단어를 공란에 넣어 문장을 완성하는 경우이다. 긴 문장은 피하고 짧은 회화문을 취급해 보면 감각적으로 무엇이 가장 공란에 적합한가를 쉽게 찾을 수 있다.

4 PART8. 독해

독해문 문제는 속독·속해의 능력이 관건이 되는 파트이다. 문장을 읽고 질문에 답하는 문제와 도표를 보고 답하는 문제로 구성되어 있다. 일반적인 장문 독해뿐 아니라 광고나 편지문, 뉴스, 기사, 각종 안내문 등 실생활에 관련된 지문이 많이 출제된다. 따라서 일본어 실력에 더하여 논리적인 사고와 이해력, 순발력이 필요하다. 특별히 어려운 단어는 없는 편이며 시간만 있으면 초급 과정을 마친 학생도 풀 수 있는 수준이다. 정답은 본문을 제대로 파악하면 본문 내에 노출되어 있는 경우가 많다. 특히 독해문에서 자주 나오는 내용 중의 하나가 편지인데, 이 편지 내용이 문제로 나올 때는 맨 앞과 맨 뒤에 나오는 관용 문구에 대해 묻는 경우가 있으므로 비즈니스 편지문은 반드시 눈 여겨봐야 한다.

독해 문제는 여타 유형의 문제와 다소 차이가 있으므로 아래와 같은 요령의 학습이 중요하다.

첫째>> 제재가 일상적이고 구체적이기 때문에 일간지, 잡지의 기사와 각종 광고(상품, 구인, 안내문 등) 등을 광범위하게 읽어보아야 한다.

둘째>> 읽어 갈 때에는 제한 시간을 정하여 속독이 가능한지 수시로 체크해 보아야 한다.

셋째》》모르는 단어가 나오더라도 곧바로 사전을 펼칠 것이 아니라 전체 문맥을 통하여 그 적절한 의미를 추적해 본 다음 확인하는 것이 좋겠다.

이제까지 우리는 JPT를 각 분야별로 나누어 분석하고 대책을 세워 보았다. 누누이 지적해 온 바이지만 JPT는 단순한 기억력이나 문제 해결 능력을 평가하는 것이 아니라 언어로서의 일본어의 운용 능력, 즉 정보 교환이나 수단으로서의 일본어를 어느 정도 몸에 익히고 있는가를 측정하는 테스트(テスト)이다. 따라서 JPT에서의 고득점, 그것은 일본어의 습관화 이외의 어떠한 좋은 방법도 없다.

4) JPT 정기 시험 세부 전략!!

「JPT 독해 100문항」 45분에 끝내고 만점 맞기!!

고득점자 중에는 기본적인 한자 및 문법 문제를 파본 검사 및 청해 예문이 나오는 순간에 풀어 두는 사람이 있다. 그만큼 시간을 절약하여 순수 독해에 임하려는 의도에서이다. 따라서 동일한 의미를 찾는 문제나 동음이의어 문제에서 많은 시간이 소모되지 않도록 주의한다.

1 정답 찾기 문제

단어나 어구의 의미 파악 및 동일 용법에 대한 문제가 출제된다. 일일이 문제의 의도를 지시하지 않으므로, 수험자는 문장 속의 밑줄 쳐진 곳에 초점을 두고 문제를 풀면 된다. 밑줄이 없을 경우는 문장 전체에 대한 동일 용법 문제이다. 정답을 고르는 요령과 주의할 점은 다음과 같다. ①서둘러 답을 체크하지 말고 선택 문항 네 개를 모두 확실히 확인한 뒤 답을 고른다. ②다양한 용법을 가진 어휘가 있으므로 문맥을 정확히 파악해서 답을 고른다. ③이 파트에는 한자 문제가 반드시 출제되므로 한자 읽기와 표기, 특히 특수하게 읽는 한자어에 주의한다. 한자 문제는 「훈독 문제」 6문항, 「음독 문제」 4문항이 출제된다. 한자 문제는 밑줄 친 해당 한자 문제만을 집중하여 보고 바로 마킹을 하도록 하며 문제 당 2~3초를 넘지 않도록 한다. 동일 용법 및 의미를 묻는 문제에서는 다양한 용법을 가진 어휘가 있으므로 문맥을 정확히 파악해서 답을 고른다. 한 문제 당 10초~15초 사이에 해독하는 것이 시간 배분 상 최적이다.

2 동일 용법 및 의미를 묻는 문제

하나의 예문을 주고, 그 예문 안의 밑줄 친 똑같은 의미, 또는 문법적 성분을 갖는 말을 4개의 보기 중에서 골라내는 문제이다. 따라서 문장 안에서의 단어의 의미 변화에 주의하고 문장 자체의 의미 해석도 정확히 해야 한다. 평소 사전을 찾을 때 자기가 원하는 것만 보고 끝나지 말고 그 외 용법도 정리하는 자세가 필요하다. 예를 들어「はかる」는「시간, 무게, 길이 등을 재다, 측량하다」등의 뜻으로 쓰이며, 의미에 따라 한자는 각각 달라진다.「時間(じかん)を計(はか)る 시간을 재다・距離(きょり)を測(はか)る 거리를 측량하다・心(こころ)を量(はか)る 마음을 헤아리다」처럼 구분해 사용한다. 이렇게 문맥에 맞게 구별하여 사용할 수 있느냐를 묻는 문제, 이것이 시험에 출제되는 것이다. 또한 동의어나 관용구, 속담 등에 대한 풍부한 지식과 일본어에서 자주 쓰이는 관용적인 인사말에 대한 용법도 꼭 암기하도록 하자.

3 공란 메우기 문제

공란에 가장 적절한 단어나 어구를 찾아 골라 넣는 문제이다. 문법, 어휘, 관용어, 의성어・의태어 문제 등 다양하고 폭 넓게 출제된다. 문법 문제의 경우 단순한 문법 규칙을 체크하는 것이 아니라 평소에 익힌 문법 지식을 실제 생활에서 얼마나 활용할 수 있는가를 평가하는 것이다. 따라서 상투어, 단어의 다양한 쓰임 등 문법의 범주를 넘어선 문맥상의 이해를 필요로 하는「기능어」문제가 비교적 많이 출제되므로 관용어나 상투어 등은 확실히 익혀 두는 것이 좋다.

대부분 고난이도 문제에서는, 일본어로는 분명히 뉘앙스 차이가 있어 구별해 쓰지만 우리말로 해석이 비슷한 문제나 특히 같은 한자 문화권인 우리나라에서도 관용적으로 사용하는 어휘가 나오므로 정답을 고르는데 상당한 어려움이 있다. 단어의 정확성을 알고 고르는 것이 원칙이나 도무지 혼동이 될 경우에는 각 문항을 밑줄에 넣어 평소 공부한 대로 가장 자연스럽게 여겨지는 것을 고르면 된다. 이것이 효과가 있는 이유는 공란 메우기 문제의 성격은 단문형 문장을 문맥상 뜻이 통하는 글로 완성시킬 만한 구문 능력을 묻는 관용어, 상투어 문제가 많이 나오기 때문이다. 이때 주의할 점은 개별 어휘의 의미가 주어진 문제와 어울린다 하더라도 조사나 연결 형태에서 정답으로 선택할 수 있는지 여부를 판단해야 한다는 점이다.

5) JPT 고득점 전략 키워드 5

1 시험 대비의 기본자세

나는 대학에서 일본어를 전공하였다. 학과 신입생 오리엔테이션 시간에 나의 대학 생활을 방향 짓는 한 사건이 있었다. 그것은 일본에서 막 돌아 온 문부성 국비 유학생 출신 선배의 경험담을 들은 것이었다. 나는 선배의 자랑스러운 체험담을 들으며 가슴이 뛰었다. 나는 문부성 국비 유학 시험 합격을 나의 유일한 목표로 삼았다. 그리고 5년 후 나는 국비 유학생이 되었다. 시험의 고득점을 원한다면 고생해 가며 시험 대비를 할 만한 분명한 동기가 있어야 할 것이고 나름의 득점 목표를 설정해야 할 것이다. 혹시 미래를 대비하기 위해 우선 점수를 따 놓고자 하는 사람일지라도 의식적으로라도 도달 점수에 대한 목표를 설정하는 것이 시험 대비를 지속할 수 있는 비결이다. 나는 학원에서 강의를 하며 목표 의식이 분명한 학생과 반대의 경우에 학습에 대한 열의와 노력의 강도가 엄청나게 차이가 있음을 똑똑히 보았다. 전자는 끝까지 남아 공부하다 한 달 후에 웃으며 인사하고 갔고, 후자의 경우는 정확히 10일 후에 바람과 함께 사라졌다. 구체적 목표를 설정하기 바란다. 그리고 공부할 때 주변을 단순하게 만들어라. 즉, 몰두할 수 있는 분위기를 만들어라. 당장 지금 볼 책을 제외한 다른 책들은 책상 위에서 치워 버려라. 그리고 구체적인 학습 계획과 나름의 진도 체크를 할 수 있는 계획표를 만들어라. 시험 전날에는 불필요한 마찰을 피하고 자신의 마음을 가다듬고 적절한 휴식을 취하며 좋은 기분을 유지하도록 한다. 즉 중요한 일을 앞 둔 사람이 취할 상식적인 행동을 하며 자신을 관리하기 바란다.

2 공신력 있는 기본서 확보

우리가 명품, 원조를 찾는 이유는 그것들에는 다른 모조품이 절대 따라올 수 없는 고유의 가치와 권위가 있기 때문이다. 여러분은 김치의 원조가 일본이라고 한다면 동의할 수 있겠는가? 결코 그렇지 않다고 할 것이다. 그러나 JPT 관련 참고서를 고르는 학생들의 자세는 정보의 부족 탓인지 아니면 JPT라는 제목의 책이면 무조건 다 똑같다는 생각인지 이러한 원조 개념, 즉 공신력과 실제 문제에 근접한 차별화 된 참고서를 고르는데 인색하다. 「기무치」를 먹고 그것이 김치 맛으로 안다면 얼마나 사실과 동떨어진 착각인가? 일본어 시험 역시 종류도 많다. 저마다 자신들이 주관하는 시험의 우월성을 말하고 있다. 그러나 시험의 공신력이란 얼마나 많은 단체나 회사가 그곳에서 실시한 시험 점수를 채택하는가에 달려 있다. 남이 인정하고 받아 줄 때 공신력이 생기는 것이지 무늬만 JPT와 비슷하다고 해서 다 통용되는 것이라고 생각해서는 안 될 것이다. 나는 여러 정황을 볼 때 현재로서 공신력 있는 시험은 TOEIC 위원회에서 시행하는 JPT와 매년 12월에 보는 JLPT 외에는 없다고 생각한다. 이 시험들은 영어에 비유하자면 〈토익〉〈토플〉같은 격으로 보면 된다. 그 중에서도 JPT에 대한 공신력 있는 시험으로서의 채택과 응시자의 수는 매년 꾸준히 늘고 있다.

3 수업을 병행하는 자세와 효율적인 복습

JPT 고득점은 문제 풀이의 양에서 결정되는 것이 아니라 문제 풀이의 방법, 다루는 문제의 질, 공부하는 자세에서 판가름 난다고 본다. 그런 의미에서 학원이나 학교에서 하는 것처럼 짜깁기 문제 2회 내지 3회분 한 달 완성 가지고는 별로 효과가 없다. 또한 뻔한 레벨을 정해 놓고 그에 해당하는 레벨의 문제만 풀고 만다는 것은 실제 JPT 출제 경향을 몰라도 한참 모르는 것이다. 우선 실제 기출문제를 풀어 보고 자기가 특히 부족한 부분을 간파하는 것이 중요하다. 수험생마다 특별히 약한 부분이 있기 마련이다. 본인이 먼저 자신의 약한 부분을 알아야 대부분 종합적으로 진행되는 수업에서 자신의 약한 부분에 더욱 집중할 수 있는 것이다. 수업을 통해 더 많은 것을 알아내고 주문할 수 있어야 한다. 그래서 나 자신도 틀린 문제 위주의 해설을 하는 것이다. 시험 준비에 가장 안정적인 시작은 6개월 전부터 목표 점수를 설정하고 시작하는 것이 좋다. 정말 딱한 것은 1, 2달 앞두고 시험 준비를 시작하면서 도달하기 어려운 점수를 목표로 하는 학생들을 볼 때이다. 또 장기 목표를 세웠다 하더라도 효과적인 시험공부에는 고비가 여러 번 있다. 바로 실력이 쭉쭉 늘지 않을 때 좌절감을 느끼는 것이 그것이다. 그러나 분명히 알아야 한다. 개인차를 인정한다 하더라도 실력은 100점대 이상의 점수 향상은 학습 시간이나 문제 풀이 양에 무조건 비례하는 것이 아니다. 특히 어학은 일정 기간 동안의 잠복기를 거쳐 계단식으로 일정 레벨에 도약하는 것이므로 2개월 단위의 모의고사 결과가 뚜렷한 효과가 없다 하더라도 6개월 정도의 한 바퀴를 돌 때까지는 지속적인, 정형화된 학습이 필요하다. 특히 학원 및 학교 수업을 병행하는 경우에는 복습에 많은 비중을 두고, 자신만의 〈오답 노트〉〈단어장〉을 꼭 만들도록 권하고 싶다.

4 기출문제 분석과 모의고사 활용

고득점에 지름길은 없으나 효과적인 바른길은 있다. 그 효과적인 공략 방법이 기출문제를 풀어 보고 자신의 약점을 빨리 보완하는 길이다. 여타 시험과는 달리 JPT는 문제를 공개하지 않는다. 오히려 문제 유출에 대해 무척 엄격한 제재를 가하는 편이다. 그러나 방법은 있다. 정상적인 루트를 통해 공개된 기출 문제집과 주관사의 문제집을 통해 대략적인 윤곽을 잡을 수 있다. 나는 수업 중에도 새로운 문제를 풀 때는 실전 시험과 동일한 환경 하에서 먼저 학생들에게 문제를 풀게 하고 오답 정리를 하는 강의를 일관되게 해 오고 있다. 왜 그런가? 시험 대비에 관한 한 나의 지론은 먼저 자신의 현재 실력에 대한 객관적 확인이 있은 후에야 비로소 약점에 대한 효과적인 보완 및 학습 방법이 나올 수 있기 때문이다. 출제자는 학습자가 어떤 부분을 더욱 공을 들여 공부해야 하는지를 기출문제를 통해 말해 주고 있다. 이것을 무시하고 열심히 엉뚱한 곳, 뻔히 아는 내용을 열심히 한다고 한들 무슨 효과가 있겠느냐는 말이다. 그야말로 지피지기(知彼知己)이면 백전불패(百戰不敗)인 것이다. 또한 모의고사는 실제 시험과 동일한 환경에서 실시하는 실전력을 기르는 기회이므로 적극 응시하여 실전 경험을 쌓으라는 것이다. 수험자는 대부분 자신의 실력을 미리 측정해 보는 것에 근본적으로 거리낌이 있다. 그러나 그 결과에 연연할 필요가 없다. 오히려 시험 대비에 긴장감을 주는 좋은 기회로 모의고사를 활용할 필요가 있다고 본다.

5 기본서의 반복 학습과 사전의 중요성

일단 여러분이 가지고 있는 JPT관련 참고서가 몇 권인가 세어 보라! 그 중에서 처음부터 끝까지 본 책이 몇 권 있는가? 참고서는 분야별 2종을 넘기지 않도록 한다. 끝까지 안 본 책이 2권 이상이면 일단 제대로 방향을 잡고 공부하는 상태가 아니라고 봐도 무방하다. 아니면 기본서 선택을 애초부터 잘못한 결과라고 본다. 폭넓게 검증된 기본서를 확보하지 못한 채, 이 책 저 책 보다 보면 실패하기 마련이다. 가만히 살펴보면 자기가 결국 정복하지 못한 과목의 참고서가 제일 많은 것을 알게 된다. 그러나 내가 마스터한 것은 의외로 참고서 수가 적은 경험을 해 봤을 것이다. 책을 처음부터 끝까지 보는 것이 중요하다. 통독을 권한다. 매번 〈제 1장 명사 편〉만 보고 덮어 버린 경우가 얼마나 많은가. 통독을 하면서 세밀하게 들어갈 부분은 나중에 다시 확인하는 작업이 필요하다. 사전도 마찬가지다. 전자 사전 말고 여러분의 손 때 묻은 딱 한 권의 사전이 있는가 말이다. 나는 학생 시절에 사전을 2권정도 삶아 먹었다. 삶아 먹었다는 의미는 그야말로 눈감고 찾아도 내가 찾고자 하는 단어를 펼 수가 있었다는 말이다. 이런 방법이 무식해 보이는가? 아니다. 전자 사전이 나오고 더 편리한 것들이 나오더라도 어학 정복에는 만고불변의 과정이 있는 것이다. 자꾸 찾아서 여러분의 손에 꽉 잡히는 감이 좋은 사전 하나 없었다면 지금부터라도 그런 습관을 들이도록 노력해야 한다. 그것도 가급적 JPT의 경우에는 일일사전(日日辞典)을 뒤져 가며 어휘를 파악하도록 하자. 왜? JPT는 한마디로 문장의 오류 없이「이 표현을 다른 유사한 성격의 다른 말로 바꾸는」문제이기 때문이다. 그러자면 일본어를 일본말로 풀어놓은 사전으로 공부해야 유리하지 않을까? 그러나 당장 그럴 마음이 없다면 일한사전(日韓辞典)을 찾을 때 우리말 해석만 보지 말고 이 말이 일본어 속에서 어떻게 녹아 있는지 예문 내의 〈쓰임새, 의미〉를 꼭 알아두어야 한다.

Section. Ⅱ

PART 5

1. 알고 넘어가기
기본 한자 읽기 | 한자 숙어 읽기 | 틀리기 쉬운 한자

2. 유형별 문제 분석
같거나 비슷한 음독을 가진 한자 중 올바르게 쓴 것을 찾는 유형
한자를 올바로 읽은 것을 찾는 유형
문제와 같은 의미를 가진 어휘를 찾는 유형

PART 6

1. 알고 넘어가기
문장에 밑줄 친 부분 중 오류 찾기 | 틀리기 쉬운 오용 표현
시험에 자주 출제되는 관용구

2. 유형별 문제 분석
조사의 오용 | 자/타동사의 구별 | 접속 형태 | 관용 표현 | 품사의 활용
잘못된 한자 표기 | 의미상 어울리지 않는 단어
올바른 존경어 겸양어의 사용

PART 7

1. 알고 넘어가기
문장의 빈칸에 맞는 말 고르기 | 시험에 자주 출제되는 의성어·의태어
시험에 자주 출제되는 속담

2. 유형별 문제 분석
적절한 조사 넣기 | 품사의 활용 | 사역, 수동, 사역수동
의미상 적절한 어휘 넣기 | 의성어·의태어 | 올바른 문형 사용
접속사 | 가타카나의 사용 | 올바른 존경어·겸양어의 사용

PART 8

1. 유형별 문제 분석
문제의 유형 | 지문의 유형

PART 5

1 알고 넘어가기

1 기본 한자 읽기

(1) 음독 [音読(おんよ)み]
한자를 읽을 때 중국 원음에 가깝게 소리 나는 대로 읽는 것을 말한다.
- 外国(がいこく) 외국
- 外科(げか) 외과
- 行動(こうどう) 행동
- 行列(ぎょうれつ) 행렬
- 時間(じかん) 시간
- 人間(にんげん) 인간

(2) 훈독 [訓読(くんよ)み]
한자의 뜻을 일본어로 알기 쉽게 풀어서 읽는 것을 말한다.
- 日(ひ) 해
- 月(つき) 달
- 光(ひかり) 빛
- 花(はな) 꽃
- 青(あお)い 파랗다

2 한자 숙어 읽기

(1) 음(音)과 음으로 읽는 경우
- 教育(きょういく) 교육
- 午後(ごご) 오후
- 会社(かいしゃ) 회사
- 医者(いしゃ) 의사
- 映画(えいが) 영화
- 学生(がくせい) 학생

(2) 훈(訓)과 훈으로 읽는 경우
- 着物(きもの) 기모노
- 建物(たてもの) 건물
- 手紙(てがみ) 편지
- 子供(こども) 아이
- 天(あま)の川(がわ) 은하수

(3) 음과 훈으로 읽는 경우
- 台所(だいどころ) 부엌
- 仕事(しごと) 일, 직업
- 本屋(ほんや) 서점
- 毎朝(まいあさ) 매일 아침
- 地道(じみち) 착실한 태도
- 行方(ゆくえ) 행방

(4) 훈과 음으로 읽는 경우
- 荷物(にもつ) 짐
- 合図(あいず) 신호
- 値段(ねだん) 가격
- 場所(ばしょ) 장소
- 赤字(あかじ) 적자
- 大掃除(おおそうじ) 대청소
- 内幕(うちまく) 내막, 내부 사정

(5) 특수하게 읽는 경우
- 明日(あす) 내일
- 今朝(けさ) 오늘 아침
- 田舎(いなか) 시골, 고향
- 果物(くだもの) 과일
- 風邪(かぜ) 감기
- 部屋(へや) 방

□ 梅雨(つゆ) 장마
□ 八百屋(やおや) 야채 가게

(6) 국자 [国字(こくじ)]
일본에서 만든 한자를 말한다.
□ 働(はたら)く 일하다, 움직이다
□ 畑(はたけ) 밭
□ 峠(とうげ) 고개

3 틀리기 쉬운 한자

(1) 동자이음(同字異音) 및 동자이훈(同字異訓) : 글자는 같으나 음 혹은 훈이 다른 것

一
① 一番(いちばん) 가장, 제일
② 一回(いっかい) 1회, 한 번
③ 唯一(ゆいいつ) 유일
　 画一(かくいつ) 획일

有
① 有利(ゆうり) 유리
　 有意義(ゆういぎ) 의의가 있음
② 有無(うむ) 유무
　 有頂天(うちょうてん) 기뻐서 어쩔 줄 모름

気
① 気温(きおん) 기온
　 気持(きも)ち 기분
　 病気(びょうき) 병
　 意気込(いきご)み 패기
　 気軽(きがる)だ 부담 없다
　 平気(へいき)だ 태연하다
　 気候(きこう) 기후
② 気配(けはい) 기운, 기색
　 湿気(しっけ) 습기
　 湿(しめ)り気(け) 습기
　 火(ひ)の気(け) 불기
　 寒気(さむけ) 오한
　 気高(けだか)い 고상하다
③ 湯気(ゆげ) 김, 수증기
　 健気(けなげ)だ 부지런하다
④ 意気地(いくじ) 패기

会
① 会議(かいぎ) 회의
　 都会(とかい) 도회
② 会釈(えしゃく) 목례, 가볍게 인사함

合
① 合格(ごうかく) 합격
　 合理的(ごうりてき) 합리적
　 集合(しゅうごう) 집합
　 都合(つごう) 형편, 사정
② 合作(がっさく) 합작
　 合唱(がっしょう) 합창
③ 合図(あいず) 신호
　 場合(ばあい) 경우
　 具合(ぐあい) 사정
　 試合(しあい) 시합
　 組合(くみあい) 조합

下
① 下線(かせん) 밑줄
　 下降(かこう) 하강
② 下水(げすい) 하수
　 下落(げらく) 하락
　 下宿(げしゅく) 하숙

物
① 動物(どうぶつ) 동물
　 見物(けんぶつ) 구경, 구경꾼

博物館(はくぶつかん) 박물관
農作物(のうさくぶつ) 농작물
＝「作物(さくもつ)」
飲食物(いんしょくぶつ) 음식물
＝「食物(しょくもつ)」
天然記念物(てんねんきねんぶつ) 천연기념물
好物(こうぶつ) 좋아하는 음식
▷「大好物(だいこうぶつ) 아주 좋아하는 음식」
② 物価(ぶっか) 물가
物品税(ぶっぴんぜい) 물품세
③ 食物(しょくもつ) 음식물, 식품
荷物(にもつ) 짐
穀物(こくもつ) 곡물
禁物(きんもつ) 금물
貨物(かもつ) 화물
④ 果物(くだもの) 과일
品物(しなもの) 물건
建物(たてもの) 건물
買物(かいもの) 물건 사기
獲物(えもの) 사냥감
土産物(みやげもの) 여행지에서 사 온 선물
物語(ものがたり) 이야기

解
① 解散(かいさん) 해산
解決(かいけつ) 해결
② 解熱剤(げねつざい) 해열제
解毒(げどく) 해독

作
① 作文(さくぶん) 작문
作者(さくしゃ) 작자
作品(さくひん) 작품
作物(さくもつ) 농작물
② 作用(さよう) 작용
作業(さぎょう) 작업
作動(さどう) 작동
操作(そうさ) 조작
無造作(むぞうさ) 아무렇게나 함, 대충대충 함
③ 作家(さっか) 작가
作曲(さっきょく) 작곡

強
① 勉強(べんきょう) 공부
強調(きょうちょう) 강조
② 強引(ごういん) 억지로 함, 강제적임
強情(ごうじょう) 고집, 완고함

図
① 図書館(としょかん) 도서관
② 合図(あいず) 신호, 사인
図画(ずが) 그림
地図(ちず) 지도
指図(さしず) 지시 ＝「指示(しじ)」
案内図(あんないず) 안내도

日
① 日曜(にちよう) 일요일
日常(にちじょう) 일상
毎日(まいにち) 매일
② 日記(にっき) 일기
③ 日本(にほん) 일본
④ 祝日(しゅくじつ) 축일
先日(せんじつ) 지난날
翌日(よくじつ) 다음날
休日(きゅうじつ) 휴일
本日(ほんじつ) 오늘

後日(ごじつ) 후일, 나중
⑤ 日付(ひづけ) 날짜
日当(ひあた)り 양지
月日(つきひ) 세월
⑥ 記念日(きねんび) 기념일
誕生日(たんじょうび) 생일
公休日(こうきゅうび) 공휴일
創立記念日(そうりつきねんび) 창립기념일
⑦ 一日(ついたち) 초하루
⑧ 二日(ふつか) 이일
十日(とおか) 십일

漁
① 漁業(ぎょぎょう) 어업
漁船(ぎょせん) 어선
② 漁師(りょうし) 어부

文
① 文学(ぶんがく) 문학
文化(ぶんか) 문화
文章(ぶんしょう) 문장
訳文(やくぶん) 번역문
② 文字(もじ) 문자
③ 千字文(せんじもん) 천자문
文句(もんく) 불평, 불만
古文書(こもんじょ) 고문서

興
① 興味(きょうみ) 흥미
② 興奮(こうふん) 흥분
復興(ふっこう) 부흥

行
① 行動(こうどう) 행동
② 行事(ぎょうじ) 행사
行列(ぎょうれつ) 행렬

行儀(ぎょうぎ) 예의, 예의범절
③ 行(ゆ)き来(き) 왕래
④ 行方(ゆくえ) 행방
⑤ 行(おこな)い 행실, 행위

口
① 口座(こうざ) 계좌
口実(こうじつ) 구실
② 口調(くちょう) 어조, 말투
異口同音(いくどうおん) 이구동성

学
① 学生(がくせい) 학생
儒学(じゅがく) 유학
② 学校(がっこう) 학교

地
① 地面(じめん) 지면
地震(じしん) 지진
地元(じもと) 그 지방사람, 토박이
意地(いじ) 마음씨, 근성, 고집
② 地方(ちほう) 지방
地理(ちり) 지리
地下鉄(ちかてつ) 지하철
土地(とち) 토지

後
① 午後(ごご) 오후
食後(しょくご) 식후
② 後半(こうはん) 후반
後悔(こうかい) 후회
後遺症(こういしょう) 후유증

大
① 大統領(だいとうりょう) 대통령
大体(だいたい) 대체
大事件(だいじけん) 대사건
大学(だいがく) 대학

大臣(だいじん) 대신, 장관
　② 大陸(たいりく) 대륙
　　　大変(たいへん) 대변, 큰 사건
　　　大切(たいせつ) 중요하다
　③ 大(おお)きい 크다

元
　① 元気(げんき) 건강, 기운
　　　中元(ちゅうげん) 백중날
　② 元日(がんじつ) 설날
　　　元来(がんらい) 원래

発
　① 発明(はつめい) 발명
　　　発電(はつでん) 발전
　　　発言(はつげん) 발언
　　　発売(はつばい) 발매
　　　開発(かいはつ) 개발
　② 発見(はっけん) 발견
　　　発達(はったつ) 발달
　　　発展(はってん) 발전
　　　発揮(はっき) 발휘
　③ 出発(しゅっぱつ) 출발
　④ 発議(ほつぎ) 발의
　⑤ 発作(ほっさ) 발작

雑
　① 複雑(ふくざつ) 복잡
　　　混雑(こんざつ) 혼잡
　② 雑誌(ざっし) 잡지
　③ 雑木林(ぞうきばやし) 잡목림
　　　雑巾(ぞうきん) 걸레

場
　① 入場(にゅうじょう) 입장
　　　会場(かいじょう) 회의장
　　　上場(じょうじょう) 상장
　② 広場(ひろば) 광장
　　　立場(たちば) 입장
　　　役場(やくば) 관청
　　　場所(ばしょ) 장소
　　　場合(ばあい) 경우
　　　現場(げんば) 현장

質
　① 性質(せいしつ) 성질
　② 質素(しっそ) 검소함, 간소함
　③ 質屋(しちや) 전당포
　④ 気質(かたぎ) 기질, 성향
　⑤ 人質(ひとじち) 인질

省
　① 省略(しょうりゃく) 생략
　② 反省(はんせい) 반성
　　　帰省(きせい) 귀성

中
　① 中心街(ちゅうしんがい) 중심가
　　　勉強中(べんきょうちゅう) 공부 중
　　　運動中(うんどうちゅう) 운동 중
　② 世界中(せかいじゅう) 전 세계
　　　一日中(いちにちじゅう) 하루종일
　③ 背中(せなか) 등
　　　夜中(よなか) 한밤 중

色
　① 無色(むしょく) 무색
　　　特色(とくしょく) 특색
　　　難色(なんしょく) 난색
　② 色彩(しきさい) 색채
　　　景色(けしき) 경치
　③ 色(いろ) 색깔, 표정, 기색

間
　① 時間(じかん) 시간

間
② 人間(にんげん) 인간
③ 応接間(おうせつま) 응접실
④ 間柄(あいだがら) 관계, 사이

納
① 納入(のうにゅう) 납입
　結納(ゆいのう) 약혼의 증거로 예물을
　교환하는 일
② 出納(すいとう) 출납
③ 納得(なっとく) 납득

人
① 人形(にんぎょう) 인형
　人情(にんじょう) 인정
② 人口(じんこう) 인구
　人件費(じんけんひ) 인건비
　韓国人(かんこくじん) 한국인
③ 人質(ひとじち) 인질
　人手(ひとで) 일손, 일꾼, 인력
　▷「人手不足(ひとでぶそく)
　　일손 부족, 인력 부족」
④ 旅人(たびびと) 나그네
⑤ 一人(ひとり) 한 명

言
① 発言(はつげん) 발언
　失言(しつげん) 실언
② 伝言(でんごん) 전할 말
　過言(かごん) 과언
　遺言(ゆいごん) 유언
　無言(むごん) 무언

率
① 比率(ひりつ) 비율
　確率(かくりつ) 확률
② 統率(とうそつ) 통솔
　引率(いんそつ) 인솔

分
① 分別(ふんべつ) 분별, 철, 지각
② 分別(ぶんべつ) 분류, 종류에 따라 구별함
　分割(ぶんかつ) 분할
　分担(ぶんたん) 분담
③ 五分五分(ごぶごぶ) 우열이 없음, 반반임

名
① 署名(しょめい) 서명
② 名字(みょうじ) 이름

命
① 命令(めいれい) 명령
　亡命(ぼうめい) 망명
② 寿命(じゅみょう) 수명

직전 확인 테스트 1

■ 한자에 해당하는 독음과 뜻을 적으시오.

>> 음독

1. 一対 _____
2. 一泊二日 _____
3. 縁起 _____
4. 音頭 _____
5. 格好 _____
6. 勘定 _____
7. 口調 _____
8. 工面 _____
9. 怪我 _____
10. 化粧 _____
11. 懸念 _____
12. 気配 _____
13. 更新 _____

14. 暫定 _____
15. 首脳 _____
16. 奨学金 _____
17. 首相 _____
18. 慎重 _____
19. 専門 _____
20. 総合 _____
21. 待遇 _____
22. 妥協 _____
23. 天然 _____
24. 装飾品 _____
25. 被疑者 _____
26. 被災地 _____
27. 不始末 _____
28. 無精者 _____
29. 優遇 _____
30. 留守 _____
31. 融資 _____
32. 予習 _____

8. 得手 _____
9. 大筋 _____
10. 絆 _____
11. 組立 _____
12. 杯 _____
13. 支度 _____
14. 筋 _____
15. 建前 _____
16. 旅 _____
17. 手配 _____
18. 扉 _____
19. 取引先 _____
20. 取締役 _____
21. 成行 _____
22. 値 _____
23. 花柄 _____
24. 節目 _____
25. 二重 _____
26. 振替 _____
27. 的 _____
28. 湖 _____
29. 見積り _____
30. 見通し _____
31. 見習い _____
32. 身元 _____
33. 旨 _____
34. 病 _____
35. 割安 _____

》훈독

1. 赤字 _____
2. 天下り _____
3. 天の川 _____
4. 受付 _____
5. 内幕 _____
6. 内訳 _____
7. 内輪 _____

(2) 동음이자(同音異字)

출제 경향을 보면 한자의 음은 같으나 글자가 다른 한자「동음이자(同音異字)」및「음이 동일하나 문맥에 따라 다른 의미로 사용되는 어휘」는 독해 문제 중 정답 찾기에서 자주 출제된다.

- あう　　合う 맞다, 어울리다
　　　　会う 만나다
　　　　遭う 재난, 사고를 만나다

- あける　明ける 밝아지다
　　　　空ける 시간을 비워 두다
　　　　開ける 열다

- あてる　充てる 충당하다, 돌리다
　　　　当てる 할당하다, 배당하다
　　　　宛てる ~앞으로 보내다

- あらい　荒い 거칠다
　　　　粗い 조잡하다

- あらわす　現わす 나타내다, 드러내다, 밖으로 알리다
　　　　　表わす 표현하다, 상징하다
　　　　　著わす 책을 쓰다, 저술하다

- いたむ　痛む 아프다
　　　　傷む 상하다
　　　　悼む 애도하다

- いる　　居る 있다
　　　　要る 필요하다
　　　　入る 들어가(오)다

- うつ　　打つ 두드리다, 치다
　　　　撃つ 저격하다
　　　　討つ 공격하여 정벌하다

- うすい　薄い ① 얇다　② 맛이 싱겁다
　　　　　　　③ 적다, 희박하다, 박하다

- うつす　写す 베끼다, 찍다
　　　　映す 비치게 하다
　　　　移す 옮기다

- おう　　負う 짊어지다
　　　　追う 쫓다

- おくれる　遅れる 시간적으로 늦어지다
　　　　　後れる 거리, 진도, 유행에 뒤떨어지다

- おさえる　抑える 막다, 억제하다
　　　　　押える 압류하다, 확보하다

- おさめる　修める 닦다, 수양하다, 배워 익히다
　　　　　収める 얻다, 거두다
　　　　　治める 다스리다, 수습하다
　　　　　納める 바치다, 납입하다, 납부하다

- おろす　下ろす ① 내려뜨리다
　　　　　　　② 꺼내다, 인출하다
　　　　降ろす 위에서 아래로 옮기다, 내리다

- かう　　買う 사다
　　　　飼う 기르다

| □ かえす | 返す (본디 상태로)되돌리다
帰す 돌려보내다
反す 뒤집다 | □ こたえる | 答える 대답하다
堪える 견디다, 참아 내다
応える 사무치다, 외부에서 좋지 않은
　　　자극이나 영향을 몹시 받다 |

| □ かえる | 返る (본디 상태로)돌아가다
帰る 돌아가다
替える 갈다, 교체하다
変える 바꾸다, 교환하다, 변경하다
代える 대신하다
換える 바꾸다, 교환하다 | □ さがす | 探す 원하는 것을 찾다
捜す 없어진 것을 찾다 |

| | | □ さき | 先 ① 시간, 순서의 선두
　　② 장래, 앞날, 전도
　　③ 방향의 앞쪽, 전방
　　④ 끝, 끝머리
　　⑤ 먼저, 우선 |

□ かかる　係る 어떤 사람의 행위에 의하다,
　　　　　　　관계되다
　　　　　架かる 연결되다, 이어지다,
　　　　　　　가설되다, 걸치어 놓다
　　　　　掛かる 걸리다, 매달리다

□ さす　差す (우산을)쓰다
　　　　指す 가리키다
　　　　刺す 찌르다

□ かする　課する 과하다, 부과하다
　　　　　科する 형벌을 가하다, 처벌하다

□ しめる　締める 죄다
　　　　　絞める (목 등을)졸라매다
　　　　　閉める 닫다
　　　　　占める 차지하다

□ かわる　代わる 교대하다, 남을 대리하다
　　　　　変る 변하다, 변화하다

□ すすめる　進める 앞으로 나아가게 하다,
　　　　　　　　진척시키다
　　　　　　勧める 권하다
　　　　　　薦める 추천하다

□ きく　効く 효력이 있다, 효과가 있다, 잘 듣다
　　　　利く 효과가 나타나다
　　　　聞く 듣다, 묻다, 질문하다
　　　　聴く 소리, 말을 귀 기울여 듣다

□ こえる　越える (높은 곳 등을)넘다
　　　　　超える 초월하다
　　　　　肥える 살이 찌다, 토지가 비옥해지다

□ する　擦る 문지르다, 비비다, 밀다
　　　　刷る 인쇄하다, 박다
　　　　為る 하다

[する(為る)]

자동사 용법

①「～がする」: 감각 기관을 통해「소리, 맛, 향」등이 느껴지다, 몸에 어떤 이상이 느껴지다, 마음에 어떤 기분이나 감정을 느끼다

②(금액을 나타내는 말에 붙어)값이 나가다

③(시간을 나타내는 말에 붙어)시간이 경과하다

타동사 용법

④「～をする」: 자신의 의지로 어떤 일, 동작, 역할을 하다

⑤「～にする」: 어떤 것을 다른 형태나 다른 상태가 되게 하다

*이때「する」는 작용하는 사람이 존재하는 의도적 변화를 나타낸다. 비슷한 어감을 가지는 같은 계열로 화자의 의지, 결의를 나타내는 「～ようと(に)する」(～하려고 하다)「～ことにする」(～하기로 하다) 등이 여기에 속한다.

⑥「～を～にする」: 어떤 것을 어떤 용도로 배당하다

⑦「～を～(と)にする」: 어떤 것을 그와 같은 자격이나 가치를 가진 것으로 취급하다

□ たずねる　尋ねる 묻다
　　　　　　訪ねる 방문하다

□ ただす　　正す 바로잡다
　　　　　　質す 묻다, 질문하다
　　　　　　糺す、糾す 조사하여 밝히다

□ たつ　　　立つ 일어서다
　　　　　　建つ 건물이 서다
　　　　　　経つ 시간이 지나다
　　　　　　断つ 보급을 끊다
　　　　　　絶つ 목숨을 끊다
　　　　　　発つ 출발하다

□ つぐ　　　次ぐ 뒤따르다
　　　　　　注ぐ 붓다, 쏟다, 따르다
　　　　　　接ぐ 접붙이다
　　　　　　継ぐ 계승하다

□ つける　　漬ける 잠그다, 담그다
　　　　　　着ける 앉히다
　　　　　　付ける 붙이다, 기입하다

□ つく　　　付く 붙다, 생기다, 들어오다
　　　　　　着く 도착하다
　　　　　　就く 취임하다, 종사하다
　　　　　　浸く 침수되다
　　　　　　突く 찍다, 찌르다, 치다
　　　　　　吐く (숨을)쉬다
　　　　　　点く 켜지다

□ つとめる　勤める 근무하다, 종사하다
　　　　　　努める 힘쓰다, 노력하다
　　　　　　勉める 힘쓰다, 노력하다
　　　　　　務める 맡은 일을 하다, 임무를 맡다

□ とける　　解ける 풀리다, 해소되다
　　　　　　溶ける 물에 녹다

□ とまる　　止まる 멈추다
　　　　　　泊まる 묵다, 숙박하다

- [ ] とる　　　取る 잡다, 취하다, 따다
　　　　　　　採る 뽑다, 채용하다, 채집하다
　　　　　　　執る 직무로 취급하다, 맡다, 사무를 보다
　　　　　　　撮る (사진을)찍다
　　　　　　　捕る 잡다, 포획하다, 체포하다

- [ ] なおす　　直す 고치다
　　　　　　　治す 치료하다

- [ ] のぞく　　除く 제외하다, 없애다
　　　　　　　覗く 엿보다

- [ ] のびる　　伸びる 자라다
　　　　　　　延びる 연기되다

- [ ] のぼる　　上る 올라가다, 오르다
　　　　　　　登る 비탈길을 오르다
　　　　　　　昇る 해·달이 뜨다, 승급하다

- [ ] のる　　　乗る 타다, 실리다, 남의 언동에 넘어가다, 리듬에 맞다
　　　　　　　載る 실리다

- [ ] あたたかい　暖かい (기후가)따뜻하다
　　　　　　　温かい (분위기·마음씨가)훈훈하다

- [ ] あつい　　厚い 두껍다
　　　　　　　暑い 덥다
　　　　　　　熱い 뜨겁다
　　　　　　　篤い 위독하다, (뜻이)깊다

- [ ] はかる　　計る (시간 등을)재다, 수를 세다
　　　　　　　測る (길이 등을)재다, 측량하다
　　　　　　　量る (무게 등을)재다
　　　　　　　図る 도모하다, 생각하다
　　　　　　　謀る 꾀하다, 꾸미다
　　　　　　　諮る 의견을 묻다, 상의하다

- [ ] はじめ　　始め 일의 시작, 개시
　　　　　　　初め 시간적으로 처음, 최초

- [ ] はやい　　速い 동작·속도가 빠르다
　　　　　　　早い 시간이 이르다

- [ ] ふるう　　奮う 떨치다
　　　　　　　震う 흔들리다
　　　　　　　振るう (손을)흔들다

- [ ] まち　　　町 도시
　　　　　　　街 거리

- [ ] 持(も)つ　① 들다　② 소유하다
　　　　　　　③ [자동사] 지속하다, 지탱하다, 견디다

- [ ] もと　　　下 밑, 뿌리
　　　　　　　元 기원, 근원
　　　　　　　基 디딤돌

- [ ] やさしい　優しい 온순하다
　　　　　　　易しい 쉽다

- [ ] やぶれる　破れる 찢어지다
　　　　　　　敗れる 패하다

- [ ] わかれる　分かれる 나뉘다
　　　　　　　別れる 헤어지다

직전 확인 테스트 2

■ 다음에 해당하는 단어의 독음과 뜻을 적으시오.

>> 동사

1. 欺く _____
2. 操る _____
3. 労る _____
4. 癒す _____
5. 訴える _____
6. 促す _____
7. 奪う _____
8. 陥る _____
9. 傾ける _____
10. 絡む _____
11. 駆る _____
12. 軋む _____
13. 築く _____
14. 競う _____
15. 企てる _____
16. 試みる _____
17. 擦する _____
18. 拒む _____
19. 断る _____
20. 遮る _____
21. 栄える _____
22. 囁く _____
23. 諭す _____
24. 裁く _____
25. 妨げる _____
26. 退く _____
27. 据える _____
28. 添える _____
29. 損ねる _____
30. 揃う _____
31. 正す _____
32. 賜る _____
33. 保つ _____
34. 因む _____
35. 通じる _____
36. 浸かる _____
37. 慎む _____
38. 滞る _____
39. 唱える _____
40. 励ます _____
41. 控える _____
42. 秀でる _____
43. 震える _____
44. 彫る _____
45. 勝る _____
46. 惑わす _____
47. 免れる _____
48. 和らぐ _____
49. 許す _____
50. 装う _____

(3) 연탁 [連濁(れんだく)]
복합어(숙어)가 될 때 뒤의 첫 청음이 탁음으로 변하는 것

- 本箱(ほんばこ) 책장
- 台所(だいどころ) 부엌
- 後払(あとばら)い 후불
  - ↔「前払(まえばら)い 선불」
- 雨傘(あまがさ) 우산
  - ↔「日傘(ひがさ) 양산」
- 入口(いりぐち) 입구
  - ↔「出口(でぐち) 출구」
- 売上高(うりあげだか) 매상고
- 笑顔(えがお) 웃는 얼굴
- 覚書(おぼえがき) 메모, 비망록, 비공식 외교문서
- 子会社(こがいしゃ) 자회사
  - ↔「親会社(おやがいしゃ) 모회사」
- 小包(こづつみ) 소포
- 先駆(さきがけ) 선구
- 品切(しなぎれ) 품절
- 手軽(てがる) 손쉬운 모양
- 出来払(できばら)い 능력별 지급
- 手際(てぎわ) 솜씨, 수완, 기량
- 手応(てごた)え 언행에 대한 반응, 호응
- 土砂降(どしゃぶ)り 억수 같은 비
- 灰皿(はいざら) 재떨이
- 迷子(まいご) 미아
- 見返(みがえ)り 보답, 일한 것에 대한 대가
  = 「代償(だいしょう) 대상」
  ① 남에게 끼친 손해를 보상함
  ② 어떤 일을 해내기 위해 치른 희생이나 손실
- 右側(みぎがわ) 오른쪽
  - ↔「左側(ひだりがわ) 왼쪽」
- 物語(ものがたり) 이야기
- 湯船(ゆぶね) 욕조
- 横縞(よこじま) 가로 줄무늬
  - ↔「縦縞(たてじま) 세로 줄무늬」

PART 5

2 유형별 문제 분석

파트 5의 문제는 총 20문제로 구성되어 있으며 다음과 같이 크게 3가지로 나눌 수 있다.
① 같거나 비슷한 음독을 가진 한자 중 올바르게 쓴 것을 찾는 유형
② 한자를 올바로 읽은 것을 찾는 유형
③ 문제와 같은 의미를 가진 어휘를 찾는 유형

다시 말해 한자는 히라가나로 바꾸고 히라가나는 한자로 바꾸는 것과 똑같은 뜻을 가진 어휘를 고르고, 똑같은 용법으로 쓰인 것을 고르는 문제로 나눌 수 있는 것이다. 그러면 이러한 파트 5의 유형을 세부적으로 살펴보면서 JPT시험에 대비해 보겠다.

1 같거나 비슷한 음독을 가진 한자 중 올바르게 쓴 것을 찾는 유형

일본어를 공부하는 사람들에게 가장 힘든 부분이 동음이의어이다. 기본적으로 일본어에는 동음이의어가 다른 언어, 예를 들어 우리말과 비교했을 때 현저히 많다. 그 이유는 특히 일본어에서는 50개의 음소기호를 가지고 소리를 표현하고 있기 때문이다. 대략적으로 계산해 보면 기본적으로 50음, 거기에 「ん」추가, 그나마 현대어에서는 「や」행에서는 두 개, 「わ」행에서는 세 개가 빠지므로 총46개, 탁음 및 반탁음 5행×5=25개. 요음이 될 수 있는 「い」단이 탁음, 반탁음과 합해서 12단×3=36개. 촉음은 그냥 한 개로 쳐도 다 합하면 약 108개 종류의 음절이 된다.(물론 ウェ, ウォ, ヴァ, ヴィ, ヴ, ヴェ, ヴォ, ティ 등도 있지만 일단 무시하고) 반면에 우리말을 살펴보면 초성이 19개×중성 21개×(종성24개+종성 없는 경우)하면 9975개의 음절이 된다. 그냥 바로 만개 가까운 음절이 생긴다. 물론 종성 24개가 모든 조합에 다 쓰이는 건 아니니 20개 미만으로 잡아도 약 8000여 개 음절의 조합이 생긴다는 말이다. 이와 같이 음절의 종류의 수가 다른 언어와 비교도 안 되기 때문에 일본어는 동음이의어가 많이 존재할 수밖에 없는 특징을 가지고 있다.

따라서 일본어 학습자들은 동음이의어들을 모두 외워서 의미를 구분하기는 힘들기 때문에, 평소에 이런 어휘들이 나오면 노트에 정리해 두고 틈나는 대로 외우는 방법이 가장 좋다.

연습문제

1 こうれいの秋の運動会は10月の第2月曜日に行います。
 (A) 好例 (B) 恒例 (C) 高齢 (D) 公令

2 今の社会でそのような特別なケースはかいむに等しい。
 (A) 会無 (B) 皆無 (C) 決無 (D) 解無

3 男女雇用機会きんとう法は1986年から施行されました。
 (A) 近東 (B) 禁党 (C) 勤当 (D) 均等

4 あるデパートでは、団塊の世代の男性をたいしょうにした販売計画を立てています。
 (A) 対称 (B) 代償 (C) 大賞 (D) 対象

5 中高生の犯罪の増加はしんこくな社会問題だ。
 (A) 心酷 (B) 慎告 (C) 親刻 (D) 深刻

6 アンケートのかいとうを集計するだけでも一苦労だ。
 (A) 解答 (B) 解凍 (C) 回答 (D) 回凍

7 自分の出自をむしょうに知りたくなりました。
 (A) 無償 (B) 無性 (C) 虫性 (D) 夢生

8 しょうがいを取り除いて前進します。
 (A) 障害 (B) 傷害 (C) 生害 (D) 生涯

9 暑い夏をかいてきに過ごす方法を教えてください。
 (A) 快適 (B) 快的 (C) 改的 (D) 改適

10　ストレスのためか、このところ食欲ふしんで体重が減る一方だ。
　　(A) 不振　　　　(B) 不審　　　　(C) 腐心　　　　(D) 普請

11　彼はきようなので助かります。
　　(A) 起用　　　　(B) 器用　　　　(C) 紀要　　　　(D) 理用

12　彼女は彼のことをすうはいしています。
　　(A) 崇拝　　　　(B) 宗拝　　　　(C) 宋拝　　　　(D) 守拝

13　彼女は言うことが少しきょくたんなんです。
　　(A) 局断　　　　(B) 極端　　　　(C) 極断　　　　(D) 局端

14　長年のねんがんがかなった。
　　(A) 念願　　　　(B) 含願　　　　(C) 含頼　　　　(D) 念頼

15　ぼうけんは今始まったばかりだ。
　　(A) 冒倹　　　　(B) 冒験　　　　(C) 冒険　　　　(D) 冒検

2 한자를 올바로 읽은 것을 찾는 유형

한자를 올바로 읽은 것을 찾아내는 문제는 유형이 상당히 많고, 일본 한자는 읽는 법이 워낙 다양하기 때문에 많은 공부가 필요하다. 특히 장·단음, 청·탁음 등 틀리기 쉬운 발음에 주의하면서 정리를 해 두어야 하겠다. 또한 형용사의 경우에는 한자 뒤의 「送(おく)り仮名(がな)」가 어디서부터인지 구별하는 능력도 필요하다.

(1) 탁음, 청음, 장음, 단음을 구별하는 문제

授業が終わったら、一緒に帰りましょう。

(A) ぎゅうぎょう　　(B) じゅうぎょう　　(C) じゅぎょう　　(D) じゅうきょ

풀이 수업이 끝나면 함께 돌아갑시다.
※ 이 문제는 「授」의 장음과 단음을 구별하는 능력을 평가하는 문제이다. 「授」의 독음은 「じゅ」로서 「じゅう」와 같이 장음으로 발음하지 않음에 유의해야 한다.

정답 | (C)

(2) 비슷한 발음을 구별하는 문제

明日の試験のことを考えると緊張して夜も眠れない。

(A) きんちょう　　(B) くんちょう　　(C) きんじょう　　(D) くんじょう

풀이 내일 시험을 생각하면 긴장되어 밤에도 잠을 못 잔다.
※ '긴장'의 독음은 「きんちょう」이다. 「張」의 독음을 「じょう」로 하지 않도록 주의한다. 「じょう」는 「場」의 독음이다. 또한 「張」의 독음은 「ちょう」밖에 없다.
　예 張力(ちょうりょく) 장력, 인장력

정답 | (A)

(3) 음독으로 읽는 한자 문제

やはり腕のいい職人が作るだけあって抜群の味ですね。

(A) ぬきむれ　　　　　　　　(B) ばっぐん
(C) ぬきぐん　　　　　　　　(D) ばつぐん

풀이 역시 솜씨 좋은 장인이 만든만큼 뛰어난 맛이군요.
※ 「抜群(ばつぐん)」(발군, 뛰어남)과 유사한 표현으로는 「優(すぐ)れる」 「抜(ぬ)きんでる」(뛰어나다, 우수하다)가 있으며, 「群」에 대해서는 훈독으로 「群(む)れ」(무리)가 있다. 특히 「群れをなす」(무리를 이루다)라는 관용구는 꼭 기억해야 한다.
　예 一味(いちみ) 패거리, 일당, 무리

정답 | (D)

(4) 훈독으로 읽는 문제

日本の秋葉原は電子製品が安く、品数も豊富なことで有名です。

(A) ひんかず (B) ひんすう
(C) しなすう (D) しなかず

풀이 일본의 아키하바라는 전자제품이 싸고, 물건 수도 풍부한 것으로 유명합니다.
※ 「品」은 훈독으로 「しな」, 음독으로 「ひん」이라고 하며, 「数」는 음독으로는 「すう、す」, 훈독으로는 「かず」라고 한다. 「品数」는 앞 뒤 단어 모두 음독으로 읽어 「ひんすう」라고 읽기 쉬우나 훈독으로 「しなかず」라고 한다.

정답 | (D)

(5) 두 개 이상의 한자가 결합하여 독음이 변하는 문제

私の町は、先月の地震で大きな痛手を受けました。

(A) いたて (B) いたで
(C) つうて (D) つうしゅ

풀이 우리 마을은 지난달의 지진으로 큰 타격을 받았습니다.
※ 「痛」의 음독은 「つう」, 훈독은 「いたい、いたむ、いためる」이다. 또한 「手」의 음독은 「しゅ」, 훈독은 「て、た」이므로 「痛手」를 「いたて」라고 읽기쉬우나 특수하게 「いたで」라고 읽으며 '중상, 큰 타격, 손해' 라는 의미를 가지고 있다.

정답 | (B)

연습문제

1 バレエは体の柔軟さが要求されます。
 (A) じゅうなん (B) じゅなん (C) しゅうなん (D) しゅなん

2 40を過ぎて急に体が衰えました。
 (A) おそろえ (B) たとえ (C) おとろえ (D) とだえ

3 今日中に返事をください。
 (A) きょうじゅう (B) きょうちゅう (C) こんにちじゅう (D) こんにちちゅう

4 彼とは全く接触したことがないということですね。
 (A) せっしょく (B) ぜつじょく (C) せっしょっく (D) せつじゅく

5 彼は専ら事務の仕事をしています。
 (A) やたら (B) みずから (C) どうやら (D) もっぱら

6 夕食の献立を考えるのが毎日大変です。
 (A) けんりゅう (B) けんたて (C) こんだて (D) こんりゅう

7 国語の成績は、いつもトップクラスだ。
 (A) せいせき (B) せいつき (C) そいせき (D) そいつき

8 催し会場にはなるべく電車やバスでおいでください。
 (A) ほどこし (B) いそがし (C) あたらし (D) もよおし

9 あれは祖国のために戦った人々の慰霊碑です。
 (A) そこく (B) そうこく (C) そうごく (D) そごく

10 岩の間から清水がわいている。
 (A) しみず (B) きよみず (C) せいすい (D) きよす

3 문제와 같은 의미를 가진 어휘를 찾는 유형

같은 뜻을 가진 보기를 골라내는 문제는 관용어의 의미를 묻고 같은 뜻을 가진 문장을 골라내는 문제와 다의어의 다양한 뜻을 구별해 내는 능력을 묻는 문제로 나뉜다.

(1) 관용어의 뜻을 묻는 문제

관용어는 뜻을 알고 있지 않으면 문맥상 유추해야 하는데, JPT의 문제와 같이 짧은 문장으로는 유추하는 것이 쉽지 않으므로 나올 때마다 외워 두어야 하겠다. 또한 문제는 관용 표현을 다른 표현으로 바꾸는 형태로 나오기 때문에 의미와 함께 일반적인 표현으로 바꾸는 연습도 같이 해야 좋은 점수를 획득할 수 있다.

1 あの話、彼に頼んだら、二つ返事でひきうけてくれたよ。

　(A) 「は」「い」と二つの言葉を言った。
　(B) すぐ承知した。
　(C) 一度は断られたが、次に承知した。
　(D) なかなか承知しなかったが、結局承知してくれた。

> **풀이** 그 이야기 그에게 부탁했더니, 흔쾌히 들어주었어.
> ※ 「二(ふた)つ返事(へんじ)」는 '흔쾌히 승낙하다'는 관용 표현이다. 「二つ返事」는 문자 그대로 '두 가지의 대답'이란 뜻으로 오해하여 (C)로 정답을 고를 경우가 많은데 주의하여야 한다.
> 　(A) 「は」「い」라고 두 개의 말로 말했다.
> 　(B) 바로 승낙했다.
> 　(C) 한 번은 거절했지만, 다음에 승낙했다.
> 　(D) 좀처럼 승낙하지 않았지만, 결국 승낙해 줬다.
>
> **정답** | (B)

2 いくら刺身が好きだからといって、そう毎日出されたらあきあきするよ。

　(A) おなかがいっぱいになる。
　(B) もっとほしくなる。
　(C) いいかげんいやになる。
　(D) 味がわからなくなる。

> **풀이** 아무리 회를 좋아한다고 해도, 그렇게 매일 나오면 싫증이 난다.
> ※ 「飽(あ)き飽(あ)き」는 '아주 싫증이 남, 지겨워짐'이라는 의미로 같은 뜻으로는 「うんざり」가 있다.
> 　(A) 배가 불러진다.
> 　(B) 더욱 갖고 싶어진다.
> 　(C) 정말 싫어진다.
> 　(D) 맛을 알 수 없게 된다.
>
> **정답** | (C)

3 久しぶりに親子水入らず食事しました。

(A) 他人を入れない親と子どもだけで
(B) 他人同士が親子のように
(C) 親と子どもが一緒に作って
(D) 親と子どもがお酒を飲まないで

풀이 오래간만에 부모자식끼리 식사를 했습니다.
※「水入(みずい)らず」는 관용 표현으로 '집안끼리(남이 끼지 않은)'를 나타내는 말이다. 집안끼리는 물이 전혀 들어가지 않은 피가 섞여 있다는 의미를 생각하면 암기하기 용이하다.
(A) 타인을 넣지 않은 부모와 자녀만으로
(B) 타인끼리가 부모자식과 같이
(C) 부모와 자녀가 함께 만들어서
(D) 부모와 자녀가 술을 마시지 않고

정답 | (A)

4 試験に失敗してから反省しても、それはあとのまつりというものだ。

(A) しかたがない。
(B) 将来の希望につながる。
(C) 人格が疑われる。
(D) あとでお祭りさわぎをすればよい。

풀이 시험에 실패한 후에 반성해도, 그것은 행차 후에 나팔이라고 할 수 있다.
※「後(あと)の祭(まつ)り」는 '끝난 뒤 서둘러 무언가를 해도 소용이 없다'는 뜻의 관용 표현으로 '행차 후에 나팔'이란 뜻이다.
(A) 어쩔 수 없다.
(B) 장래의 희망에 이어지다.
(C) 인격이 의심되다.
(D) 나중에 축제 소동을 하면 좋다.

정답 | (A)

5 去年の新潟の地震では、地震が起こったあと、たくさんの家がたおれ、方々から火の手があがったそうです。

(A) 一か所からおこった火事が次々に燃え広がった。
(B) 一度にいろいろな所からたくさん火事がおこった。
(C) 消すことができないうちに火が広がった。
(D) ぼうぼうと音をたてて火事がおこった。

풀이 작년 니가타의 지진에서는 지진이 일어난 후, 많은 집이 쓰러지고, 곳곳에서 불길이 올랐다고 합니다.
※「火(ひ)の手(て)」는 '타오르는 불꽃, 그 기세, 불길'이라는 뜻이며「火の手があがる」는 '불길이 오르다'라는 의미가 된다. 또한「政府(せいふ)攻撃(こうげき)の火の手があがる(정부 공격의 불길이 오르다)」와 같이 '비난, 공격의 행동을 시작하다'라는 뜻도 된다.
(A) 한 곳에서 일어난 화재가 점점 번져 나갔다.
(B) 한 번에 여러 곳에서 많은 화재가 일어났다.
(C) 제압할 수 없는 사이에 불이 번졌다.
(D) 활활 거리는 소리를 내며 화재가 일어났다.

정답 | (B)

(2) 다의어의 뜻을 구별하는 문제

같은 단어가 문장에 따라 조금씩 다른 의미로 사용되는 경우가 있는데, 그 의미를 구별해 내는 능력을 측정하는 문제이다. 이러한 문제는 문장으로 읽고 느낌으로 문제를 해결하다 보면 실수를 하기 마련이니 조심해야 한다. 먼저 문제의 문장을 읽고 그 뜻에 해당하는 것을 옆에 적어 두고 밑의 보기들을 보면서 하나씩 비교해 나가는 것이 가장 좋은 문제 해결 방법이라고 할 수 있겠다.

1 彼女は社長秘書だから、会社の内部事情につうじています。

(A) この道は東京につうじています。
(B) 彼の国は一年をつうじて温暖な気候だということです。
(C) アメリカに行ったとき、私の英語がつうじないので困りました。
(D) 彼は政治の世界につうじています。

풀이 그녀는 사장 비서이기 때문에, 회사의 내부 사정에 정통하다.
※「通(つう)じる」에는 여러 가지 뜻이 있는데, ① 연결되다 ② 알리다, 연락을 하다 ③ (상대에게)이해되다, 통하다 ④ 정통하다 ⑤ (~を通じて의 꼴로)~동안 계속 이라는 뜻이 있다. 문제에서는 '내부 사정에 정통하다'라는 뜻으로 사용되었다.
(A) 이 길은 도쿄로 연결되어 있습니다.
(B) 그의 고향(고국)은 1년 동안 계속 온난한 기후라고 합니다.
(C) 미국에 갔을 때, 나는 영어가 통하지 않아서 곤란했습니다.
(D) 그는 정치 세계에 정통합니다.

정답 | (D)

2 彼女はすごい美人だったので、大勢の人の目をひいた。

(A) 10から3をひくと7です。

(B) 意味が分からなかったので辞書をひいた。

(C) なぜかその人は私の注意をひいた。

(D) きのう風邪をひいてしまった。

> **풀이** 그녀는 굉장한 미인이어서, 많은 사람의 시선을 끌었다.
> ※「ひく」에도 여러 가지 의미가 있는데, 그 중에서 문제는 '남의 관심 따위를 끌다' 라는 의미이다.
> (A) 10에서 3을 빼면 7입니다.
> (B) 의미를 몰라서 사전을 찾았다.
> (C) 웬일인지 그 사람은 나의 주의를 끌었다.
> (D) 어제 감기에 걸려 버렸다.

정답 | (C)

3 暑いので窓をあけてください。

(A) 夜があけるのを、今か今かと待っていました。

(B) 老人には席をあけましょう。

(C) 戸をあけたまま寝てしまいました。

(D) それでは明日の夜はあけておきましょう。

> **풀이** 더우니까 창문을 열어 주세요.
> ※「あける」는 ①「明ける」날이 밝다, (어느 기간이)끝나다 ②「開ける」열다, 시간을 내다, 구멍을 내다
>   ③「空ける」(속의 것)비우다 등의 의미로 사용된다.
> (A) 날이 밝기를 이제나저제나 기다리고 있었습니다.
> (B) 노인에게는 자리를 비워줍시다.
> (C) 문을 열어둔 채로 자버렸습니다.
> (D) 그럼, 내일 저녁은 시간을 비워두겠습니다.

정답 | (C)

4 私の知るところでは、彼女は先月結婚したはずです。

(A) 私が言ったところで、耳を貸すような人ではありません。

(B) 私は彼が住んでいるところを知りません。

(C) やってみたところ意外と簡単でした。

(D) 見たところ大した傷ではなさそうです。

> **풀이** 내가 알고 있는 바로는 그녀는 지난달 결혼한 것이 분명합니다.
> ※「ところ」도 상당히 많은 뜻을 가지고 있는 단어로써 문제는 '~한 바로는, ~한 점은' 과 같은 뜻을 가지고 있다.

(A) 내가 말해도 남의 이야기를 들을 사람이 아닙니다.
(B) 나는 그가 살고 있는 곳을 모릅니다.
(C) 해 보았더니 의외로 쉬웠습니다.
(D) 본 바로는 큰 부상은 아닌 것 같았습니다.

정답 | (D)

5 そろそろと動いています。

(A) そろそろ完成してもいい頃ですね。
(B) もう、そろそろ日が暮れます。
(C) そろそろ電車が到着する頃です。
(D) 足が痛いのでそろそろ歩きました。

풀이 　천천히 움직이고 있습니다.
※ 「そろそろ」에는 ① 동작이나 진행이 아주 천천히, 조용히 행해지는 모양을 나타내는 뜻과 ② 이제 곧 이라는 뜻이 있다. 문제는 ①의 의미로 사용되어 '천천히 움직이고 있다'는 뜻이 된다.
(A) 이제 곧 완성해도 좋을 시기네요.
(B) 이제 곧 해가 저뭅니다.
(C) 이제 곧 전철에 도착할 때입니다.
(D) 다리가 아파서 천천히 걸었습니다.

정답 | (D)

(3) 같은 용법으로 사용된 보기를 찾는 문제

　파트 5에서 해결하기 가장 어려운 형태 중의 하나로 앞뒤에 오는 문장에 따라 문법적으로 다른 용법이 되는 문장을 구별하는 문제이다. 이러한 문제는 들어간 단어의 문법적인 면을 주의 깊게 살펴 가면서 문제를 해결해야 하는데 가장 먼저 문제의 용법을 정확하게 파악해야 한다. 그렇게 해 두지 않으면 다른 보기의 용법을 다 안다고 할지라도 답을 골라낼 수 없다. 문제의 용법을 정확히 이해한 다음 보기의 문장에서 접속 형태와 시제까지 하나하나 따져 가며 문제를 해결해야 한다. 단어의 문법적인 용법을 모르면 풀 수 없기 때문에 평소에 문법적인 용법 구분을 하는 연습을 해 두어야겠다.

1 日本語は勉強すればするほど難しいです。

(A) 社長はほどなくまいると思います。
(B) 飲むほどに酔いが回ってきました。
(C) 真偽のほどは分かりません。
(D) 口で言うほど簡単ではありません。

풀이 　일본어는 공부하면 할수록 어렵습니다.
※ 문제의 「ほど」는 「～すればするほど」의 형태로 '～하면 할수록'이란 의미이다. (A)는 수량이나 시간, 공간 등의 대략적인 범위를 나타내는 말로 「ほどなく」는 '이윽고, 곧'이라는 뜻이다. (B)는 문제와 같은 의미로

사용되어 '마실수록'이란 의미 (C)는 '모양'을 나타내는 말로 '진위 여부'라는 의미 (D)는 '정도'를 나타내는 뜻으로 '말로 할 수 있을 정도로 간단하지 않습니다'라는 의미이다.

정답 | (B)

2 一度、私の作った料理を食べてみてください。

(A) その映画はきのうみました。

(B) 私が両親のめんどうをみています。

(C) 北海道には前から行ってみたいと思っているんです。

(D) 病院でみてもらったほうがいいですよ。

풀이 한 번 내가 만든 요리를 먹어 봐 주세요.

※ 문제의「みる」의 의미는「~てみる」의 형태로 '~을 해 보다'라는 의미이다. (A)는 지각 동사로서 '눈으로 물건의 형태나 빛깔 등을 느껴 알다'라는 뜻으로 '영화나 텔레비전 따위를 보다'라는 의미 (B)는 '시중들다, 보살피다'라는 뜻으로 '내가 부모님을 돌보다' (C)는 문제와 마찬가지로 '~해 보다'라는 뜻으로 '가보고 싶다' (D)는 '의사가 진찰하다'라는 뜻으로 '병원에서 진찰 받아 보는 것이 좋다'라는 의미이다.

정답 | (C)

3 この間の話ですが、その後どうなりますか。

(A) 彼の家には車が3台あります。

(B) 彼の姿が見えないが、帰ったのかい。

(C) 早く帰りたいのですが、まだ仕事が残っています。

(D) ありがたい話ですが、お断りします。

풀이 저번의 이야기 말입니다만, 그 후에 어떻게 됩니까?

※ 조사「が」는 격조사와 접속조사로 나눌 수 있다. 격조사「が」는 체언에 붙어서 주체를 나타낼 때,「できる、わかる」등과 같은 자동사 앞에 사용되고, 접속 조사「が」는 역접의 의미로 뒷 문장과 상반되는 내용을 설명할 때 사용하는 것과 두 가지 사실을 열거하거나 이어줄 때 사용한다. 문제의「が」는 접속 조사로서 두 가지 사실을 이어주는 용법이다. 보기 (A)는 주격조사 (B)는 두 가지 사실을 이어주는 접속 조사, (C)는 역접 접속 조사 (D)는 역접 접속 조사이다.

접속조사「が」의 출제 포인트

① 대비적 관계로 뒷 문장은 상반되는 내용 '~인데, ~이지만' =「けれども」

② 관련 있는 두 가지 사항을 나열하고 후반 내용이 보다 핵심적인 사항임을 나타낸다.

③ 화제의 전제가 되는 사물을 나타낸다.

④ 두 가지 사실을 열거하거나, 다음 문장에 잇거나 할 때 사용된다.

정답 | (B)

4 約束を守らなかったようです。

(A) その書類は明日見ようとおもっています。

(B) 彼から借りようとおもっています。

(C) 映画をよく見るようです。

(D) 悩んでもしようがありません。

풀이 약속을 지키지 않았던 것 같습니다.

※ 문제와 보기 모두 「よう」라고 적혀 있지만 각각 쓰임이 다르다. 먼저, 문제의 「よう」는 '~인 것 같다'라는 의미로 사용되었고, (A)는 동사 「見(み)る」의 의지형 (B)는 「借(か)りる」의 의지형 (D)는 「しよう」'방법'이라는 뜻이다.

정답 | (C)

5 これはプラスチックでできているんです。

(A) 一人で行くのは危ないですよ。

(B) 氷で彫刻をつくるんですか。

(C) やはり10分ではむりですか。

(D) 車で行った方が早いですよ。

풀이 이것은 플라스틱으로 만들어졌습니다.

※ 조사 「で」는 여러 가지 용법이 있는데 ① 동작이 이루어지는 장소를 나타낼 때 ② 수단이나 방법을 나타낼 때 ③ 때, 기준을 나타낼 때 ④ 원인, 이유를 나타낼 때(단, 뒷말이 의지, 명령, 권유, 의뢰 등의 경우에는 사용 불가능) ⑤「~로서」라는 의미로 동작, 작용이 행해지는 주체의 자격 및 상태를 나타내는 것 ⑥ 도구나 재료를 나타내는 것 등으로 나뉜다. 문제의 「で」는 재료를 나타내는 의미이다. (A)는 ⑤의 의미, (B)는 문제와 같은 ⑥의 의미, (C)는 ③의 의미, (D)는 ②의 의미이다.

정답 | (B)

연습문제

1 今日はあまりあつくありません。
  (A) これは私の手にはあまります。
  (B) 今日のあまりですが、持って帰りますか。
  (C) この問題は難しくてあまり分かりません。
  (D) 100個もあればあまりますよ。

2 あのお客さんは、いつも言いがかりをつけることで、有名だ。
  (A) 電話をたくさん掛ける。
  (B) 仕事中に話しかける。
  (C) 根拠もないことを言って困らせる。
  (D) 担当者を呼ぶ。

3 彼女は、料理がうまい。
  (A) 料理が上手だ。
  (B) 料理をよく味わう。
  (C) 料理にうるさい。
  (D) 料理が嫌いだ。

4 だめもとで聞くだけ聞いてみたら。
  (A) 聞くだけむだに決まってるよ。
  (B) 聞いてから考えればいいじゃない。
  (C) 聞くにたえないと聞いてるよ。
  (D) 聞いたら止められなくなるよ。

5 顔におおきな傷のある男でした。
  (A) 近くにある店の中でここが一番美味しいです。
  (B) ラーメンは熱いのを食べないとおいしくありません。
  (C) 客のたくさん来る店はやはりおいしいです。
  (D) 食べるのは後にしてまず話を聞いてください。

6 メリケン粉を水に溶かしてから混ぜます。
(A) 鉄を溶かして型に流します。
(B) 少しずつ砂糖を溶かして味を見ます。
(C) バターを溶かしてから混ぜます。
(D) チーズを溶かして上にかけます。

7 株に手を出したばかりにすべてを失うことになりました。
(A) 株に手を出したのにすべてを失いました。
(B) 株に手を出したときにすべてを失いそうです。
(C) 株に手を出したのはすべてを失ったからです。
(D) 株に手を出したためにすべてを失いました。

8 どうするかなんて、考えてる場合じゃないでしょう。
(A) 考えてから選んでください。
(B) あまり考えない方がいい答えが出ますよ。
(C) 考えてないで実行しなさい。
(D) 考えるかどうかがまず問題です。

9 よりよい意見を求めている。
(A) リンゴよりイチゴのほうが好きだ。
(B) 政府は、右よりの政策を取っている。
(C) 会議は2時より始まります。
(D) この映画はより多くの人に見てもらいたい。

10 研究を重ね、大きな成果をあげた。
(A) 両手をあげた。
(B) いらない物をあげた。
(C) 利益をあげた。
(D) てんぷらをあげた。

11 楽しそうですね。私も入れてください。
    (A) しまってください。
    (B) 加えてください。
    (C) 買ってください。
    (D) 使ってください。

12 日曜日は時間がないこともないんですが。
    (A) ことと次第によっては考えます。
    (B) 小言ばかり言っています。
    (C) ことさらに時間のことを気にします。
    (D) ない袖は振れないということです。

13 もう時間がないよ。
    (A) 動かないときは連絡してください。
    (B) 私はしがないサラリーマンです。
    (C) 一つしかないので大事にしてください。
    (D) パイロットになるのはおさないころからの夢でした。

14 彼にしてはよくできました。
    (A) 映画をよく見に行きました。
    (B) お酒はほどよく温める。
    (C) よくそれを食べに行きました。
    (D) このレポートはよくまとまっています。

15 そんなことを言ったらみもふたもない。
    (A) それだけ言えばはっきりするよ。
    (B) なぜはっきりと言わないんだ。
    (C) それは誰でも言いたいと思ってるんだよ。
    (D) それははっきり言い過ぎじゃない。

16 彼が貧乏なわけがない。
(A) 彼が貧乏だったことがない。
(B) 彼が貧乏なはずがない。
(C) 彼は貧乏なこともない。
(D) 彼は貧乏でないこともない。

17 きれいに食べてしまわないと母に怒られます。
(A) あの着物はきれいでたかそうですね。
(B) この部屋はあまりきれいではありません。
(C) きれいにもりつけてあっておいしそうですね。
(D) 外から帰ったら現金がきれいになくなっていました。

18 日曜日の午後5時の新幹線、せきがとれますか。
(A) 漏れるととれてしまいますから注意してください。
(B) とれたての魚はおいしいですよ。
(C) 国内でとれた米だけを使ってください。
(D) とれるだけとって帰りました。

19 彼は会社を意のままに動かしています。
(A) 意にそぐわずに
(B) いつになっても
(C) 思い通りに
(D) 好きなだけに

20 10人も来られたらたまったものではない。
(A) 10人でできることなら問題はない。
(B) 10人でならどんな仕事でもすぐにできる。
(C) 10人あつまらないと止められない。
(D) 10人では多すぎて困る。

PART 6

1 알고 넘어가기

1 문장에 밑줄 친 부분 중 오류 찾기

오류 찾기 연습 1

1. 健康<u>のために</u>、週に<u>一度は</u>スポーツを<u>しよう</u>にしています。
   　　(A)　　　　(B)　　　　　(C)　　　　　(D)

2. <u>このごろ寒い日が続きます</u> <u>けど</u>、ターナーさんはかぜを<u>ひいていませんか</u>。
   　　(A)　　　　　　　　(B)　(C)　　　　　　　　　　　(D)

3. 野菜<u>とか</u>くだもの<u>ような</u>ビタミンの多い<u>もの</u>を、たくさん食べる<u>ように</u>しています。
   　　(A)　　　　(B)　　　　　　　(C)　　　　　　　(D)

4. ステーク<u>とか</u>フライドチキン<u>のような</u>カロリーの<u>高い</u>ものをよく<u>食べる</u>から、心臓病が多
   　　　(A)　　　　　　　(B)　　　　　(C)　　　　　(D)
   いです。

5. 日本でも週休二日制導入が<u>叫ばれている</u>が中小企業では<u>もう</u>先のことだろうと<u>おもわれる</u>。
   　　　　　(A)　　　　　　(B)　　　　　　　(C)　　　　　　(D)

6. 最近の子供<u>は</u>、野菜を食べ<u>なくて</u>、肉<u>ばかり</u>食べ<u>ています</u>。
   　　　　(A)　　　　　(B)　　　(C)　　(D)

7. 最近の子供は、外<u>に</u>遊ば<u>ないで</u>、うちの中で<u>ばかり</u>遊んでいます。
   　　　　　(A)　　(B)　(C)　　　　　(D)

8. 野菜を食べ<u>ないで</u>、肉<u>ばかり</u>食べる<u>のは</u>、健康に<u>いくない</u>と思います。
   　　　(A)　　　(B)　　　(C)　　　　(D)

9. <u>きのう</u>部屋のそうじを<u>しても</u>、むかしの恋人の写真が<u>出てきました</u>。
   (A)　　　　　(B)　　　　　　　(C)　　　　(D)

10 胃の調子が痛くて病院へ行ったら、医者におさけをやめるように言われました。
         (A)   (B)   (C)   (D)

11 1平方キロあての人口密度は都会の方が高い。
              (A)   (B)   (C)   (D)

12 きのうポストに入れたので、手紙は明日ほど着くでしょう。
          (A)   (B)   (C)   (D)

13 彼はものごとを深刻に考えるあまり、結果的に失敗するのが多かった。
       (A)   (B)   (C)   (D)

14 病院へ行った途中、急ぎすぎたあまり、交通事故を起こしそうになった。
         (A)   (B)   (C)   (D)

15 息子の合格の知らせを聞いて、母親はうれしいのあまり泣いた。
              (A)   (B)   (C)   (D)

16 この仕事は、今日中にしなければならないまでも、残業もありうる。
            (A)   (B)   (C)   (D)

17 大学の願書はなくなることもありうるから、早くに取り寄せなさい。
                (A)   (B)   (C)   (D)

18 生まれたばかりの子供が水中を泳ぐが ありえないと考えられていた。
           (A)   (B)   (C)   (D)

19 あんなに日本語が上手から、彼が日本人じゃないなんてありえないと思った。
          (A)   (B)   (C)   (D)

20 学校側のくわしい説明によって、学生はきっと学費の値上げを納得し得た。
          (A)   (B)   (C)   (D)

오류 찾기 연습 2

1. 最近の若者は、組合に加入したくない。
   　(A)　　(B)　　　(C)　　　(D)

2. フライドチキンのようなカロリーの高いものを食べるのように なったから、心臓病がふえ
   　　　　　(A)　　　　　　　(B)　　　　(C)　　　(D)
   てきました。

3. 春になる ならテレビ各局は、新しい企画で視聴率を競う。
   　(A)　 (B)　　　　　　　　　　(C)　(D)

4. 単独赴任は家族を切り離し、今、日本の社会問題である。
   　(A)　　　　(B)　　　　(C)　　　　(D)

5. 子供に財産を残らない方が良いという意味で「子孫に美田を残さず」という諺がある。
   　　　　(A)　　(B)　　　　(C)　　　　(D)

6. 課長と麻雀をして勝ったので、先日の飲み屋の貸しは帳消しにしてもらった。
   　　　　　　　　(A)　　　　　　(B)　(C)　　　(D)

7. 東南アジアからの出嫁ぎ を、ジャパンユキさんと呼びでいる。
   　　　(A)　(B)　(C)　　　　　　　　(D)

8. 最近、環境問題に関心をかつぐ人がふえて きました。
   　　　　　(A)　(B)　　(C)　　(D)

9. 湖をきれいく しよう という運動がさかんです。
   　(A)　　(B)　　(C)　　　　(D)

10. 生活排水で水が汚して、魚が住めなくなってきています。
    　　　(A)　(B)　　　(C)　　(D)

11　残念ばかりに、来年の景気についてこの時期には予測しえない。
　　　　(A)　　　　　　　　(B)　　　　　　(C)　　　(D)

12　政府がこの法律を改正しようとしているかたがた、野党は改正に反対している。
　　　(A)　　　　　(B)　　　　　　　(C)　　　　　　(D)

13　生活が便利になる 一方で、人のやさしみが失われていく。
　　　　　　(A)　(B)　　　(C)　　　(D)

14　兄は弟が先に なぐったと言う。片方、弟は兄が先にやったと言う。
　　　　　　(A)　　(B)　　　　　(C)　　　　　　　(D)

15　私一人では決められないので、家族とも相談したうえで、ご連絡なります。
　　　　　　　　　　(A)　　　　　　　　　　(B)　(C)　　(D)

16　見本をご希望の方は名前と住所をご記入の際、お申し込みください。
　　　(A)　　　　　　　　(B)　　　　(C) (D)

17　これは実験をする うえで、ごもっとも注意しなければならないことです。
　　　　　　(A)　(B)　　(C)　　　　　　　　　　　　　(D)

18　この国は、資源が豊かな うえ、気候もいいので今後発展するにまちがいない。
　　　　　　　(A)　(B)　　　(C)　　　　　　(D)

19　たとえどんなに苦しだろうと、目的を達成するまで あきらめない。
　　　(A)　　　(B)　　　　　　　　　　(C)　　　(D)

20　旅行中にパスポートを盗まれて、泣くと泣けない思いをした。どうしようもない。
　　　　(A)　　　　　(B)　　　　(C)　(D)

오류 찾기 연습 3

1　実態をしらべたり、原因として勉強したり しています。
　　　　　(A)　　　　　(B)　　(C)　　　　(D)

2　食品添加物を使うのをやめましょう という 動きがあります。
　　　　　　　(A)　　　(B)　　　(C)　(D)

3　食品添加物は、食べ物を おいしく 見られる ために使ってきました。
　　　　　　　　　(A)　　(B)　　(C)　　(D)

4　食品添加物は、食べ物の味をよくしたり、かびを防いだりするために使ってきたものですから
　　　　　　　　　　　　　　(A)　　　　　(B)　　　　　　　　(C)
急に使うのをやめるのはむずかしいだと思います。
　　　　　　　　　(D)

5　象牙は、アクセサリーを作るために使ってきたものですから、ほかの物で代用できると思
　　　　　　　　　　　(A)　　　　(B)　(C)　　　　　(D)
います。

6　わたしの国では、相変わらず、森林がどんどん 枯らしているんです。
　　　　　　　(A)　　(B)　　　(C)　　(D)

7　いくら外見をきれいに 飾れば中身は 変わらないと思います。
　　　(A)　　(B)　(C)　　(D)

8　世界中が規制を厳しくしないでも、現状は変わらないと思います。
　　　　　　　　(A)　　(B)　(C)　　(D)

9　どんな一つの国が規制を厳しくしても、世界中が規制をしないかぎり現状は変わらないと
　　　(A)　　　　　(B)　　　　　　　　(C)　　　　(D)
思います。

10　みなさんは、コップ一杯の油で、どんなに水が汚れるか 知りますか。
　　　　　　　　　　　(A)　　(B)　　　　(C)　　　(D)

11　遠かれ 近けれ旅行に行く前は、家の中をかたづけたくなる。
　　(A)　　(B)　　(C)　　　　　　(D)

12　最近の若い人は、残業をいやがる 気味があります。
　　　　(A)　　　　　　(B)　(C)　(D)

13　すぐ返すからと言うのでお金を貸したが、彼はそれほど返さない。
　　　(A)　　　　(B)　　　(C)　　　　(D)

14　こんな平凡きまりない記事は、だれも読みたくないだろう。
　　　(A)　　　(B)　　　　　(C)　　　　(D)

15　10キロも走れた くらいだから、彼の体調はもう 大丈夫ですか。
　　　　　　(A)　　(B)　　　　　　(C)　　(D)

16　頭が痛いで、起きられない ほど だった。
　　　(A)　　　(B)　　　(C)　(D)

17　お金のために嫌な仕事をするくらいから、いっそ貧乏のままのほうがいい。
　　　　(A)　　　　　　　(B)　　　(C)　(D)

18　私の子供は人に迷惑をかけこそすれば、人のものを取ったりしない。
　　　(A)　　　　　　(B)　　　(C)　　　(D)

19　練習して さえうまくなる。練習しなければ 上手にならない。
　　(A)　(B)　　　　　　　(C)　　　(D)

20　過ぎさるはなお及ばざるが如し。すなわち、程度を越えるのは足りないのと同じようによく
　　　(A)　　　(B)　(C)　　　　　　　　　　　　　　　(D)
ない。

오류 찾기 연습 4

1 土地<u>の</u>人の話を<u>聞いたり</u>、いなかの景色を<u>見たり</u>するのは、<u>おもしろいでした</u>。
　　　(A)　　　(B)　　　　　　　　　(C)　　　　　　　　(D)

2 東京<u>は</u>冬、寒いです。<u>でも</u>、モスクワ<u>ぐらい</u> <u>寒くない</u>です。
　　　(A)　　　　　(B)　　　　　　(C)　　　(D)

3 このドアはかぎが<u>かかってあります</u>ので、<u>あちら</u><u>から</u>お<u>入り</u>ください。
　　　　　　　(A)　　　　　　　(B)　　(C)　　(D)

4 日本は交通事故が<u>多いです</u>。<u>でも</u>、アメリカ<u>ほど</u> <u>多いじゃありません</u>。
　　　　　　　(A)　　　(B)　　　　　(C)　　(D)

5 <u>財タク</u>で<u>稼いだ</u>かねを、営業資金<u>に</u> <u>回した</u>。
　　(A)　　(B)　　　　　　　　(C)　(D)

6 A会社は、不渡<u>手形</u>や不渡<u>小切手</u>を<u>活発</u>して <u>倒産</u>した。
　　　　　　　(A)　　　　(B)　　(C)　　　(D)

7 彼<u>は</u>、営業<u>部長</u>だから <u>なかなか</u>のやり<u>手</u>だ。
　　(A)　　　(B)　　　(C)　　　　(D)

8 新しい企画は、会社の<u>帰り</u>に<u>赤提灯</u>で<u>根回し</u>して<u>いる</u>必要がある。
　　　　　　　　　(A)　　(B)　　(C)　　　(D)

9 簿記会計<u>では</u>、卸売<u>商品</u>の<u>目減らし</u>を<u>卸売減耗費</u>という。
　　　　(A)　　　(B)　　　(C)　　　(D)

10 <u>外換</u>相場の<u>変動</u>により、今期決算は<u>欠損</u>を<u>計上</u>してしまった。
　　(A)　　　(B)　　　　　　　　(C)　(D)

11　彼は最近アルバイトが忙しいのに、宿題を忘れ がちだ。
　　　　　　　　　　　(A)　　　(B)　　　　(C) (D)

12　最近、太りぎみ がある。甘いものを食べ過ぎない ようにしよう。
　　　　　(A)　(B)　　　　　　　　(C)　　　(D)

13　ストーブを止めたか 止めないかのまでに地震はおさまった。
　　　　　　　(A)　　　(B)　　(C)　　　　(D)

14　教育を間違えると、その子の持っている才能をつぶし そこなう。
　　　　　(A)　　　　(B)　　　　　　(C)　　(D)

15　両国の間には、戦争にも発展しかねる きびしい対立があった。
　　　　　　(A)　　(B)　　　　(C)　　(D)

16　この法律は、国民の自由を制限する 気味がある。
　　　　　(A)　(B)　　　(C)　　　(D)

17　あの時は断りかねなくていったんは引き受けたが、やはり、これはやりたくない。
　　　　　　　　(A)　　　　　(B)　　　　(C)　　　　(D)

18　私一人の考えでは決めかねますので、他の者とも相談に乗った上でご返事します。
　　　　　　　　　(A)　　　　　　(B)　　　(C)　　(D)

19　彼は、200キロからいる 巨体で相手にぶつかって いった。
　　　　　　　　(A)　　(B)　　　　(C)　　　(D)

20　今番の国家財政の負担は6500億円からある そうだ。
　　(A)　　　(B)　　　　　　(C)　　(D)

오류 찾기 연습 5

1. 給料は<u>いいんです</u> <u>とも</u>、忙しすぎて自分の<u>こと</u>をする時間が<u>ぜんぜん</u>ないんです。
   　　　(A)　　　　(B)　　　　　　　　　(C)　　　　　　　(D)

2. <u>お中元</u>や<u>ご歳暮</u>の時期は、デパートの<u>配送センター</u>が<u>忙しいのである</u>。
   　(A)　　(B)　　　　　　　　　(C)　　　　(D)

3. 商品の<u>仕入れ</u>数量が<u>多くなる</u>と、問屋では<u>数量値引き</u>を<u>してもらう</u>。
   　　　(A)　　　　(B)　　　　　　　(C)　　　　(D)

4. <u>電気街</u>の<u>秋葉原</u>には、<u>御売り</u>だけでなく<u>小売り</u>もしてくれる。
   　(A)　　(B)　　　(C)　　　　　　(D)

5. その取引条件<u>について</u>、<u>前向きに</u> <u>検討して</u> <u>いただきます</u>。
   　　　　　(A)　　　(B)　　　(C)　　　(D)

6. <u>スーパーマーケット</u>の<u>大玉商品</u>は、<u>卵である</u> <u>こと</u>が多い。
   　　(A)　　　　　(B)　　　　(C)　　(D)

7. <u>為替</u><u>ということばは</u>、外国為替、為替手形、送金為替<u>の三通り</u>に<u>使い分かれる</u>。
   (A)　(B)　　　　　　　　　　　　　　(C)　　　(D)

8. 今年の<u>株価</u>は、<u>金利動向</u>を<u>見ながら</u>波乱含みの<u>展開</u>になりそうだ。
   　　(A)　　　(B)　　　(C)　　　　　(D)

9. 預金<u>をしたら</u>5年<u>ものの</u>ビッグが一番<u>利回り</u>がよく、利息に利息が<u>ついて</u>楽しみである。
   　(A)　　　(B)　　　　　(C)　　　　　　　　　(D)

10. テニスが<u>上手</u>に<u>なった</u><u>の</u>は、先輩が<u>教えてくれた</u> <u>おかげさまです</u>。
    　　(A)　　(B)　(C)　　　　　(D)

11　大勢の人が手伝ってくれたからには、たいへんな作業も一日で終わったのです。
　　　　(A)　　　　　　　　　(B)　　　　(C)　　　　　　　　　　(D)

12　世界的な景気停滞を防ぐため にも日本の 果てる役割は大きい。
　　　　　　　　　　　　(A)　(B)　　(C)　(D)

13　写真で見る町の様子からすると、戦争が終わり平和が戻った らしいに見える。
　　　　(A)　　　　(B)　　　　　　　　　　　　(C)　　(D)

14　手術後の状態から 見れば、退院までそんなに長さはかからないだろう。
　　　　　　　(A)　(B)　　　　　(C)　　　(D)

15　医者の立場からいうと、心臓病が増えているという気味がある。
　　　(A)　　(B)　　　　　　　　(C)　　　　　　(D)

16　日本語にあいまいな表現があるにもかかわらず、非論理的だということにはならない。
　　　　　(A)　　　　　　(B)　　　　　　　　　　(C)　　　(D)

17　国から両親が来日したからといって、黙って学校を休むのはいくない。
　　　(A)　　　　　(B)　　　　　(C)　　　　　　(D)

18　2丁目から7丁目によって、道路工事のため通行できません。
　　　　　(A)　　(B)　　　　　　(C)　(D)

19　日本にいる よりは、日本の法律を守らなければならない。
　　　　(A)　(B)　　　　(C)　　(D)

20　天気が回復しないとわかった以上は、登山をあきらめ まい。
　　　(A)　　　　　　(B)　　　　　　(C)　　(D)

오류 찾기 연습 6

1　耳が<u>痛いで</u>病院へ<u>行ったら</u>、医者に水泳をしない<u>ように</u> <u>言われました</u>。
　　　　(A)　　　　　(B)　　　　　　　　　　　(C)　　　(D)

2　駅前<u>に</u>自転車を<u>置いたら</u>、<u>近い</u>店の人に置か<u>ないように</u>言われました。
　　　(A)　　　　　(B)　　　(C)　　　　　　(D)

3　そう<u>いったら</u>、<u>夕方</u>、三井商事へ<u>いらっしゃる</u>と<u>おっしゃって</u>いました。
　　　　(A)　　　　(B)　　　　　　　(C)　　　　　(D)

4　わたしの国では大学生はみんな<u>よく</u> <u>勉強します</u>ので、日本では<u>あまり</u>勉強し<u>ないようです</u>。
　　　　　　　　　　　　　　　(A)　　(B)　　　　　　(C)　　　　　　　(D)

5　商品名を<u>とりつける</u>かに<u>よって</u>、その商品の<u>売り行き</u>が<u>違ってくる</u>。
　　　　　　(A)　　　　(B)　　　　　　　(C)　　　(D)

6　農村<u>は</u>今、嫁<u>不足</u>で<u>悩ませて</u> <u>いる</u>。
　　　(A)　　　(B)　　(C)　　(D)

7　ソ連<u>と</u>の漁業交渉<u>では</u>、いつも日本側が<u>譲歩</u>を<u>強められる</u>。
　　　(A)　　　　　(B)　　　　　　　(C)　　(D)

8　日本人が<u>好きの</u>米の<u>銘柄</u>は、コシヒカリ<u>や</u>ササニシキ<u>である</u>。
　　　　(A)　　　(B)　　　　　　(C)　　　　(D)

9　日本の<u>技術革新</u>は、<u>日進月歩</u>の<u>勢い</u>で<u>盛んでいる</u>。
　　　　(A)　　　　(B)　　(C)　　(D)

10　親会社の<u>下に</u> <u>子会社</u>、子会社の<u>下に</u> <u>孫子会社</u>がある。
　　　　　(A)　　(B)　　　　　　(C)　　(D)

11 看護婦さんが 親切な せいで、病人は安心して いられた。
　　　(A)　　　　(B)　 (C)　　　　　　　(D)

12 みんなで 話し合って規則を作ったのに、会長まで して守らない。
　　　(A)　　(B)　　　　　(C)　　　　(D)

13 建設に賛成か否か について、住民投票が行った。
　　　(A)　(B)　　(C)　　　　　　(D)

14 汚いか否かではなく、衛生的に問題が あるか あらないかを調べます。
　　　(A)　　　　　　(B)　　　 (C)　　(D)

15 最近の若い人の考え方は自由で、うらやましい までです。
　　　(A)　　　　　　　(B)　　　(C)　　　(D)

16 外国で生活して いたら、友達がいる限り、寂し くありません。
　　(A)　　　(B)　　　　(C)　　　　(D)

17 合格しても保証人が いない限り、入学申告は できません。
　　　(A)　　　　　(B)　　　　(C)　　(D)

18 この場以内の話にして ください。
　　(A)　(B)　　(C)　　(D)

19 昼はスーパーで働くがてら、夜、大学受験のための勉強をした。
　　　　(A)　　(B)　　　　　(C)　　　(D)

20 彼の考え方は私と違うが、わからない ことはある。
　　　(A)　　　(B)　　　(C)　　　(D)

오류 찾기 연습 7

1 北海道を一周<u>すると</u>思っているんですけど、車<u>か</u>鉄道<u>か</u>、<u>まよって</u>いるんです。
              (A)   (B) (C)   (D)

2 鉄道<u>とは</u>、時間を<u>気にしなくちゃ</u>なりませんが、車なら<u>気に</u><u>しなくても</u>いいです。
     (A)   (B)   (C) (D)

3 <u>わが社</u>は上半期決算の赤字を下半期決算<u>まで</u>黒字<u>に</u><u>したい</u>と思っている。
    (A)   (B) (C)   (D)

4 森山<u>部長</u>は、今度の<u>人事異動</u>で<u>取締役</u>に昇進する<u>ことにした</u>。
      (A)   (B)   (C)   (D)

5 新入社員の面接試験<u>では</u>、企業の<u>トップ</u>が<u>立ち会う</u> <u>の</u>が普通である。
          (A)   (B)   (C) (D)

6 総会<u>ゴロ</u>に、<u>何もの</u>のお金を<u>包んで</u>お引き取り<u>願った</u>。
    (A)   (B)   (C)   (D)

7 日本は出生率が<u>低い</u>です。<u>したがって</u>、<u>今後</u>小子化が<u>懸念します</u>。
         (A)   (B)   (C)   (D)

8 東京は空気が<u>汚い</u>です。ソウル<u>と</u><u>同じ</u>ほど<u>汚れて</u>います。
      (A)   (B) (C)   (D)

9 地下鉄は<u>台数</u>が多いしそれに<u>都心なら</u>どこでも10分<u>以内</u>の<u>ところ</u>に駅がありますから、
      (A)   (B)   (C)   (D)
便利です。

10 わたしの国の人たちは、交通規則を<u>とても</u><u>守りません</u><u>から</u>、交通事故が<u>多い</u>です。
                  (A)   (B)   (C)   (D)

11　古ければ古い<u>ぐらい</u>、品物<u>の</u>価値<u>は</u> 高い<u>の</u>です。
　　　　　(A)　　 (B)　　　　　　　(C)　　 (D)

12　あの人<u>が</u>会社を<u>辞められた</u>のは、<u>法律上</u>の問題<u>だそうだ</u>。
　　　　(A)　　　　(B)　　　　　　(C)　　　　 (D)

13　この品<u>なら</u>、<u>どんなに</u>高かった<u>ところが</u>一万円<u>ぐらい</u>だろう。
　　　　(A)　　　 (B)　　　　　 (C)　　　　　　 (D)

14　薬は<u>もちろん</u>だが、ビタミン剤にした<u>ところで</u>副作用<u>は</u> <u>ない</u>と思う。
　　　　(A)　　　　　　　　　　　　(B)　　　　(C) (D)

15　戦後<u>は</u>、<u>衣食住</u>の最低生活<u>こそ</u>十分で<u>はなかった</u>。
　　　(A)　 (B)　　　　　　 (C)　　　　 (D)

16　子供が<u>生まれた</u>、<u>立った</u>、<u>歩いた</u>というばかりに写真を<u>とった</u>。
　　　　　(A)　　　　 (B)　　　(C)　　　　　　　　　　　(D)

17　欠点<u>だらけ</u>の人間にも、<u>どこに</u>いい<u>ところ</u>がある<u>はずだ</u>。
　　　　(A)　　　　　　　 (B)　　　 (C)　　　　(D)

18　<u>多くの</u>方<u>からの</u>募金なので、100円<u>だけでも</u>無駄に<u>つかえない</u>。
　　　(A)　　　(B)　　　　　　　　　(C)　　　　　 (D)

19　社長<u>なる</u>者は、社員<u>の</u>家族の生活にも責任を<u>持つ</u> <u>べきだ</u>。
　　　　(A)　　　　　(B)　　　　　　　　　　(C)　 (D)

20　経済発展<u>によって</u>アジアの国の<u>人たち</u>の生活は<u>変え</u> <u>つつある</u>。
　　　　　(A)　　　　　　　　(B)　　　　　(C)　 (D)

오류 찾기 연습 8

1. 今世紀に入って から科学技術の進歩は、目覚ましい ことがある。
   　　　　(A)　(B)　　　　　　　　　　　(C)　　(D)

2. 政府から発注量が多くなると、産業界が活発になる。
   　　(A)　　　(B)　　(C)　　　(D)

3. 産業別人口は第三次産業人口が60％を占め、アメリカの65％に近付き ながら ある。
   　　　　　　　　　　　　　　　　(A)　　　　　　　　(B)　　(C)　(D)

4. 高度成長を支えた輸出の花形は、第二次産業および製造業であったが、この製造業の内部
   　　　　(A)　　　　　　　　　　　　(B)
   でも繊維などの軽工業に代わって、金属工業、化学工業など重工業がその中心になった。
   　　　　　　　(C)　　　　　　　　　　　　　　　　　　　　　　　　(D)

5. 正確な需要予測に基づいて生産量が算出 させる。
   　(A)　　　　(B)　　　　(C)　　(D)

6. 同業各社が生産調整すること について値崩れを防ぐカルテルを生産カルテルという。
   　(A)　　　　　　(B)　　(C)　　　　　(D)

7. この背広は、10度の月賦払いで買いました。
   　　(A)　　　(B)　(C)　　(D)

8. 社長の失言 によって東北地方の販売領域を失い、販売量を大幅に減少されてしまった。
   　　(A)　(B)　　　　　　　　　　(C)　　　　　　　　　(D)

9. 仕入れた商品に傷があったのに 返品した。
   　(A)　　　(B)　　(C)　(D)

10　授業に おくれない ように、毎朝8時に うち で出ます。
　　　　　(A)　　　(B)　　　　　(C)　 (D)

11　こんな 軽い けが ごと き で、驚く ものはない。
　　　(A)　(B)　　(C)　　(D)

12　コンピューターに 興味が あると、まず さわってみる ことだ。
　　　　　　　　　 (A)　 (B)　　　 (C)　　　　　　 (D)

13　彼の ことだ。また遅れてくる わけがない。もう少し 待ってみましょう。
　　　(A)　　　　　　　　　 (B)　　　　　 (C)　　　 (D)

14　新聞社の ことから、そのうち新しい企画を考える にちがいない。
　　　　　(A)　　　　 (B)　　　　　　　　 (C)　　　(D)

15　外出の ごとに 外出届を 書かされる とは、めんどうなことだ。
　　　　(A)　　　(B)　　 (C)　　　　　(D)

16　こんなことに ならないまでも、今まで何度 注意した ことか。
　　　(A)　　　　　(B)　　　　　　　 (C)　　　(D)

17　借金しなければならなくなり、こうして お願いする ことです。
　　　　　　　(A)　　　　　　　 (B)　　　(C)　 (D)

18　日本人に人気のある国 でも、シーズン中は日本人で いっぱい だった。
　　　　　　　　　　　(A)　　　　(B)　　　　　　(C)　(D)

19　仲間の 助力を もらう ことなしには、この研究は 続けられない。
　　　(A)　(B)　　(C)　　　　　　　　　　　　　 (D)

20　先生の 申された ことを 忘れる ことなく、国へ帰ってからもがんばります。
　　　　(A)　　　　(B)　　(C)　　　　(D)

오류 찾기 연습 9

1. 内需拡大は、取っても直さず個人消費拡大であり、その中心は住宅建設にあると思う。
　　　(A)　　　(B)　　　　　　　(C)　　　　　　　　　(D)

2. 平成5年度の経済見通しが、早くも取り沙汰 している。
　　　　　　(A)　　(B)　　(C)　　(D)

3. 今年度の国家予算は、税収の伸び縮みにより下方修正 された。
　　　　　　(A)　　　　(B)　　　　(C)　　(D)

4. 政治家は、建前と本音を使い切るのがうまい。
　　　　(A)　(B)　(C)　　(D)

5. 働く女性がふえてきたことは、家事がらくになってきたから でしょうか。
　　　　　　　(A)　　　　(B)　　　　(C)　　(D)

6. たばこをすう人がへってきたのは、肺ガンがふえてきたわけでしょうか。
　　　　(A)　　(B)　　　　　　(C)　　(D)

7. CDを聞くことになったので、レコードを 聞かなくなりました。
　　　(A)　　　(B)　　　　(C)　(D)

8. 全自動せんたく機を使うようになった ものの、せんたくがらくに なりました。
　　　　　　　(A)　　　(B)　　　　　(C)　　(D)

9. コンピューターを使う ようになったのに、仕事が早くなりました。
　　　　　　(A)　(B)　　　(C)　　　(D)

10. 日本は、たばこをすう人がまだまだ多いためはないかと思います。
　　　　　(A)　　(B)　　　(C)　　(D)

11　先生や友達にもこんなに迷惑をかける始末で、本当に申し分ありません。
　　　　　(A)　　　(B)　　　　　　　(C)　　　　　　(D)

12　地震の後、被災者への寄付を呼びかけても、大勢の人が協力してくれた。
　　　　　　　　　(A)　　　　　　(B)　(C)　　　(D)

13　あの店はうまいもの含めで、何を食べてよいか迷ってしまう。
　　　　　(A)　(B)　　(C)　　　　　(D)

14　いろいろなデパートを見て回ったから、結局、近くのスーパーで買った。
　　　　　　(A)　　　　　　(B)　(C)　　　　　(D)

15　作品が入賞になって ほめられた。苦心して作ったかいがあった。
　　　　　　　　(A)　　　(B)　　　(C)　　　(D)

16　子供は学校から帰る と思うと、ランドセルを投げ出してすぐ遊びに出て行った。
　　　　　　　　(A)　　(B)　　　　　　　(C)　　　　(D)

17　競技会では、逃げ出す犬があるかと思うと、じっと動かない のもいる。
　　　　(A)　　　　　(B)　　　　　　　　　(C)　　(D)

18　おもしろい本なら読みだしても最後、徹夜しても終わりまで読む。
　　　　　　　(A)　(B)　　　(C)　　(D)

19　この映画は、みんなが 見に行くまでのことは ある。私も感動した。
　　　　　　　(A)　　(B)　　　(C)　　　(D)

20　夏休みに帰国するのを楽しみにしていたので、忙しくて帰れないのが残念だ。
　　　　　　　　　(A)　(B)　　　　(C)　　　　　　(D)

오류 찾기 연습 10

1. 環境問題を解決する<u>には</u>、<u>いろいろな事実を</u>正確に<u>知ろう</u>ことが大切<u>だと思います</u>。
   　　　　　　　　(A)　　　　(B)　　　　　　(C)　　　　　　　(D)

2. 外国と取引<u>で</u>、現金を<u>送らずに</u>債権を<u>振り込む</u>ことを<u>外国為替</u>という。
   　　　　(A)　　　　(B)　　　　　(C)　　　　　(D)

3. 有給休暇<u>がある</u><u>のに</u><u>とらない</u>ことは、<u>もったいない</u>と思います。
   　　　　(A)　(B)　　(C)　　　　　(D)

4. <u>日本の</u>会社員は有給休暇を<u>あまり</u>とらない<u>って</u>聞いたんです<u>もの</u>、本当ですか。
   　(A)　　　　　　　　　(B)　　　　　(C)　　　　　　(D)

5. 朝日工業<u>で</u>働きたいんです<u>けど</u>、やすみが何日<u>ぐらい</u>あるか<u>ぞんじていますか</u>。
   　　　(A)　　　　　　(B)　　　　　　　(C)　　　　　(D)

6. この会社は<u>給料</u>が<u>安かったり</u>、休みが少なかったり<u>して</u>人気が<u>あります</u>。
   　　　　(A)　　(B)　　　　　　　　(C)　　　　　(D)

7. 仕事を<u>決まる</u>ときは、<u>やりがいがある</u>かどうという<u>こと</u>が<u>大切</u>です。
   　　　(A)　　　　　(B)　　　　　　　　　(C)　(D)

8. どんな仕事を選ぶ<u>のは</u>、その人の<u>考え方</u>や価値観<u>によって</u> <u>ちがいます</u>。
   　　　　　　(A)　　　　(B)　　　　　　　(C)　　(D)

9. 企業に<u>入りたい</u>と思っている人もいる<u>し</u>、組織の中で働くのは <u>きっと</u>いやだと思っている
   　　(A)　　　　　　　　　(B)　　　　　　　(C)　(D)
   人もいる。

10. デパートの<u>取り扱い</u>品目は、<u>多岐に</u><u>かかって</u><u>いる</u>。
    　　　(A)　　　　　(B)　(C)　(D)

11　日曜日は家にいるはずはいるが、小さい子供がいるのでのんびりできない。
　　　　　　　　　(A)　(B)　(C)　　　　　　　(D)

12　テストの問題は簡単は簡単だけど、時間がかけて 大変です。
　　　　　　(A)　　　(B)　　　　　(C)　(D)

13　祖母は元気だと言えば元気だと言えますが、耳が少し遠くになりました。
　　　　　　　(A)　　　　(B)　　　(C)　(D)

14　みんな、もっと知っていることだから秘密にする ことはないでしょう。
　　　(A)　(B)　　　　　(C)　　　(D)

15　たまに外食することがありますから、だいたい 自炊しています。
　　　(A)　　　(B)　　　　　(C)　　(D)

16　山田さんは、商売のかたがた留学生のためのボランティア活動をしている。
　　　　　　　(A)　　(B)　　　(C)　　　　　　(D)

17　日本語を2ヶ月も習っている のに、自分の名前を漢字はおろかひらがなでのみ書けない。
　　　　　　　　(A)　(B)　　　　　　　(C)　　　　(D)

18　こちらに方法がないより、相手の言うままにならざるをえないでしょう。
　　　(A)　(B)　　　　　(C)　　(D)

19　不景気が続けると、わが社にも倒産の危険があると言わざるをえない。
　　　　　(A)　(B)　(C)　　　　　　(D)

20　突然のものとて驚きましたが、海外勤務になっても今以上にがんばってください。
　　(A)　(B)　(C)　　　　　　(D)

2 틀리기 쉬운 오용 표현

1.   교통 문제에 대하여 의논하다.

      交通問題に対して話し合う。(×)

      → 交通問題について話し合う。(○)

2.   일본과 하와이 중에서 어디가 따뜻합니까?

      日本とハワイとどこがあたたかいですか。(×)

      → 日本とハワイとどちらがあたたかいですか。(○)

3.   다나카 씨 쪽이 훨씬 키가 큽니다.

      田中さんの方がもっと背が高いです。(×)

      → 田中さんの方がずっと背が高いです。(○)

4.   두 사람 모두 반바지를 입고 있다.

      二人とも半ズボンを着ている。(×)

      → 二人とも半ズボンをはいている。(○)

5.   이 짐을 잠시 봐 주실 수 있겠습니까?

      この荷物をしばらく見ていただかないでしょうか。(×)

      → この荷物をしばらく見ていただけないでしょうか。(○)

6.   빨리 돌아가고 싶습니다만.

      早く帰っていただきたいんですが。(×)

      → 早く帰らせていただきたいんですが。(○)

7.   그녀는 틀림없이 바쁠 것이다.

      彼女はぜひいそがしいだろう。(×)

      → 彼女はきっといそがしいだろう。(○)

8 내일 꼭 찾아뵙고 싶습니다.

明日きっとうかがいたいです。(×)

→ 明日ぜひうかがいたいです。(○)

9 여름 방학 중에 리포트를 쓸 예정입니다.

夏休みの中にレポートを書くつもりです。(×)

→ 夏休みのあいだにレポートを書くつもりです。(○)

10 당신 때문에 살았습니다.

あなたのせいで助かりました。(×)

→ あなたのおかげで助かりました。(○)

11 농담이 통하지 않아서 난처해.

冗談が通じないで困るよ。(×)

→ 冗談が通じなくて困るよ。(○)

12 반드시 수요일까지 제출하겠습니다.

かならず水曜日まで提出いたします。(×)

→ かならず水曜日までに提出いたします。(○)

13 돈이 없다. 그래서 여행을 못 간다.

お金がない。それに旅行に行けない。(×)

→ お金がない。それで旅行に行けない。(○)

14 가까운 시일 내에 찾아뵙도록 하겠습니다.

近いあいだにおうかがいします。(×)

→ 近いうちにおうかがいします ／ うかがわせていただきます。(○)

15 비만 내리지 않는다면, 더 이상 말할 것이 없다.

雨すら降らなければ、何も言うことはない。(×)

→ 雨さえ降らなければ、何も言うことはない。(○)

16 이번에는 보너스가 적다고 합니다.

今度はボーナス、少なさそうですよ。(×)

→ 今度はボーナス、少ないそうですよ。(○)

17 물품의 종류가 많고 값도 싸다.

品数が多くで値段も安い。(×)

→ 品数が多くて値段も安い。(○)

18 월급이 적어서 저금을 좀처럼(잘) 할 수가 없다.

給料が安くてよく貯金ができない。(×)

→ 給料が安くてなかなか貯金ができない。(○)

19 벽에 포스터가 더덕더덕 붙어 있습니다.

壁にポスターがべたべたと貼っています。(×)

→ 壁にポスターがべたべたと貼ってあります。(○)

20 이 잡지는 잘 팔린다.

この雑誌はよく売られる。(×)

→ この雑誌はよく売れる。(○)

21 안경을 쓰면 칠판 글씨가 보이게 됩니다.

眼鏡をかければ黒板の字が見えるようにします。(×)

→ 眼鏡をかければ黒板の字が見えるようになります。(○)

22 외국의 증권 회사가 진출해 왔다.

外国の証券会社が進出していった。(×)

→ 外国の証券会社が進出してきた。(○)

23 과장님은 회의 시간에 맞춰 올 것 같지 않다.

課長は会議に間に合いそうじゃない。(×)

→ 課長は会議に間に合いそうにない。(○)

24 저 사람은 일본에서는 비중 있는 정치가라고 합니다.

あの人は日本では重さのある政治家だそうです。（×）

→ あの人は日本では重みのある政治家だそうです。（○）

25 일부러 갔던 보람은 있었다.

わざわざ行っただけのものがあった。（×）

→ わざわざ行っただけのことがあった。（○）

26 저 사람은 중국인인 만큼 한자를 잘 알고 있다.

あの人は中国人だけで漢字をよく知っている。（×）

→ あの人は中国人だけに漢字をよく知っている。（○）

27 이 도서관은 많은 사람에게 이용되고 있습니다.

この図書館は多い人に利用されています。（×）

→ この図書館は多くの人に利用されています。（○）

28 나는 영화 보는 것을 좋아합니다.

わたしは映画を見ることを好きです。（×）

→ わたしは映画を見ることが好きです。（○）

29 다나카 씨는 차를 갖고 싶다고 말하고 있습니다.

田中さんは車を欲しがると言っています。（×）

→ 田中さんは車が欲しいと言っています。（○）

30 가격이 비싼 것이 반드시 맛있다고는 할 수 없다.

値段の高い物がきっとおいしいとは限らない。（×）

→ 値段の高い物が必ずしもおいしいとは限らない。（○）

31 자기 전에 목욕하다.

寝る前に沐浴する。（×）

→ 寝る前にお風呂に入る。（○）

32 밥을 먹은 뒤에 약을 먹다.

ごはんを食べた後で薬を食べる。(×)

→ ごはんを食べた後で薬を飲む。(○)

33 점심밥도 먹는 둥 마는 둥 나가다.

昼食もここそこに出かける。(×)

→ 昼食もそこそこに出かける。(○)

34 그곳에서 그녀와 처음으로 만났다.

そこで彼女と初めに会った。(×)

→ そこで彼女と初めて会った。(○)

35 그 이야기를 듣고 비로소 잘 알았다.

その話を聞いてはじめによくわかった。(×)

→ その話を聞いてはじめてよくわかった。(○)

36 아무리 돈이 있다고 한들 행복해질 수 있는 것은 아니다.

どんなにお金があったところで、幸せになれるわけはない。(×)

→ どんなにお金があったところで、幸せになれるわけではない。(○)

37 가정 사정으로 어쩔 수 없이 퇴학하게 되었다.

家庭の事情で退学を余儀なくさせた。(×)

→ 家庭の事情で退学を余儀なくされた。(○)

38 수돗물을 그대로 마시지 않는 사람이 늘고 있다.

水道の水をそのとおり飲まない人が増えている。(×)

→ 水道の水をそのまま飲まない人が増えている。(○)

39 방금 끓인 커피가 식기 전에 빨리 드십시오.

入れたてのコーヒーが冷めるうちに、早く召し上がってください。(×)

→ 入れたてのコーヒーが冷めないうちに、早く召し上がってください。(○)

40 이미 준비는 모두 끝나, 파티를 시작할 예정입니다.

もう準備はすべて終えて、パーティーを始めることにしています。(×)

→ もう準備はすべて終えて、パーティーを始めることになっています。(○)

41 도쿄 지리를 거의 알게 되었습니다.

東京の地理がほとんど分かるようにしました。(×)

→ 東京の地理がほとんど分かるようになりました。(○)

42 새로운 일에 힘을 쏟다.

新しい仕事に力を注ぐ。(×)

→ 新しい仕事に力を注ぐ。(○)

43 일전에 너의 집을 방문했다.

日前にあなたのうちを訪問した。(×)

→ この前あなたのうちを訪問した。(○)

44 그런 일을 맡을 필요는 없습니다.

そんなことを引き受けるものはありません。(×)

→ そんなことを引き受けることはありません。(○)

45 젊었을 때는 자주 여행을 갔었지.

若いころはよく旅行に行ったことだ。(×)

→ 若いころはよく旅行に行ったものだ。(○)

46 이런 신 귤, 먹을 수가 없다.

こんな酸っぱいみかん、食べられることではない。(×)

→ こんな酸っぱいみかん、食べられるものではない。(○)

47 문을 연 것은, 방을 시원하게 하기 위해서입니다.

ドアを開けたことは、部屋を涼しくするためです。(×)

→ ドアを開けたのは、部屋を涼しくするためです。(○)

48	매일 조깅을 하는 것은, 매우 몸에 좋은 것입니다.
	毎日ジョギングすることは、とても体にいいのです。（×）
	→ 毎日ジョギングすることは、とても体にいいことです。（○）

49	이렇게 날씨가 나빠서는 해수욕을 할 상황이 아니다.
	こう天気が悪くては、海水浴ところではない。（×）
	→ こう天気が悪くては、海水浴どころではない。（○）

50	이 비행기는 일본을 거쳐 유럽으로 향할 예정입니다.
	この飛行機は日本を経てヨーロッパへ向かうつもりです。（×）
	→ この飛行機は日本を経てヨーロッパへ向かう予定です。（○）

51	친지가 많이 살고 있다.
	親知がおおく住んでいます。（×）
	→ 知人がおおく住んでいます。（○）

52	국민들이 민주주의를 만든다.
	国民たちが民主主義を作る。（×）
	→ 国民が民主主義を作る。（○）

53	오늘 아침은 늦게 일어났다.
	今日朝はおそく起きた。（×）
	→ 今朝はおそく起きた。（○）

54	그는 몸이 아프다.
	彼は体が痛い。（×）
	→ 彼は病気だ。（○）

55	자기 전에 불을 끄세요.
	寝る前に火を消してください。（×）
	→ 寝る前に電気を消してください。（○）

56 내 여동생은 과자를 좋아해서, 매일 먹고 싶어 합니다.

わたしの妹はおかしが好きで、毎日食べたいです。（×）

→ わたしの妹はおかしが好きで、毎日食べたがっています。（○）

57 학교에 가는 길에 들르다.

学校に行く道による。（×）

→ 学校に行く途中による。（○）

58 그 동안 별고 없으셨습니까?

その間、お変わりありませんか？（×）

→ その後、お変わりありませんか？（○）

59 며칠 전에 부탁했다.

何日前、頼んだ。（×）

→ 数日前、頼んだ。（○）

60 회의 중에 사장님에게 호출되었다.

会議中に社長に呼ばせた。（×）

→ 会議中に社長に呼ばれた。（○）

61 그의 연설은 언제나 사람을 감동시킨다.

彼の演説はいつも人を感動される。（×）

→ 彼の演説はいつも人を感動させる。（○）

62 출석을 부르다.

出席を呼ぶ。（×）

→ 出席をとる。（○）

63 사고가 생기다.

事故ができる。（×）

→ 事故が起きる。（○）

64 저 사람은 인형 같은 얼굴을 하고 있습니다.

あの人はお人形のように顔をしています。(×)

→ あの人はお人形のような顔をしています。(○)

65 복권에 당첨되다니, 거짓말 같다.

宝くじに当たるなんてうそのみたいだ。(×)

→ 宝くじに当たるなんてうそみたいだ。(○)

66 낮잠을 자다.

昼寝をねる。(×)

→ 昼寝をする。(○)

67 전기를 낭비하지 않도록 주의하세요.

電気を無駄使いするように気を付けなさい。(×)

→ 電気を無駄使いしないように気を付けなさい。(○)

68 선생님은 어제 손자를 보셨습니다.

先生は昨日お孫さんをみました。(×)

→ 先生は昨日お孫さんが生まれました。(○)

69 시험을 보다.

試験を見る。(×)

→ 試験を受ける。(○)

70 여행을 가다.

旅行を行く。(×)

→ 旅行をする。(○)

71 그럭저럭 일의 윤곽을 파악할 수 있게 되었습니다.

何とか仕事の輪郭がつかむようになりました。(×)

→ 何とか仕事の輪郭がつかめるようになりました。(○)

72 무리를 해서 건강을 해치다.
無理をして健康を傷つける。（×）
→ 無理をして健康を損ねる。（○）

73 그는 그녀보다 키가 크다.
彼は彼女より背が大きい。（×）
→ 彼は彼女より背が高い。（○）

74 다나카 씨가 늦는 것은 길이 복잡하기 때문일지 모릅니다.
田中さんがおそいのは、道が込んでいるかもしれません。（×）
→ 田中さんがおそいのは、道が込んでいるせいかもしれません。（○）

75 길이 좁아서 차가 지나갈 수 없다.
道が小さくて車が通れない。（×）
→ 道が狭くて車が通れない。（○）

76 도쿄보다 교통사고가 많을 거라고 생각합니다.
東京より交通事故が多いでしょうと思います。（×）
→ 東京より交通事故が多いだろうと思います。（○）

77 바쁘실 때는 언제든지 도와 드리겠습니다.
忙しい時はいつでも手伝ってあげます。（×）
→ お忙しい時はいつでもお手伝いします。（○）

78 그런 대학에 갈 정도라면 취직하는 편이 훨씬 낫다.
あんな大学に行くほどなら就職した方がよほどいい。（×）
→ あんな大学に行くくらいなら就職した方がよほどいい。（○）

79 마침 자리를 비웠습니다.
あいにく席を外れております。（×）
→ あいにく席を外しております。（○）

80 많은 도움이 되다.

多い助けになる。（×）

→ たいへん役に立つ。（○）

81 저렇게 비싸고 맛없는 가게에는 이제 가지 않겠다.

あんなに高くてまずい店にはもう行きまい。（×）

→ あんなに高くてまずい店にはもう行くまい。（○）

82 시험을 잘 못 보다.

試験をよく受けない。（×）

→ 試験のできがよくない。（○）

83 만일 가능하다면 이 미술관에 있는 그림을 전부 갖고 싶다.

もしできることなら、この美術館にある絵が全部欲しい。（×）

→ もしできるものなら、この美術館にある絵が全部欲しい。（○）

84 대단히 어렵다(힘들다).

とても難しい。（×）

→ とても大変だ。（○）

85 물건을 쉽게 찾다.

品物をやすく探す。（×）

→ 品物を容易に探す。（○）

86 역은 다음 모퉁이를 돌면 있다.

駅は次の角を曲がればある。（×）

→ 駅は次の角を曲がるとある。（○）

87 줄을 서 있다.

列を並んでいる。（×）

→ 列を作っている。（○）

88 강을 따라서 내려가다.

川にしたがって下る。(×)

→ 川に沿って下る。(○)

89 실력이 아직 부족하다.

実力がまだ低い。(×)

→ 実力がまだ足りない。(○)

90 실력이 서투르다.

実力が下手だ。(×)

→ 実力が不充分だ。(○)

91 하늘을 나는 새처럼 자유롭게 살고 싶다.

空で飛ぶ鳥のように生きたい。(×)

→ 空を飛ぶ鳥のように生きたい。(○)

92 과식을 해서 배탈이 나다.

食べ過ぎて、お腹がこわれる。(×)

→ 食べ過ぎて、お腹をこわす。(○)

93 나도 갈까 말까 망설이고 있습니다.

ぼくも行こうと行くまいと、迷っているんです。(×)

→ ぼくも行こうか行くまいか、迷っているんです。(○)

94 처음 뵙겠습니다. 앞으로 잘 봐주십시오.

はじめまして。これからよくみてください。(×)

→ はじめまして。どうぞよろしくお願いします。(○)

95 대학은 졸업만 하면 된다는 풍조가 있다.

大学は卒業こそすればいいという風潮がある。(×)

→ 大学は卒業さえすればいいという風潮がある。(○)

96 요즈음 어떻게 지내십니까?

この頃どう過ごしていますか。(×)

→ この頃いかがお過ごしですか。(○)

97 능숙해질 수 있을지 어떨지는 노력 여하에 달려 있습니다.

上手になれるがどうかは、努力次第です。(×)

→ 上手になれるかどうかは、努力次第です。(○)

98 시간을 내다.

時間を出す。(×)

→ 時間をつくる。(○)

99 무엇이 맛있는지 모릅니다.

何がおいしいかどうか分かりません。(×)

→ 何がおいしいか分かりません。(○)

100 볼일을 보러 가다.

用事を見に行く。(×)

→ 用事を足しに行く。(○)

101 한국은 일본보다 물가가 쌉니다.

韓国は日本ほど物価が安いです。(×)

→ 韓国は日本より物価が安いです。(○)

102 그는 작곡도 하고 그림도 그립니다.

彼は作曲をすれば絵も描きます。(×)

→ 彼は作曲もすれば絵も描きます。(○)

103 넓고 조용하고 매우 좋은 방입니다.

広いだし、静かだし、とてもいい部屋です。(×)

→ 広いし、静かだし、とてもいい部屋です。(○)

104 날씨가 추울 때

天気が寒い時（×）

→ 寒い時（○）

105 몸이 자주 아파서 걱정이다.

からだがしばしば痛いですから心配だ。（×）

→ しばしば病気をするので心配だ。（○）

106 아무 것도 안 하고 놀기만 하고 있다.

何もしないで遊んでばかりしている。（×）

→ 何もしないで遊んでばかりいる。（○）

107 어딘가 아픕니까?

どこか痛いのですか。（×）

→ どこか悪いのですか。（○）

108 스스로 해 보고서 비로소 그 어려움을 아는 법이다.

自分でやってみてすらはじめてそのむずかしさがわかるものだ。（×）

→ 自分でやってみてこそはじめてそのむずかしさがわかるものだ。（○）

109 앞으로 어떻게 하면 좋을까요?

これからどうするのがいいでしょうか。（×）

→ これからどうしたらいいでしょうか。（○）

110 오늘 아침 나간 뒤로 돌아오지 않는다.

今朝出るきりで帰って来ない。（×）

→ 今朝出たっきりで帰って来ない。（○）

111 감기에 걸렸는지 열이 많다.

かぜを引いたのか熱がたくさんある。（×）

→ かぜを引いたのか熱が高い。（○）

112   휴게실에는 스테레오와 대형 텔레비전 등이 있다.

　　　　休憩室にはステレオや大型のテレビたちがある。（×）

　　　　→ 休憩室にはステレオや大型のテレビなどがある。（○）

113   내 마음에 드는 색깔이 있으면….

　　　　わたしが気に入る色があれば…。（×）

　　　　→ わたしの好きな色があれば…。（○）

114   새 친구를 소개하려고 합니다.

　　　　新しい友人を紹介しようとします。（×）

　　　　→ 新しい友人を紹介したいと思います。（○）

115   마음의 문을 닫다.

　　　　こころを閉める。（×）

　　　　→ こころを閉じる。（○）

116   아버지는 매우 엄하다고 생각합니다.

　　　　父はとても厳しいだと思います。（×）

　　　　→ 父はとても厳しいと思います。（○）

117   그는 몸이 크고 딱 벌어져 보기만 해도 강한 것 같다.

　　　　彼は体が大きくてがっしりしていて見たからに強そうだ。（×）

　　　　→ 彼は体が大きくてがっしりしていて見るからに強そうだ。（○）

118   무의식중에 웃어 버렸다.

　　　　自分も知らず笑ってしまった。（×）　無意識で笑ってしまった。（×）

　　　　→ 思わず笑ってしまった。（○）

119   일단 시작한 이상, 끝까지 해 내지 않으면 안 된다.

　　　　いったん始める以上、やり通さなくちゃならない。（×）

　　　　→ いったん始めた以上、やり通さなくちゃならない。（○）

120 이달에 들어와 불황이 회복되어 가고 있다.

今月(こんげつ)に入(はい)って不況(ふきょう)が回復(かいふく)しつついます。（×）

→ 今月に入って不況が回復しつつあります。（○）

121 피아니스트이지만, 지휘자이기도 하다.

ピアニストだが、指揮者(しきしゃ)もある。（×）

→ ピアニストだが、指揮者でもある。（○）

122 교수이기도 하고, 변호사이기도 하다.

教授(きょうじゅ)でもあり、弁護士(べんごし)もある。（×）

→ 教授でもあり、弁護士でもある。（○）

123 그는 사장도 아니고, 임원도 아니다.

彼(かれ)は社長(しゃちょう)でもなければ、役員(やくいん)もない。（×）

→ 彼は社長でもなければ、役員でもない。（○）

124 그녀는 손재주가 있어서 일이 빠르다.

彼女(かのじょ)は器用(きよう)ので仕事(しごと)が速(はや)い。（×）

→ 彼女は器用なので仕事が速い。（○）

125 서울역에 가기 위해서는 어떻게 하면 될까요?

ソウル駅(えき)へ行(い)くのにどうしたらいいでしょうか。（×）

→ ソウル駅へ行くにはどうしたらいいでしょうか。（○）

126 이 가게에서는 공장 직송한 빵을 판매하고 있다.

この店(みせ)には工場直送(こうじょうちょくそう)のパンを販売(はんばい)している。（×）

→ この店では工場直送のパンを販売している。（○）

127 어젯밤 9시간이나 잤는데도 아직 졸리다.

ゆうべ9時間(じかん)も寝(ね)たのでまだ眠(ねむ)い。（×）

→ ゆうべ9時間も寝たのにまだ眠い。（○）

128 야마다 씨 가방은 어느 것입니까?

山田(やまだ)さんのカバンがどれですか。（×）

→ 山田さんのカバンはどれですか。（○）

129 정치 본연의 모습에 불만이 높아지다.

政治(せいじ)のある方(かた)に不満(ふまん)が高(たか)まる。（×）

→ 政治のあり方に不満が高まる。（○）

130 그 요구는 인정하기 어렵다.

その要求(ようきゅう)は認(みと)めにくい。（×）

→ その要求は認めがたい。（○）

131 흔히 있을 법한 실수입니다.

よくあるがちな失敗(しっぱい)です。（×）

→ よくありがちな失敗です。（○）

132 중대한 일은 혼자서는 결정하기 어렵습니다.

重大(じゅうだい)な事(こと)は一人(ひとり)では決(き)めかねません。（×）

→ 重大な事は一人では決めかねます。（○）

133 하루에는 다 읽을 수 없다.

1日(いちにち)では読(よ)みきれる。（×）

→ 1日では読みきれない。（○）

134 기발한 디자인의 옷을 점잖게 입어 내고 있다.

奇抜(きばつ)なデザインの服(ふく)を上品(じょうひん)に着(き)こなれている。（×）

→ 奇抜なデザインの服を上品に着こなしている。（○）

135 결과를 아는 대로 통지하겠습니다.

結果(けっか)が分(わ)かる次第(しだい)、通知(つうち)します。（×）

→ 結果が分かり次第、通知します。（○）

136 운동회를 할지 어떨지는 날씨에 달렸습니다.

運動会をするかどうかは、天気の次第です。（×）

→ 運動会をするかどうかは、天気次第です。（○）

137 밥을 먹다 남기다.

ごはんを食べ残る。（×）

→ ごはんを食べ残す。（○）

138 차가 고장 나서 갈 수가 없다.

車が故障して行くようがない。（×）

→ 車が故障して行きようがない。（○）

139 전철에 우산을 두고 내리다.

電車に傘を置いて忘れる。（×）

→ 電車に傘を置き忘れる。（○）

140 10미터 간격으로 가로수가 심겨져 있다.

10メートルずつ並木が植えられている。（×）

→ 10メートルおきに並木が植えられている。（○）

141 할머니는 손자를 매우 귀여워하고 있다.

おばあさんは孫をたいへんかわいいがっている。（×）

→ おばあさんは孫をたいへんかわいがっている。（○）

142 우선은 통지 겸 인사를 드립니다.

まずはご通知のかたがた、ごあいさつ申し上げます。（×）

→ まずはご通知かたがた、ごあいさつ申し上げます。（○）

143 바람이 불적마다 벚꽃잎이 뚝뚝 떨어지다.

風が吹くおきに桜の花びらがはらはら割れる。（×）

→ 風が吹くたびに桜の花びらがはらはら割れる。（○）

144 아이는 흙투성이인 발로 방에 들어왔다.

子供は泥ずくめの足で部屋に上がってきた。(×)

→ 子供は泥だらけの足で部屋に上がってきた。(○)

145 최근 8년 만에 고향에 돌아갔습니다.

最近、8年ごとに田舎に帰りました。(×)

→ 最近、8年ぶりに田舎に帰りました。(○)

146 저 사람은 선생이라기보다는 오히려 학자라는 편이 낫다.

あの人は先生というよりかえって学者といったほうがいい。(×)

→ あの人は先生というよりむしろ学者といったほうがいい。(○)

147 일을 하는 한편, 놀기도 잘 한다.

仕事をするついでに、よく遊びもする。(×)

→ 仕事をする一方、よく遊びもする。(○)

148 여기에는 이제 두 번 다시 오고 싶지 않다.

ここへはもう二度は来たくない。(×)

→ ここへはもう二度と来たくない。(○)

149 그것은 마치 꿈과 같은 이야기입니다.

それはまるで夢のように話です。(×)

→ それはまるで夢のような話です。(○)

150 서류는 아직 읽지 않았습니다.

書類はまだ読みませんでした。(×)

→ 書類はまだ読んでいません。(○)

3 시험에 자주 출제되는 관용구

■ 아래 내용에 해당하는 관용어를 일본어로 말해보시오.

연습

1. 잠이 깨다.
2. 엎드리면 코 닿을 곳.
3. 학수고대하다.
4. 매우 바쁘다.
5. 배탈이 나다.
6. 식은 죽 먹기.
7. 부모에게 의지하다.
8. 입을 잘못 놀리다.
9. 콧대가 세다. 우쭐하다. 기고만장하다.
10. 고생하다.
11. 성급하다.
12. 발이 넓다.
13. 기분이 든다. 생각이 든다.
14. 매우 갖고 싶어하다.
15. 애먹다. 처치 곤란하다.

정답

1. 目がさめる。
2. 目と鼻の先。
3. 首を長くする。
4. 目が回る。
5. お腹を壊す。
6. 朝飯前。
7. 親のすねをかじる。
8. 口が滑る。
9. 鼻が高い。
10. 骨を折る。
11. 気が短い。
12. 顔が広い。
13. 気がする。
14. のどから手が出る。
15. 手を焼く。

16 감탄하다.
_____

17 신세를 지다.
_____

18 도움이 되다.
_____

19 화가 나다.
_____

20 화를 내다.
_____

21 혼이 나다.
_____

22 상대가 안 되다.
_____

23 체면을 세우다.
_____

24 정신이 들다.
_____

25 훑어보다.
_____

26 신경 쓰다.
_____

27 내숭떨다.
_____

28 얼굴에 먹칠하다.
_____

29 너그럽게 보다.
_____

30 눈에 거슬리다.
_____

정답

16 舌を巻く。
17 お世話になる。
18 役に立つ。
19 腹が立つ。
20 腹を立てる。
21 ひどい目にあう。
22 歯が立たない。
23 顔を立てる。
24 気がつく。
25 目を通す。
26 気を使う。
27 猫をかぶる。
28 顔に泥をぬる。
29 大目に見る。
30 目に触る。

#	문제	#	문제
31	폐를 끼치다.	42	포기하다.
32	장마가 개다.	43	마음에 두다. 신경 쓰다.
33	솜씨가 늘다.	44	신바람이 나다. 궤도에 오르다.
34	순식간에.	45	맞장구치다.
35	몰두하다. 열중하다.		
36	흉내를 내다.		
37	마음에 들다.		
38	몸에 배다.		
39	그림의 떡.		
40	무시할 수 없다.		
41	듣기 거북하다.		

정답

31 迷惑(めいわく)をかける。
32 梅雨(つゆ)が明(あ)ける。
33 腕(うで)が上(あ)がる。
34 あっという間(ま)に。
35 夢中(むちゅう)になる。
36 真似(まね)をする。
37 気(き)に入(い)る。
38 身(み)につく。
39 高嶺(たかね)の花(はな)。
40 ばかにならない。
41 耳(みみ)がいたい。
42 さじを投(な)げる。
43 気(き)にする。
44 脂(あぶら)が乗(の)る。
45 相(あい)づちを打(う)つ。

46	편들다.

47	아무 근거가 없다.

48	문병하다.

49	화가 나다.

50	말을 걸다.

51	자꾸 올라감. 순조로움.

52	아첨하다.

53	아닌 밤중에 홍두깨.

54	적은 노력으로 큰 수확을 얻다.

55	매우 바쁘다.

56	꼭 나올 것이라고 찍어 놓다.

57	걱정을 끼치다.

58	침착하여 대담해지다.

59	다짐하다.

60	집을 비우다.

정답

46 肩を持つ。
47 根も葉もない。
48 見舞う。
49 頭に来る。
50 声をかける。
51 うなぎ登り。
52 ごまをする。
53 藪から棒。
54 えびで鯛を釣る。
55 猫の手も借りたい。
56 山をかける。
57 心配をかける。
58 腹が据わる。
59 念を押す。
60 留守をする。

61 독점하다.
___

62 금강산도 식후경.
___

63 소 잃고 외양간 고치기.
___

64 해 볼 도리가 없다.
___

65 해고되다.
___

66 일은 안 하고 게으름 피우다.
___

67 끝맺기 알맞은 때.
___

68 얼버무려 넘어가다.
___

69 끝이 없다. 한이 없다.
___

70 둘이 꼭 닮다.
___

71 장마에 들어서다.
___

72 답보(제자리걸음) 상태가 계속되다.
___

73 볼만한 가치가 있다.
___

74 한계점에 도달하게 되었다.
___

75 호의를 고맙게 여기다.
___

정답

61 一人占めにする。
62 花より団子。
63 後の祭り。
64 手も足も出ない。
65 首になる。
66 油を売る。
67 きりがいい。
68 お茶を濁す。
69 きりがない。
70 瓜二つ。
71 梅雨に入る。
72 足踏み状態が続く。
73 見るに値する。
74 頭打ちとなった。
75 お言葉に甘える。

76	욕하다. 험담하다.
77	술을 꽤 하는(마시는) 사람이다.
78	어머니와 아내 사이에 끼여 딜레마에 빠지다.
79	잠깐 쉬다.
80	(어떤 사물이) 부각되었다.
81	타격(심한 손해)을 입다.
82	머리숱이 적다.
83	새로운 방침을 명확히 내세우다.
84	바둑을 두다.
85	본심과 정반대의 행동을 취하다.
86	꼬리를 끌다(영향이 남다).
87	마음을 터놓고 지낼 수 있다. 스스럼없다.
88	반대를 무릅쓰다.
89	불황에 빠지다.
90	체력이 쇠약해지다.

정답

76 悪口(わるくち)を言(い)う。
77 いける口(くち)だ。
78 母親(ははおや)と妻(つま)との板挟(いたばさ)みになる。
79 一服(いっぷく)する。
80 浮(う)き彫(ぼ)りになった。
81 痛手(いたで)を受(う)ける。
82 髪(かみ)の毛(け)が薄(うす)い。
83 新(あたら)しい方針(ほうしん)を打(う)ち出(だ)す。
84 囲碁(いご)を打(う)つ。
85 本心(ほんしん)と裏腹(うらはら)の行動(こうどう)を取(と)る。
86 尾(お)を引(ひ)く。
87 気(き)がおけない。
88 反対(はんたい)を押(お)し切(き)る。
89 不況(ふきょう)に陥(おちい)る。
90 体力(たいりょく)が衰(おとろ)える。

91	손쉬운 일입니다. 간단한 일입니다.	102	상품의 좋고 나쁨.
92	통풍이 좋다.	103	교섭이 벽에 부딪히다.
93	극심한 추위.	104	청소가 잘 되어 있다.
94	온갖 비난을 다 퍼붓다.	105	경험자를 우대하다.
95	분노를 참을 수가 없다.		
96	건강을 해치다.		
97	부디 안부 잘 전해 주세요.		
98	주가의 폭락이 우려되고 있다.		
99	간신히 목표액에 도달했다.		
100	분에 못 이겨 발을 동동 구르다.		
101	원가 이하이다.		

정답

91 おやすいご用です。
92 風通(かぜとお)しがいい。
93 厳(きび)しい寒(さむ)さ。
94 口(くち)を極(きわ)めて非難(ひなん)する。
95 怒(いか)りを禁(きん)じ得(え)ない。
96 体調(たいちょう)を崩(くず)す。
97 くれぐれもよろしくお伝(つた)えください。
98 株価(かぶか)の暴落(ぼうらく)が懸念(けねん)されている。
99 やっとのことで目標額(もくひょうがく)にこぎつけた。
100 地団駄(じだんだ)を踏(ふ)む。
101 原価(げんか)を割(わ)る。
102 商品(しょうひん)の良(よ)し悪(あ)し。
103 交渉(こうしょう)が行(ゆ)き詰(づ)まる。
104 掃除(そうじ)が行(ゆ)き届(とど)いている。
105 経験者(けいけんしゃ)を優遇(ゆうぐう)する。

106 식욕을 불러일으키다.

107 판결에 이의를 제기하다.

108 이 일은 나에게 맞지 않는다.

109 남이 끼지 않은 집안끼리.

110 과거의 (바람직하지 않았던)일은 없었던 것으로 하자.

111 빚이 많아서 경제적으로 어렵다.

112 전향적으로 검토하다.

113 약속을 어기다.

114 은행에 불입하다.

115 천장에 매달리다.

116 부도를 내다.

117 전철을 밟다.

118 물의를 일으키다(빚다).

119 쾌히 승낙함. 두말없이 승낙함.

120 마음에 집히는 데가 있다.

정답

106 食欲を催す。
107 判決に異議を申し立てる。
108 この仕事は私に向いていない。
109 水入らず。
110 水に流す。
111 首がまわらない。
112 前向きに検討する。
113 約束をほごにする。
114 銀行に振り込む。
115 天井にぶら下がる。
116 不渡りを出す。
117 二の舞を踏む。
118 物議をかもす。
119 二つ返事。
120 思い当たる節がある。

121 바빠서 이번 주는 계속 (일정이) 꽉 차 있다.
_____

122 걸레로 유리를 닦다.
_____

123 아이디어를 짜내다.
_____

124 한숨 돌리다.
_____

125 겸손하다. 저자세이다.
_____

126 도회를 떠나는 경향이 많다.
_____

127 책임을 다하다.
_____

128 비행에 빠지다.
_____

129 이러쿵저러쿵 말해도 소용없다.
_____

130 호평을 얻다.
_____

131 벅차다. 감당 못하다.
_____

132 안심하다.
_____

133 위기를 극복하다.
_____

134 경찰이 조사에 착수했다.
_____

135 요구를 받아들이다.
_____

정답

121 忙しくて今週はずっとふさがっている。
122 ぞうきんでガラスを拭く。
123 アイデアをひねり出す。
124 一息入れる。
125 頭が低い。
126 都会離れが進む。
127 責任を果す。
128 非行に走る。
129 なんだかんだ言ってもはじまらない。
130 好評を博する。
131 歯が立たない。
132 大船に乗る。
133 危機を乗り越える。
134 警察が捜査に乗り出した。
135 要求をのむ。

136 몹시 탐이 날 정도로 갖고 싶다.
_____

137 재차 확인하다.
_____

138 하룻밤 걸려 기획을 가다듬다.
_____

139 물가고에 시달리다.
_____

140 이야기가 척척 진행되다.
_____

141 돌이킬 수 없다.
_____

142 채산이 맞다.
_____

143 새로운 일에 착수하다.
_____

144 지불이 밀리다(지연되다). 지불이 연체되다.
_____

145 야채가 시장에 나돌다.
_____

146 부담 없는 가격으로 살 수 있다.
_____

147 색다르다.
_____

148 미동도 하지 않다.
_____

149 돈을 모으다.
_____

150 실컷 마시다.
_____

정답

136 のどから手が出るほど欲しい。
137 念を押す。
138 一晩かかって企画を練る。
139 物価高に悩まされる。
140 トントン拍子に話が進む。
141 取り返しがつかない。
142 採算が取れる。
143 新しい仕事にとりかかる。
144 支払いが滞る。
145 野菜が出回る。
146 手頃な値段で買える。
147 一味違う。
148 微動だにしない。
149 お金を貯める。
150 思う存分飲む。

학습

- 愛想がつきる。
  정 다시다. 정떨어지다.

- 愛想尽かしを言う。
  정나미 떨어지는 소리를 하다. 매정한 소리를 하다.

- 相性が合わない。
  서로 성격이 안 맞는다. 서로 성품이 어울리지 않는다.

- 相づちを打つ。
  맞장구를 치다.

- 合間を縫う。
  짬을 이용하다.

- あごで使う。
  거만한 태도로 사람을 부리다.

- 足が出る。
  ① 예정보다 많은 돈을 쓰다. ② 탄로나다.

- 足が棒になる。
  다리가 너무 피곤하다.

- 足を洗う。
  나쁜 일에서 손을 떼다.

- 味をしめる。
  맛들이다. 재미 붙이다.

- 頭が切れる。=「頭がいい」
  머리(두뇌)가 명석하다. 뛰어나다.

- 頭があがらない。
  상대의 기세에 꼼짝못하다. 대등하게 맞설 수 없다.

- 息がつまる。
  숨이 막히다.

- 息がきれる。
  숨이 차다.

- 青くなる。
  파랗게 질리다.

- 青菜に塩。
  풀이 죽음.

- 赤子の手をねじるよう。
  무척 손쉬움. 간단함.

- 開いた口が塞がらない。
  열린 입이 닫히지 않는다.(놀람, 기막힘)

- 揚げ足を取る。
  말꼬리를 잡다.

- 上げ潮に乗る。
  시기를 타고(얻어) 여러 가지 일이 잘 되어 가는 모양.

- あげくの果て。
  결국 ~한 끝에.

- 足かせになる。
  거치적거리다.

- 足並みをそろえる。
  보조를 맞추다(통일적인 행동을 취하다).

- 味もそっけもない。
  아무 멋대가리도 없다.

- 足もとをみる。
  약점을 간파하다.

- 当たらず触らず。
  아무와도 마찰이나 충돌을 일으키지 않도록 언동에 주의하며 무언가를 하는 모습.

- 呆気にとられる。
  어안이 벙벙하다. 어이없다.

- 後足で砂をかける。
  은혜를 입은 사람이 오히려 폐를 끼치다.

- 後先になる。
  사물의 전후 순서가 거꾸로 되다.
  앞뒤(순서)가 뒤바뀌다.

- 当てが外れる。
  기대가 어긋나다.

- 当てにならない。
  믿을 수 없다. 불확실하다.

- あとの祭り。
  엎질러진 물. 소 잃고 외양간 고치기.

- 後味が悪い。
  무언가가 끝난 후에 불쾌한 기분이 남아 상쾌하지 않은 모양.

- 後押しをする。
  후원하다.

- 朝飯前
  식은 죽 먹기.

- 後は野となれ山となれ。
  될 대로 되라.

- 穴があったらはいりたい。
  창피해 쥐구멍이라도 들어가고 싶다.

- 穴のあくほど見つめる。
  뚫어지게 쳐다보다.

- あぶない橋を渡る。
  위험을 무릅쓰고 일하다.

- 油を売る。=「道草を食う」
  잡담으로 시간을 보내다. 농땡이 치다.

- 飴と鞭
  당근과 채찍.

- ありのはい出るすきもない。
  물 샐 틈도 없다.

- あわを食う。
  무척 당황하다.

- いい目が出る。
  일이 잘 되다. 자기에게 유리한 사태로 되다.

- 言うも愚か。
  당연한 일로 일부러 말할 필요도 없음.

- 生き馬の目を抜く。
  날쌔게 행동하다. 눈감으면 코 베어 간다.

- 息の根をとめる。
  숨통을 끊다. 죽이다.

- 息を呑む。
  바싹 긴장하다. 놀라서 숨을 죽이다.

- 意気地がない。
  (사물에 대항하여 그것을 관철하려는) 패기가 없다.
  기력이나 용기가 없다. *부정적인 평가이다.

- 石橋をたたいて渡る。
  돌다리도 두드리고 건너다.

- 意地になる。
  고집불통이 되다. 오기가 나다.

- 意地を張る。
  고집을 부리다.

- 一も二もなく。
  두말없이. 무조건.

- 陰影に富む。
  표현 등에 변화가 풍부하고 깊은 맛이 있다.

- 因果を含める。
  피할 수 없는 운명으로 알고 체념하도록 설득하다.

- 因縁を付ける。
  생트집을 잡다.

- 痛くもかゆくもない。
  아무런 영향 없다. 전혀 상관없다.

- 痛くもない腹をさぐられる。
  아무런 잘못 없이 의심받다.

- いたしかゆし。
  어떻게 해야 할지 모름. 진퇴양난.

- 至れり尽くせり。
  극진함. 더할 나위 없음.

- 板につく。
  제격이다. 어울린다.

- 板挟みになる。
  대립하는 양자의 틈에 끼여서 딜레마에 빠지다.

- いだてん走り。
  몹시 빨리 달림.

- 一か八か。
  원래 도박꾼의 용어로서 요행을 바라고 하는 큰 모험. 흥하든 망하든.

- 一目おく。
  (자기보다 나은 사람에게) 한발 양보하다. 경의를 표하다.

- 一寸先は闇。
  한치 앞도 예측할 수 없음.

- 一頭地を抜く。
  딴 사람보다 한 단계 뛰어나다.

- いっぱい食わす。／食う。
  감쪽같이 속이다.／속다.

- 糸をひく。
  뒤에서 사람을 조종하다.

- いばらの道。
  가시밭길. 고난의 길.

- 色めがねで見る。
  색안경을 끼고 보다.

- 色を失う。
  무척 놀라다.

- 色をなす。
  무척 화내다.

- 引導を渡す。
  최종적으로 언도하다.

- 憂き目にあう。
  괴로운 일을 당하다.

- 憂き目を見る。
  (뜻밖의 실패 등의) 쓰라림을 겪다.

- 動きが取れない。
  움직일 수 없다. 진퇴유곡이다.

- 雨後のたけのこ。
  우후죽순.

- 浮かぶ瀬がない。
  도움을 받을 기회가 없다. 어쩔 수 없다.

- 浮き足立つ。
  안정을 잃고 불안하다. 들떠 있다.

- 後ろを見せる。
  도망가다.

- 後ろ髪をひかれる。
  미련이 남아 떨칠 수 없다.

□ 後ろ指をさされる。
손가락질 받다. 비난을 받다.

□ 薄気味悪い。
어쩐지 기분이 나쁘다. 어쩐지 으스스하다(겁이 나다).

□ 渦に巻きこまれる。
소용돌이에 휘말리다.

□ うだつが上がらない。
늘 눌려 있어 역경에서 헤어나지 못하다.

□ 内股膏薬。
간에 붙었다 쓸개에 붙었다가 함. 또는 그런 사람.

□ 現を抜かす。
너무 열중하여 제정신을 잃다.

□ 打てばひびく。
어떤 일에 상대방이 곧 반응함.

□ 腕を磨く。
솜씨를 익히다. 기술을 연마하다.

□ 腕によりをかける。
온갖 솜씨를 다 부리다.

□ 腕に覚えがある。
자신의 솜씨, 기량에 자신이 있다.

□ 腕を奮う。
능력을 발휘하다.

□ うぶ声をあげる。
(회사 등이) 발족하다.

□ 馬が合う。
마음이 맞다.

□ うまい汁を吸う。
노력하지 않고 이익을 보다.

□ 倦まず弛まず。
싫증내거나 게을리 하지 않고. 꾸준히.

□ うなぎ登り。
물가, 지위 등이 마구 뛰어오름.

□ 鵜の目鷹の目。
무엇을 찾아내려고 눈을 번득이는 모양의 비유.
열심히 무엇을 찾는 모양

□ 裏をかく。
의표를 찌르다.

□ 恨み骨髄に徹する。
원한이 사무치다.

□ うり二つ。
아주 닮음.

□ 売りことばに買いことば。
오는 말이 고와야 가는 말이 곱다.

□ 雲泥の差。
천양지차.

□ 得体が知れない。
정체를 알 수 없다.

□ 得手に帆をあげる。
신바람이 나다.

□ 襟を正す。
옷깃을 여미다. 자세를 바로 하다.

□ おうむ返し。
앵무새처럼 그대로 흉내냄.

□ 大きな顔をする。
남들 앞에서 (혼자)잘난 체하다.

□ 大船に乗る。
큰배를 탄 것처럼 마음이 든든하다. 믿음직스럽다.

- 大目に見る。
  너그러이 봐 주다. 관대하게 봐 주다.

- 大目玉を食う。
  호되게 야단맞다. 호되게 혼나다.

- 鬼の目にも涙。
  매정한 사람이라도 때로는 인정에 감동될 때가 있다.

- 親のすねをかじる。
  부모에게 신세지다.

- 大ぶろしきを広げる。
  허풍떨다.

- 奥歯にものがはさまったよう。
  솔직하지 못하고 어물거림.

- おくびにも出さない。
  내색 않다.

- お里が知れる。
  본색이 뻔하다. 태생이 드러나다.

- 押しも押されもせぬ。
  확고부동한 지위를 차지하고 있다. 요지부동이다.

- お茶を濁す。
  적당히 얼버무리다. 얼버무려 그 자리를 어물어물 넘기다.

- 落し穴にかかる。
  함정(계략)에 빠지다.

- 同じかまの飯を食う。
  한솥밥을 먹다.

- 同じ穴のむじな。
  한 패거리. 한통속.

- 尾羽打ち枯らす。
  영락하여 초라해지다.

- お鉢が回る。
  순서가 돌아오다.

- 重荷をおろす。
  무거운 짐을 벗다. 책임을 다하다.

- 親の心子知らず。
  부모의 마음을 자식은 모른다.

- 親の光は七光。
  부모 잘 만난 덕을 본다. 부모의 음덕이 크다는 비유.

- 折り合いをつける。
  타협을 짓다.
  =「妥協する」(타협하다) 「和解する」(화해하다)

- 折り紙をつける。
  보증하다.

- 折り目ただしい。
  예의 바르다.

- 尾を引く。
  영향을 미치다. 꼬리를 잇다.

- 恩に着せる。
  공치사하다. 생색내다.

- 音頭を取る。
  선두에 서다. 앞장서다.

- 飼い犬に手をかまれる。
  믿는 도끼에 발등 찍히다.

- 顔がつぶれる。
  체면이 깎이다. 불명예스럽게 되다.

- 顔に紅葉を散らす。
  부녀자가 몹시 부끄럽거나 창피해서 얼굴이 홍당무가 되다.

□ 顔が利く。
안면(이름)이 알려져 잘 통하다. 말발이 서다.

□ 顔が広い。
얼굴이 잘 알려지다. 발이 넓다.

□ 影も形もない。
그림자(흔적)도 없다.

□ 肩を落す。
어깨를 늘어 뜨리다. 실망하거나 낙담해서 어깨에 힘이 빠지다.

□ 肩を並べる。
어깨를 나란히 하다. 견줄 만하다.

□ 肩をいれる。
응원・원조하다.

□ 肩を持つ。
편들다. 두둔하다.
=「～の味方をする」(～의 편을 들다)
=「ひいき(に)する」(편들다, 역성들다, 편애하다)
=「えこひいきする」(한쪽만 편을 들다)

□ 片棒を担ぐ。
어떤 일을 함께 하다. 거들다.

□ 合点がいく。 ／ 合点がいかない。
납득이 간다. ／ 납득이 안 간다.
=「腑に落ちない」(납득이 안 된다)

□ 蚊の鳴くような声。
모기 소리만한 작은 목소리.

□ 蚊の涙。
모기의 눈물이라는 데서 극히 적은 것을 비유한 말. 새발의 피.

□ かぶとをぬぐ。
지다. 항복하다.

□ 壁につきあたる。
막다른 벽에 부딪히다.

□ 壁にぶつかる。
장벽에 부딪치다.

□ 閑古鳥がなく。
장사가 잘 안 되어 한산하다. 파리 날리다.

□ 肝胆相照らす。
의기투합하다. 서로 마음을 터 놓고 사귀다.

□ 気が置けない。
아무런 스스럼없다. 터놓고 지낼 수 있다.

□ 気を使わないでください。
=「どうぞ、おかまいなく。」
신경 쓰시지 마세요.

□ 機嫌を取る。
비위를 맞추다.

□ 肝胆をくだく。
노심초사하다.

□ 木で鼻をくくる。
퉁명스럽다. 무뚝뚝하다.

□ 木に竹をつぐ。
나무에 대를 접붙이다.(사물의 부조화)

□ きびすを返す。
발길을 되돌리다.

□ きびすを接する。
발길이 이어지다.

□ 肝に銘ずる。
명심하다.

□ 肝をつぶす。
간 떨어지다. 놀라다.

- 逆手にとる。
  역이용하여 반격하다.

- 脚光をあびる。
  각광을 받다.

- きゅうをすえる。
  뜨끔한 맛을 보이다.

- 牛耳をとる。
  좌지우지하다. 어떤 당파나 단체의 주도권을 잡다.

- ぎょっとする。
  깜짝 놀라다.

- きりがない。
  끝이 없다. 한이 없다.

- 琴線にふれる。
  깊이 감동하다. 심금을 울리다.

- くぎをさす。
  쐐기를 박다.

- 臭いものに蓋。
  더러운 사실을 숨기려고 임시방편으로 은폐하다. 눈감고 아웅하다.

- くだを巻く。
  술주정하다.

- 口が重い。↔「口が軽い」(입이 가볍다)
  입이 무겁다.

- 口が堅い。
  좀처럼 허튼 소리를 안하고 비밀 따위를 누설하지 않다.

- 口を滑らす。
  할 생각이 아니었는데, 말을 하다 보니 해서는 안 될 말을 하게 되다.

- 口車にのる。=「口に乗る」(달콤한 말에 속다)
  속아 넘어가다. 감언이설에 넘어가다.

- 口も八丁手も八丁。
  하는 짓이나 말이 다 능숙하다.
  말도 잘하고 솜씨도 좋다.

- 口を挟む。=「口を出す」「口を入れる」
  남의 말에 끼어들다. 남의 일에 참견하다. 말참견하다.

- 口を利く。
  말을 하다. 중재하다. 화해시키거나 흥정을 붙여 주다.

- 口を酸っぱくする。
  입이 아프도록 같은 말을 되풀이해서 타이르다.
  입에서 신물이 나도록 말하다.

- くちびを切る。
  말문을 열다.

- くちばしが黄色い。
  아직 미숙하다. 어리다.

- くつわを並べる。
  같이 행동하다.

- 首がまわらない。
  빚이 많아서 경제적으로 어렵다.

- 群を抜いている。
  발군이다. 무리 중에서 뛰어나다. 출중하다.

- 軍配があがる。
  승부에 이기다. 승리하다.

- 軍配をあげる。
  승리를 판정하다.
  *여기서 軍配는 軍配団扇(ぐんばいうちわ)의 준말로 일본 씨름에서 심판이 씨름판에서 쓰는 부채를 말한다. 따라서 씨름에서 심판이 이긴 편을 軍配로 가리킨다는 뜻에서 '승리를 판정하다' 라는 뜻이 생겼다.

- 怪我の功名。
  실수한 것으로 여겼던 일이 뜻밖의 좋은 결과를 가져옴. 전화위복.

- 怪我を負う。
  상처를 입다. 다치다.
  =「怪我をする」(다치다)「傷つく」(상처를 입다)

- けじめをつける。
  구별을 분명히 하다. 분명히 구분하다.

- 下駄をあずける。
  남에게 처리를 일임하다.

- 決着をつける。
  결말을 내다.

- けりがつく。
  결말이 나다. 매듭이 지어지다.

- けりをつける。
  결말을 짓다.

- 見当がつく。
  짐작이 가다.

- 効果てきめん。
  눈앞에 당장 효과가 나타남.

- 故郷ににしきを飾る。
  금의환향하다.

- 心がくじける。
  마음이 약해지다.

- 心をこめる。
  정성을 다하다.

- 腰が低い。
  저자세이다. 공손하다. 겸손하다.

- 腰を下ろす。
  걸터앉다. 의자 따위에 앉다.

- 事ある時。
  유사시. 일이 생겼을 때.

- 事ともせず。
  개의치 않고. 무릅쓰고.

- 事によると。
  어쩌면. 혹시.

- ごまをする。
  아부하다.

- 小耳にはさむ。
  언뜻 듣다.

- 座が白ける。
  분위기(흥)이 깨지다.

- さじを投げる。
  포기하다.

- さばを読む。=「数をごまかす」
  수량을 속여서 이익을 얻다. 숫자를 속이다.

- 三文の値打ちもない。
  아무짝에도 쓸모가 없다.

- 歯牙にもかけない。
  문제도 삼지 않다. 아주 무시하다.

- 四苦八苦。
  몹시 심한 괴로움. 온갖 고통.

- 舌を巻く。
  혀를 내두르다. 매우 감탄하다.

- 舌鼓を打つ。
  입맛을 쩍쩍 다시다. (맛있는 음식을 먹는다는 비유)
  =「のどが鳴る」(맛있는 음식을 보고 식욕이 일다)

- 舌の根の乾かぬうちに。
  입에 침도 마르기 전에. 말이 끝나자마자.

- そでを絞る。
  몹시 울다.

- しのぎを削る。
  맹렬하게 싸우다. 각축전을 벌이다.

- 渋い顔をする。
  언짢은 얼굴을 하다.

- しゃくにさわる。
  화(부아)가 나다.

- 十人十色。
  십인십색.

- 春秋に富む。
  앞날이 창창하다.

- 寝食を共にする。
  동고동락하다.

- 白羽の矢をたてる。
  특별히 뽑아내다.

- 白羽の矢が立つ。
  많은 사람 중에서 특별히 뽑히다. 희생자가 되다.

- 尻が長い。
  남의 집에 오래 앉아 있다.

- しりに敷く。
  남편을 깔아뭉개다.

- しりを拭う。
  다른 사람의 실수를 뒤처리(뒤수습) 하다.
  * 「後始末 / 後片付け」 (뒤처리. 마무리)

- しりあがりに調子が出る。
  점점 좋아지다.

- 白い目で見る。
  백안시하다.

- しんにゅうをかける。
  일을 더 크게 만든다.

- 心血を注ぐ。
  심혈을 기울이다.

- 辛酸をなめる。
  지독하게 괴로운 경험을 하다.

- 雀の涙。
  참새의 눈물. 극히 적음. 쥐꼬리 만함.

- 図に乗る。
  생각대로 되어 우쭐하다.

- 水火も辞せず。
  물불을 가리지 않다.

- 砂をかむよう。
  모래를 씹는 듯(무미건조).

- すねに傷をもつ。
  무엇인가 캥기는 것이 있다.

- せきを切る。
  일시에 터지다. 밀어닥치다.

- 背を向ける。=「裏切る」
  배반하다.

- 背に腹はかえられぬ。
  당연한 큰일을 위해서는 다른 일에는 일체 마음을 쓸 수 없다.

- 清濁あわせ飲む。
  도량이 넓다.

- 青天のへきれき。
  청천벽력.

- そっぽを向く。
  외면하다. 불응하다.

- 袖にする。
  소홀히 하다. 거들떠보지 않다.

- そりが合わない。
  뜻이 맞지 않다.

- 太鼓判を押す。
  틀림없다고 보증하다.

- 台無しにする。
  엉망으로 만들다. 못쓰게 하다
  =「破滅させる」(파멸시키다)

- 高をくくる。
  깔보다. 얕보다.

- 宝の持ちぐされ。
  보물이나 재주를 가지고 있으면서도 활용하지 못하고 썩힘.

- 立つ瀬がない。
  입장이 난처하다. 면목이 없다.

- 棚にあげる。
  그대로 두다. 내버려두다.

- 玉にきず。
  옥에 티.

- 黙っていてももうかる。
  가만히 있어도 돈이 벌린다.

- ためになる。=「役立つ」
  도움이 되다.

- 玉をころばすよう。
  옥(구슬)을 굴리듯이 아름다운 목소리.

- だめを押す。
  재차 확인하다.

- 袂を分かつ。
  헤어지다. 결별하다.

- たち打ちできない。
  도저히 당할 수 없다.

- 高ねの鼻。
  그림의 떡.

- 対岸の火事。
  강 건너 불구경. 방관적인 태도로 구경함.

- 高見の見物。
  나와는 관계없는 일. 강 건너 불구경.

- 盾に取る。
  구실로 잡다. 핑계를(트집을) 잡다.

- 地を払う。
  모두 없어지다.

- 蝶よ花よ。
  자기 자식을 남달리 귀여워하고 소중히 여김을 말함.

- 竹馬の友。
  죽마고우.

- つじつまが合う。
  조리가 맞다.

- つぼにはまる。
  뜻대로 되다. 예상대로 되다.

- つぶしが効く。
  지금 하는 일 이외에도 다른 일을 할 능력이 있다.

- つめに火をともす。
  매우 인색하다.

- つむじを曲げる。
  일부러 심술궂게 굴다.

- つらの皮が厚い。
  낯 두껍다.

- つるしあげる。
  여러 사람이 한 사람을 공격하다.

- 鶴のひと声。
  그의 말 한마디로 모두 승복하는 권위 있는 말.

- つるべ打ち。
  계속 쏨. 연발. 연타.

- 手が空く。
  일이 일단 끝나 일손이 비다.

- 手に乗る。
  남의 수단에 넘어가다. 속아 넘어가다.

- 手に汗を握る。
  손에 땀을 쥐다.

- 手に入れる。
  손에 넣다.

- 手に余る。
  벅차다.

- 手を焼く。=「もてあます」
  애먹다. 처치 곤란해 하다.

- 手を抜く。
  적당히 일하다. 일을 부실하게 하다.

- てこでも動かぬ。
  끄덕도 않다.

- 手玉に取る。
  마음대로 조종하다.

- 手間を省く。
  수고를 덜다.

- 手もなく。
  조금도 돈을 쓰지 않고. 손쉽게. 간단히. 어이없이.

- 手前みそ。
  자화자찬.

- 天高く馬肥ゆる。
  천고마비. 하늘은 높고 말은 살찐다.

- 堂に入る。
  심오한 경지에 이르다.

- 毒にも薬にもならぬ。
  해(害)도 이(利)도 되지 않음.

- 途方に暮れる。
  어찌할 바를 모르다. 난처하다.

- とりつく島がない。
  의지할 곳이 없다.

- どんでん返し。
  반전. 어떤 것이 갑자기 정반대로 바뀌는 것.

- ない知恵をしぼり出す。
  없는 지혜를 쥐어짜다.

- 長い目で見る。
  긴 안목으로 보다.

- 鳴かず飛ばず。
  울지도 않고 날지도 않고. 오랫동안 활약하는 일도 없이 남한테서 거의 잊혀진 상태에 있는 모양.

- 泣いても笑っても。
  아무리 발버둥 쳐도. 좋든 싫든.

- 泣き面に蜂。
  설상가상.

- 泣く子も黙る。
  우는 아이도 울음을 그치다(무서워 함).

- 情け容赦もない。
  동정하여 용서하거나 하지 않고 몹시 엄격하다.
  인정사정없다.

- 波に乗る。
  파도를 타다. 시류(상황)에 편승하다.

- 梨のつぶて。
  감감 무소식. 함흥차사.

- 煮え湯を飲まされる。
  믿는 도끼에 발등 찍히다.

- 二足のわらじをはく。
  양립 할 수 없는 다른 두 가지 직업이나 역할을 겸함.

- 似たり寄ったり。=「大同小異」
  비슷비슷함. 대동소이함.

- 二進も三進も行かない。
  =「物事が行き詰まって身動きが取れない」
  빼도 박도 못하다.

- 二の足を踏む。=「ためらう」「躊躇する」
  망설이다. 주저하다.

- 二の舞いを踏む。=「二の舞いを演ずる」
  남의 실패와 똑같은 실패를 되풀이하다.
  전철을 밟다.

- 二の句がつげない。
  어처구니없어 말이 안 나올 정도이다.

- にらみが利く。
  위엄이 서다.

- 煮ても焼いても食えない。
  어찌할 도리가 없다.

- 抜き差しならぬ。
  빼도 박도 못함. 어중간함.

- ぬれぎぬを着せられる。
  누명을 쓰다.

- 猫ばばを決めこむ。
  주운 물건을 슬쩍 자기 것으로 하다.

- 音をあげる。
  죽는 소리를 하다. 항복하다.

- 根に持つ。
  앙심을 품다. 꽁하게 생각하다.

- 根ほり葉ほり。
  꼬치꼬치. 미주알고주알.

- 猫をかぶる。
  본성을 숨기다. 시치미 떼다.

- 猫の手も借りたい。=「忙しい」
  무척 바쁘다.

- 猫の額。=「狭い」
  고양이의 이마. 토지나 장소가 매우 좁음.

- 寝耳に水。
  아닌 밤중에 홍두깨.

- のどが渇く。
  목이 마르다.

- のどから手が出る。=「欲しい」
  몹시 탐이 나다.

- のど元過ぎれば熱さを忘れる。
  괴로움도 그때가 지나면 간단히 잊어버린다.

- のべつ幕なし。
  쉴 새 없이. 끊임없이.

□ 乗りかかった船。
내친걸음.

□ のるかそるか。
성공이냐 실패냐.

□ 歯がたたない。
당해 낼 수 없다. 벅차다. 감당 못하다.

□ 拍車がかかる。
박차가 가해지다.

□ 拍車をかける。
박차를 가하다.

□ 歯切れがよい。
말투가 시원시원하고 분명하다.

□ 弾みが付く。
힘이 붙다. 탄력이 붙다.

□ 弾みを付ける。
탄력(힘)이 붙게 하다.

□ 歯にきぬを着せない。
가식 없이 말하다.

□ はしにも棒にもかからない。
도무지 어찌할 도리가 없다.

□ 鼻につく。
역겨워지다

□ 鼻が高い。
콧대가 높다.

□ 鼻にかける。 =「自慢する」
자랑하다.

□ 花を持たせる。
영예・영광을 돌리다.

□ 羽をのばす。
날개를 펴다. 기를 펴다

□ 羽目をはずす。
도를 지나치다.

□ 腹が黒い。
속이 검다. 엉큼하다.

□ 腹を割る。
본심을 털어놓다. 속을 털어놓다.

□ はらわたが煮えくりかえる。
배알이 뒤틀리다.

□ 八方ふさがり。
어찌할 줄 모름. 궁지에 빠짐.

□ 火が出る。
불이 나다. 화재가 나다.

□ 火がつく。
불붙다. 소동이나 분쟁이 일어나다.

□ 火に油を注ぐ。
물에 기름을 붓다

□ 膝を崩す。
편안한 자세로 하다.

□ 膝を交える。
친하게 이야기하다.

□ 一味違う。
다른 것에는 볼 수 없는 독특한 맛이 있어 그것을 두드러지게 한다. 어딘가 다르다.

□ ひとはだ脱ぐ。
팔 걷고 도와주다. 힘이 되어 주다

□ ひと役買う。
(자진해서) 한 역할을 맡다.

- 百も承知。
  충분히 알고 있음.

- ピンからキリまで。
  가장 우수한 것에서 가장 열등한 것까지.

- ピンをはねる。
  남에게 전할 돈의 일부를 가로채다.

- 風前のともしび。
  풍전등화.

- 蓋をあける。
  시작하다.

- 筆が立つ。
  문장이 능숙하다.

- 臍を曲げる。
  기분이 상하다. 몹시 불쾌한 표정을 짓다. 화를 내다.

- 棒にふる。
  잃다. 헛되이 하다.

- へとも思わぬ。
  아무렇지 않게 생각하다.

- 臍を固める。
  단단히 결심하다. 굳은 각오를 하다.

- 臍を噛む。
  몹시 후회하다. 미치지 못함을 한탄하다.

- 骨を折る。 =「苦労する」
  수고하다. 고생하다.

- 魔がさす。
  (순간적으로) 나쁜 생각이 들다.

- 枕を高くして寝る。
  안심하고 자다.

- 股にかける。
  두루 다니다. 활동하다.

- 真綿で首をしめる。
  은근히 골탕 먹이다.

- 身から出た錆。
  자업자득. 칼의 녹으로 인해 칼이 녹슨다는 의미.

- 身が持たない。
  (신체・건강 등) 몸이 견디지 못하다.

- 身に余る。
  분에 넘치다. 능력 이상의 것이다.

- 身につく。
  몸에 붙다(자기 것이 되다).

- 身につける
  (학문, 기술 등을) 습득하다. 익히다.

- 身につまされる。
  남의 일 같지 않다. 다른 사람의 불행 등이 자신의 일처럼 여겨진다.

- 身に染みる。
  몸에 사무치다. 뼈저리게 느끼다. 절실히 ~하다.

- 身も蓋もない。
  너무 노골적이라 정취도 없다.

- 身を固める。=「結婚する」(결혼하다)
  결혼하여 가정을 갖다.

- 身を粉にする。
  분골쇄신하다. 힘껏 노력하다.

- 実を結ぶ。
  성공하다. 열매를 맺다.

- 右といえば左。
  무엇이든 반대로 함.

- 右(みぎ)から左(ひだり)へ。
  남에게 받은 것을 바로 다른 사람에게 넘기는 경우.(돈, 수입 등)

- 右(みぎ)に出(で)る者(もの)がない。
  =「いちばん優(すぐ)れている」(가장 뛰어나다)
  그 사람보다 뛰어난 사람은 없다.

- 見栄(みえ)をきる。
  자신 있는 태도를 취하다.

- 見栄(みえ)をはる。
  허세를(허영을) 부리다.

- みそをつける。
  실수하여 체면을 잃다.

- 耳(みみ)が痛(いた)い。
  듣기 괴롭다.

- 耳(みみ)にたこができる。
  귀에 못이 박이다.

- 耳(みみ)に挟(はさ)む。
  언뜻 듣다.

- 耳(みみ)を傾(かたむ)ける。
  열심히 듣다.

- 見向(みむ)きもしない。
  거들떠보지도 않다.

- 虫(むし)が知(し)らせる。
  어쩐지 무슨 일이 생길 것 같은 예감이 들다.

- 胸(むね)を打(う)つ。
  감동하다.

- 胸(むね)をなでおろす。
  (휴-하고) 안심하다. 가슴을 쓸어내리다.

- 群(む)れをなして押(お)し寄(よ)せる。
  떼를 지어 밀어닥치다.

- 目(め)がまわる。=「忙(いそが)しい」
  무척 바쁘다.

- 目(め)から鼻(はな)へぬける。
  약삭빠르고 빈틈없다.

- 目(め)と鼻(はな)の間(あいだ)。=「目(め)と鼻(はな)の先(さき)」=「近(ちか)い」
  무척 가까운 거리(곳). 엎어지면 코 닿을 곳.

- 目(め)に余(あま)る。
  눈뜨고 볼 수 없을 정도로 심하다.

- 目(め)をつぶる。=「見(み)てみないふりをする」
  모른 체하다.

- 目(め)を通(とお)す。
  =「一通(ひととお)り読(よ)む」(대충 읽다)「ざっと見(み)る」
  대충 훑어보다.

- 芽(め)が出(で)る。
  겨우 운이 트이다.

- 目安(めやす)をつける。
  대략 표준을 세우다. 대강 예정을 하다.

- 文句(もんく)を言(い)う。=「不満(ふまん)を言(い)う」「不評(ふひょう)を言(い)う」
  불평을 하다.

- 役者(やくしゃ)が一枚上(いちまいうえ)。
  한결 낫다.

- 藪(やぶ)から棒(ぼう)。
  갑자기. 엉뚱하게. 아닌 밤중에 홍두깨.

- 藪(やぶ)をつついて蛇(へび)を出(だ)す。
  쓸데없는 일로 화를 초래하다.

- 山(やま)が見(み)える。
  예측, 전망이 서다.

□ 山が外れる。
　예상이 빗나가다. ↔「山が当たる」(예상이 맞다)

□ やきもちを焼く。
　질투하다(焼き餅는 굳은 떡을 불에 구운 것)

□ 横車を押す。
　억지를 쓰다.

□ やり玉にあげる。
　비난, 공격의 대상으로 삼다.

□ 輪をかける。
　과장하다
　　=「大風呂敷を広げる」(과장하다)
　　　「針小棒大」(침소봉대)
　　　「大げさを言う」(과장하여 말하다)

PART 6

2 유형별 문제 분석

파트6은 총 20문제가 출제가 되며, 짧은 문장으로 되어 있지만, 잘못되어 있는 부분을 골라내는 문제로 비교적 어려운 부분이고, 무심코 읽어 나가다가 자칫 틀린 부분을 발견하지 못하는 경우가 빈번히 발생한다. 따라서 상당히 많은 연습이 필요한 부분이기도 하다. 특히 관용구가 잘못되어 있는 경우에는 정답을 찾아내기가 힘들므로 평소에 많은 연습을 필요로 하는 부분이다.

문제의 유형을 살펴보면 「잘못된 조사가 사용된 것」, 「자동사와 타동사를 바꾸어 놓은 것」, 「い형용사나 な형용사의 활용이 잘못된 것」, 「문형의 접속 형태가 잘못된 것」, 「관용 표현 및 연어 사용이 잘못된 것」, 「한자를 비롯한 잘못된 표기법」 등이 있는데 하나씩 살펴보도록 하겠다.

1 조사의 오용

조사를 바꾸어 놓은 문제는 비교적 용이한 문제로 조사를 변형하여 문제를 출제한다. 예를 들어 우리말로 '~에' 로 해석되는 조사 「に」와 「へ」를 바꾸면, 한국어로 번역할 때는 무리 없게 해석이 되지만 틀린 문장을 만들고 그것을 답하게 하는 문제가 나온다. 여기서는 그러한 문제에 대한 연습을 해 보겠다.

1 日本語は 普通ひらがな、カタカナ、漢字より 表す。
      (A) (B)   (C)   (D)

풀이 일본어는 보통 히라가나, 가타카나, 한자로 표기한다.
※ (C) → をもって
「~をもって」는 수단과 방법을 나타내며, '~을 사용해서(가지고)' 란 의미를 갖는다.

정답 | (C)

2 私の父は商社で働いていますが、兄は銀行で勤めています。そして私は大学に通いながら、
          (A)   (B)   (C)
   近くのスーパーで仕事をしています。
                (D)

풀이 우리 아버지는 상사에서 일하고 있습니다만, 형은 은행에 근무하고 있습니다. 그리고 저는 대학에 다니면서, 근처 슈퍼에서 일을 하고 있습니다.
※ (B) → に
자주 출제되는 문제로 「勤める」는 조사 「に」가 사용되고, 「働く」는 조사 「で」를 사용한다. 두 개를 바꾸어 놓아 틀린 부분을 만들어 놓는 경우가 많다.

정답 | (B)

3 私の子供<u>の</u>ころの夢は、パイロット<u>が</u> <u>なる</u> <u>こと</u>でした。
　　　　　(A)　　　　　　　　　　(B) 　(C)　 (D)

　풀이 나의 어릴 때의 꿈은, 비행사가 되는 것이었습니다.
　※ (B) → に
　　'~이 되다'라는 의미인「なる」의 조사는「に」이다. 우리말로 '~이 되다'라고 해석하여「が」를 쓰지 않도록 조심해야 한다.

　　　　　　　　　　　　　　　　　　　　　　　　　　　　　　　　　정답 | (B)

4 雨の<u>ため</u>、運動会<u>は</u>中止<u>が</u>余儀<u>なく</u>された。
　　　　　(A)　　　　(B)　　(C)　　(D)

　풀이 비 때문에 운동회는 중지하지 않을 수 없었다.
　※ (C) → を
　　~を余儀(よぎ)なくされる : 어쩔 수 없이 ~하게 되다

　　　　　　　　　　　　　　　　　　　　　　　　　　　　　　　　　정답 | (C)

5 引っ越し<u>すると</u>手紙を<u>書くなり</u>、電話を<u>かけるなりして</u>、新しい住所を<u>知らせてください</u>。
　　　　　　(A)　　　　　　(B)　　　　　　　(C)　　　　　　　　　　(D)

　풀이 이사를 하거든 편지를 쓰든지, 전화를 하든지 해서 새로운 주소를 알려주세요.
　※ (A) → したら

　　　　　　　　　　　　　　　　　　　　　　　　　　　　　　　　　정답 | (A)

6 1年間<u>勉強して</u>、みんな<u>それだけに</u> <u>日本語力</u>が<u>上達した</u>。
　　　　　　(A)　　　　　　(B)　　　　　(C)　　　(D)

　풀이 1년간 공부해서 모두 그 나름대로 일본어 실력이 향상되었다.
　※ (B) → それなりに

　　　　　　　　　　　　　　　　　　　　　　　　　　　　　　　　　정답 | (B)

2 자/타동사의 구별

1 いつ雨が<u>降っても</u> <u>いい</u>ように職場<u>に</u>傘が<u>おいています</u>。
　　　　　　(A)　　　(B)　　　　　(C)　　　　(D)

　풀이 언제 비가 내려도 좋게 직장에 우산을 놓아두었습니다.
　※ (D) → あります

　　　　　　　　　　　　　　　　　　　　　　　　　　　　　　　　　정답 | (D)

2 やりだしたら けっこう おもしろかったので、私はそのゲームをつづいてしました。
　　　(A)　　　　(B)　　　　(C)　　　　　　　　　　　　　　　(D)

> **풀이** 시작했더니 제법 재미있어서 나는 그 게임을 계속해서 했습니다.
> ※ (D) → つづけて
> 　목적어「~を」를 필요로 하는 것은 타동사인데「つづく」는 자동사이다. '계속하다' 라는 의미의 타동사는 「つづける」이다.
>
> **정답 │ (D)**

3 あのピッチャーは昨年の暮れに手術を受かったばかりなのでいまいち調子が出ない。
　　　　　　　　　　　(A)　　　　　　(B)　　　　　　(C)　　　　　　(D)

> **풀이** 저 투수는 작년 말에 수술을 한지 얼마 되지 않아서 현재로서는 제 실력이 안 나온다.
> ※ (B) → 受けた
>
> **정답 │ (B)**

4 この商品は免税の対象 となりますので、税金が含めて いません。
　　　　　　　　(A)　　　(B)　　　　　　　　(C)　　　(D)

> **풀이** 이 상품은 면세 대상으로 되어 있으므로, 세금이 포함되어 있지 않습니다.
> ※ (C) → 含まれて
>
> **정답 │ (C)**

5 夏休みを恋人といっしょに過ぎることを思うと、胸がドキドキします。
　　　(A)　(B)　　　　　(C)　　　(D)

> **풀이** 여름방학을 애인과 함께 지낼 것을 생각하면, 가슴이 두근두근 거립니다.
> ※ (C) → 過ごす
>
> **정답 │ (C)**

3 접속 형태

1 私は毎朝、公園で運動をするあと新聞を読むことにしています。
　　　(A)　　　(B)　　(C)　　　　(D)

> **풀이** 나는 매일 아침, 공원에서 운동을 한 후 신문을 읽고 있습니다.
> ※ (C) → した
> 　접속 형태가 바르게 되었는지를 묻는 문제로, 이러한 문제에 대비하기 위해서는 평소에 각각의 문형의 접속 형태를 주의 깊게 살펴 볼 필요가 있다. '~한 이후'는「~したあと」로「あと」앞에「~た」의 형태로 접속한다.
>
> **정답 │ (C)**

2 あの子は親の心配をよそに全然勉強する としない。
　　　(A)　　　　　(B)　　　　　(C)　　(D)

> **풀이** 저 아이는 부모의 걱정을 아랑곳하지 않고 전혀 공부하려고 하지 않는다.
> ※ (C) → しよう

정답 | (C)

3 彼は毎晩、仕事帰りに学校で運動するあと帰宅します。
　　　　　　(A)　　　　　(B)　(C)　　(D)

> **풀이** 그는 매일 밤 일이 끝나고 돌아오는 길에 학교에서 운동을 한 후 집에 갑니다.
> ※ (C) → した
> '~한 후에'는 「~したあと」로 표현한다. 「あと」의 앞에는 과거형이 사용된다는 것을 하나의 문형으로 암기해 두어야 한다.

정답 | (C)

4 きのう、なくなったの祖父が夢に出てきました。
　　　(A)　　　　(B)　　(C)　　(D)

> **풀이** 어제 돌아가신 할아버지가 꿈에 나오셨습니다.
> ※ (B) → ×
> '돌아가신 조부'를 표현할 때는 '죽다'의 과거형인 「死(し)んだ、なくなった」와 명사가 결합하여 형성한다. 중간의 「の」같은 조사는 들어가지 않는다.

정답 | (B)

5 彼は教室に入った なり、いすにも座らないで携帯電話で話し出した。
　　　　　　(A)　(B)　　　　　(C)　　　　　　(D)

> **풀이** 그는 교실에 들어오자마자 의자에도 앉지 않고 휴대 전화로 말하기 시작했다.
> ※ (A) → 入る

정답 | (A)

6 あの人は、頼まれた仕事をよそに遊んでばかり している。
　　　　　　(A)　　　(B)　　　(C)　　(D)

> **풀이** 저 사람은 부탁 받은 일을 팽개치고 놀기만 하고 있다.
> ※ (D) → いる

정답 | (D)

7 皆様の協力なくは、ゴミの問題の解決はありえません。
　　(A)　　(B)　　　(C)　　　(D)

> **풀이** 여러분의 협력 없이는 쓰레기 문제의 해결은 있을 수 없습니다.
> ※ (B) → なくしては

정답 | (B)

4 관용 표현 및 연어의 바른 사용

　관용 표현 문제는 오문 정정 파트에서도 상당히 어려운 부분으로 속하는 문제 형태이다. 따라서 이러한 문제는 문제를 많이 푸는 것과 더불어 적당하게 고치는 연습을 하면서 외워 두어야 좋은 점수를 받을 수 있다. 또한 관용구는 파트 6에서 뿐만 아니라 파트 7, 8 부분에서도 출제되므로 외워 두면 다른 파트의 공부에도 큰 도움이 된다.

1 家に着くと まず おふろをして、それから よく冷えたビールを飲むのが私の楽しみです。
　　　(A)　　(B)　　(C)　　　　(D)

> **풀이** 집에 도착하면 먼저 목욕을 하고, 그리고나서 냉장이 잘 된 맥주를 마시는 것이 나의 즐거움입니다.
> ※ (C) → おふろに入って
> '목욕을 하다'의 관용 표현은「お風呂(ふろ)に入(はい)る」이다. 우리말로 직역하여「お風呂をする」로 하기 쉬우니 조심하도록 한다.
>
> **정답** | (C)

2 せっかくカラオケボックスに行ったのに あまり歌をする時間がなかったので残念でした。
　　　(A)　　　　　　　　　　(B)　　(C)　　(D)

> **풀이** 모처럼 노래방에 갔는데 별로 노래를 할 시간이 없어서 아쉬웠습니다.
> ※ (D) → 歌う
> '노래를 하다' 역시 우리말로 번역하여「歌(うた)をする」로 하기 쉽지만 '노래를 하다'는「歌を歌(うた)う」라는 표현이 있으니 암기해 두도록 해야 한다.
>
> **정답** | (D)

3 近いうちに時間を出して、ソウルに行くつもりです。
　　(A)　　　(B)　　(C)　　(D)

> **풀이** 조만간 시간을 내서 서울에 갈 예정입니다.
> ※ (B) → 作って
> '조만간'을 표현할 때에는「近いうち」라고 표현한다는 것을 암기해 두도록 한다. 또한 '시간을 내다'는「時間(じかん)を作(つく)る」또는「暇(ひま)をみる」등으로 표현한다.
>
> **정답** | (B)

4 彼は周囲の反対をなんともせず彼女と結婚した。
　　　(A)　　(B)　　(C)　(D)

> **풀이** 그는 주위의 반대를 무릅쓰고 그녀와 결혼했다.
> ※ (B) → もの
>
> **정답** | (B)

5 からだの不調もゆるさず、彼は働き続けた。
　　　　　(A)　　　(B)　　　　　(C)　　(D)

> 풀이 몸 상태가 좋지 않음에도 불구하고, 그는 계속 일을 했다.
> ※ (B) → かまわず

정답 | (B)

6 人々の会話や町の様子に、京都ばかりの落ち着きが感じられる。
　　　　(A)　　　(B)　　　　(C)　　　　　　　(D)

> 풀이 사람들의 회화나 마을의 모습에서 교토가 아니면 맛 볼 수 없는 차분함이 느껴진다.
> ※ (C) → ならでは

정답 | (C)

7 新年によって決心したことだから、今年は必ずやります。
　　　　　(A)　　　　　　(B)　(C)　　　(D)

> 풀이 신년을 맞이하여 결심한 것이므로, 올해는 반드시 하겠습니다.
> ※ (A) → にあたって

정답 | (A)

8 卒業に対して、成績のよかった学生に記念品をおくります。
　　　　(A)　　　　(B)　(C)　　　　(D)

> 풀이 졸업에 즈음하여 성적이 좋았던 학생에게 기념품을 보냅니다.
> ※ (A) → に際して

정답 | (A)

5 품사의 활용

1 わからないの単語があったら、辞書を引いて読んでください。
　　　　　(A)　　　　(B)　　　　　(C)　(D)

> 풀이 모르는 단어가 있으면 사전을 찾아서 읽어 주세요.
> ※ (A) → ×
> 　　「わからない」와 같이 동사의 부정형에 명사가 수식될 때는 「の」와 같은 조사없이 바로 접속한다.

정답 | (A)

2 今度の日曜日はゴルフをしに行こうか、それとも海に泳ぐに行こうか、迷っています。
　　　(A)　　　　　　　　　(B)　　　　　　　　(C)　　　　　　(D)

> 풀이 이번 일요일은 골프를 치러 갈까? 그렇지 않으면 바다에 수영을 하러 갈까? 망설이고 있습니다.
> ※ (C) → 泳ぎ

목적을 나타내는 「に」는 동사의 ます형에 접속하여 '~을 하러'라는 의미로 사용된다. 따라서 「泳ぎ」로 바꾸어 주어야 한다.

정답 | (C)

3　昨年の冬は本当に寒いでしたから、家から一歩も出ず、3キロも太ってしまいました。
　　　　　　　　　　　(A)　　　　　　(B)　　　　　　(C)　　　　(D)

풀이　작년 겨울은 너무 추웠기 때문에 집에서 한 발짝도 나가지 않아 3킬로그램이나 살이 찌고 말았습니다.
※ (A) → 寒かったから
　　형용사의 과거 표현을 「寒いでした」라고 무심코 넘어갈 수 있으나, 형용사의 과거 표현은 「~かった」의 형식이므로 「寒(さむ)かった」로 바꾸어 주어야 한다.

정답 | (A)

4　外国の圧力 によって、日本は開国を余儀なく させた。
　　　　(A)　(B)　　　　　　　　　　(C)　　　　(D)

풀이　외국의 압력에 의해 일본은 어쩔 수 없이 개국해야 했다.
※ (D) → された

정답 | (D)

5　一人前にささ んがために、親は子供を厳しく しつける。
　　　　　(A)　(B)　　　　　　　　(C)　　　(D)

풀이　제 몫을 하게 하기위하여, 부모는 아이를 엄격하게 교육시킨다.
※ (A) → させ

정답 | (A)

6 잘못된 표기

1　夏休みの間に、たびたびプール場にいきました。
　　(A)　　(B)　　　(C)　　　(D)

풀이　여름 방학 중에 종종 수영장에 갔습니다.
※ (C) → プール
　　'수영장'은 「プール」로 우리말의 '풀장'이라는 말과 헷갈려 잘못 사용하지 않도록 해야겠다.

정답 | (C)

2　私の二つめの兄は軍隊に行っています。
　(A)　(B)　　　(C)　　(D)

풀이　나의 둘째 형은 군대에 가 있습니다.

※ (B) → 二番目
　　'둘째 형'은 「二番目(にばんめ)」로 표현해야 한다. 이러한 표현은 한 번 풀어 보면 기억하기 쉬우니 많은 문제를 풀어 보는 것이 관건이다.

정답 | (B)

3　過ぎ去った日から、うけついできた文化財を大事にしよう。
　　　(A)　　　　　　　(B)　　　　　　(C)　　(D)

풀이　옛날부터 이어온 문화재를 소중하게 여깁시다.
※ (A) → 昔
　　문제에서는 '옛날부터'라는 말을 직역하여 「過(す)ぎ去(さ)った」라고 표현했지만 과거부터 오랜 역사를 지켜 온 것을 말할 때는 「昔(むかし)」라고 표현한다.

정답 | (A)

4　スミスさんなんか、漢字カードを作って いつも 持って歩いていますよ。
　　　　　　(A)　　　　　　　(B)　　(C)　　(D)

풀이　스미스 씨 같은 경우는, 한자 카드를 만들어 항상 가지고 다니고 있어요.
※ (D) → 持ち歩いて

정답 | (D)

7　의미상 어울리지 않는 단어

1　会議で決定したのだから、いまだに言ってもはじまらない。
　　(A)　(B)　　　　　　(C)　　　　　(D)

풀이　회의에서 결정한 것이기 때문에, 이제 와서 말해도 소용없다.
※ (C) → 今さら

정답 | (C)

2　それぞれの国には、気候の違いに比べて生活スタイルの違いがある。
　　　(A)　　　(B)　　(C)　　(D)

풀이　각각의 나라에는, 기후의 차이에 기인한 생활 스타일의 차이가 있다.
※ (D) → 基づいて

정답 | (D)

3　わたしがいくらでもゴルフの腕が上がったと言っても、田中さんにはとうてい及びません。
　　　　　(A)　　　　　　(B)　　　　　　　　(C)　　　　(D)

풀이　내가 아무리 골프 실력이 늘었다 해도 다나카 씨에게는 도저히 미치지 못합니다.

※ (A) → いくら
「いくらでも」는 '얼마든지'의 뜻으로 문맥에 맞지 않다. '아무리~해도'는 「いくら~でも」이다.

정답 | (A)

4 私は財布を落としてしまったので、木村さんに昼食をおごってくれました。
   　　　　　　(A)　　　　　　(B)　　　　　　　　　　(C)　　　　(D)

풀이 나는 지갑을 잃어 버려서, 기무라 씨가 점심을 사 주었습니다.
※ (D) → もらいました
이 문장에서는 조사와의 관계를 잘 살펴보아야 한다. 즉, 「~に~てもらう ~에게 ~해 받다(~가 ~해 주다)」의 패턴이다.

정답 | (D)

5 私はあのとき、それまでの経験に基づいて判断したせいで、うまくいった。
   　　　　　　　　　　(A)　　　　　　(B)　　　　　(C)　　　　(D)

풀이 나는 그때, 그때까지의 경험에 근거하여 판단한 덕분에 잘 되었다.
※ (C) → おかげで

정답 | (C)

8 올바른 존경어 · 겸양어의 사용

1 人生の師としてご指導いただき、そのお恩は終生忘れることはできません。
   　　　　(A)　　　　　(B)　　　　　(C)　　　　(D)

풀이 인생의 스승으로서 지도를 받은 그 은혜는 죽을 때까지 잊을 수가 없습니다.
※ (C) → ご恩
존경어를 사용할 때, 「ご」를 쓰는 단어와 「お」를 쓰는 단어는 구분해서 암기해 두어야 한다. 보통 「お」는 고유 일본어에 붙는 경우가 많고, 「ご」는 한자어에 붙는 경우가 일반적이다. 하지만 반드시 성립하는 법칙은 아니므로 단어마다 구별을 해 둘 필요가 있다.

정답 | (C)

2 もしもし、こちらは三星物産の高橋と申しますが、課長の木村さんはおりますでしょうか。
   　　　　　(A)　(B)　　　　　　　　　　(C)　　　　　　　　　　　　　(D)

풀이 여보세요, 저는 삼성물산의 다카하시라고 합니다만, 기무라 과장님 계십니까?
※ (D) → いらっしゃいますか
「いる」의 존경 표현은 「いらっしゃる」이다. 따라서 「木村(きむら)さんはいらっしゃいますか」로 고쳐야 한다.

정답 | (D)

3　わたしのお父さんは、ソウルにいます。
　　　(A)　　(B)　　　(C)　　(D)

> **풀이**　우리 아버지는 서울에 있습니다.

※ (B)→ 父
　일본어에서는 가족과 같이 자신이 속해 있는 그룹에 대해서는 존경어를 사용하지 않는다. 따라서 남에게 말할 때는 「お父(とう)さん」이라고 하지 않고, 그냥 「父(ちち)」라고 해야한다.

정답 | (B)

4　欠席する場合には、電話なり なんなりと ご連絡してください。
　　　　　　(A)　　　　(B)　　　(C)　　　　(D)

> **풀이**　결석할 경우에는 전화든 뭐든 연락 주십시오.

※ (D) → ご連絡ください

정답 | (D)

연습문제

1 いつもより遅く家を出たので、走ったら間に合わないかも知れません。
　　　　(A)　　 (B)　　　　　(C)　　　　　　　　(D)

2 なぜ彼にあんなことを言ってしまったかと言うなら、たまたま虫の居所が悪かったからです。
　　(A)　　　　　　(B)　　　　　(C)　　　　　　　　　　　　　　　　　(D)

3 この頃は天気が涼しくなってきたので、毎晩ジョギングをしています。
　　　　　(A)　　　　(B)　　　　(C)　　(D)

4 去年、社員旅行で 行くところは栃木県の日光という観光地でした。
　　　　　　　　(A) (B)　　　　　　　(C)　　(D)

5 ゴールデンウィークは久しぶりに夫婦水入らずで旅行に行って楽しい時間を過ぎました。
　　　　　　　　　　(A)　　　　(B)　　(C)　　　　　　(D)

6 私と田中さんは中学を卒業した後、それぞれ違う高校に入学したので、この頃は彼女を見る
　　　　　　　　　　(A)　　　　　(B)　　　　　(C)　　　　　　　(D)
機会がありません。

7 日曜日に天気がいいと釣りに行くつもりです。
　　(A)　　(B)　(C)　(D)

8 電車の中で携帯電話で話すをしていたら、隣の男性に静かにしろと言われました。
　　　　(A)　　　　(B)　　(C)　　　　　　　　　　　(D)

9 これは重要文化財たちの中で、特に有名な文化財の一つですが、それほど人々に知られて
　　　　(A)　　　　　　(B)　(C)　　　　　　　　　　　　(D)
いません。

10 博覧会は大勢の人でにぎわっているから、はぐれないようにお母さんの手をはっきり つないで
　　　(A)　　　　　　　　　　　(B)　　　　　　(C)　(D)
いなさい。

11　<u>突発</u>として<u>起った</u>テロ<u>のせいで</u>、多くの犠牲者が<u>出た</u>。
　　(A)　　　　(B)　　　(C)　　　　　　　(D)

12　<u>たいして</u>期待していなかった<u>にもかかわらず</u>、面接<u>を</u>受<u>かって</u>ラッキーだった。
　　(A)　　　　　　　　　　(B)　　　　　　　　(C)　(D)

13　この器具は<u>主</u>に耳<u>で</u>穴をあける<u>の</u>に使いますが、危険ですので子供の手が<u>届かない</u>ところ
　　　　　　　(A)　　(B)　　　　　(C)　　　　　　　　　　　　　　　　　(D)
　に置いてください。

14　急に都合がわるくなった<u>ので</u>、<u>代わりに</u>別の<u>者に</u>書類を取りに<u>行かされます</u>。
　　　　　　　　　　　　(A)　　(B)　　　(C)　　　　　　　(D)

15　この新聞の記事は私の仕事は関係<u>が</u>ある<u>ので</u>、<u>ちょっと</u>見せて<u>いただけません</u>か。
　　　　　　　　　　　　　　　　(A)　　(B)　　(C)　　　　　(D)

16　私は来月、<u>引っ越す</u> <u>ばかり</u>です<u>から</u>、ぜひ新居に遊びに<u>いらっしゃって</u>ください。
　　　　　　(A)　　　(B)　　　(C)　　　　　　　　　(D)

17　今朝、彼女の留守電<u>に</u>メッセージを残した<u>のに</u>、いくら待って<u>も</u>連絡が<u>こないで</u>寂しいです。
　　　　　　　　　　(A)　　　　　　　　(B)　　　　　　(C)　　　　(D)

18　このラジカセは少し値が張ったんですが、コンパクト<u>で</u>持ち運<u>ぶ</u>に便利なので、買う<u>ことに</u>
　　　　　　　　　　　　　(A)　　　　　　　　(B)　　(C)　　　　　　　　(D)
　したんです。

19　私はカタカナを書く<u>の</u>ができますが、中国から<u>来た</u>王さんはひらがな<u>さえ</u> <u>ろくに</u>書けません。
　　　　　　　　　(A)　　　　　　　　(B)　　　　　　　(C)　　(D)

20　あそこのブロック塀<u>に</u>「駐車禁止」<u>が</u>書いてある紙<u>が</u>張ってある<u>の</u>が見えますか。
　　　　　　　　　　(A)　　　　　(B)　　　　　　(C)　　　　(D)

PART 7

1 알고 넘어가기

1 문장의 빈칸에 맞는 말 고르기

공란 메우기 1

1. 仕事が忙しくて旅行もできない。_____、うちでゆっくり話す時間もない。
   (A) それにしても (B) それどころか

2. 大気汚染が問題になってきた_____、無公害エンジンの開発を急いでいる。
   (A) ものの (B) ことから

3. 地震の後は、電気も水もなくて、おふろ_____じゃなかった。
   (A) しか (B) どころ

4. この病気の原因が食事にある_____、食事を見なおす必要がある。
   (A) としても (B) とすれば

5. 外国人_____、アパートがなぜこんなに高いのか理解できないだろう。
   (A) にしては (B) にしても

6. このアパートは家賃が安い_____、部屋は広いし交通も便利だ。
   (A) なので (B) にしては

7. 仕事が忙しくて、テレビも見る暇がない。見る_____ニュースぐらいだ。
   (A) からには (B) としても

8. 出席者は、わずか12人に_____。
   (A) 越えなかった (B) 過ぎなかった

9. 大学生にもなって、こんな簡単なことがわからない_____情けない。
   (A) なんて (B) なんか

10　帰る家がない_____、何とかわいそうな人たちなんだろう。
　　(A) には　　　　　　　　(B) とは

11　慎重なあの人に限って、そんな間違いをする_____がない。
　　(A) はず　　　　　　　　(B) はめ

12　公害は日本に_____、わたしの国でも大きな問題になっている。
　　(A) 限らず　　　　　　　(B) よらず

13　彼は経営者として_____、作家としてもよく知られている。
　　(A) のみならず　　　　　(B) ではなく

14　先生_____でなく友達にまで心配をかけてしまった。
　　(A) のみ　　　　　　　　(B) ばかり

15　料理は母の手作りに_____。
　　(A) 限る　　　　　　　　(B) よる

16　この容器は、熱に対して弱い_____注意してください。
　　(A) のに　　　　　　　　(B) ので

17　採用は男性に_____。能力のある女性を求めている。
　　(A) 限らない　　　　　　(B) 過ぎない

18　ほかのことは別だが、料理_____はだれにも負けない。
　　(A) にかけて　　　　　　(B) にして

19　このことについては、国の_____にかけても謝るわけにはいかないのです。
　　(A) 対面　　　　　　　　(B) 面子

20　母親は掃除に_____、子供の部屋をそっと見ている。
　　(A) かこつけて　　　　　(B) きめつけて

21　合格通知をもらった時の彼のうれしさは想像に＿＿＿＿＿＿。
　　(A) かたくない　　　　　　(B) にくくない

22　自分が実際に親になる＿＿＿＿＿＿は、親の気持ちは想像しがたいものだ。
　　(A) から　　　　　　　　　(B) まで

23　英語がフランス語のような言葉に＿＿＿＿＿＿代表的な国際語になってきた。
　　(A) つれて　　　　　　　　(B) かわって

24　映画を見に＿＿＿＿＿＿、ビデオを借りてうちで見た。
　　(A) 行くかわりに　　　　　(B) 行こうと

25　東京よりも地方のほうが住み＿＿＿＿＿＿にちがいない。
　　(A) いい　　　　　　　　　(B) よい

26　学校の外国語教育も以前に＿＿＿＿＿＿、会話教育が強化された。
　　(A) 比べると　　　　　　　(B) 調べると

27　材料費の値上げに＿＿＿＿＿＿、円高で経営状態がよくない。
　　(A) 加えて　　　　　　　　(B) 足して

28　この仕事は、日本語はもちろん必要だが、英語もできるに＿＿＿＿＿＿ことはない。
　　(A) 過ぎた　　　　　　　　(B) 越した

29　銀行の利子は高いに越したことはないが、サービスの＿＿＿＿＿＿も問題だ。
　　(A) 良し悪し　　　　　　　(B) 良き悪き

30　出発に＿＿＿＿＿＿、十分に打合わせをしなければならない。
　　(A) 先立って　　　　　　　(B) 急き立って

공란 메우기 2

1. 時間の経過に＿＿＿＿、人が少なくなった。
   (A) かけて　　　　　(B) したがい

2. 年代による区分が＿＿＿＿いるので、このテキストは見やすい。
   (A) させて　　　　　(B) されて

3. こんな田舎＿＿＿＿ファストフードの店がある。
   (A) にして　　　　　(B) からして

4. A社にして不況の＿＿＿＿人員整理を始めた。
   (A) せい　　　　　(B) ため

5. 彼はゴールを目前にして＿＿＿＿。
   (A) 追い抜かれた　　(B) 追い出された

6. お礼なんていりません。当然なことをしたに＿＿＿＿。
   (A) ありません　　　(B) すぎません

7. ほんの冗談にすぎなかった＿＿＿＿、彼は本気で怒りだした。
   (A) のに　　　　　(B) ので

8. 工業化することが、その国の発展につながるとは言い＿＿＿＿。
   (A) きれない　　　　(B) きらない

9. 先生に＿＿＿＿参考書にそって勉強した。
   (A) 与えた　　　　　(B) 与えられた

10. 最初に決めた計画＿＿＿＿工事を進めた。
    (A) について　　　(B) にそって

11 一人ひとりの能力に＿＿＿＿＿＿指導が必要だ。
(A) 対応した　　　　　(B) 反応した

12 時代に対応した組織づくりを＿＿＿＿＿＿。
(A) 目立っている　　　(B) 目指している

13 会社の規定＿＿＿＿＿＿退職金が支払われる。
(A) に対して　　　　　(B) に即して

14 現状に即した施策を＿＿＿＿＿＿ならない。
(A) なさらなければ　　(B) なされなければ

15 目上の人はもちろん、初対面の人＿＿＿＿＿＿敬語を使います。
(A) についても　　　　(B) に対しても

16 コンピューターはかなり普及しているといっても、まだ一部の人に＿＿＿＿＿＿。
(A) 限られている　　　(B) 決められている

17 古くて使用に＿＿＿＿＿＿ような機械が山のように積んである。
(A) たえない　　　　　(B) たまらない

18 コップに＿＿＿＿＿＿ばかりのビールを一息に飲んだ。
(A) ありふれた　　　　(B) あふれん

19 入学試験に失敗し帰国することにしたがい、＿＿＿＿＿＿の思いにたえない。
(A) 残念　　　　　　　(B) 無念

20 突然の授業料の＿＿＿＿＿＿を聞いて、憤慨にたえない。
(A) 値上げ　　　　　　(B) 賃上げ

21 十分満足するに＿＿＿＿＿＿成績だった。
(A) 余る　　　　　　　(B) 足りる

22 気候の違う国＿＿＿＿使用に足りる製品を作らなければならない。
　　(A) への　　　　　　　　(B) での

23 危険に対して準備が十分なら、まったく恐れるに＿＿＿＿です。
　　(A) たりない　　　　　　(B) 言えない

24 彼女からのプレゼントは、彼を満足＿＿＿＿に足りなかった。
　　(A) される　　　　　　　(B) させる

25 どこの国でも、自然の美しさが公共のものであることに＿＿＿＿はない。
　　(A) 変わり　　　　　　　(B) 比べ

26 私が突然結婚の話をしたので、父は不愉快だったに＿＿＿＿。
　　(A) 相違ない　　　　　　(B) 否めない

27 彼女に成功をもたらしたものは、毎日の努力の結果に＿＿＿＿。
　　(A) ありえない　　　　　(B) ほかならない

28 図書館には進学に関しても情報が＿＿＿＿。
　　(A) こぞっている　　　　(B) そろっている

29 このホールは国際会議が行われる＿＿＿＿、準備期間を含め1カ月しか使用できません。
　　(A) につき　　　　　　　(B) まで

30 昼休みにつき、＿＿＿＿の方は1時までお待ちください。
　　(A) 急用　　　　　　　　(B) ご用

공란 메우기 3

1. 日本人が理解できないものを、_____外国人は理解できないだろう。
   (A) まして   (B) もしかして

2. 北に進む_____、どんどん寒くなった。
   (A) にあわせて   (B) につれて

3. 台風の影響によって、野菜が_____した。
   (A) 値上げ   (B) 値上がり

4. コンピューターの導入_____、事務の能率がずいぶん上がった。
   (A) により   (B) から

5. それは日本の法律_____禁止されている。
   (A) にかけて   (B) によって

6. 工場の移転は、町_____も大きな問題だ。
   (A) にとって   (B) にあたって

7. たばこの害は、吸う人だけに_____そばにいる人にも及ぶ。
   (A) とまらず   (B) とどまらず

8. A国の核実験は今回に_____、これからも続いて行われるという事だ。
   (A) とまらず   (B) とどまらず

9. 新社長の就任に_____、人事異動が発表された。
   (A) ともない   (B) かけて

10. 技術の革新にともない、伝達の_____は急速に発達した。
    (A) 手段   (B) 手口

11 彼の今までの業績を考えると、今回の受賞は驚くに_____。
　　(A) みえない　　　　　(B) あたらない

12 彼がいやだというなら、もう無理には頼む_____。
　　(A) まい　　　　　　　(B) やら

13 あなたから手紙を書くには_____。先方から電話があるはずですから。
　　(A) 至りません　　　　(B) 及びません

14 その本は私が持っているから、買うには及ばない。_____あげる。
　　(A) 借りて　　　　　　(B) 貸して

15 きょうかいのけんせつ_____、お金のあるなしにはかかわらず全員寄付した。
　　(A) にあたって　　　　(B) にあてて

16 サッカーの試合は天候に_____実施されます。
　　(A) したがって　　　　(B) かかわらず

17 悪い冗談を言った_____、彼女を怒らせてしまった。
　　(A) ばかりに　　　　　(B) おりに

18 最近の雑誌には、下品で_____堪えないようなものが多い。
　　(A) 読むに　　　　　　(B) 読みに

19 値段の_____にかかわりなく、ほしいものは買う。
　　(A) ほど　　　　　　　(B) いかん

20 彼の_____ような様子を見るにつけ、私は恐ろしいものを感じた。
　　(A) 思いついた　　　　(B) 思い込んだ

21 この国は、資源が_____のにもかかわらず発展しない。
　　(A) 豊かな　　　　　　(B) 豊かで

22 コンサート会場には雨＿＿＿＿＿大勢の人が来た。
   (A) にしても　　　　　(B) にもかかわらず

23 この犯行に＿＿＿＿＿者のなかに警官がいたそうだ。
   (A) かかわった　　　　(B) 加えた

24 法律に＿＿＿＿＿行為は、きびしく罰せられる。
   (A) 反する　　　　　　(B) 適する

25 彼は親類は＿＿＿＿＿友人からも多額の借金をしていた。
   (A) やがて　　　　　　(B) おろか

26 近年石油の需要が増加しているのと＿＿＿＿＿、石炭の需要は減少している。
   (A) ひきかえ　　　　　(B) と共に

27 投票日＿＿＿＿＿は、来週までに通知します。
   (A) に対して　　　　　(B) について

28 母の病気が治ったのは、＿＿＿＿＿先生のおかげです。
   (A) あいはんする　　　(B) ほかならぬ

29 今日もまた残業だなんて、いそがしいにも＿＿＿＿＿がある。
   (A) ほど　　　　　　　(B) わけ

30 諸外国からの日本に対する要求は、ここ数年前にも＿＿＿＿＿高まっている。
   (A) 増えて　　　　　　(B) 増して

공란 메우기 4

1. 相手の対応のいかんに＿＿＿＿＿、交渉を続けてください。
   (A) よれば　　　　　　　(B) よらず

2. 母から小包をもらう＿＿＿＿＿、親のありがたさを感じる。
   (A) までには　　　　　　(B) につけても

3. 遠くで見ている母親に、＿＿＿＿＿でだめだと知らせる。
   (A) 模様　　　　　　　　(B) 手振り

4. 考えに＿＿＿＿＿出した結果です。
   (A) 考えを　　　　　　　(B) 考えて

5. 彼＿＿＿＿＿は、そんなことは簡単なことです。
   (A) によって　　　　　　(B) にとって

6. 試験は12月10日から三日間に＿＿＿＿＿行われる。
   (A) わたり　　　　　　　(B) たって

7. この本は＿＿＿＿＿だから、もう少し貸してほしい。
   (A) 読みかけ　　　　　　(B) 読みたて

8. 言わねばならないことは、＿＿＿＿＿いったほうがいい。
   (A) くっきり　　　　　　(B) はっきり

9. 両親の保護の＿＿＿＿＿、楽しい子供時代を過ごした。
   (A) もとに　　　　　　　(B) わきに

10. 国民が政治に変革を求めているのは＿＿＿＿＿だ。
    (A) 腹らか　　　　　　　(B) 明らか

11 言うまでもないことですが、試験の日は早めに会場に着く＿＿＿＿＿してください。
   (A) ことに (B) ように

12 才能のある人は＿＿＿＿＿、普通の人にはできません。
   (A) いざ知らず (B) ふと知らず

13 他の人はいざ＿＿＿＿＿、わたしは彼を信じています。
   (A) 聞かず (B) 知らず

14 服装は＿＿＿＿＿私生活まで、細かい規則がある。
   (A) おろか (B) はるか

15 裁判は、被害者の期待＿＿＿＿＿結果に終わった。
   (A) に向けた (B) に反した

16 速く帰りたい＿＿＿＿＿に、スピードを出しすぎて事故を起こしてしまった。
   (A) とおり (B) ばかり

17 100人に＿＿＿＿＿留学生が、奨学金を申し込んだ。
   (A) 及ぶ (B) 関わる

18 この地震で5千人に＿＿＿＿＿死者が出た。
   (A) 並ぶ (B) 及ぶ

19 おばあさんが孫をたずねると、＿＿＿＿＿とばかりに小遣いをねだった。
   (A) 待ち遠しい (B) 待っていました

20 ＿＿＿＿＿ばかりに準備してから、ひと休みした。
   (A) 出発する (B) 出発した

21 性格は＿＿＿＿＿、仕事はよくできる。
   (A) とっておき (B) さておき

22 そのとき、私は観光を終えて帰国＿＿＿＿、飛行機を待っていた。
    (A) するなら   (B) するべく

23 子供は大きくなるから、＿＿＿＿の洋服をプレゼントした。
    (A) 大きめ   (B) 大きさ

24 私も出席する＿＿＿＿だったが、急用ができて行けなくなってしまった。
    (A) もの   (B) はず

25 母の顔が見たく＿＿＿＿が、夏休みまでは帰国できない。
    (A) てならない   (B) ない

26 お金も＿＿＿＿ながら、時間がないので行けない。
    (A) あること   (B) さること

27 突然プロポーズされたのだから、すぐにこたえられないのも＿＿＿＿はない。
    (A) 理由   (B) 無理

28 あの会社は給料が良くないから、社員から苦情が出るのは＿＿＿＿だ。
    (A) もってこい   (B) もっとも

29 運動した後は、おなかが＿＿＿＿ですよ。
    (A) すくもの   (B) すくこと

30 入場料は1500円です。＿＿＿＿子供は半額ですが。
    (A) なんとも   (B) もっとも

공란 메우기 5

1 アメリカは、オレンジは_____、米までも自由化するように要求してきた。
　(A) もとより　　　　　(B) もとから

2 住環境がよくなった_____、通勤時間がながくなった。
　(A) 一面　　　　　　　(B) 反面

3 東京にこんなに大雪が降るのは、5年_____だそうだ。
　(A) おき　　　　　　　(B) ぶり

4 買いたいものがあったが、がまん_____がまんしてお金をためた。
　(A) に　　　　　　　　(B) を

5 これ以上日本にいても学ぶべきものがない_____、帰国することにした。
　(A) のに　　　　　　　(B) ので

6 相手はいそがしいのだから、電話しないで突然行く_____。
　(A) べきだ　　　　　　(B) べきではない

7 宗教の勧誘や政治活動などは、校内で_____行為だ。
　(A) あるまじき　　　　(B) あるらしい

8 2月の寒さは_____、日本の気候はだいたい私の体にあう。
　(A) さらに　　　　　　(B) さておき

9 子供は家にかえる_____外に遊びに出ていった。
　(A) や否や　　　　　　(B) 一方

10 荷物を作る_____掃除をする_____で、引っ越しの準備は忙しい。
　(A) やら、やら　　　　(B) とか、とか

11 彼は二度とあんなところへは_____まい。
　(A) 行き　　　　　　　　(B) 行く

12 別に不正なことをして勝ったのではないのだから、非難_____あたらない。
　(A) することが　　　　　(B) するに

13 卒業式の日は_____と思っていたのに、やっぱり泣いてしまった。
　(A) 泣かず　　　　　　　(B) 泣くまい

14 日本は資源が乏しいがゆえに、輸入に_____を得ない。
　(A) 頼らざる　　　　　　(B) 頼るべき

15 犬が死んだことを子供に_____言うまいか迷っている。
　(A) 言わないか　　　　　(B) 言おうか

16 親が反対しようと_____、私たちは結婚します。
　(A) しまいと　　　　　　(B) しないと

17 どうせ聞いてもわからないから、欠席した方が_____だ。
　(A) まし　　　　　　　　(B) まれ

18 分からなければ、本人にあって直接聞いてみる_____のことだ。
　(A) はず　　　　　　　　(B) まで

19 この事件で警備が強化され、駅にも大勢の警官が出る_____になった。
　(A) だけ　　　　　　　　(B) まで

20 終電の時間も過ぎたので、タクシーで帰る_____仕方がない。
　(A) より　　　　　　　　(B) から

21 会館は、高齢者_____に設計されている。
　(A) 用に　　　　　　　　(B) 向き

22 昼間のテレビは、主婦＿＿＿＿娯楽番組が多い。
(A) 向いての　　　　(B) 向きの

23 冗談は＿＿＿＿、本当の気持ちを話してください。
(A) さておき　　　　(B) 言うなら

24 スケートをしていて、氷の割れ＿＿＿＿から池に落ちた。
(A) 間　　　　(B) 目

25 宣伝＿＿＿＿ことは全然しなかったのに、大勢の人が買いに来た。
(A) めいた　　　　(B) ぶった

26 他の人は＿＿＿＿、君だけは私の気持ちをわかってほしい。
(A) ともあれ　　　　(B) なおさら

27 運動や栄養もさること＿＿＿＿、睡眠不足にも気をつけてください。
(A) なのに　　　　(B) ながら

28 経済は今後もっと悪化しない＿＿＿＿でもない。生活が苦しくならなければいいが。
(A) わけ　　　　(B) もの

29 日本にいれば誰でもわかることです。もっとも日本に来た＿＿＿＿なら無理ですが。
(A) ばかり　　　　(B) ほど

30 一人でこんなにたくさんの仕事が＿＿＿＿ものではない。
(A) できない　　　　(B) できる

공란 메우기 6

1. あんなに一生懸命に親のしごとを手伝う_____、ほんとうに感心なものだ。
   (A) なんて   (B) のか

2. 若いころは、もっと早く覚えられた_____。
   (A) ことだ   (B) ものだ

3. つかれていた_____で、そのまま寝てしまいました。
   (A) らしい   (B) もの

4. 社長の言うことに少しでも反対_____ものなら、直に首にされてしまうだろう。
   (A) しよう   (B) する

5. あの国は資源が豊かな_____、まだ十分に活用されていない。
   (A) ながら   (B) ものの

6. 海に行ったものの、_____台風で全然泳げなかった。
   (A) あいにく   (B) かろうじて

7. あんなに_____ものを、あきらめさせるのはかわいそうだ。
   (A) 欲しがっている   (B) 欲しい

8. 電話しておけばよかったものを、突然行ったので1時間も_____しまった。
   (A) 待たれて   (B) 待たされて

9. 私はその国の言葉が話せないのだから、彼らが私の考えを知る_____もなかった。
   (A) べき   (B) べく

10. 警官を見るが_____彼は車のスピードをあげて逃げた。
    (A) 早いか   (B) 早ければ

11 会議で大きな失敗をしたので、ボーナスが減っても_____。
(A) やむをえない (B) きりがない

12 高齢化社会に_____これから税金が増えるのもやむをえない。
(A) 向けて (B) 当てて

13 図書館の本を無断で持ち出す_____。
(A) べし (B) べからず

14 彼の考え方は、新しいの_____古いの_____、きいていて混乱してしまいました。
(A) やら、やら (B) など、など

15 満足できる結果が出ない_____、これ以上研究を続けることを断念した。
(A) ゆえに (B) せいか

16 病気では_____し、いつまでも寝ていないでおきなさい。
(A) なさそう (B) あるまい

17 出席したいが、飛行機の切符がとれないので_____ようがない。
(A) 行き (B) 行く

18 このような大失敗をしてしまって、お詫びの_____もありません。
(A) しよう (B) しかた

19 みなさんも聞いているように、電気料金が_____するらしいです。
(A) 値上がり (B) 値上げ

20 誰でも良く知っていることだから、_____説明するまでのこともない。
(A) はじめて (B) 改めて

21 育児のために1年間仕事を_____よりほかない。
(A) 休む (B) 休み

22 指定席がとれなかったので、自由席で行く＿＿＿＿＿＿。
(A) しかない　　　　　　(B) だけない

23 私が結婚したいと思う女性はあなたを＿＿＿＿＿＿ほかにはない。
(A) しいて　　　　　　(B) おいて

24 高級なレストランで食事するより、＿＿＿＿＿＿きらくな食堂の方がいい。
(A) むしろ　　　　　　(B) しかも

25 疲れたからといって、＿＿＿＿＿＿家のなかにいるより、むしろ少し外へ出たほうがいい。
(A) そっと　　　　　　(B) じっと

26 子供はしかるより、＿＿＿＿＿＿ほめたほうがいい。
(A) せめて　　　　　　(B) かえって

27 電車の事故があったために、バスより＿＿＿＿＿＿遅くなってしまった。
(A) かえって　　　　　　(B) ようやく

28 あの人は時間を守る人だから、時間に遅れる＿＿＿＿＿＿がない。
(A) はず　　　　　　(B) もの

29 能率給になっているから、よく働く＿＿＿＿＿＿だ。
(A) ぶり　　　　　　(B) わけ

30 働かないんだ＿＿＿＿＿＿、お金がないわけだ。
(A) から　　　　　　(B) けど

공란 메우기 7

1   中国人だから、こんな漢字の問題は難しい＿＿＿＿＿。
　　　(A) わけがない　　　　　(B) わけではない

2   彼は失業しているわけでもなく、金に困っている＿＿＿＿＿。
　　　(A) わけもない　　　　　(B) わけでもない

3   一生懸命働いた＿＿＿＿＿、給料が上がるわけではない。
　　　(A) からといって　　　　(B) からには

4   学校の設備が良いこと＿＿＿＿＿、進学の情報が豊富なこと＿＿＿＿＿、私はこの学校に入れてよかったと思っている。
　　　(A) もよい、もよい　　　(B) といい、といい

5   日本料理は、味がない＿＿＿＿＿、薄い＿＿＿＿＿、好きな味ではありません。
　　　(A) のか、のか　　　　　(B) というか、というか

6   近年の医学の＿＿＿＿＿進歩に驚かないわけにはいかない。
　　　(A) 目覚ましい　　　　　(B) 珍しい

7   お金がない＿＿＿＿＿、必要なものまで買わないわけにはいかない。
　　　(A) からに　　　　　　　(B) からといって

8   入学試験は10月初旬のA大学を＿＿＿＿＿3月まで全国の大学で行われる。
　　　(A) 皮切りに　　　　　　(B) しりあがりに

9   1929年のアメリカ経済恐慌を＿＿＿＿＿世界情勢が悪化した。
　　　(A) 横ばいに　　　　　　(B) かわきりに

10 今日の出会いを＿＿＿＿＿として、みなさんといい友達になりたいです。
　　　(A) きっかけ　　　　　　(B) 言いわけ

11 株の値下がりを＿＿＿＿にして、景気が悪くなってきた。
(A) 契機　　　　　　　(B) 機会

12 今回選挙の結果には、みな、驚きを＿＿＿＿。
(A) 禁じえない　　　　(B) 禁じられた

13 この事故で親を＿＿＿＿子供をテレビで見て、悲しみを禁じえなかった。
(A) なくなった　　　　(B) なくした

14 愛を＿＿＿＿自分で作ったチョコレートを彼に贈った。
(A) こめて　　　　　　(B) 含めて

15 切手ははった＿＿＿＿だったが、料金不足で手紙が戻ってきてしまった。
(A) ばかり　　　　　　(B) つもり

16 先生を中心＿＿＿＿、みんなで記念写真を撮った。
(A) で　　　　　　　　(B) にして

17 今度のことは、私にとって忘れ＿＿＿＿思い出になるでしょう。
(A) がたい　　　　　　(B) にくい

18 私は知人をとおして彼女に結婚を＿＿＿＿。
(A) 申し込んだ　　　　(B) 申し上げた

19 彼は飽き＿＿＿＿性格で、転職をくりかえしている。
(A) っぽい　　　　　　(B) っこい

20 彼は小学校6年間＿＿＿＿成績はトップだった。
(A) をめぐって　　　　(B) を通して

21 反対運動は、あらゆる機会＿＿＿＿行われた。
(A) を通じて　　　　　(B) を越えて

22 いくらさがしても、安いアパートは＿＿＿＿＿＿見つかりません。
(A) もともと　　　　　　　(B) なかなか

23 最近、国の＿＿＿＿＿＿を問わず、怖い事件が起きている。
(A) 内外　　　　　　　　(B) 以外

24 二国間の話合いは、領土問題＿＿＿＿＿＿進められない。
(A) ぬきでは　　　　　　(B) ぬけては

25 所長を＿＿＿＿＿＿研究室の皆さんに、どうぞよろしくお伝えください。
(A) はじめて　　　　　　(B) はじめ

26 あなた＿＿＿＿＿＿私です。あなたがいてくれなければ私はいない。
(A) あっての　　　　　　(B) だから

27 日本は貿易の自由化を＿＿＿＿＿＿試練に直面している。
(A) 揃えて　　　　　　　(B) ひかえて

28 あの会社の不正事件を＿＿＿＿＿＿、以前から色々な噂があった。
(A) 覆っては　　　　　　(B) めぐっては

29 大学に入って＿＿＿＿＿＿、専門の勉強が忙しくて日本語は全然上達しない。
(A) からというもの　　　(B) からということ

30 彼女の情熱＿＿＿＿＿＿、彼を説得することはできなかった。
(A) をもってしても　　　(B) からして

공란 메우기 8

1. 日本は交通事故が多いです。_____、わたしの国はもっと多いです。
   (A) でも   (B) だから

2. いろいろな経験ができておもしろいです_____、物価が高いのにおどろきました。
   (A) けど   (B) ので

3. よく外食をする_____、とくに食費が大変です。
   (A) のに   (B) ので

4. 月_____ちがいますが、だいたい1ヵ月に6万円はかかります。
   (A) によって   (B) にとって

5. うちは、2DKなのでせまいですけど、_____し、それにみどりも多いので、気に入っています。
   (A) 日差しがいい   (B) 日当たりがいい

6. うちは会社から遠い_____、通勤に片道、1時間半もかかります。
   (A) ので   (B) のに

7. 少しぐらい通勤に時間が_____、環境のいいところに住みたいです。
   (A) かけても   (B) かかっても

8. いくら家賃が_____、古いアパートはいやです。
   (A) 安くても   (B) 安くては

9. 広くて静かなアパート_____、少しぐらい都心から遠いところでもかまいません。
   (A) なら   (B) より

10. 彼女はお金がないと_____、よく海外旅行に出かける。
    (A) 言いつつも   (B) 言わんばかりに

11 きれいで環境がよければ、少しぐらい都心から遠いところ＿＿＿＿＿＿かまいません。
(A) では　　　　　　　　(B) でも

12 すしを食べる＿＿＿＿＿＿、ステーキを食べる＿＿＿＿＿＿、レストランを予約しておいたほうがいい。
(A) といっても、といっても　(B) としても、としても

13 あそこにいる白＿＿＿＿＿＿コートを着ているのが先生です。
(A) らしい　　　　　　　(B) っぽい

14 試験の結果は、事務局を＿＿＿＿＿＿学生に伝えられる。
(A) 通じて　　　　　　　(B) 挟んで

15 彼女は、心を＿＿＿＿＿＿母親の看病をした。
(A) 詰めて　　　　　　　(B) こめて

16 彼女には、以前お金を借りたことがあるので今度は借り＿＿＿＿＿＿。
(A) やすい　　　　　　　(B) づらい

17 監督を中心＿＿＿＿＿＿、全員は完成を目指してがんばった。
(A) にして　　　　　　　(B) になり

18 アルバイトをはじめ＿＿＿＿＿＿、疲れてアパートでは寝るだけの生活だ。
(A) たからということ　　(B) てからというもの

19 これは、ある女性を＿＿＿＿＿＿、二人の友達が争う話だ。
(A) めぐって　　　　　　(B) まわして

20 子供が都会の大学に行ってしまったので、今、わが家の広い畑は荒れ地で＿＿＿＿＿＿。
(A) しかない　　　　　　(B) ほかない

21 近くに店があれば、少しぐらい都心から遠いところでも＿＿＿＿＿＿。
(A) かまいません　　　　(B) たまりません

22 この店は、日曜祭日を＿＿＿＿＿＿、営業している。
(A) 問わず
(B) 聞かず

23 大きい都市＿＿＿＿＿＿、どこでも同じ問題があるのではないでしょうか。
(A) なら
(B) でも

24 若い人が老人に席を譲らないことについて、抗議しないでは＿＿＿＿＿＿。
(A) いけない
(B) いられない

25 そんなに怠けていて、合格できる＿＿＿＿＿＿がない。
(A) つもり
(B) はず

26 見舞いに行くたびに、父の病気が悪くなっていくように思えて＿＿＿＿＿＿。
(A) しかたがない
(B) きりがない

27 外国人である＿＿＿＿＿＿、アパートの契約が難しい。これが差別でなくてなんだろう。
(A) だけあって
(B) ために

28 二人の気持ちが＿＿＿＿＿＿結婚だったのに、うまくいかなかった。
(A) 合っての
(B) 合ったら

29 入学試験＿＿＿＿＿＿ひかえて、図書館は学生でいっぱいだ。
(A) を
(B) が

30 どんな分野で＿＿＿＿＿＿、一流の専門家になることは大変なことだ。
(A) あれ
(B) あれば

공란 메우기 9

1 入学試験に遅刻してしまったのだから、不合格＿＿＿＿＿しかたがない。
　(A) にも　　　　　　　　(B) でも

2 父親の励ましが母親の愛情と＿＿＿＿＿、彼の病状は快方に向かっている。
　(A) むかって　　　　　　(B) あいまって

3 今年は、創立10周年＿＿＿＿＿、記念行事がいろいろと企画されている。
　(A) にとって　　　　　　(B) とあって

4 仕事が忙しいですが、デートをする暇がない＿＿＿＿＿。
　(A) わけではありません　(B) わけがありません

5 会社が忙しいので、わたし一人が遊んでいるわけには＿＿＿＿＿。
　(A) いかない　　　　　　(B) ならない

6 長期予報によると、今年の夏は非常に暑い＿＿＿＿＿。
　(A) はずだ　　　　　　　(B) ということだ

7 温泉＿＿＿＿＿、私は北海道を旅行したときの温泉を思い出します。
　(A) といっても　　　　　(B) というと

8 そのレストランは季節に＿＿＿＿＿料理を出してくれます。
　(A) 応じた　　　　　　　(B) 答えた

9 日本での生活はたいへんだけど、昼は学校、夜はアルバイト＿＿＿＿＿すれば、やっていけるよ。
　(A) ともなると　　　　　(B) というように

10 外国人であるために、部屋が借りられないのは差別＿＿＿＿＿。
　(A) ということだ　　　　(B) というものだ

11 そのような見解が非公式＿＿＿＿、実際にあったことは残念だ。
(A) だから　　　　　　　(B) ではあれ

12 電車がこんでいて、学校までずっと立ち＿＿＿＿だったので疲れた。
(A) っぱなし　　　　　　(B) っぽい

13 朝寝坊してしまったから、朝ごはんを食べては＿＿＿＿。
(A) いられない　　　　　(B) ならない

14 日本語を勉強してから＿＿＿＿、研修は始められない。
(A) でなくても　　　　　(B) でなければ

15 経済がこのまま不景気では＿＿＿＿。政府は対策を急いでほしい。
(A) ほしくない　　　　　(B) たまらない

16 日本人の暮らしは、戦争前と＿＿＿＿くらい豊かになった。
(A) くらべものにならない　(B) くらべものにできない

17 その国の言葉がわかってはじめて国際交流が可能なのでは＿＿＿＿。
(A) あるべきか　　　　　(B) あるまいか

18 銀行の頭取は会社では社長に＿＿＿＿。
(A) あたる　　　　　　　(B) あてる

19 郵送で＿＿＿＿ということです。わざわざ持ってこなくてもよい。
(A) さまたげない　　　　(B) さしつかえない

20 若いころの不勉強を、いまさらくやしがっても＿＿＿＿。
(A) しかたがない　　　　(B) いられない

21 両国間の貿易に関する話し合いは、簡単に終わる＿＿＿＿。
(A) べきではない　　　　(B) ものではない

22 その中学生の自殺の原因は、「いじめ」に気づかなかった先生にあると_____。
(A) 言わなくもない　　　(B) 言えなくもない

23 あき缶やたばこの吸いがらを道に捨てる_____行為は厳しく罰せられる。
(A) といった　　　(B) ところは

24 合格通知をもらったときの彼の顔_____、本当にうれしそうだった。
(A) とでは　　　(B) ったら

25 この会社の給料がいい_____、仕事は毎日残業でたいへんだ。
(A) というなら　　　(B) といっても

26 規則にも書いてあるから、言われる通り払わずには_____。
(A) すまない　　　(B) ならない

27 わかりましたと言われたので、引き受けてもらえたと_____、後日断ってきた。
(A) 思うまま　　　(B) 思いきや

28 あのレストラン_____、まずいうえに高い。もう二度と行かない。
(A) ときたら　　　(B) へきては

29 まだ見せられる_____出来ていませんが、もうすぐ完成します。
(A) ところから　　　(B) ところまで

30 昔は、カバンから服、下着に_____まですべて手作りだった。
(A) いたる　　　(B) よる

공란 메우기 10

1. 図書館を利用する＿＿＿＿＿、このカードを使ってください。
   (A) 際に　　　　　(B) うちに

2. その品を手に入れることができるなら手続きが少々面倒でも＿＿＿＿＿。
   (A) さしあたりません　　　　　(B) さしつかえません

3. この非常時＿＿＿＿＿、あらゆる支援を急がなければならない。
   (A) にあって　　　　　(B) にとって

4. 戦後の混乱期に＿＿＿＿＿、人々は笑いを忘れなかった。
   (A) あっても　　　　　(B) しても

5. その会社は成長を続け、全国に100店舗を持つに＿＿＿＿＿。
   (A) 至った　　　　　(B) 達した

6. 真夜中にこっそりビールを飲んでいる＿＿＿＿＿、母に見つかった。
   (A) ところで　　　　　(B) ところを

7. 彼の発言は、思考においても文学においても日本人の共感を＿＿＿＿＿。
   (A) 呼ぶ　　　　　(B) 叫ぶ

8. 私が帰国するのは、だいたい1年に1回＿＿＿＿＿ところです。
   (A) になる　　　　　(B) といった

9. 会社は住民の要望に＿＿＿＿＿、工場の移転を考え始めた。
   (A) こたえて　　　　　(B) かんして

10. あのレストランに＿＿＿＿＿、サービスが悪いということはない。
    (A) 限って　　　　　(B) よると

11 西洋文化の移入＿＿＿＿英語やフランス語やドイツ語などが伝わってきた。
(A) について　　　　(B) とともに

12 大人＿＿＿＿子供＿＿＿＿、誰でもこのゲームに夢中になってしまう。
(A) であり、であり　　(B) であれ、であれ

13 いつ交通事故や火事にあわないとも＿＿＿＿から、保険に入っておきなさい。
(A) 限らない　　　　(B) 知らない

14 バスだと渋滞で＿＿＿＿限らないから、テストの日は電車で行きます。
(A) 遅れても　　　　(B) 遅れないとも

15 その国は長い歴史と文化があって、日本とは＿＿＿＿ならない。
(A) くらべことに　　(B) くらべものに

16 環境問題について、各国が＿＿＿＿真剣に考えなければならない。
(A) もっと　　　　(B) もっとも

17 学生もよく見ていると＿＿＿＿、テレビの番組のことなら何でも知っている。
(A) みて　　　　(B) みえて

18 これからも日本に留学する学生は増えると＿＿＿＿。
(A) 見つける　　　(B) 見られる

19 遊んでいる子を見る＿＿＿＿、急にけんかを始めた。
(A) と思いきや　　(B) とはなしに

20 オリンピックの金メダル＿＿＿＿、簡単にとれるものではない。
(A) どころか　　　(B) ともなると

21 あちらから電話がない＿＿＿＿、こちらから連絡の方法はない。
(A) ことには　　　(B) ものには

22　3ヶ月＿＿＿＿4ヶ月の訓練を受けなければなりません。
　　(A) くらい　　　　　(B) ないし

23　たばこが体に悪いことは分かっているが、＿＿＿＿いられない。
　　(A) 吸わなくて　　　(B) 吸わないで

24　現代人にとって家族は、今やただの同居人で＿＿＿＿なくなってしまったのだろうか。
　　(A) しか　　　　　　(B) のみ

25　重要な会議なので出席しないでは＿＿＿＿が、頭が痛くてどうしてもいけない。
　　(A) ならない　　　　(B) すまない

26　環境問題を真剣に考えなければ、人類は絶滅すると＿＿＿＿言いすぎではない。
　　(A) 言っても　　　　(B) 言っては

27　悪いのは彼だとは言わない＿＿＿＿、彼にも責任があることは確かだ。
　　(A) までは　　　　　(B) までも

28　彼の反対する理由が分からない＿＿＿＿。しかし、すぐに規則を変えることはできない。
　　(A) ことでもない　　(B) ものでもない

29　子供を結婚させる親の気持ちには、複雑な＿＿＿＿がある。
　　(A) もの　　　　　　(B) こと

30　料理は私にもできるから、妻が忙しければやらない＿＿＿＿。
　　(A) ことだ　　　　　(B) ことはない

2 시험에 자주 출제되는 의성어·의태어

- □ **あたふた**　침착성을 잃고 당황하는 모양. 허둥지둥
  - 知らせを聞いて**あたふた**と出ていった。
    연락을 듣고 허둥지둥 나갔다.

- □ **あっさり**　① 맛이나 색, 디자인 따위가 산뜻(담백)한 모양
  　　　　　　② 천성이나 태도가 시원스러운 모양. 간단하게, 쉽게, 깨끗이 =「さっぱり」
  - **あっさり**白状した。
    깨끗이 자백했다.

- □ **いそいそ**　이제부터 할 일이 자못 기뻐서 동작이 들뜬 모양. 신바람 나서, 부랴부랴, 허겁지겁, 총총히
  - **いそいそ**と帰り支度をする。
    서둘러 돌아갈 채비를 하다.

- □ **いらいら**　안달복달하거나 초조한 모양 =「じりじり」
  - テレビが見たいのに、宿題ができないので**いらいら**する。
    텔레비전이 보고 싶은데, 숙제를 끝낼 수 없어서 초조하다.

- □ **うかうか**　① 멍하니 아무 것도 하지 않고 시간을 보내는 모양
  　　　　　　② 잘 생각하지 않고 일을 행하는 모양. 얼떨결에, 무심결에 =「うっかり、うかつ」
  - **うかうか**と暮らしているうちに、三年たってしまった。
    헛되이 살고 있는 동안에, 삼 년이 지나 버렸다.
  - **うかうか**と口車にのる。
    얼떨결에 감언이설에 넘어가다.

- □ **うきうき**　기뻐서 마음이 들뜬 모양. 들떠서, 신이 나서
  - **うきうき**と花見に行く。
    신이 나서 꽃구경을 가다.

- □ **うじうじ**　결단을 내리지 못하고 주저하는 모양. 우물쭈물, 머뭇머뭇
  - 男のくせに**うじうじ**する。
    사나이답지 못하게 우물쭈물하다.

- □ **うっかり**　주의가 부족해서 일을 그르치는 모양. 깜박, 무심코 =「うかうか、うかつ」
  - **うっかり**して、宿題を忘れた。
    깜박해서 숙제를 잊었다.

PART7 | 185

□ うつらうつら　졸음이나 고열 따위로 의식이 몽롱한 모양. 깜박깜박, 꾸벅꾸벅
　　　　　　　＝「うとうと 꾸벅꾸벅」「こっくり 꾸벅꾸벅」「居眠(いねむ)り 앉아서 졸음」

- うつらうつらしているうちに朝になった。
　꾸벅꾸벅 졸고 있는 사이에 아침이 되었다.

□ うとうと　선잠이 들거나 조는 모양. 깜박깜박, 꾸벅꾸벅 ＝「うつらうつら」

- 新聞を読みながら、うとうと眠ってしまった。
　신문을 보면서, 꾸벅꾸벅 졸고 말았다.

□ うろうろ　① 목적없이 이리저리 헤매는 모양. 어정어정, 어슬렁어슬렁 ＝「うろつく」
　　　　　　② 우왕좌왕하는 모양. 우왕좌왕, 허둥지둥

- この辺りをあまりうろうろするな。
　이 주위를 너무 어슬렁거리지 마라.

□ うんざり　같은 일이 계속되어 싫증이 나는 모양. 진절머리가 나게, 지긋지긋하게

- 雨続きでうんざりだ。
　계속되는 장마에 진절머리 나다.

□ おいおい　① [감동사] 부르는 소리. 이봐 이봐, 여봐 여봐 ② 큰 소리를 내어 우는 모양. 엉엉

- おいおい、ちょっと来てくれ。
　여봐 여봐, 이리 좀 와 주게.
- その子は友だちになぐられて、おいおい泣きながら帰ってきた。
　그 아이는 친구에게 얻어맞고 엉엉 울면서 돌아왔다.

□ おずおず　겁이 나서 주저주저하는 모양. 머뭇머뭇, 쭈뼛쭈뼛 ＝「こわごわ、おそるおそる、びくびく」

- その生徒はおずおずと切り出した。
　그 학생은 머뭇거리며 말을 꺼냈다.

□ おちおち　(뒤에 부정 수반)안심되어 마음이 놓이는 모양. 마음놓고, 안심하고

- おちおち食事もしていられない。
　마음놓고 식사도 못한다.

□ おっとり　인품이나 태도 따위가 온화하고 느긋한 모양. 의젓하게, 대범하게

- さすがに大会社の社長なのでおっとりして客に接している。
　과연 큰 회사의 사장이라서 대범하게 손님을 맞고 있다.

□ おどおど　두렵거나 자신이 없어서 침착치 못한 모양. 주저주저, 쭈뼛쭈뼛, 벌벌 =「びくびく」
- おどおどと辺りを見回す。
  쭈뼛쭈뼛 주위를 둘러보다.

□ おろおろ　① 야단맞거나 놀라서 어쩔 줄 몰라 하는 모양. 허둥지둥 ② 울어 목소리가 떨리는 모양
- おろおろと歩きまわる。
  허둥대며 여기저기 돌아다니다.
- 母に叱られた妹はおろおろして訳を話した。
  어머니에게 꾸지람을 들은 여동생은 떨리는 소리로 까닭을 말했다.

□ がくんと　어떤 상태에서 다른 상태로 바뀌는 모양. 갑작스럽게 크게 변하는 모양. 탁 확, 부쩍, 돌연히
- 温度ががくんと下がった。
  온도가 갑자기 내려갔다.
- 売上げががくんと落ちた。
  매상이 뚝 떨어졌다.

□ がたがた　① 단단한 물건이 부딪혀 나는 소리. 덜커덩덜커덩 ② 추위나 두려움으로 몸이 떨리는 모양. 와들와들
- 窓ガラスががたがたと鳴る。
  유리창이 덜컹덜컹 울리다.
- 風で雨戸ががたがたする。
  바람으로 덧문이 덜커덩덜커덩 거리다.
- 悪寒で体ががたがたする。
  오한으로 몸이 덜덜 떨리다.
- 恐ろしくてがたがたふるえる。
  무서워서 와들와들 떨리다.

□ がつがつ　① 음식에 대해 걸신들린 모양. 게걸스러운 모양 ② 무턱대고 욕심내거나 물건을 갖고 싶어 하는 모양
- お腹が空いていたから、食べ物をがつがつと食べてしまった。
  배가 고팠기 때문에, 음식을 게걸스럽게 먹어 버렸다.
- あまりお金にがつがつするな。
  너무 돈에 욕심내지 마라.

□ がっくり ① 갑자기 힘이 빠져 꺾여지는 모양. 푹, 쑥, 덜컥 ② 기가 꺾이거나 맥이 풀리는 모양. 푹, 탁

- がっくりと膝を折る。
  푹하고 무릎을 꿇다.

- がっくりと肩を落とす。
  푹 어깨를 떨어뜨리다.

□ がっしり ① 체격이나 구조가 안정되고 옹골찬 모양. 튼튼한, 옹골찬 ② 다부지게

- スポーツで鍛えたがっしりした体格。
  스포츠로 단련한 옹골찬 체격.

□ がぶがぶ 액체를 기운차게 마시는 모양. 벌컥벌컥, 꿀꺽꿀꺽

- いくら喉が渇いたからって水をがぶがぶと飲んではいけない。
  아무리 목이 마르다 해서 물을 벌컥벌컥 마셔서는 안 된다.

□ がみがみ 시끄럽게 꾸짖거나 잔소리를 심하게 하는 모양. 앙알앙알, 쨍쨍, 딱딱

- がみがみ言う。
  딱딱거리다.

- がみがみと小言を言う。
  쨍쨍 잔소리를 하다.

□ がやがや 여러 사람이 시끄럽게 지껄이는 모양. 왁자지껄, 와글와글

- 何をそうがやがやと騒いでいるんだ。
  무엇을 그리 와글와글 떠들고 있니?

□ からから 몹시 목이 마른 모양. 바싹바싹

- 喉がからからにかわく。
  목이 바싹바싹 마르다.

□ がらがら ① 딱딱한 물건이 무너지는 소리. 우르르, 와르르 ② 안이 텅 비어 있는 상태 ▶「空く 비다」

- ブロック塀ががらがらと崩れる。
  블록 담장이 우르르 무너지다.

- 屋根瓦ががらがらと崩れ落ちる。
  지붕의 기와가 와르르 무너지다.

- この店、いつもがらがらだね。
  이 가게, 언제나 텅텅 비어 있군요.

□ からり　날씨가 활짝 갠 모양. 활짝

- からりと晴(は)れる。
  하늘이 활짝 개다.

□ がりがり　단단한 것을 소리 내어 깨물어 먹는 모양. 오도독오도독, 어적어적
　　　　　=「かりかり　오도독오도독, 파삭파삭」

- 大根(だいこん)を生(なま)のままがりがり食(た)べる。
  무를 날 것으로 오도독오도독 먹는다.

□ かんかん　몹시 골내는 모양. 노발대발 ▶「非常(ひじょう)に怒(おこ)る」

- かんかんになって怒(おこ)る。
  불같이 화를 내다.
- 課長(かちょう)はその話(はなし)を聞(き)いてかんかんだった。
  과장님은 그 이야기를 듣고 노발대발했다.

□ がんがん　골치가 몹시 아픈 모양. 욱신욱신, 지끈지끈

- 風邪(かぜ)を引(ひ)いて頭(あたま)ががんがんする。
  감기에 걸려 머리가 지끈거리다.

□ きちんと　① 단정한 모양　② 또박또박(정확히), 깔끔한

- 海外出張(かいがいしゅっちょう)はコストが高(たか)いのできちんとした報告書(ほうこくしょ)が求(もと)められる。
  해외 출장은 비용이 비싸서 잘 정리된 보고서가 필요하다.

□ きっかり　정확히, 정각에

- きっかり10時(じ)に終(お)わった。
  정확히 10시에 끝났다.

□ ぎっしり　많은 것이 빈틈없이 들어 있는 모양. 꽉, 가득

- エレベーターに人(ひと)がぎっしり乗(の)っている。
  엘리베이터에 사람이 가득 타 있다.

□ きっぱり　단호한 태도를 취하는 모양. 딱 잘라, 단호히, 분명히 ▶「断(ことわ)る 거절하다, 거부하다」와 잘 어울린다.

- その話(はなし)はきっぱり断(ことわ)った。
  그 이야기는 딱 잘라 거절했다.

- □ ぐうぐう　① 깊이 잠든 모양. 쿨쿨, 드르렁드르렁　② 공복 때 배에서 소리가 나는 모양. 쪼르륵쪼르륵
    - いびきをぐうぐうかいて寝ている。
      코를 쿨쿨 골며 자고 있다.
    - 朝ご飯を欠いたので腹がぐうぐういう。
      아침을 걸렀더니 배에서 쪼르륵 소리가 난다.

- □ くすくす　웃음을 억지로 참는 모양. 낄낄, 킥킥
    - 何をくすくす笑っているんだ。
      무엇을 낄낄대고 웃고 있니?

- □ ぐずぐず　꾸물꾸물, 우물쭈물
    - 何をぐずぐずしているのか。急いで支度しなさい。
      무엇을 꾸물거리고 있는 거냐? 빨리 준비해라.

- □ くたくた　움직일 수 없을 정도로 매우 지쳐 있는 모양. 지침, 녹초가 됨
    - 今日は一日中、歩きっぱなしだったからくたくたです。
      오늘은 하루 종일 계속 걸었기 때문에 녹초가 되었습니다.

- □ くっきり　뚜렷하게, 선명하게
    - くっきりと浮かんで見える。
      뚜렷하게 나타나 보인다.

- □ ぐっすり　깊이 잠든 모양, 곤히 잠든 모양. 푹 ▶「眠る 자다」와 잘 어울린다.
    - ぐっすり寝たので疲れがとれた。
      푹 자서 피로가 풀렸다.

- □ ぐったり　피로나 병 따위로 아주 녹초가 된 모양. 축 늘어진 모양. 축 늘어짐
    - ゴルフコースを半分も回るとぐったり疲れてしまう。
      골프 코스를 반이나 돌면 축 늘어져 버린다.

- □ ぐっと　꾹, 꽉
    - 言いたいことがあってもぐっと我慢して円満に解決した。
      말하고 싶은 것이 있어도 꾹 참고 원만하게 해결했다.

□ **くどくど** 같은 말을 끈덕지게 되뇌는 모양. 장황하게, 번거롭게, 지루하게

- 同じことをくどくど言うから気に入らない。
  같은 말을 지루하게 하니까 마음에 안 든다.

□ **くよくよ** 사소한 일을 늘 걱정하는 모양. 끙끙

- いつまでもくよくよするのはよくない。
  두고두고 끙끙 앓는 것은 좋지 않다.

□ **くらくら** ① 현기증이 나는 모양. 어질어질, 아찔아찔
  ② 물이 끓어오르는 모양. 부글부글 =「ぐらぐら」

- 急に明るい所へ出ると、目がくらくらする。
  갑자기 밝은 곳에 나오면, 눈이 어질어질 한다.
- 湯がくらくら煮え立つ。
  물이 부글부글 끓어오른다.

□ **ぐらぐら** ① 연속적으로 불안정하게 크게 흔들리는 모양. 흔들흔들
  ② 부글부글, 펄펄(「くらくら」보다 정도가 심함)
  ③ 생각이나 기분이 흔들려 안정되지 않은 상태. 갈팡질팡

- 奥歯がぐらぐらする。
  어금니가 흔들거리다.
- 地震で高層ビルがぐらぐら揺れた。
  지진으로 고층 빌딩이 흔들흔들 흔들렸다.
- 地震で建物がちょっとぐらぐらした。
  지진으로 건물이 약간 흔들흔들했다.
- 決心がぐらぐらする。=「ぐらつく 동요하다, 흔들리다」
  결심이 흔들리다.

□ **げらげら** 거리낌 없이 크게 웃는 모양. 껄껄 →「けらけら 깔깔」

- ちょっとでもおかしいと、彼はげらげらと笑うくせがある。
  조금이라도 우스우면 그는 껄껄 웃는 버릇이 있다.

□ **げんなり** ① 매우 싫증이 나는 모양. 진절머리가 남 =「うんざり」
  ② 더위나 피로 따위에 지쳐 녹초가 된 모양
  ③ 낙심하는 모양 =「がっかり」

- 長いスピーチにげんなりする。
  긴 연설에 진절머리나다.

・暑くて行かない先からげんなりする。
　더워서 가기 전부터 축 늘어지다.

□ こそこそ　남모르게 하는 모양. 살금살금, 은근슬쩍, 소곤소곤 → 「ごそごそ 부스럭부스럭, 바스락바스락」
・後ろの席でこそこそと話をする生徒が2、3人はいるものだ。
　뒷자리에서 소곤소곤 이야기를 하는 학생이 2, 3명은 있는 법이다.

□ こつこつ　① 단단한 것이 가볍게 부딪히는 소리. 톡톡, 똑똑, 딱딱
　　　　　　② 쉬지 않고 착실하게 힘쓰는 모양. 꾸준히, 쉬지 않고
・靴音がこつこつと響く。
　구두 소리가 뚜벅뚜벅 울리다.
・彼はこつこつ勉強する。
　그는 꾸준히 공부한다.

□ ごつごつ　① 딱딱하고 울퉁불퉁 한 모양. 울퉁불퉁, 거칠거칠 ② 거친 모양. 세련되지 않은 모양.
・長い間のはたけ仕事でごつごつと節くれ立った手。
　오랜 동안의 밭일로 울퉁불퉁 마디가 억세진 손.
・彼はごつごつした感じを人に与える。
　그는 세련되지 못한 느낌을 상대에게 준다.

□ こっそり　남몰래 행동하는 모양. 가만히, 살짝, 몰래 = 「そっと、ひそかに」
・こっそり賄賂を受け取ったことがばれた。
　몰래 뇌물을 받은 것이 발각됐다.

□ こりこり　단단한 것을 씹는 소리나 그런 느낌. 오독오독, 오도독오도독
・このおつまみはこりこりして歯ざわりがよい。
　이 안주는 오독오독해서 씹는 감촉이 좋다.

□ ごりごり　딱딱한 물건을 세게 문지르는 모양, 박박, 득득, 버걱버걱
・ごりごりとこする。
　박박 문지르다.

□ ころころ　① 작은 물건이 가볍게 구르는 모양. 데굴데굴, 떼굴떼굴
　　　　　　　→ 「ごろごろ 큰 물체가 육중하게 구르는 모양」
　　　　　　② 소리가 가볍게 구르듯이 울리는 모양. 딸랑딸랑
　　　　　　③ 통통하고 귀엽게 살찐 모양. 토실토실, 통통

- 小石がころころ転げ落ちる。
  돌맹이가 데굴데굴 굴러 떨어지다.
- 箱をふるところころと音がした。
  상자를 흔드니 데굴데굴 소리가 났다.

☐ ざあざあ 많은 비가 오는 모양. 쏴아쏴아
- 雨がざあざあと降っています。
  비가 쏴아쏴아 오고 있습니다.

☐ さっさと 망설이거나 지체하지 않는 모양. 빨랑빨랑, 후딱후딱, 지체 없이 →「さっと 냉큼, 후다닥, 휙, 쏴」
- わき目もふらずにさっさと歩く。
  한눈도 팔지 않고 빨리 걷는다.

☐ さっぱり ① 산뜻하고 말쑥하고 시원시원한 모양 =「すっきり、さばさば」 ② 담박한 모양 =「あっさり」
- 床屋へ行ってさっぱりした。
  이발하고 나니 상쾌했다.
- あの人はさっぱりした性格だ。
  저 사람은 소탈한 성격이다.

☐ さらりと ① 매끈한 모양 ② 구애됨이 없는 모양. 깨끗하게 해치우는 모양. 깨끗이, 선뜻
- さらりとした布で作ったブラウス。
  매끈한 천으로 만든 블라우스.
- いやなことはさらりと忘れよう。
  불쾌한 일은 깨끗이 잊어버리자.

☐ しくしく ① 소리 내지 않고 힘없이 우는 모양. 훌쩍훌쩍
           ② 끊임없이 조금 아픈 모양. 콕콕, 쌀쌀, 뜨끔뜨끔 →「じくじく 질퍽질퍽」
- しくしく泣きつづける。
  훌쩍훌쩍 계속 울다.
- 虫歯がしくしく痛む。
  충치가 콕콕 쑤시며 아프다.

☐ しとしと 비가 조용히 내리는 모양. 부슬부슬
- 雨がしとしとと降っています。
  비가 부슬부슬 내리고 있습니다.

- □ じゃぶじゃぶ　물을 세차게 휘젓거나 건너는 모양. 철벅철벅, 첨벙첨벙
  - 靴を脱いで川をじゃぶじゃぶ渡る。
    구두를 벗고 강을 첨벙첨벙 건넌다.

- □ しょんぼり　기운 없이 풀이 죽은 모양. 힘없이, 풀이 죽어, 쓸쓸히
  - 叱られて、しょんぼりとする。
    꾸지람을 듣고 풀이 죽다.

- □ しんしん　눈이 내리는 모양. 보슬보슬
  - 夜が更けて雪がしんしんと降っている。
    밤이 깊어 눈이 보슬보슬 내리고 있다.

- □ しんみり　마음속에 스며들어 조용하고도 쓸쓸한 모양. 숙연히
  - 故人を偲んでしんみりする。
    고인을 그리며 숙연해지다.

- □ ずかずか　서슴없이 나서는 모양. 서슴없이, 거침없이, 쑥쑥
  - 靴も脱がずにずかずか部屋に入ってきた。
    구두도 벗지 않고 서슴없이 방으로 들어왔다.

- □ ずきずき　상처가 쑤시거나 아픈 모양. 욱신욱신
  - おできが膿んできたらしくずきずき痛む。
    종기가 곪기 시작한 것 같이 욱신욱신 쑤신다.

- □ すくすく　건강하게 잘 자라는 모양. 쑥쑥, 무럭무럭
  - 両親の愛で赤ん坊はすくすく育っている。
    부모님의 사랑으로 아기는 무럭무럭 자라고 있다.

- □ すっきり　① 산뜻하고 상쾌한 모양 =「さっぱり」 ② 간소하고 품위 있는 모양. 단아하고 말끔한 모양
  - ひさしぶりに髪の毛を切ってすっきりした。
    오랜만에 머리를 잘라서 기분이 상쾌해졌다.
  - この本はすっきりした文章が持ち味だ。
    이 책은 단아한 문장이 특색이다.

□ すっぽり ① 푹 뒤집어 쓴 모양 ② 쉽게 빠지거나 끼워지는 모양

- 布団をすっぽりとかぶる。
  이불을 푹 뒤집어쓰다.

- 人形の手がすっぽりと抜ける。
  인형의 팔이 쑥 빠지다.

□ すぱすぱ ① 담배를 계속해서 빠는 모양. 뻐끔뻐끔, 뻑뻑 ② 간단히 자르는 모양. 싹둑싹둑, 싹싹
　　　　　③ 망설이지 않고 처리하는 모양. 데꺽데꺽, 척척

- たばこを続けてすぱすぱ吸っている。
  담배를 계속해서 뻑뻑 피우고 있다.

- 惜しげもなくすぱすぱ切り捨てる。
  미련 없이 싹둑싹둑 잘라 버린다.

- 母は色々な家事をすぱすぱ切り回す。
  어머니는 여러 가지 집안일을 척척 처리해 나간다.

□ すやすや 편하게 잠든 모양. 새근새근

- 赤ちゃんはすやすや寝ている。
  아기는 새근새근 자고 있다.

□ ずるずる 질질, 줄줄

- 出発が今までずるずる延びてしまった。
  출발이 지금까지 질질 연기되어 버렸다.

□ すれすれ 아슬아슬함

- すれすれのところで合格した。
  아슬아슬하게 합격했다.

□ すんなり ① 가늘고 매끈한 모양. 날씬하게, 매끈하게 =「スリム」② 일이 막힘 없이 잘 되는 모양. 순순히, 척척

- すんなりした体の女。
  날씬한 몸매의 여자.

- 議案はすんなり可決された。
  의안은 순조롭게 가결되었다.

□ せかせか 말씨나 동작이 조급한 모양.

- いつもせかせかしている人。
  늘 성급하게 구는 사람.

□ せっせと 부지런히 쉬지 않고 일하는 모양. 부지런히, 열심히

・若いうちはせっせと稼げ。
　젊었을 때 열심히 벌어라.

□ ぞくぞく ① 추위로 몸이 떨리는 모양. 오슬오슬, 오싹오싹
　　　　　 ② 공포로 소름이 끼치는 모양. 쭈뼛쭈뼛, 섬뜩섬뜩
　　　　　 ③ 극도의 긴장이나 흥분으로 몸이 떨리는 모양. 울렁울렁 =「続続 속속, 잇달아」

・風邪をひいたのか体がぞくぞくする。
　감기에 걸렸는지 몸이 오슬오슬 한다.

・ぞくぞくしてくる怪談を聞いてみたい。
　소름이 끼칠 괴담을 들어보고 싶다.

・明日の試合を考えるとぞくぞくする。
　내일의 시합을 생각하면 가슴이 울렁거린다.

□ そっと ① 소리가 나지 않는 모양. 가만히, 조용히 ② 몰래, 살짝, 살며시 →「ぞっと 오싹, 으스스」

・気づかれないようにそっと近づく。
　알아차리지 못하게 가만히 다가가다.

・部屋をそっとのぞいてみる。
　방안을 몰래 들여다 보다.

□ ぞろぞろ ① 많은 것이 줄지어서 이동하는 모양. 줄줄, 우르르
　　　　　 ② 옷 따위가 길게 끌리는 모양. 질질 →「そろそろ 슬슬, 이제 곧」

・子どもがぞろぞろと付いてくる。
　어린이가 줄줄 따라오다.

・すそをぞろぞろ引きずる。
　옷자락을 질질 끌다.

□ そわそわ 안절부절

・そわそわしながら出番を待つ。
　안절부절못하며 나갈 차례를 기다린다.

□ たじたじ 상대에게 압도되어 쩔쩔매는 모양

・首相は記者の鋭い質問にたじたじとなった。
　수상은 기자의 날카로운 질문에 쩔쩔맸다.

□ たっぷり　① 충분한 모양. 많이, 충분히, 잔뜩　② 충분하고 여유가 있는 모양. 넉넉, 낙낙

- 家から駅までたっぷり20分はかかる。
  집에서 역까지 넉넉히 20분은 걸린다.

- たっぷりと眠った。
  푹 잤다.

- たっぷりした服を着ている。
  낙낙한 옷을 입고 있다.

□ だらだら　① 액체가 많이 흘러내리는 모양. 줄줄 →「たらたら 뚝뚝, 줄줄」
　　　　　② 지루하게 끄는 모양. 질질　③ 완만한 경사가 길게 뻗친 모양

- 汗がだらだら流れ出した。
  땀이 줄줄 흘러나왔다.

- だらだら長いだけで内容のない話。
  장황하게 길기만 하고 내용이 없는 말.

- 坂がだらだら続いている。
  고개가 완만하게 이어지고 있다.

□ ちびちび　조금씩 하는 모양. 홀짝홀짝, 조금씩

- ウイスキーをちびちび飲んでいる。
  위스키를 홀짝홀짝 마시고 있다.

□ ちゃんと　부족하거나 틀린 곳이 없고 견실한 모양. 착실히, 정확히, 단정히

- ちゃんと約束の時間に来ました。
  정확히 약속 시간에 왔습니다.

□ ちらっと　언뜻, 잠깐, 힐끔

- 彼は騒がしい子どもを不機嫌な表情でちらっと見た。
  그는 시끄럽게 떠드는 아이를 불쾌한 표정으로 힐끗 보았다.

□ ちりぢり　뿔뿔이, 산산이 =「ばらばら 뿔뿔이」

- 親子兄弟がちりぢりになる。
  부모 형제가 뿔뿔이 흩어지다.

□ つかつか　거침없이 앞으로 나가는 모양. 성큼성큼

- つかつかと入ってくる。
  성큼성큼 들어온다.

□ つべこべ　이것저것 시끄럽게 이유나 불평을 말하는 모양. 이러쿵저러쿵, 쫑알쫑알
　　• 何の関係もない君がつべこべ言う資格はない。
　　　아무 관계도 없는 자네가 이러쿵저러쿵 말할 자격은 없어.

□ つるつる　표면이 매끈한 모양. 반들반들, 매끈매끈
　　• 祖父は頭がつるつるに禿げている。
　　　할아버지는 머리가 반들반들 벗겨졌다.

□ てくてく　계속 걷는 모양. 뚜벅뚜벅, 터벅터벅
　　• 車がパンクしたので、会社までてくてく歩いて行った。
　　　차가 펑크가 나서 회사까지 터벅터벅 걸어갔다.

□ どたばた　요란한 모양. 우당탕
　　• 廊下をどたばた走り回る。
　　　복도를 쿵쾅거리며 뛰어다니다.

□ どかんと　한꺼번에 크게 변동하는 모양. 확, 왕창
　　• 地価がどかんとあがる。
　　　땅값이 확 오르다.

□ どっしり　① 묵직한 모양. 무거운 모양 =「ずしり、ずっしり」② 무게가 있고 듬직한 모양
　　• 父のどっしりした重いかばんを持つ。
　　　아버지의 묵직한 가방을 들다.
　　• 監督はベンチにどっしりと座った。
　　　감독은 벤치에 듬직하게 앉았다.

□ とぼとぼ　기운 없이 걷는 모양. 터벅터벅
　　• ひとりでとぼとぼと歩いて行く。
　　　혼자서 터벅터벅 걸어간다.

□ なよなよ　연약한 모양. 가냘픈 모양. 나긋나긋
　　• なよなよした男は嫌われる。
　　　가냘픈 남자는 인기가 없다.

□ にこにこ　기쁜 듯이 연속적으로 웃는 모양. 생긋생긋, 싱글벙글
　　• にこにこと嬉しそうな顔をした。
　　　싱글벙글 기쁜 얼굴을 했다.

□ にやにや　재미있는 일이나 별난 일을 상상하는 모양. 히죽히죽, 싱글싱글

・犯人はにやにやと笑うばかりで物も言わなかった。
　범인은 히죽히죽 웃기만 할 뿐 아무 말도 하지 않았다.

□ のろのろ　동작 행동이 굼뜬 모양. 느릿느릿, 꾸물꾸물

・ストのためのろのろ運転で、約四十分も遅れが出た。
　파업으로 인한 거북이 운전으로, 약 40분이나 지연되었다.

□ のんびり　마음이 평화로우며 여유 있는 모양. 유유히, 한가롭게

・たまには家でのんびりしたい。
　가끔은 집에서 한가롭게 지내고 싶다.

□ はきはき　언행이 재빠르고 분명한 모양. 시원시원히, 또렷또렷

・係員が質問にはきはきと要領よく答えてくれた。
　담당자가 질문에 또렷또렷 요령 있게 대답해 주었다.

□ ぱくぱく　음식을 게걸스럽게 먹어대는 모양. 덥석덥석

・あまりにもお腹がすいたので全部ぱくぱくと食べてしまった。
　너무 배가 고파서 전부 덥석덥석 먹어 버렸다.

□ はっきり　① 명확하게 말하는 모양. 똑똑히, 확실히, 뚜렷이
　　　　　　② 산뜻하고 상쾌한 모양. 말끔히 ＝「あざやかに、すっきり」

・責任の所在をはっきりさせる。
　책임의 소재를 분명히 하다.

・頭がはっきりしない。
　머리가 말끔하지 않다.

□ ぱっと　① 갑자기 상태가 바뀌는 모양. 휙, 홱　② 일시에 퍼지는 모양. 벌떡, 확, 쫙
　　　　　③ (부정을 수반)눈에 번쩍 띄거나 두드러진 모양

・ぱっと目がさめる。
　확 잠이 깨다.

・天気がぱっとしない。
　날씨가 신통치 않다.

・営業成績は、去年に比べてあまりぱっとしない。
　영업 실적은 작년에 비해 별로 신통치 않다.

□ はらはら　① 나뭇잎이나 꽃잎 따위가 떨어지는 모양. 팔랑팔랑
　　　　　　② 눈물이나 물방울이 떨어지는 모양. 뚝뚝, 주르르
　　　　　　③ 위태로워 몸이 다는 모양. 조마조마, 아슬아슬

・桜の花びらがはらはら散る。
　벚꽃 잎이 팔랑팔랑 떨어진다.

・思わずはらはら涙を流した。
　무심결에 주르르 눈물을 흘렸다.

・あの時はどうなることかと、はらはらしていた。
　그때는 어떻게 될까 하고 조마조마 했었다.

□ ぱらぱら　책 등을 넘기는 모양. 훌훌

・本をぱらぱらと捲る。
　책장을 훌훌 넘기다.

□ びくびく　무서워서 떠는 모양. 벌벌, 오들오들
　　　　　　→「ひくひく 실룩실룩, 벌룩벌룩」→「ぴくぴく 실룩실룩, 쫑긋쫑긋」

・あまりの恐ろしさにただびくびくしていた。
　너무 무서워서 그저 오들오들 떨고 있었다.

□ ひしひし　절박감을 강하게 느끼는 모양. 뼈저리게, 사무치게
　　　　　　→「びしびし 엄하게, 호되게, 삐걱삐걱」→「びしびし 엄하게, 호되게, 철썩철썩」

・一身の危険をひしひしと感じる。
　일신의 위험을 절박하게 느끼다.

□ ひそひそ　남이 듣지 못하게 작은 소리로 말하는 모양. 소곤소곤

・ひそひそ人のうわさ話をする。
　소곤소곤 남의 소문을 이야기하다.

□ ぴちぴち　① 물고기 따위가 힘차게 뛰는 모양. 펄떡펄떡, 팔딱팔딱　② 젊고 팔팔한 모양

・魚がぴちぴち跳ねる。
　물고기가 팔딱팔딱 뛰어오르다.

・見るからに明るくて、健康そうなぴちぴちした若者たち。
　보기에도 밝고 건강한 듯한 팔팔한 젊은이들.

□ ひっそり ① 쥐 죽은 듯 조용한 모양. 고요히, 조용히 ② 남의 눈에 띄지 않게 몰래 하는 모양. 가만히, 살그머니
- 放課後の教室はひっそりとしている。
  방과후의 교실은 고요하다.
- 山の中にひっそり暮らしている。
  산 속에서 남모르게 조용히 살아가다.

□ ひやひや ① 차가운 느낌이 드는 모양. 선뜩선뜩, 오싹오싹 ② 마음이 조마조마한 모양. 간담이 서늘한 모양
- ひやひやと夜気が染みる。
  선뜩선뜩한 밤공기가 스며든다.
- 逆転されそうになってひやひやした。
  역전 당할 것 같아서 마음이 조마조마했다.

□ ひょっこり 불쑥, 뜻밖에
- 道でひょっこり旧友に会った。
  길에서 뜻밖에 옛 친구를 만났다.

□ ひょろひょろ ① 휘청휘청 넘어질 듯한 모양. 흐늘흐늘, 비실비실 ② 가늘고 가냘프게 자란 모양. 호리호리
- 足がひょろひょろする。
  다리가 휘청거린다.
- 背だけがひょろひょろ伸びる。
  키만 멀쑥하게 자라다.

□ ひらり 가볍고 날렵하게 몸을 움직이는 모양. 훌쩍, 홱
- ひらりと塀から塀へ飛び移る。
  훌쩍 담에서 담으로 뛰어 옮긴다.

□ ぶうぶう ① 계속 불만이나 잔소리를 하는 모양. 투덜투덜, 툴툴
　　　　　② 경적 따위가 잇달아 나는 모양. 붕붕 → 「ふうふう 헐떡헐떡, 허덕허덕, 후후」
- ぶうぶう文句を言ってもしょうがない。
  투덜투덜 불평해 봤자 소용없다.

□ ぶつぶつ ① 낮은 소리로 중얼거리는 모양. 중얼중얼
　　　　　② 불평 불만을 투덜대는 모양. 투덜투덜 → 「ふつふつ 툭툭, 부글부글」
- ぶつぶつ独り言を言っている。
  중얼중얼 혼잣말을 하고 있다.

- ぶつぶつ文句を言う。
  투덜투덜 불평을 하다.

□ ふらふら ① 힘이 없어서 흔들리는 모양. 비틀비틀, 흔들흔들
             ② 생각·기분이 흔들리는 모양. 오락가락, 갈팡질팡 → 「ぶらぶら 흔들흔들, 어슬렁어슬렁, 빈둥빈둥」

- 頭がふらふらする。
  머리가 어질어질하다.
- 委員長の意見がふらふらしていては困る。
  위원장의 의견이 흔들리고 있어서는 곤란하다.

□ ぶるぶる 추위나 공포로 몸이 떨리는 모양. 벌벌, 부들부들 → 「がたがた」

- 怖くてぶるぶるした。
  무서워서 부들부들 떨었다.

□ ぺこぺこ 배가 몹시 고픈 모양 ▶「お腹が空く、腹が減る 배고프다」

- お腹がぺこぺこだ。
  배가 몹시 고프다.

□ べたべた ① 끈끈하게 들러붙은 모양. 끈적끈적 ② 처덕처덕 붙임 ▶「貼る 붙이다」와 잘 어울린다.

- ポスターをべたべたと貼り付ける。
  포스터를 처덕처덕 붙이다.

□ へとへと 몹시 지친 모양. 기진맥진한 모양. 녹초가 된 모양 → 「べとべと 끈적끈적」

- マラソンでへとへとになった。
  마라톤으로 녹초가 됐다.

□ べらべら ① 입심 좋게 내리 지껄이는 모양. 줄줄, 술술
             ② 물건이 얇고 여린 모양. 흐르르, 하늘하늘 → 「ぺらぺら 유창함, 줄줄, 술술, 흐르르, 얄팍함」

- よくも、まあ、べらべらしゃべるやつだ。
  잘도 지껄이는 놈이다.
- べらべらの紙だからすぐやぶれてしまう。
  얄팍한 종이라서 금새 찢어져 버린다.

□ ぽかぽか 따스하게 느껴지는 모양. 따끈따끈, 포근함 ▶「ほかほか 따끈따끈, 후끈후끈」

- ポカポカと、まさに小春日和だ。→「小春日和 초겨울인데도 봄처럼 따뜻한 날」
  포근한 것이 정말 봄 날 같다.

□ ほくほく　① 좋아하고 기뻐하는 모양. 싱글벙글　② 갓 찐 고구마 따위가 먹음직스러운 모양

- お年玉をたくさんもらって、ほくほくしている。
  세뱃돈을 많이 받고 좋아서 싱글벙글하고 있다.

- ほくほくしたお芋を食べる。
  갓 쪄 따끈따끈하고 먹음직스러운 고구마를 먹다.

□ ほっと　긴장이 풀려 안심하는 모양. 후유

- 無くした財布が見つかってほっとした。
  잃어버렸던 지갑이 발견되어 안심했다.

□ ぼつぼつ　① 느리게 행동하는 모양. 슬슬, 천천히　② 조금씩, 점점
　　　　　　③ 구멍이나 돌기가 여기저기 있는 모양. 송송, 도톨도톨 =「ぶつぶつ、ぽつぽつ」

- もう出発の時間だから、ぼつぼつ出かけることにしよう。
  이제 출발 시간이니 슬슬 나가기로 하자.

- 人がぼつぼつ集まってきた。
  사람이 조금씩 모여들었다.

- 顔ににきびがぼつぼつと出来た。
  얼굴에 여드름이 도톨도톨 생겼다.

□ ぽつんと　혼자 외따로 있는 모양

- 山の中にぽつんとあかりが見える。
  산 속에 외따로 불빛이 보인다.

□ ぼやぼや　멍청한 모양. 멍하니, 멍청히　→「ほやほや 만두 따위가 갓 만들어져 말랑말랑하고 따끈따끈한 모양」

- ぼやぼやしないで、よく前を見て歩きなさい。
  멍청히 굴지 말고 앞을 잘 보고 걸으세요.

□ ぼろぼろ　물건이나 옷 등이 형편없이 낡고 해진 모양. 너덜너덜

- この財布は8年も使ってぼろぼろになってしまった。
  이 지갑은 8년이나 써서 너덜너덜해져 버렸다.

□ ぽろぽろ　부서진 것이나 알갱이 모양의 것이 흩어져 떨어지는 모양. 뚝뚝

- 嬉しい涙をぽろぽろと落とす。
  기쁨의 눈물을 뚝뚝 흘리다.

□ ぽんぽん　① 잇따라 가볍게 치는 모양. 탕탕, 펑펑, 둥둥, 땅땅　② 기탄없이 의견 비평을 말하는 모양. 툭툭, 뻥뻥

- 秋晴れの空にぽんぽん花火が上がる。
  가을의 맑은 하늘에 펑펑 불꽃이 오른다.

- 思ったことをぽんぽん言うんじゃないよ。
  생각한 것을 툭툭 말하는 게 아냐.

□ ぼんやり　① 또렷하지 않은 모양. 희미하게, 어렴풋이　② 무엇을 잘 알아차리지 못하는 모양. 멍청하게, 멀거니

- ぼんやりとしか覚えていない。
  어렴풋이 밖에 기억하지 못한다.

- ぼんやり考えこむ。
  멀거니 생각에 잠기다.

□ まごまご　형편을 몰라 우물쭈물하는 모양. 갈팡질팡, 우물쭈물

- 忙しくてかえってまごまごする。
  바빠서 오히려 갈팡질팡한다.

□ むかむか　(속이)메슥메슥하다

- 今朝から胃がムカムカする。
  오늘 아침부터 속이 메슥거린다.

□ むずむず　① 가려운 모양. 근질근질　② 하고 싶어 좀이 쑤시는 모양. 안달이 나는 모양

- 鼻がむずむずして、くしゃみが出そうだ。
  코가 간질간질해서, 재채기가 나올 것 같다.

- 野球を見ていたら体がむずむずしてきた。
  야구를 구경하고 있노라니 몸이 근질근질해졌다.

□ むっつり　말이 없고 재미가 없는 듯한 모양. 뚱하니

- 彼は朝からむっつりしている。
  그는 아침부터 뚱해 있다.

□ むっと　① 화가 치밀어 순간적으로 표정을 바꾸는 모양. 불끈　② 무더위나 악취로 숨이 막힐 듯 한 모양. 후텁지근

- 彼の無神経な発言にむっとした。
  그의 무신경한 발언에 불끈 화가 치밀었다.

- 外へ出るとむっとするような暑さだった。
  밖에 나가니 확 숨막히는 듯한 더위였다.

- [ ] めきめき　두드러지게 변화하는 모양. 눈에 띄게, 무럭무럭, 부쩍 =「めっきり」
  - 彼の英語の実力は最近めきめき上達した。
    그의 영어 실력은 최근 눈에 띄게 향상되었다.

- [ ] もぐもぐ　① 입을 다물고 음식을 씹는 모양. 우물우물, 오물오물
  　　　　　② 입을 충분히 벌리지 않고 말하는 모양. 우물우물
  - 歯の抜けたお祖母さんが何かをもぐもぐ食べている。
    이가 빠진 할머니가 뭔가를 오물오물 먹고 있다.
  - 返答に困って、もぐもぐ口ごもるばかりだ。
    대답을 못하고 우물우물 입 안의 소리를 낼뿐이다.

- [ ] よちよち　어린애가 걷는 모양. 아장아장
  - 赤ん坊がよちよち歩く。
    아기가 아장아장 걷는다.

- [ ] わくわく　기쁨・기대・걱정 따위로 가슴이 설레는 모양. 두근두근, 울렁울렁
  - 憧れていた人に会うと思えば、胸がわくわくする。
    동경하던 사람을 만난다고 생각하면 가슴이 두근두근 설레인다.

3 시험에 자주 출제되는 속담

연습

아래 내용에 해당하는 속담을 한국어로 풀이하시오.

01. 安物買いの銭失い。

02. 亀の甲より年の功。

03. 弘法にも筆の誤り。

04. 光陰矢の如し。

05. 触らぬ神に祟りなし。

06. 捕らぬ狸の皮算用。

07. 猫に小判。

08. 犬も歩けば棒に当る。

09. 棚から牡丹餅。

10. 塵も積れば山となる。

11. 噂をすれば影がさす。

12. 花より団子。

13. 言わぬが花。

14. 案ずるより産むが易い。

15. 泣き面に蜂。

16. 独活の大木。

17. 石の上にも三年。

18. 月とすっぽん。

19. 二階から目薬。

20. 暖簾に腕押し。

21. 立つ鳥は跡を濁さず。

22. 虻蜂取らず。

23. 情けは人のためならず。

24. 人の噂も七十五日。

25. 後の祭り。

26. 焼け石に水。

27. 蛙の子は蛙。

28. 高嶺の花。

29. 掃溜めに鶴。

30. 親の光は七光。

31. 身から出たさび。

32. 医者の不養生。

33. 濡れ手で粟。

34. 仏の顔も三度。

35. 骨折り損のくたびれ儲け。

36. 同じ穴のむじな。

37. 能ある鷹は爪を隠す。

38. 蓼食う虫も好き好き。

39. どんぐりの背くらべ。

40. 月にむら雲、花に風。

41. 藪をつついて蛇を出す。

42. 背に腹はかえられぬ。

43. あばたもえくぼ。

44. 人の口に戸は立てられぬ。

45. 竹馬の友。

46. 灯台もと暗し。

47. 悪銭身につかず。

48. 釈迦に説法。

49. 知らぬが仏。

50. 鬼に鉄棒。

51. 転ばぬ先の杖。

52. ひいきの引き倒し。

53. 猫の手も借りたい。

54. 瓜の蔓になすびはならぬ。

55. 一寸の虫にも五分の魂。

56. 雨だれ石を穿つ。

57. 無くて七癖。

58. 遠くて近いは男女の仲。

59. 河童の川流れ。

60. 人のふんどしで相撲をとる。

61. 七転び八起き。

62. 親の脛をかじる。

63. 牛に引かれて善光寺参り。

64. 備えあれば憂い無し。

65. なしの礫。

66. 餅は餅屋。

67. 百聞は一見に如かず。

68. 二束三文。

69. 目糞鼻糞を笑う。

70. 木に竹を接ぐ。

71. 風に柳。

72. 盗人にも三分の理あり。

73. 盗人に追い銭。

74. 子は三界の首枷。

75. 武士は食わねど高楊枝。

학 습

☐ 悪事、千里を走る。
못된 짓은 숨기려 해도 곧 세상에 널리 알려진다.

☐ 悪銭身につかず。
부정하게 얻은 재물은 오래가지 못한다.

☐ 朝起きは三文の徳。
아침에 일찍 일어나면 좋은 일이 있다.

- 朝飯前(あさめしまえ)。
  누워서 떡 먹기.

- 当(あ)たるも八卦(はっけ)当(あ)たらぬも八卦(はっけ)。
  점은 맞을 수도, 안 맞을 수도 있다.

- 後(あと)の祭(まつ)り。
  때를 놓쳐 보람이 없음. 소 잃고 외양간 고친다.
  원님 행차 후의 나팔분다.

- 痘痕(あばた)もえくぼ。
  제 눈에 안경.

- 虻蜂(あぶはち)取(と)らず。
  게도 구럭도 다 놓치다. 욕심을 내다가 모두 헛되이 되다.

- 油(あぶら)に水(みず)。
  기름에 물 섞이듯, 조화가 잘 안됨.

- 雨(あま)だれ石(いし)を穿(うが)つ。
  낙숫물이 돌을 뚫는다.
  적은 힘이라도 계속 하면 성공한다.

- 雨降(あめふ)って地固(じかた)まる。
  비 온 뒤에 땅이 굳는다.

- 案(あん)ずるより産(う)むが易(やす)い。
  걱정하는 것보다 실행하는 것이 더 쉽다.

- 石(いし)の上(うえ)にも三年(さんねん)。
  돌 위에도 삼 년. 끈기 있게 참고 해 나가면 보상을 받는다.

- 石橋(いしばし)を叩(たた)いて渡(わた)る。
  돌다리도 두드려 보고 건넌다.

- 医者(いしゃ)の不養生(ふようじょう)。
  의사의 불섭생. 언행이 일치하지 않다.

- 衣食足(いしょくた)りて礼節(れいせつ)を知(し)る。
  생활이 풍족하여야 비로소 예절을 안다.

- 急(いそ)がば回(まわ)れ。
  급할수록 돌아가라.

- 一(いち)を聞(き)いて十(じゅう)を知(し)る。
  하나를 들으면 열을 안다.

- 一寸先(いっすんさき)は闇(やみ)の世(よ)。
  한치 앞도 모르는 세상.

- 一寸(いっすん)の虫(むし)にも五分(ごぶ)の魂(たましい)。
  지렁이도 밟으면 꿈틀한다.

- 犬(いぬ)も歩(ある)けば棒(ぼう)に当(あ)たる。
  돌아다니면 뜻밖의 행운을 만날 수 있다.

- 井(い)の中(なか)の蛙大海(かわずたいかい)を知(し)らず。
  우물 안 개구리 세상 넓은 줄 모른다.

- 言(い)わぬが花(はな)。
  침묵은 금이다. 말하지 않는 것이 약이다.
  말 안 하는 것이 도리어 낫다.

- 魚心(うおごころ)あれば水心(みずごころ)。
  오는 정이 있어야 가는 정이 있다.

- 雨後(うご)の筍(たけのこ)。
  우후죽순.

- 牛(うし)に引(ひ)かれて善光寺参(ぜんこうじまい)り。
  다른 사람에게 이끌려 우연히 좋은 곳으로 가게 되다.

- 独活(うど)の大木(たいぼく)。
  허우대는 멀쩡하나 아무 소용이 없다.

- 鵜(う)の真似(まね)する烏(からす)。
  뱁새가 황새 따라가다가는 가랑이가 찢어진다.

- うそも方便(ほうべん)。
  거짓말도 하나의 수단.

- 馬(うま)の耳(みみ)に念仏(ねんぶつ)。
  소귀에 경 읽기.

- 瓜の蔓になすびは生らぬ。
  평범한 부모로부터는 비범한 아이가 태어나지 않는다.

- うわさをすれば影がさす。
  호랑이도 제 말 하면 온다.

- 江戸の敵を長崎で討つ。
  엉뚱한 곳에서 화풀이한다.

- 絵に描いた餅。
  그림의 떡.

- えびで鯛をつる。
  새우로 도미를 낚는다. 되로 주고 말로 받는다.

- 同じ穴のむじな。
  언뜻 보기에는 달라도 사실은 같다.

- 鬼に金棒。
  도깨비에 쇠방망이(범에 날개).
  강한 사람이 힘이 되는 것을 얻어 더욱 강해지다.

- 帯に短し、たすきに長し。
  띠로는 짧고, 멜빵으로는 길다.
  어중간하여 별로 쓸모가 없다.

- 親の光は七光り。
  부모가 뛰어나면 자식도 그 덕을 본다.

- 溺れる者はわらをもつかむ。
  물에 빠진 자는 지푸라기라도 잡는다.

- 飼い犬に手を噛まれる。
  믿는 도끼에 발등 찍히다.

- 蛙の子は蛙。
  개구리 새끼는 역시 개구리. 부전자전.

- 風に柳。
  적절히 응대하여 거스르지 않다.

- 河童の川流れ。
  원숭이도 나무에서 떨어진다.

- 金の切れ目が縁の切れ目。
  돈 떨어지면 정분도 떨어진다.

- 壁に耳あり障子に目あり。
  낮말은 새가 듣고 밤말은 쥐가 듣는다.

- 亀の甲より年の功。
  사람의 오랜 경험이나 지혜는 가치가 있다.

- 聞くは一時の恥、聞かぬは一生の恥。
  묻는 건 순간의 수치, 모르는 건 평생의 수치.

- 木に竹を接ぐ。
  사물이 조화를 이루지 못한 느낌. 부자연스러움.

- 漁夫の利。
  어부지리.

- 腐っても鯛。
  썩어도 준치.

- 苦しい時の神頼み。
  괴로울 때에 하느님 찾기.

- 光陰矢の如し。
  세월은 화살과 같다.

- 郷に入っては郷に従え。
  로마에 가면 로마법을 따라라.

- 弘法にも筆の誤り。
  원숭이도 나무에서 떨어진다.

- 子は三界の首枷。
  자식이 애물단지.

- ごまめの歯ぎしり。
  힘이 없으면 아무리 분개하고 애써도 소용없음.

- 転ばぬ先のつえ。
  모든 일은 사전에 준비해야 한다(유비무환).

- 歳月人を待たず。
  세월은 사람을 기다리지 않는다.

- 猿も木から落ちる。
  원숭이도 나무에서 떨어진다.

- 触らぬ神にたたりなし。
  건드리지 않는 신에 탈 없다.
  관계만 없으면 화를 입지 않는다.

- 三人寄れば文殊の知恵。
  세 사람이 모이면 문수보살의 지혜가 나온다.

- 知らぬが仏。
  모르는 게 약.

- 自業自得。
  자업자득.

- 釈迦に説法。
  공자 앞에 문자 쓴다.
  그 방면의 전문가에게 가르치려고 하다.

- 朱に交われば赤くなる。
  나쁜 사람을 사귀면 저절로 물든다.

- 好きこそ物のじょうずなれ。
  좋아하면 저절로 능숙해진다.

- 住めば都。
  정들면 고향.

- 背に腹はかえられぬ。
  큰 일을 위해서는 작은 일을 돌볼 여유가 없다.

- 善は急げ。
  좋은 일을 빨리 하라. 쇠뿔은 단김에 빼라.

- 千里の道も一歩から。
  천리 길도 한 걸음부터.

- 袖ふり合うも多生の縁。
  옷깃만 스쳐도 인연.

- 備えあれば憂いなし。
  유비무환. 준비가 있으면 근심할 것이 없음.

- 高嶺の花。
  그림의 떡.

- 棚からぼた餅。
  선반에서 떨어진 떡. 굴러 온 호박.

- 立つ鳥跡を濁さず。
  떠날 때는 뒤처리를 깨끗이 함.
  떠나는 사람은 뒤끝을 깨끗이 해야 한다.

- 蓼食う虫も好き好き。
  오이를 거꾸로 먹어도 제 멋. 각양각색이다.

- 旅の恥はかき捨て。
  여행간 곳에서의 부끄러움은 버려라.

- 旅は道づれ、世は情け。
  여행에는 길동무, 세상살이에는 인정.

- 短気は損気。
  성급하면 손해를 봄.

- 竹馬の友。
  죽마고우.

- ちりも積れば山となる。
  티끌 모아 태산.

- 月とすっぽん。
  천양지차. 하늘과 땅 차이.

- 月にむら雲、花に風。
  좋은 일에는 장애가 많다.

- 爪に火をともす。
  전주 자린고비.

- 出る杭は打たれる。
  모난 돌이 정 맞는다.

- 灯台下暗し。
  등잔 밑이 어둡다.

- 遠くて近いは男女の仲。
  남녀 사이는 의외로 맺어지지 쉽다.

- 隣の花は赤い。
  남의 떡이 커 보인다.

- 捕らぬ狸の皮算用。
  떡 줄 사람은 생각도 않는데 김칫국부터 마신다.

- どんぐりの背くらべ。
  도토리 키 재기.

- 無い袖は触れぬ。
  없으니 어쩔 도리 없다.

- 長いものには巻かれろ。
  힘있는 자에게 순종하라.

- 泣き面に蜂。
  엎친 데 덮친 격. 설상가상.

- 無くて七癖。
  사람마다 버릇이 있다.
  버릇이 없는 사람도 자세히 보면 몇 개의 버릇이 있다.

- 情けは人のためならず。
  인정을 베푸는 것은 결국 자신에게 도움이 된다.

- なしの礫。
  소식을 전해도 전혀 소식이 오지 않다.

- 七転び八起き。
  칠전팔기.

- 生兵法は大怪我のもと。
  선무당이 사람 잡는다.

- 習うより慣れよ。
  배우기보다 익숙해져라.

- 二階から目薬。
  이층에서 안약 넣기. 뜻대로 안 됨. 효과가 없음.

- 二束三文。
  싸구려.

- 盗人に追銭。
  거듭해서 손해를 보다.

- 盗人にも三分の理あり。
  처녀가 애를 낳아도 할 말이 있다.

- 濡れ手で粟。
  고생을 하지 않고 이익을 얻다.

- 猫に小判。
  돼지 목에 진주.

- 能あるたかは爪をかくす。
  벼는 익을수록 고개를 숙인다.
  실력이 있는 사람은 그것을 드러내지 않는다.

- 暖簾に腕押し。
  호박에 침주기.
  힘을 주어도 반응이 없음을 비유한 말.

- 掃き溜めに鶴。
  개천에서 용 나다.

- 花より団子。
  금강산도 식후경.

- 腹八分に医者いらず。
  알맞게 먹으면 건강에 좋다.

- 腹も身の内。
  너무 과음해서 배탈이 나지 않도록 주의하라는 말.

- 火のない所に煙は立たぬ。
  아니 땐 굴뚝에 연기 나랴.

- 人の噂も七十五日。
  남의 말도 석 달. 세상 소문은 오래가지 않는다.
  소문은 머지않아 자연히 잊혀진다.

- 人の口には戸が立てられない。
  = 「人の口に戸は立てられぬ。」
  발 없는 말이 천리 간다. 소문은 막을 수가 없다.

- 人のふんどしで相撲を取る。
  남의 떡에 설쇤다. 타인의 것을 자신의 것처럼 이용해서 이익을 도모하다.

- 百聞は一見に如かず。
  백문이 불여일견.

- 貧乏暇なし。
  가난한 사람은 살기에 쫓겨 시간의 여유가 없다.

- 覆水盆に返らず。
  한번 엎지른 물은 다시 주워 담지 못한다.

- 骨折り損のくたびれ儲け。
  애만 쓰고 소득이 없음.
  수고만 하고 전혀 보람이 없음. 도로아미타불.

- 武士は食わねど高楊枝。
  양반은 먹지 않아도 먹은 체하며 체면을 차린다.

- 仏の顔も三度。
  참는 대도 한계가 있다.

- 蒔かぬ種は生えぬ。
  콩 심은 데 콩 나고 팥 심은 데 팥 난다.

- 待てば海路の日和あり。
  쥐구멍에도 볕들 날 있다.

- ミイラ取りがミイラになる。
  함흥차사.
  사람을 찾으러 간 사람까지도 돌아오지 않는다. 처음의 목적과는 반대의 결과가 되다.

- 三つ子の魂 百まで。
  세 살 적 버릇 여든까지 간다.

- 目糞鼻糞をわらう。
  똥 묻은 개가 겨 묻은 개 나무란다.

- 餅は餅屋。
  떡은 떡집. 사물에는 제각기 전문가가 있음.

- 焼け石に水。
  언 발에 오줌 누기.

- 安物買いの銭失い。
  싼 것이 비지떡.

- 薮をつついて蛇を出す。
  긁어 부스럼. 덤불을 쑤셔 뱀을 나오게 하다.

- 油断大敵。
  방심은 금물.

- 弱り目に祟り目。
  엎친 데 덮친 격. 설상가상.

- 楽あれば苦あり。
  낙이 있으면 괴로움도 있다.

- 両手に花。
  양손에 꽃. 좋은 것을 독점함.

- 良薬は口に苦し。
  좋은 약은 입에 쓰다.

- 論より証拠。
  이론보다 증거.

- 災い転じて福となす。
  전화위복(転禍為福).

- 笑う門には福来る。
  소문 만복래. 웃는 집에 복이 온다.

- 破れ鍋にとじぶた。
  짚신도 짝이 있다.

PART 7

2 유형별 문제 분석

파트 7은 빈칸을 채우는 문제 형태로 총 30문제가 출제되며, 문항 수에 있어서 독해와 함께 비중이 가장 많은 부분이다. 확실히 준비하여 고득점의 발판을 마련해 두어야 하는 파트이다. 문항 수가 많은 만큼 문제 형태도 상당히 다양하므로, 각 문제의 유형별로 공부를 해 두어야 하겠다.

1 적절한 조사 넣기

JPT시험에서 가장 손쉽고 빠른 시간에 득점을 할 수 있는 부분이다. 상당히 기본적인 조사의 용법을 묻는 문제가 주로 나오는데, 쉬운 문제인 만큼 반드시 득점으로 연결시켜야 한다. 기본적으로 쉬운 문제가 대부분이지만, 간혹 특수하게 사용되는 조사를 묻는 경우가 있는데, 그러한 경우는 예가 많지 않으니 전부 암기해 두고 시험장에 가서 빠른 시간에 답을 체크할 수 있어야 한다.

---

1. 彼_____に努力はしているんですから認めて下さい。

    (A) なり   (B) だけ   (C) くらい   (D) ほど

    풀이 그 나름대로 노력은 하고 있으니까 인정해 주세요.
    ※ (A) 「なり」 나름 (B) 「だけ」 만 (C) 「くらい」 정도 (D) 「ほど」 정도.
    　 기본적인 조사의 의미를 묻는 문제로 보기의 조사의 의미를 잘 알아두어야 하겠다. 이 문제와는 관계없지만 「くらい」와 「ほど」는 우리말로 번역하면 뜻이 비슷하나 쓰임새가 다르므로 잘 정리해 두어야 한다.
    　　정답 | (A)

2. 映画を見た後_____ゆっくり話しましょう。

    (A) で   (B) を   (C) では   (D) には

    풀이 영화를 보고 나서 천천히 이야기합시다.
    ※ (A) 「で」 ~에서 (B) 「を」 ~을 (C) 「では」 ~에서는 (D) 「には」 ~에는.
    　 이와 같은 문제도 역시 조사의 의미를 잘 알아두고 쓰임에 대해서도 알아둬야 하겠다. 특히 「に」와 「で」는 수험자들이 혼동하기 쉬운 부분이기 때문에 자주 출제되니 주의하도록 한다.
    　　정답 | (A)

3. その事件だったらテレビ_____見ました。

    (A) が   (B) で   (C) を   (D) に

    풀이 그 사건이라면 TV에서 봤습니다.
    ※ (A) 「が」 ~이(가) (B) 「で」 ~에서 (C) 「を」 ~을 (D) 「に」 ~에. 위의 문제와 같은 형태로 보기의 단어의 뜻과 쓰임에 대해서 잘 정리해 두어 반드시 정답을 찾아낼 수 있도록 연습해야겠다.
    　　정답 | (B)

2 품사의 활용

「동사」, 「い형용사」, 「な형용사」는 각각 활용의 형태가 있는데 앞서 파트 6에서 언급한 바와 같이 일본어 기초를 배울 때 모두 배웠다. 기본적인 형태로 형용사는 명사를 수식할 때 기본형을 쓰지만 「な형용사」는 어미의 「だ」가 「な」로 바뀐다. 또 「な형용사」와 「い형용사」는 동사를 수식할 때는 어미가 각각 「に」「く」로 바뀌게 된다. 이처럼 「い형용사」와 「な형용사」는 같은 경우도 있고 다른 경우도 있어 착오를 일으킬 수 있으나 이러한 내용은 일본어 기초를 배운 사람이라면 누구나 맞출 수 있는 수준에서 문제가 나오기 때문에 크게 어렵게 생각할 필요는 없다. 다만, 시간이 부족한 JPT 시험에서는 급하게 풀다 보면 실수를 할 경우가 생기기 때문에 실수를 조심해야 한다.

이밖에 「おなじだ」, 「おおい」는 예외적으로 활용하는 것에 주의해야 한다. '같은 사람'을 な형용사의 기본 활용과 같이 「同(おな)じな人(ひと)」라고 하지 않고 「同じ人」, '많은 사람'을 「多(おお)い人(ひと)」라 하지 않고 명사 취급을 하여 「多くの人」라고 하는데, 이러한 것들을 예외적으로 암기해 두면 「い형용사」, 「な형용사」의 활용에 관한 문제는 어려움 없이 득점을 할 수 있을 것이다.

1. 今夜は雨も＿＿＿＿＿、暑くもありません。

   (A) ふらなくて　　(B) ふらなしで　　(C) ふらなくし　　(D) ふらないし

   풀이 오늘밤은 비도 오지 않고, 덥지도 않습니다.
   ※ '비가 내리다'의 「雨(あめ)が降(ふ)る」에서 조사가 「も」로 바뀐 상태에 부정의 의미로 「ない」가 결합한 형태이다. 여기서 다시 나열의 의미로 「し」가 결합하여 「雨も降らないし」의 형태로 바뀐다. (B)와 (C)는 접속 형태가 잘못된 보기이고, (A)는 의미상 적합하지 않다.

   정답 | (D)

2. 彼は、私の言うことが＿＿＿＿＿いない。

   (A) わかって　　(B) わかんで　　(C) わかりて　　(D) わかいて

   풀이 그는 내가 말하는 것을 이해하지 못하고 있다.
   ※ '~을 이해하다'의 뜻으로 동사 「わかる」에 현재 상태를 나타내는 「~ている、~ていない」가 접속하는 형태이다. 「わかる」는 5단 동사이므로 「て」가 접속할 때 음편 현상이 일어나 촉음 「っ」가 붙어서 「わかっていない」가 된다. 기초 일본어에서 배우는 비교적 간단한 문제이지만 JPT에서는 동사의 활용에 관한 문제도 자주 출제되고 있기 때문에 잘 알아두도록 한다.

   정답 | (A)

3. ここの道幅はもう少し＿＿＿＿＿方がいいでしょう。

   (A) 広がる　　(B) 広げた　　(C) 広くの　　(D) 広いの

   풀이 이 길폭은 좀 더 넓히는 편이 좋겠죠.
   ※ 이 문제 역시 자주 출제되는 형태로 '~하는 편이 좋다'의 「~方(ほう)がいい」 앞의 동사의 활용 형태를 묻는 문제이다. 「~方がいい」 앞의 동사는 과거형이 접속하여 「広(ひろ)げた方がいい」가 된다. 이러한 문제는 하나의 문형으로 통째로 예문을 하나 외워 두는 것이 좋다.

   정답 | (B)

3 사역, 수동, 사역수동

　JPT 시험에서 빠지지 않고 꼭 출제되는 문제 형태 중의 하나이다. 우리말에는 직역을 하면 어색하게 해석이 되기 때문에 일본어가 익숙하지 않은 수험생들은 많이 헷갈려 하는 부분이다. 사역, 수동, 사역수동에 관한 문제에 강해지기 위해서는 우선 기초 일본어에서 배운「れる、られる、せる、させる」에 관한 문법 사항을 확실하게 숙지한 뒤, 문제를 접하는 것이 효율적이고, 또한 기본 예문을 암기하여 상황에 맞게 자유자재로 구사할 수 있는 능력을 키우는 것이 완벽한 대비책이라고 할 수 있다.

---

1. 寒かったので、娘にコートを_____てやりました。
   (A) き　　　　　(B) きれ　　　　(C) きられ　　　　(D) きせ

   > **풀이** 추웠기 때문에, 딸에게 코트를 입혀 주었습니다.
   > ※ 동사의 사역 형태를 이해하고 있는가를 평가하는 문제로 우리말에 없는 수동, 사역 형태를 잘 이해하도록 해야 한다. 문제는 화자가 딸에게 옷을 입혀 주는 내용이므로 사역의 형태인「きせてやりました」가 정답이 되겠다.
   >
   > 　　　　　　　　　　　　　　　　　　　　　　　　　　　　　　　　정답 | (D)

2. 私はむりやり会社を_____、失業しました。
   (A) やめさせられて　(B) やめさせて　(C) やめられて　(D) やめれて

   > **풀이** 나는 강제로 회사를 그만두게 되어 실직하였습니다.
   > ※ 위의 문제는 사역과 수동의 의미가 동시에 포함되어 있는 문장으로서 회사를 자신의 의지와는 관계없이 그만 두게 되는 행동을 누군가에 의해 시킴을 당한 것임으로「やめさせられる」사역수동이 사용된 보기를 정답으로 찾아야 한다. (B)의「やめさせて」는 화자가 그만 두게 시켰다는 사역을 의미하고, (C)「やめられて」는 단순히 그만 두는 것을 당하게 되는 수동을 의미한다.
   >
   > 　　　　　　　　　　　　　　　　　　　　　　　　　　　　　　　　정답 | (A)

3. かわいそうだから小鳥を_____やりなさい。
   (A) 逃がして　(B) 逃げさせられて　(C) 逃げて　(D) 逃げられて

   > **풀이** 불쌍하니까 작은 새를 놓아주어라.
   > ※ 화자가 다른 사람에게 시키는 것을 의미하므로 사역의 의미가 내포되어 있다. 따라서 정답은 (A)「逃(の)がして」가 된다. 이와 같이 사역·수동·사역수동을 일본어에서는 잘 구별하여 사용해야 하므로 잘 정리해 두어야겠다.
   >
   > 　　　　　　　　　　　　　　　　　　　　　　　　　　　　　　　　정답 | (A)

4 의미상 적절한 어휘 넣기

　가장 많이 출제되는 부분으로 문장의 뜻을 이해하고 있는 것은 물론이고, 보기의 각각의 단어도 암기하고 있어야 하며, 문법적으로도 성립하는지 확인을 해야 한다. 명사, 형용사, 동사 등 품사를 가리지 않고 출제되고, 뜻이 맞을지라도 문법적으로 자동사가 들어가야 할 자리와 타동사가 들어가야 할 자리를 구분하여, 그 위치에 들어갈 수 있는 것인가 다시 한 번 확인해야 한다. 관용적인 표현도 위와 같은 유형으로 출제가 되니 앞(파트5, 6)에서 공부했었던 관용 표현도 잘 외워 두어야 한다.

---

1. こうした問題について人々の関心が＿＿＿＿＿のに驚いた。

　(A) 安い　　　　(B) 短い　　　　(C) 薄い　　　　(D) 小さい

　풀이　이러한 문제에 대해 사람들의 관심이 적은 것에 놀랐다.
　※ '관심이 적다'라는 것을 표현할 수 있어야 하는 문제로 보기 모두 비슷한 의미이지만 '관심'이라는 단어와 가장 잘 어울리는 단어를 찾아내는 문제 형태이다. '관심이 적다'는 「関心(かんしん)が薄(うす)い」로 표현한다.

　　　정답 | (C)

2. あの子より、私の方が＿＿＿＿＿かわいい。

　(A) ずっと　　　(B) けっこう　　(C) あまりにも　(D) なかなか

　풀이　저 아이보다 내가 훨씬 귀엽다.
　※ 「ずっと」는 비교 대상 보다 우위를 나타낼 때 쓰는 부사이다. 보기 (B)의 「けっこう」는 '꽤, 상당히' (C)의 「あまりにも」와 (D)의 「なかなか」는 부정 표현과 함께 쓰여 '그다지, 좀처럼'의 의미로 쓰인다.

　　　정답 | (A)

3. 歩き疲れて足が＿＿＿＿＿になりました。

　(A) はり　　　　(B) くい　　　　(C) ぼう　　　　(D) はし

　풀이　걷다 지쳐서 피곤했습니다.
　※ 관용 표현을 묻는 문제 형태로서 「足(あし)が棒(ぼう)になる」는 '지쳐서 다리가 아프다, 피곤하다'를 나타낼 때 사용한다. (A)의 「はり」는 '바늘' (D)의 「はし」는 '다리'이다.

　　　정답 | (C)

5 의성어 · 의태어

　일본어 학습자들에게 한 번씩 고민을 주는 부분이 의성어 · 의태어를 외우는 것이다. 일본어는 어디까지나 모국어가 아닌 외국어이기 때문에 공부를 많이 한 사람도 의성어나 의태어를 완벽히 이해하기에는 시간이 많이 걸릴 뿐만 아니라 외워도 응용이 많이 되지 않는다. 의성어 · 의태어를 학습하는데 가장 좋은 방법으로 알려져 있는 것은 의성어 · 의태어를 따로 외우지 않고 짝을 이루는 동사나 형용사를 하나의 딸린 식구처럼 끌어들여 한꺼번에 외워 버리는 것이다. 처음엔 외우는 양도 많고 익숙하지 않아 시간이 오래 걸리지만 계속해서 학습하다 보면 어휘력이 늘고 의성어 · 의태어가 익숙해지며 그 단어가 주는 느낌으로 응용까지 가능하게 될 것이다.

---

1. ヘビが嫌いで、へびをみると＿＿＿＿＿＿する。

　(A) どきどき　　(B) わくわく　　(C) はらはら　　(D) ぞくぞく

　풀이　뱀이 싫어서 뱀을 보면 덜덜 떨린다.
　※ 의태어를 묻는 문제로서 무서워서 덜덜 떠는 상태를 표현하는 것을 찾는 문제이다. (A)의 「どきどき」는 무언가 시작할 때 두근거리는 상태를 표현한 의태어 (B)의 「わくわく」는 재미있는 것 등을 하기 전에 설레는 상태를 표현한 의태어 (C)의 「はらはら」는 무언가 위험한 일이 벌어지는 것을 보고 가슴이 철렁철렁하는 상태를 표현한 의태어 (D)의 「ぞくぞく」는 무서워서 벌벌 떠는 것을 표현한 의태어이다.

　　　　　　　　　　　　　　　　　　　　　　　　　　　　　　　　　　　　　정답 | (D)

2. 体調は、＿＿＿＿＿＿良くなりました。

　(A) すっかり　　(B) そっくり　　(C) うっかり　　(D) ばったり

　풀이　몸 상태는 완전히 좋아졌습니다.
　※ 문제 유형을 소개할 때 언급했듯이 이러한 문제는 문장 통째로 외우는 것이 암기하기도 쉽고, 응용이 가능하기 때문에 문장을 외우는 것이 좋다. (A)「すっかり」는 '완전히, 남김없이'라는 의미로 「すっかり食べました」(B)「そっくり」는 꼭 닮은 모양으로 「彼(かれ)は父親(ちちおや)とそっくりだ」(C)「うっかり」는 깜빡 잊어버린 모양으로 「うっかり忘(わす)れた」(D)「ばったり」는 뜻밖에 마주치는 모양으로 「彼(かれ)と駅(えき)でばったり出会(であ)った」로 암기해 두자.

　　　　　　　　　　　　　　　　　　　　　　　　　　　　　　　　　　　　　정답 | (A)

3. 今日は胃の調子が悪いので＿＿＿＿＿＿したものを食べましょう。

　(A) こってり　　(B) さっぱり　　(C) すっかり　　(D) たっぷり

　풀이　오늘은 위가 안 좋으니 깔끔한 것을 먹읍시다.
　※ 단어의 뜻을 모르면 전혀 접근할 수 없는 문제 유형이니 틈나는 대로 외워 두도록 한다. (A)「こってり」기름진, 실컷 (B)「さっぱり」깔끔한, 상쾌한 (C)「すっかり」완전히 (D)「たっぷり」듬뿍

　　　　　　　　　　　　　　　　　　　　　　　　　　　　　　　　　　　　　정답 | (B)

6 올바른 문형 사용

　간단한 문형을 묻는 문제가 출제가 되는데, 이러한 문제는 일본어능력시험 기본 문형을 공부한 수험자라면 쉽게 정답을 찾아낼 수 있는 유형이다. 예를 들면 한국어로 '많으면 많을수록'이라는 말을 일본어로 표현할 때에는「多ければ多くほど」라고 하는데 JPT문제는「ほど」부분을 빈칸으로 비워 두는 식으로 문제가 출제 된다. 따라서 문형을 묻는 문제는 기본 문형을 암기해 두고 있으면 상당히 빠른 시간에 답을 찾아낼 수 있는 문제이므로, 문형을 암기해 두고 문형을 묻는 문제 유형에서 시간을 절약하도록 해야겠다.

---

1. ちょうど出かける＿＿＿＿＿だったので、ついでに寄ります。

　(A) わけ　　　　(B) ところ　　　　(C) こと　　　　(D) 場合

　풀이 지금 막 나가려던 참이니까 나간 김에 들르겠습니다.
　※ '~할 참이다'와 같이「무언가를 하려는」시점을 나타내는 말은「ところ」이다. 하나의 문형으로 외워 두도록 한다. (A)의「わけ」는 이유ㆍ까닭을 나타내는 말 (D)의「場合(ばあい)」는 '~하는 경우'를 나타내는 말이다.

　　　　　　　　　　　　　　　　　　　　　　　　　　　　　　　　　　　　정답 | (B)

2. ＿＿＿＿＿ない噂にまどわされてしまった。

　(A) 根も葉も　　　(B) 葉も花も　　　(C) 枝も葉も　　　(D) 花も枝も

　풀이 근거도 없는 소문에 휘둘려 버렸다.
　※ 하나의 관용구로서「根(ね)も葉(は)もない」는 '전혀 근거가 없다'는 의미이다.

　　　　　　　　　　　　　　　　　　　　　　　　　　　　　　　　　　　　정답 | (A)

3. 帰りが遅いところをみると、＿＿＿＿＿酒でも飲んでいるんだろう。

　(A) まさか　　　　(B) ほとんど　　　(C) きっと　　　　(D) ぜひ

　풀이 귀가가 늦은 것을 보면 분명 술이라도 먹고 있는 거겠지.
　※「だろう」와 가장 어울리는 단어는「きっと」이다. 이러한 문제는 어울리는 부사와 동사를 함께 외워 두어야 한다. (A)「まさか」설마 (B)「ほとんど」대부분 (D)「ぜひ」꼭, 반드시

　　　　　　　　　　　　　　　　　　　　　　　　　　　　　　　　　　　　정답 | (C)

7 접속사

    접속사는 기본적으로 각각의 접속사 단어의 뜻을 알지 못하면 전혀 풀 수 없는 문제이므로 기본적으로 접속사의 의미는 반드시 암기해 두어야 한다. 암기가 되어 있는 상태에서 문제를 보고 의미를 파악한 후, 문제의 문장이 역접인지, 순접인지 등을 판단하여 문제를 해결한다. 또한 대체적으로 기본적인 뜻을 알고 있으면 해석을 통해서 문제를 해결할 수 있지만, 간혹 해석만으로는 문제를 해결할 수 없는 접속사들이 있으니 주의하도록 한다. 예를 들면「それで」와「そこで」는 둘 다 우리말로 '그래서' 라고 해석이 되지만, 약간 다른 뉘앙스가 있는데 시험문제에서는 두 접속사를 구별해서 사용하는 것이 출제되니 주의하여야 한다. 먼저「それで」는 앞의 내용에 그대로 이어지는 내용으로 앞의 문장이 이유를 나타내고, 뒤의 문장이 상태를 나타내는 문장일 때 사용된다. 반면에「そこで」는 앞의 내용에 상응하는 행동, 적절한 조치 등 동작을 수반할 때 사용된다. 이 두 가지를 구분하는 문제가 JPT문제로 자주 등장하였으니 주의하여 살펴보도록 해야겠다. 또한 접속사 문제는 파트 7의 빈칸 채우기에서뿐만 아니라, 파트 8의 독해 문제에도 고정적으로 출제되므로 잘 공부해 두어 두 영역에서 모두 득점할 수 있도록 해야 한다.

---

1. 今日はいい天気ですね。_____ 今朝の新聞を見ましたか。

  (A) ところで   (B) だから   (C) しかし   (D) そして

> **풀이** 오늘은 날씨가 좋네요. 그런데 오늘 아침 신문 봤어요?
> ※ 먼저 접속사의 의미를 파악한 후에 문장 호응 관계를 살펴보면 문제를 풀 수 있다. 위 문제에서는 화제를 전환하는 것이므로 (A)의「ところで」가 되겠다. (B)의「だから」는 '~하니까' 라는 뜻의 원인을 나타내는 접속사 (C)의「しかし」는 역접을 나타내는 접속사로서 '그러나' (D)의「そして」는 순접을 나타내는 접속사로서 '그리고' 라는 의미이다.
>
> **정답** | (A)

2. 約束の時間まで20分ありました。_____ 本屋に行くことにしました。

  (A) それに   (B) そこで   (C) そして   (D) それとも

> **풀이** 약속 시간까지 20분 있었습니다. 그래서 책방에 가기로 했습니다.
> ※ 문제 유형을 소개할 때 나왔던 접속사로서 뒤의 행동, 적절한 조치를 수반하는 접속사는「そこで」이다. (A)의「それに」는 첨가를 나타내는 접속사로서 '게다가' (C)의「そして」는 순접을 나타내는 접속사로서 '그리고' (D)의「それとも」는 취사선택을 의미하는 접속사로써 '그렇지 않으면' 이라는 의미이다.
>
> **정답** | (B)

3. 今回は失敗しました。_____ また、がんばります。

  (A) つまり   (B) それが   (C) でも   (D) ところが

> **풀이** 이번에는 실패했습니다. 그렇지만 다시 열심히 하겠습니다.
> ※ 실패를 했으나 다시 열심히 하겠다는 역접을 나타내는 접속사를 사용하여야겠다. (A)의「つまり」는 앞의 내용을 정리하는 것으로서 '결국' 이라는 의미이다.
>
> **정답** | (C)

8 가타카나의 사용

가타카나는 그다지 비중이 큰 문제 유형은 아니지만 출제되면 장음, 촉음 등의 표현으로 헷갈리기 쉬운 문제 유형이다. 따라서 많은 시간을 투자하여 많은 양의 단어를 외우는 것보다는 공부를 하면서 나오는 단어를 확인하는 정도로 공부하는 것이 효율적이다.

---

1. 気になる記事が_____してあります。
   (A) スクラップ　　　(B) ストラップ　　　(C) スクリプト　　　(D) デスクトップ

   풀이 │ 신경이 쓰이는 기사가 스크랩되어 있습니다.
   ※ 기사를 모아 두는 것을 '스크랩(スクリプト)'이라고 한다.

   정답 │ (C)

2. 彼の行動はよくなるどころかどんどん_____する一方だ。
   (A) ストレス　　　(B) トラブル　　　(C) パニック　　　(D) エスカレート

   풀이 │ 그의 행동은 좋아지기는커녕 점점 심해질 뿐이었다.
   ※ (A) 스트레스 (B) 트러블 (C) 패닉(공황, 혼란) (D) 에스컬레이트(점차 확대됨)

   정답 │ (D)

3. 今度車を買い換えるなら人が大勢乗れる_____がいいわ。
   (A) バイク　　　(B) レンタル　　　(C) トラック　　　(D) ワゴン

   풀이 │ 이번에 차를 바꿀 거라면 사람이 많이 탈 수 있는 왜건이 좋아요.
   ※ (A) 모터사이클 (B) 렌탈(대여) (C) 트럭 (D) 왜건(뒷자리에 짐을 실을 수 있는 승용차)

   정답 │ (D)

9. 올바른 존경어·겸양어의 사용

　일본어의 경어는 기본적으로 존경어, 겸양어, 정중어 셋으로 나뉜다. 존경어란 상대나 이야기 중에 등장하는 사람에 대해 경의를 나타내는 말, 겸양어란 자기, 친인척, 동료 등 자기와 관련된 쪽을 낮추어 사용하는 말로 상대에 대한 존경을 나타내는 말, 정중어란 존경어나 겸양어와 함께 말씨를 정중하게 함으로써 상대에 대한 경의를 나타내는 표현법이다. 이러한 말들은 장소나 상황에 따라 그 쓰임새가 달라지는데 항상 자기를 중심으로 누가 자기 쪽이고, 누가 상대 쪽인가에 따라서 그 쓰임새가 명확히 구분된다.
　예를 들면 자신의 상사에 대해서 사내에서는 존경어를 사용할지라도 손님 앞에서는 자사의 상사는 자기 쪽 사람에 해당하기 때문에 상사의 이름 뒤에「さん」이나 직함을 붙이지 않는다. 자기 회사의 상사에 대해 말할 경우「〜課長(かちょう)です」(〜과장입니다)라든지「当社(とうしゃ)の社長(しゃちょう)が…」(우리 회사의 사장님이…)라는 표현도 조심해야 한다. 이 경우「課長の〜です」,「当社の○○社長が…」라는 표현 방식이 보다 적합하다. 과장, 부장, 사장이란 말은 그 자체가 경칭이기 때문에 외부 사람에게 사용하는 것은 부자연스럽다. 올바른 매너로서는 자기 회사의 사람을 외부 사람에게 말할 경우 이름을 떼고 부르는 것이 보통이다.
　또한 일본어의 경어에는 빠지기 쉬운 두 개의 함정이 있다. 그 중 하나는 자기 자신에게 정중어를 사용하는 것이다. 예를 들어「お食事(しょくじ)に行(い)ってきます」(식사하고 오겠습니다)나「おでかけしてきます」(나갔다 오겠습니다) 등 자신의 행동에「お」나「ご」를 붙이는 것이다. 이 경우 설령 상사와 이야기를 나눌 때라도「お食事に行ってきます」「おでかけてきます」가 올바른 경어 사용이다.
　또 하나의 잘못은 과도하게 존경어를 사용하는 경우이다.「ご覧(らん)になられます」(보시다)나「ご出席(しゅっせき)される」(출석하시다)의 경우에서 알 수 있듯이 각각「ご〜なられる」나「ご〜される」와 같이 존경어를 중복하여 사용하는 것은 오히려 상대에게 무례하게 보이거나 이야기의 내용을 어렵게 만들고 있다.
　또 경어는 한 문장에 하나를 사용하는 것이 원칙이다.「ご出張中(しゅっちょうちゅう)の部長(ぶちょう)は、○○支店(してん)にお立(た)ち寄(よ)りになった後(あと)、明日(あした)お戻(もど)りになります。」(출장 중인 부장님은 ○○지점에 들르신 후 내일 돌아오십니다.)라는 표현은「出張中の部長は、○○支店に立ち寄り後、明日戻られます。」로 고쳐 문 말에 한 곳만 높여 간결하게 사용하는 것이 포인트이다.

1. 先日先生から_____本を参考にさせていただきました。

   (A) お借りになった　(B) お借りした　　(C) お貸しになった　(D) お貸しした

   풀이　일전에 선생님께 빌린 책을 참고했습니다.
   ※ 화자의 입장에서는 빌려준 책이 아니라 빌린 책이 되므로 「借(か)りる」를 사용해야 하고, 선생님보다 낮은 위치에 있으므로 겸양 표현을 써야 한다.

   　　　　　　　　　　　　　　　　　　　　　　　　　　　　　정답 | (B)

2. 先日_____オーストラリアのおみやげは大変おいしかったです。

   (A) 差し上げた　　(B) お食べになった　(C) なさった　　　(D) いただいた

   풀이　일전에 받았던 오스트레일리아의 선물은 굉장히 맛있었습니다.
   ※ '맛있었다'라고 화자가 표현하였으므로 선물을 받은 것이 된다. (A)「差(さ)し上(あ)げる」는 「あげる」(주다)의 겸양어 (B)「お食(た)べになる」는 「たべる」(먹다)의 존경어 (C)「なさる」는 「する」(하다)의 존경어 (D)「いただく」는 「もらう」(받다)의 겸양어이다.

   　　　　　　　　　　　　　　　　　　　　　　　　　　　　　정답 | (D)

3. うちの父がよろしくと_____。

   (A) おっしゃっていました　　　　　(B) 申しております
   (C) おっしゃっていただきました　　(D) 申し上げていらっしゃいました

   풀이　우리 아버지가 잘 부탁한다고 말하셨습니다.
   ※ 자기 아버지가 주체이므로 겸양어를 사용하여야 한다. 정답은 (B)「申(もう)しております」이다.

   　　　　　　　　　　　　　　　　　　　　　　　　　　　　　정답 | (B)

연습문제

1   高すぎて買える_____がないでしょう。
    (A) もの　　　(B) が　　　(C) こと　　　(D) ところ

2   思ったよりも時間がかかってしまった。_____今日は泊まることにした。
    (A) すると　　　(B) そこで　　　(C) しかし　　　(D) そして

3   父は会社を辞めて田舎に_____。
    (A) 住みたいです　　　　　　　(B) 住むためです
    (C) 住みたがっています　　　　(D) 住みたいだろう

4   かつてはにぎやかだったこの町も今では人が_____。
    (A) まばらだ　　　(B) 目立っている　　　(C) 貧弱　　　(D) あふれている

5   あんな有名な人、_____と思っても会えませんよ。
    (A) 会おう　　　(B) 会った　　　(C) 会えば　　　(D) 会う

6   くやしいでしょうが_____あきらめなさい。
    (A) 男みたいに　　　(B) 男みたいで　　　(C) 男らしく　　　(D) 男らしい

7   周囲の反対_____彼らは結婚した。
    (A) によって　　　　　　　(B) にかぎらず
    (C) にもまして　　　　　　(D) にもかかわらず

8   お口に合うかどうかわかりませんが、遠慮なく_____ください。
    (A) 召し上がって　　　(B) もうして　　　(C) いただいて　　　(D) なさって

9   彼女は、人当たりが_____から敵がいない。
    (A) しずかだ　　　(B) 上品だ　　　(C) いい　　　(D) やさしい

10 このかばんは30キロも＿＿＿＿＿＿ので、ひとりでは運べません。
(A) なる　　　　(B) でる　　　　(C) する　　　　(D) ある

11 ＿＿＿＿＿＿高いほど、いい商品だとは言えない。
(A) 高い　　　　(B) 高いと　　　(C) 高ければ　　(D) 高かった

12 彼は、寝た＿＿＿＿＿＿をして、話を全部聞いていた。
(A) もよう　　　(B) 格好　　　　(C) ふり　　　　(D) ようす

13 待ちに待った結果が、＿＿＿＿＿＿発表された。
(A) ぜんぜん　　(B) なかなか　　(C) そろそろ　　(D) いよいよ

14 恐れ入りますが、＿＿＿＿＿＿ですか。
(A) どいつ　　　(B) どちらさま　(C) どこの人　　(D) だれ

15 彼は一晩中眠らずに走り＿＿＿＿＿＿。
(A) つづいた　　(B) つづけた　　(C) つづきます　(D) つづいていた

16 女性＿＿＿＿＿＿の演出が成功した。
(A) ならば　　　(B) であれ　　　(C) なくして　　(D) ならでは

17 言葉は丁寧だが、心が＿＿＿＿＿＿いない。
(A) つけられて　(B) こもって　　(C) いれられて　(D) つまっ

18 今度の件に関しては優しい彼＿＿＿＿＿＿、怒った。
(A) しか　　　　　　　　　　　　(B) と
(C) にもかかわらず　　　　　　　(D) でさえ

19 このあたりはよく子供が飛び出すのでスピードを_____ください。
　(A) よわめて　　(B) ゆるくに　　(C) ゆるめて　　(D) ゆるくして

20 お腹がいっぱいでこれ以上食べ_____。
　(A) きれない　　(B) たらない　　(C) させない　　(D) ない

21 この機械は_____できていて便利です。
　(A) うまく　　(B) おいしく　　(C) きれいに　　(D) なんとか

22 何が原因かを知った_____、そのままにしておくわけにはいかない。
　(A) 以上に　　(B) 以上は　　(C) 以上で　　(D) 以上の

23 毎朝テレビで時計を_____ようにしています。
　(A) あう　　(B) あわせる　　(C) あえる　　(D) あわれる

24 あの子は学習進度は遅いが_____にがんばっています。
　(A) それなり　　　　　　(B) それだけ
　(C) それしか　　　　　　(D) それほど

25 食事の仕方や_____など、よく見ると違いはいろいろある。
　(A) はしの持ち方　　　　(B) お風呂の入り方
　(C) 言葉　　　　　　　　(D) おみやげ

26 今のうち、自分の用事を_____きます。
　(A) 行って　　(B) して　　(C) 見て　　(D) 足して

27 準備に一ヶ月もかけたのに_____いらないってどういうこと。
　(A) もう　　(B) やっと　　(C) よく　　(D) だから

28 勉強する＿＿＿＿＿＿お金も作らなければなりません。
　　(A) 一方で　　　　　　　　　(B) ながら
　　(C) ときは　　　　　　　　　(D) 逆に

29 双子にしては、まったく顔が＿＿＿＿＿＿ね。
　　(A) 似ている　　(B) 似なかった　　(C) 似ない　　(D) 似ていない

30 雨が降ってきそうな＿＿＿＿＿＿傘を持って行ったほうがいいです。
　　(A) から　　(B) ので　　(C) 日に　　(D) 天気は

PART 8

1 유형별 문제 분석

　이 부분은 총 30문제로 다양한 유형의 독해문이 등장한다. JPT는 일반 비즈니스 사회에서 일본어로 일상생활을 할 수 있는 능력을 평가하는 것이므로, 일본어로 쓰여져 있는 것이면 무엇이든 출제될 수 있는 것이다. 따라서 그 내용은 심오한 사상이나 논문, 소설이 아니라 일본어로 쓰여 있는 구체적인 것, 예를 들면 신문 기사, 광고, 게시문, 무역 통신문, 안내장 등이 주류를 이루고 있다.

　이 파트는 RC(PART 5~8) 중에서 가장 많은 시간이 소요되기 때문에 문제 풀이 시 자신의 실력을 고려한 시간 안배가 중요하다.

　그러면 ① 문제의 유형과 ② 지문의 유형을 통해 실전 문제를 연습해보자.

1 문제의 유형

> ① 日本には個人的な記念日の他に、年に二度、大勢の人がいっせいに贈物をする季節があります。それは夏休みに入る少し前と年末です。この時期、デパートや商店街は客でにぎわい、経済的にもそれなりの規模の動きとなります。この贈物をする習慣はそれぞれ「お中元」、「お歳暮」と呼ばれ、詳しくは、お中元は6月中旬頃に始まり7月中旬頃まで、お歳暮は12月中に行われます。ですから、今ごろ日本ではちょうどそのお歳暮のシーズン。11月上旬、東京日本橋の某デパートを　①　にスタートしたお歳暮商戦が、②目下たけなわといったところです。

1. 　①　に入る言葉として、最も適したものを選びなさい。
    (A) 爪切り
    (B) 皮切り
    (C) 厚切り
    (D) 貸し切り

2. ②目下たけなわとはどんな意味ですか。
    (A) 目の下で竹に縄を結び付けること。
    (B) 目下の者は目上の者に従わなければならない。
    (C) 今が一番盛んな時期であること。
    (D) 疲れて目の下が黒くなること。

3. この本文が書かれたのはいつですか。
   (A) 1月か2月
   (B) 6月か7月
   (C) 11月か12月
   (D) 8月か9月

4. 本文の内容と合っていないものを選びなさい。
   (A) お中元は6月の半ばから約1ヶ月行われます。
   (B) お歳暮やお中元の時期はデパートなどの書き入れ時である。
   (C) 日本では個人的な記念日以外は贈物をしません。
   (D) 日本では年に二回、たくさん人が同時に贈物をします。

② ＿＿＿①＿＿＿と照りつける太陽の紫外線(UV)対策として、化粧品を始め幅広い分野でUVをカットする商品や日焼けした後のケア商品が出ている。「UVカット」といえば、やはり化粧品。日焼け止め以外にも化粧水や美容液など多種多様である。一方、衣料品は5年ほど前から繊維メーカー各社が競って新製品を開発し、一時的ではあったがブームを巻き起こした。また、UVカットの帽子や傘、手袋を買い求めるお客も増えてきたという。＿＿＿②＿＿＿、サングラスはUVカットの定番商品だが、最近ではUVカットガラスを使った乗用車が急増しているそうだ。そればかりではない。あるコンタクトメーカーは、なんとUVカット機能を持つ③使い捨て商品を発売したという。ひょっとしてあなたも紫外線を遮るための商品に囲まれている？

1. ＿＿＿①＿＿＿に入る言葉として、最も適したものを選びなさい。
   (A) もりもり
   (B) じりじり
   (C) がりがり
   (D) ばりばり

2. ___②___ に入る言葉として、最も適したものを選びなさい。

(A) たとえ

(B) にもかかわらず

(C) および

(D) なお

3. ③使い捨て商品とはどんな意味ですか。

(A) 1回捨てた物をリサイクルした商品

(B) あきてすぐに捨ててしまう商品

(C) 1回使ったら捨ててしまう商品

(D) 1回も使わずに捨ててしまう商品

4. 本文の内容と合っていないものを選びなさい。

(A) UVカットのサングラスは毎年一定の需要が保たれている。

(B) 数年目から売られているUVカットの服は今なおブームが続いている。

(C) 紫外線を通さないコンタクトレンズが販売されている。

(D) 今やUVカット商品は化粧品ばかりではない。

❸ 人助けになってかっこよく、競技の面白さもある「ライフセービング」。___①___では「人命救助」を意味するが、水辺の水難事故防止や安全教育などいくつもの役割がある。最近はそのライフセービング活動が大学生を中心に広がっているようだ。ライフセーバーの資格認定を受けるためには、基礎講習会を受講しなければならず、その講習会に出るためには400メートルを8分以内、50メートルを40秒以内で泳ぐ等厳しい参加規定がある。ライフセービングを社会的に研究している大学講師は、学生に___②___理由を、目新しいスポーツであること、技術を高め体力をつけることが人命救助につながり人のためになること、救助法を身につけていればいつか役に立つ等、利点が多いことなどではないかと分析している。

1. 本文の内容と合っていないものを選びなさい。
   (A) ライフセービングは学生にとって今や珍しいスポーツではない。
   (B) ライフセーバーの講習会に出るためにはある参加規定をパスしなければならない。
   (C) ライフセーバーが大学生を中心にじわじわと人気が出てきている。
   (D) ライフセービングは人のためにもなるし、かっこいいし、競技の面白さもある。

2. ___①___に入る言葉として、最も適したものを選びなさい。
   (A) 狭義   (B) 広義
   (C) 異議   (D) 同義

3. ___②___に入る言葉として、最も適したものを選びなさい。
   (A) 受け止めた
   (B) 受け取った
   (C) 受けた
   (D) 受け入れた

4. ライフセーバーになるにはどんなことをしなければなりませんか。
   (A) 400メートルを8分以内で早く泳げれば特に何もする必要がない。
   (B) 資格を取るために厳しいトレーニングを受けなければならない。
   (C) 資格を取るための講習に参加しなければならない。
   (D) 400メートルを8分以内、50メートルを40秒以内で走らなければならない。

4 　大学生なら誰でも知っている用語に「コンパ」ということばがあります。これは、英語のcompanyが語源で、学生が費用を出しあってする仲間うちのパーティーのことです。大抵は、居酒屋へ行ったり、誰かの部屋に集まって、皆でお酒を飲みながら____①____と騒ぎます。特に4月は入学式があるので、新入生の歓迎会などお酒を飲む機会がたくさんあります。最近はあまり見られませんが、コンパで「イッキ飲み」といって、ジョッキ一杯のビールを一気に飲み干す儀式のようなものがあります。「イッキ！イッキ！イッキ！」と掛け声に乗ってみんなの前でビールを飲み干すのです。みんなの注目を浴びたり、雰囲気を盛り上げたりするためにします。____②____、あまりお酒を飲んだことのない人は急性アルコール中毒になって救急車で病院に運ばれたりすることもあります。命にかかわることなので、最近は学生たちもイッキは自粛しているようです。

1. 最近学生たちがイッキをあまりしない理由として正しいものはどれですか。
   (A) 景気が悪いので、両親からおこづかいをあまりもらえないから
   (B) イッキに飲み干せば雰囲気は盛り上がるが、酒代がかかりすぎてしまうから
   (C) 最近の学生は酒に強いので、イッキをしても酒に酔わないから
   (D) 酒に慣れていない学生にとってイッキは危険な行為だから

2. ____①____に入る言葉として、最も適したものを選びなさい。
   (A) ワイワイ　　　　　　　　(B) ハイハイ
   (C) ケラケラ　　　　　　　　(D) ホイホイ

3. ____②____に入る言葉として、最も適したものを選びなさい。
   (A) よって　　　　　　　　　(B) でも
   (C) さらに　　　　　　　　　(D) ちなみに

4. 本文の内容と合っているものを選びなさい。
   (A) 毎年多くの学生たちがイッキをして病院に運ばれ、命を落としている。
   (B) 最近大学生たちはバイトばかりで「コンパ」をしなくなってきている。
   (C) 大学生がお金を出し合って仲間同士でするパーティーのことを「コンパ」という。
   (D) 冬になると大学生たちはお酒を飲む機会が多くなる。

> **5** 風邪薬というと、一番多いのが総合感冒薬。この薬の説明書には「服用中、服用後の注意」として次のようなことが書かれています。
>
> (1) 本剤の服用により、発疹・嘔吐・食欲不振・排尿困難・めまい等の症状があらわれた場合には服用を中止し、医師、または薬剤師に相談してください。
>
> (2) 本剤の服用により、眠気を催すことがあるので、自動車又は機械類の運転操作をしないでください。
>
> (3) 数回服用しても症状の改善がみられない場合は、服用を中止し、医師又は薬剤師に相談してください。
>
> (4) 長期連用しないでください。

1. この薬を飲んでどのような症状が出たら飲むのをやめなければなりませんか。
   (A) トイレに何度も行く。
   (B) 食欲が出る。
   (C) 食べた物を戻してしまう。
   (D) ニキビができる。

2. この薬を飲んだ後、してはいけないことは何ですか。
   (A) シャワーを浴びる。
   (B) 車を運転する。
   (C) 食事をする。
   (D) 運動をする。

3. この説明書の内容と合っていないものはどれですか。
   (A) この薬は症状が改善するまで飲み続けなければならない。
   (B) この薬を長い間飲み続けてはいけない。
   (C) この薬を何回か飲んでもよくならない時は医者に相談する。
   (D) この薬を飲むと眠くなることがある。

6 　入会金（3年間有効）一般5000円、未就学児3000円。一定人員に満たない講座は開講を延期または中止する場合もございます。教材の手配などの都合がございますので、開講の10日前までにお手続きお願いいたします。途中入会も可能です。___①___受付までお問い合わせください。講師の都合により多少講座内容に変更がある場合もございます。お支払いは現金及び各種クレジットカードをご利用いただけます。

　納入済の受講料に関しましては、お返ししないことが、原則です。表示価格には消費税5％は含まれておりません。

1. この文は何について書いたものですか。
   (A) クレジットカードの加入
   (B) 大学の通信講座の入学
   (C) カルチャーセンターの入会
   (D) エステの入会

2. 主婦だったら実際に入会金をいくら払わなければなりませんか。
   (A) 3,000円
   (B) 3,150円
   (C) 5,000円
   (D) 5,250円

3. ___①___ に入る言葉として、最も適したものを選びなさい。
   (A) こまかくは
   (B) しばらくは
   (C) くわしくは
   (D) おおくは

4. 一度払ってしまった受講料はどうなりますか。
   (A) 25パーセントだけ払い戻せる。
   (B) 25パーセントだけ払い戻せない。
   (C) 100パーセント払い戻せる。
   (D) 100パーセント払い戻せない。

7 　日本の学校の入学式は、大体4月1日から10日ごろに行われます。その入学式の思い出は通学路の桜並木や、校庭に植えられた桜の木の映像と重なります。ピカピカの新入生と正装したお母さん、そしてその隣りに満開の桜の木という①スリーショットは入学式の記念写真の定番と言えるでしょう。

　また、入社して間もない＿＿②＿＿の新入社人にとって、勤務先でのお花見のための場所取りは、初の緊張する社外勤務かもしれません。本当にこの桜の花ほどたくさんの日本人に愛されている花は、他に例を見ないと言ってもいいでしょう。

1. ①スリーショットとはここではどんな意味ですか。
   (A) 画面に先生と新入生と母親を入れて写すこと。
   (B) 画面に桜の木と母親と新入生を入れて写すこと。
   (C) 画面に友達と母親と新入生を入れて写すこと。
   (D) 画面に新入生と母親を入れて写すこと。

2. ＿＿②＿＿に入る言葉として最も適したものを選びなさい。
   (A) モテモテ
   (B) アツアツ
   (C) ホヤホヤ
   (D) イライラ

3. 本文の内容と合っているものを選びなさい。
   (A) 桜は日本の代表的な花であるが、日本人よりむしろ外国人に人気がある。
   (B) お花見のための場所取りは慣れない仕事の緊張をほぐす唯一の楽しみである。
   (C) 多くの日本人に愛されている花と言ったら桜以外に見つからない。
   (D) 桜をこよなく愛する気持ちは万国共通である。

2 지문의 유형

(1) 수필문

わたしは最近、引っこしをしました。今度のアパートは郊外なので通勤に1時間半もかかりますが、広いし、環境がいいので気に入っています。でも、朝のラッシュアワーの混雑は問題です。会社についたときは、もうくたくたにくたびれています。前のアパートは、都心だったので、通勤には便利でした。でも、1DKでせまかったし、家賃が6万円もかかりました。東京ではいくらさがしても、安いアパートはなかなか見つかりません。何かがまんしなければなりません。でも、これは東京だけの問題ではないと思います。大きい都市なら、たいていどこでも、同じ問題があるのではないでしょうか。

われわれは短い時間を持っているのではなく、実はその多くを浪費しているのである。人生は十分に長く、その全体が有効に費やされるならば、最も偉大なことをも完成できるほど豊富に与えられている。

いわゆる頭のいい人は、いわば足の早い旅人のようなものである。人より先に人のまだ行かないところへ行き着くこともできる代わりに、途中の道ばたあるいはわき道にある肝心なものを見落とす恐れがある。

④

ある一定の歴史的状況においては、革命について千通りもの説明があるかもしれない。しかし、革命を行おうと決意したすべての人間のあいだには、必然的に一つの一致が存在するのだ。

⑤

家族関係は親子という血による関係と夫婦という血によらない関係とが共存してるところに特徴をもっている。親子関係についてみると、これらは運命的に決定づけられていることが最も重要な点であると思われる。そこには選択ということが存在しない。

⑥

私はこの30年間、基礎的な知識の学習を早く投げ出してしまったことを後悔しつづけていきてきた。そして、その若い日に基礎的な知識をしっかりと身につけておくことが、人間の一生涯の、考えるという生活にとって、どれほど大切なことか、ということを身をもって痛感してきたのである。考えるということはもちろん自分自身だけでやることである。他人に教えられておぼえこむことではない。しかし人間は孤立していきているものではない。さまざまな影響をうけ、いろいろな知識を吸収して、その自分自身をもって、ものを考えるのである。その自分というものの心と頭が貧しくては、考えることも、ゆたかな深さをもつことではない。それは私の半生の経験のなかで、強く感じてきたことである。基礎的な知識の学習ということはとにかくおぼえるという営みなのだから情熱よりも忍耐を必要とする。しかし、若い日をしっかりとそれにたえることこそが、考えるための一番の力になるものを身につけることだと、私は思っている。私は、自分がそれを身につけなかったことに後悔すると共にこのことをいっておきたい。

世の中には、いろいろな種類の仕事があります。わたしたちは仕事を選ぶとき、まず、その仕事が自分に合っているかどうか考えます。私の友だちの中にも、ぜひ大企業に入りたいと思っている人もいるし、組織の中で働くのは、ぜったいいやだと思っている人もいます。給料がよければ、どんな職種でもかまわないという人もいますし、自分のやりたいことができれば、給料は安くてもいいという人もいます。どんな仕事を選ぶかは、その人の考え方や価値観によってちがうと思います。みなさんは、どうやって自分の仕事を選びましたか。

(2) 사회문제

世代の問題とは、一般的にいえば、古い世代が長い間、親しんできた生活様式や価値観を守ろうとするのに対し、若い力と柔軟な精神にとむ若い世代が新しい生活様式をつくりだそうとするところに生ずる対立としてとらえられる。

「飲んだら乗るな。乗るなら飲むな。」という交通安全標語があります。お酒を飲んだら、車を運転してはいけない、車を運転するつもりなら、お酒を飲んではいけないという意味です。日本にはこのほかにもたくさん標語があって、さかんに交通安全運動をやっていますが、それでも、交通事故で死ぬ人が一年間に一万人もいるそうです。日本は交通規則がきびしく決められていて、人々はその規則を比較的よく守っていると思います。わたしの国は日本ほど交通規則がきびしくないし、人々も規則を守っていませんから、交通事故はもっと多いと思います。

うちの近くの川では、水が汚れて魚が住めなくなっています。一番大きい原因は、家庭の生活排水だそうです。そこで、最近、みんなで実態を調べたり、勉強会を開いたりする活動を始めました。みなさんは、コップ一杯の油で、どんなに水が汚れるか知っていますか。そういうことがわかってくると、例えば、油をすてるときも、どうすればいいか気をつけるようになります。環境問題を解決するには、まず、一人一人が、いろいろな事実を正確に知ることが大切だと思います。

老人が現在生きてゆく上において非常に困難なことは自分の存在価値をどこに見出すかということである。家事労働が沢山あった時代においては老人の手もそれなりに貴重なものであった。特に女性の場合掃除、洗濯などがあり、それらの一端を老人が担っていることは大きい意味があった。しかし近代の社会における多くの進歩は老人が生きてゆくのに必要な位置をだんだん奪っている。

(3) 건강정보

肺ガンがふえてきてから、たばこをすう人がへってきたようです。嫌煙運動がさかんになって、たばこは体によくないとみんなが思うようになったのでしょう。今は健康ブームですから、これからはますますへっていくと思います。しかし、日本は、たばこをすう人がまだ多いのではないかと思います。駅の待合室などは、たばこの煙でいっぱいです。日本の人たちも、もっと嫌煙運動をするべきだと思います。

わたしの国では、心臓病でなくなる人が多いのが、以前から問題になっています。原因は、ステーキやフライドチキンのようなカロリーの高い物をよく食べるからだと言われています。それで心臓病にならないように、海草とかとうふのようなカロリーの低いものを食べる人がふえてきました。ところが日本では、反対に、ハンバーガやフライドチキンのようなファーストフードばかり食べたがる人が多くなってきたようです。伝統的な日本の料理をもっと大切にしたほうがいいのではないかと思います。

(4) 광고문, 게시문

口に含んだ瞬間は、まるでもぎたてのフレッシュなトマトをかじったときのよう。さわやかな口当たりで、凝縮した甘みがいっぱいに広がります。さらに、上質なトマトソースに似たコクを感じると共に、トマトジュース特有の青臭さがまったくないのにも驚かされます。このジュースは、北海道の農家が有機堆肥などで育てた高級品種の桃太郎を100％使用。青臭さがないのは、ヘタの部分を贅沢すぎるほど大きく取り去っているためで、品種から絞り方まで一貫して美味しさを追求しています。一度飲むと忘れられなくなる、そんな声も多く聞かれるトマトジュースです。

平成17年1月23日

履修ガイダンスのお知らせ

理工学部二年生のみなさんへ

履修要項の変更や予想される平成18年度以降のカリキュラムなどについての履修ガイダンスを開催しますので出来るだけ参加してください。

日　時：4月6日(火)　　午前10時～11時

場　所：7号館121教室

※ 授業時間割表を配布します。参加できない方は8日(木)午後5時までに教務課に取りに来てください。

新入社員各位

宿泊先のご案内

学生生活も残りわずかとなりましたが、いかがお過ごしでしょうか。

さて、4月1日(日)から4月5日(木)まで滞在して頂くホテルが決まりましたので、ご連絡致します。フロントにて会社名、氏名をおっしゃって下さい。なお、ホテルへの到着が20時を過ぎる場合は、ホテルにあらかじめ連絡して下さい。

新宿ホテル

住所：東京都新宿区新宿1-11-11

TEL：03-1111-1111

最寄り駅：新宿駅(西口)より徒歩3分程度

滞在期間：4月1日(日)～4月5日(木) 4泊5日

チェックイン：14：00～

チェックアウト：4月5日の朝9時までに済ませて下さい。

支払い：宿泊代金は支払い済みです。別途支払い(食事代・電話料金等)が生じた場合は個別の精算(自己負担)となります。

株式会社 日韓商事

総務部人事課

業界セミナーのご案内

拝啓

時下ますますご清栄のこととお慶び申し上げます。

さて、弊社業務に格別なるご関心をいただきましてありがとうございます。さっそく会社案内パンフレットを送付させていただきます。併せて、下記の要領で開催される業界セミナーをご案内いたします。当業界を研究する絶好のチャンスと存じますので、ぜひご参加ください。会場の都合上、各セミナーの出席人数を制限させていただきますので、事前に電話にて予約申し込みをお願い申し上げます。

敬具

下　記

1. 日時：　2005年 4月 17日（木曜日）

　　　　　午後 2時 ～ 午後 4時

2. 場所：　東京都千代田区神田町1-1-1

　　　　　日韓オークションハウス（日韓不動産ビル3F）

　　　　　（別紙地図参照）

3. 申込み先： 03-1111-1112（採用専用ホットライン）

　　　　　担当 田中 太郎

＊ 当日は筆記用具をお持ちください。

(5) 편지

拝啓

ごぶさたしております。その後、お変わりなくお過ごしのことと存じます。

さて、そろそろ私も、真剣に卒業後の進路を考えなければならない時期になりました。ラグビーにばかりに熱中していたのんき者にも年貢の納め時が来たと覚悟しております。

そこで、まことに勝手なお願いですが、就職に関して先輩のお力を貸していただきたく、お手紙を差し上げる決心をいたしました。先輩がご活躍になっておられるような一流の企業などは、私の成績ではとても望めそうにありませんが、どこかお知り合いの会社をご紹介いただければ幸いに存じます。ご多忙な毎日をお過ごしのところ、突然あつかましいお願いをして恐縮ですが、なにとぞよろしくお願い申しあげます。

敬具

謹啓

新緑の候、ますますご清祥のこととお喜び申しあげます。

さて、このたびは東京本社営業部長に昇進されました由、まことにおめでとうございます。本社での重要なポストでのいっそうのご活躍を願ってやみません。早速参上のうえ、お祝詞を申し述べるべきところでございますが、ご多忙中をお邪魔してはと存じ、後日改めてごあいさつにうかがいたいと存じます。どうかご健康にご留意のうえご活躍くださいますよう、心からお祈り申しあげます。

まずは略儀ながら書中にてお祝い申しあげます。

敬具

연습문제 1

[1～4]

　　___①___焼きあがったもちにみかん。こたつを囲みながら家族みんなでこれを食べるのが、かつての日本の団らんでした。茶の間からこたつの姿が消え、ケーキやクッキーやポテトチップスなど、もちにかわる嗜好品が山のように溢れているこの頃、この光景はもう過去のものという感じがするのも正直否めませんが、しかし、もちが今も日本人の心を暖かくしてくれるなつかしい___②___の味覚であることに変わりはないようです。

　ところでねばりが人気のこのもち、日本では先に述べたように冬の食べ物というイメージがあります。これは何といっても一年中で一番大きな行事である正月に、鏡餅を飾り、雑煮を食べる習慣があるからです。鏡餅というのは円形のもちを二つ重ね、床の間などシンボリックな場所や神様が宿っていると思う所に飾るもので地方や家庭により伝統的な特徴があるものです。

1. ___①___に入る言葉として、最も適したものを選びなさい。
   (A) ふっくら　　　　　　　　(B) すっきり
   (C) まっくら　　　　　　　　(D) すっかり

2. ___②___に入る言葉として、最も適したものを選びなさい。
   (A) 春　　　　　　　　　　　(B) 夏
   (C) 秋　　　　　　　　　　　(D) 冬

3. 昔の日本でこたつに入りながら家族一緒に食べた物と言ったら何ですか。
   (A) ケーキやクッキーやポテトチップス　　(B) お茶とまんじゅう
   (C) もちやみかん　　　　　　　　　　　　(D) 鏡餅

4. 本文の内容と合っていないものを選びなさい。
   (A) 鏡餅は正月に飾るもので地域や家庭により様々な特徴がある。
   (B) ケーキやクッキーは特に子供たちが大好きなおやつである。
   (C) 以前はこたつを囲んで家族全員でみかんやもちを食べたものである。
   (D) もちは今でも日本人の心を暖めてくれる冬の味覚と言える。

[5~8]

　最近、男性の芸能人が料理を作る番組がうけている。本業で活躍しながら、番組の中でどんどん　①　を上げていき、番組のレシピを基に出版した本は飛ぶように売れる。男の料理が注目されるようになってきたのは、何より料理をする男性が増えてきたためだという。男性向けの料理教室も人気がある。ある料理番組のプロデューサーは『人のやり方を上手に模倣できてさらに独創性を発揮できる人は仕事ができますよね。料理も同じだと思います。』
　実際に探してみると、伝統的なイタリア料理を作れる人、会席料理が得意な人など、「できる料理男」は結構見つかるものだそうだ。ある人は　②性別にかかわらず「できる人間は料理がうまい」と断言しているが…。

5. 男の料理に関心が集まっているのはどうしてですか。
   (A) 料理をする男の人が増えているから
   (B) 料理ができないと女性にもてないから
   (C) 自分で食事を作らないで外食する女性が増えているから
   (D) 女性よりも男性の方が料理がうまいから

6. 　①　に入る言葉として、最も適したものを選びなさい。
   (A) 指　　　　　　　　　(B) 手
   (C) 腕　　　　　　　　　(D) 肩

7. ②性別にかかわらず「できる人間は料理がうまい」とはどんな意味ですか。
   (A) 男であっても女であっても人間の優劣には違いがない。
   (B) 能力のある人を見分けるには料理が上手かどうかを見ればよい。
   (C) 男性と女性との別に関係なく優秀な人は料理も上手に作れる。
   (D) 女なら料理がうまくて、男なら仕事ができるのがよい。

8. 本文の内容と合っていないものを選びなさい。
   (A) イタリア料理や会席料理を作れる男の人はまれである。
   (B) 最近男性の芸能人が料理を作る番組が人気がある。
   (C) 探してみれば、料理ができる男性は結構見つかるものだそうである。
   (D) 男性のための料理教室も多くなってきている。

[9～12]

　あるインターネット調査によると、今年のゴールデンウイークは勉強や健康増進のために時間を割くなど、自分を磨く目的で活用する人が増えていることがわかった。景気低迷で①懐に余裕がなくなり、遠出しにくくなっているのも一因だ。しかし、「今こそ自分に投資を」という能動的な姿勢も目につく。

　会社員Aさんは、ゴールデンウイークの休日のほとんどを司法書士の勉強に費やす予定だ。営業一筋のサラリーマン人生を転換し、働き一つで多額の報酬が得られる仕事にかけようと決意したからだそうである。また、OLのBさんは、同期間スポーツクラブで汗を流すという。給料があまり上がっていないのに旅行に行けば　　②　　お金を使ってしまうので、自分磨きのために時間をかけた方が得策というわけだ。

　連休だからといって家族連れで旅行するといったワンパターンの行動をしなくなっていることに業界も気づき始めていて、その点をついた多様なサービスが今後も広がることが予想される。

9. ゴールデンウイークの今年風の過ごし方として正しいものを次の中から選びなさい。
　(A) 近場のスポーツクラブでマッサージを受ける。
　(B) 連休はどこにも行かず、家でのんびり過ごす。
　(C) せっかくの連休なので家族そろって旅行する。
　(D) 自分磨きのため資格を取るための勉強をする。

10. ①懐に余裕がなくなりとはどんな意味ですか。
　(A) お金がなくなっていらいらすること　　(B) 太ってズボンがはけなくなること
　(C) 持っているお金が少なくなること　　(D) 心にゆとりがなくなること

11. 　②　に入る言葉として、最も適したものを選びなさい。
　(A) そよそよ　　　(B) ついつい　　　(C) はいはい　　　(D) まあまあ

12. ゴールデンウイークに遠くに出かけない理由は何ですか。
　(A) どこへ行っても込んでいるから。
　(B) 休日も返上して仕事をしなければならないから。
　(C) 仕事で疲れきって出かける気分になれないから。
　(D) 不況のため金銭的にゆとりがないから。

[13～15]

文部省が「パソコンが使える先生は2人に1人、子供達に教えられるのは5人に1人である」という調査結果を発表した。同省は情報教育に力を入れるため2010年度までに教員全員がパソコンが使えるようにするという目標を立てているが、年齢の高い教員　①　抵抗感があるようで、目標達成には苦労しそうである。

なお、文部省は学習指導要領で小学校からパソコンに親しむようにし、中学校では技術・家庭科の選択分野の「情報基礎」を必修し、　②　、普通高校では「情報」という科目を設置する方針である。

13. 　①　に入る言葉として、最も適したものを選びなさい。
   (A) とともに
   (B) ばかり
   (C) ほど
   (D) につれて

14. 　②　に入る言葉として、最も適したものを選びなさい。
   (A) むしろ
   (B) さらに
   (C) かえって
   (D) たとえば

15. 本文の内容と合っているものを選びなさい。
   (A) 子供にパソコンが教えられる先生は全体の25パーセントにも満たない。
   (B) 文部省は年を取った教員がパソコンが使えないのは仕方ないと考えている。
   (C) パソコンが使える先生は全体の半分しかいない。
   (D) 教員全員がパソコンが使えるようになる見込みは立っていない。

[16～19]

　黒の服に身を包む若者が町に目立ち始めた。「黒はちょっと違う感じが出せる」「他の色とも合わせやすい」「黒は色の基本だからいつまでも着られる」「カジュアルでもエレガントでもいける」などと＿＿①＿＿をそろえる黒い服を着ている若者達。衣服だけではなく、染めた髪の毛を黒に戻す人が増えたり黒っぽい色調の口紅を売り出したりする化粧品会社も出てきた。

　消費者の好む傾向は景気や社会の動向に影響を受けてきた。＿＿②＿＿、戦後の復興期や高度経済成長期には鮮やかな色が好まれた。不況時にはやると言われている黒のファッション。やはり現在の消費者の意識が表れているのだろうか。

16. ＿＿①＿＿に入る言葉として、最も適したものを選びなさい。
　(A) 話　　　　　　　　　(B) 口
　(C) 顔　　　　　　　　　(D) 言葉

17. ＿＿②＿＿に入る言葉として、最も適したものを選びなさい。
　(A) それなのに　　　　　(B) もはや
　(C) たとえば　　　　　　(D) しかしながら

18. ファッションの傾向は景気や社会の動向によってどのように変わりますか。
　(A) 最近は景気や社会の動向に左右されないようになった。
　(B) 好景気のときは長めのスカートが好まれ、不景気なときはミニスカートが流行る。
　(C) 景気がいいときは明るい色が好まれるが、悪いときは黒が流行する。
　(D) 景気がいいと地味な色が流行るが、逆に不況のときは派手な色が好まれる。

19. 本文の内容と合っているものを選びなさい。
　(A) 黒は流行に関係なく幅広い世代に人気がある色である。
　(B) 黒は年取って見えるので、明るめの服を着た方がいい。
　(C) 黒い服を着ている若者を町で多く見かけるようになってきた。
　(D) 年を取るにつれ、鮮やかな色を好むようになる。

[20～22]

　　石油元売り各社はカード会員の獲得に力を入れ始めた。これまでカードの利用額に応じてガソリン代を割引する「キャッシュバック」の採用や景品が中心だったが、若者の関心は①いまひとつだった。そこで、人気アーティストのコンサートチケットの優先販売などを会員特典にしている。
　　ジャパンエナジーは23日から10月11日まで「JOMOカード会員」に、映画「タイタニック」の主題歌を歌うセリーヌ・ディオンとジャネット・ジャクソンの二大女性ボーカリストの来日コンサートチケット計8,000枚を優先販売する。日本石油は9、10月の2カ月間、「イーナカード」の入会者などを対象に、人気グループ「グローブ」の四泊六日のハワイコンサート旅行に抽選で400人を39,800円で優待する。

20. ①いまひとつとはどんな意味ですか。
　(A) まあまあ高い
　(B) かなり高い
　(C) ちょっと低い
　(D) ずいぶん低い

21. 今回石油会社はカード会員を増やすためどんなことをしますか。
　(A) カードの利用額に応じてガソリン代を割引する。
　(B) 人気歌手のコンサートチケットをプレゼントする。
　(C) スタンプを集めたら、素敵な景品をプレゼントする。
　(D) 人気歌手のコンサートチケットを先行して売る。

22. 本文の内容と合っているものを選びなさい。
　(A) ジャパンエナジーはカード入会者に映画「タイタニック」のチケットを贈呈する。
　(B) コンサートのチケットより割引や景品の方が若者の関心を引くことができる。
　(C) 日本石油はカード入会者を人気歌手の海外コンサート旅行に抽選で優待する。
　(D) 石油の値段が高騰して、人々は公共の交通機関を利用するようになってきている。

[23〜26]

　人気も高く、マスコミからの注目度も高い高校野球ですが、それゆえ抱えている問題点もあります。それは、一部の高校は甲子園に野球部を出場させて、学校の名前を有名にしようと、中学校などで活躍している野球のうまい生徒をスカウトして入学させていることです。学校の近くに住む生徒ならまだしも、他府県から生徒を勧誘し、入学させることは問題があると指摘する人もたくさんいます。___①___高校が甲子園に出場したとき、選手の出身地を調べてみると、その選手のほとんどが、学校が所在する都道府県出身ではなかったということもありました。このような選手たちの多くは、彼らが所属する都道府県に学校数が多く、甲子園に出場するのが難しいため、比較的学校数が少ない都道府県の学校で甲子園をめざしたほうが確率が高いと考えているようです。住んでいる土地を離れてまで甲子園に出場したいという選手達の気持ちを考えると、一概に悪いとは言えない面もありますが、「ひたむきさ」「さわやかさ」に魅力がある高校野球ですから、②このようなことは、今後改善されなければならない課題の1つだと思います。

23. 一部の高校が野球の上手な選手を引き抜いて入学させるのはどうしてですか。
　　(A) 一芸に秀でている人材を育成したいから
　　(B) 自分たちの高校を多くの人に知ってもらいたいから
　　(C) もともと野球部が強くて有名だから
　　(D) 甲子園に出て、知名度をアップさせたいから

24. ___①___に入る言葉として最も適したものを選びなさい。
　　(A) いる
　　(B) ある
　　(C) どの
　　(D) その

25. ②このようなこととはどのようなことですか。
　　(A) 甲子園に出場した選手の出身地を調べること
　　(B) ひたむきに甲子園をめざして練習を続けること
　　(C) 住んでいる土地以外にある高校で甲子園をめざすこと
　　(D) 授業をさぼって野球の練習に夢中になること

26. 本文の内容と合っているものを選びなさい。

(A) 学力の低下により住んでいる土地にある高校に入れない生徒が増えている。

(B) 最近は少子化のため高校が優秀な生徒を獲得することに力を注いでいる。

(C) プロ野球も今後改善しなければならない課題がたくさんある。

(D) 高校野球はマスコミからも注目され、とても人気がある。

[27～30]

　花王は30日、「現代サラリーマンの太りやすい生活行動」調査の結果を発表した。6割以上のサラリーマンが「早食い」「不規則な食事時間」といった食生活などから、自らの生活が「太りやすい」と分かっている　①　、生活習慣を変えられず、減量できない実態が②浮き彫りになった。
　調査は30～50代の首都圏の既婚サラリーマン323人の回答をまとめた。調査によると、全体の43%が減量に挑戦したが、そのうち57%が再び体重が増え、失敗しているという。「太りやすい」人の生活習慣が端的に表れるのは休日の過ごし方で、「休みぐらいは、ゆっくり過ごしたい」と「夜型」、日ごろの疲れから「家でごろごろ過ごしてしまう」という回答が半数を超えた。

27. ①　に入る言葉として、最も適したものを選びなさい。
　(A) にもかかわらず　　　(B) ので
　(C) ために　　　　　　　(D) だけでなく

28. ②浮き彫りになったの意味として最も適したものを選びなさい。
　(A) まだあきらかにされていない。
　(B) 無視されている。
　(C) はっきりと分かった。
　(D) 見えないところが隠されてしまった。

29. 現代のサラリーマンが太りやすいのはどうしてですか。
　(A) 寝る時間が遅いなどの不規則な生活を送っているから。
　(B) 朝食もろくに取れないほど忙しいから。
　(C) 急いで食べたり、毎日食べる時間が決まっていないから。
　(D) エレベーターでなく階段を使うようにしているから。

30. 本文の内容と合っているものを選びなさい。
　(A) 太りやすいサラリーマンは日頃からまめな運動をしている。
　(B) ダイエットにチャレンジした半数以上のサラリーマンがリバウンドを経験している。
　(C) 日頃の疲れを取るために休みぐらいは家でごろごろした方がよい。
　(D) 自らの生活が太りやすいということも気づかないおろかなサラリーマンが増えている。

연습문제 2

[1〜3]

　2、3歳から小学校入学までぐらいの子供向けに、絵を使って言葉を説明する「言葉絵辞典」の発行が相次いでいる。言葉や文字を少しでも早く覚えさせたい親の気持ちをとらえる＿＿①＿＿、日本語を勉強している外国人からは「教材として最適だ」という声や聴覚障害の子を持つ親からも「言葉の修得に役立つ」との声が出版社に寄せられている。それ＿＿②＿＿、専門家は「教え込むために使うのではなく、親子の対話に役立てて欲しい」とアドバイスしている。
　絵を見ながら楽しく勉強できる教材、あなたも欲しいのでは？

1. ＿＿①＿＿に入る言葉として、最も適したものを選びなさい。
   (A) ために
   (B) ので
   (C) 一方で
   (D) 上で

2. ＿＿②＿＿に入る言葉として、最も適したものを選びなさい。
   (A) にしても
   (B) にたいして
   (C) に比べて
   (D) によって

3. 「言葉絵辞典」の説明として正しくないものを選びなさい。
   (A) 専門家は親子の対話をするために利用して欲しいとアドバイスしている。
   (B) もともとは子供向けの本だがそれ以外の人にも読まれている。
   (C) 日本語を学んでいる外国人から教材としてといいという感想が出版社に届いた。
   (D) 絵を使って言葉を説明するので、聴覚障害の子供のためにならない。

[4~7]

　大手ホテルのクリスマス宿泊プランがほぼ出そろった。若いカップルを対象として高額プランの人気がひところより薄れた＿＿①＿＿か、今年は家族や少人数の女性グループを意識したプランが目立つ。大人一人当たりの料金は東京の高級ホテル1泊2万円から4万円中心。料金は昨年と大きな変化こそないものの、サンタクロース訪問やクルーズといった特典を付けて②値ごろ感を出したり、一方で過剰サービスを排して通常料金より安くするホテルも増えている。

4. ＿＿①＿＿に入る言葉として、最も適したものを選びなさい。
   (A) しわざ
   (B) くせ
   (C) せい
   (D) しぐさ

5. ②値ごろ感とはどんな意味ですか。
   (A) サービスのわりには料金が高いという感じ
   (B) サービスにたいしてちょうどいい料金という感じ
   (C) 料金に比べサービスに満足できないという感じ
   (D) 最高級のサービスを受けたという感じ

6. 今回のクリスマス宿泊プランの特徴は何ですか。
   (A) お金のないカップルのための激安プラン
   (B) 恋人同士を対象とした高額プラン
   (C) 家族連れや女性客をターゲットにしたプラン
   (D) 予算に応じて選べるプラン

7. 本文の内容と合っているものを選びなさい。
   (A) クリスマスにホテルに宿泊するカップルは年々減ってきている。
   (B) クリスマスは家で過ごす若い女性や家族が増えている。
   (C) 宿泊客を獲得するため料金を大幅に値下げするホテルが急増している。
   (D) 無駄なサービスをやめて普通の料金より安くするホテルが多くなっている。

[8〜11]

　より健康的で美しい歩き方を教えるウオーキングレッスンが女性に人気だ。各地のスポーツクラブやカルチャーセンターや百貨店などの講座に二十代、三十代の女性がたくさん参加し、盛況である。健康づくりの第一歩としてのウオーキングは中高年の男女に以前から人気があるが、このように本格的な教室は若い女性を中心に、見た目の美しさやシェイプアップ効果などがおしゃれの一環として注目されているようだ。
　レッスンの内容は、片足立ちで一方の足を前後、左右、上下に伸ばす運動、足の踏み出しのタイミングや中心の移動の練習など多彩である。「足の筋肉を正しく動かしバランスよく歩くことで、体のゆがみや筋肉の一部への不自然な負担が軽減され、結果的に歩き方も美しくなる」とインストラクターは語る。健康になることもでき、美しくもなるなんて、女性に人気がある　①　だ。

8. ウオーキングが女性に人気があるのはどうしてですか。
　(A) 手軽でお金のかからないスポーツだから　(B) 道具もいらないし、すぐに始められるから
　(C) 健康にもなれるし、美しくもなれるから　(D) 特に習う必要もなく自分でできるから

9. 歩き方を美しくするにはどうしたらいいですか。
　(A) 大きく手を振りながら大股で歩く。
　(B) 顔を上げて、小走りに歩く。
　(C) 足の筋肉を正しく動かしてバランスよく歩く。
　(D) 腰を振りながらリズミカルに歩く。

10. 　①　に入る言葉として、最も適したものを選びなさい。
　(A) よう　　　　　　　　　　　(B) そう
　(C) こと　　　　　　　　　　　(D) わけ

11. ウオーキングについて正しくないものを選びなさい。
　(A) 各地のスポーツクラブやカルチャーセンターなどで講座が開かれている。
　(B) 健康づくりの第一歩として中高年の男女に今でも人気がある。
　(C) 本格的な教室に通う二十代、三十代の若い女性が多い。
　(D) ウオーキングは体にはいいが、見た目をよくすることにはつながらない。

[12~14]

　ハイテク機能を装備した「ハイパーヨーヨー」が小学生を中心にいまだに高い人気を集めている。昨年バンダイから発売された時には＿＿＿①＿＿＿店が続出、偽物も多く出回った。「ハイパーヨーヨー」というのは、手軽で誰にでも扱える。「②メカっぽく、音もデジタルな感じ。未来派のヨーヨーなんです。」と語るのは、数々のコンテストを制したヨーヨーチャンピオン。現在の小学生の親である三十代は第一次ヨーヨー世代。1970年代にブームになり各地でコンテストが開かれた。だから、ヨーヨーは親子でできる遊び。

　かつてのヨーヨーで鍛えた父であれば、ハイパーヨーヨーなんて簡単で、子供から「お父さん、すごい」と尊敬されるのでは…？

12. ＿＿＿①＿＿＿に入る言葉として、最も適したものを選びなさい。
　(A) 売り出し
　(B) 売り込み
　(C) 売り上げ
　(D) 売り切れ

13. ②メカっぽくとはどんな意味ですか。
　(A) おもちゃのようである。
　(B) 機械装置のようである。
　(C) 安くてすぐ壊れそうである。
　(D) 重くて高そうである。

14. 「ハイパーヨーヨー」の特徴は何ですか。
　(A) スピードが速い。
　(B) デザインと色使いがトレンディーな感じ
　(C) 最先端の技術を取り入れてある。
　(D) 値段が手頃

[15～18]

　消費不況なのに、結婚指輪は高級志向が強まっている。業界の調べでは、プラチナや宝石がついたタイプなどが人気を集め、購入平均単価が上昇している、という。婚約指輪を節約し、結婚指輪にお金をかけるカップルが増えていることも単価を押し上げているようだ。

　プラチナ宝飾品の国際広報機関のプラチナ・ギルドインターナショナルによると、結婚指輪の平均単価は年毎上昇しており、今年上半期は38,260円、1990年より10,000円高い。一方、婚約指輪の今年1～8月の平均単位は357,190円で、2年前より10,000円弱下がった。

　6年前までは割安な金が混ざり、形もシンプルな方が売れていた。しかし、昨年はプラチナが8割以上を占め、宝石付きも2年前より2倍近く増えた。シチズン商事宝石事業部は「婚約指輪は①タンスのこやしになる例が多いが、長く身につける結婚指輪はできるだけいいものを　②　とする若者が増えている」という。

15. 結婚指輪の高級志向が強まっているのはどうしてですか。
　(A) 自分たちのためにというより他の人に自慢したいから
　(B) 高い指輪を買うことによってお互いの愛の深さを証明したいから
　(C) 安い指輪を買うと花嫁に逃げられてしまうというジンクスがあるから
　(D) 長い間指にはめているものだからなるべくいいものにしたいから

16. ①タンスのこやしとはどんな意味ですか。
　(A) タンスにしまって日常的によく使うこと
　(B) タンスの中に飾って密かに楽しむこと
　(C) 価値のあるものを使わずにタンスにしまっておくこと
　(D) タンスの中にあるものを最大限に利用すること

17. 　②　に入る言葉として、最も適したものを選びなさい。
　(A) 買う
　(B) 買います
　(C) 買おう
　(D) 買いましょう

18. 本文の内容と合っているものを選びなさい。

(A) 1990年の結婚指輪の平均単価は今年の上半期より10,000円高かった。

(B) 不況でも「結婚指輪はリッチに」という考えが購入単価を上昇させている。

(C) 婚約指輪は長くはめるものだから少々値が張っても買う若者が増えている。

(D) 最近は形もシンプルで値段が手頃な結婚指輪が若いカップルに受けている。

[19～22]

　最近、働く女性の声が低いというが、本当だろうか。1990年、外回りの担当になって間もないTさん(33)に「声変わりの時期」が訪れた。「落ち着いた感じで実際の年齢より高く見られるかな」と思い、仕事中は＿＿①＿＿声を下げているそうだ。また、あるテレビ局のニュースを担当しているKさんの声が低くなったことも十年ほど前だったという。先輩の男性アナウンサーから声が高いと注意を受けたことがきっかけだったそうだ。＿＿②＿＿、しゃべることを職業とする女性たちは、バスガイドやデパートのエレベーター係のような口調を参考にしていたようだ。

　社会音声学の専門家は、20世紀末、働く女性たちが「変声期」を迎えている理由を「男社会では、優位にある男性の声に信頼感を覚える。そこで女性が信頼を得るためには、声を男性に近づけ、低くする」と語る。男性も女性も似たような声。これが21世紀には当たり前になるかもしれない。

19. ＿＿①＿＿に入る言葉として、最も適したものを選びなさい。
(A) かろうじて
(B) なるべく
(C) どうしても
(D) やっぱり

20. ＿＿②＿＿に入る言葉として、最も適したものを選びなさい。
(A) あの頃
(B) あの時
(C) 当時
(D) 現在

21. この頃、働く女性の声が低くなった理由を社会音声学の専門家は何と言っていますか。
(A) 自立した女性が増え、男性の前でかわいく振る舞う必要がなくなったから
(B) 昔と違って今は高い女性らしい声よりも太くてハスキーな声が男性にもてるから
(C) 女性が男社会の中で信頼を得るために、男性のように声を下げているから
(D) 上司に叱られているうちに自信を失い、どんどん声が小さくなったから

22. 本文が書かれた時期はいつですか。
(A) 1990年
(B) 1990年代の終わり
(C) 2000年代の始め
(D) 2005年

[23～26]

　わかっているつもりでも何かと大変なのが自らの健康管理だ。だが、最近は携帯型のデジタル健康管理グッズが相次ぎ登場しており、手軽に取り組めるようになってきた。上手に活用すれば、健康増進に役立ちそうだ。
　手のひらにすっぽり収まるサイズの小さな画面に質問事項が次々と現れる。言われるがまま、性別や体重、年齢、食事の内容などを入力していく。特に増えているのが、こうした携帯型の超小型電子カロリー計算機だ。入力が済むと、一日に必要なカロリー数と、これから寝るまでに摂取可能なカロリー数を自動的に計算、表示してくれる。ポケットに入れておけば外食や買い物の際に簡単にカロリー計算ができる。ダイエット向けに開発された①もののカロリー計算のほかおまけ機能として恋愛占いや風水メニューもついているもの等もあり様々である。
　　②　　、何より大切なものは本人の意志だ。デジタル機器や情報は手助けしてくれるだけで、飽きっぽい性格まで直してくれるわけではないからだ。

23. ①もののとはどんな意味ですか。
　(A) ので　　　(B) けれども　　　(C) からには　　　(D) だけに

24. 　　②　　に入る言葉として、最も適したものを選びなさい。
　(A) それで　　　(B) それでも　　　(C) それだけに　　　(D) それどころか

25. 携帯型の超小型電子カロリー計算機の説明として正しくないものを選びなさい。
　(A) 性別や体重、年齢、食事の内容などをマニュアルを見ながら入力すればよい。
　(B) 一日に必要なカロリー数などを自動的に計算してくれる。
　(C) 手のひらに全部入ってしまうほどの小さいサイズである。
　(D) 持ち歩けるので外食や買い物の時に手軽にカロリー計算ができる。

26. 健康管理で一番重要なことは何ですか。
　(A) 携帯型のデジタル健康管理グッズをいつも持ち歩くこと
　(B) カロリー計算は1日も欠かさずすること
　(C) バランスのよい食事と運動を心がけること
　(D) ダイエットをしようという思いを持続させること

[27～30]

　地べたに座りながら、歩きながら、通勤電車の中でも、外で飲み食い（今回、名付けて「野食」とする）をする若者を①頻繁に目にするようになった。その原因は何だろう。

　野食の広がりは、500mlの小型ペットボトル入り飲料水の普及時期と一致する。携帯性が若者に受け、去年の夏はボトルの生産が追いつかないほどだった。

　また、おにぎりや総菜などの市場もこの時期に急拡大され、渋谷などの繁華街では屋台形式の飲食店が増加。従来のクレープやたこ焼きだけでなく、色々な種類のものが食べられるようになった。このように、この2、3年は若者が野食に　　②　　環境が整備された時期だった。

　街では、若者が自由に行動しても注意されることもなく、恥ずかしい思いをすることも少ない。恥の感覚を培っていた家庭や大学や企業社会がその役割を担わなくなった。恥意識の喪失、希薄な帰属意識…。若者の野食が日本社会の反映だとすれば、この現象は大きな問題を投げかけているようだ。

27. 「野食」をする若者が増えたのはどうしてですか。
 (A) 室内で食べるより野外で食べた方がおいしく感じるから
 (B) わざわざ店に入って食べるのは面倒くさいから
 (C) アルバイトなどで忙しくて座って食べる時間も惜しんでいるから
 (D) 好きなように行動しても恥ずかしい思いをすることがあまりないから

28. ①頻繁に目にするとはどんな意味ですか。
 (A) ときどき見る
 (B) ときに見る
 (C) しばしば見る
 (D) たまたま見る

29. 　　②　　に入る言葉として、最も適したものを選びなさい。
 (A) 歩きやすい
 (B) 走りやすい
 (C) 飛びやすい
 (D) 泳ぎやすい

30. 本文の内容と合っていないものを選びなさい。

(A) 野食が日本社会の反映だとすれば、この現象は大きな課題を提示しているようである。

(B) 野食が多く見られるようになったのは、小さいサイズのペットボトルが普及した時期と重なる。

(C) 地面にべたっと座り込みながら、歩きながら、ところかまわず飲んだり食べたりする若者が多い。

(D) 繁華街に屋台形式の飲食店が増えたことと野食が増えたこととは直接関係がない。

Section. Ⅲ
1. 실전 모의고사 1
2. 실전 모의고사 2
3. 실전 모의고사 3

실전모의고사 1

Ⅴ. 下の_____線の言葉の正しい表現、または同じ意味のはたらきをしている言葉を(A)から(D)の中で一つ選びなさい。

101 少子化問題はもっと<u>しんけん</u>に考えなければならないです。
　　(A) 真剣　　　(B) 真倹　　　(C) 心倹　　　(D) 深剣

102 日本では11月23日は<u>きんろう</u>感謝の日で祝日です。
　　(A) 勤老　　　(B) 勤労　　　(C) 筋労　　　(D) 筋老

103 日本に<u>たいざい</u>中、日本の生花を習いたいと思っています。
　　(A) 滞在　　　(B) 帯在　　　(C) 体在　　　(D) 対在

104 過去5年間の試験の<u>けいこう</u>と対策をまず調べなければなりません。
　　(A) 傾向　　　(B) 経頃　　　(C) 計考　　　(D) 競校

105 このチケットの<u>ゆうこう</u>期間は8月までです。
　　(A) 有向　　　(B) 有効　　　(C) 遊校　　　(D) 夕刻

106 このままいけば、契約を<u>破棄</u>されるかもしれません。
　　(A) ほうき　　(B) はっき　　(C) はき　　　(D) はっき

107 そこは現世からは<u>隔絶</u>された世界であった。
　　(A) かんせつ　(B) かくぜつ　(C) へだぜつ　(D) へきぜつ

108 これらの<u>相容れない</u>2つの意見について今日は話し合いましょう。
　　(A) そういれない　(B) あいよれない　(C) そうよれない　(D) あいいれない

|264|

109 実力を証明するのは難しいことです。
   (A) しょうめい
   (B) しょめい
   (C) しょめい
   (D) しょうめん

110 時間になっても彼はあらわれなかった。
   (A) 現れ
   (B) 現われ
   (C) 表われ
   (D) 表れ

111 断っておきますが、私は行きませんよ。
   (A) 一度断っておいていまさらいくといわれてもね。
   (B) 残念ですが、今回は断っておいた方がよさそうです。
   (C) この商品は違うということを断っておきます。
   (D) 今度の旅行は仕事の都合で断っておきます。

112 これだけの人数がいて、一人も知らないとは情けない。
   (A) 薄情だ
   (B) 期待はずれだ
   (C) 頼りない
   (D) たのもしい

113 私の計画書を坂本さんに野田さんからお渡し願えないでしょうか。
   (A) 私が坂本さんに計画書を渡す。
   (B) 坂本さんが野田さんに計画書を渡す。
   (C) 坂本さんが私に計画書を渡す。
   (D) 野田さんが坂本さんに計画書を渡す。

114 去年社長を辞めました。
   (A) 彼はコンピューターを勉強しました。
   (B) 母は先生をしています。
   (C) 日曜日には公園を散歩します。
   (D) 友人とドライブをしました。

115 口が肥えていて安いものは食べないんだよ。
  (A) 彼は口が軽いから注意した方がいいよ。
  (B) 口は災いの門ですよ。
  (C) お口に合えばいいんですか。
  (D) 子供のくせに口が減らないんだから。

116 新しい店ができたと聞けば、行かずにはいられません。
  (A) 行かなくてもかまいません。
  (B) 行かないようではいけません。
  (C) 行くことはありません。
  (D) 行かないわけにはいきません。

117 そんなことをいっちゃ、みもふたもないでしょう。
  (A) そのぐらいいわないと分からないでしょう。
  (B) それは少し言いすぎでしょう。
  (C) それ以上、言いようがないでしょう。
  (D) 言うのはいいけれど後をどうするんですか。

118 疲れて歩けません。
  (A) お風呂に入って寝ます。
  (B) 新しい車は赤くてかわいいです。
  (C) 部屋が暑くてのどがかわきます。
  (D) 困っているところを助けてもらいました。

119 来た人は、たった5人でした。
  (A) はじめに5人来ました。   (B) 5人しか来ませんでした。
  (C) 予想外に5人も来ました。   (D) 後から5人来ました。

120 彼女はアパレル業界で働くようになって、ずいぶん垢抜けた。
  (A) 色白になった   (B) 洗練された
  (C) 悪賢くなった   (D) 清潔になった

VI. 下の_____線のA、B、C、Dの言葉の中で正しくない言葉を一つ選びなさい。

121　彼女は彼と会うことを両親に反対<u>され</u>たんですが、両親<u>の目</u>を<u>取って</u>こっそり会って<u>いた</u>んだ
　　　　　　　　　　　　　　　　(A)　　　　　　(B)　　 (C)　　　　　　　　　(D)
そうです。

122　待っても<u>雨</u>は<u>止めそうにない</u>ので<u>駅</u>の売店で傘を買う<u>こと</u>にしました。
　　　　　(A)　　(B)　　(C)　　　　(D)

123　あたり構わずふんをさせる<u>なんて</u>、そんな<u>人に</u>は犬を<u>養う</u>資格<u>が</u>ありません。
　　　　　　　　　　　　　(A)　　　　　(B)　　　(C)　(D)

124　朝<u>に</u>ご飯を<u>食べ</u>ない<u>と</u>一日中力が<u>出ない</u>んです。
　　　(A)　　　(B)　(C)　　　　　(D)

125　いまさら<u>悔やん</u>でも　<u>やってしまう</u>　もの<u>は</u>仕方がない。
　　　　　(A)　　　(B)　　　(C)　　　(D)

126　その後、数時間が<u>経って</u>、彼は<u>いよいよ</u>待ち合わせの場所に<u>現れた</u>。
　　　　　(A)　　　(B)　　　(C)　　　　　　　　　(D)

127　プールの水はとても汚かった<u>ので</u>、私たちは泳ぐの<u>を</u><u>やめて</u>サウナに行きました。
　　　　　　　　　　　　　(A)　　　　　(B)　　　(C)(D)

128　はじめにお目に<u>かかった</u><u>ばかり</u>で<u>こんな</u>ことを聞くのは失礼<u>かも</u>知れませんが。
　　　　　　　(A)　　(B)　　(C)　　　　　　　　(D)

129　夕べは娘の<u>帰り</u>が<u>遅くて</u>　<u>たくさん</u><u>心配</u>しました。どこをほっつき歩いていたんだか。
　　　　　(A)　　(B)　　(C)　(D)

130 この髪型は<u>きっと</u>してみたいと思っていた髪型<u>なので</u>、周りから反対され<u>ても</u>し<u>たの</u>です。
　　　　　　(A)　　　　　　　　　　　　(B)　　　　　　　　　(C)　　(D)

131 彼女<u>と</u>長い間付き合っている<u>うちに</u>、彼女<u>の</u>本心<u>を</u>だんだんわかってきた。
　　　(A)　　　　　　　　　(B)　　　　　　(C)　　(D)

132 知らない人<u>を</u>ついて<u>行ってはいけない</u>と母から釘を<u>さされている</u>。
　　　　　　(A)　　(B)　　　　　　　　　(C)　　　　(D)

133 今度<u>の</u>夏休み<u>には</u>、法律<u>に対して</u>本を<u>読破</u>しようと考えています。
　　　　(A)　　(B)　　　　　(C)　　　　(D)

134 このアルバムを開く<u>と</u>幼い<u>頃</u>死ん<u>だの</u>母を<u>思い出す</u>。
　　　　　　　　　　　(A)　　(B)　　(C)　　　(D)

135 これは私が今まで読んだ本<u>たち</u>の中<u>で</u>最も感銘を<u>受けた</u>本です。
　　　　　　　　　　　　　(A)　　　　(B)　　(C)　　　(D)

136 食前にワインを少し飲む<u>のは</u><u>いい</u>ですが、飲みすぎは<u>いく</u>ありません。
　　　　　　(A)　　　　　(B)　(C)　　　　　　　　(D)

137 今大学生活を<u>振り返って</u><u>みる</u>と楽しい思い出だけ<u>頭</u>に<u>残って</u>いません。
　　　　　　　(A)　　　(B)　　　　　　　(C)　(D)

138 <u>20代の女性</u><u>だったら</u>、ダイエットの経験をして<u>いない</u>人は<u>ない</u>でしょう。
　　　(A)　　　(B)　　　　　　　　　　(C)　　　(D)

139 飛行機の中<u>で</u>、多くの時間を<u>暮らして</u>目的地に着く<u>前に</u>ばて<u>て</u>しまった。
　　　　　(A)　　　　(B)　　　(C)　　　　　(D)

140 弟は学校<u>から</u>家<u>へ</u> <u>くる</u> <u>と</u>、すぐにゲームをします。
　　　　(A)　(B)　(C)　(D)

VII. 下の_____線に入る適当な言葉を(A)から(D)の中で一つ選びなさい。

141 今年も年_____一度のパーティーが来週の土曜日に開かれます。
   (A) で   (B) の   (C) に   (D) が

142 日本人の海外旅行者が増え、特に正月のハワイのワイキキなどでは、日本語_____聞こえないんだそうです。
   (A) しか   (B) ほど   (C) だけ   (D) のみ

143 総理大臣_____あろう人が汚職をしたなんて信じられません。
   (A) とも   (B) でも   (C) で   (D) に

144 あの人の能力では、部長はもちろん係長に_____なれないと思いますよ。
   (A) は   (B) へ   (C) も   (D) だけ

145 私の家は空港_____近くです。
   (A) が   (B) の   (C) で   (D) は

146 京都は日本一の観光都市ですから、古いお寺や神社_____見るものがたくさんあります。
   (A) では   (B) たち   (C) にも   (D) など

147 もしできる_____、一度でいいから北極に行ってみたい。
   (A) なら   (B) たら   (C) ば   (D) と

148 金さんは音痴なくせに、みんなの前_____うたいたがる。
   (A) は   (B) で   (C) に   (D) へ

149 いろいろ失敗することもあると思いますが、＿＿＿＿＿目で見てほしいと思います。
(A) 長い　　(B) 太い　　(C) 細い　　(D) 大きい

150 ＿＿＿＿＿言い訳をするようですが、とにかく当時としてはあれでせいいっぱいだったのです。
(A) むずかしい　　(B) くるしい
(C) わるい　　(D) すばらしい

151 お金が必要だったので仕事＿＿＿＿＿しませんでした。
(A) を　　(B) しか　　(C) は　　(D) だけ

152 このお店は＿＿＿＿＿おいしいです。
(A) 安いから　　(B) 安いので
(C) 安いと　　(D) 安いし

153 新人の＿＿＿＿＿生意気なことを言うんです。
(A) ために　　(B) せいで
(C) ほどに　　(D) くせに

154 日本映画＿＿＿＿＿初めてのことでした。
(A) としては　　(B) にしては
(C) としての　　(D) とはいえ

155 ちょっと、その新聞をみせて＿＿＿＿＿よろしいですか。
(A) くれて　　(B) いただいて
(C) くださって　　(D) 差し上げて

156 今度の監督は頭が＿＿＿＿＿ってはなしです。
(A) 優れる　　(B) 秀でる
(C) 切れる　　(D) 走る

157 四月に入って急に_____なってきました。
(A) 暖かく　　　　　　　　　　(B) 温かく
(C) 暑く　　　　　　　　　　　(D) 熱く

158 銀行にお金を_____、利子はほとんどつかない。
(A) まかせても　　　　　　　　(B) つけても
(C) わたしても　　　　　　　　(D) あずけても

159 近所で大きなビルを_____いるので、うるさい。
(A) たって　　　　　　　　　　(B) たてて
(C) たつて　　　　　　　　　　(D) たちて

160 父にゲームばかり_____としかられました。
(A) しなくて　　　　　　　　　(B) せず
(C) すれば　　　　　　　　　　(D) するな

161 この格好では_____から彼女に会えません。
(A) はじまらない　　　　　　　(B) はかない
(C) こだわらない　　　　　　　(D) みっともない

162 約束しているので_____をえません。
(A) 行かじ　　　　　　　　　　(B) 行かず
(C) 行かざる　　　　　　　　　(D) 行かない

163 弟が私の誕生日プレゼントに時計を買って_____。
(A) やった　　　　　　　　　　(B) もらった
(C) くれた　　　　　　　　　　(D) あげた

164 携帯電話のバッテリーが_____使えない。
(A) 全部で　　(B) 放れて　　(C) 切れて　　(D) 落ちて

165 週末は家族でスキー_____行きます。

(A) を (B) のため
(C) で (D) に

166 自分に_____方法でダイエットをしなければいけません。

(A) 良い (B) 合った
(C) できた (D) 好き

167 そんな失敗をするなんて、まだまだ_____な。

(A) 白い (B) 黒い
(C) 青い (D) 赤い

168 おとなしい彼が怒るんですから、_____のことがあったに違いない。

(A) 十分 (B) 非常
(C) 結構 (D) 余程

169 突然の雨に_____、タクシーに乗ってきた。

(A) やらせて (B) こられて
(C) 出会って (D) 降られて

170 友達は、_____一人しかいません。

(A) もっと (B) たった
(C) ちょっと (D) やっと

Ⅷ. 下の文章を読んで、後の問いにもっと適したものを(A)から(D)の中で一つ選びなさい。

171~174

　ニュートンといえば万有引力を発見した英国の物理学者。しかし、多彩な顔をもつ。教え子が大蔵大臣になり、その世話で造幣局の長官になった。この科学者は偽金作りの取り締まりに意外な才能を示した。陣頭指揮で有名な偽金作りを捕まえた。偽造しにくい紙幣のデザインも工夫したらしい。

　偽金といえば、日銀が新旧紙幣の入れ替えをスピードアップした。旧1万円札の偽札のせいだ。市中金融機関に紙幣を供給するのに、新札旧札のまぜこぜでなく、17日からは新札だけにした。偽札が大量なので　①　できなくなった。第一生命経済研究所のリポートでは、偽札の流通量が212万枚を超すと信用不安が起き、ハイパーインフレーションが起きるおそれがある。いまの100倍の偽札。②まだ危険水域には遠いが、警戒するにこしたことはない。むかしの金貨や銀貨とちがって、紙幣はモノとしてみれば値打ちはない。ただの紙切れだ。国家が値打ちを保証しているから値打ちがあるにすぎない。

171　　①　に入る言葉として、最も適したものを選びなさい。

　(A) てっきり
　(B) のんびり
　(C) てきぱき
　(D) すばやく

172　②まだ危険水域には遠いが、警戒するにこしたことはないとはどんな意味ですか。

　(A) 危険水域になるまで時間がかかるので、今のところ注意しなくてもよい。
　(B) 危険な状態にはまだ至っていないので、警戒するまでもない。
　(C) 床下まで浸水する危険性がないとは言えないので、気をつけなければならない。
　(D) もう危険な状態で、用心した方がいいに決まっている。

173 どうして17日に日銀は市中金融機関に旧札を除いた新札のみを供給しましたか。

(A) 旧札の値打ちが下がり始めたので。

(B) 新しい紙幣のデザインに国民の関心が集まっているので。

(C) 旧札を似せて作った紙幣がたくさん出回っているので。

(D) 旧札の製造が新札の製造に追いつかなかったので。

174 本文の内容と合っているものを選びなさい。

(A) 新札は手がこんだデザインなので旧札よりも値打ちがある。

(B) お札はただ単に物としてみれば価値などない。

(C) ニュートンは化学者として偽札作りに精を出していた。

(D) 大蔵大臣となったニュートンは偽札の取締りを強化した。

175~178

　昨日、東京の空には雲がほとんどなく、木々は、目に____①____ような青を背に立っていた。
　冬木には、天に向かってのびようとする勢いが感じられる。道に並ぶ木々を見ながら、その勢いは、葉を失ったことで得られるのではないかと思った。葉は枝から上向きに出ていても、葉の先の方は下を向いていることがよくある。葉の先を、②いわば下向きの矢印とすれば、葉を落としきった木には、それが全く無い。かわりに、多くが天を指してのびている枝や枝先という無数の上向きの印が強調される。それが、のびる勢いを感じさせる。③葉に隠れていた所があらわになり、枝の向きや傾きが目で追える。
　一本のサクラに近づく。細い枝の先をたどると、そこには芽がいくつもついていた。まだ小さくて堅い。しかし、内側から外の世界へ出てゆこうとする気配は十分にある。芽は、葉や枝ほどには目につかないが、枝と同じく、空に向かってのびようとする矢印のようにも思われた。
　冷たい風に揺れながら空を掃いているような木々の姿は、ものさびしくもある。しかし、その内には新しい息吹が宿り、近づく時を待っている。

175　____①____に入る言葉として、最も適したものを選びなさい。

(A) はまる
(B) しみる
(C) そまる
(D) とまる

176　②いわばの意味として正しいものはどれですか。

(A) たとえて言えば
(B) ところが
(C) なぜならば
(D) しかしながら

177 ③葉に隠れていた所とはどこのことですか。

 (A) 木の幹

 (B) 新芽

 (C) 葉先

 (D) 枝先

178 どうして冬木には天に向かってのびようとする勢いがあるのだと言っていますか。

 (A) 無数の葉や葉の先が空に向かってのびようとする矢印のように思われたので。

 (B) 風に揺れている冬木が空を掃いているほうきのように見えたので。

 (C) 葉で見えなかった枝や枝先があらわになり、無数の上向きの印のように見えたので。

 (D) 冬木全体の形が天に向かってのびている大きな上向きの矢印に思われたので。

179~182

　私は34年前の成人式に、大学の入学式で着た礼服で行った。当時私が大学生、弟が高校生と中学生だった。家計が大変とよく分かっていて、成人式のために晴れ着を作ってほしいとは言えなかった。母は常々「物を持っていても火事などで失ったら何もなくなる。でも＿＿①＿＿に着けた学問は一生の財産。大学は出してあげるけれど、結婚の準備は自分でしなさい」と言っていた。母は幼いころ両親を亡くし、母の祖母に育てられた。本ばかり読んでいる子だったという。電話交換手をする＿＿②＿＿、定時制高校に行き、大学は通信教育を受けたが結婚で挫折した。自分は質素に倹約しても子どもには教育を受けさせたいという母の思いは、いつも感じていた。

　私が着物を買ったのは就職して1年ほど後。知人から「今年と来年の顔は違う。若い時の思い出に、着物を着て写真を撮っておいた方がいい」と言われたからだ。そして見合い写真を撮った。朱色の付け下げで今でも私のお気に入りである。私が結婚する時、母は「好きな人と結婚するのが一番」と、遠くへ嫁ぐのを反対しなかった。そして結婚費用も出してくれた。親ってなんてありがたいのだろう。近々帰ろう。私の顔を見せるのが一番の親孝行だ。

179 ＿＿①＿＿に入る言葉として、最も適したものを選びなさい。

(A) 心
(B) 身
(C) 顔
(D) 頭

180 ＿＿②＿＿に入る言葉として、最も適したものを選びなさい。

(A) がてら
(B) ついでに
(C) かたわら
(D) 最中に

181 作者はどうして成人式に、大学の入学式で着た礼服で行ったのですか。

(A) どうせ晴れ着は一回しか着れないし、もったいないと思ったので。

(B) 結婚費用を貯めるために節約した生活を送っていたので。

(C) 家の経済状態が苦しくて、晴れ着を作ってもらうわけにはいかなかったので。

(D) 晴れ着を買う代わりに、海外旅行に行こうと大学に入学した時から決めていたので。

182 本文の内容と合っていないものはどれですか。

(A) 作者の母親はどんなに貧しくても子供に教育を受けさせたいと思っていた。

(B) 作者の母親は電話交換手をして、学費を稼ぎながら大学に通った。

(C) 作者は知り合いの勧めで母親に買ってもらった着物を着て見合い写真を撮った。

(D) 作者は母親に自分の顔を見せてあげることが最高の親孝行だと言っている。

183~186

　人は生まれることによって①人間になるのではない。親をはじめとし、周りの人々の愛情によって知力や感性を育てて人間に成長する。よく言われることだ。それは脳の働き。中でも、目や額のすぐ後ろ側に位置する大脳の前頭前野の仕事になる。理性、言語、思考、感情のコントロールなど人間ならではの高度な精神生活を支配している。最近、ゲーム脳という言葉をよく耳にする。子どもたちがテレビを長時間見続けたり、テレビゲームばかりしていると、この前頭前野が発達せず、精神面でいろいろと面倒が表れるというのだ。ゲーム中の前頭前野はどうなっているのか。子どもたちを測定したところ、何と安静時以上に血流が下がり働きも低レベルだった。長時間のゲームの後で本を読ませたら半分まひしたような状態も示した。これは東北大の川島隆太教授の話で、昨年の本紙で紹介された。ほかにも多くの指摘がある。前頭前野は子ども時代は未熟で、他人との触れ合いの中で発達する。ゲームなどはその機会を奪ってしまう。先の日教組教研集会で「テレビを消そう」運動を進める実例が報告された。多くの子どもがテレビから距離を　②　ようになった。しかし笑っていけないのがこれ。一部ながら邪魔をしたのはお父さんだった。家族の協力が必要だ。

183 人は何によって①人間になるのですか。
　(A) クラシックなどの音楽を聞いて、精神世界を広げることによって人間になる。
　(B) 周りの環境や高度な教育システムによって人間になる。
　(C) 家族や自分を取りまくいろいろな人々の愛情によって人間になる。
　(D) 幼い頃から本を読んだりして、想像力を豊かにすることによって人間になる。

184 　②　に入る言葉として、最も適したものを選びなさい。
　(A) あける
　(B) さける
　(C) おける
　(D) かける

185 本文の内容と合っているものを選びなさい。

(A) 短時間のゲームは前頭前野の働きを活発にさせ、精神面においても緊張をほぐす効果がある。

(B) 人は生まれながらにして人間であるのではなく、その後の教育のいかんによって成長する。

(C) 大脳の前頭前野は音楽や図形などを認識する働きをつかさどっている。

(D) ゲーム脳とは子供がゲームを長時間することによって前頭前野が発達しないことである。

186 一部ながら「テレビを消そう」運動の妨げとなったものは何ですか。

(A) ゲーム

(B) 母親

(C) 父親

(D) マスコミ

187~190

　先月、東京千代田区に新しい銭湯(公衆浴場)がオープンした。都内では銭湯は減る一方。とりわけ都心では絶滅寸前だけに、このニュースは驚きをもって迎えられた。もちろんそこには特殊な仕掛けが存在するが、逆にいえば仕掛けなしにはもはや銭湯は成り立たないともいえる。依然少なくない外風呂需要を取り込むためにも公衆浴場制度そのものを見直す時期に来ている。

　東京都公衆浴場業生活衛生同業組合によると都内の銭湯は現在1112＿＿①＿＿。1968年(昭和43年)に2687＿＿①＿＿あったのが半分以下に減った。内風呂が当たり前の時代になったから当然とはいえ、スーパー銭湯の開設が相次ぎ、大規模温浴施設が各地につくられて人気を集めていることを見れば、外風呂の需要も依然として根強いことが分かる。変わったのは需要の中身。ただ体を洗ったり温めたりするだけではなく、心身を癒し、楽しむことを人々は外風呂に求めるようになったのだ。銭湯がそうした＿＿②＿＿を取り込めないのは料金の問題が大きい。誰でも利用できるよういくつかの優遇措置と引きかえにぎりぎりの水準に抑えられているため、大型投資をする余裕がない。その大型投資を区が引き受けて初めて新たな可能性を秘めた銭湯が都心に復活した。そのこと自体が、公衆浴場制度が時代に合わなくなっていることを物語っている。

187 ＿＿①＿＿に入る言葉として、最も適したものを選びなさい。

(A) 家
(B) 棟
(C) 軒
(D) 個

188 ＿＿②＿＿に入る言葉として、最も適したものを選びなさい。

(A) キープ
(B) ユーザー
(C) ニーズ
(D) プライス

189 どうして仕掛けなしには銭湯は成り立たないとも言えるのですか。

(A) 物価の高騰により、必然的に銭湯の料金も値上げしなければならなくなったので。
(B) 子供をターゲットにしたアミューズメントパークのような銭湯が求められるようになったので。
(C) 内風呂が当前の時代になり、体を洗うだけでなく、人々は楽しさを求めるようになったので。
(D) 都内の銭湯の数はますます増え、競争に勝つためにはそれぞれの特色を出さなければならないので。

190 都内の銭湯が減り続けている原因は何ですか。

(A) サービスの低下と料金の値上がりにより、客が激減したから。
(B) スポーツクラブの中に銭湯と同じような施設ができたから。
(C) 家にお風呂が付いているのが当たり前の時代になったから。
(D) 病気が感染する恐れがあり、衛生上よくないという認識が広まったから。

191~194

　小売店の初売りを彩る福袋。そこにも変化の波が押し寄せている。中身が分からないからこその楽しみは＿＿①＿＿で、透明度の高さを競うのが当世風だ。損得勘定をむき出しにする消費者と、その欲につけ込もうと知恵を絞る小売店。当世風の福袋を象徴するのが、高島屋が販売した「ニューイヤーハッピーパック」だ。最大の特徴は中身が何かが事前に明らかにされていることだ。コート、セーターなどは色やサイズが選べ、店頭の見本で品質も確認することができる。福袋の起源は②定かでないが、明治時代にはすでに存在していたとされる。広辞苑によれば「余興や、商店などの初売りで、いろいろの物を入れて封をし、各人に選び取らせる袋」。何が入っているか分からないスリルがうけて広まったのだろう。もともと正月は客も店も損得や商売を忘れて祝うものだった。「福袋」という名前にもそんな気分が表れている。「皆様に喜んでいただければとこんなものを用意しました」「縁起物だ。ひとついただこうか」「福」が小さな幸せ、ちょっとした喜びを分かち合う気持ちだとすれば、現代の福袋に「福」はなく、あるのは「欲」や「得」ばかり。

191 ＿＿①＿＿に入る言葉として、最も適したものを選びなさい。

(A) こっちのけ
(B) そっちのけ
(C) あっちのけ
(D) どっちのけ

192 ②定かの意味として、最も適したものを選びなさい。

(A) 間違っている
(B) 正しい
(C) はっきりしている
(D) あいまいである

193 当世風の福袋とはどんな福袋のことですか。

(A) 前年の売れ残りがたくさん入った福袋
(B) 買う前から中に何が入っているか分かる福袋
(C) 中に何が入っているか分からないスリルを味わえる福袋
(D) 買った後で、気に入らなければ返品してもらえる福袋

194 本文の内容と合っているものを選びなさい。

(A) 現代の福袋には中身が分からないからこその楽しみはない。

(B) 福袋は縁起物なので客は値段が高いとか安いとかあまり気にしない。

(C) 現代の福袋には損得を抜きにして正月を祝う気分が表れている。

(D) 最近は不景気なのであまり福袋が売れない。

195~197

　暗証番号は両刃の剣だ。覚えやすい番号は盗人にも分かりやすい。覚えにくい番号は当人が忘れやすい。暗証番号を忘れ①ドギマギしたこと一再ならず。こんな失敗談を14年前に書いた。忘れないために生年月日や電話番号、車のナンバーを暗証番号にするのは愚の骨頂らしい。「暗証番号は印鑑と同じ。残高がある限り下ろされます」と銀行幹部から聞いた。
　ゴルフ場を舞台にした大規模カード偽造事件が摘発された。鍵を握ったのは文字通り貴重品ロッカーのマスターキーである。利用者は4桁の暗証番号でロッカーを開け閉めする。番号を忘れた場合、マスターキーで分かる仕組みだった。4桁の数字を、簡単には覚えられない。ロッカーとキャッシュカードの暗証番号を同じにした人が多かった。ゴルフ場の支配人が犯行に加担したというから、まさに「　②　」。スペアキーでカードの暗証番号まで　③　になった。
　知らぬまに預金が引き出されても銀行は補償しない。暗証番号を知られた者の「自己責任」と手のひらを返す。手のひらの静脈で本人確認する次世代カードが普及するのはまだ先だろう。従って自衛策は甚だおぼつかない。暗証番号を分かりにくくする。財布は肌身離さず持ち歩く。便利なカードが新たな不便を生んでいる。

195　①ドギマギしたこと一再ならずの意味として、最も適したものを選びなさい。
　(A) とても恥ずかしかったことが一度だけある。
　(B) 戸惑ってしまったことが一度か二度ある。
　(C) どうしていいか分からずあわててしまったことが何度もある。
　(D) もう二度と失敗しないように気をつけている。

196　②　に入る言葉として、最も適したものを選びなさい。
　(A) 盗人に鍵を預ける
　(B) 盗人から鍵を受け取る
　(C) 当人が鍵を預ける
　(D) 当人が鍵を握る

197 ＿＿③＿＿に入る言葉として、最も適したものを選びなさい。

(A) 間抜け

(B) 底抜け

(C) 筒抜け

(D) 拍子抜け

198~200

　平日、オフィス近くの商業施設で買い物を済ます人が増えている。
　「ファッションやインテリアなど日常品以外の買い物を土日ではなく平日にする人が増えている」。日経MJが行った買い物時間調査の結果が小売業界に衝撃を与えている。消費者　①　ショッピングが無上の楽しみではなくなっている様が透けて見えるからだ。百貨店が週末には店を閉める。そんな驚愕の未来も②考えられなくもない。
　調査は全国のインターネットモニター3000人(20代〜60代、男女各1500人)を対象に電子メールを使って行った。それによると「3年前に比べて、土曜日、日曜日の買い物を平日に変えた」人が全体の16.7%。この割合は20代、30代の女性でとりわけ高く、20代女性で28.9%、30代女性で24.7%に及ぶ。その理由を一言で言えば「せっかくの休日を買い物でつぶしたくない」。土・日曜日に買い物の代わりに増やした時間を聞くと、1位が「インターネット、携帯電話」、2位が「休養、くつろぎ」で、以下「趣味、娯楽」「育児」「家事」「睡眠」と続く。ショッピングよりこれらの方が優先順位が上と考える人が増えているのだ。

198　　①　に入る言葉として、最も適したものを選びなさい。

(A) として

(B) に対して

(C) にとって

(D) だからこそ

199 ②考えられなくもないの意味として、最も適したものを選びなさい。

(A) 考えてもきりがない

(B) 絶対考えられない

(C) 少しは考えられる

(D) 考えてもしょうがない

200 どうして平日にオフィスの近くで買い物をする人が増えていますか。

(A) 働く人たちをターゲットにした店がオフィスの近くに立ち並んでいるので。

(B) 休日も返上して働く人が増え、休日は忙しくて買い物をする暇もないので。

(C) 休みの日にわざわざ買い物をして、時間を無駄にしたくないので。

(D) 家の近くにはショッピングを楽しめるような百貨店があまりないので。

실전모의고사 2

Ⅴ. 下の_____線の言葉の正しい表現、または同じ意味のはたらきをしている言葉を(A)から(D)の中で一つ選びなさい。

101 お客さまを迎える準備ができました。
(A) かかえる (B) むかえる (C) ささえる (D) かぞえる

102 これは便利なので重宝しています。
(A) ちょうほう (B) じゅうほう (C) じゅうぽう (D) ちょうぼう

103 雨が長い間降らなかったので、これは恵みの雨だ。
(A) めぐみ (B) ねたみ (C) はげみ (D) たくみ

104 とても素直な性格です。
(A) そっちょく (B) もとじき (C) すちょく (D) すなお

105 式はおごそかに行われた。
(A) 厳ごそかに (B) 厳そかに (C) 厳かに (D) 厳に

106 そうぞうするのさえ難しい事をわたくしがどうしてできましょうか。
(A) 創造 (B) 送像 (C) 想像 (D) 想象

107 法案の審議は滞ることなく運んだ。
(A) たずさわる (B) さまたげる (C) とどまる (D) とどこおる

108 同じような作品に見えてもそこにはびみょうな違いがあるのである。
(A) 美妙 (B) 微命 (C) 美名 (D) 微妙

109 我社は大企業にひってきするような、最新の設備をそろえている。
(A) 比満　　(B) 必敵　　(C) 比適　　(D) 匹敵

110 りこうな子供ばかりではない。
(A) 利口　　(B) 理工　　(C) 利己　　(D) 理口

111 5時になったかと思うと飛び出していった。
(A) 5時になったかならないかのうちに飛び出していった。
(B) 5時になってもいけないのに飛び出していった。
(C) 5時になって時間ができて飛び出していった。
(D) 5時になったのも知らないで飛び出していった。

112 この計画もようやく山を越えました。
(A) 病気には山の空気が一番です。
(B) 会社に帰れば書類の山です。
(C) 熱は今夜が山でしょう。
(D) 山がはずれて試験は最悪でした。

113 窓から朝の日差しがさしてきました。
(A) 彼女は自宅から通っています。
(B) うちのアパート、天井から雨が漏れるんです。
(C) 四月から新学期が始まります。
(D) そのことは母から聞きました。

114 こんなところに置くとは、なんてあてつけがましいんだ。
(A) 気持ちが悪くならないように気をつかう。
(B) いつも同じことをする。
(C) いやな気持ちになることをわざとする。
(D) ずうずうしい。

115 聞いたところでわすれちゃいますよ。
(A) 聞いてもわすれますよ。
(B) 聞いたら忘れませんよ。
(C) 聞くなら忘れませんよ。
(D) 聞くと忘れますよ。

116 出かけようとしているときに電話がかかって来た。
    (A) 今度の計画は失敗だったといえよう。
    (B) 他の人に負けないよう努力してください。
    (C) そんなにおもしろいなら読んでみようと思った。
    (D) 顔がよく見えるようにふいてください。

117 今日町で見かけた人は中学の同級生に相違ない。
    (A) 似ている。
    (B) 決まっている。
    (C) 同じだ。
    (D) 違っている。

118 探すまでもありませんね。
    (A) 探す時間はありませんね。
    (B) 探す範囲はありませんね。
    (C) 探す意欲はありませんね。
    (D) 探す必要はありませんね。

119 彼は取るに足らぬ人物に過ぎません。
    (A) 彼は見過ごしがちな人物です。
    (B) 彼は生意気な人に違いありません。
    (C) 彼は大した人物ではありません。
    (D) 彼は人並みな人物でしかありません。

120 友人とお酒を飲むのは楽しいです。
    (A) 映画を見るのが好きです。
    (B) 実は入院していたのです。
    (C) 私の好きな料理です。
    (D) 彼女はまるでお姫様のようだった。

VI. 下の＿＿＿線のA、B、C、Dの言葉の中で正しくない言葉を一つ選びなさい。

121　<u>見</u>だしたら <u>案外</u> <u>おもしろかった</u>ので、そのアニメを<u>つづいて</u> 見ました。
　　　(A)　　　(B)　　　　(C)　　　　　　　　　　　(D)

122　今夏は<u>天気が寒い日</u>が<u>つづいた</u>せいでクーラーの売れ行きが延びず電機メーカーに<u>たくさんの</u>
　　　　　　　(A)　　　　　(B)　　　　　　　　　　　　　　　　　　　　　　　　(C)

　　　損害が<u>でました</u>。
　　　　　　(D)

123　<u>さきの</u> <u>連休に</u> 愛知万博に行ってきました<u>が</u>、期待以上にすばらし<u>くて</u>よかったです。
　　　(A)　　(B)　　　　　　　　　　　　　(C)　　　　　　　　　　　(D)

124　<u>この間</u>、10年<u>ぶりで</u> 初恋の<u>人に</u> 会ったのですが、<u>かなり</u> 変わっていてがっかりしました。
　　　(A)　　　　(B)　　　　(C)　　　　　　　　(D)

125　<u>生まれて</u> <u>はじめに</u> <u>飛行機に</u> 乗った<u>ときの</u>ことを覚えていますか。
　　　(A)　　　(B)　　　　(C)　　　　(D)

126　異性<u>と</u> 付き合う前<u>までは</u>、恋愛の難し<u>さ</u><u>を</u>わかりませんでした。
　　　(A)　　　(B)　　　　　　(C)　(D)

127　時間が<u>足りない</u>のでわからない<u>の</u>箇所はなるべく<u>飛ばして</u>、後で<u>考えた</u>方がよい。
　　　　　(A)　　　　　　　　(B)　　　　　　　　(C)　　　　　(D)

128　性<u>に対した</u> 質問<u>を</u>日本の女子高生に<u>したら</u>、驚くべき答えが<u>返ってきました</u>。
　　　(A)　　　　　(B)　　　　　　(C)　　　　　　　　(D)

129　時には子供を厳しく叱る<u>の</u>はいい<u>だ</u>と思います<u>が</u>、体罰はやめ<u>た</u>方がいいと思います。
　　　　　　　　　　　　(A)　　(B)　　　(C)　　　　　　(D)

130　ある日、道を歩いていたら<u>どの</u>人が私を呼びましたが、私は<u>その</u>人が<u>だれか</u>知りませんでした。
　　　　(A)　　　　　　　(B)　　　　　　　　　　　(C)　　(D)

131 この写真を見ると高校生の時、友達と部活動に励んだ追憶がよみがえってくる。
　　　　　(A)　　　　　　　　　　　　　　(B)　　(C)　　　(D)

132 今、彼が説明していることは、このマニュアルに全て書いていることなので、注意して聞いて
　　　　　　　(A)　　　　　　　　　　　　　　　　　(B)

いる必要はありません。
(C)　　　(D)

133 食事をする 後ですぐにジョギングをするのはやめた方がいい。
　　　　(A)　(B)　　　　　　　　　　(C)　　(D)

134 授業中 話すをするとは もってのほかである。
　　　(A)　(B)　　(C)　　　(D)

135 昔の武士は腰に刀をささって いました。
　(A)　　　(B)　　(C)　　　(D)

136 床に牛乳をこぼしてしまったので雑巾で掃いてくれませんか。
　(A)　　(B)　　　　　　　　(C)　　　(D)

137 わたしの家は会社からそれほど 長くないところにありますし、近くに商店街もありますし、
　　　　　　　　　(A)　　　　(B)　　　　　　　　　(C)

とても住みやすいです。
　　　　(D)

138 再来月の中旬に日本人のペンパルが東京から来るつもりです。
　　(A)　(B)　　　　　　　　　(C)　(D)

139 夜中に急に目が覚めたとき、時計の針はちょうど午前2時をさしてありました。
　　　　　　(A)　　　　　(B)　(C)　　　　　　　　(D)

140 もしもし、私木村と申しますが、総務部の加藤さんはおりますでしょうか。
　　(A)　　(B)　　　　(C)　　　　(D)

VII. 下の_____線に入る適当な言葉を(A)から(D)の中で一つ選びなさい。

141 日本の夏は温度が_____くて、ほんとうに過ごしにくいです。
　(A) おおき　　　　　　　　　　(B) すくなく
　(C) たか　　　　　　　　　　　(D) きびし

142 最近のテレビ番組は_____番組が多すぎますね。もう少し、なんとかならないのでしょうか。
　(A) すばらしい　　　　　　　　(B) うまい
　(C) ありがたい　　　　　　　　(D) くだらない

143 外国での4年間の生活は一言では表現できませんが、_____経験となり、ほんとうによかったと思っています。
　(A) みにくい　　　　　　　　　(B) えがたい
　(C) たいせつ　　　　　　　　　(D) たえがたい

144 もっとていねいな字で書いてください。あまりにも_____です。
　(A) らんぼう　　　　　　　　　(B) ぜいたく
　(C) たいせつ　　　　　　　　　(D) きゅうくつ

145 農村の生活はあまりにも_____です。若い人が都会に行きたがるのもわかりますね。
　(A) じゆう　　　　　　　　　　(B) りっぱ
　(C) たいくつ　　　　　　　　　(D) じゃま

146 「おばさん」ですって！_____こと言わないでください。私はまだ25歳ですよ。
　(A) ふくざつな　　(B) きらいな　　(C) しつれいな　　(D) たいへんな

147 何をやっても成功しないんだから、ぼくほど_____男もいないよ。
　(A) だめな　　　　(B) ざんねんな　　(C) じゃまな　　(D) りっぱな

148 星がキラキラ輝いている海辺を二人で散歩するなんて、なんて_____ことでしょう。
(A) クラシックな　　　　　　　　(B) エキゾチックな
(C) トロピカルな　　　　　　　　(D) ロマンチックな

149 みなさんの誤解を_____ようなことをしたことに対しては謝罪します。
(A) する　　　　　　　　　　　　(B) まねく
(C) とる　　　　　　　　　　　　(D) もらう

150 試合にのぞむにあたり、一番大切なことは雑念を_____ことです。
(A) おく　　(B) どける　　(C) はらう　　(D) うる

151 この地方が発展するためには、川の流れを_____ダムを作ることです。
(A) さまたげる　　　　　　　　　(B) おおい
(C) じゃまする　　　　　　　　　(D) せきとめる

152 金さんが遊びに来たとき、日本料理を作って_____らおいしい、おいしいと言って喜んでくださいました。
(A) さしあげた　　　　　　　　　(B) もらった
(C) いただいた　　　　　　　　　(D) くれた

153 刺身はやはりしょうゆに_____食べるのがおいしいです。
(A) かけて　　(B) つけて　　(C) ゆでて　　(D) あげて

154 3泊4日の旅行で日本に行ったときは、安い旅館に_____。
(A) すみました　　　　　　　　　(B) くらしました
(C) すごしました　　　　　　　　(D) とまりました

155 先生の話を聞いて、目からうろこが_____。
(A) なくなりました　　　　　　　(B) きえました
(C) おちました　　　　　　　　　(D) とれました

156 木村さんは、先月九州の支店に＿＿＿＿＿。
　(A) てんきんになりました
　(B) ひっこししました
　(C) しゅうしょくしました
　(D) てんしょくしました

157 日本のビジネスの社会では、初めて会った人に名刺を＿＿＿＿＿のは礼儀です。
　(A) わける　　(B) うける　　(C) わたす　　(D) あつめる

158 今度ボーナスを＿＿＿＿＿買いたい物がたくさんあります。
　(A) とったら　　　　　　(B) もらったら
　(C) でたら　　　　　　　(D) うけたら

159 そんな＿＿＿＿＿お世辞、よしてください。
　(A) 目のうくような
　(B) 鼻のうくような
　(C) 口のうくような
　(D) 歯のうくような

160 電車の中で本を読むと目が悪くなるので、電車の中では私はできるだけ＿＿＿＿＿。
　(A) 読めないことになりました
　(B) 読めないこともあります
　(C) 読まないことにしています
　(D) 読まないことになっています

161 久しぶりに荷物を整理して、掃除機を＿＿＿＿＿。
　(A) おした　　(B) した　　(C) かけた　　(D) いれた

162 同じぐらいの子供の声を聞いていてつい自分の子供の声と＿＿＿＿＿してしまいました。
　(A) 同感　　(B) 確認　　(C) 混乱　　(D) 錯覚

163 いつでも＿＿＿＿相談できる友だちがいます。
(A) 気軽に   (B) 気長に
(C) 気短に   (D) 気晴らしに

164 この雑誌は読みやすい。＿＿＿＿写真もきれいだ。
(A) それも   (B) それに
(C) それとも   (D) そうしたら

165 これ＿＿＿＿あれば、大丈夫だよ。
(A) ばかり   (B) しか
(C) どころか   (D) さえ

166 ＿＿＿＿おおぜいの人に来てもらいたいと思っています。
(A) よほど   (B) あまり
(C) それほど   (D) なるべく

167 その気はなかった＿＿＿＿無理に連れてこられたんです。
(A) のに   (B) から   (C) ので   (D) には

168 なかなかうまくいかないので＿＿＿＿をやきました。
(A) 手   (B) 気   (C) 足   (D) 体

169 二人には＿＿＿＿未来が待っています。
(A) 明るい   (B) みずみずしい
(C) あつかましい   (D) はなはだしい

170 彼が課長になればよかったのに＿＿＿＿です。
(A) すがすがしい   (B) はなばなしい
(C) ざんねん   (D) おだやか

VIII. 下の文章を読んで、後の問いにもっとも適したものを(A)から(D)の中で一つ選びなさい。

171~174

　ことばは伝達の手段である。それはそのとおりであるが、他人に伝えたいことがないときに使ってはならないということではない。とくにいうことはないのだが、知ったもの同士の出会った確認として、あいさつをするのもことばの機能のひとつである。それに人間と人間の間にできるかもしれない摩擦を解消する。

　朝会って「おはよう」、別れるときの「さようなら」といった、いわゆる　①　のほかにも、ことばはいろいろと社交的機能において使われている。

　別に用はないが、久しぶりに友人をたずねて雑談をするというのも拡張されたあいさつであるといってよい。たいていの②むだ話や世間話は、それ自体に価値があるのではなくて、そういう一見無意味と思われることばをかわすことによって、人間関係を円満にする効果があるのである。たんなるおしゃべりが③思いがけない役に立っていることがすくなくない。

171　　①　に入る言葉として、最も適したものを選びなさい。

(A) 会話
(B) 礼儀
(C) お辞儀
(D) あいさつ

172　②むだ話や世間話にはどんな効果がありますか。

(A) 暇つぶしになる。
(B) ストレスを解消する。
(C) 人間関係をスムーズにする。
(D) ぼけの防止になる。

173 ③思いがけないの正しい意味はどれですか。

(A) 思ったとおりの

(B) 思ってもみなかった

(C) 案の定

(D) あいにく

174 ことばの機能について本文の内容に最も適したものを選びなさい。

(A) 他人に伝えたいことがないときにするあいさつも、ことばの機能のひとつである。

(B) ことばは他人に伝えたいことがあってはじめてその機能を発揮する。

(C) ことばは伝達の手段であり、伝達目的のないあいさつは、かえってトラブルをまねいてしまう。

(D) 近年、流行語が浸透したため、他人との摩擦が生じなくなった。

175~178

　「海外に行く日本人がひそかにトランクにしのばせる食べ物」といえば、まず「梅干し」が思い当たるでしょう。慣れない異国の食べ物で胃が疲れたときなど、＿＿①＿＿梅干しが食べたくなるものです。梅干しは古来から保存食品、健康食品として日本人に親しまれてきました。最近ではスーパーなどでもパックに入った梅干しを売っていますが、もともとはそれぞれの家庭で作っていたもので、今でも夏に田舎の方に行くと、庭に梅干しを干している様子が見られるかもしれません。さて、その味は、といいますと、少しでも梅干しをかじってみたことがある人には、もうお分かりでしょう。とても酸っぱくて②顔をしかめてしまうほどです。「なんてまずいものなんだ！」と思われた方もいらっしゃったことでしょう。しかし、その酸っぱさと独特の風味が長い間日本人に親しまれてきたのです。ご飯と一緒に食べたり、おにぎりに入れたり、お茶に入れたり、またほぐして他の野菜などといっしょに和えたり、いろいろな食べ方があります。

175 梅干しが日本人に好まれるのはどうしてですか。
　(A) 健康食品としては値段が安いから
　(B) 保存がきくし、簡単に家庭で作ることができるから
　(C) 梅干しならではの味わいと酸っぱさが日本人の口に合うから
　(D) スーパーなどでパックに入ったものを手軽に手に入れられるから

176 ＿＿①＿＿に入る言葉として、最も適したものを選びなさい。
　(A) ほっと
　(B) はっと
　(C) ふっと
　(D) やっと

177 ②顔をしかめてしまうとはどういう意味ですか。
　(A) 酸っぱい味がするので笑ってしまう。
　(B) 酸味がきついので眉間にしわを寄せてしまう。
　(C) あまりの酸っぱさに舌を出してしまう。
　(D) とても酸っぱくて涙が出てしまう。

178 本文の内容と合っているものを選びなさい。

(A) 梅干しは外国人にも人気があるので海外に行くときは必ず携帯するべきである。

(B) 最近は酸っぱさと独特の風味のために梅干し嫌いの日本人が増えている。

(C) 健康のために梅干しをどんどん食べるべきである。

(D) 昔はそれぞれの家庭で梅干しを作っていたものである。

179~181

　隣の家の庭に①ひときわ背の高いカキの木がある。春、カキの新芽がふき出したころのことを思うとすばらしい。あの新緑の葉の色というものは明るく輝かしくて、それを眺めているわたしに、何の心の負担を与えることもない。いや、というより、あの育とうとする力感のこもった葉のさまは逆に勇気づけられるような気持ちを呼びおこす。それは木の枝の吐く緑の炎にわたしには見えた。

　葉がしだいに緑を濃くし、つやもしだいに落ち着いたものに変わっていく。葉はしっかりとしたものになっていく。そうなっていくことに抵抗を感じることはない。そうなるべきものだ、とわたしは思っているらしい。いつまでもありつづけられるはずがないすばらしい状態にわたしは ___②___ 、それだから執着する。

179 ①ひときわの正しい意味はどれですか。

(A) 多少

(B) 一段と

(C) 一方

(D) 若干

180 ___②___ に入る言葉として、最も適したものを選びなさい。

(A) くずれ

(B) ひかれ

(C) ふまれ

(D) のまれ

181 カキの新芽が出たことを思うと作者はどんな気持ちになるのですか。

(A) 新しい芽が出たことに対する喜びの気持ち

(B) 秋になれば落ち葉になってしまうという残念な気持ち

(C) 物事を恐れない強い心を持つような気持ち

(D) 自分が年を取っていくような寂しい気持ち

182~185

　物を買う、という行為は、この国ではなぜかあまり褒められない行為のようにうけとられています。「浪費癖」だとか「衝動買い」だとか「無駄遣い」だとか、そういう言葉に表現されるように、必要以外のものを買う人間はあまり①かんばしい評判を得られません。しかし、以前から思っていることなのですが、物を買う、ということは、決してただお金を浪費し虚栄心を満足させるだけのことではないような気がするのです。

　何かいやなことがあって、＿＿②＿＿した気分を抑えるためにショッピングをする人がいます。必要のないものにお金を遣うなんて愚かしい行為だと理性的な人は言うでしょうが、それでも人間の精神のバランスをとるために費用をかけたと思えば、それはそれでいいんじゃないでしょうか。

　人間は大人になって死ぬまでの間、お金のことで苦労しながら生きてゆきます。生まれながらにして無限の富を与えられた人は別ですが、ほとんどの人はお金の苦労というものでエネルギーをすり減らすことになります。

182 ①かんばしいの正しい意味はどれですか。

(A) よくない

(B) かおりが高い

(C) 辛口の

(D) 好ましい

183 ＿＿②＿＿に入る言葉として、最も適したものを選びなさい。

(A) めちゃくちゃ

(B) ちんぷんかんぷん

(C) むちゃくちゃ

(D) しわくちゃ

184 作者は必要以外の物を買う行為についてどう考えていますか。

(A) ストレスを余計にためてしまう行為である。

(B) 精神衛生上、許される行為である。

(C) 苦労して稼いだお金を無駄遣いしてはいけない。

(D) 必要のない物を買うのは愚かな行為である。

185 本文の内容に最も適したものを選びなさい。

(A) ショッピングはストレスの発散になるのでどんどんするべきだ。
(B) 高度経済成長期においては無駄使いが美徳とされていた。
(C) ほとんどの人はお金のことで苦労をしながら生きてゆく。
(D) 物を買うということは虚栄心を満足させるだけのことである。

186~188

　会社の近くに、スプーンとナイフ、フォークだけでなく、必ず箸を添えて出す小さなレストランがあった。紙の箸袋に入った割り箸で、駅弁などについているものよりも少し長目の割り箸である。ホテルのレストランなどではまずあり得ない和洋の____①____であるが、このことが実に気楽であり、何よりも食事がしやすかった。こういう所へなら、老人を案内しても、互いに②気詰まりな思いをしないで食事を楽しむことができる。
　日本料理をしっかり支えているのが箸で、たった一膳といっても、三度の食事で発揮される箸の機能は水陸両用とでも言いたい頼もしさ、固い食物、柔らかな食物、長い、短い、太い、細い食物を口へ運ぶに当たってのはたらきの多様性は、高座で示される扇子や日本手ぬぐいのたぐいではない。しかもこの機能は、箸を指で使う人間しだいというところがあって、ごくわずかな機能にしかあやかれないまま一生を終わる場合もある。人間は遠い昔から営々として箸をつくりながら、つくった箸の暗黙の要求にどれだけこたえられるか試されてきたとも言えるだろう。

186　____①____に入る言葉として、最も適したものを選びなさい。
　(A) 混同
　(B) 創作
　(C) 折衷
　(D) 葛藤

187　②気詰まりな思いの正しい意味はどれですか。
　(A) 気が引き締まる思い
　(B) 緊張しないで気楽に感じること
　(C) 気分を害すること
　(D) 気兼ねして窮屈に感じること

188　本文の内容に最も適したものを選びなさい。
　(A) 箸は日本手ぬぐいや扇子と並ぶ多機能な民芸品と言える。
　(B) 割り箸はたった1回使っただけで捨てられてしまうのでもったいない。
　(C) ホテルのレストランに箸が置いてあると安心する。
　(D) 高級感を出すためにレストランではフォークとナイフを使うのがよい。

189~192

　高校時代の三年間は、毎日が小さな旅だった。一時間かけての電車通学。ひとつずつ止まる駅には、それぞれの表情があった。始発の中央林間を出て四つ目にすずかけ台という駅がある。いつもそこから乗ってくる親子がいた。足が不自由らしい少年を、かなりの年配と　①　母親がおぶってくるのである。田舎の電車とはいえ、一応朝のラッシュ時である。中央林間駅でほぼ座席は埋まってしまい、二つ目以降の駅で乗る人はみな立つことになる。通勤や通学の人間がほとんどなので、②なんとはなしにそれぞれの定位置があって、互いに言葉こそ交わさないが、その時間のその車両での顔見知りといった関係になる。

　どんなに混雑していても、すずかけ台まで空いている座席があった。二両目の真ん中あたり。そこが少年をおぶってくる母親の定位置なのである。はじめのうちは、乗ってくるたびに誰かが席を譲っていたのだろう。が、そこに乗りあわせる人たちの暗黙の了解みたいなものがいつのまにかできて、どんなに混みあってもその席には座る人はいなかった。

　高校を卒業してから七年になる。あの電車に乗りあわせる人々の顔ぶれもずいぶん変わったことだろう。今でもすずかけ台で、あの親子は乗ってくるのだろうか。ならば今でもすずかけ台まで、あそこの席は空いているのだろう。二両目の真ん中あたり。

189　　①　　には入る最も適した言葉は何ですか。

(A) 見つけられる

(B) 見かけられる

(C) 見うけられる

(D) 見違えられる

190　②なんとはなしにの正しい意味はどれですか。

(A) 何人かと話をして

(B) これという理由もなく

(C) きちんとした理由のもと

(D) 何回も話しているうちに

191 二両目の真ん中あたりの席がすずかけ台まで空いているのはなぜですか。

(A) 歩けない男の子とその子を背負った母親に座ってもらいたいから。

(B) 体の不自由な人や老人専用の優先席だから。

(C) 足の不自由な老人に座ってもらいたいから。

(D) 特にこれという理由はなく、そこだけ誰も座らない。

192 本文に書かれている電車の中の光景として正しくないものはどれですか。

(A) 田舎の電車ではあるが、朝はだいたい席がなくなってしまうほど混んでいる。

(B) 乗客たちはお互い話こそしたことはないが、何となくお互い顔だけは知っている。

(C) 通勤や通学で利用している人がほとんどなので、乗客たちはお互いの顔を知らない。

(D) 乗客たちは特に決めたわけではないが、それぞれ自分の位置が決まっている。

193~196

　メキシコの汽車が山の中を通りかかって汽笛を鳴らすと、インディオが鳥を売りに来る。運転手が①ころあいの所に止めて、それから鳥の羽をむしり、野外バーベキューを楽しんでから再び出発ということになる。したがって列車が二、三時間遅れるのは普通のことだ。駅そばを一分間でのみ込むことを自慢にする国民とはずいぶん違う。近代化の競争となれば、優劣は初めから明らかである。逆に言えば近代化というものが、どういう喪失の上に成り立っているかということを、このエピソードは思わせもする。

　日本で通勤電車が一時間ほど遅れたことのために、駅の乗客の暴動が起きたというニュースは、メキシコにも伝えられていた。それは必ずしも先天的な民族性　②　の問題ではなく、「みんな生活がかかっている」のだ。精緻なシステムの破綻する時に一挙裂け目を噴出するそのエネルギーは、分刻みに追われる時間に生活がかけられている社会構造が、平常は見えないところに抑制し、蓄えているいらだちの情動のようなもののすごさを思い知らせる。

193 ①ころあいの所の正しい意味はどれですか。

(A) 急な坂道
(B) 谷間
(C) 集落
(D) 適当な場所

194 　②　には入る最も適した言葉は何ですか。

(A) なになに
(B) なにがし
(C) うんぬん
(D) なんでも

195 通勤電車が遅れて暴動が起きた理由のうち正しいものはどれですか。

(A) 遅刻をすると会社の上司に叱られるばかりでなく、今後の昇進にも影響があるから。

(B) 日本人はもともと短気な性格なので、一分でも電車が遅れたら許せないから。

(C) 生活がかかっている人たちが抱えてきた日頃のいらだちのようなものが一気に爆発したから。

(D) 普段は大人しい日本人だが、駅員の対応の悪さに怒らないではいられなかったから。

196 本文の内容に合っているものはどれですか。

(A) 現代人は分刻みに時間に追われる生活を送っているので心に余裕がなくなってきている。

(B) メキシコの汽車は時間どおりに来るが、途中でバーベキューをしたり、いろいろと楽しめる。

(C) 日本人は時間にうるさく、電車が少しでも遅れると暴動を起こす民族性を持っている。

(D) 列車が二、三時間遅れても平気なメキシコ人と早さを尊ぶ日本人とはかなり違う。

197~200

　ほんとうのコレクターにとっては、一枚ずつの切手が、それぞれに、なにかの思い出をともなっている。何か月も何年もさがし求めて、＿＿①＿＿手にいれた珍しい切手もあろうし、海外でふと見つけた掘り出し物もあろう。一枚の切手が、過去のある瞬間における特定の記憶にむすびつくのである。だから、コレクターにとっては、一冊の切手帳は、たんなる切手の集積というだけでなく、これまで何年にもわたる人生の心象の蓄積でもあるのだ。その一冊の切手帳をひらくとき、コレクターは、そこに過去の人生をパノラマのように見るのである。それにひきかえ、②いかさまコレクターにとっては、カネで買ったコレクションはひとつの商品であるにすぎぬ。何百枚、何千枚、どれだけ珍しい切手があっても、それはしょせん商品だ。それは、べつだんなんらの情緒的な記憶をともなわない。そこには、蓄積過程のよろこびなど、これっぱかしもないのである。蓄積は貴い。能力の蓄積、知識・技術の蓄積、そして、情報の蓄積―それらは、それじたい、価値がある。そして、実用的価値もある。しかしだいじなことは、その蓄積をじぶんの力でつくるということである。自力でつみ上げていくことである。出来合いのもので簡便に間にあわせるのでなく、コツコツと蓄積していくこと―そのプロセスが貴重なのだ、とわたしは思う。

197 ＿＿①＿＿には入る最も適した言葉は何ですか。

(A) そっと

(B) きっと

(C) はっと

(D) やっと

198 ②いかさまの正しい意味はどれですか。

(A) プロ

(B) 素人

(C) 偽物

(D) 未熟

199　ほんとうの切手コレクターとして最も適した説明はどれですか。
　　(A) 一枚の切手にこれといった思い出をともなわない人
　　(B) 情緒的な記憶とともに蓄積過程の喜びを味わっている人
　　(C) 非常に高価な切手をきれいに整理して持っている人
　　(D) 珍しい切手やたくさんのコレクションを持っている人

200　作者の考えとして正しいものはどれですか。
　　(A) 単なる情報の蓄積はそれじたい価値のないことである。
　　(B) コレクターにとって大事なことはプロセスより結果である。
　　(C) 自分の力でコツコツと蓄積していくことはだいじなことである。
　　(D) 能力の蓄積や知識、技術の蓄積の実用的価値は低い。

실전모의고사 3

Ⅴ. 下の＿＿＿線の言葉の正しい表現、または同じ意味のはたらきをしている言葉を(A)から(D)の中で一つ選びなさい。

101 最近の若い世代の行動には本当に困惑してしまいます。
 (A) こんかん (B) めいかん (C) こんわく (D) めいわく

102 彼の哲学的な概念によると、美というものとは関係のないものになるそうだ。
 (A) ぎねん (B) かんねん (C) すでねん (D) がいねん

103 おかげさまで、店は繁盛しています。
 (A) しげもり (B) はんもり (C) はんじょう (D) はんしょう

104 支度ができしだい出発してください。
 (A) しと (B) しど (C) したく (D) したび

105 年々結婚式は派手になっていく傾向にあります。
 (A) はて (B) はで (C) はしゅ (D) ぱしゅ

106 この予算からねんしゅつするのは無理です。
 (A) 捻出 (B) 締出 (C) 念出 (D) 稔出

107 この先はきょかしょうがないと入れません。
 (A) 許可書 (B) 許加書 (C) 許過証 (D) 許可証

108 ゆっくりくつろいでください。
 (A) 寛で (B) 寛いで (C) 寛ろいで (D) 寛つろいで

109 くわしい説明をお願いします。

(A) 紛しい　　　(B) 詳しい　　　(C) 煩しい　　　(D) 細い

110 彼は言葉をにごした。

(A) 独した　　　(B) 抱した　　　(C) 沢した　　　(D) 濁した

111 この仕事は私の力に余ります。

(A) 自分の能力の発揮するのにいい機会だ。
(B) 自分の能力に対してこの仕事はあまりにやさしすぎる。
(C) 自分の能力では待ってすれば簡単に処理ができる。
(D) 自分の能力ではどうにも処理することができない。

112 あの先生は、採点が甘いから大丈夫だよ。

(A) このケーキは、とても甘い。
(B) この歌は、甘いメロディーで人気がある。
(C) 彼は、女に甘い。
(D) 彼は、甘いマスクをしている。

113 友達なんだから水くさいこと言うなよ。

(A) よそよそしいこと
(B) むかしのこと
(C) つまらないこと
(D) めんどうくさいこと

114 こちらから電話しようとした矢先でした。

(A) 電話しようかどうしようか、迷っていた。
(B) 電話する直前だった。
(C) 早く電話しなければと、急いでいた。
(D) ちょうど、お話中だった。

115 彼と話したほうがいいですよ。
(A) 昨日、車と衝突しました。
(B) 一週間前と同じ人です。
(C) 9月になると涼しくなります。
(D) 東洋と西洋の出会いです。

116 マニキュアをつけて、悦に入っていた。
(A) じっと動かなかった。
(B) 一人で満足していた。
(C) 美しさに磨きがかかった。
(D) 入念に調べていた。

117 この靴は、私にちょうどいいです。
(A) 値段が高い。
(B) あまり気に入りません。
(C) 仕上げがきれいです。
(D) 私の足に合います。

118 10年間にわたる研究が学会でもみとめられました。
(A) まじめに仕事をしていれば、必ずみとめられるはずです。
(B) 犯人は台所の窓から侵入したとみとめられました。
(C) 脳に異常があることがみとめられました。
(D) 彼女の姿はたくさんの人の中でも容易にみとめられた。

119 医者は彼の傷を見るなり、さじを投げてしまった。
(A) スプーンを投げた
(B) 失敗した
(C) あきらめた
(D) 成功した

120 ここから駅までは目と鼻の先ですよ。
(A) 地図にないぐらい遠い。
(B) 目と鼻のように非常に近い。
(C) 車が非常にこんでいる。
(D) 人がたくさんいる。

VI. 下の＿＿＿線のA、B、C、Dの言葉の中で正しくない言葉を一つ選びなさい。

121　被害者の家族<u>は</u>電車の事故原因<u>に対した</u>詳しい説明を鉄道会社<u>に</u>　<u>求めた</u>。
　　　　　　　(A)　　　　　　　　(B)　　　　　　　　　　　　(C)　(D)

122　結婚する<u>時</u>、父の<u>おっしゃった</u>言葉が<u>今でも</u>私の心に<u>響いて</u>います。
　　　　　　(A)　　　(B)　　　　　　(C)　　　　　(D)

123　今度の週末は海に<u>泳ぎに</u>行こうか、それとも<u>山登るに</u>行こうか、決めかねています。
　　　　　　　(A)　(B)　　　　　　　(C)　　(D)

124　これからも先生に頂戴した「気合」という言葉を深く心<u>が</u>刻<u>んで</u>、がんばって<u>いく</u>次第で
　　　　　　　　　　　　　　　　　　　(A)　　　　(B)　　　(C)
　<u>ございます</u>。
　　(D)

125　学歴や性別に<u>とらわれず</u>に能力を発揮できるところ<u>で</u>この会社の魅力<u>が</u>あると<u>いっても</u>過言
　　　　　　　　(A)　　　　　　　　　　　　　(B)　　　　　　(C)　　　(D)
　ではないでしょう。

126　<u>今で</u>一番心に<u>残った</u>のは、やはり<u>何といっても</u>東京タワーから<u>眺めた</u>東京の夜景です。
　　　(A)　　　(B)　　　　　　(C)　　　　　　　(D)

127　きのう<u>はしごから</u>落ち<u>て</u>足を怪我<u>ができた</u>ので、接骨医に<u>診て</u>もらいました。
　　　　　(A)　　　(B)　　(C)　　　　　　　　(D)

128　語学研修の<u>ために</u>東京に<u>滞在する</u>ときは、<u>大変</u>お世話<u>に</u>なりました。
　　　　　　(A)　　　　(B)　　　　(C)　　(D)

129　これは<u>去年</u>他界<u>した</u>祖母<u>から</u>もらった<u>こと</u>なので今でも大切に持っています。
　　　　　(A)　　(B)　　　(C)　　　(D)

130　最近の私の唯一のストレス解消法は運動をして汗をかいた後ビールを飲むのです。
　　　　(A)　　(B)　　　　　　　　　　　　(C)　　　　　　(D)

131　昨日は残業をして遅く帰ったので顔を洗うあと服も着替えずに寝てしまいました。
　　　　　　　　　(A)　　　(B)　(C)　　　(D)

132　冬になると たくさんの渡り鳥が羽を休むためにやってきます。
　　　　(A)　　　(B)　　　　　(C)　　　(D)

133　PKO問題を めぐって 日本では意見が二つに 分けている。
　　　　(A)　　(B)　　　　　　　　　(C)　(D)

134　去年の夏は本当に暑いでしたから、クーラーをつけない ではいられませんでした。
　　　　(A)　　(B)　　　　　　　　　　　　(C)　　(D)

135　それから、何日か経って、私たちはいよいよ 仲直りをした。
　　　　(A)　　　(B)　　　　　(C)　　(D)

136　家に着いたら まず お風呂をして、それから軽い柔軟体操をするのが私の日課です。
　　　(A)　　(B)　　(C)　　　(D)

137　川の水はとても冷たかったので、とてもじゃないけど川で泳げませんでした。
　　　(A)　　　　(B)　　　(C)　　　　　　　　(D)

138　田中先生にはじめにお目にかかったのは確か5年前の冬でした。
　　　　　(A)　　(B)　　(C)　　(D)

139　何の連絡もなかったので何かあったのではないかと たくさん心配しました。
　　　　　　(A)　　　(B)　　(C)　　　　(D)

140　その人は、私が日本に行ったらきっと会いたいと思っていた人なので、下宿先に会いに行った
　　　　　　　　　　　　　(A)　　　　　　　　　　(B)　　　(C)
のです。
(D)

Ⅶ. 下の_____線に入る適当な言葉を(A)から(D)の中で一つ選びなさい。

141　せめて英語ぐらいは上手_____なければあの会社に就職するのは難しい。
　　(A) が　　　　(B) で　　　　(C) に　　　　(D) にも

142　ここから新宿までバスで行く_____は、どう行けばいいんですか。
　　(A) の　　　　(B) か　　　　(C) と　　　　(D) に

143　飛行機が怖いから_____いって、乗らないわけにも行かないでしょう。
　　(A) と　　　　(B) だ　　　　(C) は　　　　(D) も

144　人口は5年前の約1.5倍_____ふくれ上がった。
　　(A) で　　　　(B) は　　　　(C) に　　　　(D) を

145　春になる_____、きれいな花がたくさん咲きます。
　　(A) ので　　　(B) から　　　(C) で　　　　(D) と

146　海外どころか国内_____ろくに旅行したことがありません。
　　(A) すら　　　(B) しか　　　(C) だけ　　　(D) ほど

147　親のちょっとした行動が子ども_____影響を与えてしまったのです。
　　(A) にでも　　(B) にまで　　(C) からも　　(D) までで

148　大学生_____なる前にもう一度、将来自分がやりたいことは何かについて考えてみましょう。
　　(A) の　　　　(B) が　　　　(C) に　　　　(D) も

149　昨日の実習の内容をもう少し_____書いていただけませんでしょうか。
　　(A) くやしく　(B) くわしく　(C) わずらわしく　(D) うまく

150 この電子辞典は字の_____を3倍まで大きくできるので大変便利です。
(A) おもさ (B) ふかさ
(C) おおさ (D) おおきさ

151 もし都合が_____、今度の日曜日にお伺いしてもよろしいでしょうか。
(A) よけば (B) よければ
(C) いければ (D) いいけば

152 最近、仕事のほうは、_____いっていますか。
(A) こまかく (B) おもしろく
(C) うまく (D) やわらかく

153 彼はあなたが電話一つしないので、とても_____がっていましたよ。
(A) さびし (B) うらやまし
(C) うれし (D) おいし

154 いくら彼女が悪いからって、それはちょっと_____すぎじゃないですか。
(A) はなし (B) いい (C) かたり (D) しゃべり

155 彼の奥さんは、神経が_____だけによく気が利きますね。
(A) するどい (B) こまめな
(C) にぶい (D) こまやかな

156 彼の演技はいつも型にはまって_____がないような気がするけど。
(A) しんちょうさ (B) まえむき
(C) しんせんみ (D) しんけんさ

157 私の英語の先生はいつも私に_____教えてくださいます。
(A) ていねいに (B) おろそかに
(C) べんりに (D) ゆるやかに

158 昨日テレビで見た漫才は、あまりに＿＿＿＿＿＿のて涙が出て止まらないほどでした。
(A) おかしい
(B) おかしいな
(C) おかしかった
(D) おかしいかった

159 再来月の＿＿＿＿＿＿に海外旅行にでも行こうと思っています。
(A) はじめ
(B) 一週間
(C) はじめて
(D) 年頃

160 高速道路は行きも＿＿＿＿＿＿も込んでいて、普段の3倍以上の時間がかかりました。
(A) もどり
(B) かえり
(C) 往復
(D) 片道

161 うっかりしてどこかに財布を＿＿＿＿＿＿しまったようです。
(A) おとして
(B) おちて
(C) なくなって
(D) いなくなって

162 実は昨日、同僚と遅くまで、赤坂の飲み屋で＿＿＿＿＿＿んです。
(A) おこった
(B) かえった
(C) のんだ
(D) くらした

163 昨日は一晩中＿＿＿＿＿＿本を読んだり考え事をしたりしていました。
(A) ねないで
(B) ねなくて
(C) ねたまま
(D) ねながら

164 過去10年間の経験を＿＿＿＿＿＿、ぜひこれからも頑張っていただきたい。
(A) いかして
(B) のばして
(C) いきて
(D) とばして

165 車に乗るときはシートベルトを＿＿＿＿＿＿しめるように気をつけなければなりません。
(A) くっきり
(B) たしかに
(C) はっきり
(D) しっかり

166 危険ですから工場のなかでは_____たばこを吸わないようにしてください。
　(A) きっと
　(B) きちんと
　(C) ぜったいに
　(D) どうも

167 大地震の後、翌朝から三日間_____余震がありました。
　(A) にかぎって
　(B) によって
　(C) につうじて
　(D) にわたって

168 すみませんが、先週お貸しした日本語の辞書はいつ頃_____いただけますでしょうか。
　(A) かえして
　(B) かして
　(C) かりて
　(D) おかし

169 すっかり彼女の父親に気に_____しまった。
　(A) いれて
　(B) いられて
　(C) はいって
　(D) はいられて

170 では、明日の午後5時頃そちらの方まで_____。
　(A) うかがわせてくださいます
　(B) うかがってくださいます
　(C) うかがわせていただきます
　(D) うかがっていただきます

Ⅷ. 下の文章を読んで、後の問いにもっとも適したものを(A)から(D)の中で一つ選びなさい。

171~174

　私の若いときは、学費・生活費にさしつかえる家もたくさんあって、気の毒な学生もいた。私は割合にめぐまれた学生生活をしていたので、弁当なしになることはなかったのだが、①いわば自分のわがままというべきものから、弁当なしを経験した。つまり朝早く起きられないのである。弁当をつめるだけの、時間の余裕をみて起きることができなかった結果なのである。学校と私の家との距離は遠くて、一時間半はかかる。八時はじまりだったので、学校に間に合うには、六時半に家を出ねばならず、__②__その間に食事をこしらえて弟にもたべさせ、弁当をつめてやり、自分も身づくろいなどをすれば、どんなに手早くしても五時半には起きることになる。その五時半が辛いのだった。母親が病気もちの弱いからだで、女手の私ひとりときては、いきおい登校前の家事雑用がかかってくる。とにもかくにも、弟には是非お弁当を持たせようと思う気持ちがあるので、これは無理にもこしらえるが、自分はおひるぬきの空腹のほうが遅刻よりもまだしもである。父母は私の体力と労働力を信じているから、弁当なしのことなどてんで気がついていないが、私は実はその信用をうらぎって、眠さに負けていたし、しばしば弁当抜きをくりかえしていた。

171 ①いわばの正しい意味はどれですか。

(A) 言うまでもないが
(B) 言ってみるならば
(C) 言いかえるなら
(D) 付け加えて言うなら

172 __②__に入る最も適した言葉は何ですか。

(A) ところが
(B) なぜなら
(C) したがって
(D) たとえば

173 筆者がしばしば弁当抜きをくりかえしていたのはなぜですか。

(A) 学費を払うのも苦しいほどの生活をしていたから。

(B) ダイエットのため、わざと母親が作ってくれた弁当を食べなかったから。

(C) 弁当を作るために早起きすることができなかったから。

(D) 生活が苦しい気の毒な友人に自分の弁当をあげていたから。

174 本文の内容に合っているものはどれですか。

(A) 朝食の支度をしたり、弟に食べさせたりしていたのでいつも学校に遅刻していた。

(B) 毎朝早起きすることは習慣になっていたのでぜんぜん苦にならなかった。

(C) 早く起きることができなくて弟の弁当を作ってあげることができなかった。

(D) 母親が病気がちだったので学校に行く前に家事をしなければならなかった。

175~178

　私たちのごく日常的な経験として、小さい子どもといっしょにいると、子どものいうことばが非常に詩的に聞こえるという経験を、おそらくだれしもが多かれ少なかれしたことがあるのではないでしょうか。____①____、子どもがサイダーを初めて飲んで、その時の印象を、「水がのどにかみついたよ」と表現している。私たちが聞くと、何かとっても詩的な感じでおもしろい。あるいは、庭に落ちている木の葉が風に吹かれて舞っているとき、「木の葉が踊っているよ」とか、風が吹いてきて本のページが____②____とめくれるのを見て、「風が本を読んでいるよ」というような言い方をする。

　子どものことばが詩のことばに似ていることがあるということ――これはいったいどういうわけなのでしょうか。おそらく、伝統的な説明の仕方ですと、子どもというのは純真ですから、そういう純真な気持ちがたくまずして出てくる、それがそのまま詩になるのである――そういう形で説明するのではないかと思います。

175　____①____に入る最も適した言葉は何ですか。
　(A) それで
　(B) たとえば
　(C) 一方
　(D) しかし

176　____②____に入る最も適した言葉は何ですか。
　(A) サラサラ
　(B) パチパチ
　(C) シトシト
　(D) パラパラ

177　子どものことばがどうして詩に似ていることがあるのですか。
　(A) 想像力を豊かにする絵本などに多く接しているので。
　(B) 学校で教育を受けているので。
　(C) 汚れのない心を持っているので。
　(D) わざとおもしろく聞こえるようにしているので。

178 本文の内容に合っているものはどれですか。

(A) 子どもは純真なように見えるが、時に残酷な一面を見せる場合もある。

(B) 想像力は子供のうちに培われるので、本をたくさん読ませるのがよい。

(C) 小さい子どもの言うことばが非常に詩的に聞こえるという経験が、私たちにはある。

(D) 小さい子どもは表現力が足りないので、見たことをうまく言葉で伝えることができない。

179~181

　音楽家と呼ばれる職能の人に二種類ある。作曲家はもちろん立派な音楽家なのだが、彼の仕事は、主として楽譜に音の流れを記録することである。作曲家自らが、楽譜なしで即興演奏することももちろんかまわない。しかし、一般的には楽譜に記録されたそれを、別の演奏家が音に変換する作業をする。演奏家もまた音楽家と呼ばれているのは周知のことである。つまり作曲家によって創作された音楽が、われわれの聴覚を楽しませるためには演奏家の演奏という行為が必要なのだ。演奏家が再現芸術家とも呼ばれたりするのは、その芸術の性質上、繰り返し再現行為が必要とされるからであり、われわれはそのたびごとに鑑賞の機会が与えられる。

　ところで、演奏家が、単に楽譜の指示に忠実に従って、音に変えていく技能者であるならば、彼は音楽家と呼ばれる資格は＿＿①＿＿。たとえば、ピアノ塾に通う児童は繰り返し演奏技法を学び、塾の②おさらい発表会で、日頃の修練の成果をご披露する。健気な演奏に大きな拍手。ピアノの先生も、児童の母親も、よくできたと褒めはするけれども、それは楽譜の指示に従って間違いなく弾けたということで、児童の演奏家としての習熟を賞讃しているわけではない。本来、演奏家に求められているのは、演奏技法もさることながら、楽譜の示す意味の解釈、それはとりもなおさず作曲家の意図ということなのだが、それをいかに解釈して現実の音に変えていくかという課題である。

179 ＿＿①＿＿に入る最も適した言葉は何ですか。

(A) なしえる
(B) あるまい
(C) ありうる
(D) あるべし

180 ②おさらいの正しい意味はどれですか。

(A) 間違えたところを先生から注意されること
(B) 見本となる先生の演奏を聞くこと
(C) 練習して習得したものを発表すること
(D) 誰の演奏がうまいか競い合うこと

181 本文の内容に合っているものはどれですか。

(A) 作曲家は楽譜に音の流れを記録しているだけなので、音楽家とは呼べない。

(B) 演奏家は楽譜を見て、いかに作者の意図通りに解釈し、演奏できるかが求められる。

(C) 楽譜の示す音さえ間違わずに弾けば、ピアノ塾に通う児童も立派な音楽家と言える。

(D) 児童のピアノを上達させたいのであれば、叱るよりたくさん褒めてあげるべきである。

182~184

　誰にもわからない自分—どんなに親しい人間にもわかってもらえない自分。いや、わかってもらう必要のない自分。それを凝視するとき、人によっては、人間関係などまったくくだらない、という結論をくだすかもしれぬ。ましていくら人とつきあってみても、①所詮、人間は最後までひとりなのだ。生まれるときもひとりなら、死ぬときもひとりである。その孤独なひとつの生命が、あちこちで他の生命とふれあうのが人間関係であるとしても、それは、その生命にとって、べつだん関係はないようにも思えてくる。そんなふうに考えてゆくと、人間関係は＿＿②＿＿。

　だが、そういう見方をとることで、人間関係を否定しようというのではない。いったんそのようなはかなさを見きわめたうえで、あらためて人間関係を考えようというのが、じつはここでの結論なのである。

182　①所詮の正しい意味はどれですか。
　(A) 大部分
　(B) 結局
　(C) かえって
　(D) 一方

183　＿＿②＿＿に入る最も適した言葉は何ですか。
　(A) 深い
　(B) はかない
　(C) 複雑だ
　(D) すばらしい

184　作者の考えとして正しいものはどれですか。
　(A) どうせ死ぬときはひとりなので、生命にとって人間関係は必要ない。
　(B) 親しい人間だけに自分のことを分かってもらえばいい。
　(C) どんなに人間関係が豊かでも死ぬときはひとりである。
　(D) 人間関係ははかないもので、くだらないものである。

185~188

　ほっとするような文章を読みました。
　十一月二日付の某紙紙面に掲載された、十二歳の女子中学生の文章です。こういう主旨のところがありました。友だちどうしの話を聞いていると、言葉がどうも「ワンパターン」である。原因は、＿＿＿①＿＿＿せいではないか。自分は図書委員をしているが、図書室には本当に一人も来ない。この女子中学生が指している「ワンパターン」というのは、私なども電車や地下鉄の中でよく聞く「えーホント」とか「ウッソー」のような、具体的な言葉を例にあげての指摘です。
　日常、その時その場の自分に即した言葉を探して使うことは、いったん意識し始めると決して容易ではありませんが、人間、＿＿＿②＿＿＿緊張している生きものではないので、点線のような意識的な時間をもつことでかえって救われている面もあるかという気はするのです。
　けれども、結果は別として、その時その場の自分にふさわしい＿＿＿③＿＿＿を怠けて、身近なもので辻褄を合わせてしまう習慣が身につくと、とかく「ワンパターン」になりがちです。年少者だけを非難することはできません。

185 ＿＿＿①＿＿＿ に入る最も適した言葉は何ですか。

　(A) 外で遊ばなくなった
　(B) 本を読まなくなった
　(C) ゲームをするようになった
　(D) 家で勉強しなくなった

186 ＿＿＿②＿＿＿ に入る最も適した言葉は何ですか。

　(A) 十二時中
　(B) 四六時中
　(C) 二四時中
　(D) 三五時中

187 ＿＿＿③＿＿に入る最も適した言葉は何ですか。

(A) 宿題

(B) カンニング

(C) 勉強

(D) 言葉探し

188 言葉がワンパターンになってしまう原因は何だと筆者は言っていますか。

(A) 時間に追われる生活の中で略語を多用する傾向があるため。

(B) その時その場の自分に応じた言葉を探し出す言語能力が乏しいため。

(C) 自分に合った言葉を見つけ出さずに、適当な言葉で間に合わせてしまうため。

(D) 難しい言葉をわざわざ選んで使うより、流行語の方が相手に理解してもらいやすいため。

189~192

　人間はお互いに交換し合ったり懸命に記憶したりした情報をも、ごく自然に忘れてしまうことができる。あるいはまた、いつの間にか間違えて覚えていたりすることもある。要するに人間の脳細胞はきわめて微妙な生の営みの中で、活気づいたり衰えたりすることを繰り返しているので、全体をひとことで言えば、その働きにはたえずある種のブレがあり、あいまいな部分がある。

　コンピューターという人工の電子頭脳は、正しく作動している＿＿①＿＿、記憶が途中で消えてしまったり混線したりすることはない。膨大な記憶の蓄積に堪えるだけでなく、瞬時にしてその記憶倉庫から必要なデータを紙の上に吐き出して並べてくれることもできる。ブレやあいまいさは、この人工頭脳の中に住みつく余地がない。あいまいさを生み出すことはできるが、それも正確に意図して生み出されたあいまいさである。

　ごく自然に忘れてしまっていたことを、②ふとしたきっかけで思い出し、ひどく新鮮な、あるいは神秘的な感動に打たれるというような経験は、コンピューターにはないだろう。

　ところが人間は、そういう経験を通じて、たとえばそれまでは覆われていた愛に、一朝にして目覚めるといった深甚な体験をすることもある。そしてそのような体験との出会いこそ、一人の人間を真の意味で個性的にする。

189 ＿＿①＿＿に入る最も適した言葉は何ですか。

(A) はず
(B) 次第
(C) 限り
(D) ところ

190 ②ふとしたきっかけの正しい意味はどれですか。

(A) ずるい手口
(B) 人為的な方法
(C) ちょっとした機会
(D) 賢明な手段

191 人間の頭脳の説明として合っているものはどれですか。

(A) 常に思考すれば衰えたりすることはない。

(B) 一度苦労して覚えたことはなかなか忘れない。

(C) よく働いたり、鈍ったりすることを繰り返している。

(D) 厖大な記憶の蓄積に堪えられる。

192 本文の内容に合っていないものはどれですか。

(A) コンピューターは混線し、記憶の一部が消えてしまうことが多々ある。

(B) 人間は知らず知らずのうちに誤って記憶していることがある。

(C) 人間はがんばって覚えた情報をも忘れてしまうことができる。

(D) コンピューターも意図的にあいまいさを作り出すことができる。

193~196

　熊本市出水二丁目の市総合体育館・青年会館で開かれた二〇〇五(平成十七)年の成人式。色鮮やかな振りそでを着飾った女性や若々しいスーツ姿の男性たちで埋め尽くされた会場周辺では、たばこの吸い殻やジュースの空き缶が目立った。市職員も新成人のマナーの悪さに困惑顔だった。

　「あと二十分ほどで式典が始まります。受け付けを済ませて。」拡声器で新成人に呼び掛ける市職員。もともと同体育館では集まった約四千五百人を収容することはできないが、初めから市職員の案内を無視する新成人もいた。いったんは式場に入り＿＿①＿＿、途中で退席する若者も目立った。

　大きな混乱はなく、式典は正午に終了。だが、新成人が立ち去った会場周辺には、たばこの吸い殻、ビールやジュースの空き缶、献血を呼び掛けるチラシなどが捨てられていた。同市城山上代町の大学二年生、山室一義さん(20)は「たばこを吸ってもいいけれど、なぜポイ捨てするのか。成人って何をするにも責任があると思う。」と仲間の行儀の悪さにあきれた様子。約七十人の市職員が約一時間半かけて会場の清掃にあたった。職員の一人は「喫煙コーナーで吸うようにと呼び掛けたが、この＿＿②＿＿。成人になったのだからもっと自覚を持ってほしい。」と話していた。

193 ＿＿①＿＿に入る最も適した言葉は何ですか。

(A) とたん
(B) がてら
(C) ながら
(D) しだい

194 ＿＿②＿＿に入る最も適した言葉は何ですか。

(A) ありかた
(B) ありさま
(C) ありうる
(D) ありがち

195 どうして山室一義さんはあきれてしまいましたか。

(A) もう大人になったのにたばこを公衆の面前でかっこつけて吸っていたので。

(B) 成人でありながら落ちている吸い殻を拾って吸うなどみっともない行動をしていたので。

(C) 成人になったのにたばこの吸い殻を灰皿以外のところに捨てたりしたので。

(D) もう成人なのにたばこの吸い殻入れがいっぱいになっているのにも気がつかなかったので。

196 本文の内容に合っているものはどれですか。

(A) 新成人たちによって捨てられた空き缶やチラシなどをボランティアの人たちが1時間半かけて片付けた。

(B) 新成人たちは市職員の案内に従い、ほぼ全員が受付を済ませて、式典に臨んだ。

(C) 成人式の途中で退席し、会場周辺でたばこを吸ったり、酒を飲んだりして暴れた新成人が何人か見受けられた。

(D) 成人式は大きな騒ぎもなく無事終わったが、空き缶や吸い殻のポイ捨てなどマナーの悪さが目立った。

197~200

　文字の発生は、大きな変化を社会にもたらした。文字という新しいメディアは、どのような影響を人間社会に投げかけたのであろうか。それまでの言葉によるコミュニケーションは、発音に抑揚があり、多くはジェスチャーを伴ったであろう。大事なことは繰り返し繰り返し大きな声で話される。一方、文字や文章は抑揚もジェスチャーもない人間味に欠けた冷たい表現方法である。情報と記号の世界であるが、必要であれば何回でも読み返して、同じ内容に接することができる。

　文字の第一の効用は、言葉や事柄を記録するということであろう。文字によって残された日々の生活に関するデータ、ある時に　①　知恵は、記録によって後世に受け継がれる。文字を読んだ人は、先人の知恵を借用してそのレベルから思考を始めることができる。文字の形で残された情報の蓄積によって、それまでは聞いたことを忘れ、何回も②同じ過ちを繰り返していたであろう人類の知恵は、　③　式に増大する。時間を越えたコミュニケーションの始まりである。

197　　①　　に入る最も適した言葉は何ですか。
　(A) はるめいた
　(B) きらめいた
　(C) ときめいた
　(D) ひらめいた

198　②同じ過ちを繰り返していたの正しい意味はどれですか。
　(A) 過去の同じできごとを反復していた。
　(B) 同じような時を再び過ごしていた。
　(C) 同じ失敗を何度も重ねていた。
　(D) 何度も同じように謝ってばかりいた。

199 ③ に入る最も適した言葉は何ですか。
(A) 富士山
(B) 雪だるま
(C) ねずみ講
(D) 着ぐるみ

200 時間を越えたコミュニケーションの始まりとはどういう意味ですか。
(A) 長い時間をかけて繰り返し繰り返し大きな声で話し始めること。
(B) 若者が老人にも通用する言葉でコミュニケーションをはかろうとすること。
(C) 文字を読んだ人が流行語を一切使わないで他の人に意思を伝え始めること。
(D) 文字を読んだ人が昔の人の知恵を借りて、そこからいろいろな考えをめぐらし始めること。

정답

진단평가 100문항

101 D	102 C	103 D	104 D	105 A	106 D	107 C	108 B	109 C	110 B
111 D	112 A	113 D	114 D	115 A	116 D	117 C	118 C	119 C	120 B
121 B	122 B	123 D	124 C	125 D	126 A	127 C	128 C	129 B	130 C
131 B	132 D	133 B	134 A	135 A	136 C	137 D	138 B	139 C	140 D
141 C	142 B	143 C	144 C	145 C	146 C	147 D	148 C	149 C	150 D
151 D	152 D	153 D	154 B	155 C	156 C	157 A	158 C	159 C	160 B
161 C	162 C	163 C	164 B	165 D	166 D	167 A	168 D	169 C	170 C
171 C	172 B	173 C	174 B	175 D	176 A	177 D	178 B	179 D	180 C
181 D	182 B	183 C	184 C	185 C	186 B	187 D	188 C	189 C	190 B
191 B	192 B	193 C	194 D	195 D	196 C	197 A	198 D	199 D	200 B

Section II

Part 5

[직전 확인 테스트 1]

》 음독

1 いっつい 한 쌍, 한 벌
2 いっぱくふつか 1박 2일
3 えんぎ 길흉의 조짐, 재수
4 おんど 선창함, 무슨 일에 앞장섬, 선도함
5 かっこう 꼴, 모양
6 かんじょう 계정(計定), 계산
7 くちょう 어조, 말투
8 くめん (금전을) 변통하여 마련, 주선함
9 けが 상처, 부상
10 けしょう 화장
11 けねん 걱정, 근심 = 「気掛(きが)かり」
12 けはい 기미, 낌새
13 こうしん 갱신
14 ざんてい 잠정
15 しゅのう 수뇌
16 しょうがくきん 장학금
17 しゅしょう 수상
18 しんちょう 신중
19 せんもん 전문
20 そうごう 종합

21 たいぐう 대우
22 だきょう 타협
23 てんねん 천연
24 そうしょくひん 장식품
25 ひぎしゃ 피의자, 용의자
26 ひさいち 피해지, 피해나 재해를 당한 지역
27 ふしまつ 뒷마무리가 엉성함
28 ぶしょうもの 게으름뱅이 =「ものぐさな人(ひと)」
29 ゆうぐう 우대
30 るす 부재중
31 ゆうし 융자
32 よしゅう 예습

>> 훈독

1 あかじ 적자
2 あまくだり 낙하산, 퇴직 관리가 관련 민간 기업에 취업하는 행위
3 あまのがわ 은하수
4 うけつけ 접수
5 うちまく 내막, 내부 사정
6 うちわけ 내역, 명세
7 うちわ 집안(내부)사람
8 えて 장기, 특기
9 おおすじ 대략, 대충
10 きずな 끊기 어려운 정이나 인연
11 くみたて 조립
12 さかずき 술잔
13 したく 준비, 채비
14 すじ 관계자, 당국, 소식통
15 たてまえ (표면상의) 방침, 원칙
16 たび 여행
17 てはい 수배, 준비
18 とびら 문
19 とりひきさき 거래처
20 とりしまりやく 중역, 이사
21 なりゆき 경과, 되어 가는 형편
22 ね 값, 가격, 가치
23 はながら 꽃무늬
24 ふしめ 재목의 옹이나 마디가 있는 부분, 고비
25 ふたえ 이중, 두 겹
26 ふりかえ 대체
27 まと 과녁, 표적, 대상, 목표
28 みずうみ 호수
29 みつもり 견적
30 みとおし 전망, 꿰뚫어 봄
31 みならい 견습, 수습
32 みもと 신원
33 むね 요지, 취지
34 やまい 병
35 わりやす 품질·분량에 비해 가격이 쌈

[직전 확인 테스트 2]

1 あざむく 속이다, 못지 않다(착각을 일으키게 하다)
2 あやつる 뒤에서 사람을 조종하다
3 いたわる (노약자를 동정하여)친절히 다루다, (노고를)위로하다
4 いやす (상처, 병을)고치다, 치유하다, 고민을 풀다
5 うったえる 소송하다
6 うながす 재촉하다=「催促(さいそく)する」
7 うばう 빼앗다
8 おちいる 나쁜 상태에 빠지다
9 かたむける 기울이다, 경사지게 하다
10 からむ 서로 밀접한 관계로 얽히다, 얽히고설키다
11 かる (～られる의 꼴로) 감정에 사로잡히다, 끌리다

12 きしむ 단단한 것이 부딪히며 '끼익끼익' 소리를 내다, 삐걱거리다
13 きずく 쌓다
14 きそう 다투다, 경쟁하다
15 くわだてる 꾀하다
16 こころみる 시도하다, 시험 삼아 해 보다
17 こする 어떤 것을 딴 것에 대고 세게 비비다
18 こばむ 거절하다, 거부하다
19 ことわる ① 미리 허가(양해)를 얻다 ② 거절하다, 사절하다
20 さえぎる 차단하다, 가리다
21 さかえる 번영하다
22 ささやく 소문이 나다, 속삭이다, 소곤거리다
23 さとす 잘 알아듣도록 타이르다, 깨우치다
24 さばく 재판하다
25 さまたげる 방해하다, 훼방하다
26 しりぞく 자리에서 물러나다
27 すえる 움직이지 않도록 놓다, 설치하다
28 そえる 곁들이다
29 そこねる 상하게 하다, 해치다
30 そろう 모두 모이다
31 ただす 바르게 하다, 바로잡다
32 たまわる 웃어른에게서 받다, 손윗사람이 주시다, 하사하다
33 たもつ 유지하다, 가지다, 지키다
34 ちなむ 인연(연관)짓다
35 つうじる 말이 통하다, 잘 전달되다
36 つかる 잠기다
37 つつしむ 조심하다, 삼가다
38 とどこおる 정체하다, 막히다=「渋滞(じゅうたい)する 정체되다」
39 となえる 주창하다, 큰 소리로 외치다
40 はげます 북돋우다, 격려하다
41 ひかえる 대기하고 기다리다
42 ひいでる 뛰어나다
43 ふるえる 흔들리다
44 ほる 파다, 새기다, 조각하다=「彫刻(ちょうこく)する」
45 まさる 뛰어나다, 우수하다 ↔ 「劣(おと)る 모자란다, 뒤떨어지다」
46 まどわす 속이다, 현혹하다
47 まぬかれる 모면하다, 면하다
48 やわらぐ 완화되다, 누그러지다
49 ゆるす 허가하다, 허락하다
50 よそおう ① 치장하다 ② 가장하다, 그런 체하다

1 같거나 비슷한 음독을 가진 한자 중 올바르게 쓴것을 찾는 유형

[연습문제]
| 1 B | 2 B | 3 D | 4 D | 5 D | 6 C | 7 B | 8 A | 9 A | 10 A |
| 11 B | 12 A | 13 B | 14 A | 15 C |

2 한자를 올바로 읽은 것을 찾는 유형

[연습문제]
| 1 A | 2 C | 3 A | 4 A | 5 D | 6 C | 7 A | 8 D | 9 A | 10 A |

3 문제와 같은 의미를 가진 어휘를 찾는 유형

[연습문제]

1 C	2 C	3 A	4 B	5 C	6 B	7 D	8 C	9 D	10 C
11 B	12 A	13 C	14 D	15 A	16 B	17 D	18 D	19 D	20 D

Part 6

[오류 찾기 연습 1]

1 D	2 D	3 B	4 A	5 C	6 B	7 B	8 D	9 B	10 A
11 A	12 C	13 D	14 A	15 C	16 C	17 C	18 B	19 B	20 C

[오류 찾기 연습 2]

1 D	2 C	3 B	4 A	5 A	6 B	7 D	8 B	9 A	10 B
11 A	12 C	13 C	14 C	15 D	16 C	17 C	18 D	19 B	20 C

[오류 찾기 연습 3]

1 B	2 B	3 C	4 D	5 C	6 D	7 C	8 B	9 A	10 D
11 B	12 C	13 D	14 B	15 D	16 A	17 B	18 B	19 B	20 A

[오류 찾기 연습 4]

1 D	2 C	3 A	4 D	5 A	6 C	7 B	8 D	9 C	10 A
11 B	12 B	13 C	14 D	15 C	16 D	17 A	18 C	19 A	20 A

[오류 찾기 연습 5]

1 B	2 B	3 D	4 B	5 C	6 B	7 D	8 B	9 A	10 D
11 B	12 D	13 D	14 D	15 D	16 B	17 D	18 B	19 B	20 D

[오류 찾기 연습 6]

1 A	2 C	3 A	4 C	5 C	6 C	7 D	8 A	9 D	10 D
11 C	12 D	13 D	14 D	15 D	16 B	17 C	18 B	19 B	20 D

[오류 찾기 연습 7]

1 A	2 A	3 B	4 D	5 A	6 B	7 D	8 C	9 A	10 B
11 B	12 B	13 C	14 D	15 C	16 C	17 B	18 C	19 A	20 C

[오류 찾기 연습 8]

1 D	2 D	3 C	4 B	5 D	6 C	7 B	8 D	9 C	10 D
11 D	12 B	13 B	14 A	15 A	16 B	17 D	18 A	19 B	20 A

[오류 찾기 연습 9]
1 B	2 D	3 B	4 C	5 A	6 D	7 A	8 B	9 C	10 C
11 D	12 B	13 B	14 B	15 A	16 A	17 B	18 B	19 C	20 C

[오류 찾기 연습 10]
1 C	2 C	3 C	4 D	5 D	6 D	7 A	8 B	9 D	10 C
11 A	12 C	13 D	14 A	15 B	16 A	17 D	18 B	19 A	20 B

[연습 문제]
1 C	2 C	3 A	4 B	5 D	6 D	7 B	8 B	9 A	10 C
11 A	12 D	13 B	14 D	15 A	16 B	17 D	18 C	19 A	20 B

Part 7

1 문장의 빈칸에 맞는 말 고르기

[공란 메우기 1]
1 B	2 B	3 B	4 B	5 A	6 B	7 B	8 B	9 A	10 B
11 A	12 A	13 A	14 B	15 A	16 B	17 A	18 A	19 B	20 A
21 A	22 B	23 B	24 A	25 B	26 A	27 A	28 B	29 A	30 A

[공란 메우기 2]
1 B	2 B	3 A	4 B	5 A	6 B	7 A	8 A	9 B	10 B
11 A	12 B	13 B	14 A	15 B	16 A	17 A	18 B	19 B	20 A
21 B	22 B	23 A	24 B	25 A	26 A	27 B	28 B	29 A	30 B

[공란 메우기 3]
1 A	2 B	3 B	4 A	5 B	6 A	7 B	8 B	9 A	10 A
11 B	12 A	13 B	14 B	15 A	16 B	17 A	18 A	19 B	20 B
21 A	22 B	23 A	24 A	25 B	26 A	27 B	28 B	29 A	30 B

[공란 메우기 4]
1 B	2 B	3 B	4 B	5 B	6 A	7 A	8 B	9 A	10 B
11 B	12 A	13 B	14 A	15 B	16 B	17 A	18 B	19 B	20 A
21 B	22 B	23 A	24 B	25 A	26 B	27 B	28 B	29 A	30 B

[공란 메우기 5]
1 A	2 B	3 B	4 A	5 B	6 B	7 A	8 B	9 A	10 A
11 B	12 B	13 B	14 A	15 B	16 A	17 A	18 B	19 B	20 A

| 21 B | 22 B | 23 A | 24 B | 25 A | 26 A | 27 B | 28 B | 29 A | 30 B |

[공란 메우기 6]

1 A	2 B	3 B	4 A	5 B	6 A	7 B	8 B	9 B	10 A
11 A	12 A	13 B	14 A	15 A	16 B	17 A	18 A	19 A	20 B
21 A	22 A	23 B	24 A	25 B	26 B	27 A	28 A	29 B	30 A

[공란 메우기 7]

1 A	2 B	3 A	4 B	5 B	6 A	7 B	8 A	9 B	10 A
11 A	12 A	13 B	14 A	15 B	16 B	17 A	18 A	19 A	20 B
21 A	22 B	23 A	24 A	25 B	26 A	27 B	28 B	29 A	30 A

[공란 메우기 8]

1 A	2 A	3 B	4 A	5 B	6 A	7 B	8 A	9 A	10 A
11 B	12 A	13 B	14 A	15 B	16 B	17 A	18 B	19 A	20 A
21 A	22 A	23 A	24 B	25 A	26 A	27 B	28 B	29 A	30 A

[공란 메우기 9]

1 A	2 B	3 B	4 A	5 A	6 B	7 B	8 A	9 B	10 B
11 B	12 A	13 A	14 B	15 B	16 A	17 B	18 A	19 B	20 A
21 B	22 B	23 A	24 B	25 A	26 A	27 B	28 A	29 B	30 A

[공란 메우기 10]

1 A	2 B	3 A	4 A	5 A	6 B	7 A	8 B	9 A	10 A
11 B	12 B	13 A	14 B	15 B	16 A	17 B	18 B	19 A	20 B
21 A	22 B	23 B	24 A	25 B	26 A	27 B	28 B	29 A	30 B

3 시험에 자주 출제되는 속담

01 싼 게 비지떡
02 사람의 오랜 경험이나 지혜는 가치가 있다
03 원숭이도 나무에서 떨어진다
04 세월은 화살과 같다
05 관계만 없으면 화를 입지 않는다
06 떡 줄 사람은 생각도 않는데 김칫국부터 마신다
07 돼지 목에 진주
08 돌아다니면 뜻밖의 행운을 만날 수 있다
09 굴러 온 호박
10 티끌 모아 태산
11 호랑이도 제 말하면 온다
12 금강산도 식후경
13 침묵은 금이다, 말하지 않는 것이 약이다
14 걱정하는 것보다 실행하는 것이 더 쉽다
15 설상가상
16 허우대는 멀쩡하나 아무 소용이 없다
17 끈기 있게 참고 해 나가면 보상을 받는다
18 하늘과 땅 차이
19 전혀 효과가 없음
20 호박에 침주기, 아무런 반응이 없음

21 떠나는 사람은 뒤끝을 깨끗이 해야 한다
22 욕심을 내다가 모두 헛되이 되다
23 인정을 베푸는 것은 결국 자신에게 도움이 된다
24 소문은 머지않아 자연히 잊혀진다
25 소 잃고 외양간 고친다
26 언 발에 오줌 누기
27 부전자전
28 그림의 떡
29 개천에서 용 나다
30 부모가 뛰어나면 자식도 그 덕을 본다
31 자업 자득
32 언행이 일치하지 않다
33 고생을 하지 않고 이익을 얻다
34 참는데에도 한계가 있다
35 고생만 하고 애쓴 보람이 없다
36 언뜻 보기에는 달라도 사실은 같다
37 실력이 있는 사람은 그것을 드러내지 않는다
38 각양 각색이다
39 도토리 키 재기
40 좋은 일에는 장애가 많다
41 긁어 부스럼
42 큰 일을 위해서는 작은 일을 돌볼 여유가 없다
43 제 눈에 안경
44 소문은 막을 수가 없다
45 죽마 고우
46 등잔 밑이 어둡다
47 부정하게 얻은 재물은 오래가지 못한다
48 그 방면의 전문가에게 가르치려고 하다(소용이 없음)
49 모르는 게 약
50 강한 사람이 힘이 되는 것을 얻어 더욱 강해지다
51 모든 일에 조심하는 것이 가장 좋다
52 편애하는 것이 오히려 그 사람을 곤란하게 만들다
53 아주 바쁘다
54 평범한 부모로부터는 비범한 아이가 태어나지 않는다
55 지렁이도 밟으면 꿈틀한다
56 작은 힘이라도 계속 하면 성공한다
57 버릇이 없는 사람도 자세히 보면 몇 개의 버릇이 있다
58 남녀 사이는 의외로 맺어지기 쉽다
59 원숭이도 나무에서 떨어진다
60 타인의 것을 자신의 것처럼 이용해서 이익을 도모하다
61 칠전팔기
62 성인이 되어도 독립하지 못하고 부모의 신세를 지다
63 다른 사람에게 이끌려 우연히 좋은 곳으로 가게 되다
64 유비무환
65 소식을 전해도 전혀 소식이 오지 않다
66 사물에는 각각의 전문가가 있다
67 백문이 불여일견
68 싸구려
69 똥 묻은 개가 겨 묻은 개 나무란다
70 사물이 부조화를 이루거나 부자연스럽다
71 적절히 응대하여 거스르지 않다
72 처녀가 아이를 낳아도 할 말이 있다
73 거듭해서 손해를 보다
74 자식이 애물단지
75 양반은 먹지 않아도 먹은 체하며 체면을 차린다

[연습문제]

1 A	2 B	3 C	4 A	5 A	6 C	7 D	8 A	9 C	10 D
11 C	12 C	13 D	14 B	15 B	16 D	17 B	18 D	19 C	20 A
21 A	22 B	23 B	24 A	25 A	26 D	27 A	28 A	29 D	30 B

Part 8

1 문제의 유형

[1]	1 B	2 C	3 C	4 C			
[2]	1 B	2 D	3 C	4 B			
[3]	1 A	2 B	3 C	4 C			
[4]	1 D	2 A	3 B	4 C			
[5]	1 C	2 B	3 A				
[6]	1 C	2 D	3 C	4 D			
[7]	1 B	2 C	3 C				

[연습 문제 1]

1 A	2 D	3 C	4 B	5 A	6 C	7 C	8 A	9 D	10 C
11 B	12 D	13 C	14 B	15 C	16 B	17 C	18 C	19 C	20 C
21 D	22 C	23 D	24 B	25 C	26 D	27 A	28 C	29 C	30 B

[연습 문제 2]

1 C	2 B	3 D	4 C	5 B	6 C	7 D	8 C	9 C	10 D
11 D	12 C	13 B	14 C	15 D	16 C	17 C	18 B	19 B	20 C
21 C	22 B	23 B	24 B	25 A	26 D	27 D	28 C	29 B	30 D

Section III

실전 모의고사 1

101 A	102 B	103 A	104 A	105 B	106 C	107 B	108 D	109 A	110 A
111 C	112 C	113 D	114 B	115 C	116 D	117 B	118 C	119 B	120 B
121 C	122 B	123 C	124 A	125 C	126 C	127 A	128 A	129 D	130 A
131 D	132 A	133 C	134 C	135 B	136 D	137 C	138 D	139 C	140 C
141 C	142 A	143 A	144 C	145 B	146 D	147 A	148 B	149 A	150 B
151 B	152 D	153 D	154 A	155 B	156 C	157 C	158 D	159 B	160 D
161 D	162 C	163 C	164 C	165 D	166 B	167 C	168 D	169 D	170 B
171 B	172 C	173 C	174 B	175 B	176 A	177 D	178 C	179 B	180 C
181 C	182 C	183 C	184 C	185 D	186 C	187 C	188 C	189 C	190 C
191 B	192 C	193 B	194 A	195 C	196 A	197 C	198 C	199 C	200 C

실전 모의고사 2

101 B	102 A	103 A	104 D	105 C	106 C	107 D	108 D	109 D	110 A
111 A	112 C	113 B	114 C	115 A	116 C	117 B	118 D	119 C	120 A
121 D	122 A	123 A	124 B	125 B	126 D	127 B	128 A	129 B	130 B
131 C	132 B	133 A	134 B	135 C	136 D	137 B	138 D	139 D	140 D
141 C	142 D	143 B	144 A	145 C	146 C	147 A	148 D	149 B	150 C
151 D	152 A	153 B	154 D	155 C	156 A	157 C	158 B	159 D	160 C
161 C	162 D	163 A	164 B	165 D	166 D	167 A	168 A	169 A	170 C
171 D	172 C	173 B	174 A	175 C	176 C	177 B	178 D	179 B	180 B
181 C	182 D	183 C	184 B	185 C	186 C	187 D	188 C	189 C	190 B
191 A	192 C	193 D	194 C	195 C	196 D	197 D	198 C	199 B	200 C

실전 모의고사 3

101 C	102 D	103 C	104 C	105 B	106 A	107 D	108 B	109 B	110 D
111 D	112 C	113 A	114 B	115 A	116 B	117 D	118 A	119 C	120 B
121 B	122 B	123 C	124 C	125 B	126 A	127 C	128 B	129 C	130 D
131 C	132 C	133 D	134 B	135 C	136 C	137 A	138 B	139 D	140 A
141 B	142 D	143 A	144 C	145 D	146 A	147 B	148 C	149 B	150 D
151 B	152 C	153 A	154 B	155 D	156 C	157 A	158 C	159 A	160 B
161 A	162 C	163 A	164 A	165 D	166 C	167 D	168 A	169 B	170 C
171 B	172 C	173 C	174 D	175 B	176 D	177 C	178 C	179 B	180 C
181 B	182 B	183 B	184 C	185 B	186 B	187 D	188 C	189 C	190 C
191 C	192 A	193 C	194 B	195 C	196 D	197 D	198 C	199 B	200 D

강성광

국제대학 일어일문학과 수석졸업
일본 문부성 초청 국비유학(京都大学)
중앙대학교 교육대학원 졸업(일본어교육학)
現 청문외국어학원 JPT강사
주요저서
일본어어휘의 달인이 되는 법 / 사람in
일본어 능력시험에 꼭 나오는 핵심정리 / 사람in
일본어문법백과사전 / 사람in
e-mail : khi8896@hanmail.net
daum cafe : http://cafe.daum.net/KingJPT

JPT독해 달인이 되는 법™

저자	강성광
초판발행일	2007년 1월 15일
초판 5쇄발행일	2012년 8월 21일
발행인	박효상
편집	신제찬 · 김진아
마케팅	이종선 · 이태호 · 이전희
표지디자인	손호준
본문디자인	글사랑(2278-3053)
출판등록	제10-1835호
발행처	사람in
주소	121-839 서울시 마포구 서교동 378-16
전화	(02)338-3555(代)
팩스	(02)338-3545
e-mail	saramin@netsgo.com
홈페이지	www.saramin.com

* 책값은 뒤표지에 있습니다.
* 파본은 바꾸어 드립니다.
* 저자와의 협약에 따라 인지는 생략했습니다.

ISBN 978-89-6049-014-7
　　　978-89-6049-013-0(Set)

JPT독해
달인이 되는 법™ 해설서

사람in
커뮤니케이션

진단평가 100문항

101
| 번역 | 제 생일은 1월 20일입니다.
| 단어 | 誕生日(たんじょうび) 생일
| 정답 | (D)

102
| 번역 | 결혼식을 위해 정장을 한 벌 사기로 했습니다.
| 단어 | 結婚式(けっこんしき) 결혼식   買(か)う 사다
~ことにする ~하기로 하다
| 정답 | (C)

103
| 번역 | 지난달 생명보험에 가입했습니다.
| 단어 | 先月(せんげつ) 지난달   保険(ほけん) 보험
加入(かにゅう) 가입
| 정답 | (D)

104
| 번역 | 이 앞은 공사 중으로, 지나갈 수 없습니다.
| 단어 | 先(さき) 앞, 전방   通(とお)る 지나가다, 통과하다
| 정답 | (D)

105
| 번역 | 그의 발언은 모순투성이다.
| 단어 | 発言(はつげん) 발언   ~だらけ 투성이
| 정답 | (A)

106
| 번역 | 여자 혼자서 인적 없는 길은 다니지 않도록 하세요.
| 단어 | 一人(ひとり)で 혼자서   道(みち) 길
通(とお)る 지나가다, 통과하다
| 정답 | (D)

107
| 번역 | 샤워를 한 후, 맥주를 마셨습니다.
| 단어 | シャワーを浴(あ)びる 샤워를 하다
~た後(あと) ~한 후   飲(の)む 마시다
| 정답 | (C)

108
| 번역 | 무덤에 꽃을 바쳤습니다.
| 단어 | お墓(はか) 무덤
| 정답 | (B)

109
| 번역 | 단풍이 들기 시작했으므로 산에 드라이브라도 가려고 생각하고 있다.
| 단어 | 始(はじ)まる 시작되다   思(おも)う 생각하다
| 정답 | (C)

110
| 번역 | 타인의 의견을 존중해야 한다.
| 단어 | 他人(たにん) 타인   意見(いけん) 의견
| 정답 | (B)

111
| 번역 | 비는 이제 그쳤습니다.
(A) 계속 내리고 있습니다.
(B) 내리기 시작했습니다.
(C) 지금이라도 내릴 것 같습니다.
(D) 이미 그쳤습니다.
| 단어 | 上(あ)がる 끝나다, 마치다   すでに 이미
止(や)む (눈, 비가)그치다
| 정답 | (D)

112
| 번역 | 얇게 입으면 추우니까 옷을 여러 겹 입으세요.

(A) 옷을 많이 입지 않으면 춥다.
(B) 옷을 별로 입지 않아서 춥다.
(C) 옷을 여러 겹 입어도 춥다.
(D) 옷이 얇은데 비해 춥다.
| 단어 | 薄着(うすぎ) 옷을 얇게 입음　厚着(あつぎ) 옷을 여러겹 껴입음　服(ふく) 옷　重(かさ)ねる 겹치다, 포개다　薄(うす)い 얇다　~割(わり)には ~(에) 비해서는
| 정답 | (A)

113
| 번역 | 쉬는 날에 갑자기 손님이 왔습니다.-피해의 의미
(A) 휴일이므로 손님이 와 주셨습니다.
(B) 휴일이어서 갑작스런 손님을 환영했습니다.
(C) 휴일에 손님을 초대해 주었습니다.
(D) 휴일인데 약속도 없이 손님이 와서 곤란했습니다.
| 단어 | 休(やす)みの日(ひ) 휴일　急(きゅう)に 갑자기　休日(きゅうじつ) 휴일　困(こま)る 곤란하다, 난처하다
| 정답 | (D)

114
| 번역 | 첫 데이트는 두근두근 거려 차분히 식사를 할 상황이 아니었다.
(A) 바빠서 천천히 식사를 할 여유가 없었다.
(B) 사람이 너무 많아서 식사를 할 자리도 없을 정도였다.
(C) 걱정했던 대로 식사를 할 곳조차 보이지 않았다.
(D) 긴장해서 밥도 목으로 넘어가지 않았다.
| 단어 | どきどき 두근두근　落(お)ち着(つ)く 침착하다, 차분하다　食事(しょくじ) 식사　緊張(きんちょう) 긴장　喉(のど)を通(とお)る 목으로 넘어가다
| 정답 | (D)

115
| 번역 | 성공할 수 있었던 것은 하루하루의 노력의 결과임에 틀림없다.
(A) 매일 노력했기 때문이다.
(B) 매일 노력해도 아무것도 변하지 않는다.
(C) 계속 노력해도 결과가 나오지 않는다.
(D) 계속 노력하는 것이 중요하다.
| 단어 | 成功(せいこう) 성공　日々(ひび) 하루하루, 매일　努力(どりょく) 노력　続(つづ)ける 계속하다
| 정답 | (A)

116
| 번역 | 그는 항상 거짓말을 해서 여자에게 구애한다.
(A) 그는 항상 세련된 말로 여성에게 프러포즈를 한다.
(B) 그는 항상 빙빙 돌려 말해, 여성들이 싫어한다.
(C) 그는 항상 좋아한다, 좋아한다고 두 번씩 말하면서 여성에게 고백한다.
(D) 그는 항상 교묘한 말을 하며 여성에게 구애한다.
| 단어 | 二枚舌(にまいじた)を使(つか)う 일구이언을 하다, 거짓말을 하다　口説(くど)く 설득하다, 구애하다　持(も)って回(まわ)る 에두르다, 우회하다　言葉巧(ことばたく)み 말솜씨가 좋음, 말을 교묘하게 함　言(い)い寄(よ)る 말을 걸며 접근하다, 구애하다
| 정답 | (D)

117
| 번역 | 토요일에 엄마와 쇼핑하러 나갔습니다.
(A) 그것은 내일이 되어야 알 수 있습니다.
(B) 점심은 샌드위치였으니까, 저녁은 스시로 하겠습니다.
(C) 친구가 집에 책을 빌리러 왔습니다.
(D) 오랜만에 고교시절의 선생님을 뵈었습니다.
| 단어 | 夕飯(ゆうはん) 저녁밥　借(か)りる 빌리다　久(ひさ)しぶり 오래간만
| 정답 | (C)

118
| 번역 | 조금 전 막 밥을 먹었기 때문에 이제 더 이상 못 먹겠습니다.
(A) 이번에 이사한 곳은 회사에서 가깝습니다.
(B) 마침 전철이 출발하려는 참입니다.
(C) 지금 막 숙제가 끝났습니다.
(D) 그의 회사로 갔을 때, 그는 외출 중이었다.
| 단어 | 発車(はっしゃ) 발차, 차가 출발함　宿題(しゅくだい) 숙제　外出中(がいしゅつちゅう) 외출 중
| 정답 | (C)

119
| 번역 | 신칸센이 멈춘 것은 폭설 때문입니다.
(A) 신문에는 도움이 되는 것이 많이 쓰여 있다.
(B) 유학을 가기 위해 꾸준히 저금하고 있습니다.
(C) TV를 오랫동안 봐서 눈이 나빠져 버렸다.
(D) 장래에는 어려운 처지에 있는 사람들을 위해 일하고 싶습니다.

| 단어 | 止(と)まる 멈추다, 서다   大雪(おおゆき) 많은 눈, 폭설   留学(りゅうがく) 유학   貯金(ちょきん) 저금   将来(しょうらい) 장래   困(こま)る 어려움을 겪다
| 정답 | (C)

120
| 번역 | 매일 일본어를 공부하고 있는데도, 일본어로 말을 하지 못한다.
(A) 걸으면서 먹는 것은 예절 바르지 못하다.
(B) 이 노트북은 소형이지만 성능이 좋다.
(C) 나는 대개 음악을 들으면서 공부합니다.
(D) 누구라도 태어나면서 권리를 가지고 있다.
| 단어 | 行儀(ぎょうぎ) 예의범절, 예절   小型(こがた) 소형   性能(せいのう) 성능   たいてい 대개, 대략   生(う)まれる 태어나다   権利(けんり) 권리
| 정답 | (B)

121
| 번역 | 오늘은 술을 마시지 말고 진솔하게 이야기해 보자.
| 단어 | 腹(はら)を割(わ)る 본심을 털어놓다
話(はな)し合(あ)う 서로 이야기하다, 이야기를 나누다
| 주요어구 | 「~ないで」(~하지 않고)는 동사에만 연결되고 앞에 내용을 받아 뒤에 나오는 부대 상황을 나열하는 의미가 강한 표현이고, 「~なくて」(~않아서)는 동사, 형용사 부정형의 「て형」의 원인·이유의 의미로 사용되는 경우와, 명사에 연결되어 「AなくてB」의 형태로 A와 B가 대립적인 내용일 때나 "A가 아니라 B"의 뜻으로 선택의 의미가 강한 경우에 사용된다.
예) 早合点(はやがてん)しないでよく考(かんが)えなさい。(속단하지 말고 잘 생각해요.)
| 정답 | (B) → ないで

122
| 번역 | 저는 회사 근처에서 살고 있는데도 자주 지각을 합니다.
| 단어 | 住(す)む 살다, 거주하다   遅刻(ちこく) 지각
| 정답 | (B) → に

123
| 번역 | 몸 상태가 좋지 않아서, 일찍 귀가했습니다.
| 단어 | 具合(ぐあい)が悪(わる)い 몸 상태가 안 좋다
早(はや)い 빨리, 급히
| 정답 | (D) → 早く

124
| 번역 | 어딘가에 지갑을 떨어뜨려서, 기무라 씨에게 빌렸습니다.
| 단어 | 財布(さいふ)を落(お)とす 지갑을 잃어버리다
| 정답 | (C) → 貸して

125
| 번역 | 내일 다나카 씨는 시골에서 부모님이 오시기 때문에 회사를 쉴 것이라고 생각한다.
| 단어 | 田舎(いなか) 시골, 고향   両親(りょうしん) 양친, 부모
| 정답 | (D) → 休む

126
| 번역 | 술을 마신 뒤 운전 하는 것은 위험하므로 삼가는 것이 좋다.
| 단어 | 運転(うんてん) 운전   危険(きけん) 위험
止(や)める 그만두다, 중단하다
| 정답 | (A) → 飲んだ

127
| 번역 | 저의 취미는 굳이 말하자면, 우표 수집 정도입니다.
| 단어 | 趣味(しゅみ) 취미   強(し)いて 굳이, 일부러
切手(きって) 우표   集(あつ)める 모으다
| 정답 | (C) → 集める

128
| 번역 | 예쁜 여자 앞에서는 긴장해서 말을 할 수가 없습니다.
| 단어 | 緊張(きんちょう) 긴장
| 정답 | (C) → 話す

129
| 번역 | 맞선은 반드시 본인이 원하는 상대를 찾을 것이라고는 할 수 없다.
| 단어 | お見合(みあ)い 맞선   本人(ほんにん) 본인
見(み)つかる 찾게 되다, 발견되다
| 정답 | (B) → 望む

130
| 번역 | 옆집에서 타는 냄새가 나서 화재라고 생각했더니, 생선을 굽고 있는 냄새였다.
| 단어 | 焦(こ)げる 타다, 눋다   焦臭(こげくさ)い 탄내가 나다, 눋는 냄새가 나다   臭(にお)い 냄새   臭いがする 냄새가 나다   火事(かじ) 화재
| 정답 | (C) → した

131
| 번역 | 저는 도서관에서 일본어의 방언에 대해 자세히 조사했습니다.
| 단어 | 図書館(としょかん) 도서관   方言(ほうげん) 방언   詳(くわ)しい 자세하다, 상세하다   調(しら)べる 조사하다
| 정답 | (B) → ついて

132
| 번역 | 사토 선생님은 우리들의 서툰 연주를 바쁜 와중에도 불구하고 끝까지 들어주셨습니다.
| 단어 | 拙(つたな)い 서투르다, 변변치 못하다   演奏(えんそう) 연주   ～にもかかわらず ～임에도 불구하고   最後(さいご) 마지막, 최후
| 정답 | (D) → お聞きになりました

133
| 번역 | 이 문제는 여론이 잠잠해 질 때까지 가만히 그대로 두는 것이 좋을 것 같다.
| 단어 | ほとぼり 불을 끄고 난 뒤의 여열, 잔열, 사건이 끝난 뒤에도 한동안 지속되는 감정의 여세, 사건 등에 대한 세간의 관심, 평판   ほとぼりが覚(さ)める 열기가 가라앉다, 세간의 관심이 가시다   そっとしておく (상대방의 기분을 거슬리지 않게)그대로 두다
| 정답 | (B) → そっと

134
| 번역 | 죄송합니다만, 아파서 회사를 쉬고 싶습니다만.
| 단어 | 具合(ぐあい)が悪(わる)い 몸 상태가 안 좋다   休(やす)む 쉬다
| 정답 | (A) → 具合が悪い

135
| 번역 | 멀리서 일부러 문병을 안 오셔도 되는데.
| 단어 | わざと 일부러, 고의로(의식적으로 어떤 나쁜 일을 하는 경우)   わざわざ 특별히, 일부러(호의를 가지고 상대를 위해 유익한 일을 하는 경우)   お見舞(みま)い 문안, 문병
| 정답 | (A) → わざわざ

136
| 번역 | 무슨 일이 있어도 모레까지 이 두꺼운 책을 다 읽어야 한다.
| 단어 | 厚(あつ)い 두께가 두껍다   読(よ)みきる 다 읽다   동사ます형+切(き)る ① (완전히, 최후까지)~하다, ~을 끝내다, 마치다(동작의 완료) ② (이 이상의 상태를 생각할 수 없다는 뜻으로)완전히~하다 ③ 분명히~하다, 단호하게~하다
| 주요어구 | 「まで」는 그 기간 전체를 통해서 이루어진 행위가 어떤 시점까지 동작이 계속될 때 사용되며, 「までに」는 뒤에 동작이나 작용을 나타내는 표현을 수반하여 그 기한을 넘기지 않고 이전의 어떤 시점에서 동작이나 행위를 끝냄을 의미하는 말이다.
| 정답 | (C) → までに

137
| 번역 | 아이가 취직해서 한시름 놓았으니, 이제부터는 노후의 인생을 어떻게 살아야 할지 생각해 보려고 한다.
| 단어 | 就職(しゅうしょく) 취직   一段落(いちだんらく)する 일단락되다   老後(ろうご) 노후   人生(じんせい) 인생   いかに (의문을 나타내는 말)어떻게, 어떤 방법으로
| 정답 | (D) → くらす(すごす)

138
| 번역 | 최근 아토피 등 알레르기 체질인 사람이 점점 늘어나는 경향이다.
| 단어 | 最近(さいきん) 최근   体質(たいしつ) 체질   ますます 더욱 더, 점점 더   増(ふ)える 늘다, 증가하다   傾向(けいこう) 경향
| 정답 | (B) → アレルギー

139
| 번역 | 예전에는 벚꽃이 필 때 되면, 회사의 선배가 벚꽃놀이 자리를 잡으라고 시키곤 했다.
| 단어 | 昔(むかし) 옛날, 예전   桜(さくら) 벚꽃   咲(さ)く 꽃이 피다   先輩(せんぱい) 선배   お花見(はなみ) 꽃구경   席取(せきと)り 자리를 잡음

| 주요어구 | 사역수동의 바람직한 해석 : 「사역+수동」의 형태인 사역수동(使役受動) 표현은 직역보다는 우리말답게 의미를 파악하고 그에 걸맞은 해석을 하는 것이 이 표현을 효과적으로 사용하는 길이다. 즉, '~시킴당하다'와 같은 해석은 어색하므로 '시켜서 어쩔 수 없이 했다, 썩 내키지는 않았지만 분위기상 할 수밖에 없었다' 등 그 의미를 충분히 살려 쓰도록 하자.
예 宴会(えんかい)のとき、上司(じょうし)の命令(めいれい)で歌(うた)を歌(うた)わされました。
(연회 때, 상사의 명령으로 할 수 없이 노래를 했습니다.)
| 정답 | (C) → させられた

140
| 번역 | 이렇게 괴로운 생활을 할 거라면, 차라리 죽는 편이 낫다.
| 단어 | 苦(くる)しい 괴롭다 生活(せいかつ) 생활 送(お)る 세월을 보내다, 지내다 増(ま)し 더 낫다, 더 좋다
| 정답 | (D) → まし

141
| 번역 | 어제는 영화를 두 편이나 봤습니다.
| 단어 | 映画(えいが) 영화 個(こ) 개(비누나 귤, 사과 같은 과일 등, 작고 덩어리 진 것을 세는 말) 本(ほん) 비디오나 영화 편수, 연필, 담배, 우산, 막대, 넥타이 등 가늘고 긴 것을 세는 말 冊(さつ) 권(책이나 노트를 세는 말)
| 정답 | (C)

142
| 번역 | 아버님께서는 어떤 분이십니까?
| 단어 | 方(かた) 분(사람을 높여 부르는 말)
| 정답 | (B)

143
| 번역 | 밖은 추우니까 두꺼운 옷을 입고 가세요.
| 단어 | 外(そと) 밖 服(ふく) 옷 太(ふと)い 굵다 薄(うす)い 얇다, 연하다, 적다 厚(あつ)い 두껍다 重(おも)たい 무겁다, 묵직하다
| 정답 | (C)

144
| 번역 | 이래 봬도 옛날엔 예뻤었다고요.
| 단어 | こう見(み)えても 이렇게 보여도, 이래 봬도
| 정답 | (C)

145
| 번역 | 달력에 스케줄이 가득 적혀있다.
| 단어 | 予定(よてい) 예정, 스케줄 書(か)き込(こ)む (빈 칸 등에)써넣다, 기입하다
| 정답 | (C)

146
| 번역 | 회는 도저히 못 먹겠습니다.
| 단어 | 刺身(さしみ) 생선회, 회 まあまあ (불충분하나 그 정도로 참아야함을 나타내는 말)그저 그런 정도, 어지간히 かなり 꽤, 상당히 よく 자주, 흔히, 잘(충분히), 능력이 충분한 상태임. 반어적으로 감히, 뻔뻔스럽게, 잘도, 비난해야 할 일에 대한 빗대어 말하는 표현. 비꼬는 말투로 가능형이 뒤에 이어짐.
| 주요어구 | 「どうも~ない」(도저히 ~하지 않다) : 「とても」는 부정의 말을 수반하여 '아무리해도, 도저히' 라는 의미를 나타낸다.
예 彼(かれ)の気持(きも)ちがどうもわからない。
(그의 마음을 도저히 모르겠다.)
| 정답 | (C)

147
| 번역 | 가죽구두를 닦으면 기분이 다잡아지는 것 같다.
| 단어 | 革靴(かわぐつ) 가죽구두 引(ひ)き締(し)まる 긴장하다, 해이해진 몸과 마음이 다잡아지다 削(けず)る 깎다 洗(あら)う 씻다 払(はら)う 지불하다 磨(みが)く 닦다
| 정답 | (D)

148
| 번역 | 무심코 손이 미끄러져 접시를 깨고 말았다.
| 단어 | うっかり 무심코, 깜박 手(て)が滑(すべ)る 손이 미끄러지다 皿(さら) 접시 壊(こわ)す 부수다, 허물다, 깨뜨리다 破(やぶ)る 찢다, 째다, 깨다, 부수다 割(わ)る 쪼개다, 깨다 潰(つぶ)す 으깨다, 찌그러뜨리다, 부수다
| 정답 | (C)

149
| 번역 | 죄송하지만, 여기서 담배를 피워도 됩니까?
| 단어 | 空(す)く 비다 タバコを吸(す)う 담배를 피우다

座(すわ)る 앉다
| 정답 | (C)

150
| 번역 | 귀가 어두워서 전화기의 목소리가 잘 안 들립니다.
| 단어 | 耳(みみ)が遠(とお)い 귀가 어둡다
電話口(でんわぐち) 전화기　声(こえ) 목소리
| 정답 | (D)

151
| 번역 | 먼지가 날리니까 뛰어다니지 마세요.
| 단어 | 鳥肌(とりはだ)が立(た)つ 소름이 끼치다　腹(はら)が立(た)つ 화가 나다　角(かど)が立(た)つ 모가 나다＝「角立(かどだ)つ」　ほこりが立(た)つ 먼지가 나다　走(はし)り回(まわ)る 뛰어 돌아다니다, 여기 저기 뛰어다니다
| 정답 | (D)

152
| 번역 | 길에 지갑이 떨어져 있었습니다.
| 단어 | 財布(さいふ) 지갑　落(お)ちる 떨어지다
落(お)とす 떨어뜨리다, 분실하다
| 정답 | (D)

153
| 번역 | 오늘은 의외로 길이 한산하여 평소보다 일찍 도착했습니다.
| 단어 | 案外(あんがい) 뜻밖(에), 예상외, 의외(로)　道(みち)が空(す)く 길이 한산하다　いつもより 평소보다　着(つ)く 도착하다　道(みち)が込(こ)む 길이 막히다(복잡하다)　詰(つ)まる 꽉 차다, 막히다　空(あ)く 공간이 비다, 자리가 비다, 시간이 나다
| 정답 | (D)

154
| 번역 | 우리 엄마는 기계치여서 휴대전화조차 제대로 사용하지 못한다.
| 단어 | 母(はは) 엄마　機械音痴(きかいおんち) 기계치　携帯電話(けいたいでんわ) 휴대전화　ろくに 변변히, 제대로, 충분히　～だけ ～만, ～뿐(사람이나 사물의 종류, 성질, 분량, 정도 등의 범위나 한도를 나타냄)　～ばかり ～만, ～뿐(복수 개념의 범위나 한도를 나타냄)　～さえ ～조차, ～마저
| 정답 | (B)

155
| 번역 | 취직하지 않는 니트족 젊은이들이 모두 게으름뱅이라고는 할 수 없다.
| 단어 | 就職(しゅうしょく) 취직　若者(わかもの) 젊은이　怠(なま)け者(もの) 게으름뱅이
| 주요어구 | 「一概(いちがい)に」(일률적으로, 한마디로) : 주로 「～とは(には)言えない」 혹은 「～とはかぎらない」 등과 어울려 부분부정을 유도하는 말이다.
| 예 | 一長一短(いっちょういったん)あってどちらがいいか一概には言(い)えない。(일장일단이 있어서 어느 쪽이 좋을지 일률적으로는 얘기할 수 없다.)
値段(ねだん)の高(たか)い品物(しなもの)が一概にいい品(しな)とはかぎらない。
(값이 비싼 물건이 무조건 좋은 것이라고는 할 수 없다.)
| 정답 | (C)

156
| 번역 | 유학을 하는 이상, 절대 성공해서 금의환향하고 싶다.
| 단어 | 留学(りゅうがく) 유학　故郷(こきょう)へ錦(にしき)を飾(かざ)る 금의환향(錦衣還郷)하다
| 주요어구 | 「～からには」(～한 이상에는)＝「～た以上(いじょう)」 : 「～た以上」와 같은 형태의 문장 뒤에는 말하는 사람의 「결심, 의지, 의무」 등을 나타내는 말이 온다.
| 예 | 日本(にほん)へ来(き)たからには、日本の習慣(しゅうかん)にしたがいます。
(일본에 온 이상 일본의 습관을 따르겠습니다.)
約束(やくそく)した以上、守(まも)るのは当然(とうぜん)だ。(약속한 이상 지키는 것은 당연하다.)
| 정답 | (C)

157
| 번역 | 가정을 택할까, 일을 택할까 궁극적인 선택에 직면해 버렸다.
| 단어 | 家庭(かてい) 가정　仕事(しごと) 일, 업무　選択(せんたく) 선택　迫(せま)る 어떤 상태에 닥치다, 직면하다　窮極的(きゅうきょくてき) 궁극적, 마지막에 다다름＝「とどのつまり」　極端的(きょくたんてき) 극단적　結果的(けっかてき) 결과적　消極的(しょうきょくてき) 소극적
| 정답 | (A)

158
| 번역 | 산을 높이 오르면 오를수록 공기가 희박해집니다.
| 단어 | 高(たか)く登(のぼ)る 높이 오르다　空気(くうき) 공기　薄(うす)い 적다, 모자라다, 부족하다
| 정답 | (C)

159
| 번역 | 밤이 되면 위험하니까 어두워지기 전에 집에 돌아가자.
| 단어 | 危(あぶ)ない 위험하다　暗(くら)くなる 어두워지다
| 정답 | (C)

160
| 번역 | 아이치 만국박람회는 6개월에 걸쳐 펼쳐졌다.
| 단어 | 万博(ばんぱく) 만국박람회, 「万国博覧会(ばんこくはくらんかい)」의 준말　繰(く)り広(ひろ)げる 펼쳐 보이다, 전개하다
| 주요어구 | 「～にわたって」는 '~에 걸쳐서(전체에), ~에 걸친' 이라는 뜻으로 범위나 날짜의 경우라면 구체적인 「～から～まで」(~부터~까지), 「～から～の間(あいだ)に」(~부터~사이에)가 아닌, 전체 기간, 즉 한 덩어리로 보는 표현이다.
| 예 | 6ヶ月(ろっかげつ)にわたって、気温(きおん)、降水量(こうすいりょう)とも高(たか)かったです。
　　 (6개월에 걸쳐 기온, 강수량 모두 높았습니다.)
| 정답 | (B)

161
| 번역 | 그녀는 병이 잦은 딸 앞에서는 애써 밝게 행동하고 있다.
| 단어 | 病気(びょうき)がち 병을 자주 앓음　娘(むすめ) 딸　振(ふ)る舞(ま)う 행동을 하다, 거동하다　走(はし)る 달리다　勧(すす)める 권유하다, 권하다　努(つと)めて 애써, 힘써, 되도록(부사적 용법)　定(さだ)める 정하다, 결정하다
| 정답 | (C)

162
| 번역 | 약속시간을 착각한 탓에 호된 꼴을 당했다.
| 단어 | 間違(まちが)える 잘못하다, 틀리다, 착각을 하다　えらい目(め)に遭(あ)う 엄청난 일을 당하다
| 주요어구 | 「～せいで」는 마이너스적 결과가 발생한 것에 대한 원인이나 책임의 소재를 나타내는 경우나, 잘못된 결과에 대해 다른 사람을 원망하는 느낌이 강한 '~때문에, ~탓에' 라는 뜻이다. 즉, 「せい」는 '~때문에 나쁜 결과가 되었다' 라는 의미를 갖는 경우가 많다.
| 예 | 3人(にん)が遅刻(ちこく)したせいで、みんな新幹線(しんかんせん)に乗(の)れなかった。
　　 (3명이 지각한 탓에 모두 신칸센을 탈 수 없었다.)
| 정답 | (C)

163
| 번역 | 다나카 씨는 어제 애인에게 차여서 축 처져 있으니까 가만히 내버려 두자.
| 단어 | 恋人(こいびと) 애인　振(ふ)られる 거절당하다, 이성에게 퇴짜 맞다　そっとしておく 가만히 내버려 두다　落(お)ちぶれる (사람, 살림, 세력 등이)망하다, 몰락하다　落(お)ち着(つ)く 진정되다, 침착하다, 차분하다　落(お)ち込(こ)む 낙담하다, 맥이 풀리다　陥(おちい)る 나쁜 상태로 빠지다
| 정답 | (C)

164
| 번역 | 그는 그녀를 한결같이 사랑한다.
| 단어 | 一切(いっさい) 일체, 전부, 모두　一途(いちず) 한결같음, 외곬임　一斉(いっせい)に 일제히, 한꺼번에, 동시에　一方(いっぽう)に 한쪽으로, 한편으로
| 정답 | (B)

165
| 번역 | 방심한 탓에 감기에 걸려버렸다.
| 단어 | 油断(ゆだん) 방심　風邪(かぜ)をひく 감기에 걸리다
| 주요어구 | 「～(た)ばかりに」는 '~해서, ~한 탓으로, ~한만큼' 이라는 뜻으로 원인이나 이유를 나타낸다.
=「～ことが原因(げんいん)で」
| 예 | 注意(ちゅうい)を怠(おこた)ったばかりに、とんでもないことになった。
　　 (주의를 태만히 한 탓에 엉뚱한 사태가 되었다.)
| 정답 | (D)

166
| 번역 | 큰일이다. 앉아서 졸다가 깜박 역 하나를 지나쳐 버렸다.

|단어| 居眠(いねむ)りをする 앉아서 졸다 うっかり (무의식적으로)깜박 乗(の)り換(か)える 바꿔 타다, 갈아타다 乗(の)り越(こ)える 타고 넘다, 헤쳐 나가다, 극복하다 乗(の)り遅(おく)れる 차, 배, 항공기 등을 놓쳐 못 타다 乗(の)り過(す)ごす 타고 가다 목적지를 지나치다
|정답| (D)

167

|번역| 그는 전혀 공부를 하지 않았으므로 아니나 다를까 시험에 떨어졌다.
|단어| 案(あん)の定(じょう) 예상대로, 아니나 다를까, 과연 恐(おそ)らく 아마도, 필시 意外(いがい)に 의외로 案外(あんがい) 의외로, 예상외로
|정답| (A)

168

|번역| 경찰은 범인검거에 전력을 기울였지만, 훌륭한 성과는 얻지 못했다.
|단어| 警察(けいさつ) 경찰 犯人(はんにん) 범인 検挙(けんきょ) 검거 全力(ぜんりょく)を傾(かたむ)ける 전력을 기울이다 芳(かんばし)い 훌륭하다, 명예롭다 込(こ)める 집중하다, 쏟다 *「心(こころ)を込(こ)める 정성을 다하다」 向(む)ける 향하다, 향하게 하다, 보내다 尽(つく)す 힘을 다하다, 남을 위하여 힘쓰다
|주요어구| 「込める」는 '마음이나 힘을)쏟다' 라는 의미로 사용되고, 「傾ける」는 '어떤 일에 집중하게 하다' 는 의미로 사용된다.
|정답| (D)

169

|번역| 그녀는 불행한 환경에서 태어났지만, 씩씩하게 끝까지 자신의 인생을 살아나갔다.
|단어| 不幸(ふこう) 불행 生(う)まれ 출생, 태생 健気(けなげ) 장함, 기특함, 씩씩함 人生(じんせい) 인생 生(い)き抜(ぬ)く 꿋꿋이 살아가다 境界(けいかい) 경계 一隅(いちぐう) 한 구석, 한 모퉁이 境遇(きょうぐう) 처지, 신세, 운명, 환경 処遇(しょぐう) 처우, 대우=「待遇(たいぐう)」
|정답| (C)

170

|번역| 젊은 층일수록 보험료를 내지 않는 경향이 강해, 국민연금제도의 공동화에 박차가 가해지고 있다.
|단어| 若年層(じゃくねんそう) 젊은 층 保険料(ほけんりょう) 보험료 払(はら)う 돈을 내다, 지불하다 傾向(けいこう) 경향 強(つよ)い 강하다 国民年金(こくみんねんきん) 국민연금 制度(せいど) 제도 空洞化(くうどうか) 공동화 拍車(はくしゃ)がかかる 박차가 가해지다 拍車(はくしゃ)をかける 박차를 가하다 歯止(はど)めをかける 브레이크를 걸다 浮彫(うきぼ)りにする 부각시키다, 돋보이게 하다 水(みず)をかける 훼방하여 활동을 막으려하다, 찬물을 끼얹다
|정답| (C)

[171~173]

저에겐, 자신의 일을 너무나 솔직하게 이야기할 수 있는 친구가 있습니다. 유치원 때에는, 계속 함께 다녔습니다만, 초등학교로 올라간 이후 작년 처음으로 같은 반이 되었습니다. 같은 반이 되어 조금 이야기를 나눈 것이 계기가 되어, 여러 가지 일을 이야기하는 사이가 되었습니다. 형제는 3명이고, 막내라는 것도 같습니다. 지금은 둘이 함께 있으면 너무나 즐겁습니다. 이야기하는 동안 친구도 저와 같은 고민을 갖고 있다는 사실을 알게 되었습니다. 고민하고 있는 일을 서로 의논하면, 조금씩 마음속의 짐이 사라지는 듯한 기분이 들었습니다. 그러나 아쉽게도 올해 4월부터 서로 다른 중학교에 다니게 되었습니다. 그저 함께 있는 것만이 친구는 아니다. 상대방을 생각하고, 그리고 상대방도 나를 생각해 주는, 둘이서 서로 지탱해 주는 것이 친구. 이제는 그렇게 생각하게 되었습니다. '할머니가 될 때까지 친구로 지내자' 라고 말해준 친구의 말이 기뻐, 언제까지나 마음속에 남아있습니다.

|단어| 素直(すなお) 솔직함, 순수함 幼稚園(ようちえん) 유치원 通(かよ)う 다니다 間柄(あいだがら) 사이 悩(なや)み 고민 重荷(おもに)が取(と)れる 부담을 덜다 残念(ざんねん)なことに 안타깝게도 相手(あいて) 상대방

171

이 사람은 몇 학년입니까?
(A) 초등학교 4학년
(B) 초등학교 5학년
(C) 초등학교 6학년
(D) 중학교 1학년

|단어| 何年生(なんねんせい) 몇 학년　小学校(しょうがっこう) 초등학교　中学校(ちゅうがっこう) 중학교
|정답| (C)

172
이 사람은 형제가 몇 명이고 몇 번째입니까?
(A) 이 사람을 빼고 3명으로 첫째입니다.
(B) 이 사람을 포함해 3명으로 셋째입니다.
(C) 그 사람을 빼고 3명으로 둘째입니다.
(D) 이 사람을 빼고 3명으로 셋째입니다.
|단어| 兄弟(きょうだい) 형제　何番目(なんばんめ) 몇 번째
|주요어구|「~目」(~째)는 '차례, 서열'을 나타낸다.
◎ 二番目(にばんめ)の交差点(こうさてん)を右(みぎ)に曲(ま)がると駅(えき)があります。
　(두 번째 교차점을 오른쪽으로 돌면 역이 있습니다.)
|정답| (B)

173
두 사람은 어떻게 해서 친구가 되었습니까?
(A) 초등학교에 다니던 중 이야기하게 되어서
(B) 유치원과 초등학교 때 계속 같은 반이었으므로
(C) 작년 같은 반이 되어 이야기하게 되어서
(D) 서로 형제를 통해 알게 되었으므로
|단어| どのようにして 어떻게 해서　~に通(かよ)う ~에 다니다　途中(とちゅう) 도중　幼稚園(ようちえん) 유치원　ずっと 쭉, 계속　去年(きょねん) 작년　一緒(いっしょ) 함께　お互(たが)い 서로　通(つう)じる 통하다, 연관되다, 관련되다　知(し)り合(あ)う 서로 알다, 사귀다
|정답| (C)

[174~177]
저에게는 의사가 되겠다는 꿈이 있습니다. 그렇게 생각한 것은 제가 중학생이었을 때, 지금은 돌아가신 할아버지가 의사와 이인삼각으로 암과 싸우는 모습을 보았을 때입니다. 생명의 소중함을 몸 속 깊이 실감하고, 사람의 생명을 돕는 의사라는 직업에 동경을 품게 되었습니다. 의사인 친척으로부터 '공부를 좀 잘한다고 해서 훌륭한 의사가 된다고는 할 수 없다'라는 말을 들은 것이 지금도 잊혀 지지 않습니다. 그 말을 염두에 두며, 아이스하키 클럽에 들기도 하고, 친구와 음악 밴드를 결성하기도 하며 스포츠나 음악도 즐기고 있습니다. 그리고 학교 공부로는 얻을 수 없는 팀워크나 친구가 있다는 사실이 얼마나 멋진 것인지 실감하고 있습니다. 고2 중반에 들어 대학수험에 대해 심각하게 생각해야 하는 시기입니다. 하지만, 고교생활을 수험공부만으로 끝내고 싶지는 않습니다. 클럽활동도 정도껏 하면서, 장래에 훌륭한 의사가 되기 위해서도 다른 사람의 기분을 알 수 있는 사람으로서의 매력도 닦아 나가고 싶습니다.

|단어| 僕(ぼく) 나(남자용어)　亡(な)き祖父(そふ) 돌아가신 할아버지　二人三脚(ににんさんきゃく) 이인삼각　闘(たたか)う 싸우다　姿(すがた) 모습　命(いのち)の尊(とうと)さ 생명의 소중함　職業(しょくぎょう) 직업　憧(あこが)れ 동경　念頭(ねんとう)に置(お)く 염두에 두다　組(く)む 조직하다, 구성하다　仲間(なかま) 친구, 동료　素晴(すば)らしさ 훌륭함, 멋짐　受験勉強(じゅけんべんきょう) 수험공부　将来(しょうらい) 장래　魅力(みりょく) 매력　磨(みが)く 갈고 닦다

174
이 사람은 언제 의사가 되고 싶다고 생각했습니까?
(A) 의사인 친척으로부터 의사는 멋진 직업이라고 들었을 때
(B) 의사가 병에 걸린 할아버지와 한 몸이 되어 열심히 돕고 있는 모습을 보았을 때
(C) 할아버지의 병이 조금씩 회복되었을 때
(D) 자신이 할아버지를 돕지 못했다는 것이 분하다고 생각했을 때
|단어| 医者(いしゃ) 의사　親戚(しんせき) 친척　職業(しょくぎょう) 직업　一体(いったい)になる 한 몸이 되다, 일체가 되다　懸命(けんめい)に 열심히　姿(すがた) 모습　回復(かいふく) 회복　悔(くや)しい 분하다, 억울하다
|정답| (B)

175
의사인 친척으로부터 무슨 말을 들었습니까?
(A) 훌륭한 의사의 조건은 우선 머리가 좋은 것이다.
(B) 훌륭한 의사가 되기 위해서는 공부를 빼놓을 수 없다.
(C) 학교 성적이 훌륭하면 뛰어난 의사가 될 확률이 높다.
(D) 성적이 좋은 것만으로 훌륭한 의사가 될 수 있다고는 말할 수 없다.
|단어| 条件(じょうけん) 조건　第一(だいいち) 우선, 무

엇보다도(부사적용법) 立派(りっぱ) 훌륭함 欠(か)かせない 빼놓을 수 없다, 빠뜨릴 수 없다 成績(せいせき) 성적 優秀(ゆうしゅう) 우수 確率(かくりつ) 확률
| 정답 | (D)

176
이제부터 어떤 고교생활을 하고 싶다고 생각하고 있습니까?
(A) 공부뿐 아니라 클럽 활동도 조금 하고 싶다.
(B) 공부는 하지 않고 스포츠나 음악을 즐기고 싶다.
(C) 수험공부는 전혀 하지 않고 놀면서 지내고 싶다.
(D) 의학부에 들어가기 위해 방과 후에는 입시학원에 다니고 싶다.
| 단어 | 高校生活(こうこうせいかつ) 고교생활 クラブ活動(かつどう) 클럽 활동 音楽(おんがく) 음악 楽(たの)しむ 즐기다 受験勉強(じゅけんべんきょう) 수험공부 全(まった)く 전혀, 조금도 暮(く)らす 살다, 지내다, 생활하다 医学部(いがくぶ) 의학부 放課後(ほうかご) 방과 후 予備校(よびこう) 입시학원
| 정답 | (A)

177
의사가 되기 위해 어떤 일을 하고 있습니까?
(A) 우수한 가정교사에게 공부를 배우고 있다.
(B) 방과 후에 모두 모여 공부하고 있다.
(C) 참고서를 사서 열심히 공부하고 있다.
(D) 인간적으로 성장하기 위해 여러 가지 클럽에 가입해 있다.
| 단어 | 家庭教師(かていきょうし) 가정교사 教(おそ)わる 배우다 集(あつ)まる 모이다 参考書(さんこうしょ) 참고서 猛勉強(もうべんきょう) 열심히 공부함 人間的(にんげんてき) 인간적 成長(せいちょう) 성장
| 정답 | (D)

[178~180]

저에게는 소중하고 좋아하는 사람이 많이 있습니다. 오늘은 그 중 한 명인 할머니의 기일입니다. 할머니는 젊었을 때부터 병에 잘 걸려, 입원과 퇴원을 반복한 끝에, 재작년 돌아가셨습니다. 완고하고 성격이 급하지만, 눈물이 많고 다정한 분이셨습니다. 할머니와는 떨어져 살고 있었기 때문에, 아직 저 멀리 살고 있는 기분이 들고, 돌아가신 직후를 생각하면 눈물이 나고, (할머니)의 유품을 보면 너무나 그립습니다. 그러던 어느 날, TV 드라마에서 이런 대사를 들었습니다. "울지 마세요. 누나가 울 때 비가 오면, 그건 저의 눈물입니다." 깜짝 놀랐습니다. 분명 할머니도 천국에서 이런 저를 보고 울고 있을 거예요. 그 이후로 저는 항상 웃는 얼굴을 잃지 말자고 다짐하게 되었습니다. 그런 저를 보고 할머니는 분명 기뻐하고 계실 거예요.

| 단어 | 祖母(そぼ)の命日(めいにち) 할머니의 기일 入退院(にゅうたいいん)を繰(く)り返(かえ)す 입원, 퇴원을 반복하다 おととし 재작년 がんこ 완고 短気(たんき) 성미가 급함 涙(なみだ)もろい 눈물이 많다 優(やさ)しい 다정하다 直後(ちょくご) 직후 形身(かたみ)の品(しな) 유품 姉(ねえ)ちゃん 누나, 언니 笑顔(えがお)を絶(た)やさない 웃는 얼굴을 잃지 않다 心(こころ)がける 다짐하다

178
할머니는 언제 돌아가셨습니까?
(A) 1년 전
(B) 2년 전
(C) 3년 전
(D) 4년 전
| 단어 | お祖母(ばあ)さん 할머니 亡(な)くなる 돌아가시다
| 정답 | (B)

179
오늘은 누구의 어떤 날입니까?
(A) 우리 할머니가 태어난 날입니다.
(B) 우리 할아버지가 돌아가신 날입니다.
(C) 우리 할아버지가 태어난 날입니다.
(D) 우리 할머니가 돌아가신 날입니다.
| 단어 | 生(う)まれる 태어나다 お爺(じい)さん 할아버지
| 정답 | (D)

180
나는 왜 TV를 보고 깜짝 놀랐습니까?
(A) 우리 돌아가신 할머니와 닮은 사람이 나와서
(B) 천국에 계신 할머니가 곁에 있는 듯한 기분이 들어서
(C) 내가 기운이 없으면 천국에 계신 할머니가 슬퍼할 거

라고 생각해서
(D) 할머니가 아직 어딘가에 살아계신 듯한 기분이 들어서

| 단어 | はっとする 깜짝 놀라다　そっくり 꼭 닮은 모양　天国(てんごく) 천국　側(そば) 옆, 근처　悲(かな)しむ 슬퍼하다　生(い)きる 살다, 생존하다

| 정답 | (C)

[181~184]

　여러분이 어렸을 때 보고 자란 그림책은 유럽을 중심으로 발달했습니다. 아이는 그림을 눈으로 쫓으며 이야기의 세계에 빠져들어, 그림책을 읽어주는 사람의 기분을 느끼며 기쁨을 확대합니다. 그리고 마음을 키워나갑니다.
　글씨를 읽을 줄 모르는 어린아이라도 책을 읽어주면 책 속의 세상을 즐길 수 있습니다. 읽고 듣게 하는 것은 문자를 목소리로 바꾸는 것 뿐만 아니라 중요한 작용이 있습니다. 읽는 사람의 이야기에 대한 이해나 느낌, 마음에서 이야기를 좋아하는 감정이 드러납니다. 아이에게 책을 읽어줄 때 그 목소리를 통해 이야기와 함께 여러 가지 유익한 것들이 아이의 마음에 흘러들어갑니다. 그것이 아이가 책을 읽는 즐거움을 키우는 것입니다. 그러면, 어떻게 읽는 것이 좋을까요. 중요한 것은, 어조보다도 이야기의 내용입니다. 좋은 읽기 방법이란, 다 읽고 났을 때 이야기의 세계가 (이야기를) 들은 아이의 마음에 남는 것입니다. 아이가 머릿속에서 이야기를 더듬어갈 수 있도록 천천히, 읽는 사람도 즐기면서 순수하게 마음을 담아 읽는 것이라고 합니다. 그림책은 즐기는 것입니다. 읽고 있는 도중에 아이에게 질문이나 설명을 하지 말고, 잘 모르는 단어가 있어도 계속 읽어 줍니다. 지식을 늘리는 것보다 이야기의 세계에 빠져드는 것, 생각하기보다 먼저 느끼는 것이 중요한 것입니다. 그림책은 느끼는 힘을 길러줍니다. 놀라거나 재미있다고 느끼거나, 안심하거나, 이러한 마음의 작용에서 감동이 일어나 감동을 반복하는 것으로 ①마음이 자라나는 것입니다.

| 단어 | 幼(おさな)い 어리다, 유치하다　育(そだ)つ 자라다　絵本(えほん) 그림책　発達(はったつ) 발달　目(め)で追(お)う 눈으로 쫓다　さそいこまれる 빠져들다　働(はたら)き 작용　物語(ものがたり) 이야기　理解(りか)い) 이해　味(あじ)わい方(かた) 맛보는 방법, 느끼는 방법　さまざま 여러 가지, 다양한　流(なが)れ込(こ)む 흘러들어가다　語(かた)り口(くち) 어조, 말투　中身(なかみ) 내용　質問(しつもん) 질문　説明(せつめい) 설명　知識(ちしき) 지식　驚(おどろ)く 놀라다　感動(かんどう) 감동

181
읽고 있는 도중에 아이에게 질문이나 설명을 하지 않는 것은 왜입니까?
(A) 설명을 더하게 되면 바로 잠들어 버리는 아이가 있기 때문에
(B) 아이는 질문을 받으면 계속 깊이 생각하게 되므로
(C) 대답을 바로 가르쳐 주는 것이 아니라, 아이 스스로 생각하기 바라므로
(D) 머리로 생각하는 것이 아니라, 이야기를 느끼는 것을 우선으로 하고 싶으므로

| 단어 | 質問(しつもん) 질문　説明(せつめい) 설명　加(くわ)える 덧붙이다, 추가하다　考(かんが)え込(こ)む 골똘히 생각하다, 생각에 잠기다　自分(じぶん) 자기 자신　物語(ものがたり) 이야기　感(かん)じる 느끼다　優先(ゆうせん) 우선

| 정답 | (D)

182
동화를 읽어주는 것의 중요한 작용은 무엇입니까?
(A) 읽어 주는 사람의 어조에 따라 이야기를 그대로 즐기는 것
(B) 읽는 사람의 이야기에 대한 기분이나 느낌이 나타나는 것
(C) 듣는 아이에게 매사를 논리적으로 생각하는 힘을 길러주는 것
(D) 듣는 아이가 이야기의 내용에 흥미를 갖게 하는 것

| 단어 | 読(よ)み聞(き)かせる 읽어주다　大事(だいじ) 중요함, 소중함　働(はたら)き 작용, 기능　語(かた)り口(くち) 읽는 사람　味(あじ)わい方(かた) 느낌, 감상　表(あらわ)れる 나타나다, 드러나　論理的(ろんりてき) 논리적　興味(きょうみ) 흥미

| 정답 | (B)

183
어떠한 이야기의 읽기 방법이 좋습니까?
(A) 듣는 힘을 길러주기 위해 느리지 않게, 조금 빠른 듯

읽는 것
(B) 아이가 반복해서 읽을 수 있는 자세를 취하면서 읽는 것
(C) 아이가 이야기를 따라 올 수 있을 정도의 속도로 즐기면서 읽는 것
(D) 감정을 넣어 각각의 등장인물화 되어 읽는 것
|단어| 聞(き)く力(ちから) 듣는 힘 育(そだ)てる 기르다, 키우다 繰(く)り返(かえ)す 반복하다 感情(かんじょう) 감정 それぞれ 각각, 각자 登場人物(とうじょうじんぶつ) 등장인물
|정답|(C)

184
① 에 들어갈 가장 적절한 말은 어느 것입니까?
|단어| 最(もっと)も 가장, 제일 言葉(ことば) 말, 단어 頭(あたま) 머리 耳(みみ) 귀 心(こころ) 마음 目(め) 눈
|정답|(C)

[185~188]

 학생이 아니면서, 직업도 없고, 취업훈련을 받는 것도 아닌 '①니트'라고 불리는 젊은이가 늘고 있다. '게으르고 일할 의욕이 없는 젊은이'라고 단정하기 쉽지만 '어떠한 이유로 인해 일할 의욕을 잃어버린 젊은이'도 포함된다. 대학 4학년 겨울이 되어도, 전혀 취업활동을 시작할 기미가 없는 학생이 눈에 띄고 있다. 몇몇 회사의 면접을 치렀지만 채용이 되지 않아 ②의기소침해진 채로 졸업해 버린 경우도 있다. 지금의 취업난에 대해 이해가 부족한 부모도 많다. 자녀가 아르바이트를 해서 번 돈에 대해 "그렇게 적어?"라고 무시하거나, "③애써 대학까지 나왔으니까 아르바이트 말고 '제대로 된 일'을 해라"라는 등의 말이 점점 젊은이들을 몰아세운다. 전국에서 40만 명에 달한다고 하는 니트족. '엄살 부리지 마라', '요즘 젊은 것들은 안 돼'라고 심하게 비판하는 의견도 많다. 하지만 낮과 밤이 뒤바뀐 생활로부터 벗어나고 싶어도 할 수 없는 사람에게 "아침 일찍 일어나라"고 계속 호통 쳐 봤자 아무 소용없다. 예를 들어 "우선은 낮잠을 자도 괜찮으니까"와 같이 꾸준하고 구체적인 조언이 중요하다고 생각한다. 그렇다고 해도 요즘 세상은 너무 회사 근무에만 구애 받는 경향이 있는 것 같다. 기술자나 농림어업 등 혼자서 일하는 방법도 있는데 말이다.

|단어| ~に就(つ)く ~에 종사하다, 근무하다 職業訓練中(しょくぎょうくんれんちゅう) 직업훈련 중 怠惰(たいだ) 나태함 意欲(いよく) 의욕 含(ふく)まれる 포함되다 就職活動(しゅうしょくかつどう) 취업활동 気配(けはい) 기미, 기색 目立(めだ)つ 눈에 띄다 面接(めんせつ)を受(う)ける 면접을 보다 意気消沈(いきしょうちん) 의기소침 発言(はつげん) 발언 ますます 더욱더 追(お)い込(こ)む 몰아붙이다 甘(あま)ったれる 어리광부리다 批判(ひはん) 비판 昼夜逆転(ちゅうやぎゃくてん) 낮밤이 뒤바뀜 抜(ぬ)け出(だ)す 빠져나가다 早起(はやお)き 일찍 일어남 昼寝(ひるね) 낮잠 地道(じみち) 차근차근 具体的(ぐたいてき) 구체적 会社勤(かいしゃつと)め 회사근무 職人(しょくにん) 기술자 農林漁業(のうりんぎょぎょう) 농림어업

185
①니트에 대해 바른 것은 어느 것입니까?
(A) 의욕적으로 몇 군데나 회사 면접을 받고 있는 젊은이
(B) 일정한 직업에 종사하지 않고 아르바이트로 생계를 유지하고 있는 젊은이
(C) 취직활동도 하지 않고, 일하려고 하지 않는 젊은이
(D) 낮과 밤이 뒤바뀐 생활을 보내고 있는 대학생
|단어| 定職(ていしょく)に就(つ)く 일정한 직업에 종사하다 生計(せいけい)を立(た)てる 생계를 유지하다
|정답|(C)

186
②意気消沈したまま卒業してしまう란 여기에서는 어떤 의미입니까?
(A) 채용은 되었지만, 일할 의욕이 없는 채 졸업하는 것
(B) 취직할 곳이 정해지지 않아서, 침울한 모습으로 졸업하는 것
(C) 내정은 되어있지 않지만, 장래를 낙관하며 졸업하는 것
(D) 취직활동을 좀 더 열심히 하자고 의욕을 갖고 졸업하는 것
|단어| 採用(さいよう) 채용 就職先(しゅうしょくさき) 취직할 곳 落(お)ち込(こ)む 침울해지다 内定(ないてい)が取(と)れる 내정을 얻다 楽観視(らっかんし) 낙관시 意気込(いきご)む 힘을 내다, 분발하다
|정답|(B)

187

_____③_____에 들어갈 가장 적합한 말은 어느 것입니까?

| 단어 | もし 만약   もはや 이제는, 이미   どうか 제발, 부디, 이럭저럭   せっかく 모처럼, 애써

| 정답 | (D)

188

어떤 부모가 젊은이를 니트 시켜 버릴 우려가 있습니까?

(A) 내버려두고 아무것도 간섭하지 않는 부모
(B) 아르바이트든 뭐든 좋으니까 어쨌든 일을 시키려고 하는 부모
(C) 일정한 직업에 종사하도록 압력을 가하는 부모
(D) 응석을 받아주며 뭐든지 사 주려고 하는 부모

| 단어 | ほったらかし 내버려둠, 방치   干渉(かんしょう) 간섭   親(おや) 부모   定職(ていしょく) 일정한 직업   ~に就(つ)く ~에 취업하다   プレッシャー 압력   甘(あま)やかす 응석 받다, 버릇없이 키우다

| 정답 | (C)

[189~192]

'큰일 났다!'라고 생각할 때는 많다. 예를 들어, 자동발매기로 표를 살 때. 서두르면 ①되는 일이 없다. 얼마 전, 190엔짜리 표를 사려고 1000엔짜리 지폐와 10엔짜리 동전 9개를 차례로 넣고 있었다. 지갑이 두툼해 지는 게 싫어서 가능한 한 거스름돈이 적어지도록 잔돈을 총동원한다. 나는 마지막 10엔짜리 동전을 넣고 바로 화면의 '190엔' 버튼을 눌렀다. 크, 큰일 났다! 화면의 표시는 '투입금액 1080엔'. 버튼을 너무 빨리 눌러서 마지막 10엔짜리가 인식되지 않은 것이다. 10엔짜리 동전 하나가, '저는 안 됐어요'라는 듯 잔돈이 나오는 곳에서 쨍그랑 튀어나왔다. 그 뒤를 쫓듯 좌르르~ 쏟아져 나오는 100엔 동전과 10엔 동전들. 총18개, 900엔 어치의 동전의 무게를 묵직하게 손으로 느끼면서 '나도 꽤 성급하군' 하며 허무해졌다. 서둘러 시간 ②벌어도 결과는 크게 다르지 않고, 의외로 얻는 것도 적은 것 같다. 오히려 손해를 보는 일이 더 많은 것 같다. 그런데도 왜 나는 서두르게 되는 것일까? 내 경우는 기계를 앞에 두면 안 되는 모양이다. 아마 기계가 점점 발달하여 언제나 기대에 부응하기 때문인 것 같다. 얼마 전 오래간만에 즉석 사진을 찍었을 때 ③완성까지 23초였다. 그 전에는 3분이었는데. 다음에 찍을 때 23초 이상 걸리면 분명 초조해 할 것이 틀림없다. 일단 빨라진 것이 다시 느려지면 스트레스를 받는 것이다. 이제 ADSL에서 전화선모뎀으로는 되돌릴 수 없다. 편리한 도구도 고속처리도 고맙지만 자신이 점점 성급해져 가는 듯해 두렵기도 하다.

| 단어 | 自動券売機(じどうけんばいき) 자동발매기   切符(きっぷ) 표, 티켓   札(さつ) 지폐   枚(まい) 매, 장(종이를 세는 단위)   投入(とうにゅう) 투입   財布(さいふ) 지갑   ふくれる 불룩해지다   お釣(つ)り 거스름돈   小銭(こぜに)を総動員(そうどういん)する 잔돈을 총동원하다   押(お)す 누르다   金額(きんがく) 금액   認識(にんしき) 인식   釣(つ)り銭(せん) 잔돈   受(う)け取(と)り口(くち) 잔돈 나오는 곳   転(ころ)がる 뒹굴다   硬貨(こうか) 동전   ずっしり 묵직하게   せっかち 성급함, 조급함   稼(か)ぐ (돈을)벌다   案外(あんがい) 의외로   損(そん)をする 손해를 보다   機械(きかい) 기계   秒(びょう) 초(시간 단위)   撮(と)る (사진 등을)찍다   ふたたび 다시   遅(おそ)くなる 늦어지다   便利(べんり) 편리   高速処理(こうそくしょり) 고속처리   怖(こわ)い 무섭다, 두렵다

189

①ロクなことがない란 어떤 의미입니까?

(A) 생각조차 할 수 없는 좋은 일이 있다.
(B) 의외로 이득을 얻는 경우가 있다.
(C) 혹독한 일을 당해 버리다.
(D) 안절부절 못하게 되다.

| 단어 | ロクなことがない 되는 일이 없다, 변변한 일이 없다   思(おも)いも寄(よ)らない 생각조차 할 수 없다   意外(いがい)と 의외로   ひどい目(め)にあう 혼쭐나다, 참담한 일을 당하다   気(き)が気(き)でない 제정신이 아니다, 안절부절 못하다

| 정답 | (C)

190

_____②_____에 들어갈 가장 적합한 말은 어느 것입니까?

| 단어 | 貢(みつ)ぐ 공물을 바치다, (금품을)대주다   稼(か)ぐ (돈·시간을)벌다   損(そん)する 손해를 보다   費(つい)やす 낭비하다

| 정답 | (B)

191

_____③_____에 들어갈 가장 적합한 말은 어느 것입니까?

|단어| 焼(や)き立(た)て 갓 구움 仕上(しあ)がり 완성, 마무리 出来映(できば)え 만듦새, 솜씨가 좋음 下拵(したごしら)え 사전준비, 미리 대충 만들어 둠
|정답| (B)

192
본문의 내용과 다른 것은 어느 것입니까?
(A) 조급함은 이득을 얻기보다 손해를 보는 일이 많은 것처럼 느낀다.
(B) 기계가 점점 고도화 되어도, 낡은 방법과 전통을 지켜 가야만 한다.
(C) 일단 빠른 것에 익숙해지면 다음에 늦어졌을 때 초조함을 느끼게 되어 버린다.
(D) 기계의 처리가 빨라짐에 따라, 자신이 점점 조급하게 되어갈 것 같아 걱정이다.
|단어| せっかち 조급함, 안달함 得(とく)をする 이득을 보다 損(そん)をする 손해를 보다 感(かん)じる 느끼다 機械(きかい) 기계 どんどん 순조롭게 지체 없이 나아가는 모양, 척척, 착착 高度(こうど) 고도 伝統(でんとう) 전통 守(まも)る 지키다
|정답| (B)

[193~196]

세계보건기구는 22일, 60억 명 남짓한 세계인구 중 10억 명 이상이 비만으로, 이대로 계속 증가하면 2015년까지 15억 명에 달하게 된다고 추계를 발표했다. 중장년의 과반수가 비만인 나라도 있다는 점에서, 25일의 '세계 심장의 날' 을 앞두고 '비만은 심장병이나 뇌졸중 등의 ①원인이 된다' 고 경고를 하고 있다. WHO는 체중을 신장으로 2번 나눈 수치 '체격지수(BMI)' 가 25이상을 '과체중', 30 이상을 '비만' 이라고 규정하고 있다. ②예를 들어 175Cm, 88Kg인 경우는 BMI 28 남짓 되어, 과체중이지만, 비만까지는 가지 않는다. 일본비만학회는 일본인의 체질적 차이에서 이보다 마른 사람도 '비만' 으로 부르는 엄격한 기준을 설정하고 있다. 이번 발표된 '비만주의국' 에 일본은 포함되어 있지 않다. 이전에 선진국에서 주로 보여 온 비만이 최근에는 소득이 낮은 나라에서도 급증하고 있다는 점이 눈에 띈다. 세계적으로 지방이나 당분이 높은 고칼로리 섭취의 식생활이 정착해 있고 게다가 도상국에서도 자동차 회사가 늘고 운동량이 줄었다는 것 등이 원인으로 보인다.

|단어| 世界保健機関(せかいほけんきかん) 세계보건기구 余(あま)り ~이상, 남짓 人口(じんこう) 인구 太(ふと)りすぎる 살이 너무 찌다 増加(ぞうか) 증가 推計(すいけい) 추계(추정계산) 過半数(かはんすう) 과반수 心臓病(しんぞうびょう) 심장병 脳卒中(のうそっちゅう) 뇌졸중 引(ひ)き金(がね) 방아쇠 警鐘(けいしょう)を鳴(な)らす 경종을 울리다 体重(たいじゅう) 체중 身長(しんちょう) 신장 割(わ)る 나누다 数値(すうち) 수치 体格指数(たいかくしすう) 체격지수 肥満(ひまん) 비만 規定(きてい) 규정 体質(たいしつ) 체질 やせる 마르다, 살이 빠지다 基準(きじゅん)を設(もう)ける 기준을 설정하다 先進国(せんしんこく) 선진국 所得(しょとく) 소득 急増(きゅうぞう) 급증 脂肪(しぼう) 지방 糖分(とうぶん) 당분 摂取(せっしゅ) 섭취 定着(ていちゃく) 정착 途上国(とじょうこく) (개발)도상국 運動量(うんどうりょう) 운동량 減(へ)る 줄다, 감소하다 原因(げんいん) 원인

193
①引き金となる는 것은 무슨 의미입니까?
(A) 여러 가지 사항을 가리키는 것으로, 사실이 명확히 알 수 있게 된다.
(B) 서로 관련되어 움직여 가야 할 일이 제대로 진행되지 않게 된다.
(C) 어떠한 사건을 일으키는 직접적인 계기가 된다.
(D) 어려운 상황을 헤쳐나가기 위한 수단이 된다.
|단어| 引(ひ)き金(がね) 계기, 원인, 빌미(원래는 총의 방아쇠를 의미하나 비유적으로 더 많이 사용됨) 事柄(ことがら) 일의 형편, 사항, 사정 示(しめ)す 나타내다 ~ことによって ~함에 따라 事実(じじつ) 사실 互(たが)いに 서로 ある 어느, 어떤(연체사임) できごと 일어난 일, 사건 直接(ちょくせつ) 직접 きっかけ 계기, 실마리 状況(じょうきょう) 상황 切(き)り開(ひら)く 애써 열다, 개척하다 手(て)がかり 단서, 실마리=「糸口(いとぐち)」
|정답| (C)

194
___②___ 에 들어갈 가장 적절한 말은 어느 것입니까?
|단어| しかし 그러나 ところで (화제를 전환할 때 사용) 그런데, 그건 그렇다고 하고 それで 그래서 たとえば 예를 들어
|정답| (D)

195

이번에 발표된 '비만 주의국'에서 알 수 있는 것은 무엇입니까?
(A) 선진국에서는 비만에 관한 인식이 확산되어 비만인 사람이 감소하는 경향이 있다.
(B) 제대로 먹지도 못하는 도상국의 국민들에게도 구미형 비만이 만연하고 있다.
(C) 과거와 마찬가지로 유복하여 아무런 부족한 것 없는 생활을 하고 있는 선진국이 가장 많다.
(D) 선진국과 마찬가지로 도상국에서도 비만이 눈에 띄게 되었다.

|단어| 今回(こんかい) 이번 発表(はっぴょう) 발표 肥満(ひまん) 비만 注意(ちゅうい) 주의 認識(にんしき) 인식 広(ひろ)まる 널리 퍼지다 減(へ)る 줄다 傾向(けいこう) 경향 ~こともままならない ~하는 것도 뜻대로 되지 않다 途上国(とじょうこく) 도상국 欧米型(おうべいがた) 구미형(유럽과 미국형) 蔓延(まんえん) 만연 同様(どうよう) 다름없음, 마찬가지임 目(め)につく 눈에 띄다

|정답| (D)

196

도상국에서 비만이 늘어난 원인은 무엇입니까?
(A) 고소득자가 늘어나 고급 음식을 먹을 수 있게 되어서
(B) 소득이 낮아 헬스클럽에 다닐 돈이 없어서
(C) 교통수단이 발달하여 사람들이 별로 걷지 않게 되어서
(D) 운동을 싫어하는 사람이 선진국에 비해 많아서

|단어| 増(ふ)える 늘다, 늘어나다 原因(げんいん) 원인 高所得者(こうしょとくしゃ) 고소득자 高級(こうきゅう) 고급 食品(しょくひん) 식품 ジムに通(かよ)う 헬스클럽에 다니다 交通手段(こうつうしゅだん) 교통수단 発達(はったつ) 발달 運動嫌(うんどうぎら)い 운동을 싫어함, 또는 그런 사람 先進国(せんしんこく) 선진국 比(くら)べる 비교하다

|정답| (C)

[197~200]

개인사용목적으로 음악이나 영상의 복제는 저작권법의 예외가 되어 저작권자에게 ①보상금을 지불할 필요가 없다. 그러나 디지털 방식이라면 같은 품질의 복제품을 몇 개라도 만들 수 있다는 점에서 MD, DVD 레코더 등 디지털 녹음, 녹화기재에 대해서 예외적으로 보상금을 지불하도록 하는 것이 1992년에 의무화되었다. 이제까지 MD 플레이어에 대한 사용료 지불은 있었지만, 새롭게 등장한 애플컴퓨터사의 ②「iPod」와 같은 휴대디지털음악 플레이어는 사용료 지불 대상에 포함되어 있지 않다. 휴대디지털음악 플레이어는 내부의 하드디스크나 플래시메모리에 음악을 기억시켜 재생하는 장치이다. 각 브랜드가 경쟁적으로 판매하고 있으나, 그 중에서도 「iPod」는 매우 인기로, 2005년 1~3월에는 전세계에서 530만 대가 팔렸다. 독일과 프랑스에서는 사용료를 징수하고 있지만, 미국이나 일본은 징수하고 있지 않다. 일본에서는 문화심의회저작권분류위원회의 법제도문제소위원회가 사용료를 지불해야 할 것인가 ③말 것인가에 대해 논의하고 있고, 05년 안으로 보고서를 발표할 예정이다.

|단어| 私的使用目的(してきしようもくてき) 사적 사용목적 映像(えいぞう) 영상 複製(ふくせい) 복제 著作権法(ちょさくけんほう) 저작권법 例外(れいがい) 예외 補償金(ほしょうきん) 보상금 録音(ろくおん) 녹음 録画(ろくが) 녹화 機材(きざい) 기재 支払(しはら)う 지불하다 義務付(ぎむづ)ける 의무화하다 課金(かきん) 과금, 사용료, 로열티 登場(とうじょう) 등장 携帯(けいたい) 휴대 内臓(ないぞう) 내부 記憶(きおく) 기억 再生(さいせい) 재생 競(きそ)う 경쟁하다 発売(はつばい) 발매 実施(じっし) 실시 未徴収(みちょうしゅう) 미징수 文化(ぶんか) 문화 審議会(しんぎかい) 심의회 著作権(ちょさくけん) 저작권 分科(ぶんか) 분과 委員会(いいんかい) 위원회 法制度(ほうせいど) 법제도 問題(もんだい) 문제 小委員会(しょういいんかい) 소위원회 議論(ぎろん) 논의 報告書(ほうこくしょ) 보고서 予定(よてい) 예정

197

현재 ①보상금을 지불해야 하는 것은 무엇입니까?
(A) MD 플레이어

(B) 비디오
(C) 스테레오
(D) iPod

| 단어 | 現在(げんざい) 현재   補償金(ほしょうきん) 보상금   払(はら)う 지불하다

| 정답 | (A)

198
②「iPod」에 관한 설명으로 바른 것은 어느 것입니까?
(A) 소형이 아니어서 갖고 다니기에 적합하지 않지만 최신 디지털음악 플레이어다.
(B) 개인적 사용목적의 음악일 경우에만 사용을 허가 받고 있다.
(C) 이전에는 인기가 있었지만 지금은 저작권 문제로 인기에 어두운 면이 보이기 시작하고 있다.
(D) 세계적인 인기를 자랑하며 휴대도 가능한 디지털음악 플레이어다.

| 단어 | コンパクト 콤팩트, 소형   持(も)ち運(はこ)び 가지고 다님   向(む)かない 적합하지 않다   最新(さいしん) 최신   私的(してき) 사적   ~のみ ~만, ~뿐   許(ゆる)す 허용하다, 허가하다   陰(かげ)りが見(み)える 어두운 그늘이 보이다   誇(ほこ)る 자랑하다

| 정답 | (D)

199
_③_ 에 들어갈 가장 적절한 말은 어느 것입니까?

| 단어 | 拒(こば)む 거절하다, 거부하다   非(ひ) 도리에 어긋남, 좋지 않음   否(いな) 동의하지 않음, 불찬성, ~이 아님   ~か否(いな)かは ~이고 아니고는

| 정답 | (D)

200
사용료를 징수하고 있지 않는 나라는 다음 중 어디입니까?
(A) 프랑스
(B) 미국
(C) 독일
(D) 영국

| 단어 | 徴収(ちょうしゅう) 징수   次(つぎ) 다음   ~うち (어떤 범위, 한도, 구역의)~안, ~중

| 정답 | (B)

Section II

Part 5

1 같거나 비슷한 음독을 가진 한자 중 올바르게 쓴 것을 찾는 유형

연습문제

1

| 번역 | 정기적인 행사인 가을 운동회는 10월 2째 주 월요일에 행해집니다.

| 단어 | 秋(あき) 가을 運動会(うんどうかい) 운동회 行(おこな)う 행하다, 실시하다

| 정답찾기 | 보기의 (A) 好例 (B) 恒例 (C) 高齢는 모두 「こうれい」로 읽혀지나 뜻이 제각기 다르다. (A)의 「好例」는 '좋은 예'를 표현할 때 사용되는 말이고, (B)의 「恒例」는 위의 문제처럼 '정기적으로 행해지는 것'을 표현할 때 사용되는 말이며, (C)의 「高齢」는 '고령'을 뜻하는 말이다.

| 정답 | (B)

2

| 번역 | 지금 사회에 그러한 특별한 경우는 전무한 것과 다름없다.

| 단어 | 特別(とくべつ) 특별 等(ひと)しい 같다, 동일하다

| 정답찾기 | 보기의 예들은 모두 「かいむ」라고 읽기 쉬우나 뜻을 살펴보면 쉽게 답을 찾아낼 수 있다. 「皆無(かいむ)」란 '전무, 전혀 없음'이란 뜻으로 「絶無(ぜつむ)」와 같은 뜻이다.

예 可能性(かのうせい)は絶無だ.
　　(가능성은 전무하다.)

| 정답 | (B)

3

| 번역 | 남녀고용기회 균등법은 1986년부터 시행되었습니다.

| 단어 | 男女(だんじょ) 남녀 雇用(こよう) 고용 実施(じっし) 실시

| 정답찾기 | 2번 문제와 마찬가지로 독음이 같거나 비슷한 한자 중 의미상 적절한 것을 고르는 문제이다. 기회를 고르게 준다는 의미로 「均等(きんとう)」를 정답으로 골라야 한다.

| 정답 | (D)

4

| 번역 | 한 백화점에서는 베이비붐 세대의 남성을 대상으로 한 판매 계획을 세우고 있습니다.

| 단어 | 団塊(だんかい)の世代(せだい) 1947~1949년의 베이비붐 시대에 태어난 세대 男性(だんせい) 남성 販売計画(はんばいけいかく) 판매 계획

| 정답찾기 | 「たいしょう」는 '대칭, 대상, 대소, 대조' 등 뜻이 상당히 많은 글자이다. 보기의 (A) 対称 (C) 大賞 (D) 対象 모두 「たいしょう」라고 읽혀지나 문맥에서는 판매의 '목표, 상대, 대상'이라는 뜻이 되어야 하므로 (D) 「対象」가 정답이 된다. (B) 「代償(だいしょう)」는 '희생, 손해를 보상함'이라는 뜻으로 '대가, 보상'의 의미이다.

| 정답 | (D)

5

| 번역 | 중고생의 범죄 증가는 심각한 사회문제이다.

| 단어 | 中高生(ちゅうこうせい) 중고생 犯罪(はんざい) 범죄 増加(ぞうか) 증가 社会問題(しゃかいもんだい) 사회문제

| 정답찾기 | '심각'이란 한자를 찾는 문제로서 모두 「しんこく」로 생각해서 혼동이 될 수 있으나 우리말로 '뜻을 생각하여 깊게 새기다', 즉 「深刻 : 깊을 심, 새길 각」에 해당하는 한자를 찾아야 한다.

| 정답 | (D)

6

| 번역 | 앙케트의 회답을 집계하는 것만으로도 상당한 고생

이다.
| 정답 | 集計(しゅうけい) 집계 一苦労(ひとくろう) 상당한 고생
| 정답찾기 | 모두 비슷한 발음으로 발음되지만 의미상 앙케트의 결과를 집계하는 것이므로 '회답'이 되겠다.
| 정답 | (C)

7
| 번역 | 자신의 출신을 공연히 알고 싶어졌습니다.
| 단어 | 自分(じぶん) 자기 자신 出自(しゅつじ) 출신, 태생=「生(う)まれ」
| 정답찾기 | 「むしょう」로 발음이 되는 것은 (A)와 (B)이지만 의미상 (A)는 '무상으로' 라는 의미이고, (B)는 '공연히, 무턱대고' 라는 의미이다.
| 정답 | (B)

8
| 번역 | 장애를 제거하고 전진합니다.
| 단어 | 取(と)り除(のぞ)く 없애다, 제거하다
前進(ぜんしん) 전진
| 정답찾기 | 역시 비슷한 발음으로 발음되는 한자들이지만 의미상 (A) '장애' 가 가장 적절하다. (B)는 '상해, 상처' 라는 의미이다.
| 정답 | (A)

9
| 번역 | 무더운 여름을 쾌적하게 보내는 방법을 가르쳐 주십시오.
| 단어 | 過(す)ごす 시간을 보내다 方法(ほうほう) 방법
| 정답찾기 | '상쾌함' 을 나타내는 '쾌적' 의 한자는 (A)이다.
| 정답 | (A)

10
| 번역 | 스트레스 탓인가 요즘 식욕부진으로 체중이 계속 줄고 있다.
| 단어 | 食欲(しょくよく) 식욕 体重(たいじゅう) 체중
減(へ)る 줄다 ~一方(いっぽう)だ (오로지) ~만하다, ~일로이다
| 정답찾기 | 역시 비슷하게 읽혀질 것 같은 한자들로 의미상 구별을 해야 하겠다. '부진하다' 는 뜻의 한자는 (A)이다.
| 정답 | (A)

11
| 번역 | 그는 재주가 있어 도움이 됩니다.
| 단어 | 助(たす)かる (노력, 비용 등이 감소되어)잘되다, 도움이 되다
| 정답찾기 | '손재주가 있음, 요령이 좋음' 이라는 뜻의 한자를 찾아야 한다.
| 정답 | (B)

12
| 번역 | 그녀는 그를 숭배하고 있습니다.
| 단어 | 崇拝(すうはい) 숭배
| 정답찾기 | 「崇拝(すうはい)」의 각각의 한자의 의미를 확장하여 보면 다음과 같다. 「崇(たた)る」(탈이 나다)/「拝(おが)む」 빌다, 절하다
| 정답 | (A)

13
| 번역 | 그녀는 말하는 것이 조금 극단적입니다.
| 정답찾기 | 역시 비슷하게 생긴 한자들 가운데 '극단' 을 찾아내는 문제로 정답은 (B)가 되겠다.
| 정답 | (B)

14
| 번역 | 오랜 염원이 이루어졌다.
| 단어 | 長年(ながねん) 다년간, 오랫동안, 장기간
叶(かな)う (기대나 희망 등이)실현되다, 이루어지다
| 정답찾기 | 「念願(ねんがん)」(염원)이라는 것은 '생각하고 바라다' 는 뜻으로 「생각할 염, 바랄 원」으로 구성되어 있다. 이 같은 한자는 (A)이다.
| 정답 | (A)

15
| 번역 | 모험은 이제 막 시작되었다.
| 단어 | 冒険(ぼうけん) 모험 始(はじ)まる 시작되다
~たばかりだ ~한지 얼마 안 되다
| 정답찾기 | 위험을 무릅쓰고 하는 일을 「冒険(ぼうけん)」이라고 하며 비슷한 모양의 한자에 주의한다.
| 정답 | (C)

2 한자를 올바로 읽은 것을 찾는 유형

연습문제

1
| 번역 | 발레는 몸의 유연함이 요구됩니다.
| 단어 | 体(からだ) 몸 要求(ようきゅう) 요구
| 정답찾기 | 「じゅうなん」의 「柔」는 단독으로 '부드럽다' 라는 뜻이며, 「やわらかい」로 읽는다.
| 정답 | (A)

2
| 번역 | 40을 넘어 갑자기 몸이 쇠약해졌습니다.
| 단어 | 急(きゅう)に 갑자기
| 정답찾기 | 「衰える」는 「おとろえる」로 읽으며, 시험에 자주 출제되는 단어이므로 반드시 암기해 두도록 해야겠다.
| 정답 | (C)

3
| 번역 | 오늘 중으로 답장을 주세요.
| 단어 | 返事(へんじ) 답장, 대답
| 정답찾기 | 일본어에서 「中」는 발음에 유의해야 한다. 일반적으로 「一日中(いちにちじゅう)」와 같이 때와 관계가 있을 경우에는 「じゅう」로 발음해야 하고 '공부 중, 회의 중' 등의 때와 관계가 없을 경우에는 「ちゅう」로 발음해야 한다. 물론 「午前中(ごぜんちゅう)」와 같이 예외는 있다.
| 정답 | (A)

4
| 번역 | 그와는 전혀 접촉한 적이 없었다는 것이네요.
| 단어 | 全(まった)く 전혀, 전연 ① (부정의 말과 함께)전혀 ② (부분 부정의 말과 함께)완전히, 아주, 정말, 참으로, 이 부사는 주로 뒤에 「동사」가 오는 경향이 많다.
| 정답찾기 | 「接」은 훈독으로 「接(つ)ぐ」라고 하며, 음독으로는 「せつ」라고 한다. 여기서는 「せっしょく」로 발음한다.
| 정답 | (A)

5
| 번역 | 그는 전문적으로 사무 일을 하고 있습니다.
| 단어 | 事務(じむ) 사무 専(もっぱ)ら 전적으로, 오로지
| 정답찾기 | 이 단어 역시 시험에 자주 출제되는 단어로서 반드시 암기해 두어야 한다. 「自(みずか)ら」는 '자기 자신'을 뜻하며, 「やたら」는 '함부로, 무턱대고', 「どうやら」는 '가까스로, 겨우' 등을 뜻하는 말이다.
| 정답 | (D)

6
| 번역 | 저녁 식단을 생각하는 것이 매일 힘듭니다.
| 단어 | 夕食(ゆうしょく) 저녁밥, 석식
| 정답찾기 | 「献」은 음독으로 「けん」 또는 「こん」으로 읽혀지며 '식단'을 의미하는 말은 「こんだて」이다.
| 정답 | (C)

7
| 번역 | 국어 성적은 언제나 톱클래스다.
| 단어 | 国語(こくご) 국어
| 정답찾기 | 「成」의 음독은 「せい、じょう」라고 읽히며, 훈독은 「なる、なす」라고 한다. '성적'은 「せいせき」이다.
| 정답 | (A)

8
| 번역 | 행사장에는 가급적 전철이나 버스로 와 주세요.
| 단어 | 催(もよお)し 행사 会場(かいじょう) 행사를 하는 장소 お出(い)でください 오십시오
| 정답찾기 | 음독으로는 「催(さい)」, 훈독으로는 「催(もよお)し」라고 한다.
| 정답 | (D)

9
| 번역 | 저것은 조국을 위해 싸운 사람들의 위령비입니다.
| 단어 | 戦(たたか)う 싸우다, 전쟁하다 慰霊碑(いれいひ) 위령비
| 정답찾기 | 「祖」의 음독은 「そ」, 훈독은 없다.
| 정답 | (A)

10
| 번역 | 바위 사이에서 맑은 물이 솟아나고 있다.
| 단어 | 岩(いわ) 바위 涌(わ)く 샘솟다
| 정답찾기 | 「清」은 음독으로 「せい、しょう」 훈독으로는 「清(きよ)い (맑다, 깨끗하다), 清(きよ)まる (맑아지다), 清(きよ)める (깨끗하게 하다)」로 읽고, '샘솟는 맑은 물'은 「清水(しみず)」라고 한다.
| 정답 | (A)

3 문제와 같은 의미를 가진 어휘를 찾는 유형

연습문제

1
| 번역 | 오늘은 그다지 덥지 않습니다.
| 단어 | 難(むずか)しい 어렵다   あまる 남다
| 정답찾기 | 「あまり」는 명사로 ① '남은 것'이라는 여분의 뜻과 ② 부사로 사용되어 '너무, 지나치게' ③ ~한 나머지 ④ 뒤에 부정어와 결합하여 '그다지, 별로'라는 뜻을 가지고 있다.
| 정답 | (C)

2
| 번역 | 저 손님은, 언제나 트집을 잡는 것으로 유명하다.
| 단어 | 根拠(こんきょ) 근거   困(こま)る 곤란하다
担当者(たんとうしゃ) 담당자
| 정답찾기 | '트집'과 같은 의미의 말을 보기에서 고르면 정답은 (C)이다.
| 정답 | (C)

3
| 번역 | 그녀는 요리를 잘한다.
| 단어 | 味(あじ)わう 음식 맛을 보다
| 정답찾기 | 「うまい」에는 ① '맛있다' ② '훌륭하다, 솜씨가 좋다' ③ '자기에게 유리하게 하다'라는 뜻이 있다.
| 정답 | (A)

4
| 번역 | 밑져야 본전이니까 들어보기만이라도 하면.
| 단어 | だめもと 밑져야 본전
| 정답찾기 | 문장 독해 실력이 있어야 해결할 수 있는 문제로 같은 뜻의 문장을 다른 표현으로 바꿀 수 있는 연습이 필요하다. '듣는 것만이라도 들어보면'이라는 문장은 일단 듣고 나서 생각해 보면 좋지 않느냐라는 뜻으로 표현할 수 있겠다.
| 정답 | (B)

5
| 번역 | 얼굴에 큰 상처가 있는 남자였습니다.
| 단어 | 美味(おい)しい 맛있다   まず 우선

6
| 정답찾기 | 「の」도 여러 가지 용도로 사용되지만 문제에서는 주격으로 사용되었다. 주격으로 사용된 보기는 (C)이다. 「の」의 출제 포인트는 문장 내에서의 의미를 구별하는 문제가 출제된다.
① 「명사+の物(もの)」의 형태로 '~의 것'이라는 뜻이다.
② 체언화 한 말의 주어 또는 주어 문절에서 「が」를 대신하여 「の」를 쓰는 경우이다.
③ 동사를 명사화하는 경우, 「の」 앞에 나온 내용을 체언화한 「の」로 형식명사 「こと」 대신에 사용하는 경우이다.
| 정답 | (C)

6
| 번역 | 밀가루를 물에 녹인 후에 젓습니다.
| 단어 | 粉(こ) 가루   混(ま)ぜる 섞다, 혼합하다
| 정답찾기 | 문제의 밀가루와 보기의 설탕을 물에 녹이는 것은 비슷한 상태이지만 철이나, 버터, 치즈를 녹이는 것은 그 물질 자체를 녹이는 것이므로 약간 차이가 있다.
| 정답 | (B)

7
| 번역 | 주식에 손댔다가 모든 것을 잃어버리게 되었습니다.
| 단어 | 株(かぶ) 주식   手(て)を出(だ)す 손을 대다
失(うしな)う 잃어버리다
| 정답찾기 | 「~ばかりに」의 의미를 물어 보는 문제로 '~했으므로, ~했기 때문에'의 의미를 찾으면 된다.
| 정답 | (D)

8
| 번역 | 어떻게 할지 같은 것을 생각하고 있을 때가 아니죠.
| 단어 | 選(えら)ぶ 고르다, 선택하다   実行(じっこう) 실행
| 정답찾기 | '실행을 하기 전에 너무 어떻게 할까 고민할 상황이 아니다'는 의미이다.
| 정답 | (C)

9
| 번역 | 보다 좋은 의견을 구하고 있다.
| 단어 | 求(もと)める 구하다, 원하다   政府(せいふ) 정부
政策(せいさく) 정책
| 정답찾기 | 「より」는 비교에 사용되는 것이 일반적이나 문제의 「より」는 「いっそう、もっと」(보다, 더욱 더)와 같은 의미이다.

|정답| (D)

10
|번역| 연구를 거듭해, 큰 성과를 거두었다.
|단어| 重(かさ)ねる 거듭하다, 반복하다 成果(せいか) 성과 利益(りえき) 이익 てんぷらを揚(あ)げる 튀김을 튀기다
|정답찾기| '이익, 효과, 수입 등을 올리다, 거두다'라는 뜻으로 (C)와 같은 뜻이다.
|정답| (C)

11
|번역| 즐거워 보이네요. 나도 넣어 주세요.
|단어| 楽(たの)しい 즐겁다
|정답찾기| '넣다, 가입시켜 주다'라는 의미로 「加(くわ)える」와 같은 뜻이다.
|정답| (B)

12
|번역| 일요일은 시간이 없는 것도 아니지만.
|단어| ことと次第(しだい)によって 경우에 따라서, 상황을 봐 가며 小言(こごと) 잔소리 ことさら 일부러, 고의로, 새삼스럽게 ない袖(そで)は振(ふ)れない 없으면 어쩔 수 없다
|정답찾기| 「ない袖は振れない」라는 것은 '없는 소매는 흔들 수 없다' 즉 '어쩔 수 없다' 라는 뜻이다.
|정답| (A)

13
|번역| 이제 시간이 없어요.
|단어| 動(うご)く 움직이다 連絡(れんらく) 연락 しがない 시시하다, 별 볼일 없다, 가난하다 =「つまらない、貧(まず)しい」 幼(おさな)い 어리다
|정답찾기| 문제의 「無(な)い」(없다)는 형용사이다.
|정답| (C)

14
|번역| 그로서는 잘 했습니다.
|단어| ほどよく 딱 맞게, 적당히 温(あたた)める 따뜻하게 하다, 데우다 まとまる 정리되다
|정답찾기| 문제의 「よく」는 칭찬이나 감사의 뜻을 나타내는 것으로 '용하게, 기특하게' 라는 의미를 내포하고 있다.

「よく」는 ① 자주, 흔히 ② 잘, 충분히(능력이 충분한 상태임) ③ (반어적으로)감히, 뻔뻔스럽게, 잘도, 비난해야 할 일에 대한 빗대어 말하는 표현이다. 비꼬는 말투는 주로 가능형 꼴이 뒤에 이어진다.
|정답| (D)

15
|번역| 그렇게 말을 하면 너무 노골적이다.
|단어| 言(い)い過(す)ぎる 말이 지나치다
|정답찾기| 관용구로서 「身(み)もふたもない(너무 명확하게 말하거나 하여 은근한 맛이 없다)」라는 표현의 의미를 잘 알아두어야겠다.
|정답| (A)

16
|번역| 그가 거지 일리가 없다.
|단어| 貧乏(びんぼう) 빈곤, 가난
|정답찾기| '~일 리가 없다'의 뜻인 「わけがない」는 주로 서술어의 현재형에 붙고, な형용사에 붙을 때는 활용어미 「だ」를 「な」로 바꾸며, 명사에 붙은 때는 주로 「の」를 붙인다. 「わけがない」와 비슷한 표현으로 「はずがない」가 있는데 전자는 이미 확인된 사실을 언급할 때 쓰는 반면, 후자는 아직 사실을 확인하지 못했을 때 쓴다는 차이가 있다.
|정답| (B)

17
|번역| 깨끗이 다 먹지 않으면 엄마에게 야단맞습니다.
|단어| 盛(も)り付(つ)ける 그릇에 요리를 담다, 수북이 담다 外(そと) 밖 現金(げんきん) 현금 無(な)くなる 없어지다
|정답찾기| 「きれいだ」는 ① 고움, 예쁨 ② 깨끗함 ③ 흠이 없음 ④ 완전함, 남김 없음 등의 뜻이 있고, 문제는 ④의 의미로 사용되었다.
|정답| (D)

18
|번역| 일요일 오후 5시 신칸센, 좌석을 구할 수 있습니까?
|단어| 漏(も)れる 새다, 누설되다 注意(ちゅうい) 주의 米(こめ) 쌀
|정답찾기| 「せきをとる」는 '자리를 잡다(예약하다)'라는 의미이며, (A)는 '떨어지다, 빠지다' (B)의 「捕(と)る」는

'물고기 등을 잡다' (C)는 '생산되다' 라는 의미이다. (D)는 '확보하다, 필요로 하다' 라는 뜻이므로 정답은 (D)가 된다.
| 정답 | (D)

19
| 번역 | 그는 회사를 제멋대로 움직이고 있습니다.
| 단어 | 動(うご)かす 움직이게 하다, 작동시키다   そぐわない 어울리지 않다, 걸맞지 않다   意(い)にそぐわずに 뜻에 걸맞지 않게   思(おも)い通(どお)りに 생각했던 대로
| 정답찾기 |「意(い)のまま」는 '제멋대로' 의 의미로「好(す)きなだけ」와 같은 의미이다.
| 정답 | (D)

20
| 번역 | 10명이나 온다면 될 말이냐.
| 단어 | 集(あつ)まる 모이다   止(や)める 중단하다, 그만두다
| 정답찾기 |「堪(たま)る」는 '참다, 인내하다' 라는 뜻으로,「ものか」「もんか」에 붙어 '그래서 되겠느냐, 그럴 성 싶으냐, 될 말이냐' 라는 의미의 부정적이고 반어적인 표현이 된다.
| 정답 | (D)

Part 6

오류 찾기 연습 1

1
| 번역 | 건강을 위해 주에 한 번은 운동을 하려고 하고 있습니다.
| 단어 | 健康(けんこう) 건강
| 정답 | (D) → するよう

2
| 번역 | 요즘 추운 날이 계속됩니다만, 타나 씨는 감기에 걸리지 않았습니까?
| 정답 | (D) → ひきませんでしたか

3
| 번역 | 야채나 과일과 같은 비타민이 많은 것을 많이 먹으려고 하고 있습니다.
| 단어 | 野菜(やさい) 야채
| 정답 | (B) → のような

4
| 번역 | 스테이크라든가 후라이드 치킨 같은 칼로리가 높은 것을 자주 먹기 때문에, 심장병이 많습니다.
| 단어 | 心臓病(しんぞうびょう) 심장병
| 정답 | (A) → ステーキ

5
| 번역 | 일본에서도 주5일제 도입이 주창되고 있으나 중소기업에서는 아직 먼 후의 일이라고 여겨진다.
| 단어 | 週休二日制(しゅうきゅうふつかせい) 주5일제   叫(さけ)ぶ 외치다, 주장하다
| 정답 | (C) → まだ

6
| 번역 | 요즘 아이들은 야채를 먹지 않고, 고기만 먹고 있습니다.
| 정답 | (B) → ないで

7
| 번역 | 요즘 아이들은 밖에서 놀지 않고 집 안에서만 놀고 있습니다.
| 정답 | (B) → で

8
| 번역 | 야채를 먹지 않고, 고기만 먹는 것은 건강에 좋지 않다고 생각합니다.
| 정답 | (D) → よくない

9
| 번역 | 어제 방 청소를 했더니, 옛날 애인 사진이 나왔습니다.
| 정답 | (B) → したら

10
| 번역 | 위장 상태가 나빠서 병원에 갔다가, 의사에게 술을 끊으라는 말을 들었습니다.
| 단어 | 胃(い) 위   調子(ちょうし) 상태
| 정답 | (A) → 悪くて

11
| 번역 | 1평방 킬로 당 인구 밀도는 도시 쪽이 높다.
| 단어 | 平方(へいほう) 평방   人口密度(じんこうみつど) 인구 밀도   都会(とかい) 도회, 도시
| 정답 | (A) → あたりの

12
| 번역 | 어제 우체통에 넣었으므로, 편지는 내일쯤 도착하겠지요.
| 단어 | あたり ① 부근, 근처, 주위 ② ~쯤, ~정도
| 정답 | (C) → あたり

13
| 번역 | 그는 매사를 심각하게 생각하는 나머지 결과적으로 실패하는 경우가 많았다.
| 단어 | ものごと 어떤 일, 사물, 매사
| 정답 | (D) → こと

14
| 번역 | 병원에 가는 도중에, 너무 서두른 나머지, 교통사고를 일으킬 뻔했다.
| 정답 | (A) → 行く

15
| 번역 | 아들의 합격 소식을 듣고, 어머니는 기쁜 나머지 울었다.
| 정답 | (C) → うれしさ

16
| 번역 | 이 일은 오늘 중으로 하지 않으면 안 되므로, 야근 할지도 모른다.
| 단어 | 今日中(きょうじゅう)에 오늘 중으로   あり得(え)る 있을 수 있다 ↔ 「あり得(え)ない」(있을 수 없다)
| 정답 | (C) → ので

17
| 번역 | 대학원서는 다 떨어질 경우도 있을 수 있으므로 일찍 가져오게 하세요.
| 단어 | 取(と)り寄(よ)せる 배달시키다, 주문하여 가져오게 하다, 들여오다
| 정답 | (C) → 早め

18
| 번역 | 갓 태어난 아이가 물 속을 헤엄치다니 있을 수 없는 일이라고 생각되었다.
| 단어 | 水中(すいちゅう) 수중   泳(およ)ぐ 헤엄치다
| 정답 | (B) → なんて

19
| 번역 | 그렇게 일본어를 잘하기 때문에, 그가 일본인이 아니라는 것은 있을 수 없다고 생각했다.
| 정답 | (B) → だから

20
| 번역 | 학교측의 자세한 설명에 의해서, 학생은 겨우 학비 인상을 납득할 수 있었다.
| 단어 | 値上(ねあ)げ 가격 인상 ↔ 「値下(ねさ)げ」(가격 인하)   納得(なっとく) 납득
| 정답 | (C) → やっと

오류 찾기 연습 2

1
| 번역 | 최근의 젊은이는 조합에 가입하려 하지 않는다.
| 단어 | 組合(くみあい) 조합   加入(かにゅう) 가입
| 정답 | (D) → したがらない

2
| 번역 | 후라이드 치킨 같은 칼로리가 높은 음식을 먹게 되었기 때문에 심장병이 늘었습니다.
| 정답 | (C) → ように

3
| 번역 | 봄이 되면 텔레비전 각 국은 새로운 기획으로 시청률을 다툰다.
| 단어 | 視聴率(しちょうりつ) 시청률   競(きそ)う 다투다, 겨루다, 경쟁하다
| 정답 | (B) → と

4
| 번역 | 단신부임은 가족을 분리시켜, 오늘날 일본의 사회문제이다.
| 단어 | 単身赴任(たんしんふにん) 단신부임   切(き)り離(はな)す 분리하다, 떼어내다   今(いま) 지금, 현재, 오늘날
| 정답 | (A) → 単身赴任

5

|번역| 자식에게 재산을 남기지 않는 것이 좋다는 의미로 '자손을 위해서 옥답을 남기지 않는다' 는 속담이 있다.
|단어| 美田(びでん) 옥답, 좋은 전답   諺(ことわざ) 격언, 속담
|정답| (A) → 残さない

6

|번역| 과장님과 마작을 해 이겨서, 일전에 술집에서 빌린 것은 상쇄되었다.
|단어| 麻雀(マージャン) 마작   借(か)り 빌림, 빚, 부채   帳消(ちょうけ)し ① 대차 관계의 소멸, 삭감 ② 상쇄하고 남음이 없음
|정답| (B) → 借り

7

|번역| 동남아시아로부터 돈벌이를 하러 오는 것을 재팬유키 씨라고 부른다.
|단어| 出稼(でかせ)ぎ 한때 타관에 가서 돈벌이를 함
|정답| (D) → 呼んでいる

8

|번역| 최근 환경 문제에 관심을 가진 사람이 늘었습니다.
|단어| 環境問題(かんきょうもんだい) 환경 문제   担(かつ)ぐ 메다, 지다, 짊어지다
|정답| (B) → もつ

9

|번역| 호수를 깨끗하게 하려는 운동이 활발합니다.
|단어| 湖(みずうみ) 호수   盛(さか)ん 왕성함, 유행함
|정답| (A) → きれいに

10

|번역| 생활 배수로 물이 오염되어, 물고기가 살 수 없게 되었습니다.
|단어| 生活排水(せいかつはいすい) 생활 배수   汚(よご)れる 더러워지다
|정답| (B) → 汚れて

11

|번역| 유감스럽게도, 내년 경기에 대해서 이 시기에는 예측할 수 없다.
|단어| 残念(ざんねん)ながら 유감스러우나   景気(けいき) 경기
|정답| (A) → ながら

12

|번역| 정부가 이 법률을 개정하려는 한편, 야당은 개정에 반대하고 있다.
|단어| 法律(ほうりつ) 법률   ~かたがた ~하는 겸   野党(やとう) 야당   改正(かいせい) 개정
|정답| (C) → 一方

13

|번역| 생활이 편리해지는 한편으로, 사람들의 친절함이 상실되어 간다.
|단어| 一方(いっぽう)で ~한편으로   失(うしな)う 잃다, 상실하다
|정답| (C) → やさしさ

14

|번역| 형은 동생이 먼저 때렸다고 한다. 한편, 동생은 형이 먼저 쳤다고 한다.
|단어| 片方(かたほう) 한쪽, 한 짝, 한편
|정답| (C) → 一方

15

|번역| 나 혼자서는 결정할 수 없으므로, 가족과 상담한 후에 연락 드리겠습니다.
|단어| ~た上(うえ)で / ~の上(うえ) ~한 다음에, ~한 상태에서
|정답| (D) → します

16

|번역| 견본을 희망하시는 분은 이름과 주소를 기입한 다음에 신청해 주십시오.
|단어| 見本(みほん) 견본   希望(きぼう) 희망   ~際(さい) ~때, 즈음, 기회=「おり」   申(もう)し込(こ)む 신청하다
|정답| (C) → うえ

17

|번역| 이것은 실험하는데 있어, 가장 주의해야 하는 것입니다.

| 단어 | 実験(じっけん) 실험　ごもっとも 지당함, 사리에 맞음　最(もっと)も 가장, 제일
| 정답 | (C) → もっとも

18
| 번역 | 이 나라는 자원이 풍부한데다가, 기후도 좋으므로 앞으로 발전할 것임에 틀림없다.
| 단어 | 資源(しげん) 자원　豊(ゆた)かだ 풍부하다, 풍요롭다　気候(きこう) 기후　今後(こんご) 금후, 앞으로
| 정답 | (D) → ちがいない

19
| 번역 | 비록 아무리 괴롭다 할지라도 목적을 달성할 때까지 포기하지 않는다.
| 단어 | 達成(たっせい) 달성　諦(あきら)める 포기하다
| 정답 | (B) → 苦しかろうと

20
| 번역 | 여행 중에 여권을 도둑맞아, 올래야 올 수 없는 심정이었다. 어떻게 할 수가 없었다.
| 단어 | 盗(ぬす)む 훔치다　思(おも)いをする 기분이 들다, 느낌이 들다, 마음이 되다　どうしようもない 어쩔 수가 없다
| 정답 | (C) → に

오류 찾기 연습 3

1
| 번역 | 실태를 조사하거나 원인에 대해서 공부하거나 하고 있습니다.
| 단어 | 実態(じったい) 실태　原因(げんいん) 원인
| 정답 | (B) → について

2
| 번역 | 식품 첨가물을 사용하는 것을 그만두자는 움직임이 있습니다.
| 단어 | 食品(しょくひん) 식품　添加物(てんかぶつ) 첨가물
| 정답 | (B) → やめよう

3
| 번역 | 식품 첨가물은 음식을 맛있게 보이기 위해 사용되어 왔습니다.

| 단어 | 見(み)せる 보이다(남에게 보이도록 하다)
| 정답 | (C) → 見せる

4
| 번역 | 식품 첨가물은 음식의 맛을 좋게 하거나, 곰팡이를 막거나 하기 위해 사용되어 온 것이므로, 갑자기 사용하는 것을 그만두는 것은 어렵다고 생각합니다.
| 단어 | かび 곰팡이　防(ふせ)ぐ 막다, 방지하다
| 정답 | (D) → むずかしい

5
| 번역 | 상아는 액세서리를 만들기 위해 사용되어 온 것이지만, 다른 물건으로 대용할 수 있다고 생각합니다.
| 단어 | 象牙(ぞうげ) 상아　代用(だいよう) 대용
| 정답 | (C) → けど

6
| 번역 | 우리나라에서는 여전히 삼림이 점점 시들고 있습니다.
| 단어 | 相変(あいか)わらず 변함 없이, 여전히　森林(しんりん) 삼림　枯(か)れる 마르다, 시들다
| 정답 | (D) → 枯れて

7
| 번역 | 아무리 겉모습을 예쁘게 꾸며도 내용은 변함이 없다고 생각합니다.
| 단어 | 外見(がいけん) 겉모습, 외모　飾(かざ)る 장식하다　中身(なかみ) 내용물, 내용
| 정답 | (C) → 飾っても

8
| 번역 | 전 세계가 규제를 엄격하게 하지 않는 한, 현 상태는 바뀌지 않는다고 생각합니다.
| 단어 | 世界中(せかいじゅう) 전 세계　規制(きせい) 규제　現状(げんじょう) 현 상태, 현황
| 정답 | (B) → かぎり

9
| 번역 | 아무리 한 나라가 규제를 엄격하게 해도, 전 세계가 규제를 하지 않는 한, 현 상태는 바뀌지 않는다고 생각합니다.
| 정답 | (A) → いくら

10
| 번역 | 여러분은 컵 한 잔의 기름으로 얼마나 물이 오염되는지 알고 있습니까?
| 단어 | 油(あぶら) 기름
| 정답 | (D) → 知っていますか

11
| 번역 | 멀건 가깝건 여행을 가기 전에는, 집 안을 정리하고 싶어진다.
| 단어 | 遠(とお)かれ近(ちか)かれ 멀건 가깝건
| 정답 | (B) → かれ

12
| 번역 | 최근 젊은 사람은 잔업을 싫어하는 경향이 있습니다.
| 단어 | ～きらいがある ～하는 경향이 있다
| 정답 | (C) → きらい

13
| 번역 | 바로 돌려주겠다고 말해서 돈을 빌려주었으나, 그는 그것으로 갚지 않는다.
| 단어 | 返(かえ)す 돌려주다, 갚다   きり (부정문을 동반하여)～한 채, ～을 끝으로
| 정답 | (D) → きり

14
| 번역 | 이런 평범하기 이를 데 없는 기사는, 누구도 읽고 싶지 않을 것이다.
| 단어 | 平凡(へいぼん) 평범   ～きわまりない ～하기 짝이 없다, 아주～하다
| 정답 | (B) → きわまりない

15
| 번역 | 10킬로나 달릴 수 있었을 정도니까, 그의 몸 상태는 이제 문제없어요.
| 단어 | 体調(たいちょう) 몸 상태, 컨디션
| 정답 | (D) → 大丈夫ですよ

16
| 번역 | 머리가 아파서 일어날 수 없을 정도였다.
| 정답 | (A) → 痛くて

17
| 번역 | 돈을 위해 싫은 일을 할 정도라면 차라리 가난한 채로 있는 것이 좋다.
| 단어 | 嫌(いや) 싫음   貧乏(びんぼう) 빈곤, 가난
| 정답 | (B) → くらいなら

18
| 번역 | 우리 아이는 남에게 폐를 끼칠지언정, 남의 물건을 훔치거나 하지 않는다.
| 단어 | 迷惑(めいわく)をかける 폐를 끼치다
～こそすれ ～할망정, ～할지언정
| 정답 | (B) → こそすれ

19
| 번역 | 연습하고서 비로소 능숙해진다. 연습하지 않으면 잘할 수 없다.
| 단어 | ～てこそ ～하고 나서 비로소=「～てはじめて」
| 정답 | (B) → こそ

20
| 번역 | 지나침은 미치지 못함과 같다. 즉, 정도를 넘는 것은 부족한 것과 같이 좋지 않다.
| 단어 | 過(す)ぎたるはなお及(およ)ばざるが如(ごと)し 지나침은 미치지 못함과 같다, 과유불급   越(こ)える 넘다
| 정답 | (A) → たる

오류 찾기 연습 4

1
| 번역 | 그 고장 사람의 이야기를 듣거나, 시골 경치를 보거나 하는 것은 재미있었습니다.
| 단어 | 景色(けしき) 경치
| 정답 | (D) → おもしろかったです

2
| 번역 | 도쿄의 겨울은 춥습니다. 하지만 모스크바만큼 춥지는 않습니다.
| 정답 | (C) → ほど

3
| 번역 | 이 문은 열쇠가 채워져 있으므로, 저쪽으로 들어 가십시오.
| 단어 | 鍵(かぎ) 열쇠   掛(か)ける (열쇠 등을)채우다

| 정답 | (A) → かけて

4
| 번역 | 일본은 교통사고가 많습니다. 하지만, 미국만큼 많지 않습니다.
| 단어 | 交通事故(こうつうじこ) 교통사고
| 정답 | (D) → 多くありません

5
| 번역 | 재테크로 번 돈을 영업 자금으로 돌렸다.
| 단어 | 稼(かせ)ぐ 돈을 벌다 資金(しきん) 자금 回(まわ)す 필요한 장소로 보내다, 돌리다
| 정답 | (A) → 財テク

6
| 번역 | A회사는 부도 어음이나 부도 수표를 연발해서 도산했다.
| 단어 | 不渡手形(ふわたりてがた) 부도 어음 小切手(こぎって) 수표 連発(れんぱつ) 연발 倒産(とうさん) 도산
| 정답 | (C) → 連発して

7
| 번역 | 그는 영업 부장으로서 상당한 수완가다.
| 단어 | やり手(て) 수완가
| 정답 | (B) → として

8
| 번역 | 새로운 기획은 회사에서 퇴근하는 길에 술집에서 사전 교섭을 해 둘 필요가 있다.
| 단어 | 企画(きかく) 기획 赤提灯(あかちょうちん) 술집 根回(ねまわ)し 사전 교섭, 사전 준비
| 정답 | (D) → おく

9
| 번역 | 부기 회계에서는 도매 상품이 자연 감량되는 것을 도매 감모비라 한다.
| 단어 | 簿記(ぼき) 부기 会計(かいけい) 회계 卸売(おろしうり) 도매 目減(めべ)り (취급 도중에 무게, 양 등이)축남, 자연 감량 減耗費(げんもうひ) 감모비
| 정답 | (C) → 目減り

10
| 번역 | 환시세의 변동에 의해, 이번 결산은 결손을 계상하고 말았다.
| 단어 | 為替相場(かわせそうば) 환시세 決算(けっさん) 결산 欠損(けっそん) 결손 計上(けいじょう) 계상
| 정답 | (A) → 為替相場

11
| 번역 | 그는 최근 아르바이트가 바쁜 탓인지, 숙제를 곧잘 잊어버린다.
| 단어 | 忘(わす)れがち 자주 잊어버림
| 정답 | (B) → のか

12
| 번역 | 최근 살이 찌는 느낌이다. 단 것을 지나치게 먹지 않도록 하자.
| 단어 | 太(ふと)り気味(ぎみ) 살찌는 기색(기미, 기운)
| 정답 | (B) → である

13
| 번역 | 스토브를 끄기가 무섭게 지진은 가라앉았다.
| 단어 | ～か～ないかのうちに ～하자마자, ～하기가 무섭게
| 정답 | (C) → うちに

14
| 번역 | 교육을 잘못하면, 그 아이의 갖고 있는 재능을 망칠 수도 있다.
| 단어 | 潰(つぶ)す 망치다
| 정답 | (D) → かねない

15
| 번역 | 양국 간에는 전쟁으로도 발전할지 모를 심각한 대립이 있었다.
| 단어 | 厳(きび)しい 심하다, 삼엄하다
| 정답 | (C) → かねない

16
| 번역 | 이 법률은 국민의 자유를 제한 할 우려가 있다.
| 단어 | 法律(ほうりつ) 법률 制限(せいげん) 제한 おそれ 걱정, 염려, 우려
| 정답 | (D) → おそれがある

17

| 번역 | 그때는 거절하기 어려워 일단 받아들였으나, 역시 이것은 하고 싶지 않다.
| 단어 | 断(ことわ)る 거절하다 引(ひ)き受(う)ける 받아들이다
| 정답 | (A) → かねて

18

| 번역 | 저 혼자 생각으로는 결정하기 어려우므로, 다른 사람과 의논한 뒤에 답변드리겠습니다.
| 단어 | 相談(そうだん) 상담 返事(へんじ) 대답, 답장, 회답
| 정답 | (C) → した

19

| 번역 | 그는 200킬로나 되는 육중한 몸집으로 상대에게 부딪치며 갔다.
| 단어 | ~からある ~이상 되다, ~나 되다
巨体(きょたい) 육중한 몸집
| 정답 | (A) → からある

20

| 번역 | 이번 국가 재정의 부담은 6500억 엔 이상이라고 한다.
| 단어 | 国家財政(こっかざいせい) 국가 재정
負担(ふたん) 부담
| 정답 | (A) → 今回

오류 찾기 연습 5

1

| 번역 | 월급은 좋습니다만, 너무 바빠 자신의 일을 할 시간이 전혀 없습니다.
| 단어 | 給料(きゅうりょう) 월급, 급여
| 정답 | (B) → けど

2

| 번역 | 백중날이나 연말 시기는 백화점의 배송 센터가 바쁘다.
| 단어 | お歳暮(せいぼ) ① 세모, 연말 ② 연말 선물
| 정답 | (B) → お歳暮

3

| 번역 | 상품 매입 수량이 많아지면, 도매상에서는 수량 가격 인하를 해 준다.
| 단어 | 仕入(しい)れ 매입, 구입 数量(すうりょう) 수량
問屋(とんや) 도매상=「卸売商(おろしうりしょう)」
値引(ねび)き 가격인하
| 정답 | (D) → くれる

4

| 번역 | 전자 제품 거리인 아키하바라에서는, 도매뿐만 아니라 소매도 해 준다.
| 단어 | 小売(こう)り 소매
| 정답 | (B) → では

5

| 번역 | 그 거래 조건에 대하여 전향적으로 검토하겠습니다.
| 단어 | 取引(とりひき) 거래 条件(じょうけん) 조건
前向(まえむ)き 전향적임, 적극적임 検討(けんとう) 검토
| 정답 | (C) → させて

6

| 번역 | 슈퍼마켓의 특매 상품은 달걀인 경우가 많다.
| 단어 | 目玉商品(めだましょうひん) 백화점 등에서 손님을 끌기 위해 값을 내린 특매 상품
| 정답 | (B) → 目玉商品

7

| 번역 | 환이라는 말은 외국환, 환어음, 송금환의 3가지로 구별하여 쓰여진다.
| 단어 | 為替(かわせ) 환, 환시세 ~通(とお)り (숫자 아래 붙여서)~가지 三通(みとお)り 3가지
| 정답 | (D) → 使い分けられる

8

| 번역 | 금년 주가는 금리 동향을 보면 파란을 띤 전개가 될 것 같다.
| 단어 | 波乱含(はらんぶく)み 파란을 머금음
| 정답 | (B) → 見ると

9

| 번역 | 예금을 해 둔다면 5년짜리 빅이 가장 이율이 좋고,

이자에 이자가 붙어 즐겁다.
|단어| ビッグ 빅, 점보(예금 상품명) 利回(りまわ)り 이율 利息(りそく) 이자
|정답| (A) → しておくなら

10
|번역| 테니스가 능숙해진 것은 선배가 가르쳐 준 덕분입니다.
|정답| (D) → おかげです

11
|번역| 많은 사람이 도와주었기 때문에, 엄청난 작업도 하루에 끝난 것입니다.
|단어| 手伝(てつだ)う 돕다, 거들다 ~からこそ ~이기 때문에 作業(さぎょう) 작업
|정답| (B) → からこそ

12
|번역| 세계적인 경기 정체를 막기 위해서도 일본이 완수할 역할은 크다.
|단어| 景気停滞(けいきていたい) 경기 정체
果(は)たす (의무, 역할을)완수하다, 달성하다, 다하다
|정답| (D) → 果たす

13
|번역| 사진으로 보는 마을의 모습만 보면, 전쟁이 끝나고 평화가 돌아온 것처럼 보인다.
|단어| 様子(ようす) 겉모습, 외관, 동향
~からすると ~에서 판단할 때
|정답| (D) → よう

14
|번역| 수술 후의 상태를 보면, 퇴원까지 그렇게 오래 걸리지는 않을 것이다.
|단어| 手術(しゅじゅつ) 수술 退院(たいいん) 퇴원
|정답| (D) → 長く

15
|번역| 의사의 입장에서 말하면 심장병이 늘고 있다는 실감이 난다.
|단어| 心臓病(しんぞうびょう) 심장병 実感(じっかん) 실감

|정답| (D) → 実感

16
|번역| 일본어에 애매한 표현이 있다고 해서, 비논리적이라고 할 수는 없다.
|단어| 曖昧(あいまい) 애매함 ~からといって ~라고 해서 ~にもかかわらず ~임에도 불구하고
|정답| (B) → からといって

17
|번역| 고국에서 부모님이 일본에 왔다고 해서, 말없이 학교를 쉬는 것은 좋지 않다.
|단어| 黙(だま)る ① 침묵하다 ② 가만히 두다 ③ 양해를 안 구하다
|정답| (D) → よくない

18
|번역| 2가부터 7가에 걸쳐, 도로 공사를 위해 통행할 수 없습니다.
|단어| ~から~にかけて ~부터 ~에 걸쳐
|정답| (B) → にかけて

19
|번역| 일본에 있는 이상은, 일본의 법률을 지키지 않으면 안 된다.
|단어| 守(まも)る 지키다, 보호하다, 준수하다
|정답| (B) → 以上は

20
|번역| 날씨가 회복되지 않는다고 안 이상은 등산은 단념하도록 하자.
|단어| 登山(とざん) 등산 諦(あきら)める 단념하다, 포기하다
|정답| (D) → よう

오류 찾기 연습 6

1
|번역| 귀가 아파서 병원에 갔더니, 의사가 수영을 하지 말라고 했습니다.
|정답| (A) → 痛くて

2
|번역| 역 앞에 자전거를 두었더니, 근처 가게 사람에게 놓아두지 말라는 말을 들었습니다.
|정답| (C) → 近くの

3
|번역| 그러고 보니 어젯밤 미츠이 상사에 가신다고 말씀하셨습니다.
|단어| そういえば (상대의 의견을 청취하고 나서)그러고 보니
|정답| (A) → そういえば

4
|번역| 우리나라에서는 대학생은 모두 열심히 공부하고 있습니다만, 일본에서는 별로 공부를 안 하는 것 같습니다.
|정답| (C) → けど

5
|번역| 상품명을 붙이는가에 따라, 그 상품의 매상이 달라진다.
|단어| とりつける 설치하다, 달다   売(う)れ行(ゆ)き 팔림새, 매상
|정답| (C) → 売れ行き

6
|번역| 농촌은 지금, 며느리 부족으로 고민하고 있다.
|단어| 嫁(よめ) 며느리   不足(ふそく) 부족
嫁不足(よめぶそく) 며느리 부족
|정답| (C) → 悩んで

7
|번역| 구 소련과의 어업 교섭에서는, 항상 일본측이 양보를 강요당한다.
|단어| 漁業(ぎょぎょう) 어업   譲歩(じょうほ) 양보
強(し)いる 강권하다, 강요하다
|정답| (D) → 強いられる

8
|번역| 일본인이 좋아하는 쌀의 상표는 '코시히카리' 나 '사사니시키' 이다.
|단어| 銘柄(めいがら) 상품의 상표, 특히 일류 상품의 명칭
|정답| (A) → 好きな

9
|번역| 일본의 기술 혁신은 일취월장의 기세로 진행되고 있다.
|단어| 日進月歩(にっしんげっぽ) 일취월장
勢(いきお)い 기세, 여세   盛(さか)ん 번성함, 왕성함
進(すす)む 진행되다
|정답| (D) → 進んで

10
|번역| 모회사 밑에 자회사, 자회사 밑에 손자회사가 있다.
|단어| 孫会社(まごがいしゃ) 손자회사
|정답| (D) → 孫会社

11
|번역| 간호사가 친절한 덕분에 환자는 안심하고 있을 수 있었다.
|단어| 看護婦(かんごふ) 간호사   病人(びょうにん) 병자
|정답| (C) → おかげで

12
|번역| 모두가 의논하여 규칙을 만들었는데, 회장부터가 지키지 않는다.
|단어| 話(はな)し合(あ)う 서로 이야기하다, 서로 의논하다   ~からして ~을 비롯하여, ~부터가
|정답| (D) → からして

13
|번역| 건설에 찬성인지 아닌지에 대해, 주민 투표가 실시되었다.
|단어| 賛否(さんぴ) 찬부, 찬성 여부   ~か否(いな)か ~인지 아닌지   住民投票(じゅうみんとうひょう) 주민투표
|정답| (D) → 行われた

14
|번역| 더러운지 아닌지가 아니라, 위생적으로 문제가 있는지 여부를 조사합니다.
|단어| 衛生的(えいせいてき) 위생적
|정답| (D) → どうか

15
| 번역 | 최근 젊은 사람의 사고방식은 자유로워 부러울 뿐입니다.
| 단어 | ~限(かぎ)りです ~하기 짝이 없습니다
| 정답 | (D) → 限りです

16
| 번역 | 외국에서 생활해도 친구가 있는 한, 외롭지 않습니다.
| 단어 | 寂(さび)しい 쓸쓸하다
| 정답 | (B) → いても

17
| 번역 | 합격해도 보증인이 없는 한, 입학 수속은 할 수 없습니다.
| 단어 | 保証人(ほしょうにん) 보증인
手続(てつづ)き 수속
| 정답 | (C) → 手続き

18
| 번역 | 여기에서만의 이야기로 해 주십시오.
| 단어 | この場(ば)限(かぎ)り 여기에서만
| 정답 | (B) → 限りの

19
| 번역 | 낮에는 슈퍼에서 일하는 한편, 밤에는 대학 수험을 위해 공부했다.
| 단어 | ~かたわら ~하는 한편
| 정답 | (B) → かたわら

20
| 번역 | 그의 생각은 나와 다르지만, 이해 못하는 것은 아니다.
| 정답 | (D) → ことはない

오류 찾기 연습 7

1
| 번역 | 홋카이도를 일주하려고 합니다만, 자동차로 갈지, 철도로 갈지 망설이고 있습니다.
| 단어 | 一周(いっしゅう) 일주 鉄道(てつどう) 철도
迷(まよ)う 망설이다
| 정답 | (A) → しよう

2
| 번역 | 철도라면 시간을 걱정하지 않으면 안 됩니다만, 자동차라면 걱정하지 않아도 됩니다.
| 단어 | 気(き)にする 걱정하다, 염려하다
| 정답 | (A) → だと

3
| 번역 | 우리 회사는 상반기 결산의 적자를 하반기 결산까지 흑자로 만들려고 하고 있다.
| 단어 | 上半期(かみはんき) 상반기 赤字(あかじ) 적자
下半期(しもはんき) 하반기 黒字(くろじ) 흑자
| 정답 | (B) → までに

4
| 번역 | 모리야마 부장님은 이번 인사이동에서 이사로 승진하게 되었다.
| 단어 | 人事異動(じんじいどう) 인사이동
取締役(とりしまりやく) 이사 昇進(しょうしん) 승진
| 정답 | (D) → ことになった

5
| 번역 | 신입 사원의 면접시험에는, 기업의 대표가 입회하는 것이 보통이다.
| 단어 | 立(た)ち会(あ)う 입회하다 普通(ふつう) 보통
| 정답 | (A) → には

6
| 번역 | 총회꾼에게 얼마간의 돈을 주며 물러가길 부탁했다.
| 단어 | 総会(そうかい)ゴロ 총회꾼=「総会屋(そうかいや)」 何(なに)がしか 수량(특히 금액이 얼마 되지 않을 때 사용), 얼마간, 약간 お金(かね)を包(つつ)む 축의금이나 금전을 주다 引(ひ)き取(と)る (있던 곳에서)물러가다, 물러나다
| 정답 | (B) → 何がしか

7
| 번역 | 일본은 출생률이 낮습니다. 따라서 앞으로 소자녀화가 염려됩니다.
| 단어 | 出生率(しゅっせいりつ) 출생률 今後(こんご) 금후, 앞으로 小子化(しょうしか) 소자녀화 懸念(けねん) 걱정, 염려

|정답| (D) → 懸念されます

8
|번역| 도쿄는 공기가 더럽습니다. 서울과 비슷한 정도로 오염되어 있습니다.
|단어| 空気(くうき) 공기 汚(きたな)い 더럽다
汚(よご)れる 더러워지다
|정답| (C) → ぐらい

9
|번역| 지하철은 노선 수가 많고 게다가 도심이라면 어디라도 10분 이내의 장소에 역이 있으므로 편리합니다.
|단어| 本数(ほんすう) 노선 수 都心(としん) 도심
|정답| (A) → 本数

10
|번역| 우리나라 사람들은 교통 규칙을 별로 지키지 않기 때문에, 교통사고가 많습니다.
|단어| 規則(きそく) 규칙 守(まも)る 지키다
|정답| (B) → あまり

11
|번역| 오래되면 오래될수록 물건의 가치는 높은 것입니다.
|단어| 品物(しなもの) 물건 価値(かち) 가치
|정답| (B) → ほど

12
|번역| 그 사람이 회사를 그만 두게 된 것은, 법률상의 문제라고 한다.
|단어| 会社(かいしゃ)を辞(や)める 회사를 그만두다
=「辞職(じしょく)する」(사직하다)
法律上(ほうりつじょう) 법률상
|정답| (B) → 辞めさせられた

13
|번역| 이 물건이라면 아무리 비싸도 만 엔 정도 일 것이다.
|단어| ~たところで ~해도, ~해 봤자
|정답| (C) → たところで

14
|번역| 약은 물론이지만, 비타민제 역시 부작용이 있다고 생각한다.

|단어| ~にしたところで ~역시 副作用(ふくさよう) 부작용
|정답| (D) → ある

15
|번역| 전후는 의식주의 최저 생활조차 충분하지 않았다.
|단어| 戦後(せんご) 전후 衣食住(いしょくじゅう) 의식주 最低(さいてい) 최저 ~だに ~조차
|정답| (C) → だに

16
|번역| 아이가 태어났다, 일어섰다, 걸었다고 할 때마다 사진을 찍었다.
|단어| 生(う)まれる 태어나다 度(たび) ~(때)마다
写真(しゃしん)を撮(と)る 사진을 찍다
|정답| (C) → たびに

17
|번역| 결점 투성이인 인간에게도, 어딘가 좋은 점이 있을 것이다.
|단어| 欠点(けってん) 결점 ~だらけ ~투성이
|정답| (B) → どこか

18
|번역| 많은 분들로부터의 모금이므로 100엔이라도 함부로 쓸 수 없다.
|단어| 募金(ぼきん) 모금 ~たりとも 비록 ~라도
無駄(むだ) 낭비
|정답| (C) → たりとも

19
|번역| 사장의 위치에 있는 사람은 사원의 가족생활에도 책임을 져야 한다.
|단어| ~たる者(もの)は (마땅히 요구되는 도리를 설명하는 내용 뒤에 와서)모름지기 어떤 입장이나 위치에 있는 자는 責任(せきにん) 책임
|정답| (A) → たる

20
|번역| 경제 발전에 의해 아시아 국가의 사람들의 생활은 변하고 있다.
|단어| 経済発展(けいざいはってん) 경제 발전

変(か)わる 바뀌다, 변하다 ~つつある ~하는 중이다, ~하고 있다
| 정답 | (C) → 変わり

오류 찾기 연습 8

1
| 번역 | 금세기에 들어 과학 기술의 진보는 눈부실 만하다.
| 단어 | 目覚(めざ)しい 눈부시다, 놀랍다
~ものがある ~한 것이다(강한 단정)
| 정답 | (D) → もの

2
| 번역 | 정부로부터 발주량이 많아지면 산업계가 활기를 띠게 된다.
| 단어 | 発注(はっちゅう) 발주 活気(かっき) 활기
| 정답 | (D) → 活気

3
| 번역 | 산업별 인구는, 제3차 산업인구가 60%를 차지하여, 미국의 65%에 다가가고 있다.
| 단어 | 占(し)める 차지하다 近付(ちかづ)く 다가서다
| 정답 | (C) → つつ

4
| 번역 | 고도 성장을 지탱하는 수출의 꽃은, 제2차 산업 즉, 제조업이었으나, 이 제조업 내부에서도 섬유 등의 경공업을 대신하여, 금속 공업, 화학 공업 등 중공업이 그 중심이 되었다.
| 단어 | 花形(はながた) 인기가 있는 것, 총아
繊維(せんい) 섬유
| 정답 | (B) → すなわち

5
| 번역 | 정확한 수요 예측을 바탕으로 생산량이 산출된다.
| 단어 | 基(もと)づく 기초를 두다
| 정답 | (D) → される

6
| 번역 | 같은 업종의 각 사가 생산 조정을 함에 따라 가격 붕괴를 막는 카르텔을 생산 카르텔이라고 한다.
| 단어 | 値崩(ねくず)れ 공급의 과잉으로 값이 떨어짐, 시세 하락 カルテル 카르텔, 기업 연합 防(ふせ)ぐ 막다, 방지하다
| 정답 | (C) → によって

7
| 번역 | 이 양복은 10회의 월부로 샀습니다.
| 단어 | 背広(せびろ) 양복 月賦払(げっぷばら)い 월부
| 정답 | (B) → 回

8
| 번역 | 사장님의 실언에 의해 도호쿠 지방의 판매 영역을 잃고, 판매량을 대폭 감소시켜 버렸다.
| 단어 | 失言(しつげん) 실언 販売領域(はんばいりょういき) 판매 영역 失(うしな)う 잃다 大幅(おおはば)에 대폭 減少(げんしょう) 감소
| 정답 | (D) → させて

9
| 번역 | 매입한 상품에 흠집이 있어 반품했다.
| 단어 | 仕入(しい)れる (업자가 상품, 원료 등을)사들이다, 매입하다 傷(きず) 상처, 흠집 返品(へんぴん) 반품
| 정답 | (C) → ので

10
| 번역 | 수업에 늦지 않도록 매일 아침 8시에 집에서 나옵니다.
| 정답 | (D) → を

11
| 번역 | 이런 가벼운 상처 같은 정도로 놀랄 것은 없다.
| 단어 | 怪我(けが) 상처, 부상 ~ごとき ~와 같은, ~과 같은 정도 驚(おどろ)く 놀라다 ~ことはない ~하지 않아도 된다=「~なくてもいい」
| 정답 | (D) → こと

12
| 번역 | 컴퓨터에 흥미가 있다면 우선 건드려 보아야 한다.
| 단어 | 興味(きょうみ) 흥미 触(さわ)る 손을 대다, 건드리다, 만지다 ~ことだ (화자가 바람직하다고 여기는 사항에 대해 하는 명령, 지시의 말투)~해야 한다
| 정답 | (B) → あったら

13
| 번역 | 그 사람인만큼 또 늦을 것이 틀림없다. 좀 더 기다

려 봅시다.
|정답| (B) → にちがいない

14
|번역| 신문사이니 만큼 조만간 새로운 기획을 생각할 것임에 틀림없다.
|단어| 企画(きかく) 기획
|정답| (A) → ことだから

15
|번역| 외출할 때마다 외출 신고서를 써야 한다는 것은 귀찮은 일이다.
|단어| ~たびに ~할 때마다, ~할 적마다 ~ごとに (일정 기간)~마다 ~届(とどけ) ~신고, ~신고서
|정답| (A) → たびに

16
|번역| 이런 일이 일어나지 않도록 지금까지 몇 번 주의를 주었던가?
|단어| 注意(ちゅうい) 주의
|정답| (B) → ように

17
|번역| 빚을 지지 않으면 안 되게 되어, 이렇게 부탁을 하는 바입니다.
|단어| 借金(しゃっきん) 빚 ~次第(しだい) 사정, 형편
|정답| (D) → 次第です

18
|번역| 일본인에게 인기가 있는 나라라서, 시즌 중에는 일본인으로 가득했다.
|정답| (A) → とて

19
|번역| 동료의 도움을 받는 일 없이는, 이 연구는 계속할 수 없다.
|단어| 仲間(なかま) 동료, 친구
助力(じょりょく)を得(え)る 도움을 얻다
|정답| (B) → 得る

20
|번역| 선생님이 말씀하신 것을 잊는 일 없이, 귀국해서도 노력하겠습니다.
|정답| (A) → おっしゃった

오류 찾기 연습 9

1
|번역| 내수 확대는 말하자면 개인 소비의 확대이고, 그 중심은 주택 건설에 있다고 생각한다.
|단어| 内需(ないじゅ) 내수 拡大(かくだい) 확대
取(と)りも直(なお)さず 다름 아닌, 바로, 즉, 말하자면 消費(しょうひ) 소비
|정답| (B) → 取りも直さず

2
|번역| 헤세 5년도의 경제 전망이 벌써 풍문이 나돌고 있다.
|단어| 早(はや)くも 벌써, 이미 取(と)り沙汰(ざた) 소문, 풍문, 세평
|정답| (D) → されて

3
|번역| 금년도 국가 예산은 세수의 제자리걸음에 의해 하향 수정되었다.
|단어| 伸(の)び悩(なや)み 제대로 진전, 향상, 성장하지 않음, 시세가 오를 것 같으면서 오르지 않음, 답보 상태임 下方(かほう) 아래쪽, 아래 방향 修正(しゅうせい) 수정
|정답| (B) → 伸び悩み

4
|번역| 정치가는 표면에 내세우는 명분과 본심을 구별하여 쓰는 것을 잘한다.
|단어| 建前(たてまえ) 표면에 내세우는 명분
本音(ほんね) 본심 使(つか)い分(わ)ける 몇 가지를 구별하여 쓰다
|정답| (C) → 使い分ける

5
|번역| 일하는 여성이 늘어난 것은, 가사가 편해졌기 때문일까요?
|단어| 家事(かじ) 가사
|정답| (A) → の

6
|번역| 담배를 피우는 사람이 줄어든 것은, 폐암이 늘었기

때문일까요?
| 단어 | 肺癌(はいがん) 폐암
| 정답 | (D) → から

7
| 번역 | CD를 듣게 되었기 때문에, 레코드를 듣지 않게 되었습니다.
| 정답 | (A) → ように

8
| 번역 | 전자동 세탁기를 사용하게 되었으므로, 세탁이 편해졌습니다.
| 단어 | 洗濯機(せんたくき) 세탁기
楽(らく)になる 편해지다
| 정답 | (B) → ので

9
| 번역 | 컴퓨터를 사용하게 되었으므로, 일이 빨라졌습니다.
| 정답 | (C) → ので

10
| 번역 | 일본은 담배를 피우는 사람이 아직 많은 것이 아닌가 하고 생각합니다.
| 정답 | (C) → ので

11
| 번역 | 선생님이나 친구에게도 이렇게 폐를 끼치는 형편이라 정말로 죄송합니다.
| 단어 | 始末(しまつ) 꼴, 상황
申(もう)し分(ぶん)ない 더할 수 없이 좋다
| 정답 | (D) → 申し訳ありません

12
| 번역 | 지진 뒤에 이재민에 대한 기부를 호소했더니, 많은 사람이 협력해 주었다.
| 단어 | 地震(じしん) 지진 被災者(ひさいしゃ) 이재민
寄付(きふ) 기부 呼(よ)び掛(か)ける 호소하다
協力(きょうりょく) 협력
| 정답 | (B) → たところ

13
| 번역 | 저 가게는 맛있는 것만 있어서, 무엇을 먹으면 좋을지 망설이게 되어 버린다.
| 단어 | うまい 맛있다=「おいしい」 ~ずくめ (일정 공간 안에 꽉 들어 찬 모양)~투성이 迷(まよ)う 헤매다, 망설이다
| 정답 | (B) → ずくめ

14
| 번역 | 여러 백화점을 돌아 본 끝에, 결국 근처 슈퍼에서 샀다.
| 단어 | 結局(けっきょく) 결국
| 정답 | (B) → たあげく

15
| 번역 | 작품이 입상하여 칭찬받았다. 고심해서 만든 보람이 있었다.
| 단어 | 入賞(にゅうしょう) 입상 苦心(くしん) 고심
| 정답 | (A) → して

16
| 번역 | 아이는 학교에서 돌아오자마자 책가방을 내던지고 곧장 놀러 나갔다.
| 단어 | ~たかと思(おも)うと ~한가 싶더니, ~하자마자
| 정답 | (A) → 帰ったか

17
| 번역 | 경기에서는 도망가는 개가 있는가 하면, 가만히 움직이지 않는 것도 있다.
| 단어 | 競技会(きょうぎかい) 경기
逃(に)げ出(だ)す 도망치다
| 정답 | (B) → いる

18
| 번역 | 재미있는 책이라면 한번 읽기 시작하면, 철야를 해서라도 끝까지 읽는다.
| 단어 | ~たら最後(さいご) 일단 ~하면 그것으로 끝이다
徹夜(てつや) 철야, 밤새움
| 정답 | (B) → たら最後

19
| 번역 | 이 영화는 모두가 보러 갈 만한 가치가 있다. 나도 감동했다.
| 단어 | ~だけのことはある ~할 만하다, ~할 가치가 있다

|정답| (C) → だけのことは

20
|번역| 여름 방학에 귀국하는 것을 기대하고 있었던만큼, 바빠서 돌아갈 수 없는 것이 안타깝다.
|단어| 楽(たの)しみにする 낙으로 삼다, 기대하다
|정답| (C) → だけに

오류 찾기 연습 10

1
|번역| 환경 문제를 해결하기 위해서는, 여러 가지 사실을 정확히 아는 것이 중요하다고 생각합니다.
|단어| 環境(かんきょう) 환경
|정답| (C) → 知る

2
|번역| 외국과 거래에서, 현금을 보내지 않고 채권을 대체하는 것을 외국환이라 한다.
|단어| 債権(さいけん) 채권   振(ふ)り替(か)える 대체하다
|정답| (C) → 振り替える

3
|번역| 유급 휴가가 있는데도 쉬지 않는 것은 아깝다고 생각합니다.
|단어| 有給休暇(ゆうきゅうきゅうか) 유급 휴가
もったいない 아깝다, 과분하다
|정답| (C) → の

4
|번역| 일본 회사원은 유급 휴가를 별로 쓰지 않는다고 들었습니다만, 사실입니까?
|정답| (D) → けど

5
|번역| 아사히 공업에서 일하고 싶습니다만, 휴일이 몇 일 정도 있는지 아십니까?
|단어| ご存知(ぞんじ) 알고 계심, 「知(し)る」의 존경어
|정답| (D) → ごぞんじですか

6
|번역| 이 회사는 월급이 적거나, 휴가가 적거나 해서 인기가 없습니다.
|단어| 給料(きゅうりょう) 월급
|정답| (D) → ありません

7
|번역| 일을 정할 때는 보람이 있는지 여부가 중요합니다.
|단어| やりがい 보람
|정답| (A) → 決める

8
|번역| 어떤 일을 고르는가는, 그 사람의 사고방식이나 가치관에 따라 다릅니다.
|단어| 選(えら)ぶ 고르다, 선택하다   価値観(かちかん) 가치관
|정답| (B) → かは

9
|번역| 기업에 들어가고 싶다는 사람도 있고, 조직 속에서 일하는 것은 절대로 싫다는 사람도 있다.
|단어| 企業(きぎょう) 기업   組織(そしき) 조직
絶対(ぜったい) 절대
|정답| (D) → 絶対に

10
|번역| 백화점의 취급 품목은 여러 갈래에 걸쳐 있다.
|단어| 多岐(たき) 여러 갈래로 갈려 복잡 다단함
多岐(たき)にわたる 여러 갈래에 걸치다
|정답| (C) → わたって

11
|번역| 일요일에는 집에 있기는 있지만, 어린 아이가 있어서 느긋하게 쉴 수는 없다.
|단어| のんびり 한가롭고 평온한 모양, 유유히, 한가로이, 태평스레
|정답| (A) → ことは

12
|번역| 시험 문제는 간단하기는 간단하지만, 시간이 걸려 힘듭니다.
|단어| 簡単(かんたん) 간단
|정답| (C) → かかって

13
|번역| 할머니는 건강하다면 건강하다고 말할 수 있지만,

귀가 약간 어두워졌습니다.
| 단어 | 祖母(そぼ) 조모, 할머니 耳(みみ)が遠(とお)い 귀가 멀다, 귀가 어둡다
| 정답 | (D) → 遠く

14
| 번역 | 모두 이미 알고 있는 것이므로 비밀로 할 수는 없겠지요.
| 단어 | 秘密(ひみつ) 비밀
| 정답 | (A) → もう

15
| 번역 | 가끔 외식을 하는 일이 있습니다만, 대개 스스로 해 먹고 있습니다.
| 단어 | たまに (일이 드물게 일어나는 모양)때때로, 드물게, 간혹 だいたい 대개, 거의 自炊(じすい) 자취
| 정답 | (B) → ことがありますが

16
| 번역 | 야마다 씨는 장사하는 한편 유학생을 위한 봉사 활동을 하고 있다.
| 단어 | 商売(しょうばい) 장사
| 정답 | (A) → かたわら

17
| 번역 | 일본어를 2개월이나 배우고 있는데, 자신의 이름을 한자는커녕 히라가나로조차 쓸 줄 모른다.
| 정답 | (D) → さえ

18
| 번역 | 이쪽에 방법이 없는 이상, 상대가 말하는 대로 하지 않을 수 없겠지요.
| 단어 | ~ざるをえない ~하지 않을 수 없다
| 정답 | (B) → 以上

19
| 번역 | 불경기가 계속되면, 우리 회사에도 도산의 위험이 있다고 말하지 않을 수 없다.
| 단어 | 不景気(ふけいき) 불경기 倒産(とうさん) 도산 危険(きけん) 위험
| 정답 | (A) → 続く

20
| 번역 | 갑작스런 일이라 놀랐습니다만, 해외 근무를 하게 되더라도 지금 이상으로 노력해 주세요.
| 단어 | 突然(とつぜん)のこととて 갑작스런 일이라
| 정답 | (B) → こととて

연습문제

1
| 번역 | 평소보다 늦게 집을 나와서 달리지 않으면 늦을지도 모릅니다.
| 단어 | 間(ま)に合(あ)う 시간에 맞추다, 제시간에 가다
| 정답찾기 | 의미상 '달리면 늦을지도 모른다'라는 말은 성립하지 않는다. 따라서 '달리지 않으면'의「走(はし)らないと」가 와야 한다.
| 정답 | (C) → 走らないと

2
| 번역 | 왜 그에게 그런 이야기를 해 버렸냐고 묻는다면, 그때 기분이 안 좋았기 때문입니다.
| 단어 | たまたま 마침 그때, 우연히 虫(むし)の居所(いどころ)が悪(わる)い 기분이 안 좋아 공연히 화를 내다
| 정답찾기 |「なら」와「ば」의 차이를 묻는 문제로서「なら」는 가정에 쓰이는 말이므로 이 문장과는 어울리지 않는다.
| 정답 | (C) → 言えば

3
| 번역 | 요즘은 서늘해져서 매일 밤 조깅을 하고 있습니다.
| 단어 | この頃(ごろ) 요즘 毎晩(まいばん) 매일 밤
| 정답찾기 | '날씨가 서늘하다'는 의미의「涼(すず)しい」앞에「天気(てんき)」라는 말이 붙는 것은 어색한 문장이므로,「天気」를 생략해야 한다.
| 정답 | (A) → ×

4
| 번역 | 작년 사원 여행에서 간 곳은 도치키현의 닛코라고 하는 관광지였습니다.
| 단어 | 去年(きょねん) 작년 観光地(かんこうち) 관광지
| 정답찾기 | 작년에 간 곳이므로 과거의 표현이 나와야 한다.「行(い)くところ」는 앞으로 갈 예정인 곳을 말하므로「行った」로 고쳐야 한다.

|정답| (B) → 行った

5
|번역| 골든위크에는 오래간만에 부부끼리 여행을 가서 즐거운 시간을 보냈습니다.
|단어| 久(ひさ)しぶりに 오래간만에　水入(みずい)らず 남이 끼지 않는 집안끼리　楽(たの)しい 즐겁다
|정답찾기| 자동사와 타동사의 구별 능력을 묻는 문제로 시간이라는 목적어가 나왔으므로 「過(す)ごす」라는 타동사가 와야 한다.
|정답| (D) → 過ごしました

6
|번역| 나와 다나카 씨는 중학교를 졸업한 후, 각자 다른 고교에 입학해서 요즘은 그녀를 만날 기회가 없습니다.
|단어| 卒業(そつぎょう) 졸업　違(ちが)う 다르다
|정답찾기| 일본어를 공부하는 학습자들이 흔히 범하기 쉬운 표현으로 '만나다'라는 의미의 '~보다'에 「見る」를 쓰지 않는다.
|정답| (D) → に会う

7
|번역| 일요일에 날씨가 좋으면 낚시를 갈 예정입니다.
|단어| 釣(つ)り 낚시
|정답찾기| 현재 시점에서 앞으로 일어날 일을 전제로 가정하는 말은 「たら」이므로 「よかったら」로 고쳐야 한다. 「と」는 가정 조건절을 이끄는 「と」 앞의 내용을 전제로 반드시 뒤의 결과를 확신하는 경우에만 사용한다. 즉, 전제 조건에 대한 100%의 확신과 결과를 보장하는 말투에 사용한다.
|정답| (B) → よかったら

8
|번역| 전철 안에서 핸드폰으로 이야기를 하고 있었더니, 옆의 남자가 조용히 하라고 했습니다.
|단어| 携帯電話(けいたいでんわ) 휴대 전화
隣(となり) 옆
|정답찾기| '이야기를 하다'는 「話(はなし)をする、話(はな)す」 둘 다 사용할 수 있지만, 문제에서는 뒤에 동사 「する」가 나왔으므로 명사 「話」를 사용해야 한다.
|정답| (B) → 話

9
|번역| 이것은 중요 문화재 중에서, 특별히 유명한 문화재 중의 하나이지만, 그 정도로 사람들에게 알려져 있지 않습니다.
|단어| 重要文化財(じゅうようぶんかざい) 중요 문화재　特(とく)に 특히
|정답찾기| 학습자들이 흔히 범하기 쉬운 잘못된 표현으로 「~の中で」라는 말은 '대표적 주제 중에서'라는 뜻이므로 「たち」를 붙이면 어색한 표현이 된다.
|정답| (A) → 重要文化財

10
|번역| 박람회는 많은 사람들로 붐비고 있기 때문에, 일행을 놓치지 않도록 어머니의 손을 꽉 잡아 주세요.
|단어| 博覧会(はくらんかい) 박람회
大勢(おおぜい) 많은 사람　賑(にぎ)わう 붐비다, 흥청거리다　はぐれる 일행과 떨어지다, 일행을 놓치다
|정답찾기| 「はっきり」와 「しっかり」는 우리말 번역 상 비슷한 뜻으로 해석되지만, 「はっきり」는 무언가가 뚜렷한, 확실한 것을 표현할 때 쓰는 말이므로 여기서는 적당하지 않다.
|정답| (C) → しっかり

11
|번역| 돌연 일어난 테러의 탓으로 많은 희생자가 나왔다.
|단어| 突発(とっぱつ) 돌발　突如(とつじょ) 갑자기, 별안간　多(おお)く 많은, 많음　犠牲者(ぎせいしゃ) 희생자
|정답찾기| 「突発」를 「突如」로 고쳐야 한다. 이러한 문제 유형은 미리 풀어 보지 않으면 맞추기가 상당히 까다로운 문제이므로, 많은 문제를 풀어 보는 것으로 JPT시험에 대비해야겠다.
|정답| (A) → 突如

12
|번역| 크게 기대하지 않았는데도 불구하고, 면접에 합격하여 행운이었다.
|단어| 期待(きたい) 기대　面接(めんせつ) 면접
受(う)かる 합격하다
|정답찾기| 틀리기 쉬운 표현의 하나로 '면접을 보다'는 「面接を受ける」이며, '면접에 붙다'는 「面接に受かる」라고 해야 한다.
|정답| (D) → に

13

| 번역 | 이 기구는 주로 귀에 구멍을 뚫는데 사용합니다만, 위험하니 아이들의 손에 닿지 않는 곳에 두세요.

| 단어 | 器具(きぐ) 기구　穴(あな) 구멍
危険(きけん) 위험

| 정답찾기 |「で」와「に」를 구별하는 문제는 출제 빈도가 상당히 높으므로 잘 정리해 두도록 한다. 이 문제에서는 구멍을 뚫는 대상이 되므로「に」가 되어야 한다.

| 정답 | (B) → に

14

| 번역 | 갑자기 몸 상태가 나빠져서, 대신 다른 사람을 서류를 받으러 보내겠습니다.

| 단어 | 急(きゅう)に 갑자기　都合(つごう) 형편, 사정
代(か)わりに 대신　書類(しょるい) 서류

| 정답찾기 | JPT를 비롯한 모든 시험문제에 빠지지 않고 반드시 출제되는 문제 중에 하나가 바로 사역, 수동, 사역 수동을 묻는 문제이다. 이 문제에서는 다른 사람에게 시킨 것이 되므로 사역을 나타내는「せる、させる」를 사용해야 한다.

| 정답 | (D) → 行かせます

15

| 번역 | 이 신문의 기사는 내 일과 관계가 있으니까 잠시 보여주실 수 없습니까?

| 단어 | 記事(きじ) 기사　関係(かんけい) 관계

| 정답찾기 | 조사의 오용을 찾아내는 문제로서「は」를「と」로 고쳐야 자연스런 문장이 된다.

| 정답 | (A) → と

16

| 번역 | 나는 다음 달 이사를 할 예정이니까, 꼭 새집에 놀러 와 주세요.

| 단어 | 来月(らいげつ) 다음달　引(ひ)っ越(こ)す 이사하다　新居(しんきょ) 새 주택, 새로 이사한 주택

| 정답찾기 |「ばかり」는「引っ越したばかり」로 쓰여 이사를 한 직후를 나타내는 말로 쓰이고, 문제에서는 앞으로 이사를 할 예정이므로「予定(よてい)」를 사용하는 것이 자연스럽다.

| 정답 | (B) → 予定

17

| 번역 | 오늘 아침, 그녀의 자동응답기에 메시지를 남겼는데, 아무리 기다려도 연락이 오지 않아서 섭섭합니다.

| 단어 | 今朝(けさ) 오늘 아침　留守電(るすでん) 자동응답기　連絡(れんらく) 연락　寂(さび)しい 쓸쓸하다, 섭섭하다

| 정답찾기 |「ないで」와「なくて」는 뉘앙스가 조금 다르다.「なくて」의 앞뒤 문장 호응 관계는 비교 대상관계가 되기 쉽고 이유를 나타낼 때 사용되는 데 반해서,「ないで」는「~한 상태로」앞 문장이 뒷 문장을 수식하는데 사용된다.

| 정답 | (D) → こなくて

18

| 번역 | 이 라디오 카세트는 조금 값이 비싸지만, 작아서 운반하기 편리하므로 사기로 했습니다.

| 단어 | 値(ね)が張(は)る 값이 비싸다　コンパクト 콤팩트, 아담하고 소형이면서도 기능을 고루 갖춘 물건
持(も)ち運(はこ)ぶ 들어 나르다, 운반하다

| 정답찾기 | 뒤에 조사「に」가 나왔으므로, 명사인「持ち運び」라고 해야 한다.

| 정답 | (C) → 持ち運び

19

| 번역 | 나는 가타카나를 쓸 줄 압니다만, 중국에서 온 왕씨는 히라가나조차 제대로 쓰지 못합니다.

| 정답찾기 | JPT문제에 가장 많이 출제되는 문제 중 하나로서「の」와「こと」의 오용에 관한 문제이다. 가능 표현을 나타낼 때는「~ことができる」즉,「こと」를 써야 할 곳에「の」를 쓰면 틀린 표현이 된다.

| 정답 | (A) → こと

20

| 번역 | 저쪽 블록 담장에 '주차 금지'라고 써 있는 종이가 붙어 있는 것이 보입니까?

| 단어 | 塀(へい) 담, 담장　駐車禁止(ちゅうしゃきんし) 주차금지　張(は)る 붙이다

| 정답찾기 | 조사의 오용에 관한 문제로 의미상 '~라고, 라는' 의미가 되므로「と」가 가장 적절한 조사가 되겠다. '~라고 써 있다'는「~と書(か)いてある」로 하나의 구문으로 외어 두면 시험문제 풀이할 때 답이 쉽게 보이므로 반드시 암기해 두고 넘어가도록 해야겠다.

| 정답 | (B) → と

Part 7

공란 메우기 1

1
| 번역 | 일이 바빠서 여행도 할 수 없다. 그뿐 아니라 집에서 느긋하게 이야기할 시간도 없다.
| 단어 | 旅行(りょこう) 여행 ゆっくり 천천히, 느긋하게
| 정답 | (B)

2
| 번역 | 대기 오염이 문제가 된 일로 인해 무공해 엔진 개발을 서두르고 있다.
| 단어 | 大気(たいき) 대기 汚染(おせん) 오염 無公害(むこうがい) 무공해
| 정답 | (B)

3
| 번역 | 지진 뒤에는, 전기도 물도 없어 목욕을 할 상황이 아니었다.
| 단어 | 地震(じしん) 지진 電気(でんき) 전기 ~どころじゃない ~할 상황이 아니다
| 정답 | (B)

4
| 번역 | 이 병의 원인이 식사에 있다고 한다면, 식사를 재검토할 필요가 있다.
| 단어 | 病気(びょうき) 병 原因(げんいん) 원인 見直(みなお)す 다시보다, 재점검하다
| 정답 | (B)

5
| 번역 | 외국인으로서는, 아파트가 왜 이렇게 비싼 것인지 이해가 안 될 것이다.
| 단어 | 外国人(がいこくじん) 외국인 理解(りかい) 이해
| 정답 | (A)

6
| 번역 | 이 아파트는 집세가 싼 것치고는 방은 넓고 교통도 편리하다.
| 단어 | 家賃(やちん) 집세 交通(こうつう) 교통
| 정답 | (B)

7
| 번역 | 일이 바빠서 텔레비전도 볼 여유가 없다. 본다고 해도 뉴스 정도이다.
| 단어 | 仕事(しごと) 일 暇(ひま) 여유, 짬
| 정답 | (B)

8
| 번역 | 출석자는 불과 12명에 지나지 않았다.
| 단어 | 出席者(しゅっせきしゃ) 출석자 わずか 조금, 약간, 불과 ~に過(す)ぎない ~에 불과하다
| 정답 | (B)

9
| 번역 | 대학생이나 되어 이런 간단한 것을 모르다니 한심하다.
| 단어 | 簡単(かんたん) 간단 情(なさ)けない 한심하다, 비참하다
| 정답 | (A)

10
| 번역 | 돌아갈 집이 없다니 얼마나 불쌍한 사람들인가?
| 단어 | かわいそう 불쌍함, 가엾음
| 정답 | (B)

11
| 번역 | 신중한 그 사람만은 그런 실수를 할 리가 없다.
| 단어 | 慎重(しんちょう) 신중 間違(まちが)い 실수, 잘못
| 정답 | (A)

12
| 번역 | 공해는 일본뿐만 아니라, 우리나라에서도 큰 문제가 되고 있다.
| 단어 | 公害(こうがい) 공해
| 정답 | (A)

13
| 번역 | 그는 경영자로서뿐만 아니라 작가로서도 잘 알려져 있다.
| 단어 | 経営者(けいえいしゃ) 경영자 作家(さっか) 작가
| 정답 | (A)

14
| 번역 | 선생님뿐만 아니라 친구에게까지 걱정을 끼쳐 버렸다.
| 단어 | 心配(しんぱい)をかける 걱정을 끼치다
| 정답 | (B)

15
| 번역 | 요리는 엄마가 손수 만든 것이 최고다.
| 단어 | 手作(てづく)り 손수 만듦
| 정답 | (A)

16
| 번역 | 이 용기는 열에 대해 약하므로 주의해 주세요.
| 단어 | 容器(ようき) 용기 熱(ねつ) 열
弱(よわ)い 약하다 注意(ちゅうい) 주의
| 정답 | (B)

17
| 번역 | 채용은 남성에 한하지 않는다. 능력 있는 여성을 구하고 있다.
| 단어 | 採用(さいよう) 채용 能力(のうりょく) 능력
求(もと)める 구하다, 요구하다
| 정답 | (A)

18
| 번역 | 다른 일은 별로이나, 요리에 있어서는 누구에게도 지지 않는다.
| 단어 | 負(ま)ける 지다
| 정답 | (A)

19
| 번역 | 이 일에 대해서는 나라의 체면을 생각해서라도 사과할 수는 없는 것입니다.
| 단어 | 面子(メンツ) 체면, 면목(중국어에서 유래된 말이므로 カタカナ로 표기함)
| 정답 | (B)

20
| 번역 | 엄마는 청소를 구실 삼아, 아이의 방을 살그머니 보고 있다.
| 단어 | 託(かこ)つける 핑계 삼다, 구실 삼다
そっと 살그머니, 가만히, 몰래
| 정답 | (A)

21
| 번역 | 합격 통지를 받았을 때의 그의 기쁨은 상상하기 어렵지 않다.
| 단어 | 合格(ごうかく) 합격 通知(つうち) 통지
想像(そうぞう) 상상
| 정답 | (A)

22
| 번역 | 자신이 실제로 부모가 될 때까지는, 부모의 마음은 상상하기 어려운 법이다.
| 단어 | 実際(じっさい)に 실제로 親(おや) 부모
| 정답 | (B)

23
| 번역 | 영어가 프랑스어 같은 말을 대신하여 대표적인 국제어가 되었다.
| 단어 | 代表的(だいひょうてき) 대표적
| 정답 | (B)

24
| 번역 | 영화를 보러 가는 대신에 비디오를 빌려 집에서 보았다.
| 단어 | 映画(えいが) 영화
| 정답 | (A)

25
| 번역 | 도쿄보다도 지방 쪽이 살기 편함에 틀림없다.
| 단어 | 地方(ちほう) 지방 住(す)む 살다
| 정답 | (B)

26
| 번역 | 학교의 외국어 교육도 이전과 비교하면 회화 교육이 강화되었다.
| 단어 | 強化(きょうか) 강화
| 정답 | (A)

27
| 번역 | 재료비 인상에 더하여 엔고로 경영 상태가 좋지 않다.
| 단어 | 値上(ねあ)げ 가격 인상

経営状態(けいえいじょうたい) 경영 상태
| 정답 | (A)

28
| 번역 | 이 일은 일본어는 물론 필요하지만, 영어도 가능하면 더 이상 좋을 수는 없다.
| 단어 | 必要(ひつよう) 필요   ~に越(こ)したことはない ~하는 것보다 좋은 것은 없다
| 정답 | (B)

29
| 번역 | 은행 이자는 높은 것이 제일이지만, 서비스의 좋고 나쁨도 문제이다.
| 단어 | 銀行(ぎんこう) 은행   利子(りし) 이자
良(よ)し悪(あ)し 좋고 나쁨, 옳고 그름
| 정답 | (A)

30
| 번역 | 출발에 앞서 충분히 사전 협의를 하지 않으면 안 된다.
| 단어 | 出発(しゅっぱつ) 출발   打合(うちあ)わせ 미리 상의함, 사전에 협의함, 사전 협의
| 정답 | (A)

공란 메우기 2

1
| 번역 | 시간의 경과에 따라, 사람이 적어졌다.
| 단어 | 経過(けいか) 경과
| 정답 | (B)

2
| 번역 | 연대에 의한 구분이 되어 있기 때문에, 이 교재는 보기 쉽다.
| 단어 | 年代(ねんだい) 연대   区分(くぶん) 구분
| 정답 | (B)

3
| 번역 | 이런 시골조차도 패스트푸드 점이 있다.
| 단어 | 田舎(いなか) 시골
| 정답 | (A)

4
| 번역 | A사조차도 불황 때문에 인원 정리를 시작했다.
| 단어 | 不況(ふきょう) 불황   人員整理(じんいんせいり) 인원 정리
| 정답 | (B)

5
| 번역 | 그는 골인을 눈앞에 두고 추월당했다.
| 단어 | 目前(もくぜん) 목전, 눈앞
追(お)い抜(ぬ)く 추월하다, 앞서다
| 정답 | (A)

6
| 번역 | 답례 같은 것은 필요 없습니다. 당연한 일을 했을 뿐입니다.
| 단어 | お礼(れい) 사례   要(い)る 필요하다
当然(とうぜん) 당연
| 정답 | (B)

7
| 번역 | 그저 농담에 지나지 않았는데, 그는 진짜로 화를 냈다.
| 단어 | ほんの 불과, 고작   冗談(じょうだん) 농담
本気(ほんき) 본심, 진심, 제정신   怒(おこ)る 화내다
| 정답 | (A)

8
| 번역 | 공업화하는 것이 그 나라의 발전에 이어진다고는 단정 지어 말할 수 없다.
| 단어 | 工業化(こうぎょうか) 공업화   発展(はってん) 발전
繋(つな)がる 연결되다, 이어지다, 통하다
| 정답 | (A)

9
| 번역 | 선생님에게 받은 참고서를 따라 공부했다.
| 단어 | 与(あた)える 주다, 내주다   参考書(さんこうしょ) 참고서
| 정답 | (B)

10
| 번역 | 최초에 결정한 계획을 따라 공사를 진행했다.
| 단어 | 最初(さいしょ) 처음   工事(こうじ) 공사

進(すす)める 진행하다
| 정답 | (B)

11
| 번역 | 한 사람 한 사람의 능력에 대응한 지도가 필요하다.
| 단어 | 能力(のうりょく) 능력 指導(しどう) 지도
| 정답 | (A)

12
| 번역 | 시대에 대응한 조직 만들기를 목표로 하고 있다.
| 단어 | 組織(そしき) 조직 目指(めざ)す 목표로 하다, 지향하다
| 정답 | (B)

13
| 번역 | 회사의 규정에 입각하여 퇴직금이 지급된다.
| 단어 | 規定(きてい) 규정 退職金(たいしょくきん) 퇴직금 支払(しはら)う 지불하다
| 정답 | (B)

14
| 번역 | 현상에 입각한 시책을 하지 않으면 안 된다.
| 단어 | 現状(げんじょう) 현상 ～に即(そく)した ～에 들어맞는, ～에 입각한 施策(しさく) 시책
| 정답 | (A)

15
| 번역 | 손윗사람은 물론, 처음 만난 사람에 대해서도 경어를 사용합니다.
| 단어 | 初対面(しょたいめん) 첫 대면 敬語(けいご) 경어
| 정답 | (B)

16
| 번역 | 컴퓨터는 상당히 보급되었다고 해도, 아직 일부 사람에 한정되어 있다.
| 단어 | 普及(ふきゅう) 보급
| 정답 | (A)

17
| 번역 | 오래되고 사용하기 어려운 기계가 산처럼 쌓여 있다.
| 단어 | 耐(た)える / 堪(た)える 견디다, (외부의 힘을)감당하다, 지탱하다, ～할 수 있다(할 만하다)
| 정답 | (A)

18
| 번역 | 컵에 막 흘러넘칠 듯이 담긴 맥주를 단 숨에 마셨다.
| 단어 | 溢(あふ)れる 가득 차서 넘치다 一息(ひといき)に 쉬지 않고 한번에, 단숨에
| 정답 | (B)

19
| 번역 | 입학시험에 실패하여 귀국함에 따라, 안타까운 마음을 금할 수 없다.
| 단어 | 無念(むねん) 분함, 억울함, 원통함
| 정답 | (B)

20
| 번역 | 갑작스런 수업료 인상을 듣고, 분개하지 않을 수 없다.
| 단어 | 突然(とつぜん) 갑작스러움, 돌연함 憤慨(ふんがい) 분개
| 정답 | (A)

21
| 번역 | 충분히 만족할 만한 성적이었다.
| 단어 | 足(た)りる 충분하다, 족하다, ～할 만하다, 가치가 있다
| 정답 | (B)

22
| 번역 | 기후가 다른 나라에서 사용하기에 충분한 제품을 만들지 않으면 안 된다.
| 단어 | 気候(きこう) 기후 製品(せいひん) 제품
| 정답 | (B)

23
| 번역 | 위험에 대해서 준비가 충분하다면 전혀 두려워할 것이 없습니다.
| 단어 | 危険(きけん) 위험 恐(おそ)れる 두려워하다, 무서워하다
| 정답 | (A)

24
| 번역 | 그녀로부터의 선물은 그를 만족시키기에 부족했다.
| 단어 | 満足(まんぞく) 만족   足(た)りない 부족하다
| 정답 | (B)

25
| 번역 | 어느 나라라도 자연의 아름다움이 공공의 것인 점에는 변함이 없다.
| 단어 | 公共(こうきょう) 공공
| 정답 | (A)

26
| 번역 | 내가 갑자기 결혼 이야기를 했기 때문에, 아버지는 불쾌했음에 틀림없다.
| 단어 | 不愉快(ふゆかい) 불쾌
~に相違(そうい)ない ~임에 틀림없다
| 정답 | (A)

27
| 번역 | 그녀에게 성공을 가져다 준 것은 매일의 노력의 결과임에 틀림없다.
| 단어 | もたらす 가져오다   努力(どりょく) 노력
| 정답 | (B)

28
| 번역 | 도서관에는 진학에 관해서도 정보가 갖추어져 있다.
| 단어 | 揃(そろ)う 갖추어지다, 구비되다
| 정답 | (B)

29
| 번역 | 이 홀은 국제회의가 열리는 경우에, 준비 기간을 포함 1개월밖에 사용할 수 없습니다.
| 단어 | 国際(こくさい) 국제   会議(かいぎ) 회의
含(ふく)める 포함하다
| 정답 | (A)

30
| 번역 | 점심시간인 관계로 용무가 있으신 분은 1시까지 기다려 주십시오.
| 단어 | 昼休(ひるやす)み 점심시간   方(かた) 분
| 정답 | (B)

공란 메우기 3

1
| 번역 | 일본인이 이해할 수 없는 것을, 더구나 외국인은 이해하지 못할 것이다.
| 단어 | 理解(りかい) 이해
| 정답 | (A)

2
| 번역 | 북쪽으로 올라감에 따라 점점 추워졌다.
| 단어 | 進(すす)む 나아가다, 전진하다
| 정답 | (B)

3
| 번역 | 태풍의 영향으로 야채가 가격 인상되었다.
| 단어 | 台風(たいふう) 태풍   影響(えいきょう) 영향
野菜(やさい) 야채
| 정답 | (B)

4
| 번역 | 컴퓨터의 도입으로 인해 사무 능률이 상당히 올랐다.
| 단어 | 導入(どうにゅう) 도입   事務(じむ) 사무
能率(のうりつ) 능률
| 정답 | (A)

5
| 번역 | 그것은 일본 법률에 의해 금지되어 있다.
| 단어 | 法律(ほうりつ) 법률   禁止(きんし) 금지
| 정답 | (B)

6
| 번역 | 공장 이전은 마을에 있어서도 큰 문제이다.
| 단어 | 工場(こうじょう) 공장   移転(いてん) 이전
| 정답 | (A)

7
| 번역 | 담배의 해는 피우는 사람뿐만 아니라 옆에 있는 사람에게도 미친다.
| 단어 | 害(がい) 해, 해로움   とどまる 그치다, 멈추다
| 정답 | (B)

8
| 번역 | A국의 핵실험은 이번으로 끝나지 않고, 앞으로도

계속해서 실시 된다는 것이다.
| 단어 | 核実験(かくじっけん) 핵실험
| 정답 | (B)

9
| 번역 | 새 사장의 취임과 더불어 인사이동이 발표되었다.
| 단어 | 就任(しゅうにん) 취임   人事異動(じんじいどう) 인사 이동
| 정답 | (A)

10
| 번역 | 기술 혁신에 수반하여 전달 수단은 급속하게 발달했다.
| 단어 | 技術(ぎじゅつ) 기술   革新(かくしん) 혁신
伝達(でんたつ) 전달   手段(しゅだん) 수단
急速(きゅうそく)に 급속하게   発達(はったつ) 발달
| 정답 | (A)

11
| 번역 | 그의 지금까지의 업적을 생각하면, 이번 수상은 놀랄 일이 아니다.
| 단어 | 業績(ぎょうせき) 업무 실적, 영업 실적
受賞(じゅしょう) 수상   驚(おどろ)く 놀라다
| 정답 | (B)

12
| 번역 | 그가 싫다고 하면, 이제 무리하게는 부탁하지 않을 것이다.
| 단어 | いやだ 싫다   無理(むり)に 무리하게
頼(たの)む 부탁하다
| 정답 | (A)

13
| 번역 | 당신이 편지를 쓰지 않아도 됩니다. 그쪽에서 전화가 있을 것이므로.
| 단어 | には及(およ)ばない 할 필요가 없다
先方(せんぽう) 상대편, 상대방
| 정답 | (B)

14
| 번역 | 그 책은 내가 갖고 있으니까, 사지 않아도 된다. 빌려 줄게.

| 정답 | (B)

15
| 번역 | 교회 건설에 즈음하여 돈이 있고 없음에는 관계없이 전원 기부했다.
| 단어 | ~にかかわらず ~에 관계없이   寄付(きふ) 기부
| 정답 | (A)

16
| 번역 | 축구 시합은 날씨에 관계없이 실시됩니다.
| 단어 | 天候(てんこう) 날씨   実施(じっし) 실시
| 정답 | (B)

17
| 번역 | 나쁜 농담을 한 탓에 그녀를 화나게 해 버렸다.
| 단어 | 冗談(じょうだん) 농담   怒(おこ)る 화내다
| 정답 | (A)

18
| 번역 | 최근의 잡지에는, 천박하고 차마 읽을 수 없는 것이 많다.
| 단어 | 最近(さいきん) 최근   雑誌(ざっし) 잡지
下品(げひん) 품위가 없음, 천함, 상스러움
| 정답 | (A)

19
| 번역 | 가격 여하에 상관없이 갖고 싶은 물건은 산다.
| 단어 | 値段(ねだん) 가격   如何(いかん) 여하, 여부
| 정답 | (B)

20
| 번역 | 그의 굳게 결심한 듯한 모습을 보면서, 나는 두려움을 느꼈다.
| 단어 | 思(おも)い込(こ)む 깊이 마음먹다, 굳게 결심하다
様子(ようす) 모습   ~につけ ~에 관련하여
| 정답 | (B)

21
| 번역 | 이 나라는 자원이 풍부한데도 불구하고 발전하지 않는다.
| 단어 | 資源(しげん) 자원   豊(ゆた)か 풍부함
発展(はってん) 발전

| 정답 | (A)

22
| 번역 | 콘서트장에는 비가 옴에도 불구하고 많은 사람이 왔다.
| 단어 | 会場(かいじょう) 회장
| 정답 | (B)

23
| 번역 | 이 범행에 관련된 자 중에 경관이 있었다고 한다.
| 단어 | 犯行(はんこう) 범행 警官(けいかん) 경관
| 정답 | (A)

24
| 번역 | 법률에 반한 행위는 엄격하게 처벌된다.
| 단어 | 法律(ほうりつ) 법률 行為(こうい) 행위
罰(ばっ)せられる 처벌받다, 벌받다
| 정답 | (A)

25
| 번역 | 그는 친척은 물론 친구에게서도 많은 액수의 빚을 지고 있었다.
| 단어 | 親類(しんるい) 친척 友人(ゆうじん) 친구
多額(たがく) 고액 借金(しゃっきん) 차입금, 빚
| 정답 | (B)

26
| 번역 | 근년 석유 수요가 증가하고 있는 것과 반대로, 석탄의 수요는 감소하고 있다.
| 단어 | 需要(じゅよう) 수요 ~にひきかえ ~에 반해서, ~과는 달리(반대로) 減少(げんしょう) 감소
| 정답 | (A)

27
| 번역 | 투표일에 대해서 다음 주까지 통지하겠습니다.
| 단어 | 投票日(とうひょうび) 투표일
来週(らいしゅう) 다음주 通知(つうち) 통지
| 정답 | (B)

28
| 번역 | 어머니의 병이 나은 것은 다름 아닌 선생님의 덕분입니다.

| 단어 | 病気(びょうき)が治(なお)る 병이 낫다
| 정답 | (B)

29
| 번역 | 오늘도 또 잔업이라니, 바쁜 데에도 정도가 있다.
| 단어 | 残業(ざんぎょう) 잔업
| 정답 | (A)

30
| 번역 | 제 외국으로부터의 일본에 대한 요구는 최근 수년 전보다도 더욱더 높아지고 있다.
| 단어 | ここ数年(すうねん) 최근 수년 前(まえ)にもまして 전보다 더 高(たか)まる 높아지다, 오르다
| 정답 | (B)

공란 메우기 4

1
| 번역 | 상대의 대응 여부에 관계없이 교섭을 계속해 주십시오.
| 단어 | 対応(たいおう) 대응 交渉(こうしょう) 교섭
| 정답 | (B)

2
| 번역 | 엄마로부터 소포를 받을 때마다도 부모의 고마움을 느낀다.
| 단어 | 小包(こづつみ) 소포
| 정답 | (B)

3
| 번역 | 멀리서 보고 있는 어머니에게 손짓으로 안 된다고 알려준다.
| 단어 | 遠(とお)く 멀리, 먼 곳 母親(ははおや) 엄마
模様(もよう) 무늬, 도안 手振(てぶ)り 손짓, 손놀림
| 정답 | (B)

4
| 번역 | 생각하고 또 생각해서 낸 결과입니다.
| 단어 | 結果(けっか) 결과
| 정답 | (A)

5
| 번역 | 그에게 있어 그 일은 간단한 것입니다.
| 단어 | 簡単(かんたん) 간단

| 정답 | (B)

6
| 번역 | 시험은 12월 10일부터 3일간에 걸쳐 이루어진다.
| 단어 | 試験(しけん) 시험   ~にわたり ~에 걸쳐
| 정답 | (A)

7
| 번역 | 이 책은 읽는 중이라서, 조금 더 빌려주었으면 한다.
| 단어 | 貸(か)す 빌려주다
| 정답 | (A)

8
| 번역 | 말하지 않으면 안 될 것은 분명히 말하는 게 좋다.
| 단어 | くっきり 뚜렷하게, 선명하게   はっきり 분명히, 똑똑히
| 정답 | (B)

9
| 번역 | 부모님의 보호 하에 즐거운 어린 시절을 보냈다.
| 단어 | 保護(ほご) 보호   過(す)ごす 시간을 보내다
| 정답 | (A)

10
| 번역 | 국민이 정치에 변혁을 요구하고 있는 것은 분명하다.
| 단어 | 変革(へんかく) 변혁   求(もと)める 요구하다
| 정답 | (B)

11
| 번역 | 말할 것까지도 없는 일입니다만, 시험 날은 일찍감치 회장에 도착하도록 해 주세요.
| 단어 | 早(はや)めに 정해진 시간보다 조금 이르게   着(つ)く 도착하다
| 정답 | (B)

12
| 번역 | 재능이 있는 사람이라면 몰라도 보통 사람은 할 수 없습니다.
| 단어 | ~はいざ知(し)らず ~에 관해서는 어떤지 몰라도, ~은 별문제로 치고   普通(ふつう) 보통

| 정답 | (A)

13
| 번역 | 다른 사람은 모르겠지만, 나는 그를 믿고 있습니다.
| 단어 | 信(しん)じる 믿다
| 정답 | (B)

14
| 번역 | 복장은 물론이고 사생활까지 세세한 규칙이 있다.
| 단어 | 服装(ふくそう) 복장   細(こま)かい 자세하다, 세세하다   規則(きそく) 규칙
| 정답 | (A)

15
| 번역 | 재판은 피해자의 기대에 반한 결과로 끝났다.
| 단어 | 裁判(さいばん) 재판   被害者(ひがいしゃ) 피해자   反(はん)する 반하다, 반대하다
| 정답 | (B)

16
| 번역 | 일찍 돌아가고 싶은 탓에, 속도를 너무 내서 사고를 일으켜 버렸다.
| 단어 | スピードを出(だ)す 속도를 내다
事故(じこ)を起(お)こす 사고를 내다
| 정답 | (B)

17
| 번역 | 100명에 이르는 유학생이 장학금을 신청했다.
| 단어 | 留学生(りゅうがくせい) 유학생
奨学金(しょうがくきん) 장학금   申(もう)し込(こ)む 신청하다
| 정답 | (A)

18
| 번역 | 이 지진으로 5천명에 이르는 사망자가 났다.
| 단어 | 地震(じしん) 지진   死者(ししゃ) 사망자
| 정답 | (B)

19
| 번역 | 할머니가 손자를 찾아가자 기다리고 있었다는 듯이 용돈을 달라고 졸랐다.
| 단어 | 孫(まご) 손자   ばかりに 곧~할듯이

小遣(こづか)い 용돈   ねだる 조르다, 보채다
| 정답 | (B)

20
| 번역 | 출발하기만 하면 되게 준비를 하고 나서, 잠깐 쉬었다.
| 단어 | 準備(じゅんび) 준비   ひと休(やす)み 잠깐 쉼
| 정답 | (A)

21
| 번역 | 성격은 그렇다 치고 일은 아주 잘 한다.
| 단어 | 性格(せいかく) 성격   ~はさておき ~은 제쳐놓고, ~은 접어두고
| 정답 | (B)

22
| 번역 | 그때 나는 관광을 끝내고 귀국하기 위해 비행기를 기다리고 있었다.
| 단어 | 観光(かんこう) 관광   帰国(きこく) 귀국
| 정답 | (B)

23
| 번역 | 아이는 자라기 때문에 약간 큰 듯한 양복을 선물했다.
| 단어 | 大(おお)きくなる 크다, 성장하다, 자라다
洋服(ようふく) 양복
| 정답 | (A)

24
| 번역 | 나도 출석할 예정이었는데, 급한 용무가 생겨서 갈 수 없게 되어 버렸다.
| 단어 | 出席(しゅっせき) 출석
急用(きゅうよう) 급한 용무
| 정답 | (B)

25
| 번역 | 엄마의 얼굴이 보고 싶어 견딜 수 없으나, 여름방학까지는 귀국할 수 없다.
| 단어 | 夏休(なつやす)み 여름방학   帰国(きこく) 귀국
| 정답 | (A)

26
| 번역 | 돈도 없기는 하지만, 시간이 없어서 갈 수 없다.

| 단어 | ~さることながら ~할 만 하지만, 당연하지만
| 정답 | (B)

27
| 번역 | 갑자기 프러포즈를 받았기 때문에, 바로 대답할 수 없는 것도 무리는 아니다.
| 단어 | 突然(とつぜん) 갑자기, 돌연히
| 정답 | (B)

28
| 번역 | 저 회사는 급료가 좋지 않기 때문에, 사원들로부터 불평이 나오는 것은 당연하다.
| 단어 | 苦情(くじょう) 불평, 불만   もっとも 지당함
| 정답 | (B)

29
| 번역 | 운동한 후에는 배가 고프기 마련입니다.
| 단어 | 運動(うんどう) 운동   おなかがすく 배가 고프다
| 정답 | (A)

30
| 번역 | 입장료는 1500엔입니다. 단 어린이는 반액입니다만.
| 단어 | 入場料(にゅうじょうりょう) 입장료
もっとも 단, 다만   半額(はんがく) 반액
| 정답 | (B)

공란 메우기 5

1
| 번역 | 미국은 오렌지는 물론이고, 쌀까지도 자유화하도록 요구해 왔다.
| 단어 | 米(こめ) 쌀   自由化(じゆうか) 자유화
| 정답 | (A)

2
| 번역 | 주거 환경이 좋아진 반면, 통근 시간이 길어졌다.
| 단어 | 住環境(じゅうかんきょう) 주거 환경
通勤時間(つうきんじかん) 통근 시간
| 정답 | (B)

3
| 번역 | 도쿄에 이렇게 폭설이 내리는 것은 5년만이라고 한다.
| 단어 | 大雪(おおゆき) 많은 눈, 폭설

| 정답 | (B)

4
| 번역 | 사고 싶은 것이 있었으나 참고 참아 돈을 저축했다.
| 단어 | 我慢(がまん)する 참다, 견디다
お金(かね)を貯(た)める 돈을 모으다
| 정답 | (A)

5
| 번역 | 이 이상 일본에 있어도 배워야 할 것이 없기 때문에 귀국하기로 했다.
| 단어 | 学(まな)ぶ 배우다 帰国(きこく) 귀국
| 정답 | (B)

6
| 번역 | 상대는 바쁘니까, 전화하지 않고 갑자기 가서는 안 된다.
| 단어 | 相手(あいて) 상대
| 정답 | (B)

7
| 번역 | 종교의 권유나 정치활동 등은 교내에서 있어서는 안 될 행위이다.
| 단어 | 宗教(しゅうきょう) 종교   勧誘(かんゆう) 권유
校内(こうない) 교내   あるまじき 있어서는 안 될, 있을 수 없는
| 정답 | (A)

8
| 번역 | 2월의 추위는 그렇다 치고 일본의 기후는 대체로 나의 몸에 맞는다.
| 단어 | 気候(きこう) 기후
| 정답 | (B)

9
| 번역 | 아이는 집에 돌아오자마자 밖으로 놀러 나갔다.
| 단어 | ~や否(いな)や ~하자마자 外(そと) 밖
遊(あそ)ぶ 놀다
| 정답 | (A)

10
| 번역 | 짐을 꾸리거나 청소를 하거나 해서, 이사 준비는 바쁘다.
| 단어 | 荷物(にもつ) 화물, 짐   掃除(そうじ) 청소
引(ひ)っ越(こ)し 이사
| 정답 | (A)

11
| 번역 | 그는 두 번 다시 그런 곳에는 가지 않을 것이다.
| 단어 | 二度(にど)と 두 번 다시
| 정답 | (B)

12
| 번역 | 특별히 부정한 짓을 해 이긴 것이 아니기 때문에 비난하는 것은 가당치 않다.
| 단어 | 別(べつ)に 특별히   不正(ふせい) 부정
勝(か)つ 이기다   非難(ひなん) 비난
| 정답 | (B)

13
| 번역 | 졸업식 날은 울지 않겠다고 생각하고 있었는데, 역시 울어 버렸다.
| 단어 | 卒業式(そつぎょうしき) 졸업식
| 정답 | (B)

14
| 번역 | 일본은 자원이 부족하기 때문에, 수입에 의존할 수밖에 없다.
| 단어 | 乏(とぼ)しい 모자라다, 부족하다
輸入(ゆにゅう) 수입
| 정답 | (A)

15
| 번역 | 개가 죽은 것을 아이에게 말해야 할지 어떨지 망설이고 있다.
| 단어 | 迷(まよ)う 헤매다, 망설이다
| 정답 | (B)

16
| 번역 | 어머니가 반대하든 말든 우리들은 결혼할 겁니다.
| 단어 | 反対(はんたい) 반대   結婚(けっこん) 결혼
| 정답 | (A)

17
| 번역 | 어차피 들어도 모를 테니, 결석하는 편이 낫다.

| 단어 | 聞(き)く 듣다, 묻다   欠席(けっせき) 결석
| 정답 | (A)

18
| 번역 | 모르면 본인을 만나 직접 물어 보아야 할 것이다.
| 단어 | 直接(ちょくせつ) 직접
| 정답 | (B)

19
| 번역 | 이 사건으로 경비가 강화되어, 역에도 많은 경관이 나오게까지 되었다.
| 단어 | 警備(けいび) 경비   強化(きょうか) 강화
警官(けいかん) 경찰관
| 정답 | (B)

20
| 번역 | 막차 시간도 지났기 때문에, 택시로 돌아갈 수밖에 방법이 없다.
| 단어 | 終電(しゅうでん) 막차   過(す)ぎる 지나다
より仕方(しかた)がない 달리 방법이 없다, ~하는 수밖에 없다
| 정답 | (A)

21
| 번역 | 회관은 고령자에게 적합하게 설계되어 있다.
| 단어 | 会館(かいかん) 회관   高齢者(こうれいしゃ) 고령자   設計(せっけい) 설계
| 정답 | (B)

22
| 번역 | 낮 동안의 텔레비전은 주부 대상의 오락 프로그램이 많다.
| 단어 | 昼間(ひるま) 낮, 주간   向(む)き 적합, 적격
娯楽番組(ごらくばんぐみ) 오락프로
| 정답 | (B)

23
| 번역 | 농담은 그만두고, 진짜 마음을 말해 주세요.
| 단어 | 冗談(じょうだん) 농담   本当(ほんとう) 사실, 진실, 진짜임
| 정답 | (A)

24
| 번역 | 스케이트를 타다가, 얼음이 깨어진 곳에서 연못에 빠졌다.
| 단어 | 割(わ)れ目(め) 깨어진 곳, 사이가 벌어진 곳
| 정답 | (B)

25
| 번역 | 선전의 성격을 띤 일은 전혀 하지 않았는데, 많은 사람이 사러 왔다.
| 단어 | 宣伝(せんでん) 선전   ~めく ~의 경향을 띠다, ~처럼 보이다
| 정답 | (A)

26
| 번역 | 다른 사람이야 어떻든, 너만은 나의 기분을 알아주었으면 한다.
| 단어 | 他(ほか)の人(ひと) 다른 사람   ともあれ 어떻든, 어찌 되었든   気持(きも)ち 기분, 마음
| 정답 | (A)

27
| 번역 | 운동이나 영양도 그렇지만, 수면 부족에도 조심해 주세요.
| 단어 | 栄養(えいよう) 영양   ~さることながら ~은 물론이거니와 또   睡眠不足(すいみんぶそく) 수면 부족
| 정답 | (B)

28
| 번역 | 경제는 앞으로 더욱 악화되지 않는다고도 할 수 없다. 생활이 어려워지지 않으면 좋겠는데.
| 단어 | 経済(けいざい) 경제   今後(こんご) 앞으로
悪化(あっか) 악화   苦(くる)しい (생활이)어렵다
| 정답 | (B)

29
| 번역 | 일본에 있으면 누구라도 알 수 있는 일입니다. 다만 일본에 온지 얼마 안 되었다면 무리이지만.
| 단어 | 誰(だれ) 누구   もっとも 다만, 단
| 정답 | (A)

30
| 번역 | 혼자서 이렇게 많은 일을 할 수 있는 것은 아니다.

| 단어 | 仕事(しごと) 일, 업무
| 정답 | (B)

공란 메우기 6

1
| 번역 | 저렇게 열심히 부모의 일을 돕다니 정말로 감탄했다.
| 단어 | 感心(かんしん) 감탄
| 정답 | (A)

2
| 번역 | 젊었을 때에는 좀 더 빨리 외울 수 있었다.
| 단어 | 覚(おぼ)える 암기하다, 기억하다
| 정답 | (B)

3
| 번역 | 피곤해 있었는지, 그대로 잠들어 버렸습니다.
| 정답 | (B)

4
| 번역 | 사장님이 하는 말에 조금이라도 반대한다면 바로 해고당해 버릴 것이다.
| 단어 | 直(じか)に 직접, 바로
| 정답 | (A)

5
| 번역 | 저 나라는 자원이 풍부하지만, 아직 충분히 활용되고 있지 않다.
| 단어 | 資源(しげん) 자원 豊(ゆた)かだ 풍부하다, 풍요롭다 活用(かつよう) 활용
| 정답 | (B)

6
| 번역 | 바다에 갔지만 공교롭게도 태풍 때문에 전혀 수영할 수 없었다.
| 단어 | ものの 그렇지만 泳(およ)ぐ 헤엄치다
| 정답 | (A)

7
| 번역 | 저렇게 갖고 싶어 하는 것을 포기시키는 것은 불쌍하다.
| 단어 | 諦(あきら)める 포기하다
| 정답 | (A)

8
| 번역 | 전화해 두었면 좋았을 것을, 갑자기 갔기 때문에 1시간이나 기다리게 되었다.
| 단어 | ~ばよかったものを ~했으면 좋을 것을
| 정답 | (B)

9
| 번역 | 나는 그 나라의 언어를 말할 수 없어서, 그들이 나의 생각을 알 수도 없었다.
| 단어 | 言葉(ことば) 말, 언어 ~べくもない ~은 도저히 할 수 없다, ~할 여지도 없다
| 정답 | (B)

10
| 번역 | 경찰관을 보자마자 그는 자동차 스피드를 올리고 도망갔다.
| 단어 | 逃(に)げる 도망치다
| 정답 | (A)

11
| 번역 | 회의에서 큰 실수를 했으므로, 보너스가 줄어도 어쩔 수 없다.
| 단어 | 減(へ)る 줄다
| 정답 | (A)

12
| 번역 | 고령화 사회에 대비하여 앞으로 세금이 느는 것도 어쩔 수 없다.
| 단어 | 高齢化(こうれいか) 고령화 税金(ぜいきん) 세금
| 정답 | (A)

13
| 번역 | 도서관의 책을 무단으로 반출해서는 안 된다.
| 단어 | 図書館(としょかん) 도서관 無断(むだん) 무단 持(も)ち出(だ)す 들고 나가다, 반출하다
| 정답 | (B)

14
| 번역 | 그의 생각은 새로운 것인지 오래된 것인지 듣다 보니 혼동이 되어 버렸습니다.
| 단어 | ~やら、~やら (불확정의 뜻을 나타내거나 흐릿하게 말할 때 쓰임)~인지, ~인지 混乱(こんらん) 혼란

| 정답 | (A)

15
| 번역 | 만족할 수 있는 결과가 안 나오기 때문에 이 이상 연구를 계속하는 것을 단념했다.
| 단어 | 故(ゆえ)に (조사)때문에, 까닭에
研究(けんきゅう) 연구   断念(だんねん) 단념
| 정답 | (A)

16
| 번역 | 병은 아니니까, 언제까지나 누워 있지 말고 일어나라.
| 단어 | 病気(びょうき) 병
| 정답 | (B)

17
| 번역 | 출석하고 싶지만, 비행기 표를 구할 수 없어 갈 수가 없다.
| 단어 | 出席(しゅっせき) 출석   切符(きっぷ) 표, 티켓
동사ます형+ようがない ~할 수(방법)가 없다
| 정답 | (A)

18
| 번역 | 이와 같은 큰 실수를 해 버려서, 뭐라 사과할 방법이 없습니다.
| 단어 | お詫(わ)び 사과
| 정답 | (A)

19
| 번역 | 여러분도 듣고 있는 것처럼 전기요금이 인상될 것 같습니다.
| 단어 | 電気料金(でんきりょうきん) 전기 요금
| 정답 | (A)

20
| 번역 | 누구라도 잘 알고 있는 일이니까, 새삼스럽게 설명할 것까지도 없다.
| 단어 | 知(し)っている 알고 있다   説明(せつめい) 설명
| 정답 | (B)

21
| 번역 | 육아를 위해 1년간 일을 쉴 수밖에 없다.

| 단어 | 育児(いくじ) 육아
| 정답 | (A)

22
| 번역 | 지정석을 구할 수 없었기 때문에, 자유석으로 갈 수밖에 없다.
| 단어 | 指定席(していせき) 지정석   自由席(じゆうせき) 자유석
| 정답 | (A)

23
| 번역 | 내가 결혼하고 싶다고 생각하는 여성은 당신 외에 달리 없다.
| 단어 | 結婚(けっこん) 결혼
| 정답 | (B)

24
| 번역 | 고급 레스토랑에서 식사를 하는 것보다 오히려 편한 식당 쪽이 좋다.
| 단어 | 高級(こうきゅう) 고급   食事(しょくじ) 식사
気楽(きらく) 마음이 편안함
| 정답 | (A)

25
| 번역 | 피곤하다고 해서 가만히 집 안에 있는 것보다 오히려 잠깐 밖에 나가는 것이 좋다.
| 단어 | 疲(つか)れる 피곤하다   むしろ 오히려
| 정답 | (B)

26
| 번역 | 아이는 꾸짖는 것보다 오히려 칭찬하는 편이 낫다.
| 단어 | 子供(こども) 아이   叱(しか)る 꾸짖다, 야단치다
誉(ほ)める 칭찬하다
| 정답 | (B)

27
| 번역 | 전철 사고가 났기 때문에 버스보다 오히려 늦어 버렸다.
| 단어 | 電車(でんしゃ) 전철   事故(じこ) 사고
| 정답 | (A)

28
| 번역 | 그 사람은 시간을 지키는 사람이므로, 시간에 늦을 리가 없다.
| 단어 | 守(まも)る 지키다　遲(おく)れる 늦다, 지각하다
| 정답 | (A)

29
| 번역 | 능률급으로 되어 있기 때문에 열심히 일하는 것이다.
| 단어 | 能率給(のうりつきゅう) 능률급
働(はたら)く 일하다
| 정답 | (B)

30
| 번역 | 일을 하지 않으니까, 돈이 없는 것이다.
| 단어 | お金(かね) 돈
| 정답 | (A)

공란 메우기 7

1
| 번역 | 중국인이니까, 이런 한자 문제는 어려울 리가 없다.
| 단어 | 漢字(かんじ) 한자
| 정답 | (A)

2
| 번역 | 그는 실업을 한 것도 아니고, 돈에 어려움을 겪는 것도 아니다.
| 단어 | 失業(しつぎょう) 실업　困(こま)る 곤란하다, 어려움을 겪다
| 정답 | (B)

3
| 번역 | 열심히 일했다고 해서 급여가 오르는 것은 아니다.
| 단어 | 一生懸命(いっしょうけんめい) 열심히
給料(きゅうりょう) 급여, 월급
| 정답 | (A)

4
| 번역 | 학교 설비가 좋기도 하고, 진학 정보가 풍부하기도 해서, 나는 이 학교에 들어올 수 있어 다행이었다고 생각하고 있다.
| 단어 | 設備(せつび) 설비　進学(しんがく) 진학
情報(じょうほう) 정보　豊富(ほうふ) 풍부
| 정답 | (B)

5
| 번역 | 일본 요리는 맛이 없다고 할까, 싱겁다고 할까, 좋아하는 맛은 아닙니다.
| 단어 | 薄(うす)い 맛이 싱겁다, 심심하다
| 정답 | (B)

6
| 번역 | 근년의 의학의 눈부신 진보에 놀라지 않을 수 없다.
| 단어 | 近年(きんねん) 근년　医学(いがく) 의학
目覚(めざ)ましい 눈부시다　進歩(しんぽ) 진보
| 정답 | (A)

7
| 번역 | 돈이 없다고 해서 필요한 것까지 사지 않을 수는 없다.
| 단어 | 必要(ひつよう) 필요
| 정답 | (B)

8
| 번역 | 입학시험은 10월 초순의 A대학을 시작으로 3월까지 전국의 대학에서 실시된다.
| 단어 | 初旬(しょじゅん) 초순　全国(ぜんこく) 전국
| 정답 | (A)

9
| 번역 | 1929년 미국 경제공황을 시작으로 세계정세가 악화되었다.
| 단어 | 恐慌(きょうこう) 공황　情勢(じょうせい) 정세
| 정답 | (B)

10
| 번역 | 오늘 만남을 계기로 해서, 여러분과 좋은 친구가 되고 싶습니다.
| 단어 | 出会(であ)い 만남
| 정답 | (A)

11
| 번역 | 주식의 가격 하락을 계기로 해서, 경기가 악화되었다.
| 단어 | 株(かぶ) 주, 주식　値下(ねさ)がり 가격 하락
契機(けいき) 계기　景気(けいき) 경기
| 정답 | (A)

12
| 번역 | 이번 선거의 결과에는, 모두 놀람을 금할 수 없다.
| 단어 | 選挙(せんきょ) 선거 結果(けっか) 결과
| 정답 | (A)

13
| 번역 | 이 사고로 부모를 잃은 아이를 텔레비전에서 보고, 슬픔을 금할 수 없었다.
| 단어 | 事故(じこ) 사고 親(おや) 부모 悲(かな)しみ 슬픔 ~を禁(きん)じえない ~을 금할 수 없다
| 정답 | (B)

14
| 번역 | 사랑을 담아 자신이 만든 초콜릿을 그에게 선물했다.
| 단어 | 作(つく)る 만들다 贈(おく)る 선물하다
| 정답 | (A)

15
| 번역 | 우표는 붙였다고 생각했는데, 요금 부족으로 편지가 되돌아와 버렸다.
| 단어 | 切手(きって) 우표 貼(は)る 붙이다 料金不足(りょうきんぶそく) 요금 부족 戻(もど)る 되돌아오(가)다
| 정답 | (B)

16
| 번역 | 선생님을 중심으로 해서 모두 함께 기념사진을 찍었다.
| 단어 | 記念写真(きねんしゃしん) 기념 사진
| 정답 | (B)

17
| 번역 | 이번 일은 나에게 있어 잊혀지지 않는 추억이 될 것이다.
| 단어 | 今度(こんど) 이번 思(おも)い出(で) 추억
| 정답 | (A)

18
| 번역 | 나는 아는 사람을 통해서 그녀에게 프러포즈했다.
| 단어 | 知人(ちじん) 지인, 아는 사람
| 정답 | (A)

19
| 번역 | 그는 금방 싫증을 내는 성격이어서, 전직을 반복하고 있다.
| 단어 | 飽(あ)きる 싫증내다 転職(てんしょく) 전직
| 정답 | (A)

20
| 번역 | 그는 초등학교 6년간을 통해 성적은 톱이었다.
| 단어 | 成績(せいせき) 성적
| 정답 | (B)

21
| 번역 | 반대 운동은 모든 기회를 통해 이루어졌다.
| 단어 | 反対(はんたい) 반대 運動(うんどう) 운동 あらゆる 온갖
| 정답 | (A)

22
| 번역 | 아무리 찾아도 싼 아파트는 좀처럼 눈에 띄지 않습니다.
| 단어 | 探(さが)す 찾다 安(やす)い 싸다 見(み)つかる 찾게 되다, 발견되다
| 정답 | (B)

23
| 번역 | 최근 나라 안팎을 불문하고, 무서운 일이 일어나고 있다.
| 단어 | ~を問(と)わず ~을 불문하고 怖(こわ)い 무섭다
| 정답 | (A)

24
| 번역 | 두 나라 간의 교섭은 영토 문제를 빼고서는 진전될 수 없다.
| 단어 | 話合(はなしあ)い 서로 이야기 함, 의논, 교섭, 상담 領土問題(りょうどもんだい) 영토 문제
| 정답 | (A)

25
| 번역 | 소장님을 비롯한 연구실 여러분에게, 부디 안부 전해 주십시오.
| 단어 | 所長(しょちょう) 소장 研究室(けんきゅうしつ) 연구실 伝(つた)える 전하다

| 정답 | (B)

26
| 번역 | 당신이 있음으로 내가 있습니다. 당신이 있어 주지 않으면 나는 없어.
| 단어 | ~あっての ~(이) 있고서
| 정답 | (A)

27
| 번역 | 일본은 무역 자유화를 앞두고 시련에 직면해 있다.
| 단어 | 貿易(ぼうえき) 무역   試練(しれん) 시련
直面(ちょくめん) 직면
| 정답 | (B)

28
| 번역 | 저 회사의 부정 사건을 둘러싸고 이전부터 여러 가지 소문이 있었다.
| 단어 | 不正(ふせい) 부정   噂(うわさ) 소문
| 정답 | (B)

29
| 번역 | 대학에 들어가고 나서, 전공 공부가 바빠 일본어는 전혀 실력이 늘지 않는다.
| 단어 | 上達(じょうたつ)する 진보가 있다, 향상되다
| 정답 | (A)

30
| 번역 | 그녀의 정열로도 그를 설득할 수는 없었다.
| 단어 | 情熱(じょうねつ) 정열   説得(せっとく) 설득
| 정답 | (A)

공란 메우기 8

1
| 번역 | 일본은 교통사고가 많습니다. 하지만 우리나라는 더 많습니다.
| 단어 | 交通事故(こうつうじこ) 교통사고
| 정답 | (A)

2
| 번역 | 여러 가지 경험을 할 수 있어 재미있습니다만, 물가가 비싼 데는 놀랐습니다.
| 단어 | 物価(ぶっか) 물가
| 정답 | (A)

3
| 번역 | 자주 외식을 하므로, 특히 식비가 큰일입니다.
| 단어 | 外食(がいしょく) 외식   食費(しょくひ) 식비
| 정답 | (B)

4
| 번역 | 월마다 다릅니다만, 대개 1개월에 6만 엔은 듭니다.
| 단어 | ちがう 다르다   だいたい 대개, 대충
| 정답 | (A)

5
| 번역 | 우리 집은 2DK여서 좁습니다만, 햇빛이 잘 들고, 게다가 녹음이 우거져 있어 마음에 듭니다.
| 단어 | 日当(ひ)たりがいい 햇빛이 잘 든다
緑(みどり) 녹색, 녹음
| 정답 | (B)

6
| 번역 | 우리 집은 회사에서 멀기 때문에, 통근에 편도 1시간 반이나 걸립니다.
| 단어 | 片道(かたみち) 편도
| 정답 | (A)

7
| 번역 | 조금은 통근에 시간이 걸려도, 환경이 좋은 곳에 살고 싶습니다.
| 단어 | 通勤(つうきん) 통근   環境(かんきょう) 환경
| 정답 | (B)

8
| 번역 | 아무리 집세가 싸도 낡은 아파트는 싫습니다.
| 단어 | 家賃(やちん) 집세
| 정답 | (A)

9
| 번역 | 넓고 조용한 아파트라면 조금은 도심에서 먼 곳이라도 상관없습니다.
| 단어 | 都心(としん) 도심
| 정답 | (A)

10
| 번역 | 그녀는 돈이 없다고 말하면서도 자주 해외여행을 간다.
| 단어 | 海外旅行(かいがいりょこう) 해외 여행
| 정답 | (A)

11
| 번역 | 깨끗하고 환경이 좋다면 조금은 도심에서 먼 곳이라도 상관없습니다.
| 단어 | きれいだ 깨끗하다
| 정답 | (B)

12
| 번역 | 초밥을 먹든, 스테이크를 먹든, 레스토랑을 예약해 두는 편이 좋다.
| 단어 | 寿司(すし) 초밥   予約(よやく) 예약
| 정답 | (A)

13
| 번역 | 저쪽에 있는 흰 색깔의 코트를 입고 있는 사람이 선생님입니다.
| 단어 | 白(しろ)っぽい 흰빛을 띠다
| 정답 | (B)

14
| 번역 | 시험 결과는 사무국을 통해 학생에게 전해진다.
| 단어 | 事務局(じむきょく) 사무국
伝(つた)える 전달하다, 전하다
| 정답 | (A)

15
| 번역 | 그녀는 정성을 다해 어머니를 간병했다.
| 단어 | 心(こころ)をこめる 정성을 다하다
看病(かんびょう) 간병
| 정답 | (B)

16
| 번역 | 그녀에게는 이전에 돈을 빌린 적이 있으므로, 이번에는 빌리기 어렵다.
| 단어 | 以前(いぜん) 이전
| 정답 | (B)

17
| 번역 | 감독을 중심으로, 전원은 완성을 목표로 분발했다.
| 단어 | 監督(かんとく) 감독   全員(ぜんいん) 전원
完成(かんせい) 완성   目指(めざ)す 목표로 하다
| 정답 | (A)

18
| 번역 | 아르바이트를 시작하고 나서, 피곤하여 아파트에서는 잠만 자는 생활이다.
| 단어 | 疲(つか)れる 피곤하다   生活(せいかつ) 생활
| 정답 | (B)

19
| 번역 | 이것은 어떤 여성을 둘러싸고, 2명의 친구가 다투는 이야기이다.
| 단어 | 争(あらそ)う 싸우다, 말다툼하다
| 정답 | (A)

20
| 번역 | 아이가 도회 대학에 가 버렸기 때문에, 지금 우리 집의 넓은 밭은 황무지와 다름없다.
| 단어 | 畑(はたけ) 밭   荒(あ)れ地(ち) 황무지
| 정답 | (B)

21
| 번역 | 근처에 가게가 있으면, 조금은 도심에서 먼 곳이라도 상관없습니다.
| 단어 | 店(みせ) 가게   都心(としん) 도심
| 정답 | (A)

22
| 번역 | 이 가게는 일요일, 공유일을 불문하고 영업하고 있다.
| 단어 | 祭日(さいじつ) 국민의 축제일
| 정답 | (A)

23
| 번역 | 큰 도시라면 어디라도 같은 문제가 있는 것이 아닐까요?
| 단어 | 都市(とし) 도시   問題(もんだい) 문제
| 정답 | (A)

24
|번역| 젊은 사람이 노인에게 자리를 양보하지 않는 것에 대해서, 항의하지 않을 수 없다.
|단어| 席(せき)を譲(ゆず)る 자리를 양보하다
抗議(こうぎ) 항의
|정답| (B)

25
|번역| 그렇게 게으르게 있으면서 합격할 수 있을 리가 없다.
|단어| 怠(なま)ける 게으름 피우다 合格(ごうかく) 합격
|정답| (B)

26
|번역| 문병을 갈 적마다 아버지의 병이 나빠지는 것 같아서 견딜 수 없다.
|단어| 見舞(みま)い 문안, 문병 ~たびに ~할 때마다
病気(びょうき) 병
|정답| (A)

27
|번역| 외국인이기 때문에 아파트 계약이 어렵다. 이것이 차별이 아니고 무엇이랴?
|단어| 契約(けいやく) 계약 差別(さべつ) 차별
|정답| (B)

28
|번역| 두 사람의 마음이 맞았으면 결혼했을 텐데 잘 안 되었다.
|단어| 気持(きも)ち 기분, 마음 結婚(けっこん) 결혼
|정답| (B)

29
|번역| 입학시험을 앞두고, 도서관은 학생으로 가득했다.
|단어| 控(ひか)える 억제하다, 삼가다, 보류하다, 시간이나 공간적으로 가까이에 있다(~을 앞두다), 메모하다
|정답| (A)

30
|번역| 어떤 분야이건, 일류 전문가가 되는 것은 어려운 일이다.
|단어| 専門家(せんもんか) 전문가
|정답| (A)

공란 메우기 9

1
|번역| 입학시험에 지각해 버렸기 때문에 불합격해도 어쩔 수 없다.
|단어| 遅刻(ちこく) 지각
|정답| (A)

2
|번역| 아버지의 격려가 어머니의 애정과 더불어 그의 병세는 나아지고 있다.
|단어| 励(はげ)まし 격려 快方(かいほう)に向(む)かう 차도가 있다, 병이 나아지다
|정답| (B)

3
|번역| 금년은 창립 10주년인 만큼 기념행사가 여러 가지 기획되고 있다.
|단어| 創立(そうりつ) 창립 記念行事(きねんぎょうじ) 기념 행사 企画(きかく) 기획
|정답| (B)

4
|번역| 일이 바쁘지만, 데이트를 할 여유가 없는 것은 아닙니다.
|단어| 忙(いそが)しい 바쁘다 暇(ひま) 틈, 여유
|정답| (A)

5
|번역| 회사가 바빠서 나 혼자서 놀고 있을 수는 없다.
|단어| 遊(あそ)ぶ 놀다 わけにはいかない ~할 수는 없다
|정답| (A)

6
|번역| 장기 예보에 의하면, 금년 여름은 매우 덥다고 한다.
|단어| 長期予報(ちょうきよほう) 장기 예보
|정답| (B)

7
|번역| 온천이라고 하면, 나는 홋카이도를 여행했을 때의 온천을 떠올립니다.
|단어| 温泉(おんせん) 온천 旅行(りょこう) 여행
思(おも)い出(だ)す 생각해 내다, 생각나다

| 정답 | (B)

8
| 번역 | 그 레스토랑은 계절에 어울리는 요리를 만들어 줍니다.
| 단어 | 季節(きせつ) 계절 応(おう)ずる 따르다, 어울리다, 알맞다=「応じる」
| 정답 | (A)

9
| 번역 | 일본에서의 생활은 힘들지만, 낮에는 학교, 밤에는 아르바이트와 같은 식으로 하면 해 나갈 수 있어요.
| 단어 | 生活(せいかつ) 생활
| 정답 | (B)

10
| 번역 | 외국인이기 때문에 방을 얻을 수 없는 것은 차별인 것이다.
| 단어 | 借(か)りる 빌리다 差別(さべつ) 차별
| 정답 | (B)

11
| 번역 | 그와 같은 견해가 비공식적이긴 하지만, 실제로 있었다는 것은 유감이다.
| 단어 | 見解(けんかい) 견해 非公式(ひこうしき) 비공식 実際(じっさい)に 실제로
| 정답 | (B)

12
| 번역 | 전철이 붐벼서 학교까지 계속 선 채로 갔기 때문에 피곤했다.
| 단어 | 電車(でんしゃ) 전차, 전철
立(た)ちっぱなし 계속 선 채로 임
| 정답 | (A)

13
| 번역 | 아침 늦잠을 자 버려서 아침밥을 먹고 있을 수 없다.
| 단어 | 朝寝坊(あさねぼう)をする 아침 늦잠을 자다
| 정답 | (A)

14
| 번역 | 일본어를 공부하고 나서가 아니면 연수는 시작할 수 없다.
| 단어 | 勉強(べんきょう) 공부 研修(けんしゅう) 연수
| 정답 | (B)

15
| 번역 | 경제가 이대로 불경기여서는 견딜 수 없다. 정부는 대책을 서둘러야 한다.
| 단어 | 対策(たいさく) 대책 急(いそ)ぐ 서두르다
| 정답 | (B)

16
| 번역 | 일본인의 삶은, 전쟁 전과 비교할 수 없을 정도로 풍요해졌다.
| 단어 | 暮(く)らし 삶, 생활 戦争(せんそう) 전쟁
| 정답 | (A)

17
| 번역 | 그 나라의 말을 알고서 비로소 국제 교류가 가능한 것이 아니겠는가?
| 단어 | ~てはじめて ~하고서 비로소
国際交流(こくさいこうりゅう) 국제 교류
| 정답 | (B)

18
| 번역 | 은행의 은행장은 회사에서는 사장에 해당한다.
| 단어 | 頭取(とうどり) 우두머리, 은행장
| 정답 | (A)

19
| 번역 | 우편으로 지장이 없다고 합니다. 일부러 갖고 오지 않아도 된다.
| 단어 | 郵送(ゆうそう) 우편
| 정답 | (B)

20
| 번역 | 젊은 시절 공부하지 않은 것을, 새삼 억울해 해도 어쩔 수 없다.
| 단어 | 不勉強(ふべんきょう) 공부를 안 함, 공부를 게을리 함, 노력이 부족함   いまさら 새삼스럽게, 이제 와서 悔(くや)しい 분하다, 억울하다, 속상하다
| 정답 | (A)

21
| 번역 | 양국 간의 무역에 관한 대화는, 간단히 끝날 일이 아니다.
| 단어 | 両国(りょうこく) 양국　貿易(ぼうえき) 무역　話(はな)し合(あ)い 대화, 교섭
| 정답 | (B)

22
| 번역 | 그 중학생의 자살 원인은 '집단 따돌림'을 눈치 채지 못한 선생에게 있다고 말할 수 있다.
| 단어 | 自殺(じさつ) 자살　原因(げんいん) 원인　気(き)づく 알아차리다, 깨닫다, 눈치 채다
| 정답 | (B)

23
| 번역 | 빈 깡통이나 담배꽁초를 길에 버리는 등의 행위는 엄하게 처벌받는다.
| 단어 | 空(あ)き缶(かん) 빈 깡통　吸(す)い殻(がら) 담배꽁초　行為(こうい) 행위　罰(ばっ)せられる 처벌 받다
| 정답 | (A)

24
| 번역 | 합격 통지를 받았을 때의 그의 얼굴은 정말 기쁜 것 같았다.
| 단어 | 合格(ごうかく) 합격　通知(つうち) 통지
| 정답 | (B)

25
| 번역 | 이 회사의 급여가 좋다고 해도, 일은 매일 잔업으로 힘들다.
| 단어 | 給料(きゅうりょう) 급여　残業(ざんぎょう) 잔업
| 정답 | (B)

26
| 번역 | 규칙에도 써 있으므로, 들은 대로 지불하지 않을 수 없다.
| 단어 | 規則(きそく) 규칙　払(はら)う 지불하다
| 정답 | (A)

27
| 번역 | '알겠습니다'라는 말을 들어서, 요청을 들어주었다고 생각했는데, 나중에 거절해 왔다.
| 단어 | 引(ひ)き受(う)ける 책임을 지고 맡다, 떠맡다　後日(ごじつ) 후일, 나중, 금후
| 정답 | (B)

28
| 번역 | 저 레스토랑은 맛도 없는 데다가 비싸다. 이제 두 번 다시 안 간다.
| 단어 | まずい 맛없다　二度(にど)と 두 번 다시
| 정답 | (A)

29
| 번역 | 아직 보여 줄만큼 되어 있지 않습니다만, 이제 곧 완성합니다.
| 단어 | 出来(でき)る 되다(이루어지다)　完成(かんせい) 완성
| 정답 | (B)

30
| 번역 | 옛날에는 가방에서 옷, 속옷에 이르기까지 모두 수작업이었다.
| 단어 | 下着(したぎ) 속옷　手作(てづく)り 손수 만듦
| 정답 | (A)

공란 메우기 10

1
| 번역 | 도서관을 이용할 때에 이 카드를 사용하십시오.
| 단어 | 図書館(としょかん) 도서관
| 정답 | (A)

2
| 번역 | 그 물건을 손에 넣을 수가 있다면 절차가 다소 번거롭더라도 지장이 없습니다.
| 단어 | 手続(てつづ)き 수속, 절차　面倒(めんどう) 귀찮음, 성가심　差(さ)し支(つか)える 지장이 있다, 방해가 되다=「差(さ)し障(さわ)る」
| 정답 | (B)

3
| 번역 | 이 비상시에 있어 모든 지원을 서두르지 않으면 안 된다.
| 단어 | 非常時(ひじょうじ) 비상시　あらゆる 모든　支援(しえん) 지원

| 정답 | (A)

4
| 번역 | 전후 혼란기에서도 사람들은 웃음을 잊지 않았다.
| 단어 | 戦後(せんご) 전후   混乱期(こんらんき) 혼란기
| 정답 | (A)

5
| 번역 | 그 회사는 성장을 계속해, 전국에 100점포를 갖기에 이르렀다.
| 단어 | 店舗(てんぽ) 점포
| 정답 | (A)

6
| 번역 | 한밤중에 살짝 맥주를 마시는 것을, 엄마에게 들켰다.
| 단어 | 真夜中(まよなか) 한밤중   見(み)つかる 발각되다
| 정답 | (B)

7
| 번역 | 그의 발언은 사고에 있어서도 문학에 있어서도 일본인의 공감을 불러일으켰다.
| 단어 | 発言(はつげん) 발언   思考(しこう) 사고
共感(きょうかん)を呼(よ)ぶ 공감을 불러일으키다
| 정답 | (A)

8
| 번역 | 내가 귀국하는 것은 대개 1년에 한 번 꼴 정도입니다.
| 단어 | 帰国(きこく) 귀국   だいたい 대개, 대강, 대략
| 정답 | (B)

9
| 번역 | 회사는 주민의 요망에 부응하여, 공장 이전을 생각하기 시작했다.
| 단어 | 住民(じゅうみん) 주민   要望(ようぼう) 요망
移転(いてん) 이전
| 정답 | (A)

10
| 번역 | 저 레스토랑만은 서비스가 나쁘지는 않다.
| 정답 | (A)

11
| 번역 | 서양 문화의 이입과 함께 영어나 프랑스어, 독일어 등이 전해져 왔다.
| 단어 | 西洋文化(せいようぶんか) 서양 문화
移入(いにゅう) 이입   伝(つた)わる 전해지다
| 정답 | (B)

12
| 번역 | 어른이건 아이이건 누구라도 이 게임에 빠져 버린다.
| 단어 | 夢中(むちゅう)になる 열중하다, 심취하다
| 정답 | (B)

13
| 번역 | 언제 교통사고나 화재를 당하지 않는다고도 할 수 없으므로, 보험에 들어 두세요.
| 단어 | 火事(かじ) 화재   保険(ほけん) 보험
| 정답 | (A)

14
| 번역 | 버스라면 정체로 늦지 않는다는 보장이 없으니까, 시험 날은 전철로 가겠습니다.
| 단어 | 渋滞(じゅうたい) 정체, 지체, 체증
| 정답 | (B)

15
| 번역 | 그 나라는 오랜 역사와 문화가 있어, 일본과는 비교할 수가 없다.
| 단어 | 歴史(れきし) 역사   文化(ぶんか) 문화
| 정답 | (B)

16
| 번역 | 환경문제에 대해서 각국이 좀 더 진지하게 생각하지 않으면 안 된다.
| 단어 | 各国(かっこく) 각국   真剣(しんけん) 진지함, 신중함=「本気(ほんき)」
| 정답 | (A)

17
| 번역 | 학생도 자주 보는 것 같아서, 텔레비전 프로라면 무엇이든 알고 있다.
| 단어 | 番組(ばんぐみ) 프로그램, 프로
| 정답 | (B)

18
| 번역 | 앞으로도 일본에 유학하는 학생은 늘 것으로 보여진다.
| 단어 | 留学(りゅうがく) 유학   増(ふ)える 늘다
| 정답 | (B)

19
| 번역 | 놀고 있는 아이를 보는가 했는데, 갑자기 싸움을 시작했다.
| 단어 | 急(きゅう)に 갑자기   ~と思(おも)いきや ~(인)줄 알았는데, ~라 생각했는데(뜻밖에)
| 정답 | (A)

20
| 번역 | 올림픽 금메달 정도 되면 간단히 딸 수 있는 것이 아니다.
| 단어 | 簡単(かんたん) 간단
| 정답 | (B)

21
| 번역 | 그쪽에서 전화가 없는 이상 이쪽에서 연락할 방법은 없다.
| 단어 | 電話(でんわ) 전화   連絡(れんらく) 연락   方法(ほうほう) 방법
| 정답 | (A)

22
| 번역 | 3개월 내지 4개월의 훈련을 받지 않으면 안 됩니다.
| 단어 | 訓練(くんれん) 훈련
| 정답 | (B)

23
| 번역 | 담배가 몸에 해로운 것은 알고 있으나, 피우지 않고는 견딜 수 없다.
| 단어 | 体(からだ)に悪(わる)い 몸에 해롭다
| 정답 | (B)

24
| 번역 | 현대인에게 있어 가족은 이제는 단지 동거인일 뿐인 관계가 되어 버린 것일까?
| 단어 | 現代人(げんだいじん) 현대인   今(いま)や 이제는, 바야흐로   同居人(どうきょにん) 동거인
| 정답 | (A)

25
| 번역 | 중요한 회의이므로 출석하지 않을 수 없으나, 머리가 아파서 도저히 갈 수 없다.
| 단어 | 重要(じゅうよう) 중요   会議(かいぎ) 회의   出席(しゅっせき) 출석
| 정답 | (B)

26
| 번역 | 환경 문제를 진지하게 생각하지 않으면, 인류는 멸종한다고 해도 과언이 아니다.
| 단어 | 環境(かんきょう) 환경   真剣(しんけん) 진지함   人類(じんるい) 인류   絶滅(ぜつめつ) 절멸, 멸종
| 정답 | (A)

27
| 번역 | 나쁜 것은 그 사람이라고는 말하지 않더라도, 그에게도 책임이 있는 것은 분명하다.
| 단어 | 責任(せきにん) 책임   確(たし)か 확실함, 틀림없음
| 정답 | (B)

28
| 번역 | 그가 반대하는 이유를 모르는 것도 아니다. 그러나 바로 규칙을 바꿀 수는 없다.
| 단어 | 反対(はんたい) 반대   理由(りゆう) 이유   規則(きそく) 규칙   変(か)える 바꾸다
| 정답 | (B)

29
| 번역 | 자녀를 결혼시키는 부모의 마음에는 복잡한 뭔가가 있다.
| 단어 | 複雑(ふくざつ) 복잡
| 정답 | (A)

30
| 번역 | 요리는 나도 할 수 있기 때문에, 아내가 바쁘면 못할 것도 없다.
| 단어 | 妻(つま) 아내, 처 =「家内(かない)」
| 정답 | (B)

연습문제

1
| 번역 | 너무 비싸서 살 수 있는 것이 없겠지요.
| 단어 | 高(たか)すぎる 너무 비싸다
| 정답찾기 | 실질적인 물건을 나타낼 때는「もの」가 사용된다.「もの」와「こと」의 구별은 시험에 출제되는 빈도수가 높은 부분이므로 잘 정리해 두도록 해야 한다.
| 정답 | (A)

2
| 번역 | 생각보다 시간이 걸려 버렸다. 그래서 오늘은 숙박하기로 했다.
| 단어 | 思(おも)ったより 생각보다
泊(と)まる 묵다, 숙박하다
| 정답찾기 | 올바른 접속사를 찾는 문제로 접속사의 의미를 암기해 두면 어렵지 않게 풀 수 있는 문제다.
| 정답 | (B)

3
| 번역 | 아버지는 회사를 그만두고 시골에서 살고 싶어 하십니다.
| 단어 | 会社(かいしゃ)を辞(や)める 회사를 그만두다
田舎(いなか) 시골, 고향
| 정답찾기 | 3인칭의 희망을 나타내는 표현을 묻는 문제로 1인칭의「たい」대신에「たがる」를 사용하는 것을 암기해 두도록 해야겠다.
| 정답 | (C)

4
| 번역 | 옛날에는 번화했던 이 마을도 이제는 사람이 뜸하다.
| 단어 | かつて 일찍이, 옛날에, 이전에   賑(にぎ)やか 활기참, 떠들썩함, 번화함   目立(めだ)つ 눈에 띄다, 두드러지다   貧弱(ひんじゃく) 빈약   溢(あふ)れる 넘치다
| 정답찾기 |「疎(まば)ら」의 의미를 알고 있으면 쉽게 해결할 수 있는 문제이다.「まばら」는 '사이가 성김, 드문드문함'이라는 의미이다.
| 정답 | (A)

5
| 번역 | 저런 유명한 사람, 만나려고 해도 만날 수 없습니다.
| 정답찾기 | 한국 사람들이 자주 실수하는 부분으로 '~을 하려고 했다'라는 의미의 작문은「~しようとした」가 아니고「~しようと思(おも)った」이다. 따라서 '만나려고 하다'는「会おうと思った」이다.
| 정답 | (A)

6
| 번역 | 억울하겠지만 남자답게 포기하세요.
| 단어 | 悔(くや)しい 억울하다, 분하다
諦(あきら)める 포기하다
| 정답찾기 | 남자다움 '~스러움'을 표현하는 것은「~らしい」이다. 이 문제는「らしい」의 부사적 활용을 한 것으로「らしく」가 정답이 된다.
| 정답 | (C)

7
| 번역 | 주위의 반대에도 불구하고 그들은 결혼했다.
| 단어 | 周囲(しゅうい) 주위
| 정답찾기 |「~にかぎらず」는 '~뿐만 아니라'는 의미로「~だけでなく」와 동의어이다. 정답은 '~인데도 불구하고'라는 뜻의「にもかかわらず」이다.
| 정답 | (D)

8
| 번역 | 입에 맞을지 어떨지 모르겠지만, 사양 마시고 드세요.
| 단어 | お口(くち)に合(あ)う 음식이 입에 맞다
遠慮(えんりょ) 사양, 삼감, 조심
| 정답찾기 |「食(た)べる」의 존경어는「召(め)し上(あ)がる」이다. 존경어 문제는 공란 메우기 문제 유형뿐만 아니라 오문정정 문제에도 자주 나오는 부분이므로 잘 숙지해 두어야 하겠다.
| 정답 | (A)

9
| 번역 | 그녀는 대인관계가 좋아서 적이 없다.
| 단어 | 人当(ひとあ)たり 대인관계   敵(てき) 적
| 정답찾기 | '대인관계가 좋다'라는 것은「人当たりがいい」라고 표현하며, 하나의 구문으로 암기해 두는 것이 좋다.
| 정답 | (C)

10
| 번역 | 이 가방은 30킬로나 되어 혼자서는 옮길 수 없습니

다.
| 단어 | 運(はこ)ぶ 옮기다, 나르다, 운반하다
| 정답찾기 | 「ある」의 의미에 대해서 알아두어야 해결할 수 있는 문제이다.
| 정답 | (D)

11
| 번역 | 비싸면 비쌀수록 좋은 상품이라고 할 수는 없다.
| 단어 | 商品(しょうひん) 상품
| 정답찾기 | 하나의 구문으로 「~ば~ほど」는 '~하면 ~ 할수록' 이라는 의미이다.
| 정답 | (C)

12
| 번역 | 그는 자는 척을 하면서 이야기를 전부 듣고 있었다.
| 단어 | 模様(もよう) 무늬, 모양, 상황
格好(かっこう) 모습 様子(ようす) 상황, 동향, 외관
| 정답찾기 | '~을 하는 척하다' 는 「~ふりをする」로 표현한다. '못 본 척을 하다' 는 「見(み)ないふりをする」로 하며, 하나의 구문으로 암기해 두는 것이 좋다.
| 정답 | (C)

13
| 번역 | 기다리고 기다린 결과가 드디어 발표되었다.
| 단어 | 結果(けっか) 결과 発表(はっぴょう) 발표
| 정답찾기 | '마침내, 드디어' 라는 뜻으로 오랫동안 기다리고 이제 막 일이 벌어지기 직전을 표현하는 부사는 「いよいよ」이다. 「とうとう」와 같은 의미이다.
| 정답 | (D)

14
| 번역 | 죄송합니다만, 누구십니까?
| 정답찾기 | '송구스럽다, 죄송하다' 는 표현은 「恐(おそ)れ入(い)ります」라고 하며 존경 표현과 잘 어울린다. 따라서 「どちらさま」가 가장 어울리는 표현이 되겠다.
| 정답 | (B)

15
| 번역 | 그는 밤새 잠도 자지 않고 계속 달렸다.
| 단어 | 一晩中(ひとばんじゅう) 밤새 내내
眠(ねむ)る 자다 走(はし)る 달리다
| 정답찾기 | 자동사 · 타동사의 구별 능력을 묻는 문제로 그가 달리기를 계속한 것이므로 「続(つづ)けた」가 어울린다.
| 정답 | (B)

16
| 번역 | 여성 특유의 연출이 성공했다.
| 단어 | 演出(えんしゅつ) 연출
| 정답찾기 | 그 사람만이 할 수 있는, 특유의 무엇을 나타내는 조사는 「~ならでは」(~가 아니고, ~이외에는)로 자주 출제되는 문제이니 암기해 두도록 한다.
| 정답 | (D)

17
| 번역 | 말은 정중하지만, 마음이 담겨 있지 않다.
| 단어 | 言葉(ことば) 말 丁寧(ていねい) 정중함, 공손함
| 정답찾기 | 마음이나 정성이 담겨 있는 것을 뜻하는 것은 「こもる」이다. 이 문제 또한 자주 출제되는 부분이니 잘 암기해 두도록 한다. '마음을 담아서' 는 「心(こころ)を入(い)れて」가 아닌 「心をこめて」이다.
| 정답 | (B)

18
| 번역 | 이번 건에 관해서는 상냥한 그 마저도 화냈다.
| 단어 | 件(けん) 건, 건수 ~に関(かん)しては ~에 관해서는 優(やさ)しい 상냥하다, 친절하다
怒(おこ)る 화내다
| 정답찾기 | 다른 사람은 물론 그 조차 화가 났다는 의미로 첨가적 의미의 「~さえ」(~마저도)가 정답이 된다. 「~にもかかわらず」로 답을 적지 않도록 주의한다.
| 정답 | (D)

19
| 번역 | 이 주변은 아이들이 잘 뛰어나오니까 속도를 줄여 주세요.
| 단어 | 辺(あた)り 부근, 주변 飛(と)び出(だ)す 뛰어나오다, 뛰어나가다 弱(よわ)める 약화시키다 緩(ゆる)い 느슨하다, 헐겁다, 완만하다
| 정답찾기 | '(상태 · 속도를) 늦추다, 줄이다' 는 「緩(ゆる)める」를 사용한다. 특히 '속도를 줄이다' 는 표현인 「スピードを緩める」는 듣기 파트에서도 잘 나오니 하나의 구문으로 암기해 둔다.
| 정답 | (C)

20
| 번역 | 배가 불러서 더 이상은 먹을 수 없다.
| 단어 | お腹(なか) 배
| 정답찾기 | 「きる」는 조동사로서 '끝까지 ~하다' 라는 뜻을 가지고 있다. 따라서 '다 먹을 수 없다' 라는 뜻을 가진 「食(た)べきれない」가 정답이 되겠다.
| 정답 | (A)

21
| 번역 | 이 기계는 잘 만들어져 있어서 편리합니다.
| 단어 | 機械(きかい) 기계
| 정답찾기 | 「うまい」에는 '맛있다, 훌륭하다' 라는 의미와 '잘 되어 있다, 편리하다, 유하다' 라는 의미가 있다.
| 정답 | (A)

22
| 번역 | 무엇이 원인인지 안 이상은, 그대로 그냥 둘 수는 없다.
| 단어 | 原因(げんいん) 원인
~わけにはいかない ~할 수는 없다
| 정답찾기 | 「~は」 꼴로 '~한 이상, ~한 바에는' 이라는 의미를 나타낸다. 「~に」는 '~에 더하여, 게다가', 「~で」는 '~하고 나서, ~한 후' 라는 의미를 나타낸다.
| 정답 | (B)

23
| 번역 | 매일 아침 텔레비전으로 시계를 맞추고 있습니다.
| 단어 | 毎朝(まいあさ) 매일 아침
| 정답찾기 | '시계가 맞다' 는 표현은 「時計(とけい)が合(あ)う」이므로, '시계를 맞추다' 는 「時計を合わせる」가 된다.
| 정답 | (B)

24
| 번역 | 저 아이는 학습 진도는 늦지만 나름대로 노력하고 있습니다.
| 단어 | 学習進度(がくしゅうしんど) 학습 진도
遅(おそ)い 늦다
| 정답찾기 | 「~なり」는 그것에 알맞은 것을 나타내는 의미로 '나름' 이라는 뜻이다. 예로 '내 나름의 판단' 은 「私なりの判断(はんだん)」이라고 표현한다.
| 정답 | (A)

25
| 번역 | 식사의 방법이나 젓가락을 잡는 방법 등, 잘 보면 다른 점은 여러 가지 있다.
| 단어 | 食事(しょくじ) 식사   仕方(しかた) 방법
違(ちが)い 차이, 다른 점   箸(はし) 젓가락
お風呂(ふろ) 목욕, 목욕탕
| 정답찾기 | 의미상 어울리는 표현을 찾는 문제로 식사의 방법과 같이 나열할 수 있는 것은 젓가락을 잡는 방법이다.
| 정답 | (A)

26
| 번역 | 곧 바로 제 볼일을 보고 오겠습니다.
| 단어 | 今(いま)のうち 곧 바로, 조만간
自分(じぶん) 자기 자신, 나, 저   用事(ようじ) 볼일, 용무
| 정답찾기 | '볼일을 보다, 볼 일을 마치다' 는 「用事を足(た)す」라고 한다. 또 「用を足す」라고도 한다. 「用事を見る」라고 하지 않는 것에 주의해야 한다.
| 정답 | (D)

27
| 번역 | 준비하는데 1개월이나 걸렸는데 이제 필요 없다니, 무슨 일이죠?
| 단어 | 準備(じゅんび) 준비
| 정답찾기 | 부사의 의미를 묻는 문제로 각각의 의미를 잘 알아두어야 한다. (A) 「もう」 이제, 더 이상 (B) 「やっと」 겨우 (C) 「よく」 잘 (D) 「だから」 그러므로
| 정답 | (A)

28
| 번역 | 공부를 하면서 돈도 준비해 두지 않으면 안 됩니다.
| 단어 | 勉強(べんきょう) 공부   逆(ぎゃく)に 반대로
| 정답찾기 | 「~ながら」로 답을 찾기 쉬우나 접속 형태로 보면 「ながら」는 정답이 될 수 없다. 「ながら」는 ます형 뒤에 접속하므로 「勉強しながら」의 형태가 되어야 한다. 「~一方(いっぽう)」는 '~하는 한편으로' 라는 뜻이다.
| 정답 | (A)

29
| 번역 | 쌍둥이치고는 전혀 얼굴이 닮지 않았네.
| 단어 | 双子(ふたご) 쌍둥이   全(まった)く (부정을 수반하여)전혀, 조금도
| 정답찾기 | '닮다' 의 동사 「似(に)る」는 그냥 쓰일 수 없고

항상「似ている」의 형태로 쓰여야 한다. 이와 같은 종류의 동사는「知(し)る」를「知っている」로 쓰이는 것이 있다. 또한「〜にしては」는 '〜치고는 〜하다' 의 의미로 쌍둥이는 보통 닮았음에도 불구하고「双子にしては」(쌍둥이치고는)라고 하였으므로, 닮지 않았다는 의미가 와야 한다.
|정답| (D)

30

|번역| 비가 올 것 같으니까 우산을 가지고 가는 것이 좋습니다.
|단어| 傘(かさ) 우산
|정답찾기| 접속 형태가 (A)의「から」가 오기 위해서는「降(ふ)ってきそうだ」가 되어야 한다. 따라서「ので」가 정답이 된다.
|정답| (B)

Part 8

1 유형별 문제 분석

1 문제의 유형

❶ 일본에는 개인적인 기념일 외에 1년에 두 번, 많은 사람들이 일제히 선물을 하는 계절이 있습니다. 그것은 여름휴가에 들어서기 조금 전과 연말입니다. 이 시기에 백화점과 상점가는 손님으로 북적거리며, 경제적으로도 그 나름의 규모의 움직임이 됩니다. 이 선물을 하는 습관은 각각 '오츄겐', '오세이보'라고 불리우며, 상세히 말하면 오츄겐은 6월 중순경에 시작되어 7월 중순경까지, 오세이보는 12월 중에 이루어집니다. 그러니까 지금쯤 일본에서는 마침 그 오세보 시즌. 11월 상순 도쿄 니혼바시에 있는 모 백화점을 ①시작으로 개시된 오세이보 판매 전쟁이 ②지금이 한창때인 것입니다.

|단어| 個人的(こじんてき) 개인적 記念日(きねんび) 기념일 大勢(おおぜい) 사람이 많음 いっせいに 일제히 贈物(おくりもの) 선물 季節(きせつ) 계절 年末(ねんまつ) 연말 時期(じき) 시기 商店街(しょうてんがい) 상점가 賑(にぎ)わう 붐비다 経済(けいざい) 경제 規模(きぼ) 규모 動(うご)き 움직임, 동향 習慣(しゅうかん) 습관 中元(ちゅうげん) 백중(음력 7월 15일. 세상을 떠난 사람들을 위해서 제사를 지내는 절기로「우라분」이라고도 한다.「お中元」은 공손한 표현이며 동시에 그때에 주고받는 선물을 의미하다.) 歳暮(せいぼ) 세모, 연말, 세밑=「年の暮、年末」 詳(くわ)しい 자세하다, 상세하다 中旬(ちゅうじゅん) 중순 上旬(じょうじゅん) 상순 商戦(しょうせん) 상전, 상업상의 경쟁 目下(もっか) 목하, 현재 たけなわ 전성기, 한창임=「真っ盛り、最盛期」 目下(もっか)たけなわ 현재 한창 진행 중임

1

_____ ① 에 들어갈 말로 가장 적당한 것을 고르시오.
|단어| 爪切(つめき)り 손톱깎이 皮切(かわき)り 맨 처음, 일의 시작 厚切(あつぎ)り 두껍게 썲 貸(か)し切(き)り 대절, 전세
|정답| (B)

2

②目下たけなわ란 어떤 의미입니까?
(A) 눈 아래에서 대나무에 새끼줄을 연결하는 일.
(B) 손아랫사람은 손윗사람을 따라야만 한다.
(C) 지금이 가장 한창인 시기인 것.
(D) 피곤해서 눈 아래가 검게 되는 것.
|단어| 竹(たけ) 대나무 縄(なわ) 새끼줄 結(むす)び付(つ)ける 연결하다 目下(めした) 손아랫사람, 부하 目上(めうえ) 손윗사람 従(したが)う 따르다, 추종하다 盛(さか)ん 번성함, 번창함 疲(つか)れる 피곤하다 黒(くろ)い 검다
|정답| (C)

3

이 본문이 쓰여진 것은 언제입니까?
(A) 1월이나 2월
(B) 6월이나 7월
(C) 11월이나 12월
(D) 8월이나 9월
|정답| (C)

4

본문의 내용과 맞지 않는 것을 고르시오.
(A) 오츄겐은 6월 중순부터 약 1개월 행해집니다.

(B) 오세이보와 오츄겐의 시기는 백화점 등의 대목이다.
(C) 일본에서는 개인적인 기념일 이외에는 선물을 하지 않습니다.
(D) 일본에서는 1년에 2회, 많은 사람들이 동시에 선물을 합니다.

|단어| 半(なか)ば 중반, 중순　一ヶ月(いっかげつ) 1개월　書(か)き入(い)れ時(どき) 장부에 적어 넣기 바쁜 때란 뜻으로 장사가 바쁠 때　個人的(こじんてき) 개인적　同時(どうじ) 동시

|정답| (C)

❷ ①쨍쨍 내리 쬐는 태양의 자외선 대책으로 화장품을 비롯해 폭넓은 분야에서 자외선을 차단하는 상품과 햇빛에 그을린 후의 관리 상품이 나오고 있다. '자외선 차단'이라고 하면 역시 화장품. 햇빛 그을림 방지 이외에도 화장수나 미용액 등 다종다양하다. 한편, 의류품은 5년 정도전부터 섬유 메이커 각사가 경쟁하여 신제품을 개발하고 일시적이었지만 붐을 일으켰다. 그리고 자외선 차단 모자나 우산, 장갑을 구매하는 손님도 늘어났다고 한다. ②또한 선글래스는 자외선 차단의 대표적 상품이지만, 최근에서 자외선 차단 유리를 사용한 승용차가 급증하고 있다고 한다. 그뿐만이 아니라. 어떤 콘택트렌즈 제조업체는 놀랍게도 자외선 차단 기능을 갖는 ③1회용 상품을 발매했다고 한다. 어쩌면 당신도 자외선을 차단하기 위한 상품에 둘러 쌓여 있지는 않은지?

|단어| 照(て)りつける 내리 쬐다　太陽(たいよう) 태양　紫外線(しがいせん) 자외선　化粧品(けしょうひん) 화장품　幅広(はばひろ)い 폭넓은　分野(ぶんや) 분야　日焼(ひや)けする 햇빛에 타다, 그을리다　日焼(ひや)け止(ど)め 그을림 방지　ケア商品(しょうひん) 관리 상품　化粧水(けしょうすい) 화장수　美容液(びようえき) 미용액　多種多様(たしゅたよう) 다종 다양　一方(いっぽう) 한편　衣料品(いりょうひん) 의류품　繊維(せんい) 섬유　競(きそ)う 경쟁하다　新製品(しんせいひん) 신제품　一時的(いちじてき) 일시적　巻(ま)き起(お)こす 불러일으키다, 야기하다　帽子(ぼうし) 모자　手袋(てぶくろ) 장갑　買(か)い求(もと)める 사들이다, 구입하다　増(ふ)える 늘어나다　定番商品(ていばんしょうひん) 유행을 타지 않고 일정하게 팔리는 상품　乗用車(じょうようしゃ) 승용차　急増(きゅうぞう) 급증　機能(きのう) 기능　使(つか)い捨(す)て 1회용　発売(はつばい) 발매　囲(かこ)まれる 둘러 쌓이다

1
_____①_____ 에 들어갈 말로 가장 적합한 것을 고르시오.
|단어| もりもり 왕성하게 먹어대는 모양　じりじり 태양 등이 내리쬐는 모양　がりがり 단단한 것을 거칠게 바수는 소리　ばりばり 종이 등을 세게 찢거나, 뜯을 때 나는 소리
|정답| (B)

2
_____②_____ 에 들어갈 말로 가장 적합한 것을 고르시오.
|단어| たとえ 설령　にもかかわらず ~임에도 불구하고　及(およ)び 및　なお 또한
|정답| (D)

3
③使い捨て商品이란 어떤 의미입니까?
(A) 1회 버린 물건을 재활용한 상품
(B) 질려서 바로 버려 버리는 상품
(C) 1회 사용하면 버려 버리는 상품
(D) 1회도 사용하지 않고 버려 버리는 상품
|단어| 捨(す)てる 버리다　リサイクルする 재활용하다　あきる 질리다　使(つか)う 사용하다　使(つか)わずに 사용하지 않고
|정답| (C)

4
본문의 내용과 맞지 않는 것을 고르시오.
(A) 자외선 차단 선글래스는 매년 일정한 수요가 유지되고 있다.
(B) 수년째부터 팔리고 있는 자외선 차단 옷은 지금 더욱 붐이 이어지고 있다.
(C) 자외선을 통과하지 않는 콘택트렌즈가 판매되고 있다.
(D) 지금은 자외선 차단 상품은 화장품만이 아니다.
|단어| 一定(いってい) 일정　需要(じゅよう) 수요　保(たも)つ 유지하다　数年(すうねん) 수년　売(う)られる 팔리다　通(とお)す 통과시키다, 지나가게 하다　販売(はんばい) 판매
|정답| (B)

❸ 사람에게 도움이 되어 보기 좋고, 경기의 재미도 있는 '라이프세이빙.' ①넓은 의미에서는 '인명구조'를 의미하지만, 물가의 수난사고 방지와 안전 교육 등 몇 개의 역할이 있다. 최근에는 그 인명구조 활동이 대학생을 중심으로 번지고 있는 것 같다. 인명구조사의 자격 인정을 받기 위해서는 기초 강습회를 수강하지 않으면 안 되며, 그 강습회에 나가기 위해서는 400미터를 8분 이내, 50미터를 40초 이내에 수영하는 등 엄격한 참가 규정이 있다. 라이프세이빙을 사회적으로 연구하고 있는 대학 강사는, 학생에게 ②인기가 있는 이유를 새로운 스포츠인 것, 기술을 높여 체력을 붙이는 것이 인명 구조로 연결되어 사람에게 유익이 되는 것, 구조법을 익히고 있으면 언젠가 도움이 된다는 등 이점이 많은 것 등은 아닌가 라고 분석하고 있다.

|단어| 人助(ひとだす)け 남을 도움, 선행 かっこいい 폼이 난다, 모양새가 좋다 競技(きょうぎ) 경기 面白(おもしろ)さ 재미 ライフセービング 라이프세이빙, 인명구조 人命(じんめい) 인명 救助(きゅうじょ) 구조 水辺(みずべ) 물가 水難事故(すいなんじこ) 수난 사고 防止(ぼうし) 방지 教育(きょういく) 교육 役割(やくわり) 역할 活動(かつどう) 활동 中心(ちゅうしん) 중심 広(ひろ)がる 확장되다, 퍼지다 資格認定(しかくにんてい) 자격 인정 受(う)ける 받다, 인기가 있다, 먹혀들다 基礎(きそ) 기초 講習会(こうしゅうかい) 강습회 受講(じゅこう) 수강 等(など) 등 厳(きび)しい 엄격하다, 엄하다 参加(さんか) 참가 規定(きてい) 규정

1
본문의 내용과 맞지 않는 것을 고르시오.
(A) 인명구조는 학생에게 있어 지금은 진귀한 스포츠는 아니다.
(B) 인명구조사 강습회에 나가기 위해서는 어떤 참가 규정을 통과하지 않으면 안 된다.
(C) 인명구조사가 대학생을 중심으로 차츰 인기가 오르고 있다.
(D) 인명구조는 사람을 위한 것도 되고, 모양도 좋고, 경기의 재미도 있다.

|단어| ~にとって ~에 있어서(자격) 今(いま)や 지금은(지금에 와서는) 珍(めずら)しい 드물다, 진귀하다 パスする 패스(통과)하다 じわじわ 사물이 서서히 진행되는 모양, 점차, 차츰, 조금씩 조금씩 人気(にんき)が出(で)る 인기가 생기다
|정답| (A)

2
___①___ 에 들어갈 말로 가장 적합한 것을 고르시오.
|단어| 狭義(きょうぎ) 협의, 좁은 의미 広義(こうぎ) 광의, 넓은 의미 異議(いぎ) 이의, 다른 의미 同義(どうぎ) 동의, 같은 의미
|정답| (B)

3
___②___ 에 들어갈 말로 가장 적합한 것을 고르시오.
|단어| 受(う)け止(と)める 받아 내다, 공격을 막아내다 受(う)け取(と)る 받다, 수취하다, 해석하다, 이해하다 受(う)ける 호평을 받다, 인기를 얻다, 갈채를 받다 受(う)け入(い)れる 받아들이다, 수납하다, 인수하다
|정답| (C)

4
인명구조사가 되려면 어떤 것을 하지 않으면 안 됩니까?
(A) 400미터를 8분 이내에 빨리 수영하면 특별히 아무것도 할 필요가 없다.
(B) 자격을 얻기 위해서 엄격한 트레이닝을 받아야만 한다.
(C) 자격을 얻기 위한 강습에 참가하지 않으면 안 된다.
(D) 400미터를 8분 이내, 50미터를 40초 이내에 달리지 않으면 안 된다.
|단어| 必要(ひつよう) 필요함 資格(しかく)を取(と)る 자격을 얻다 厳(きび)しい 엄격하다 参加(さんか) 참가 走(はし)る 달리다
|정답| (C)

❹ 대학생이라면 누구라도 알고 있는 용어로 '콤파'라는 단어가 있습니다. 이것은 영어의 company가 어원으로, 학생이 회비를 서로 내서 하는 친구끼리의 파티를 말합니다. 대게는 술집에 가거나, 누군가의 방에 모여서, 모두 술을 마시면서 ①왁자지껄하게 떠듭니다. 특히 4월은 입학식이 있으므로, 신입생 환영회 등 술을 마실 기회가 많이 있습니다. 최근에는 별로 볼 수 없습니다만, 콤파에서 '단숨에 마시기'라고 해서, 술잔 가득 담긴 맥주를 한번에 다 마시는 의식 같은 것이 있습니다. '잇키! 잇키! 잇키!' 라고 외치는 소리에 맞춰 모두 앞에서 술잔을 비

우는 것입니다. 모두의 주목을 받기도 하고, 분위기를 살리기 위해서 합니다. ②하지만 별로 술을 마셔 본 적이 없는 사람은 급성 알콜 중독이 되어 구급차로 병원에 실려 가는 경우도 있습니다. 목숨이 달린 일이므로, 최근에는 학생들도 잇키는 자숙하고 있는 것 같습니다.

| 단어 | 用語(ようご) 용어 語源(ごげん) 어원 仲間(なかま) 동료 居酒屋(いざかや) 술집 歓迎会(かんげいかい) 환영회 一気(いっき)に 단숨에 飲(の)み干(ほ)す 마셔버리다 儀式(ぎしき) 의식 掛(か)け声(ごえ) 구호 注目(ちゅうもく)を浴(あ)びる 주목을 받다 雰囲気(ふんいき)を盛(も)り上(あ)げる 분위기를 고조시키다(살리다) 救急車(きゅうきゅうしゃ) 구급차 命(いのち)に関(かか)わる 목숨에 관계되다 自粛(じしゅく) 자숙

1

최근 학생들이 '잇키'를 별로 안 하는 이유로서 바른 것은 어느 것인가?
(A) 경기가 나쁘기 때문에 부모님에게 용돈을 별로 받지 못하기 때문에
(B) 한번에 다 마시면 분위기는 살지만, 술값이 너무 많이 나오기 때문에
(C) 최근의 학생들은 술이 세서, 한번에 마셔도 술에 취하지 않기 때문에
(D) 술에 익숙하지 않는 학생에 있어서 잇키는 위험한 행위이기 때문에

| 단어 | 景気(けいき) 경기 両親(りょうしん) 부모님, 양친 おこづかい 용돈 雰囲気(ふんいき) 분위기 盛(も)り上(あ)がる 높아지다, 고조되다 酒代(さかだい) 술값 酔(よ)う 취하다 慣(な)れる 익숙해지다 危険(きけん) 위험 行為(こうい) 행위

| 정답 | (D)

2

_____①_____ 에 들어갈 말로 가장 적당한 것을 고르시오.
| 단어 | ワイワイ 여럿이 큰소리로 떠들어대는 모양 ハイハイ 선선히 대답하는 말 ケラケラ 거칠 것 없이 큰소리로 웃는 모양, 껄껄 ホイホイ 요구를 뭐든지 들어주는 모양
| 정답 | (A)

3

_____②_____ 에 들어갈 말로 가장 적당한 것을 고르시오.
| 단어 | よって 그러므로 でも ~이라도 さらに 더 한층, 보다 더 因(ちな)みに 덧붙여서 말하면, 그에 관련하여
| 정답 | (B)

4

본문 내용과 일치하는 것을 고르시오.
(A) 매년 많은 학생들이 잇키를 해서 병원에 실려가 목숨을 잃고 있다.
(B) 최근 대학생들은 아르바이트만 해서 '콤파'를 하지 않게 되었다.
(C) 대학생들이 돈을 같이 내서 친구들끼리하는 파티를 '콤파'라고 한다.
(D) 겨울이 되면 대학생들은 술을 마실 기회가 많아진다.

| 단어 | 毎年(まいとし) 매년 命(いのち)を落(お)とす 목숨을 잃다 仲間同士(なかまどうし) 친구끼리, 동료끼리
| 정답 | (C)

❺ 감기약이라면 가장 많은 것이 종합 감기약. 이 약의 설명서에는 '복용 중, 복용후의 주의' 로서 다음과 같은 것이 쓰여 있습니다.
(1) 본 약의 복용으로 발진, 구토, 식욕부진, 배뇨 곤란, 현기증 등의 증상이 나타난 경우에는 복용을 중지하고, 의사 또는 약사에게 상담해 주세요.
(2) 본 약의 복용으로 잠이 오는 경우가 있기 때문에, 자동차 또는 기계류의 운전 조작을 하지 말아 주세요.
(3) 몇 차례 복용해도 증상의 개선이 보이지 않는 경우에는 복용을 중지하고, 의사 또는 약사에게 상담해 주세요.
(4) 장기적으로 연속 복용하지 말아 주세요.

| 단어 | 風邪薬(かぜぐすり) 감기약 総合感冒薬(そうごうかんぼうやく) 종합 감기약 説明書(せつめいしょ) 설명서 服用(ふくよう) 복용 注意(ちゅうい) 주의 本剤(ほんざい) 본 제조약 発疹(はっしん) 발진 嘔吐(おうと) 구토 食欲(しょくよく) 식욕 不振(ふしん) 부진 排尿(はいにょう) 배뇨 困難(こんなん) 곤란 目眩(めまい) 현기증 症状(しょうじょう) 증상 現(あらわ)れる 나타나다 場合(ばあい) 경우 中止(ちゅうし) 중지 医師(いし) 의사 薬剤師(やくざいし) 약사 相談(そうだん) 상담 眠気(ねむけ) 졸림 催(もよお)す (어떤 기분을)불러

일으키다, 느끼기 시작하다   機械類(きかいるい) 기계류   操作(そうさ) 조작   回数(かいすう) 횟수   改善(かいぜん) 개선   長期連用(ちょうきれんよう) 장기 연속 복용

1
이 약을 먹고 어떠한 증상이 나타나면 먹는 것을 중지해야만 합니까?
(A) 화장실에 몇 번이고 간다.
(B) 식욕이 난다.
(C) 먹은 것을 토해 낸다.
(D) 여드름이 생긴다
|단어| やめる 그만두다   出(で)る 나오다, 나가다   戻(もど)す 되돌리다, 토하다   にきび 여드름   できる 생기다, 만들어지다
|정답| (C)

2
이 약을 먹은 뒤, 해서는 안 되는 것은 무엇입니까?
(A) 샤워를 한다.
(B) 차를 운전한다.
(C) 식사를 한다.
(D) 운동을 한다.
|단어| シャワーを浴(あ)びる 샤워를 하다   食事(しょくじ) 식사   運動(うんどう) 운동
|정답| (B)

3
이 설명서의 내용과 맞지 않는 것은 어느 것입니까?
(A) 이 약은 증상이 개선될 때까지 계속 먹지 않으면 안 된다.
(B) 이 약을 장기간 계속 먹어서는 안 된다.
(C) 이 약을 몇 번이고 먹어도 좋아지지 않을 때는 의사에게 상담한다.
(D) 이 약을 먹으면 졸릴 경우가 있다.
|단어| 동사ます형+続(つづ)ける 계속~하다   長(なが)い 길다   間(あいだ) 동안, 사이   続(つづ)ける 계속하다   何回(なんかい)か 몇 번인가   眠(ねむ)い 졸리다
|정답| (A)

---

❻ 입회금(3년간 유효) 일반 5000엔, 미취학 아동 3000엔. 일정 인원에 미달한 강좌는 개강을 연기 또는 중지하는 경우도 있습니다. 교재 준비 등의 사정이 있으므로, 개강 10일 전까지 수속을 부탁드리겠습니다. 중도 입회도 가능합니다. ①자세한 것은 접수처에 문의하시기 바랍니다. 강사의 사정에 의해 다소 강좌 내용에 변경이 있는 경우도 있습니다. 지불은 현금 및 각종 신용카드를 이용하실 수 있습니다.
　납입이 끝난 수강료에 관해서는, 반환하지 않는 것이 원칙입니다. 표시된 가격에는 소비세 5%는 포함되어 있지 않습니다.

|단어| 満(み)つ 차다   手配(てはい) 준비, 채비   都合(つごう) 형편, 사정   詳(くわ)しくは 상세한 사항은, 자세한 것은   多少(たしょう) 다소, 약간   問(と)い合(あ)わせ 문의   支払(しはら)い 지불   変更(へんこう) 변경   納入済(のうにゅうずみ) 납입필, 납입이 끝남   受講料(じゅこうりょう) 수강료   お返(かえ)し 반환   原則(げんそく) 원칙   表示価格(ひょうじかかく) 표시 가격   消費税(しょうひぜい) 소비세

1
이 글은 무엇에 대해 쓴 것입니까?
(A) 신용카드의 가입
(B) 대학 통신강좌의 입학
(C) 문화센터의 입회
(D) 뷰티 사롱의 입회
|단어| 通信講座(つうしんこうざ) 통신강좌
|정답| (C)

2
주부라면 실제로 입회금은 얼마 지불해야 합니까?
(A) 3,000엔
(B) 3,150엔
(C) 5,000엔
(D) 5,250엔
|단어| 主婦(しゅふ) 주부   実際(じっさい)に 실제로   入会金(にゅうかいきん) 입회금
|정답| (D)

3
_____① 에 들어갈 말로 가장 적당한 것을 고르시오.

| 단어 | 細(こま)かい 잘다, 면밀하다, 세심하다
暫(しばら)く 잠시, 잠깐 詳(くわ)しい 상세하다,
多(おお)くは 대부분은
| 정답 | (C)

4
한번 지불한 수강료는 어떻게 됩니까?
(A) 25%만 환불된다.
(B) 25%만 환불되지 않는다.
(C) 100% 환불된다.
(D) 100% 환불되지 않는다.
| 단어 | 払(はら)い戻(もど)す 청산하고 나머지를 돌려주다, 환불하다
| 정답 | (D)

❼ 일본의 학교 입학식은 대체로 4월 1일부터 10일경에 행해집니다. 그 입학식의 추억은 통학로의 벚나무 가로수와 교정에 심어진 벚나무의 영상과 겹쳐집니다. 반짝이는 신입생과 정장 차림의 어머니, 그리고 그 옆에 만개한 벚나무라는 ①세 장면은 입학식 기념사진의 정해진 것이라고 말할 수 있을 겁니다.

그리고 입사하고 얼마 안 된 ②따끈따끈한 신입사원에게 있어서 근무처에서의 꽃구경을 위한 장소잡기는 처음으로 긴장하는 사외 근무일지도 모릅니다. 정말로 이 벚꽃만큼 많은 일본인에게 사랑 받고 있는 꽃은 달리 예를 들지 않는다고 말해도 좋을 겁니다.

| 단어 | 入学式(にゅうがくしき) 입학식 大体(だいたい) 대체로 行(おこな)う 거행하다 思(おも)い出(で) 추억 通学路(つうがくろ) 통학로 桜(さくら) 벚꽃 並木(なみき) 가로수 校庭(こうてい) 교정 映像(えいぞう) 영상 重(かさ)なる 중복되다, 겹쳐지다 正装(せいそう) 정장 隣(となり) 옆 満開(まんかい) 만개 スリー three ショット 숏(발사, 사격), 샷(한 장면) 定番(ていばん) 정해진 순서 間(ま)もない 틈도 없다 勤務先(きんむさき) 근무처 場所(ばしょ)取(と)り 장소 잡기 愛(あい)する 사랑하다

1
①スリーショット는 여기에서 어떤 의미입니까?
(A) 화면에 선생님과 신입생과 어머니를 넣어서 찍는 것.
(B) 화면에 벚나무와 어머니와 신입생을 넣어서 찍는 것.
(C) 화면에 친구와 어머니와 신입생을 넣어서 찍는 것.

(D) 화면에 신입생과 어머니를 넣어서 찍는 것.
| 단어 | 画面(がめん) 화면 母親(ははおや) 어머니, 모친 入(い)れる 넣다 写(うつ)す 촬영하다
| 정답 | (B)

2
_____② 에 들어갈 말로 가장 적당한 것을 고르시오.
| 단어 | モテモテ 너무 인기가 있어 어찌할 바를 모름
アツアツ 매우 뜨거움 ホヤホヤ 따끈따끈
イライラ 매우 초조함
| 정답 | (C)

3
본문의 내용과 맞는 것을 고르시오.
(A) 벚꽃은 일본의 대표적인 꽃이지만, 일본인보다 오히려 외국인에게 인기가 있다.
(B) 꽃구경을 위한 장소잡기는 익숙하지 않은 일의 긴장을 풀어내는 유일한 즐거움이다.
(C) 많은 일본인에게 사랑 받고 있는 꽃이라면 벚꽃 이외에 찾지 못한다.
(D) 벚꽃을 각별히 사랑하는 마음은 만국 공통이다.
| 단어 | むしろ 오히려 慣(な)れる 익숙해지다 緊張(きんちょう) 긴장 ほぐす (긴장 등)굳어진 것을 풀다 楽(たの)しみ 즐거움 見(み)つかる 발견되다 こよなく 더없이, 비할 데 없이, 각별히 万国共通(ばんこくきょうつう) 만국 공통
| 정답 | (C)

2 지문의 유형

(1) 수필문

❶ 나는 최근에 이사했습니다. 이번 아파트는 교외에 있어 통근하는데 1시간 반이나 걸립니다만, 넓고, 환경이 좋으므로, 마음에 듭니다. 하지만 아침의 러시아워의 복잡함은 문제입니다. 회사에 도착했을 때는 이미 완전히 녹초가 되어 있습니다. 전에 살던 아파트는 도심이었으므로 통근에는 편리했습니다. 하지만 1DK로 좁았고, 집세가 6만 엔이나 들었습니다. 도쿄에서는 아무리 찾아도 싼 아파트는 좀처럼 구할 수 없습니다. 뭔가 참지 않으면 안 됩니다. 하지만 이것은 도쿄만의 문제는 아니라고 생각합니다. 큰 도시라면, 대개 어디라도 같은 문제가 있는 것은 아닐까요?

| 단어 | 引(ひ)っ越(こ)し 이사 校外(こうがい) 교외 通勤(つうきん) 통근 環境(かんきょう) 환경 気(き)に入(い)る 마음에 들다 混雑(こんざつ) 혼잡 くたびれる 지치다 家賃(やちん) 집세 我慢(がまん)する 참다

❷ 우리는 짧은 시간을 소유하고 있는 것이 아니라, 실은 그 많은 시간을 낭비하고 있는 것이다. 인생은 충분히 길고, 그 전체가 유효하게 소비된다면 가장 위대한 일까지도 완성할 수 있을 정도로 풍부하게 주어지고 있다.

| 단어 | ~ではなく ~은 아니고 浪費(ろうひ) 낭비 有効(ゆうこう) 유효 費(つい)やす 소비하다, 낭비하다 偉大(いだい) 위대 ~をも ~까지 完成(かんせい) 완성 豊富(ほうふ) 풍부 与(あた)える 주다, 부여하다

❸ 소위 머리가 좋은 사람은, 말하자면 걸음이 빠른 나그네와 같다. 남들보다 먼저 사람이 아직 가지 않은 곳에 도착할 수도 있는 대신, 도중의 길가 혹은 샛길에 있는 중요한 것을 간과할 우려가 있다.

| 단어 | いわゆる 소위 いわば 말하자면 足(あし)が早(はや)い 걸음이 빠르다 旅人(たびびと) 나그네 行(ゆ)き着(つ)く 도착하다 代(か)わりに 대신에 道(みち)ばた 길가 あるいは 혹은 わき道(みち) 샛길 肝心(かんじん)な 중요한 見落(みお)とす 간과하다 恐(おそ)れ 우려

❹ 어떤 일정한 역사적 상황에 있어서는 혁명에 대하여 천 가지의 설명이 있을지도 모른다. 하지만, 혁명을 일으키려고 결의한 모든 사람들 사이에는 필연적으로 하나의 일치가 존재하는 것이다.

| 단어 | ある 어떤 ~においては ~에 있어서는 ~について ~대하여 千通(せんとお)り 천 가지 もの ~나 되는(강조) あるかもしれない 있을지도 모른다

❺ 가족 관계는 부모와 자식이라는 혈연에 의한 관계와 부부라는 혈연에 의하지 않는 관계가 공존하고 있는데에 특징이 있다. 부모와 자식의 관계에 대해서 보면, 이것은 운명적으로 결정 지워져 있는 것이 가장 중요한 점이라고 생각된다. 거기에는 선택이라는 것이 존재하지 않는다.

| 단어 | ~という ~라고 하는 ~による ~에 의한 ~について ~에 대해서 決定(けってい)づける 결정짓다

思(おも)われる 「思う」의 자발 표현, 생각되다

❻ 나는 이 30년간 기초적인 지식의 학습을 일찍 팽개쳐 버린 것을 계속 후회하면서 살아왔다. 그리고 그 젊은 날에 기초적인 지식을 확고하게 몸에 익히는 것이, 인간의 한 평생의 사고하는 생활에 있어서 얼마만큼 중요한 일인가를 몸소 통감해 왔던 것이다. 사고한다고 하는 것은 물론 자기 혼자 하는 일이다. 남이 가르쳐 주어서 외우는 것은 아니다. 그러나 인간은 고립해서 살 수 있는 것이 아니다. 많은 영향을 받아서, 여러 가지 지식을 흡수해서, 자기 스스로 사물을 생각하는 것이다. 그 자신이 마음과 머리가 부족해서는 생각하는 것도 풍요로운 깊이를 가질 수가 없다. 그것은 나의 반생애의 경험을 통하여 강하게 느껴 온 것이다. 기초적인 지식의 학습이란, 하여튼 외운다는 행위이기 때문에 정열보다도 인내를 필요로 한다. 그러나 젊은 날에 확고하게 그것을 견디는 것이야말로, 사고하기 위한 가장 좋은 힘이 되는 것을 몸에 지니게 되는 것이라고 나는 생각하고 있다. 나는 자신이 그것을 몸에 지니지 못한 것을 후회하면서 이것을 말해 두고 싶다.

| 단어 | 基礎的(きそてき) 기초적 知識(ちしき) 지식 学習(がくしゅう) 학습 投(な)げ出(だ)す 팽개치다 ~てしまう ~해 버리다 後悔(こうかい) 후회 ~つづける 계속~하다 身(み)につける 몸에 익히다 ~ておく ~해 두다 一生涯(いっしょうがい) 한평생, 일생 どれほど 얼마만큼 ~ということ ~라고 하는 것 身(み)をもって 몸소 痛感(つうかん) 통감 おぼえこむ 외워두다 ~こむ 그 일에 몰두하는 모양을 나타내는 말 孤立(こりつ) 고립 吸収(きゅうしゅう) 흡수 ~をもって ~로써, ~으로 貧(まず)しい 부족하다, 빈약하다 とにかく 하여튼 営(いとな)み 행동, 행위 情熱(じょうねつ) 정열 忍耐(にんたい) 인내 耐(た)える 참다, 견디다 ~こそ ~야 말로 ~すると共(とも)に ~함과 동시에

❼ 세상에는 여러 가지 종류의 일이 있습니다. 우리들은 일을 고를 때, 우선, 그 일이 자신에게 맞는지 어떤지를 생각합니다. 내 친구 중에도, 꼭 대기업에 들어가고 싶어하는 사람도 있고, 조직 속에서 일하는 것은, 절대로 싫다고 생각하는 사람도 있습니다. 급여가 좋으면, 어떤 직종이라도 상관없다는 사람도 있고, 자신이 하고 싶은 일을 할 수 있으면, 월급이 적어도 좋다는 사람도 있습니

다. 어떤 일을 고르는가는, 그 사람의 사고방식이나 가치관에 의해 다르다고 생각합니다. 여러분은 어떻게 자신의 직업을 골랐습니까?

| **단어** | 種類(しゅるい) 종류　大企業(だいきぎょう) 대기업　組織(そしき) 조직　給料(きゅうりょう) 급료, 급여　職種(しょくしゅ) 직종　価値観(かちかん) 가치관

(2) 사회문제

❶ 세대의 문제란, 일반적으로 말하면, 옛 세대가 오랫동안 익숙해져 온 생활양식이나 가치관을 지키려는 것에 대해, 젊은 힘과 유연한 정신이 풍부한 젊은 세대가 새로운 생활양식을 만들어 내려고 하는데서 발생하는 대립으로 여겨진다.

| **단어** | ～とは ～란　守(まも)ろうとする 지키려고 한다　柔軟(じゅうなん) 유연함　精神(せいしん) 정신　～にとむ ～이 풍부하다　つくりだそうとするところ 만들어 내려고 하는데　とらえられる 볼 수 있다(판단)

❷ '마셨거든 타지 마라. 탈거라면 마시지 마라.' 라는 교통안전 표어가 있습니다. 술을 마셨으면, 차를 운전해서는 안 된다, 차를 운전할 생각이라면, 술을 마시면 안 된다는 의미입니다. 일본에는 이밖에도 많은 표어가 있어, 활발하게 교통안전 운동을 하고 있습니다만, 그럼에도, 교통사고로 죽는 사람이 1년간에 만 명이나 있다고 합니다. 일본은 교통 규칙이 엄격하게 정해져 있어, 사람들은 그 규칙을 비교적 잘 지키고 있다고 생각합니다. 우리나라는 일본만큼 교통 규칙이 엄격하지 않고, 사람들도 규칙을 지키지 않기 때문에, 교통사고는 훨씬 많다고 생각합니다.

| **단어** | 交通安全(こうつうあんぜん) 교통안전　標語(ひょうご) 표어　規則(きそく) 규칙　比較的(ひかくてき) 비교적

❸ 집 근처 강에서는 물이 오염되어 물고기가 살 수 없게 되어 있습니다. 가장 큰 원인은 가정의 생활 배수라고 합니다. 그래서 최근 모두가 실태를 조사하거나, 공부 모임을 열거나 하는 활동을 시작했습니다. 여러분은 컵 한 잔의 기름으로 얼마나 물이 오염되는지 알고 있습니까? 그러한 것을 알게 되면, 예를 들어, 기름을 버릴 때도, 어떻게 하면 좋을지 주의를 하게 됩니다. 환경 문제를 해결하기 위해서는, 우선 한 사람 한 사람이, 여러 가지 사실을 정확하게 아는 것이 중요하다고 생각합니다.

| **단어** | 汚(よご)れる 오염되다, 더러워지다　生活排水(せいかつはいすい) 생활 배수　実態(じったい) 실태　油(あぶら) 기름　環境(かんきょう) 환경

❹ 노인이 현재 살아가는데 있어서 매우 어려운 점은 자신의 존재 가치를 어디에서 찾아내는가 하는 점일 것이다. 가사노동이 많이 있었던 시대에 있어서는 노인의 일손도 그 나름대로 귀중한 것이었다. 특히 여성의 경우 청소, 세탁 등이 있어, 그것들의 일부분을 노인이 담당했던 것은 큰 의미가 있었다. 그러나 근대 사회에 있어서의 많은 진보는 노인이 살아가는데 필요한 위치를 점점 빼앗고 있다.

| **단어** | 生(い)きてゆく 살아가다　上(うえ)において ～하는데 있어서　見出(みいだ)す 찾아내다　労働(ろうどう) 노동　沢山(たくさん) 많음　それなりに 그 나름대로　貴重(きちょう) 귀중　一端(いったん) 일부분　担(にな)う 맡다, 담당하다　進歩(しんぽ) 진보　だんだん 점점　奪(うば)う 빼앗다

(3) 건강정보

❶ 폐암이 늘고 나서 담배를 피우는 사람이 준 것 같습니다. 혐연 운동이 활발해져서, 담배는 몸에 좋지 않다고 모두 생각한 것이겠지요. 지금은 건강 붐이므로, 앞으로는 더욱 더 줄어 갈 것이라고 생각합니다. 그러나 일본은 담배를 피우는 사람이 아직 많은 것이 아닌가 하고 생각합니다. 역 대합실 등은, 담배 연기로 가득합니다. 일본 사람들도, 좀 더 혐연 운동을 해야 한다고 생각합니다.

| **단어** | 肺癌(はいがん) 폐암　減(へ)る 줄다　嫌煙運動(けんえんうんどう) 혐연 운동　＊「嫌煙(けんえん)」은 비흡연자가 남이 피우는 담배 연기로 인한 피해를 싫어하는 것　待合室(まちあいしつ) 대합실　煙(けむり) 연기

❷ 우리나라에서는 심장병으로 목숨을 잃는 사람이 많은 것이 이전부터 문제가 되고 있습니다. 원인은 스테이크나 후라이드 치킨 같은 칼로리가 높은 음식을 자주 먹기 때

문이라고 합니다. 그래서 심장병에 걸리지 않기 위해, 해초라든가 두부 같은 칼로리가 낮은 음식을 먹는 사람이 늘었습니다. 하지만 일본에서는, 반대로, 햄버거나 후라이드 치킨 같은 패스트푸드만 먹고 싶어 하는 사람이 많아진 것 같습니다. 전통적인 일본 요리를 좀 더 소중하게 여기는 것이 좋지 않을까 하고 생각합니다.

| 단어 | 心臓病(しんぞうびょう) 심장병　原因(げんいん) 원인　海草(かいそう) 해초　増(ふ)える 늘다　伝統的(でんとうてき) 전통적

(4) 광고문, 게시문

❶ 입에 무는 순간은, 마치 갓 따낸 신선한 토마토를 베어 먹는 것 같은. 시원한 감촉으로 응축된 단맛이 가득 퍼집니다. 나아가 질이 좋은 토마토소스를 닮은 진한 맛을 느낌과 동시에 토마토 주스 특유의 풋내가 전혀 없는 것에도 놀라게 됩니다. 이 주스는 홋카이도의 농가가 유기 퇴비 등으로 기른 고급 품종의 모모타로를 100% 사용. 풋내가 없는 것은 꼭지 부분을 사치스럽다 할 정도로 크게 제거하기 때문으로, 품종에서부터 즙을 짜는 방법까지 일관되게 맛을 추구하고 있습니다. 한 번 마시면 잊을 수 없게 된다는, 그런 의견도 많이 듣게 되는 토마토 주스입니다.

| 단어 | 口(くち)に含(ふく)む 입에 물다　瞬間(しゅんかん) 순간　もぎたて 갓 따냄　かじる 베어먹다　爽(さわ)やか 시원함, 상쾌함　口当(くちあ)たり 음식이 입에 닿는 감촉　凝縮(ぎょうしゅく) 응축　上質(じょうしつ) 질이 좋음　こく (형용사「濃(こ)い」에서 나온 말)진한 맛, 깊이 있는 맛, 감칠맛　コクを感(かん)じる 진한 맛을 느끼다　青臭(あおくさ)い 풋내가 나다　有機堆肥(ゆうきたいひ) 유기 퇴비　ヘタ (가지, 감 등의)꼭지　取(と)り去(さ)る 집어 없애다, 제거하다　絞(しぼ)り方(かた) 액즙을 짜는 방법　一貫(いっかん)する 일관되다

❷　　　　　　　　　헤세 17년 1월 23일
이수 오리엔테이션에 관한 알림
이공학부 2학년 여러분에게
이수 사항의 변경과 예상되는 헤세 18년도 이후의 커리큘럼 등에 대한 이수 오리엔테이션을 개최하므로 가능한

한 참가해 주십시오.
일 시 : 4월 6일(화) 오전 10시~11시
장 소 : 7호관 121교실
※ 수업 시간표를 배포합니다. 참가할 수 없는 분은 8일(목) 오후 5시까지 교무과로 받으러 오십시오.

| 단어 | 履修(りしゅう)ガイダンス 학생에 대한 생활 지도, 신입생이나 초보자에 대한 오리엔테이션　お知(し)らせ 알림, 통지　理工学部(りこうがくぶ) 이공학부　要項(ようこう) 필요(중요)한 사항　以降(いこう) 이후　開催(かいさい) 개최　授業時間割表(じゅぎょうじかんわりひょう) 수업 시간표　配布(はいふ) 배포　教務課(きょうむか) 교무과

❸　　　　　　신입 사원 제위
숙박할 곳에 관한 안내
학생 생활도 불과 얼마 남지 않았습니다만, 어떻게 지내고 계십니까?
다름이 아니오라 4월 1일(일)부터 4월 5일(목)까지 체재하실 호텔이 결정되었으므로, 연락드립니다. 프런트에서 회사명, 이름을 말씀해 주십시오. 또한 호텔에 도착하시는 것이 20시를 넘길 경우에는, 호텔에 미리 연락해 주십시오.

신주쿠 호텔
주소 : 도쿄도 신주쿠구 신주쿠1-11-11
ＴＥＬ : 03-1111-1111
가장 가까운 역 : 신주쿠역(서쪽 출구)에서 도보 3분 정도
체재 기간 : 4월 1일(일)~4월 5일(목) 4박5일
체크인 : 14 : 00~
체크아웃 : 4월 5일 아침 9시까지 마쳐 주십시오.
지불 : 숙박 대금은 지불이 끝났습니다. 별도 지불(식사 대금·전화 요금 등)이 발생한 경우에는 개별적으로 정산(본인 부담)하시게 됩니다.

주식회사 일한 상사
총무부 인사과

| 단어 | 各位(かくい) 각위, 제위 =「みなさまがた」　宿泊先(しゅくはくさき) 숙박지, 숙박처　わずか 불과, 고작　滞在(たいざい) 체재　~て頂(いただ)く ~해 주시다　あらかじめ 미리, 사전에　最寄(もよ)り (그 곳에서)가장 가

까움, 근처 徒歩(とほ) 도보 済(す)ませる 끝내다, 해결하다 代金(だいきん) 대금 支払(しはら)い済(ず)み 지불이 끝남 別途(べっと) 별도 生(しょう)ずる 발생하다 =「生じる」 個別(こべつ) 개별 精算(せいさん) 정산 自己負担(じこふたん) 자기 부담

❹   업계 세미나 안내
삼가 문안 올립니다.
요즈음 더욱 더 건승하심을 기뻐해 마지않습니다.
다름이 아니오라 저희 회사 업무에 각별한 관심을 주셔서 감사합니다. 즉시 회사 안내 팸플릿을 송부해 드리겠습니다. 더불어, 아래에 쓴 요령으로 개최되는 업계 세미나를 안내해 드립니다. 당 업계를 연구할 절호의 기회로 사료되므로, 꼭 참석해 주십시오. 회의장의 사정상, 각 세미나 출석 인원수를 제한하고 있으므로, 사전에 전화로 예약 신청을 부탁드리겠습니다.
경구

                    아래
1. 일시 : 2005년 4월 17일(목요일)
          오후 2시 ~ 오후 4시
2. 장소 : 도쿄도 치요다구 간다쵸 1-1-1
          일한 옥션 하우스(일한 부동산빌딩 3F)
          (별지 지도 참조)
3. 신청하실 곳 : 03-1111-1112(채용 전용 핫라인)
담당 다나카 타로
※ 당일은 필기 용구를 지참하십시오.

| 단어 | 業界(ぎょうかい) 업계 時下(じか) 시하, 요 사이, 요즈음 弊社(へいしゃ) 폐사, 자기 회사를 낮춰 부르는 호칭 格別(かくべつ) 각별 送付(そうふ) 송부 併(あわ)せて 더불어, 아울러 下記(かき) 하기, 아래에 쓴 人数(にんずう) 인원 수 事前(じぜん)に 사전에

(5) 편지

❶ 배계
오랫동안 격조했습니다. 그 후 별고 없이 지내시리라고 생각합니다.
다름이 아니오라 서서히 저도, 진지하게 졸업 후의 진로를 생각하지 않으면 안 되는 시기가 되었습니다. 럭비만 열중했던 낙천가에게도 죄 값을 치러야 할 때가 왔다고 각오하고 있습니다.

그래서 참으로 염치없는 부탁입니다만, 취직에 관해서 선배님의 힘을 얻고 싶어서 편지를 드릴 결심을 하였습니다. 선배님이 활약을 하고 계시는 곳 같은 일류 기업 같은 곳은, 제 성적 가지고는 도저히 바랄 수 없습니다만, 어디든지 아시는 회사를 소개해 주시면 다행이겠습니다. 매일 바쁘게 지내시는데, 갑자기 뻔뻔한 부탁을 드려 죄송합니다만, 모쪼록 잘 좀 부탁드립니다.
경구

| 단어 | 拝啓(はいけい) 배계(삼가 아룁니다), 편지 머리에 쓰는 말 真剣(しんけん)に 진지하게 のんき者(もの) 무사태평한 사람, 낙천가 年貢(ねんぐ)の納(おさ)め時(どき) 오랫동안 나쁜 짓을 거듭하던 자가 붙잡혀서 죄의 값을 치러야 할 때, 모든 일의 끝장에 대한 비유, 볼 장 다 봄 あつかましい 뻔뻔하다, 후안무치하다 恐縮(きょうしゅく) 죄송스러움 敬具(けいぐ) 경구 *「拝啓」로 시작되는 편지 끝에 사용하는 인사말

❷ 근계
신록의 계절을 맞이하여, 더욱 더 건승하심을 기뻐하는 바입니다.
그런데, 이번에 도쿄 본사 영업부장으로 승진되셨다는 것에 대해, 참으로 축하드립니다. 본사에서의 중요한 위치에서의 한 층 더 활약을 바라마지 않습니다. 즉시 찾아뵙고 축하 인사를 드려야 마땅하나 바쁘신 중에 방해를 해서는 안 된다고 생각하여, 다음 기회에 다시 인사차 찾아뵈려고 합니다. 부디 건강에 유의하시고 활약해 주시기를 진심으로 기원하겠습니다.
일단은 간략하나마 서면으로 축하를 드립니다.
경구

| 단어 | 謹啓(きんけい) 근계(주로 남성이 「삼가 인사드립니다」라는 뜻으로 편지 첫머리에 사용하는 말 新緑(しんりょく) 신록 候(そうろう) ~입니다, ~합니다 清祥(せいしょう) 건승 由(よし) 이제까지 진술한 내용, 취지 早速(さっそく) 즉시, 곧장 参上(さんじょう) 뵈러 감, 찾아뵘 ~のうえ ~한 다음에 祝詞(のりと) 축문 述(の)べる 말하다 多忙中(たぼうちゅう) 다망하신 중, 바쁘신 중 邪魔(じゃま)する 방해하다 後日(ごじつ) 후일 留意(りゅうい) 유의 略儀(りゃくぎ) 약식, 간략함 書中(しょちゅう) 서면

연습문제 1회

[1~4]

　①먹음직스럽게 잘 구운 떡에 귤. 각로에 둘러 앉아 가족과 함께 이것을 먹는 것이 옛날 일본의 단란한 모습이었습니다. 거실에서 각로의 모습이 사라지고, 케이크나 쿠키, 포테이토칩 등 떡을 대신할 기호품이 산더미처럼 넘쳐나고 있는 요즘, 이런 광경은 이제 과거의 것이라는 느낌이 드는 것도 사실 부정할 수 없지만, 그러나 떡이 지금도 일본인의 마음을 따뜻하게 해주는 그리운 ②겨울의 맛이라는 사실은 변함이 없는 듯합니다.

　그런데 쫀득함이 인기인 이 떡이 일본에서는 앞서 말했듯 겨울의 음식이라는 이미지가 있습니다. 이것은 뭐니 뭐니 해도 일 년 중 가장 큰 행사인 설날에 가가미모치를 장식하고, 떡국을 먹는 습관이 있기 때문입니다. 가가미모치라는 것은 원형의 떡을 두 개 겹쳐 도코노마 같은 상징적인 장소나 신이 머물고 있다고 생각하는 곳에 장식하는 것으로 지방이나 가정에 따라 전통적인 특징이 있는 것입니다.

| 단어 | ふっくら 먹음직스럽게, 포동포동　焼(や)きあがる 다 구워지다, 잘 구워지다　こたつを囲(かこ)む 각로에 둘러앉다 *「炬燵(こたつ)」는 전열기 등의 위에 이불을 덮어 사용하는 난방구　かつて 일찍이, 옛날에　団(だん)らん 단란　茶(ちゃ)の間(ま) 거실, 리빙 룸　嗜好品(しこうひん) 기호품　否(いな)めない 부정할 수 없다　冬(ふゆ)の味覚(みかく) 겨울의 미각　鏡餅(かがみもち) 둥글 납작하게 만든 크고 작은 두 개의 떡을 겹쳐 놓은 것 설날이나 축제 때에 장식하거나 신불(神仏)에 바칠 때 사용　雑煮(ぞうに) 떡국　床(とこ)の間(ま) 객실 상좌 바닥을 좀 높여 장식품이나 꽃꽂이를 장식해 둘 수 있게 만든 공간　宿(やど)る 묵다, 머물다, 깃들다

1.

_____①_____ 에 들어갈 말로 가장 적절한 것을 고르시오.
(A) 부드럽게 부푼
(B) 산뜻하게
(C) 새까맣게
(D) 완전히

| 정답 | (A)

2

_____②_____ 에 들어갈 말로 가장 적절한 것을 고르시오.

(A) 봄
(B) 여름
(C) 가을
(D) 겨울

| 정답 | (D)

3

옛날에 일본에서 각로에 모여 가족과 함께 먹은 것은 무엇입니까?
(A) 케이크나 쿠키, 포테이토칩
(B) 차와 만두
(C) 떡과 귤
(D) 가가미모치

| 정답 | (C)

4

본문의 내용과 일치하지 않는 것을 고르시오.
(A) 가가미모치는 설날에 장식하는 것으로 지역이나 가정에 따라 다양한 특징이 있다.
(B) 케이크나 쿠키는 특히 아이들이 좋아하는 간식이다.
(C) 예전에는 각로를 둘러싸고 가족이 함께 귤과 떡을 먹곤 했다.
(D) 떡은 지금도 일본인의 마음을 따뜻하게 해주는 겨울의 맛이라고 말할 수 있다.

| 정답 | (B)

[5~8]

　요즘 남성 연예인이 요리를 만드는 방송이 인기를 얻고 있다. 본업으로 활약하면서 방송 중에 차츰 ①실력을 쌓아, 방송의 요리법을 토대로 출판한 책은 날개 돋친 듯 팔린다. 남성이 만든 요리가 주목 받게 된 것은 무엇보다도 요리를 하는 남성이 늘고 있기 때문이라고 한다. 남성을 대상으로 한 요리교실도 인기가 있다. 어떤 요리방송의 프로듀서는 "다른 사람의 방식을 잘 모방하여 더욱 독창성을 발휘하는 사람은 일을 잘하죠. 요리도 마찬가지라고 생각합니다."

　실제로 찾아보면 전통적인 이탈리아 요리를 만들수 있는 사람, 연회요리가 전문인 사람 등 '뛰어난 요리남' 은 꽤 눈에 띈다고 한다. 어떤 사람은 ②성별에 관계없이 '뛰어난 사람은 요리도 잘 한다' 라고 단언하고 있지만…

| 단어 | 芸能人(げいのうじん) 연예인　受(う)ける 인기를

끌다 腕(うで)を上(あ)げる 실력을 쌓다 基(もと) 발판, 토대 男性向(だんせいむ)け 남성용, 남성을 대상으로 함 模倣(もほう) 모방 独創性(どくそうせい) 독창성 発揮(はっき) 발휘 会席料理(かいせきりょうり) 각자 앞에 여러 종류의 음식을 차례대로 한 가지씩 담아 내놓는 연회용 일본 요리 性別(せいべつ)にかかわらず 성별을 불문하고 断言(だんげん) 단언

5
남성의 요리에 관심이 집중되고 있는 이유는 왜입니까?
(A) 요리를 하는 남성이 늘고 있기 때문에
(B) 요리를 못하면 여성에게 인기가 없기 때문에
(C) 직접 식사를 만들지 않고 외식을 하는 여성이 늘고 있기 때문에
(D) 여성보다도 남성이 요리를 잘하기 때문에
| 정답 | (A)

6
_____①_____ 에 들어갈 말로 가장 적당한 것을 고르시오.
(A) 손가락
(B) 손
(C) 팔
(D) 어깨
| 정답 | (C)

7
②性別にかかわらず「できる人間は料理がうまい」는 어떤 의미입니까?
(A) 남자건 여자건 인간의 우열에는 차이가 없다.
(B) 능력이 있는 사람을 구분하려면 요리를 잘하는지 여부를 보면 된다.
(C) 남성과 여성과의 구별과 상관없이 우수한 사람은 요리도 잘 만든다.
(D) 여자면 요리를 잘 하고, 남자면 일을 잘 하는 것이 좋다.
| 정답 | (C)

8
본문의 내용과 일치하지 않는 것을 고르시오.
(A) 이탈리아 요리나 연회요리를 할 수 있는 남자는 드물다.
(B) 최근 남성연예인이 요리를 하는 방송이 인기가 있다.

(C) 찾아보면 요리를 할 수 있는 남성은 꽤 눈에 띈다고 한다.
(D) 남성을 위한 요리교실도 늘어나고 있다.
| 정답 | (A)

[9~12]

어느 인터넷조사에 의하면, 올해 황금연휴에는 공부나 건강증진을 위해 시간을 내는 등 자신을 갈고 닦는 목적으로 활용하려는 사람이 늘고 있다고 한다. 경기침체로 ①주머니사정이 나빠져 멀리 여행을 가기 어려워진 것도 한 가지 원인이다. 그러나 '이번에야말로 나에게 투자'라는 능동적인 자세도 눈에 띈다.

회사원 A씨는 황금연휴 기간의 대부분을 사법서사 공부에 투자할 예정이다. 영업만 해 온 샐러리맨 인생을 전환하고, 일 하나만으로 고액의 보수를 받는 일에 도전해 보기로 결심했기 때문이라고 한다. 또, 직장여성인 B씨는 같은 기간에 헬스클럽에서 땀을 흘리기로 했다고 한다. 월급이 별로 오르지 않았는데 여행을 가면 ②무심코 돈을 써버리기 때문에 자신을 연마하기 위한 시간을 갖는 것이 상책이라는 것이다.

연휴라고 해서 꼭 가족을 동반하여 여행을 간다는 획일적인 패턴을 벗어나게 되었다는 것을 업계도 인식하고 그에 대한 다양한 서비스가 앞으로도 확대될 것으로 예상된다.

| 단어 | 増進(ぞうしん) 증진 時間(じかん)を割(さ)く 시간을 내다 磨(みが)く 닦다, 연마하다 景気低迷(けいきていめい) 경기 침체 懐(ふところ)に余裕(よゆう)がない 주머니에 여유가 없다 遠出(とおで)しにくい 멀리 여행을 가기 어렵다 一因(いちいん) 한 원인 司法書士(しほうしょし) 사법서사 費(つい)やす 소비하다, 들이다 営業一筋(えいぎょうひとすじ) 오직 영업 일만 해 옴, 영업 외길을 걸어 옴 転換(てんかん) 전환 報酬(ほうしゅう)を得(え)る 보수를 얻다 ついつい 자기도 모르게, 무심코 自分磨(じぶんみが)き 자기 연마 得策(とくさく) 상책 ~だからといって ~라고 해서 家族連(かぞくづ)れ 가족을 동반함 多様(たよう) 다양 今後(こんご)も 금후에도, 앞으로도

9
올해의 황금연휴 풍경으로 옳은 것 다음 중에서 고르시오.
(A) 근처 헬스클럽에서 마사지를 받는다.

(B) 연휴에는 아무데도 가지 않고, 집에서 느긋하게 보낸다.
(C) 모처럼의 연휴이므로 가족동반으로 여행을 간다.
(D) 자신의 연마를 위해, 자격증을 따려고 공부한다.
| 정답 | (D)

10
①懐に余裕がなくなり라는 말은 무슨 의미입니까?
(A) 돈이 없어 초조한 것
(B) 살이 쪄서 바지를 못 입게 된 것
(C) 가지고 있던 돈이 줄어든 것
(D) 마음에 여유가 없어지는 것
| 정답 | (C)

11
___②___ 에 들어갈 말로 가장 적절한 것을 고르시오.
(A) 살랑살랑
(B) 무심코
(C) 엉금엉금
(D) 그냥저냥
| 정답 | (B)

12
황금연휴에 멀리 여행을 가지 않는 이유는 무엇입니까?
(A) 어딜 가든 붐비니까.
(B) 휴일도 반납하고 일을 해야 하니까.
(C) 일로 지쳐서 외출할 기분이 안 들어서.
(D) 불경기로 금전적인 여유가 없어서.
| 정답 | (D)

[13~15]

> 문부성이 '컴퓨터를 사용할 수 있는 교사는 2명 중 1명으로 아이들에게 가르칠 수 있는 교사는 5명 중 1명이다'라는 조사결과를 발표했다. 문부성은 정보교육에 주력하기 위해 2010년도까지 교사 전원이 컴퓨터를 사용할 수 있도록 하는 목표를 세우고 있으나, 나이가 많은 교사 ①일수록 거부감이 있는 듯해 목표달성에 고심하고 있는 것같다.
> 이제 문부성은 학습지도 요령으로 초등학교부터 컴퓨터에 익숙해지도록 하여 중학교에서는 기술, 가정과의 선택분야인 '정보기초'를 필수로 하고, ②게다가, 일반 고등학교에서는 '정보'라는 과목을 신설하겠다는 방침이다.

| 단어 | 文部省(もんぶしょう) 문부성 調査結果(ちょうさけっか) 조사결과 情報教育(じょうほうきょういく) 정보교육 力(ちから)を入(い)れる 힘을 쏟다 教員(きょういん) 교원 全員(ぜんいん) 전원 目標(もくひょう)を立(た)てる 목표를 세우다 年齢(ねんれい)が高(たか)い 연령이 높다 抵抗感(ていこうかん) 저항감 目標達成(もくひょうたっせい) 목표달성 苦労(くろう) 고생 学習指導要領(がくしゅうしどうようりょう) 학습지도요령 親(した)しむ 친숙해지다, 익숙해지다 技術(ぎじゅつ) 기술 家庭科(かていか) 가정과 選択分野(せんたくぶんや) 선택분야 情報基礎(じょうほうきそ) 정보기초 必修(ひっしゅう) 필수 普通高校(ふつうこうこう) 일반 고등학교 科目(かもく) 과목 設置(せっち)する 설치하다 方針(ほうしん) 방침

13
___①___ 에 들어갈 말로 가장 적절한 것을 고르시오.
(A) ~와 함께
(B) ~만
(C) ~일수록
(D) ~함에 따라
| 정답 | (C)

14
___②___ 에 들어갈 말로 가장 적절한 것을 고르시오.
(A) 차라리
(B) 게다가
(C) 오히려
(D) 예를 들어
| 정답 | (B)

15
본문의 내용과 일치하는 것을 고르시오.
(A) 아이들에게 컴퓨터를 가르칠 수 있는 교사는 전체의 25%도 안 된다.
(B) 문부성은 나이가 든 교사가 컴퓨터를 사용하지 못하는 것은 어쩔 수 없다고 생각한다.
(C) 컴퓨터를 사용할 줄 아는 교사는 전체의 반밖에 없다.
(D) 교사전원이 컴퓨터를 사용할 수 있게 될 것이라는 전망은 서 있지 않다.
| 정답 | (C)

[16~19]

　검은 옷을 몸에 두른 젊은이들이 거리에 눈에 띄기 시작했다. '검은색은 좀 다른 느낌을 준다', '다른 색과도 맞추기 쉽다', '검정은 기본색상이라서 계속 입을 수 있다', '캐주얼이든 정장이든 잘 어울린다' 등의 ①말을 하는 검은 옷을 입고 있는 젊은이들. 옷뿐 아니라 염색한 머리색을 검은색으로 다시 바꾸는 사람들이 늘고, 검은 톤의 립스틱을 팔기도 하는 화장품 회사도 생겼다.
　소비자가 좋아하는 경향은 경기나 회사의 동향에 영향을 받아왔다. ②예를 들어 전후의 부흥기나 고도경제 성장기에는 선명한 색이 선호되었다. 불경기에 유행한다고 하는 검은색 패션. 역시 현재 소비자들의 의식이 나타나고 있는 것일까?

| 단어 | 黒(くろ)の服(ふく) 검은색 옷　身(み)を包(つつ)む 몸을 감싸다　若者(わかもの) 젊은이　目立(めだ)ち始(はじ)める 눈에 띄기 시작하다　違(ちが)う感(かん)じ 다른 느낌　口(くち)をそろえる 여러 사람이 동시에 같은 말을 하다　衣服(いふく) 의복　染(そ)めた髪(かみ)の毛(け) 염색한 머리카락　戻(もど)す 되돌리다　黒(くろ)っぽい 거뭇하다　口紅(くちべに) 립스틱　化粧品会社(けしょうひんがいしゃ) 화장품 회사　消費者(しょうひしゃ) 소비자　好(この)む 선호하다, 좋아하다　傾向(けいこう) 경향　景気(けいき) 경기　社会(しゃかい)の動向(どうこう) 사회의 동향　影響(えいきょう)を受(う)ける 영향을 받다　戦後(せんご) 전후　復興期(ふっこうき) 부흥기　高度経済成長期(こうどけいざいせいちょうき) 고도경제성장기　鮮(あざ)やか 선명한　好(この)まれる 선호되다　不況時(ふきょうじ) 불황 시　流行(はや)る 유행하다　現在(げんざい) 현재　意識(いしき) 의식　表(あら)われる 드러나다, 나타나다

16

　①　에 들어갈 말로 가장 적절한 것을 고르시오.
(A) 이야기
(B) 입
(C) 얼굴
(D) 말
| 정답 | (B)

17

　②　에 들어갈 말로 가장 적절한 것을 고르시오.
(A) 그런데도
(B) 이제는
(C) 예를 들어
(D) 그러나
| 정답 | (C)

18

패션경향은 경기나 사회의 동향에 의해 어떻게 변합니까?
(A) 요즘은 경기나 사회의 동향에 좌우되지 않게 되었다.
(B) 호경기 때는 긴 치마가 선호되고, 불경기 때는 짧은 치마가 유행한다.
(C) 경기가 좋을 때는 밝은 색이 선호되지만, 나쁠 때는 검은색이 유행한다.
(D) 경기가 좋으면 단순한 색이 유행하지만, 반대로 불경기 때는 나쁘면 화려한 색이 선호된다.
| 단어 | 地味(じみ) 수수함　派手(はで) 화려함
| 정답 | (C)

19

본문의 내용과 일치하는 것을 고르시오.
(A) 검정은 유행에 관계없이 폭넓게 인기가 있는 색이다.
(B) 검정은 나이가 들어 보여서 밝은 옷을 입는 것이 낫다.
(C) 검은 옷을 입고 있는 젊은이들을 거리에서 자주 보게 된다.
(D) 나이가 들어감에 따라, 선명한 색을 선호하게 된다.
| 단어 | 幅広(はばひろ)い 폭넓다　年取(としと)る 늙다
| 정답 | (C)

[20~22]

　석유원료를 파는 각 회사들은 카드회원 획득에 힘을 쏟기 시작했다. 이제까지 카드의 이용액에 따라 가솔린 가격을 할인해 주는 '캐쉬백'의 채용이나 경품이 중심이었으나, 젊은이들의 관심은 ①조금 더였다. 거기서 착안하여 인기 아티스트의 콘서트티켓의 우선판매 등을 회원 특전으로 하고 있다.
　제팬에너지는 23일부터 10월 11까지 JOMO카드 회원'에게 영화 '타이타닉'의 주제가를 부른 셀린 디온과 쟈넷 잭슨 등 2대 여성 보컬리스트의 일본 방문 콘서트 티켓 총 8000장을 우선 판매한다. 일본석유는 9, 10월 2

개월간 '이나카드'의 가입자 등을 대상으로 인기그룹 '글로브'의 4박 6일 하와이 콘서트여행에 추첨을 통해 400명을 39,800엔으로 우대한다.

| 단어 | 石油元(せきゆもと) 석유 원료　各社(かくしゃ) 각 사　獲得(かくとく) 획득　優先販売(ゆうせんはんばい) 우선 판매　特典(とくてん) 특전　四泊六日(よんぱくむいか) 4박 6일　抽選(ちゅうせん) 추첨　優待(ゆうたい) 우대=「優遇(ゆうぐう)」

20
①いまひとつ는 어떤 의미입니까?
(A) 그럭저럭 비싸다
(B) 꽤 비싸다
(C) 조금 싸다
(D) 꽤 싸다
| 정답 | (C)

21
이번 석유회사는 카드회원을 늘리기 위해 어떤 일을 합니까?
(A) 카드의 이용액에 따라 휘발유 가격을 할인해 준다.
(B) 인기가수의 콘서트 티켓을 선물한다.
(C) 도장을 모으면 멋진 경품을 선물한다.
(D) 인기가수의 콘서트 티켓을 먼저 판다.
| 단어 | 割引(わりびき) 할인　素敵(すてき) 멋있음
| 정답 | (D)

22
본문의 내용과 일치하는 것을 고르시오.
(A) 제팬에너지는 카드가입자에게 영화 '타이타닉'의 티켓을 증정한다.
(B) 콘서트 티켓보다 할인이나 경품이 젊은이의 관심을 끌 수 있다.
(C) 일본석유는 카드가입자를 인기가수의 해외콘서트여행에 추첨을 통해 우대한다.
(D) 석유 가격이 상승하여 사람들은 대중교통수단을 사용하게 되었다.
| 단어 | 高騰(こうとう) 앙등(물가가 많이 오름)
| 정답 | (C)

[23~26]
인기도 많고, 대중매체의 주목도도 높은 고교야구이지만, 그 때문에도 떠안고 있는 문제점도 있습니다. 그것은 일부 고교는 고시엔에 야구부를 출전시켜 학교의 이름을 유명하게 하려고 중학교 등에서 활약하며 야구를 잘하는 학생들을 스카우트입학 시키고 있다는 것입니다. 학교 근처에 살고 있는 학생들이라면 몰라도, 타 시도에서 학생을 권유하여, 입학시키는 것은 문제가 있다고 지적하는 사람들도 많습니다. ①어떤 고교가 고시엔에 출장했을 때 선수들의 출신지를 조사해보니, 그 선수들 대부분이 학교가 소재한 지자체 출신이 아니었다는 사실도 밝혀졌습니다. 이처럼 선수들의 다수가 자신이 소속한 도시에는 학교가 많아, 고시엔에 출장하기 어렵기 때문에 비교적 학교 수가 적은 지자체의 학교에서 고시엔을 목표로 하는 것이 확률적으로 높다고 생각하는 것 같습니다. 살고 있는 곳을 떠나면서까지 고시엔에 출장하고 싶다는 선수들의 기분을 생각하면 일률적으로 나쁘다고 할 수 없는 면도 있습니다만, 진지하고 통쾌한 매력이 있는 고교야구이기 때문에 ②이러한 일은 앞으로 개선해야 할 문제 중 하나라고 생각합니다.

| 단어 | ~ならまだしも ~라면 그런대로 그렇다 해도, ~해도 시원찮을 텐데　勧誘(かんゆう) 권유　所在(しょざい)する 소재하다　所属(しょぞく)する 소속하다　~を目指(めざ)す ~을 목표로 하다　一概(いちがい)に~とは言(い)えない 일률적으로~라고는 말할 수 없다　ひたむき 한 눈 팔지 않음, 집중적임, 외곬임, 진지함　爽(さわ)やか 상쾌함, 산뜻함　魅力(みりょく) 매력

23
일부 고교가 야구를 잘하는 선수를 뽑아 입학시키는 이유는 무엇입니까?
(A) 한 가지 기예가 뛰어난 인재를 육성하고 싶어서
(B) 자신들의 고교를 많은 사람들에게 알리고 싶어서
(C) 원래 야구부가 강해서 유명하니까
(D) 고시엔에 나가 지명도를 올리고 싶어서
| 정답 | (D)

24
_____①_____에 들어갈 말로 가장 적절한 것을 고르시오.
(A) 있다

(B) 어느, 어떤
(C) 어느
(D) 그
| 정답 | (B)

25
②このようなこととは 어떤 일입니까?
(A) 고시엔에 출장한 선수의 출신지를 조사하는 것
(B) 오로지 고시엔을 목표로 계속 연습하는 것
(C) 살고 있는 곳 이외에 있는 고교에서 고시엔을 목표로 삼는 것
(D) 수업을 빼먹고 야구연습에 몰두하는 것
| 정답 | (C)

26
본문의 내용과 일치하는 것을 고르시오.
(A) 학력의 저하로 인해 살고 있는 지역의 고교에 입학하지 못하는 학생이 늘고 있다.
(B) 요즘은 저 출산으로 고등학교가 우수한 학생들을 얻는데 주력하고 있다.
(C) 프로야구도 앞으로 개선해야 할 과제가 많다.
(D) 고교야구는 언론에서의 주목도 받고, 매우 인기가 있다.
| 단어 | 力(ちから)を注(そそ)ぐ 힘을 쏟다
| 정답 | (D)

[27~30]

카오는 30일 '현대샐러리맨들의 살찌기 쉬운 생활행동' 조사 결과를 발표하였다. 60% 이상의 샐러리맨이 '빨리 먹기', '불규칙적인 식사시간' 이라는 식생활 등으로 인해 자신들의 생활이 '살찌기 쉽다' 라는 사실을 알고 있음①에도 불구하고, 생활습관을 바꾸지 못해 체중도 감량하지 못하는 실태가 ②부각되었다.

조사는 30~50대의 수도권에 살고 있는 기혼 샐러리맨 323명의 대답을 모은 것이다. 조사에 의하면, 전체의 43%가 체중감량에 도전했으나, 그 중 57%가 다시 체중이 늘어 실패했다고 대답했다. '살찌기 쉬운' 사람의 생활습관이 단적으로 나타나는 것은 휴일의 생활습관으로 '쉬는 날은 느긋하게 지내고 싶다', '올빼미형', 낮 동안의 피곤으로부터 '집에서 빈둥거리며 지낸다' 라는 대답이 절반을 넘었다.

| 단어 | 花王(かおう) 카오, 일본의 화장품 메이커 중 하나   太(ふと)りやすい 살찌기 쉽다   調査(ちょうさ) 조사   発表(はっぴょう) 발표   6割(わり) 6할, 60%   生活習慣(せいかつしゅうかん) 생활 습관   減量(げんりょう) 감량   実態(じったい) 실태   浮(う)き彫(ぼ)り 명백해 짐   首都圏(しゅとけん) 수도권   既婚(きこん) 기혼   挑戦(ちょうせん) 도전   再(ふたた)び 다시   端的(たんてき) 단적   夜型(よるがた) 올빼미형   ごろごろ 데굴데굴   半数(はんすう)を超(こ)える 반수를 넘다

27
_____① 에 들어갈 말로 가장 적절한 것을 고르시오.
(A) ~에도 불구하고
(B) ~라서
(C) ~이기 때문에
(D) ~뿐 아니라
| 정답 | (A)

28
②浮き彫りになった의 의미로 가장 적절한 것을 고르시오.
(A) 아직 분명해지지 않았다.
(B) 무시되고 있다.
(C) 분명히 알았다.
(D) 보이지 않는 부분이 숨겨져 버렸다.
| 정답 | (C)

29
현대의 샐러리맨이 살찌기 쉬운 이유는 무엇입니까?
(A) 잠자는 시간이 늦는 등 불규칙적인 생활을 하고 있어서.
(B) 아침식사도 제대로 먹지 못할 정도로 바빠서.
(C) 서둘러 먹거나 매일 먹는 시간이 정해져 있지 않아서.
(D) 엘리베이터가 아닌 계단을 이용하려고 하니까.
| 단어 | 朝食(ちょうしょく)を取(と)る 아침식사를 하다
| 정답 | (C)

30
본문의 내용과 일치하는 것을 고르시오.
(A) 살찌기 쉬운 샐러리맨은 평소에 꾸준한 운동을 하고 있다.
(B) 다이어트에 도전한 반수 이상의 샐러리맨이 요요현상을 경험하고 있다.
(C) 평소의 피로를 풀기 위해 쉬는 날 정도는 집에서 뒹굴

뒹굴 하는 편이 좋다.
(D) 자신들의 생활이 살찌기 쉽다는 것도 모르는 어리석은 샐러리맨이 늘고 있다.
| 정답 | (B)

연습문제 2회

[1~3]

2, 3세부터 초등학교에 입학할 정도의 아이들을 대상으로, 그림을 사용하여 단어를 설명하는 '그림 단어 사전' 의 발행이 이어지고 있다. 말과 글을 조금이라도 빨리 외우도록 하려는 부모들의 마음을 파악하는 ①한편으로 일본어를 공부하고 있는 외국인들에게는 '교재로서 최고다' 라는 의견이나, 청각 장애를 갖고 있는 아이를 가진 부모들로부터도 '단어습득에 매우 요긴하다' 라는 의견이 출판사에 밀려들고 있다. ②이에 대해 전문가는 '가르치기 위한 것이 아니라, 부모와 아이의 대화에 사용하길 바란다' 고 충고하고 있다.
그림을 보면서 즐겁게 공부할 수 있는 교재, 당신도 필요한 것은 아닌지?

| 단어 | 子供向(こどもむ)け 어린이용 発行(はっこう) 발행 相次(あいつ)ぐ 계속되다, 이어지다 文字(もじ) 문자 覚(おぼ)える 익히다, 암기하다 気持(きも)ちをとらえる 마음을 반영하다, 마음을 붙잡다 ~一方(いっぽう)で ~(하는) 한편으로 聴覚障害(ちょうかくしょうがい) 청각 장애 習得(しゅうとく) 습득 声(こえ)が寄(よ)せる 의견이 들어오다 ~に対(たい)して ~에 대해서 役(やく)に立(た)てる 유용하게 쓰다

1

_____①_____ 에 들어갈 말로 가장 적절한 것을 고르시오.
(A) 위해서
(B) 때문에
(C) 한편
(D) ~하는 점에서
| 정답 | (C)

2

_____②_____ 에 들어갈 말로 적절한 것을 고르시오.
(A) 그렇다 하더라도
(B) 이에 대해
(C) 이에 비해
(D) 이에 따라
| 정답 | (B)

3

'그림 단어 사전' 의 설명으로 바르지 않은 것을 고르시오.
(A) 전문가는 부모와 아이의 대화를 위해 이용하라고 조언하고 있다.
(B) 원래는 아이를 대상으로 한 책이지만 다른 사람들도 읽고 있다.
(C) 일본어를 배우고 있는 외국인들도 교재로서 좋다는 감상을 출판사에 전했다.
(D) 그림을 사용하여 말을 설명하기 때문에, 청각장애가 있는 아이에게는 도움이 안 된다.
| 정답 | (D)

[4~7]

대형 호텔의 크리스마스 숙박계획이 거의 마련되었다. 젊은 커플을 대상으로 고액행사의 인기가 이전보다 시들해진 ①탓인지, 올해는 가족이나 몇몇 여성모임을 의식한 프로그램이 눈에 띈다. 어른 1명당 요금은 도쿄의 고급호텔의 경우 하룻밤 2만 엔에서 4만 엔 사이. 요금은 작년과 큰 차이가 없지만, 산타클로스방문이나 유람선 등 특전을 더하여 ②적당한 기분을 내거나, 한편으로 과도한 서비스를 피하고 기존요금보다 싸게 하는 호텔도 늘고 있다.

| 단어 | 大手(おおて) 대형, 규모가 큼 宿泊(しゅくはく) 숙박 ほぼ 거의, 대략 高額(こうがく) 고액 薄(うす)れる 시들하다, 약하다, 희박하다 少人数(しょうにんずう) 소수 인원 大人(おとな) 어른 ~ものの ~하기는 했으나, ~하기는 하나 値(ね)ごろ感(かん)を出(だ)す 가격이 적당한 느낌을 주다 一方(いっぽう)で 한편으로 過剰(かじょう) 과다, 필요 이상 지나침 排(はい)する 배제하다, 배격하다 通常(つうじょう) 통상, 보통

4

_____①_____ 에 들어갈 말로 가장 적절한 것을 고르시오.
(A) 행동
(B) 버릇
(C) 탓
(D) 태도

| 정답 | (C)

5
②値ごろ感은 어떤 의미입니까?
(A) 서비스에 비해 요금이 비싼 듯한 느낌
(B) 서비스에 대해 딱 좋은 요금이라는 느낌
(C) 요금에 비해 서비스에 만족할 수 없다는 느낌
(D) 최고급의 서비스를 받았다는 느낌
| 정답 | (B)

6
이번 크리스마스 숙박 프로그램의 특징은 무엇입니까?
(A) 돈이 없는 커플을 위한 저렴한 프로그램
(B) 연인들을 대상으로 한 고액 프로그램
(C) 가족동반이나 여성 고객을 주 대상으로 한 프로그램
(D) 예산에 따라 선택할 수 있는 프로그램
| 단어 | 激安(げきやす) 저렴(가격이 아주 쌈)
| 정답 | (C)

7
본문의 내용과 일치하는 것을 고르시오.
(A) 크리스마스에 호텔에 숙박하는 커플은 매년 줄고 있다.
(B) 크리스마스는 집에서 보내는 젊은 여성이나 가족이 늘고 있다.
(C) 숙박객을 모으기 위해 요금을 대폭 낮추는 호텔이 급증하고 있다.
(D) 쓸데없는 서비스를 없애고 기존 가격보다 싸게 하는 호텔이 늘고 있다.
| 정답 | (D)

[8~11]

> 보다 건강하고 아름다운 걸음걸이를 가르치는 워킹레슨이 여성들에게 인기다. 각지의 헬스클럽이나 문화교실, 백화점 등의 강좌에 20, 30대 여성이 많이 참가하여 성황을 이루고 있다. 건강관리의 첫 번째인 걸음걸이는 중장년층 남녀에게 전부터 인기가 있어 왔지만, 이렇게 본격적인 교실은 젊은 여성을 중심으로, 겉보기에도 아름답고 탄력적인 효과 등이 멋내기의 일환으로 주목받고 있는 듯하다.
> 레슨의 내용은 한쪽 다리를 들고 다른 쪽 다리를 앞뒤, 좌우, 위아래로 늘이는 운동, 발을 내딛는 타이밍과 중심의 이동연습 등 다양하다. 발의 근육을 바르게 움직여 균형 있게 걷는 것으로 몸의 느슨해짐이나 근육의 일부로 몰리는 부담을 줄여, 결과적으로 걸음걸이도 아름다워진다'라고 강사가 말한다. 건강해지고, 아름다워진다니 여성들에게 인기가 있을 ①만도 하다.

| 단어 | 盛況(せいきょう) 성황 中高年(ちゅうこうねん) 중장년 見(み)た目(め) 외관상, 겉보기에 一環(いっかん) 일환 片足立(かたあした)ち 한쪽 다리를 듦 左右(さゆう) 좌우 上下(じょうげ) 상하 踏(ふ)み出(だ)し 발을 내딛음 多彩(たさい) 다채, 다양 筋肉(きんにく) 근육 負担(ふたん) 부담 軽減(けいげん) 경감 語(かた)る 말하다 ~わけだ ~할 만도 하다, ~하게 됨도 무리는 아니다(부드러운 단정)

8
워킹이 여성에게 인기 있는 이유는 무엇입니까?
(A) 간단하고 돈이 들지 않는 운동이니까
(B) 도구도 필요 없고, 금방 시작할 수 있으니까
(C) 건강해 지고, 예뻐질 수도 있으니까
(D) 특별히 배울 필요 없이 혼자서 할 수 있으니까
| 정답 | (C)

9
걸음걸이를 아름답게 하려면 어떻게 해야 합니까?
(A) 손을 크게 흔들면서 보폭을 크게 해서 걷는다.
(B) 얼굴을 들고 종종걸음으로 걷는다.
(C) 발의 근육을 바르게 움직여 균형 있게 걷는다.
(D) 허리를 흔들면서 리드미컬하게 걷는다.
| 정답 | (C)

10
_____①_____ 에 들어갈 말로 가장 적당한 것을 고르시오.
| 정답 | (D)

11
걷기에 대한 설명으로 바르지 않은 것을 고르시오.
(A) 각지의 스포츠센터나 문화교실 등에서 강좌가 열리고 있다.
(B) 건강관리법의 첫걸음으로 남녀 중장년층에게 지금도 인기가 있다.

(C) 본격적인 강좌에 다니는 20, 30대 젊은 여성이 많다.
(D) 걷기는 몸에는 좋지만, 겉보기에 좋아보이도록 하지는 않는다.

| 정답 | (D)

[12~14]

　첨단기능을 장착한 '하이파요요'가 초등학생을 중심으로 여전히 높은 인기를 모으고 있다. 작년 반다이에서 발매되었을 때는 ①품절되는 가게가 속출하고, 가짜도 대량 나돌았다. '하이파요요'는 손쉬워서 누구나 다룰 수 있다. '②기계장치 같기도 하고, 소리도 디지털 같은 느낌이에요. 미래파에게 딱인 요요에요.' 라고 말하는 것은 각종 대회를 제패한 요요챔피언. 현재 초등학생의 부모인 30대는 제1차 요요세대. 1970년대에 붐이 되어 각지에서 콘테스트가 열렸다. 그래서 요요는 아이와 부모가 함께 할 수 있는 놀이.
　이전부터 요요로 단련된 아빠라면 하이파요요 정도는 간단해서, 아이가 '아빠 대단해요!' 라고 존경하는 것은 아닐지?

| 단어 | 装備(そうび) 장치, 장착　いまだに 여전히　発売(はつばい) 발매　売(う)り切(き)れ 매절, 상품이 다 팔림　偽物(にせもの) 가짜　出回(でまわ)る 나돌다, 유통되다　手軽(てがる) 간편함, 손쉬움　扱(あつか)う 취급하다　メカっぽい 기계 장치와 같은 느낌을 준다　制(せい)する 제압하다, 승리하다　鍛(きた)える 단련하다

12
_____①_____ 에 들어갈 말로 가장 적절한 것을 고르시오.
(A) 발매
(B) 판매
(C) 매출
(D) 매절

| 정답 | (D)

13
②メカっぽく는 어떤 뜻입니까?
(A) 장난감 같다.
(B) 기계장치 같다.
(C) 싸고 쉽게 고장 날 것 같다.
(D) 무겁고 비쌀 것 같다.

| 정답 | (B)

14
「ハイパヨーヨー」의 특징은 무엇입니까?
(A) 스피드가 빠르다.
(B) 디자인과 색상이 유행의 첨단을 달리는 것 같은 느낌
(C) 최첨단 기술을 접목시켰다.
(D) 가격이 저렴함

| 정답 | (C)

[15~18]

　소비불황인데도 결혼반지는 고급을 지향하는 경향이 강해지고 있다. 업계의 조사에 따르면, 백금이나 보석이 박힌 타입 등이 인기를 모으고 있어, 구입평균단가가 상승하고 있다고 한다. 약혼반지를 절약하여 결혼반지에 돈을 쓰는 커플이 늘고 있는 것도 단가를 올리는 것 같다.
　백금보석장신구의 국제홍보기구인 플래티나 길드인터내셔날에 따르면, 결혼반지의 평균단가는 매년 상승하고 있으며, 올해 상반기에는 38,260엔으로 1990년보다 10,000엔 높다. 한편, 약혼반지의 올해 1~8월 평균단위는 357,190엔으로 2년 전보다 약 10,000엔 낮아졌다.
　6년 전까지는 비교적 값이 싼 금이 섞인, 심플한 모양이 잘 팔렸다. 그러나 작년에는 백금이 80% 이상을 차지하고, 보석이 박힌 것도 2년 전에 비해 2배 가까이 늘었다. 시티즌상사의 보석사업부는 '약혼반지는 ①옷장 속의 거름이 될 경우가 많지만, 오랜 기간 몸에 지니게 될 결혼반지는 가능하면 좋은 것을 ②사려고 하는 젊은이가 늘고 있다' 고 한다.

| 단어 | 消費(しょうひ) 소비　不況(ふきょう) 불황　強(つよ)まる 어떤 경향이 강해지다, 강화되다　購入(こうにゅう) 구입　婚約(こんやく) 약혼　単価(たんか) 단가　押(お)し上(あ)げる 가격을 끌어 올리다　宝飾品(ほうしょくひん) 보석 장신구　上半期(かみはんき) 상반기　一方(いっぽう) 한편　~弱(じゃく) (접미어)조금 모자람, ~약　下(さ)がる 값이 내려가다　割安(わりやす) 품질 대비 비교적 가격이 저렴함　混(ま)ざる 섞이다　占(し)める 일정 비율을 차지하다　タンスのこやし 직역하면 '옷장의 비료(거름)' 이라는 뜻으로 '가격이 비싼 물건을 아껴서 쓰지 않고 장롱 속에 보관하는 것'을 의미함

15
결혼반지의 고급 지향이 강해진 이유는 무엇입니까?

(A) 자신들을 위한 것보다 다른 사람들에게 자랑하고 싶어서
(B) 비싼 반지를 삼으로서 서로의 사랑의 깊이를 증명하고 싶어서
(C) 싼 반지를 사면 신부가 도망가 버린다는 미신이 있어서
(D) 오랫동안 손에 껴야 하는 물건이므로 가능한 한 좋은 것으로 하고 싶어서

| 정답 | (D)

16
①タンスのこやし는 어떤 의미입니까?
(A) 옷장에 보관해 두고 일상적으로 잘 사용하는 것
(B) 옷장 속에 진열해 두고 몰래 보고 즐기는 것
(C) 가치 있는 물건을 사용하지 않고 옷장에 넣어두는 것
(D) 옷장 안에 있는 물건을 최대한 이용하는 것

| 정답 | (C)

17
_____②_____ 에 들어갈 말로 가장 적절한 것을 고르시오.
(A) 사다
(B) 삽니다
(C) 사려고
(D) 삽시다

| 정답 | (C)

18
본문의 내용과 일치하는 것을 고르시오.
(A) 1990년의 결혼반지의 평균단가는 올해 상반기보다 10,000엔 비쌌다.
(B) 불황에도 '결혼반지는 고급으로' 라는 사고가 구입단가를 상승시키고 있다.
(C) 약혼반지는 오랫동안 끼는 물건이므로 조금 비싸도 사는 젊은이가 늘고 있다.
(D) 요즘은 모양도 심플하고 가격이 저렴한 결혼반지가 젊은 커플에게 인기가 있다.

| 정답 | (B)

[19~22]

요즘 일하는 여성의 목소리 톤이 낮다고 하는데, 정말 그럴까? 1990년 외근담당이 된지 얼마 되지 않은 T씨(33)에게 '목소리 변화의 시기' 가 찾아왔다. '차분해서 실제보다 나이 들어 보일까' 라고 생각해, 일하는 중에는 ①가능한 한 목소리를 낮추고 있다고 한다. 또, 어느 방송국의 뉴스를 담당하고 있는 K씨의 목소리가 낮아진 것도 10년 정도 전의 일이라고 한다. 선배인 남성 아나운서로부터 목소리 톤이 높다고 주의를 들은 것이 계기가 되었다고 한다. ②당시 말하는 것을 직업으로 하는 여성들은 버스안내원, 백화점의 엘리베이터 안내원들의 말투를 참고로 했던 것 같다.
사회음성학 전문가는 20세기 말, 일하는 여성들이 '변성기' 를 맞고 있는 이유를, '남성사회에서는 우위에 있는 남성의 목소리에서 신뢰감을 느낀다. 거기서 여성이 신뢰를 얻기 위해서는 목소리를 남성의 것과 가깝게, 낮추게 된다' 고 말했다. 남성도 여성도 비슷한 목소리. 이것이 21세기에는 당연해 질지도 모른다.

| 단어 | 外回(そとまわ)り 외근   間(ま)もない 얼마 되지 않다   声変(こえが)わり 목소리가 변함   訪(おとず)れる 방문하다   落(お)ち着(つ)く 차분하다, 안정되다   年齢(ねんれい) 연령, 나이   なるべく 가능한 한, 가급적   きっかけ 계기   当時(とうじ) 당시   係(かかり) 담당자   口調(くちょう) 어조, 말투   優位(ゆうい) 우위   信頼感(しんらいかん)を覚(おぼ)える 신뢰감을 느끼다   当(あ)たり前(まえ) 당연함

19
_____①_____ 에 들어갈 말로 가장 적절한 것을 고르시오.
(A) 간신히
(B) 가능한 한
(C) 도저히
(D) 역시

| 정답 | (B)

20
_____②_____ 에 들어갈 말로 가장 적절한 것을 고르시오.
(A) 그 무렵
(B) 그때
(C) 당시

(D) 현재
| 정답 | (C)

21
요즘 일하는 여성의 목소리 톤이 낮아진 이유를 사회음성학 전문가는 뭐라고 말합니까?
(A) 자립한 여성이 늘고, 남성 앞에서 귀엽게 행동할 필요가 없어져서
(B) 과거와 달리 요즘은 여성스러운 높은 톤의 목소리보다 굵고 허스키한 목소리가 남성에게 인기가 있어서
(C) 여성이 남성사회 속에서 신뢰를 얻기 위해 남성과 같이 목소리를 낮추고 있어서
(D) 상사에게 혼나고 자신감을 잃어 점점 목소리가 작아져서
| 정답 | (C)

22
본문이 쓰인 시기는 언제입니까?
(A) 1990년
(B) 1990년대 말
(C) 2000년대 초
(D) 2005년
| 정답 | (B)

[23~26]

잘 알고 있다고 생각해도 왠지 어려운 것이 자신의 건강관리다. 그러나 요즘은 휴대용 디지털건강관리제품이 연이어 등장하고 있어, 손쉽게 작동할 수 있도록 되어있다. 잘만 활용하면 건강증진에 도움이 될 것 같다.
손바닥에 쏙 들어오는 크기의, 작은 화면에 질문사항이 차례로 나타난다. 하라는 대로 성별이나 체중, 나이, 식사내용 등을 입력해 나간다. 특히 늘고 있는 것이, 이러한 휴대용 초소형 전자 칼로리 계산기다. 입력이 끝나면 하루에 필요한 칼로리 수치와, 지금부터 자기 전까지 섭취 가능한 칼로리 수치를 자동적으로 계산, 표시해 준다. 주머니에 넣어 두면 외식이나 쇼핑 때에 간단히 칼로리를 계산할 수 있다. 다이어트용으로 개발되기는 ①했지만, 칼로리 계산 외에도 서비스기능으로 연애점이나 풍수 메뉴도 들어 있는 등 다양하다.
②그럼에도 불구하고 무엇보다 중요한 것은 자신의 의지이다. 디지털기기나 정보는 그저 보조기구일 뿐, 쉽게 질리는 성격까지 고쳐주는 것은 아니기 때문이다.

| 단어 | 自(みずか)ら 스스로 携帯型(けいたいがた) 휴대형 相次(あいつ)ぎ 이어서, 연달아 取(と)り組(く)む 시작하다, 착수하다 増進(ぞうしん) 증진 役立(やくだ)つ 도움이 되다 すっぽり 쑥, 쏙 収(おさ)まる 수납되다, 들어가다 摂取(せっしゅ) 섭취 ~際(さい)に ~할 때에 占(うらな)い 점, 점을 보는 행위 風水(ふうすい) 풍수 あり様々(さまざま) 매우 다양함 それでも 그렇다 해도, 그렇지만 機器(きき) 기기 手助(てだす)け 옆에서 도와 줌, 거들어 줌 飽(あ)きっぽい 쉽게 싫증내다 直(なお)す 고치다 ~わけではない (부분 부정을 하는 경우)~인 것은 아니다

23
①もののは 어떤 의미입니까?
(A) ~라서
(B) ~이지만
(C) ~한 이상은
(D) ~한 만큼
| 정답 | (B)

24
_____② 에 들어갈 말로 가장 적절한 것을 고르시오.
(A) 그래서
(B) 그럼에도 불구하고
(C) 그런 만큼
(D) 그뿐 아니라
| 정답 | (B)

25
휴대용 초소형 전자 칼로리 계산기의 설명으로 바르지 않은 것을 고르시오.
(A) 성별이나 체중, 연령, 식사내용 등을 매뉴얼을 보며 입력하면 된다.
(B) 하루에 필요한 칼로리 수치 등을 자동으로 계산해 준다.
(C) 손바닥에 전부 들어가 버릴 정도로 작은 사이즈이다.
(D) 가지고 다닐 수 있어서 외식이나 쇼핑 시에 손쉽게 칼로리를 계산할 수 있다.
| 정답 | (A)

26
건강관리로 가장 중요한 것은 무엇입니까?

(A) 휴대형 디지털 건강관리제품을 항상 가지고 다니는 것
(B) 칼로리 계산은 하루도 거르지 않는 것
(C) 균형 잡힌 식사와 운동을 결심하는 것
(D) 다이어트를 하려는 생각을 지속시키는 것
| 정답 | (D)

[27~30]

땅바닥에 앉아서, 걸으면서, 통근전철 안에서도, 밖에서 먹고 마시는(이 경우, '노식'으로 칭한다) 젊은이들을 ①빈번하게 보게 되었다. 그 원인은 무엇일까.
노식의 확산은, 500ml짜리 소형 페트병에 음료수를 담아 보급하기 시작한 시기와 일치한다. 휴대성이 젊은이들에게 인기를 끌어, 작년 여름은 페트병 생산량이 따라잡지 못할 정도로 많았다.
또, 주먹밥이나 간식 등의 시장도 이 시기에 급속히 확대되어 시부야 등의 번화가에서는 포장마차 형식의 음식점이 증가하였다. 이전까지의 크레이프나 다코야키 뿐 아니라 여러 가지 종류의 음식을 먹을 수 있게 되었다. 이렇듯, 최근 2, 3년은 젊은이들이 노식을 ②하기 쉬운 환경이 정비된 시기였다.
거리에서는 젊은이가 자유롭게 행동해도 주의를 받을 일이 없어, 부끄럽다고 생각하는 경우가 드물다. 부끄러움을 길러주는 가정이나 대학, 기업사회가 그 역할을 담당하지 않게 되었다. 수치심의 상실, 희박한 귀속의식…. 젊은이들의 노식이 일본사회의 반영이라고 한다면, 이 현상은 큰 문제를 제기하는 듯하다.

| 단어 | 地(じ)べた 땅 바닥 飲(の)み食(く)い 먹고 마심 若者(わかもの) 젊은이 頻繁(ひんぱん) 빈번함 目(め)にする 보다, 눈에 띄다 原因(げんいん) 원인 追(お)いつく 따라가다, 따라잡다 繁華街(はんかがい) 번화가 屋台(やたい) 포장마차 従来(じゅうらい) 종래 ~に走(はし)る 어떤 경향이나 행위로 빠지다, 감행하다 整備(せいび) 정비 恥(は)ずかしい 부끄럽다 恥(はじ) 부끄러움, 수치 培(つちか)う 배양하다, 기르다 役割(やくわり)を担(にな)う 역할을 짊어지다 喪失(そうしつ) 상실 希薄(きはく) 희박 帰属意識(きぞくいしき) 귀속의식 反映(はんえい) 반영 現象(げんしょう) 현상 問題(もんだい)を投(な)げかける 문제를 던지다(제기하다)

27
'노식'을 하는 젊은이들이 늘어난 이유는 무엇입니까?
(A) 실내에서 먹는 것 보다 야외에서 먹는 것이 맛있게 느껴지니까
(B) 일부러 가게에 들어가 먹는 것은 귀찮으니까
(C) 아르바이트 등으로 바빠 앉아서 먹을 시간도 아까우니까
(D) 하고 싶은 대로 행동해도 부끄러움을 별로 느끼지 않으니까
| 정답 | (D)

28
①頻繁に目にする는 어떤 의미입니까?
(A) 가끔 본다
(B) 어쩌다가 본다
(C) 자주 본다
(D) 간혹 본다
| 정답 | (C)

29
____②____ 에 들어갈 말로 가장 적절한 것을 고르시오.
(A) 걷기 쉬운
(B) 빠져들기 쉬운(하기 쉬운)
(C) 날기 쉬운
(D) 헤엄치기 쉬운
| 정답 | (B)

30
본문의 내용과 일치하지 않는 것을 고르시오.
(A) 밖에서 먹는 것을 일본사회의 반영이라고 한다면, 이 현상은 큰 문제를 제기하고 있는 것 같다.
(B) 밖에서 먹는 모습이 자주 보이게 된 것은 작은 크기의 페트병이 보급된 시기와 겹친다.
(C) 땅에 털썩 주저앉아서, 걸으면서, 장소를 신경 쓰지 않고 먹거나 마시는 젊은이가 많다.
(D) 번화가에 포장마차 형식의 음식점이 늘어난 것과 밖에서 먹는 것이 늘어난 것과는 직접적 관련이 없다.
| 정답 | (D)

Section III

실전 모의고사 1

101
| 번역 | 소자녀화 문제는 좀 더 진지하게 생각하지 않으면 안 됩니다.
| 단어 | 小子化(しょうしか) 여성의 사회 활동이나 결혼 연령의 만혼화(晩婚化)로 인해 결혼 후의 자녀 출산을 꺼리거나 혹은 극히 적은 수의 자녀만을 낳는 풍조를 의미하는 말, 소자녀화
| 정답찾기 | 올바른 한자를 골라내는 문제로 모두 비슷한 발음이 나오기 때문에 주의해야 한다. (A)「真剣(しんけん)」이 정답이고, (B)의「倹」은「검소 검」자로 훈독으로는「倹(つま)しい」(검소하다, 알뜰하다)이다.
| 정답 | (A)

102
| 번역 | 일본에서는 11월 23일은 근로 감사의 날로 공휴일입니다.
| 단어 | 感謝(かんしゃ) 감사 祝日(しゅくじつ) 경축일
| 정답찾기 |「근로」는 부지런할「勤(근)」에 힘쓸「労(로)」이다. 모양이 비슷하므로 한자를 잘 구별해야 하며 정답은 (B)「勤労」이다.「勤」의 훈독은「勤(つと)める」(근무하다)이다.
| 정답 | (B)

103
| 번역 | 일본에 체재 중, 일본의 꽃꽂이를 배우고 싶다고 생각하고 있습니다.
| 단어 | 生花(いけばな) 꽃꽂이 習(なら)う 배우다
| 정답찾기 |'체재'의 체는「滞」로, 훈독은「滞(とどこお)る」(밀리다, 막히다)이다.
| 정답 | (A)

104
| 번역 | 과거 5년간의 시험의 경향과 대책을 먼저 조사하지 않으면 안 됩니다.
| 단어 | 過去(かこ) 과거 対策(たいさく) 대책 調(しら)べる 조사하다
| 정답찾기 |「けいこう」의 한자는「傾向」,「傾」의 훈독은「傾(かたむ)く」(기울다)이다.
| 정답 | (A)

105
| 번역 | 이 티켓의 유효기간은 8월까지입니다.
| 단어 | 期間(きかん) 기간
| 정답찾기 | (A)와 (B) 모두「ゆうこう」로 발음되지만, 의미상「유효기간」이 되어야 하므로 (B)가 정답이 되겠다.「効」의 훈독은「効(き)く」(효과가 있다)이다.
| 정답 | (B)

106
| 번역 | 이대로 가면, 계약을 파기당할지도 모릅니다.
| 단어 | このまま 이대로 契約(けいやく) 계약 ~かもしれない ~일지도 모른다
| 정답찾기 |「破棄」의 독음은「はき」,「破」의 훈독은「破(や)る」(찢다, 어기다, 깨다)이다.
| 정답 | (C)

107
| 번역 | 그곳은 현세로부터 동떨어진 세계였다.
| 단어 | 現世(げんせい) 현세 世界(せかい) 세계
| 정답찾기 |「隔絶」은「かくぜつ」,「隔」의 음독은「かく」, 훈독은「隔(へだ)てる」(거리를 두다, 간격을 두다)이다.
| 정답 | (B)

108
| 번역 | 이러한 양립하지 않는 두 개의 의견에 대해서 오늘은 이야기해 봅시다.
| 단어 | 意見(いけん) 의견   話(はな)し合(あ)う 대화하다, 서로 이야기하다
| 정답찾기 | 서로 받아들이지 않은 것을 「相容(あいい)れない」(서로 맞지 않다, 상충하다)로 읽는다.
| 정답 | (D)

109
| 번역 | 실력을 증명하는 것은 어려운 일입니다.
| 단어 | 実力(じつりょく) 실력   難(むずか)しい 어렵다
| 정답찾기 | 장음에 주의해야 할 문제로 반드시 익혀 두어야 할 단어이다. 「証」의 음독은 「しょう」, 「明」의 음독은 「めい」이다.
| 정답 | (A)

110
| 번역 | 시간이 되어도 그는 나타나지 않았다.
| 단어 | 時間(じかん) 시간
| 정답찾기 | 독음은 같지만 사람의 모습을 드러내는 것을 의미할 때는 「現(あらわ)れ」를 사용한다.
| 정답 | (A)

111
| 번역 | 미리 말해 두지만, 나는 안 갑니다.
| 단어 | 残念(ざんねん) 유감, 안타까움   商品(しょうひん) 상품   旅行(りょこう) 여행   都合(つごう) 형편, 사정
| 정답찾기 | 「断(ことわ)る」에는 '미리 알려서 양해를 구하다' 라는 의미와 '거절하다, 사절하다' 의 의미가 있다.
(A) 한 번 거절하고, 이제와서 간다고 해도….
(B) 아쉽지만, 이번에는 거절해 두는 편이 좋을 것같습니다.
(C) 이 상품은 다르다는 것을 미리 말씀해 두겠습니다.
(D) 이번 여행은 일의 사정상 사양하겠습니다.
| 정답 | (C)

112
| 번역 | 이 만큼의 사람 수가 있으면서, 한 사람도 모른다는 것은 한심하다.
| 단어 | 人数(にんずう) 사람 수   情(なさ)けない 한심하다, 비참하다

| 정답찾기 | (A) 「薄情(はくじょう)だ」 박정하다
(B) 「期待(きたい)はずれだ」 기대에 어긋나다
(C) 「頼(たよ)りない」 의지가 안 되다
(D) 「頼(たの)もしい」 믿음직하다
| 정답 | (C)

113
| 번역 | 제 계획서를 사카모토 씨께 노다 씨가 전해 주시길 부탁드려도 되겠습니까?
| 단어 | 計画書(けいかくしょ) 계획서
渡(わた)す 건네다, 전해주다   願(ねが)う 바라다
| 정답찾기 | 이 문장의 의미는 (D) 「노다 씨가 사카모토 씨에게 계획서를 건네다」이다.
| 정답 | (D)

114
| 번역 | 작년에 사장을 그만두었습니다.
| 단어 | 去年(きょねん) 작년   社長(しゃちょう) 사장
辞(や)める 그만두다   公園(こうえん) 공원
散歩(さんぽ) 산책
| 정답찾기 | 직책을 나타내는 말은 (B)이다.
(A) 그는 컴퓨터를 공부했습니다.
(B) 엄마는 선생님을 하고 있습니다.
(C) 일요일에는 공원을 산책합니다.
(D) 친구와 드라이브를 했습니다.
| 정답 | (B)

115
| 번역 | 입이 고급이라서 싼 것은 안 먹어요.
| 단어 | 口(くち)が肥(こ)える 입맛이 발달하다
口(くち)は災(わざわ)いの門(かど) 입이 화근이다
口(くち)が減(へ)らない 말이 많다
| 정답찾기 | 보기 중에서 음식의 맛을 보는 입을 말하는 말을 찾으면 된다.
(A) 그는 입이 가벼우니 주의하는 편이 좋아.
(B) 입은 불행의 근원입니다.
(C) 입에 맞으면 좋겠습니다만.
(D) 어린 아이인 주제에 수다스럽다니까.
| 정답 | (C)

116
| 번역 | 새로운 가게가 생겼다고 들으면 안 가 볼 수가 없어

요.
| 단어 | 新(あたら)しい 새롭다 店(みせ) 가게
| 정답찾기 |「~ずにはいられない」와 동의어를 찾는 문제로서, 비슷한 말로는 「~ないわけにはいかない、~ざるを得ない」 등이 있다.
| 정답 | (D)

117
| 번역 | 그런 말을 하면 너무 노골적이잖아요.
| 단어 | それ以上(いじょう) 그 이상
言(い)いようがない 뭐라 말 할 방법이 없다
| 정답찾기 |「身(み)も蓋(ふた)もない」(멋대가리 없다)라는 표현은 관용 표현으로서「너무 노골적이어서 맛이나 함축성이 없을 때」사용하는 표현이다.
| 정답 | (B)

118
| 번역 | 피곤해서 걸을 수가 없습니다.
| 단어 | 疲(つか)れる 피곤하다 お風呂(ふろ)に入(はい)る 목욕하다 部屋(へや) 방 喉(のど)が渇(かわ)く 목이 마르다 困(こま)る 곤란하다, 난처하다 助(たす)ける 돕다, 도와주다
| 정답찾기 |「て」의 용법에 관한 것을 묻는 문제로「て」의 의미에 대해 정리를 해 두어야겠다. 간단히 정리를 해보면 크게 5가지 정도로 나눌 수 있다. ① 한 동작을 마치고 다른 동작으로 옮김을 나타낼 때 ② 원인, 이유를 나타낼 때 ③ 병렬, 대비를 나타낼 때 ④ 방법, 수단을 나타낼 때 ⑤ 역접 관계를 나타낼 때 등. 물론 더 많은 용례가 있으니 사전을 찾아보고 정리해 두어야겠다. 문제는 원인, 이유를 표현한 것으로 같은 의미의 보기는 (C)이다.
| 정답 | (C)

119
| 번역 | 온 사람은 겨우 5명이었습니다.
| 단어 | 予想(よそう) 예상 後(あと)から 나중에
| 정답찾기 |「たった」는「ただ」가 변한 말로서, 수량 등이 적은 모양을 표현하는 단어이다.
(A) 처음에 5명 왔습니다.
(B) 5명밖에 오지 않았습니다.
(C) 예상 외로 5명이나 왔습니다.
(D) 나중에 5명 왔습니다.
| 정답 | (B)

120
| 번역 | 그녀는 의류 업계에서 일하게 되고서 꽤 세련되어졌다.
| 단어 | 業界(ぎょうかい) 업계 清潔(せいけつ) 청결
| 정답찾기 |「垢抜(あかぬ)ける」는 '때를 벗다' 즉, '세련되다' 는 뜻으로 동의어는「洗練(せんれん)する」이다.
| 정답 | (B)

121
| 번역 | 그녀는 그와 만나는 것을 부모님이 반대하였지만, 부모의 눈을 피해 몰래 만나고 있었다고 합니다.
| 단어 | 両親(りょうしん) 부모 こっそり 남몰래, 살짝
| 정답찾기 | 의미상 어울리지 않는 단어를 찾는 문제로 '눈을 피해서 만나다' 는「目(め)を奪(うば)って会(あ)う」이다.
| 정답 | (C) → 奪って

122
| 번역 | 기다려도 비는 그칠 것 같지 않아서 역의 매점에서 우산을 사기로 했습니다.
| 단어 | 売店(ばいてん) 매점 傘(かさ) 우산
| 정답찾기 |「そうだ」의 부정은「~そうにない」이고, 자신의 생각을 나타내는 양태의「そうだ」는 동사의 ます형에 접속한다.
| 정답 | (B) → 止み

123
| 번역 | 주위를 아랑곳하지 않고 똥을 싸게 하다니, 그런 인간에게는 개를 키울 자격이 없습니다.
| 단어 | 辺(あた)り 주위 構(かま)わず 아랑곳하지 않고, 개의치 않고 資格(しかく) 자격
| 정답찾기 | 어울리지 않는 단어를 찾아내는 문제로, 애완동물을 기르는 것은「飼(か)う」라고 한다.「養(やしな)う」는 돼지 등을 사육할 때 사용한다.
| 정답 | (C) → 飼う

124
| 번역 | 아침에 밥을 먹지 않으면 하루 종일 힘이 나지 않습니다.
| 단어 | 一日中(いちにちじゅう) 하루 종일
力(ちから)が出(で)る 힘이 나다
| 정답찾기 | 한국 사람들이 틀리기 쉬운 문법으로 아침과

같이 정확한 때를 나타내지 않는 시기에 대해서는 「に」를 붙이지 않는 것이다.
| 정답 | (A) → ×

125
| 번역 | 이제 와서 후회한다고 해도 엎질러진 물은 어쩔 수 없다.
| 단어 | 今更(いまさら) 이제 와서 悔(く)やむ 후회하다 仕方(しかた)がない 어쩔 수 없다
| 정답찾기 | 이미 지난 일이므로 의미상 동사의 과거형 「やってしまった」가 와야 한다.
| 정답 | (C) → やってしまった

126
| 번역 | 그 후, 수 시간이 지나, 그는 겨우 약속 장소에 나타났다.
| 단어 | その後(ご) 그 후 数時間(すうじかん) 수 시간 経(た)つ (시간이)지나다 待(ま)ち合(あ)わせ (약속을 정해놓고)만나기로 함
| 정답찾기 | 의성어, 의태어 문제는 암기하지 않으면 풀기 어려우므로 문제를 풀 때마다 항상 암기해 두는 것이 좋다. 「いよいよ」는 다가오는 일이나 기다리던 것이 얼마 남지 않았을 때 쓰는 말로 문제와는 어울리지 않는다.
| 정답 | (C) → ようやく

127
| 번역 | 수영장의 물이 너무 더러워서 우리는 수영을 그만두고 사우나에 갔습니다.
| 단어 | 汚(きたな)い 더럽다 泳(およ)ぐ 수영하다
| 정답찾기 | 조사의 오용 문제로 해석을 해보면 쉽게 해결할 수 있다. '물이 너무 더러워서'가 자연스럽다.
| 정답 | (A) → が

128
| 번역 | 처음 찾아뵌 것인데 이런 얘기를 묻는 것은 실례일지 모르겠지만.
| 단어 | ~かもしれない ~일지 모른다
| 정답찾기 | '보다'의 겸양 표현은 「お目(め)にかかる」이다. 「はじめに」와 「はじめて」의 오용 문제도 자주 출제되는 문제이니 반드시 알아두고 넘어가도록 해야 한다. 「はじめに」는 순서상 처음을 표현하는 것이고, 「はじめて」는 경험상 처음을 나타내는 것이다.

| 정답 | (A) → て

129
| 번역 | 저녁에는 딸의 귀가가 늦어서 대단히 걱정했습니다. 어디를 싸돌아다닌 것일까?
| 단어 | 夕(ゆう)べ 저녁(때) 帰(かえ)り 귀가 心配(しんぱい) 걱정 ほっつく 일없이 돌아다니다, 싸다니다 =「うろつく、さまよう」
| 정답찾기 | 부사의 오용을 찾아내는 문제로 「たくさん」은 수적으로 많은 것을 표현한 것이고, 「大変(たいへん)」은 '매우, 대단히' 라는 정도를 나타내는 부사이다.
| 정답 | (D) → 大変

130
| 번역 | 이 헤어스타일은 꼭 해보고 싶었던 헤어스타일이라서 주위로부터 반대를 해도 한 것입니다.
| 단어 | 髪型(かみがた) 머리 모양, 헤어스타일 周(まわ)り 주위
| 정답찾기 | 「ぜひ、きっと、かならず」는 모두 '꼭, 반드시' 라는 의미로 사용되지만, 그 쓰임에는 조금씩 차이가 있다. 「ぜひ」는 자신의 요구나 희망을 나타내고, 「きっと」는 상대에게 호소하거나 강한 의지를 표현한다. 「かならず」는 당연함과 상대에게 강한 권고를 나타낸다.
| 예 | どうかしてもぜひ行(い)きたい.
　어떻게든 꼭 가고 싶다.(희망)
　きっと勝(か)ってしまうぞ.
　반드시 이길 것이다.(강한 의지)
　明日(あした)、必(かなら)ず来(き)てください.
　내일 꼭 와 주세요.(와 달라는 강한 호소)
| 정답 | (A) → 必ず

131
| 번역 | 그녀와 오랜 기간 사귀고 있는 사이에, 그녀의 속마음을 점점 알게 되었다.
| 단어 | 付(つ)き合(あ)う 사귀다, 교제하다
本心(ほんしん) 본심, 본마음, 속마음
| 정답찾기 | 「わかる」는 자동사로 조사 「を」가 오지 않고, 「が」가 온다.
| 정답 | (D) → が

132
| 번역 | 모르는 사람을 따라 가서는 안 된다고 엄마한테 다

짐을 받고 있다.
| **단어** | ~てはいけない ~해서는 안 된다
釘(くぎ)をさす (비유적으로)못을 박다, 다짐하다
| **정답찾기** | '따라 가다'의「つく」는 조사「に」가 온다. 이 같은 단어는 우리말로 번역해서 풀다 보면 실수하기 쉬우니, 주의하도록 한다.
| **정답** | (A) → に

133
| **번역** | 이번 여름에는 법률에 관한 책을 독파하려고 생각하고 있습니다.
| **단어** | 今度(こんど) 이번   法律(ほうりつ) 법률
読破(どくは) 독파
| **정답찾기** |「~について」는 명사 등에 접속하여, 그 대상에 파고든다는 느낌을 나타낼 때 사용한다. 체언을 수식할 경우에는「~についての 명사」과 같이「の」가 들어간다. 이와 비슷한 표현으로「~に対(たい)して」가 있는데, 이것은 어떤 대상에게 물리적 심리적인 작용을 가한다는 의도가 내포되어 있다.
예 日本文学(にほんぶんがく)について研究(けんきゅう)する。 일본 문학에 관하여 연구하다.
趣味(しゅみ)についての話(はなし)。
취미에 관한 이야기.
警官(けいかん)に対(たい)して抵抗(ていこう)する。
경관에 대하여 저항하다.
質問(しつもん)に対(たい)する答(こた)え。
질문에 대한 대답.
| **정답** | (C) → についての

134
| **번역** | 이 앨범을 펴면 어린 시절 죽은 어머니가 생각난다.
| **단어** | 開(ひら)く 펴다, 열다, 개최하다   幼(おさな)い 어리다   思(おも)い出(だ)す (잊었던 일이나 과거의 일)떠올리다, 생각해 내다
| **정답찾기** | 동사와 명사의 접속 관계에서는「の」가 붙지 않는다. 쉬운 내용이지만 JPT문제를 풀다 보면 이러한 내용도 실수하기 쉬우니 주의하도록 한다.
| **정답** | (C) → ×

135
| **번역** | 이것은 내가 지금까지 읽은 책 중에서 가장 감명을 받은 책입니다.
| **단어** | 最(もっと)も 가장, 제일
感銘(かんめい)を受(う)ける 감명을 받다
| **정답찾기** | 책, 도시 등에는「たち」를 붙이지 않는다.
| **정답** | (B) → ×

136
| **번역** | 식전에 와인을 조금 마시는 것은 괜찮습니다만, 너무 많이 마시는 것은 좋지 않습니다.
| **단어** | 食前(しょくぜん) 식전   飲(の)みすぎ 과음
| **정답찾기** | 형용사「いい」의 연용형은「いく」가 아니고「よく」이다. 상당히 기초적인 문법이지만, 문제로 출제되면 시간이 없기 때문에, 주의 깊게 살펴보지 않으면 답을 고르기 쉽지 않다.
| **정답** | (D) → よく

137
| **번역** | 지금 대학 생활을 뒤돌아보면 즐거웠던 기억 밖에 머리에 남아 있지 않습니다.
| **단어** | 振(ふ)り返(かえ)る 뒤돌아보다 =「振(ふ)り向(む)く」되돌아보다, 돌이켜보다 =「顧(かえり)みる、回顧(かいこ)する」   楽(たの)しい 즐겁다
思(おも)い出(で) 추억   残(のこ)る 남다
| **정답찾기** |「だけ」와「しか」모두 한정을 나타내는 부사이지만「だけ」는 뒤에 긍정문이 이어지고,「しか」는 반드시 부정문이 이어진다.
| **정답** | (C) → しか

138
| **번역** | 20대의 여성이라면 다이어트 경험을 해보지 않은 사람은 없겠죠?
| **단어** | 女性(じょせい) 여성   経験(けいけん) 경험
| **정답찾기** | 역시 기초적인 일본어를 물어 보는 문제이지만, 문제를 풀다 보면 무심코 지나가기 쉬운 문제이므로 주의하도록 한다. 사람은「いない」, 사물은「ない」.
| **정답** | (D) → いない

139
| **번역** | 비행기 안에서 많은 시간을 보내고 목적지에 도착하기 전에 녹초가 되었다.
| **단어** | 飛行機(ひこうき) 비행기   目的地(もくてきち) 목적지   着(つ)く 도착하다   ばてる 지치다, 녹초가 되다
| **정답찾기** |「暮(く)らす」는 '어느 지역에 거주하면서 생활

을 하며 지내다'라는 의미이므로 이 문장에는 어울리지 않는다. '시간을 보내다'라는 의미인「過(す)ごす」로 고쳐야 한다.
| 정답 | (C) → 過ごして

140
| 번역 | 남동생은 학교에서 집으로 돌아오면, 곧 게임을 합니다.
| 단어 | 弟(おとうと) 남동생
| 정답찾기 | 한국어로 번역해서 문제를 풀다 보면 틀리기 아주 쉬운 문제 유형으로 학교에서 집으로 오는 것은「帰(かえ)る」를 써야 한다.
| 정답 | (C) → 帰る

141
| 번역 | 올해도 연중 한 번의 파티가 다음 주 토요일에 열립니다.
| 단어 | 今年(ことし) 금년 来週(らいしゅう) 다음 주
| 정답찾기 | 시간을 나타내는 표현에는 (C)의「に」를 사용할 수 있다. (A)의「で」는 장소를 나타내는 조사이다.
| 정답 | (C)

142
| 번역 | 일본인 해외여행자가 증가하여, 특히 정월의 하와이의 와이키키 등에서는 일본어밖에 들리지 않는다고 합니다.
| 단어 | 増(ふ)える 늘다 特(とく)に 특히
正月(しょうがつ) 정월
| 정답찾기 |「しか」는 한정을 나타내는 부사로 뒤에 부정문을 수반한다.
| 정답 | (A)

143
| 번역 | 총리나 되는 사람이 직무를 이용하여 나쁜 짓을 하다니 믿을 수 없습니다.
| 단어 | 総理大臣(そうりだいじん) 총리대신 =「首相(しゅしょう)」수상 汚職(おしょく) 공직자의 비리, 부정
信(しん)じる 믿다
| 정답찾기 |「~ともあろう」는 직책 등에 붙어서 '~이나 되는'으로 번역되고 주로 부정적인 내용을 수반한다.
| 정답 | (A)

144
| 번역 | 저 사람의 능력으로는 부장은 물론 계장에도 미치지 못한다고 생각합니다.
| 단어 | 能力(のうりょく) 능력 係長(かかりちょう) 계장
| 정답찾기 | 부장은 물론 계장에도 미치지 못한다는 뜻으로 (C)의「~にもなれない」가 적절하다.
| 정답 | (C)

145
| 번역 | 나의 집은 공항 근처입니다.
| 단어 | 空港(くうこう) 공항 近(ちか)く 근처, 부근
| 정답찾기 |「空港」와「近く」둘 다 명사이므로 명사와 명사 사이에는「の」가 와야 자연스럽다.
| 정답 | (B)

146
| 번역 | 교토는 일본 제일의 관광도시이므로, 오래된 절이나 신사 등 볼 것이 많이 있습니다.
| 단어 | 観光都市(かんこうとし) 관광도시 古(ふる)い 오래되다 お寺(てら) 절 神社(じんじゃ) 신사
| 정답찾기 | 관광할 것에 대한 예를 언급하고 있는 상황이다. 따라서 '~등'이라는 의미를 가지는「~など」가 가장 적절하다.
| 정답 | (D)

147
| 번역 | 만약에 가능하다면, 한 번이라도 좋으니까 북극에 가보고 싶다.
| 단어 | 一度(いちど) 한 번 北極(ほっきょく) 북극
| 정답찾기 | 가정을 나타내는 의미는 여러 가지가 있으나 앞에「できる」라는 원형이 왔으므로 동사 원형에 붙을 수 있는 것은「なら」와「と」가 적절하다. 그러나「と」는 필연적인 원인과 결과를 의미하므로 부적절하다.
| 정답 | (A)

148
| 번역 | 김 씨는 음치인 주제에, 모두의 앞에서 노래 부르고 싶어 한다.
| 단어 | 音痴(おんち) 음치 ~くせに ~인 주제에
歌(うた)いたがる 노래하고 싶어 하다
| 정답찾기 | 모두의 앞이라는 장소의 의미를 가진다. 따라서 어떤 행위가 이루어지는 장소의 의미를 가진「で」의 조

사가 가장 적절하다.
|정답| (B)

149
|번역| 여러 가지 실패하는 경우도 있다고 생각하지만, 긴 안목으로 보아주길 바랍니다.
|단어| 長(なが)い 길다   太(ふと)い 굵다
細(ほそ)い 가늘다   大(おお)きい 크다
|정답찾기| 화자는 비록 실패를 하더라도 긍정적인 마인드로 멀리 내다보길 바라고 있다. 따라서 「長(なが)い目(め)」가 이에 어울리는 말이다.
|정답| (A)

150
|번역| 궁색한 변명을 하는 것 같습니다만, 어쨌든 당시로서는 그것으로 최선을 다한 것입니다.
|단어| 言(い)い訳(わけ) 변명   当時(とうじ) 당시
精一杯(せいいっぱい) 있는 힘을 다함, 힘껏
難(むずか)しい 어렵다   悪(わる)い 나쁘다
素晴(すば)らしい 훌륭하다
|정답찾기| (B)의 「くるしい」는 상당히 여러 가지 의미로 사용되는 데 ① 답답하다, 고통스럽다 ② 난처하다, 난감하다 ③ 힘겹다, 고되다 ④ 곤란하다, 궁색하다 ⑤ 거북하다 등이 있다.
|정답| (B)

151
|번역| 돈이 필요했으므로 일밖에 하지 않았습니다.
|단어| お金(かね) 돈   必要(ひつよう) 필요
仕事(しごと) 일
|정답찾기| 「～しか～ない」는 '～밖에～없다/아니다'라는 뜻의 숙어다. (A) 을/를 (B) 밖에 (C) 은/는 (D) 만/뿐
|정답| (B)

152
|번역| 이 가게는 싸고 맛있습니다.
|단어| お店(みせ) 가게   安(やす)い 싸다
|정답찾기| (A) 싸니까 (B) 싸므로 (C) 싸면 (D) 싸고
|정답| (D)

153
|번역| 신입 사원인 주제에 건방진 말을 합니다.
|단어| 新人(しんじん) 신입 사원 = 「新入社員(しんにゅうしゃいん)」 生意気(なまいき) 건방짐, 주제넘음
|정답찾기| 「～くせに」는 '～인데도, ～주제에'라는 뜻이 있다. 동사/い형용사/な형용사/명사＋の형에 연결된다. (A) ～을 위해/때문에 (B) 때문에 (C) 정도에 (D) 주제에
|정답| (D)

154
|번역| 일본 영화로서는 처음 있는 일이었습니다.
|단어| 映画(えいが) 영화   初(はじ)めて 경험상 처음
|정답찾기| (A) 로서는(입장/자격/종류를 나타냄) (B) 치고는(예상한 것과는 다르게) (C)는 (A)와 비슷한 뜻이지만 「の」 뒤에는 명사가 와야 한다. (D) 라고는 해도
|정답| (A)

155
|번역| 잠깐 그 신문을 보여 주실 수 있겠습니까?
|단어| 新聞(しんぶん) 신문   見(み)せる 보여주다
くれる 주다   いただく 「もらう(받다)」의 겸양어, 주시다
くださる 주시다   差(さ)し上(あ)げる 드리다
|정답찾기| 부탁하거나 겸양을 나타낼 때 우리말로는 '하다'이지만 일본어로는 「～させてもらう/いただく」라고 한다.
|정답| (B)

156
|번역| 이번 감독은 머리가 좋다는 말입니다.
|단어| 今度(こんど) 이번   監督(かんとく) 감독
優(すぐ)れる 우수하다   秀(ひい)でる 뛰어나다
走(はし)る 달리다
|정답찾기| 「頭(あたま)が切(き)れる」는 '머리가 좋다'라는 관용어이고, 「切れる」는 그 자체만으로도 '유능하다'라는 뜻이 있다.
|정답| (C)

157
|번역| 4월에 들어서 갑자기 더워졌습니다.
|단어| 急(きゅう)に 갑자기   暖(あたた)かい 따뜻하다
温(あたた)かい 온도가 따뜻하다   暑(あつ)い 덥다
熱(あつ)い 온도가 뜨겁다
|정답찾기| 4월에 「暖かい」한 것은 당연함으로 「急に」라는 말을 쓸 필요가 없다. 따라서 이 문장에서 어울리는 말

은 '따뜻하다' 보다는 '덥다' 이다.
| 정답 | (C)

158
| 번역 | 은행에 돈을 맡겨도 이자는 거의 붙지 않는다.
| 단어 | 任(まか)せる 맡기다 =「委(ゆだ)ねる」
渡(わた)す 넘기다, 건네다 預(あず)ける 맡기다
| 정답찾기 |「まかせる」는 일 따위를 맡기는 것을 뜻하고, 「あずける」는 '보관시키다' 의 의미이다.
| 정답 | (D)

159
| 번역 | 근처에서 큰 빌딩을 세우고 있어서 시끄럽다.
| 단어 | 近所(きんじょ) 근처
| 정답찾기 |「たつ」는 '서다' 라는 자동사이고,「たてる」는 '세우다' 라는 타동사이다. (A) 서고/서서 (B) 세우고/세워서 (C), (D)와 같은 말은 없다.
| 동음이의자 | 문제를 대비한 포인트
(*예문을 암기하기 바란다.)
예) 木(き)が立(た)っている。나무가 서 있다.
腹(はら)が立(た)つ。화가 나다.
東京には、高(たか)いビルがあちこちに建(た)っている。도쿄에는 높은 빌딩이 여기저기 서 있다.
時間(じかん)が経(た)つのを忘(わす)れて遊(あそ)んだ。시간이 지나는 것을 잊고 놀았다.
電線(でんせん)を断(た)つ。전선을 자르다.
命(いのち)を絶(た)つ。목숨을 끊다.
旅(たび)に発(た)つ。길을 떠나다.
| 정답 | (B)

160
| 번역 | 아버지에게 게임만 하지 말라고 혼났습니다.
| 단어 | 父(ちち) 아버지 叱(しか)る 꾸짖다, 야단치다
| 정답찾기 | 동사 원형에 「な」를 붙이면 부정 명령의 뜻이 된다. 「せず」의 「ず」는 「ない」와 같은 의미이다.
(A) 하지 않고 (B) 하지 않고 (C) 하면 (D) 하지마
| 정답 | (D)

161
| 번역 | 이 모습으로는 보기 흉해서 그녀를 만날 수 없습니다.
| 단어 | 格好(かっこう)/恰好(かっこう) 모양, 모습
| 정답찾기 |「格好」는 '모양, 모습, 체면, 꼴' 등의 뜻이 있

다. 「みっともない」는 '보기 흉하다, 꼴불견이다' 라는 형용사다. (A) 소용없다, 헛일이다 (B) 헛되다 (C) 구애받지 않다 (D) 보기 흉하다
| 정답 | (D)

162
| 번역 | 약속했기 때문에 가지 않을 수 없습니다.
| 단어 | 約束(やくそく) 약속
| 정답찾기 |「~ざるを得(え)ない」는 '~하지 않을 수 없다' 라는 뜻의 관용어이다. 여기서 「ざる」는 「ない」의 고어 형태이다.
| 정답 | (C)

163
| 번역 | 남동생이 내 생일 선물로 시계를 사 주었다.
| 단어 | 弟(おとうと) 남동생 誕生日(たんじょうび) 생일
| 정답찾기 | (A)「やる」는 '하다' 라는 뜻도 있지만 '동식물에게 주다' 라는 의미도 있다. 따라서 '사람에게 주다' 라는 뜻으로 「やる」를 쓰는 것은 좋지 않다. (B) 선물을 받은 것은 나지만 문장에서의 주어는 남동생이므로 '받았다' 는 문맥상 맞지 않다. (C)「くれる」는 '남이 나에게 준다' 는 의미이다. (D)「あげる」는 '내가 남에게 준다' 는 의미이다.
| 정답 | (C)

164
| 번역 | 휴대 전화의 배터리가 떨어져서 쓸 수 없다.
| 단어 | 携帯電話(けいたいでんわ) 휴대 전화
全部(ぜんぶ)で 전부 합하여, 모두
| 정답찾기 |「放(はな)れる」는 거리나 간격 등이 떨어질 때 사용하고, (C)「切(き)れる」'없어지다, 다 떨어지다' 라는 의미로 사용된다. (D)「落(お)ちる」는 위에서 아래로 떨어진다는 의미의 '하락하다' 라는 의미와 함께 '떨어지다, 감소하다, 불합격하다' 라는 등의 의미가 있다.
| 정답 | (C)

165
| 번역 | 주말은 가족과 스키를 타러 갑니다.
| 단어 | 週末(しゅうまつ) 주말 家族(かぞく) 가족
| 정답찾기 |「~に」는 '~에, ~에게, ~하러, ~로(선물)' 등의 다양한 의미가 있는 조사이다.
| 정답 | (D)

166
| 번역 | 자신에게 맞는 방법으로 다이어트를 해야 합니다.
| 단어 | 自分(じぶん) 자기 자신　方法(ほうほう) 방법
| 정답찾기 | 「合う」는 '일치하다, 어울리다, 만나다' 등의 뜻이 있고, 동사의 ます형과 결합하면 '서로 ~하다' 라는 뜻이 된다. (A) 좋은 (B) 맞는 (C) 생긴 (D) 좋아하는
| 정답 | (B)

167
| 번역 | 그런 실수를 하다니 아직 멀었군.
| 단어 | 失敗(しっぱい) 실패, 실수
まだまだ 아직, 여태 = 「いまだに」
| 정답찾기 | (A) 희다 (B) '검다' 외에도 '더럽다' 등의 부정적인 의미로도 쓰인다. (C) '푸르다' 외에도 '창백하다, 덜 익다, 미숙하다' 등의 뜻이 있다. (D) 붉다
| 정답 | (C)

168
| 번역 | 점잖은 그가 화낼 정도니까, 큰 일이 있었음에 틀림없다.
| 단어 | おとなしい 얌전하다, 점잖다
~に違(ちが)いない ~임에 틀림없다
| 정답찾기 | (A) 「十分(じゅうぶん)」 충분함 (B) 「非常(ひじょう)」 예사가 아님, 대단함 (C) 「結構(けっこう)」 훌륭함, 충분함, 상당히 (D) 「余程(よほど)」 상당히, 훨씬
| 정답 | (D)

169
| 번역 | 갑자기 비가 내려서 택시를 타고 왔다.
| 단어 | 突然(とつぜん) 돌연히, 갑자기 =「突如(とつじょ)、にわかに、いきなり、出(だ)し抜(ぬ)けに」
| 정답찾기 | 우리말로 해석하면 자동사이지만, 일본어에서 내 의지와는 상관없이 피해를 입은 느낌을 표현할 때에는 수동형을 쓴다.
| 정답 | (D)

170
| 번역 | 친구는 오직 한 명밖에 없습니다.
| 정답찾기 | (A) 보다, 더 (B) 오직 (C) 조금, 잠깐 (D) 겨우, 간신히
| 정답 | (B)

[171~174]

뉴턴으로 말하면 만유인력을 발견한 영국의 물리학자. 그러나 다채로운 면모를 지녔다. 재무부 장관이 된 제자의 추천으로 조폐국 장관이 되었다. 이 과학자는 위폐 단속에 뜻밖의 재능을 보였다. 진두지휘로 유명한 위폐단을 붙잡았다. 위조하기 어려운 지폐 디자인도 고안했었던 것 같다.

위조지폐로 인해 일본은행은 신구 화폐의 교환을 서둘렀다. 구 1만 엔권 위폐 때문이다. 시중 금융기관에 지폐를 공급하는데 신구 화폐를 섞지 않고 17일부터 신권만으로 공급했다. 대량의 위폐에 ①한가로이 있을 수 없게 되었다. 제일 생명 경제 연구소의 보고서에 따르면 위폐의 유통량이 212만 매를 넘으면 신용 불안이 발생하고, 하이퍼 인플레이션이 일어날 위험성이 있다. 현재의 100배의 위폐. ②아직 위험 수역에는 멀지만 경계하는 것이 좋다. 옛날의 금화나 은화와는 달리 지폐는 물건으로 본다면 가치는 없다. 단지 종잇조각에 불과하다. 국가가 가치를 보증하고 있기에 가치를 지니고 있는 것이다.

| 단어 | 万有引力(ばんゆういんりょく) 만유인력　英国(えいこく) 영국　物理学者(ぶつりがくしゃ) 물리학자　多彩(たさい)な顔(かお) 다채로운 면　教(おし)え子(ご) 제자　大蔵大臣(おおくらだいじん) 재무부 장관급　造幣局(ぞうへいきょく) 조폐국　長官(ちょうかん) 장관　偽金(にせがね) 위조화폐　取(と)り締(し)まり 단속　陣頭指揮(じんとうしき) 진두지휘　紙幣(しへい) 지폐　新旧(しんきゅう) 신구　入(い)れ替(か)える 교체하다　偽札(にせさつ) 위조지폐　金融機関(きんゆうきかん) 금융기관　供給(きょうきゅう) 공급　新札(しんさつ) 신권　旧札(きゅうさつ) 구권　まぜこぜ 여러 가지가 뒤섞인 모양, 뒤죽박죽　流通(りゅうつう) 유통　信用不安(しんようふあん) 신용불안　水域(すいいき) 수역　警戒(けいかい) 경계　金貨(きんか) 금화　銀貨(ぎんか) 은화　値打(ねう)ち 값, 가치　紙切(かみき)れ 종잇조각　保証(ほしょう) 보증

171
_____① 에 들어갈 단어로 가장 적당한 것을 고르시오.
| 단어 | てっきり 틀림없이, 영락없이　のんびり 유유히, 한가로이　てきぱき 척척, 시원시원　すばやく 민첩하게, 재빠르게

| 정답 | (B)

172
②아직 위험 수역에는 멀지만 경계하는 것이 좋다는 것은 어떤 의미입니까?
(A) 위험 수역이 되기까지 시간이 걸리기 때문에 지금은 주의하지 않아도 된다.
(B) 위험한 상태에는 아직 다다르지 않았기 때문에 경계할 필요는 없다.
(C) 마루 밑까지 침수할 위험성이 없다고는 말할 수 없기 때문에 신경 쓰지 않으면 안 된다.
(D) 이미 위험한 상태로, 주의하는 것이 좋다.
| 단어 | 水域(すいいき) 수역　警戒(けいかい) 경계　至(いた)る 도달하다　用心(ようじん) 주의, 조심함
| 정답 | (C)

173
왜 17일에 일본은행은 시중 금융기관에 구권을 제외한 신권만을 공급했습니까?
(A) 구권의 가치가 떨어지기 시작했기 때문에.
(B) 새로운 지폐의 디자인에 국민의 관심이 모여 있기 때문에.
(C) 구권을 모방해 만든 지폐가 많이 시중에 돌고 있기 때문에.
(D) 구권의 제조가 신권의 제조를 따라잡지 못했기 때문에.
| 단어 | 除(のぞ)く 빼다, 제외하다　下(さ)がり始(はじ)める 내리기 시작하다　似(に)せる 닮게 하다, 모방하다　出回(でまわ)る 시중에 나돌다, 출회하다　製造(せいぞう) 제조　追(お)い付(つ)く 따라잡다
| 정답 | (C)

174
본문의 내용과 맞는 것을 고르시오
(A) 신권은 정교한 디자인이기 때문에 구권보다 가치가 있다.
(B) 지폐는 단지 간단히 물건으로 본다면 가치가 없다.
(C) 뉴턴은 화학자로서 위폐 만들기에 혼신을 기울였다.
(D) 재무부 장관이 된 뉴턴은 위폐 단속을 강화했다.
| 단어 | 手(て)が込(こ)む 정교하다, 정밀하다　精(せい)を出(だ)す 열심히 일하다, 힘을 쏟다
| 정답 | (B)

[175~178]
어제 도쿄의 하늘에는 구름이 거의 없었고, 나무들은 ①눈에 스며들 듯한 푸름을 등(도쿄 하늘이라는 배경)지고 있었다. -하늘이 너무 맑았다는 의미
겨울나무(겨울이 되서 잎이 떨어진 나무)에는 하늘을 향해서 뻗으려 하는 기세를 느낄 수 있었다. 거리에 서 있는 나무들을 보면서 그 기세는 잎을 잃어버렸기에 얻을 수 있는 것이 아닌가 생각했다. 잎은 가지에서 위를 향해 나 있어도 잎 끝은 밑을 향해 있는 경우가 많다. 잎 끝을 ②말하자면 아래를 향한 화살표라 한다면 잎을 다 떨어뜨린 나무에는 그것이 전혀 없다. 그 대신에 대부분이 하늘을 향해 뻗어 있는 줄기와 줄기 끝이라는 무수한 위를 향한 표시들이 강조된다. 그것이 뻗으려는 기세를 느끼게 해준다. (줄기와 줄기 끝에서 뻗으려는 기세를 느낀다.) ③잎에 숨겨 있는 부분이 나타나고 가지의 방향과 기울임을 눈으로 뒤쫓을 수 있다.
한 그루의 벚나무에 다가간다. 가는 가지의 끝을 더듬어 가면 그곳에는 싹이 몇 개인가 붙어 있다. 아직은 작고 단단하다. 그러나 안에서 밖의 세상으로 나오려는 기운은 충분하다. 싹은 잎과 가지만큼은 눈에 띄지 않지만 가지처럼 하늘을 향해서 뻗으려 하는 표식처럼 여겨진다.
차가운 바람에 흔들리면서 하늘을 쓸고 있는 듯한 나무의 모습은 왠지 쓸쓸하기도 하다. 그러나 그 내면에는 새로운 숨결이 머물고 다가올 시간을 기다리고 있다.

| 단어 | 背(せ) 등, 배경　冬木(ふゆき) 겨울나무　勢(いきお)い 세력, 기세　得(え)る 얻다　枝(えだ) 가지　上向(うわむ)き 위를 향함　下向(したむ)き 아래를 향함　矢印(やじるし) 화살표　かわりに 대신에　多(おお)く 많음, 다수　指(さ)す 가리키다, 지목하다　無数(むすう) 무수　強調(きょうちょう) 강조　隠(かく)れる 숨다　あらわ 가린 것 없이 드러남　傾(かたむ)き 기욺, 기울기　目(め)で追(お)う 눈으로 뒤쫓다　たどる 어떤 방향으로 가다　芽(め) 싹　気配(けはい) 기미, 낌새　目(め)につく 눈에 띄다　揺(ゆ)れる 흔들리다　掃(は)く 쓸다, 비질하다　息吹(いぶき) 숨결　宿(やど)る 머물다

175
_____ ① 에 들어갈 단어로 가장 적당한 것을 고르시오.
| 단어 | はまる 꼭맞다　しみる 스며들다

染(そま)る 물들다　泊(と)まる 머무르다

|정답찾기| 도쿄의 하늘이 구름 한 점 없이 푸르다는 것을 강조하려는 의미이기 때문에「目にしみる」(눈에 스며들다)가 가장 적당하다.

|정답| (B)

176

②いわば의 의미로서 바른 것은 어떤 것입니까?

|단어| ところが 그런데, 그러나　　なぜならば 왜냐하면
しかしながら 그렇지만, 그렇기는 하지만

|정답찾기|「いわば」는 '말하자면, 예를 들면'이란 뜻이다.

|정답| (A)

177

③잎에 가려져 있던 부분은 어디입니까?

(A) 나무줄기
(B) 새싹
(C) 잎 끝
(D) 가지 끝

|단어| 幹(みき) 줄기　芽(め) 초목의 싹　新芽(しんめ) 새싹＝「若芽(わかめ)」　葉(は) 잎　枝(えだ) 가지
枝先(えださき) 가지 끝

|정답| (D)

178

왜 겨울나무에는 하늘을 향해서 뻗으려 하는 기세가 있다고 말하고 있습니까?

(A) 무수한 잎과 잎 끝이 하늘을 향해서 뻗으려 하는 화살표와 같이 생각되었기 때문에.
(B) 바람에 흔들리고 있는 겨울나무가 하늘을 쓸고 있는 빗자루처럼 보였기 때문에.
(C) 잎으로 보이지 않았던 가지와 가지 끝이 나타나, 무수한 위를 향한 표식처럼 보였기 때문에.
(D) 겨울나무 전체의 형태가 하늘을 향해서 뻗어 있는 커다란 위를 향한 화살표라고 생각되었기 때문에.

|단어| ほうき 빗자루

|정답| (C)

[179~182]

　　나는 34년 전 성인식에 대학 입학식에 입었던 예복을 입고 갔다. 당시 나는 대학생, 남동생들은 고등학생과 중학생이었다. 집안 형편에 어렵다는 것을 잘 알고 있었기에 성인식에 입을 예복을 만들어 달라고 말할 수 없었다. 어머니는 항상「물건을 가지고 있어도 화재 등으로 잃어버리면 아무것도 남지 않는다. 그래도 ①몸에 익힌 학문은 평생의 재산이다. 대학은 보내 주지만 결혼 준비는 스스로 해라」라고 말씀하셨다. 어머니는 어렸을 적 부모님이 돌아가시고 증조할머니 밑에서 자랐다. 책만 읽는 아이였다고 한다. 전화 교환수를 ②하면서 정시제 고등학교에 다니시고, 대학은 통신교육으로 다녔지만 결혼하면서 그만 두셨다. 당신은 검소 검약해서도 자식에게는 교육을 시키고 싶다고 하는 어머니의 마음은 언제나 느끼고 있었다.
　　내가 기모노를 산 것은 취직하고 1년 정도 뒤의 일이다. 지인으로부터「올해와 내년의 얼굴은 다르다. 젊었을 때의 추억으로 기모노를 입고 사진을 찍어 두는 편이 좋다」라는 말을 들었기 때문이다. 그래서 맞선용 사진을 찍었다. 주황색의 무늬로 지금도 내 맘에 쏙 든다. 내가 결혼할 때 어머니는「좋아하는 사람과 결혼하는 것이 제일이다」라며 먼 곳으로 시집을 가는 것을 반대하지 않으셨다. 그리고 결혼 비용도 내 주셨다. 부모님이란 정말 감사할 뿐이다. 가까운 시일내에 돌아가야지. 내 얼굴을 보이는 것이 가장 좋은 효도이다.

|단어| 成人式(せいじんしき) 성인식　入学式(にゅうがくしき) 입학식　礼服(れいふく) 예복　家計(かけい) 가계, 집안경제형편　晴(は)れ着(ぎ) 경사스러운 장소에 갈 때 입는 옷　常々(つねづね) 평소, 항상　財産(ざいさん) 재산　交換手(こうかんしゅ) 교환수　定時制高校(ていじせいこうこう) 정시제 고등학교(학교 교육에서 야간, 조조 등 특별한 시기 기간에 행하는 학교)　通信教育(つうしんきょういく) 통신교육　挫折(ざせつ) 좌절　質素(しっそ) 검소함　倹約(けんやく) 검약, 절약　就職(しゅうしょく) 취업　朱色(しゅいろ) 주황색　付(つ)け下(さ)げ 옷감 무늬의 한 가지, 완성된 옷의 무늬가 어깨와 소매의 이음매를 중심으로 같은 방향으로 되게 염색한 것　嫁(とつ)ぐ 시집가다　親孝行(おやこうこう) 효도

179

　　①　　에 들어갈 단어로 가장 적당한 것을 고르시오.

(A) 마음
(B) 몸
(C) 얼굴
(D) 머리

|단어| 身(み)につける 몸에 익히다
|정답|(B)

180

② 에 들어갈 단어로 가장 적당한 것을 고르시오

|단어| がてら ~하는 김에, ~을 겸하여   ついでに ~하는 김에, ~을 기회에   かたわら ~하는 한편, ~함과 동시에   最中(さいちゅう)に 한창 ~때

|정답찾기|「がてら・かたわら」의 뜻은 같지만 「がてら」는 단시간에 벌어지는 것으로 좀 순간적인 동작을 의미하며, 「かたわら」는 장시간에 걸쳐 일어나는 무언가를 겸하는 상태를 나타낼 때 쓴다.

|정답|(C)

181

작자는 왜 성인식에 대학 입학식에서 입었던 예복을 입고 갔습니까?

(A) 어차피 정장은 한 번밖에 입지 못하니 불필요한 낭비라고 생각했기 때문에.
(B) 결혼 비용을 저축하기 위해 절약하는 생활을 하고 있었기 때문에.
(C) 집의 경제 상태가 어려워서 예복을 만들어 달라고 할 수 없었기 때문에.
(D) 예복을 사는 대신에 해외여행을 가려고 대학에 입학한 때부터 결심했었기 때문에.

|단어| もったいない 불필요한 낭비   貯(た)める 돈을 모으다, 저축하다   ~代(か)わりに ~대신에

|정답|(C)

182

본문의 내용과 맞지 않는 것은 어느 것입니까?

(A) 작자의 어머니는 아무리 가난할지라도 아이들에게 교육을 시키고 싶다고 생각하고 있었다.
(B) 작자의 어머니는 전화 교환수를 해서 학비를 벌면서 대학을 다녔다.
(C) 작자는 지인의 권유로 어머니가 사준 기모노를 입고 맞선용 사진을 찍었다.
(D) 작자는 어머니에게 자신의 얼굴을 보이는 것이 최고의

효도라고 말하고 있다.

|단어| 貧(まず)しい 가난하다   稼(かせ)ぐ 돈을 벌다   知(し)り合(あ)い 아는 사람, 지인   勧(すす)め 권유

|정답|(C)

[183~186]

사람은 태어나는 것으로 ①인간이 되는 것은 아니다. 부모를 시작으로, 주위 사람들의 애정에 의해서 지력이나 감성을 키워 인간으로 성장한다. 흔히 듣는 일이다. 그것은 뇌의 움직임. 그 중에서도 눈과 이마 바로 뒤쪽에 위치하는 대뇌의 전두전야의 일이다. 이성, 언어, 사고, 감정의 컨트롤 등 인간만의 고도의 정신생활을 지배하고 있다. 최근 게임 뇌라고 하는 단어를 자주 듣는다. 어린이들이 텔레비전을 장시간 계속 보거나 텔레비전 게임만 하고 있으면 그 전두전야가 발달하지 못하고, 정신면에서 여러 가지 장애가 나타난다고 한다. 게임 중의 전두전야는 어떻게 되는 것일까? 어린이들을 측정한바 놀랍게도 안정 시 이상으로 혈류가 내려가고 움직임도 저 레벨이었다. 장시간 게임 후에 책을 읽자 반 마비의 상태를 보였다. 이것은 도호쿠 대학의 가와시마 류타로 교수의 이야기로 작년 본지에 소개되었다. 그 외에도 많은 지적이 있다. 전두전야는 어린이 시기에는 미숙하고 타인과의 상호 접촉 중에 발달한다. 게임 등은 그 기회를 빼앗아 버린다. 전의 일본 교육 조합 연구회에서 「텔레비전을 없애자」라는 운동을 추진한 실례가 보고되었다. 많은 어린이들을 텔레비전으로부터 거리를 ②두도록 했다. 그러나 웃을 수 없는 것이 이것이다. 일부이지만 방해를 한 것은 아버지였다. 가족의 협력이 필요하다.

|단어| 愛情(あいじょう) 애정   知力(ちりょく) 지력   感性(かんせい) 감성   成長(せいちょう) 성장   脳(のう) 뇌   額(ひたい) 이마   大脳(だいのう) 대뇌   前頭前野(ぜんとうぜんや) 전두전야   理性(りせい) 이성   思考(しこう) 사고   感情(かんじょう) 감성   ~ならではの ~만의   精神生活(せいしんせいかつ) 정신생활   支配(しはい) 지배   面倒(めんどう) 폐   測定(そくてい) 측정   安定時(あんていじ) 안정시   血流(けつりゅう) 혈류   まひ 마비   状態(じょうたい) 상태   指摘(してき) 지적   未熟(みじゅく) 미숙   触(ふ)れ合(あ)い 상호접촉   奪(うば)う 빼앗다   実例(じつれい) 실례   報告(ほうこく) 보고   距離(きょり) 거리   邪魔(じゃま) 방해   協力(きょうりょく) 협력

183
사람은 무엇으로 인해 ①인간이 되는 것입니까?
(A) 클래식 등의 음악을 듣고서 정신세계를 넓히는 것에 의해 인간이 된다.
(B) 주위의 환경과 고도의 교육 시스템에 의해서 인간이 된다.
(C) 가족과 자신을 둘러싼 여러 사람들의 애정에 의해서 인간이 된다.
(D) 어렸을 적부터 책을 읽거나 해서 상상력을 풍부히 하는 것으로 인간이 된다.
|단어| 周(まわ)り 주변 取(と)り巻(ま)く 둘러싸다
想像力(そうぞうりょく) 상상력
|정답| (C)

184
_____② 에 들어갈 단어로 가장 적당한 것을 고르시오.
(A) 열다
(B) 피하다
(C) 두다
(D) 걸다
|정답찾기| 텔레비전과 '거리를 두다' 라는 뜻을 고르면 된다.
|정답| (C)

185
본문의 내용과 맞는 것을 고르시오.
(A) 단시간의 게임은 전두전야의 활동을 활발히 해서, 정신면에 있어서도 긴장을 풀어 주는 효과가 있다.
(B) 사람은 태어난다고 해서 인간인 것이 아니라, 그 후 교육 여하에 따라 성장한다.
(C) 대뇌의 전두전야는 음악과 도형 등을 인식하는 일을 담당하고 있다.
(D) 게임 뇌란 아이들이 게임을 장시간 함으로 인해 전두전야가 발달하지 않는 것이다.
|단어| 緊張(きんちょう) 긴장 ほぐす 풀다
図形(ずけい) 도형 認識(にんしき) 인식
つかさどる 직무를 맡아 담당하다
|정답| (D)

186
일부이지만 「텔레비전을 없애자」란 운동의 방해가 된 것은 무엇입니까?
(A) 게임
(B) 어머니
(C) 아버지
(D) 매스컴
|단어| 妨(さまた)げ 방해
|정답| (C)

[187~190]

지난달 도쿄 치요다구에서 새로운 공중목욕탕이 오픈 했다. 도내에서는 공중목욕탕이 감소 추세이다. 특히 도심에서는 절멸 직전인 만큼 이 뉴스는 놀랍게 받아들여졌다. 물론 거기에는 특수한 조작(장치, 설비)이 존재하지만, 역으로 말하면 특색 없이는 이제는 공중목욕탕은 장사가 유지되지 않는다고도 말할 수 있다. 여전히 적지 않은 공중목욕탕의 수요를 거두어들이기 위해서도 공중목욕탕 제도 그 자체를 재검토 할 시기가 왔다.

도쿄도 공중목욕업 생활위생동업조합에 의하면 도내의 공중목욕탕은 현재 1112①업소이다. 1968년(쇼와43년)에 2687①업소였던 것이 반 이하로 줄었다. 집안 욕실이 당시되는 시대가 되었기에 당연하다고 하지만, 스파 공중목욕탕(우리나라의 찜질 방식)이 잇따르고 대규모 온욕 시설이 각지에 만들어져서 인기를 모으고 있는 것을 보면 공중목욕탕의 수요도 여전히 탄탄하다는 것을 알 수 있다. 변한 것은 수요의 내용이다. 단지 몸을 씻거나 따뜻하게 하는 것만이 아니라, 심신을 치료하고 즐거움을 사람들은 공중목욕탕에서 찾게 되었다. 공중목욕탕이 그러한 ②요구를 받아들일 수 없는 것은 요금의 문제가 크다. 누구든지 이용할 수 있도록 얼마간의 우대 조치와의 교환으로 빠듯한 수준으로 요금을 억눌리고 있기 때문에 대형 투자를 할 여유가 없다. 그 대형 투자를 구가 받아들여 처음으로 새로운 가능성을 감춘 공중목욕탕이 도심에 부활했다. 그 자체가 공중욕장제도는 시대에 맞지 않고 있다는 것을 이야기하고 있다.

|단어| 銭湯(せんとう) 공중목욕탕 公衆(こうしゅう) 공중 浴場(よくじょう) 목욕탕 とりわけ 특히, 유난히 絶滅(ぜつめつ) 절멸 寸前(すんぜん) 직전 特殊(とくしゅ) 특수 仕掛(しか)け 장치 存在(そんざい) 존재 逆(ぎゃく)に 역으로 成(な)り立(た)つ 장사가 유지되다 依然(いぜん) 여전 外風呂(そとぶろ) 공중목욕탕 需要(じゅよう) 수요 取(と)り込(こ)む 거두어들이다, 자기

것으로 하다　制度(せいど) 제도　衛生(えいせい) 위생　組合(くみあい) 조합　内風呂(うちぶろ) 집안의 목욕탕　当(あ)たり前(まえ) 당연함　当然(とうぜん) 당연　開設(かいせつ) 개설　相次(あいつ)ぐ 잇따르다, 연달다　大規模(だいきぼ) 대규모　施設(しせつ) 시설　根強(ねづよ)い 뿌리깊다, 탄탄하다　中身(なかみ) 내용　癒(いや)す 치료하다　求(もと)める 찾다, 구하다　料金(りょうきん) 요금　優遇(ゆうぐう) 우대　措置(そち) 조치　引(ひ)きかえ 바꿈, 교환　大型(おおがた) 대형　投資(とうし) 투자　引(ひ)き受(う)ける 부담하다　秘(ひ)める 숨기다　復活(ふっかつ) 부활　物語(ものがたり) 이야기

187
① 에 들어갈 단어로 가장 적당한 것을 고르시오.
| **정답찾기** | 건물을 세는 말을 찾으면 된다.
| **정답** | (C)

188
② 에 들어갈 단어로 가장 적당한 것을 고르시오.
| **정답찾기** | 문맥상 '요구'의 뜻이 와야함으로 (C) 니즈(needs)가 정답이 된다. (A) keep (B) user (D) price
| **정답** | (C)

189
왜 조작이 없이는 공중목욕탕은 유지되지 않는다고 말할 수 있습니까?
(A) 물가의 급등에 의해 필연적으로 공중목욕탕의 요금도 오르지 않으면 안 되었기 때문에.
(B) 아이를 주 대상으로 한 어뮤즈먼트 파크 같은 공중목욕탕이 요구되어지기 때문에.
(C) 집안 욕실이 당연한 시대가 되어, 몸을 씻는 것만이 아니고 사람들은 즐거움을 찾으려고 하기 때문에.
(D) 도내의 공중목욕탕 수는 점점 더 늘고 경쟁에 이기기 위해서는 각자의 특색을 내지 않으면 안 되기 때문에.
| **단어** | 高騰(こうとう) 급등　値(ね)あげ 가격 인상　ますます 점점 더, 더욱더　特色(とくしょく) 특색
| **정답** | (C)

190
도내의 공중목욕탕이 감소하고 있는 원인은 무엇입니까?
(A) 서비스의 저하와 요금의 인상에 의해 손님이 격감했기 때문에.
(B) 스포츠클럽 안에 공중목욕탕과 같은 시설이 생겼기 때문에.
(C) 집에 목욕탕이 있는 것이 당연한 시대가 되었기 때문에.
(D) 병에 감염될 위험이 있고 위생상 좋지 않다고 하는 인식이 퍼졌기 때문에.
| **단어** | 感染(かんせん) 감염　認識(にんしき) 인식
| **정답** | (C)

[191~194]

소매점의 새해 첫 판매를 장식하는 복 주머니. 그곳에도 변화의 물결이 밀려오고 있다. 내용물을 모르기 때문에 느끼는 재미는 ①뒷전으로 밀리고, 투명도의 높음을 경쟁하는 것이 요즘 현실이다. 손익 계산을 드러내는 소비자와 그 욕구를 이용하려고 지혜를 짜는 소매점. 요즘 세태의 복 주머니를 상징하는 것이 다카시마야가 판매했던「뉴이어 해피 백」이다. 최대의 특징은 내용물이 무엇인가 사전에 밝히고 있는 것이다. 코트, 스웨터 등은 색과 사이즈를 고를 수 있고, 가게 앞의 견본으로 품질도 확인할 수 있다. 복 주머니의 기원은 ②확실하지는 않지만, 메이지 시대에는 이미 존재했다고 한다. 국어사전에 의하면「여흥이나 상점 등의 첫 판매에 여러 가지의 물건을 넣어 봉인해 여러 사람이 선택해 가지게 하는 주머니」. 무엇이 들어 있는지를 알지 못하는 스릴이 인기를 얻어 퍼졌을 것이다. 원래 정초는 손님도 가게도 손득과 장사를 잊고 축복하는 날이었다.「복 주머니」라고 하는 이름에도 그러한 마음이 나타난다.「여러분을 기쁘게 해 드리려고 이런 물건을 준비했습니다」「길조를 이끄는 물건이다. 하나 받아 볼까?」「복」이 작은 행복, 소박한 기쁨을 함께 나누는 마음이라고 한다면, 현대의 복 주머니에「복」은 없고, 있는 것은「욕심」과「이익」뿐이다.

| **단어** | 小売店(こうりてん) 소매점　初売(はつう)り 첫 판매(연초에 처음 파는 것)　彩(いろど)る 색칠하다, 채색하다　福袋(ふくぶくろ) 복 주머니　押(お)し寄(よ)せる 몰려들다, 밀려오다　透明度(とうめいど) 투명도　争(きそ)う 겨루다, 경쟁하다　当世風(とうせいふう) 요즘 현실　損得(そんとく) 손액, 손해와 이익　勘定(かんじょう) 계산, 셈　むき出(だ)す 드러내다　消費者(しょうひしゃ) 소비자　つけ込(こ)む 기회를 이용하다　知恵(ちえ) 지혜　絞(しぼ)る 짜다　象徴(しょうちょう) 상징

販売(はんばい) 판매　店頭(てんとう) 가게 앞　見本(みほん) 견본　品質(ひんしつ) 품질　確認(かくにん) 확인　起源(きげん) 기원　定(さだ)か 확실함　すでに 이미, 벌써　余興(よきょう) 여흥　商店(しょうてん) 상점　封(ふう)をする 봉하다　正月(しょうがつ) 정월, 설　祝(いわ)う 축하하다　縁起物(えんぎもの) 재수를 빌기 위한 물건

191
___①___ 에 들어갈 단어로 가장 적당한 것을 고르시오.
| 단어 | そっちのけ 뒷전으로 돌림, 내동댕이침
| 정답 | (B)

192
②定か의 의미로 가장 적당한 것을 고르시오.
| 단어 | 間違(まちが)う 틀리다　正(ただ)しい 바르다, 옳다　はっきりする 확실하다　曖昧(あいまい)だ 애매하다
| 정답 | (C)

193
요즘 현실의 복 주머니는 어떤 복 주머니입니까?
(A) 전년의 재고가 많이 들은 복 주머니
(B) 사기 전부터 속에 무엇이 들어 있는지 아는 복 주머니
(C) 속에 무엇이 들어 있는지 알지 못하는 스릴을 맛볼 수 있는 복 주머니
(D) 산 후에 마음에 들지 않으면 반품할 수 있는 복 주머니
| 단어 | 売(う)れ残(のこ)り 팔다 남음, 재고품　スリルを味(あじ)わう 스릴을 맛보다　返品(へんぴん) 반품
| 정답 | (B)

194
본문의 내용과 맞는 것을 고르시오.
(A) 현대의 복 주머니에는 내용물을 모르는데서 오는 즐거움은 없다.
(B) 복 주머니는 길조를 이끄는 물건이기 때문에 손님은 가격이 비싸든지 싸든지 별로 신경 쓰지 않는다.
(C) 현대의 복 주머니에는 손익을 생각하지 않고 정월을 축복하는 마음이 나타나 있다.
(D) 최근은 불경기이기 때문에 별로 복 주머니가 팔리지 않는다.
| 단어 | 中身(なかみ) 내용물, 내용　楽(たの)しみ 즐거움, 낙　～を抜(ぬ)きにして ～을 없애고, ～을 생각하지 않고　売(う)れる 팔리다
| 정답 | (A)

[195~197]

　비밀번호는 양날의 검이다. 외우기 쉬운 번호는 도둑도 알기 쉽다. 기억하기 어려운 번호는 본인이 잊기 쉽다. 비밀번호를 잊어버려 ①당황했던 적이 한두 번이 아니다. 이러한 실패담을 14년 전에 썼다. 잊지 않기 위해서 생년월일이나 전화번호, 차 번호를 비밀번호로 하는 것은 더 없이 어리석은 일인 것 같다.「비밀번호는 인감과 같다. 잔고가 있는 한 인출될 수 있습니다」라고 은행 간부한테 들었다.
　골프장을 무대로 한 대규모 카드 위조 사건이 적발되었다. 열쇠를 쥔 것은 문자 그대로 귀중품로커의 마스터키였다. 이용자는 4자리의 비밀번호로 로커를 열고 닫는다. 암호를 잊어버렸을 때는 마스터키로 아는 구조였다. 4자리의 숫자를 간단히는 외울 수 없다. 로커와 현금 카드의 비밀번호를 함께 하는 사람이 많았다. 골프장의 지배인이 범행에 가담했기 때문에「딱 ②도둑에게 열쇠를 맡기는 꼴이었다」. 여유 키로 카드의 비밀번호까지 ③새어나갔다.
　알지 못하는 새에 예금이 인출되어도 은행은 보상하지 않는다. 비밀번호를 노출시킨 사람의「자기 책임」이라고 태도를 싹 바꾼다. 손바닥의 정맥으로 본인을 확인하는 차세대 카드가 보급되는 것은 아직 앞의 일일 것이다. 따라서 자위책은 매우 미덥지 못하다. 비밀번호를 알기 어렵게 한다. 지갑은 몸에서 떨어뜨리지 않고 가지고 다닌다. 편리한 카드가 새로운 불편을 낳고 있다.

| 단어 | 暗証番号(あんしょうばんごう) 비밀번호　両刃(りょうば)の剣(つるぎ) 양날의 칼(유용한 면도 있으나 잘못 쓰면 크게 해독을 주는 위험한 요소도 있는 것의 비유)=「諸刃(もろは)の剣(つるぎ)」　盗人(ぬすびと) 도둑　ドギマギ 허둥지둥, 갈팡질팡　一再(いっさい)ならず 한두 번이 아니라 여러 차례, 종종=「たびたび」　生年月日(せいねんがっぴ) 생년월일　隅(ぐ)の骨頂(こっちょう) 더 없이 어리석음, 어리석기 그지 없음　残高(ざんだか) 잔고　摘発(てきはつ) 적발　桁(けた) (숫자의)자릿수　仕組(しく)み 구조　加担(かたん) 가담　補償(ほしょう) 보상　手(て)のひらを返(かえ)す 손바닥을 뒤집다, 태도를 싹 바꾸다=「手の裏を返す」　甚(はなは)だ 매우, 대단히　おぼつかない 미덥지 못하다　肌身(はだみ) 신체, 몸

195
①ドギマギしたこと―再ならず의 의미로 가장 적당한 것을 고르시오.
(A) 아주 부끄러웠던 적이 딱 한 번 있다.
(B) 당황했던 적이 한 번인가 두 번 있다.
(C) 어떻게 하면 좋을까 알지 못하고 당황했던 적이 몇 번이고 있다.
(D) 두 번 다시 실패하지 않도록 신경 쓰고 있다.
|단어| 恥(は)ずかしい 부끄럽다 戸惑(とまど)う 당혹하다, 당황하다, 망설이다 慌(あわ)てる 당황하다
|정답|(C)

196
_____②_____ 에 들어갈 단어로 가장 적당한 것을 고르시오.
(A) 도둑에게 열쇠를 맡기다
(B) 도둑에게 열쇠를 받다
(C) 본인이 열쇠를 보관하다
(D) 본인이 열쇠를 쥐다
|단어| 盗人(ぬすびと) 도둑 =「泥棒(どろぼう)」 鍵(かぎ) 열쇠 預(あず)ける 맡기다, 보관하다 受(う)け取(と)る 받다, 수취하다 握(にぎ)る 쥐다
|정답|(A)

197
_____③_____ 에 들어갈 단어로 가장 적당한 것을 고르시오.
|단어| 間抜(まぬ)け 얼간이 같은 짓을 함 底抜(そこぬ)け 밑이 빠짐, 바닥이 없음, (긍정적인 이미지와 더불어)한없음, 한량없음, 더할 나위 없음 筒抜(つつぬ)け 비밀이 곧바로 새어나감, 말소리가 환히 들림 拍子抜(ひょうしぬ)け 맥이 빠짐
|정답|(C)

[198~200]

평일 오피스 근처의 상업 시설에서 쇼핑을 끝내는 사람이 늘고 있다.
「패션과 인테리어 등 일상품 이외의 쇼핑을 토요일이나 일요일이 아니라 평일에 하는 사람이 늘고 있다」. 일경 MJ가 실시한 쇼핑 시간 조사의 결과가 소매점 업계에 충격을 주고 있다. 소비자①에게 있어서 쇼핑이 무상의 즐거움만이 아닌 게 된 모양이 들여다 보이기 때문이다. 백화점이 주말에는 문을 닫는다. 그러한 경악할만한 미래도 ②생각하지 않을 수 없다.
조사는 전국 인터넷 모니터 3000명(20~60대, 남녀 각 1500명)을 대상으로 전자 메일을 사용하여 실시했다. 그것에 의하면「3년 전과 비교해 토요일, 일요일의 쇼핑을 평일로 바꿨다」란 사람이 전체의 16.7%. 그 비율은 20대 30대의 여성이 특히 높고, 20대 여성이 28.9%, 30대 여성이 24.7%에 이른다. 그 이유를 한마디로 말하면「모처럼의 휴일을 쇼핑으로 보내고 싶지 않다」. 토요일, 일요일에 쇼핑을 하는 대신에 늘린 시간을 질문하니 1위가「인터넷, 휴대 전화」, 2위가「휴식, 느긋이 지냄」으로, 이하「취미, 오락」「육아」「가사」「수면」이 이어진다. 쇼핑보다 이것들이 우선순위가 위라고 생각하는 사람이 늘어나고 있다.

|단어|衝撃(しょうげき) 충격 無上(むじょう) 무상 透(す)ける 들여다보이다 驚愕(きょうがく) 경악 調査(ちょうさ) 조사 割合(わりあい) 비율 くつろぎ 편히 쉼, 느긋이 지냄 育児(いくじ) 육아 娯楽(ごらく) 오락 睡眠(すいみん) 수면 優先(ゆうせん) 우선

198
_____①_____ 에 들어갈 단어로 가장 적당한 것을 고르시오.
|단어|～として ～로 해서 ～に対して ～에 대응해서, ～에 대하여 ～にとって ～에 있어서 ～だからこそ ～이기 때문에(강조)
|정답|(C)

199
②考えられなくもない의 의미로 가장 적당한 것을 고르시오.
(A) 생각해도 끝이 없다
(B) 절대 생각할 수 없다
(C) 조금은 생각할 수 있다
(D) 생각해도 어쩔 수 없다
|정답|(C)

200
왜 평일에 오피스 근처에서 쇼핑을 하는 사람이 늘고 있습니까?
(A) 일하는 사람들을 주 대상으로 한 가게가 오피스 근처에 늘어서 있기 때문에.
(B) 휴일도 반납하고 일하는 사람이 늘고, 휴일은 바빠서

쇼핑할 여유도 없기 때문에.
(C) 휴일에 일부러 쇼핑을 해 시간을 낭비하고 싶지 않기 때문에.
(D) 집 근처에는 쇼핑을 즐길 만한 백화점이 별로 없기 때문에.
| 단어 | ターゲット 타깃, 목표 返上(へんじょう) 반환, 반납 無駄(むだ) 보람이 없음, 쓸모없음
| 정답 | (C)

실전 모의고사 2

101
| 번역 | 손님을 맞을 준비가 되었습니다.
| 단어 | お客(きゃく)さま 손님 準備(じゅんび) 준비
| 정답찾기 | 「迎える」의 훈독은 「むかえる」, 음독은 「げい」이다. 따라서 「歓迎(かんげい)」(환영) 「迎賓(げいひん)」(영빈)으로 읽는다.
| 정답 | (B)

102
| 번역 | 이것은 편리해서 애용하고 있습니다.
| 단어 | 便利(べんり) 편리
| 정답찾기 | 「重」의 음독은 「じゅう」와 「ちょう」두 가지, 훈독은 「重(おも)い、重(かさ)ねる、重(え)」이므로 단어에 따라 읽는 법에 주의해야 한다. 또한 「重宝」가 '귀중한 보물'로 쓰일 때는 「じゅうほう、ちょうほう」두 가지 독음으로 읽히나, 문제와 같이 '편리하여 유용하다'는 의미로 사용될 때는 「ちょうほう」로 읽는다.
| 정답 | (A)

103
| 번역 | 비가 오랜 기간 내리지 않았으니, 이것은 은총의 비다.
| 단어 | 雨(あめ)が降(ふ)る 비가 내리다
| 정답찾기 | 「恵」의 음독은 「けい、え」이며, 훈독은 「めぐみ」이다. 「恩恵(おんけい)」(은혜) 「恵沢(けいたく)」(혜택)
| 정답 | (A)

104
| 번역 | 매우 솔직한 성격입니다.
| 단어 | 性格(せいかく) 성격
| 정답찾기 | 「素」는 훈독이 없고, 모두 음독으로 「す」와 「そ」가 있다. 「素(そ)っ気(け)ない」(무뚝뚝하다, 쌀쌀하다), 「素直(すなお)」(순수함, 순진함) 등이 자주 출제되는 한자이다.
| 정답 | (D)

105
| 번역 | 식은 엄격하게 행해졌다.
| 단어 | 式(しき) 식 行(おこな)う 행하다, 실시하다
| 정답찾기 | 「送(おく)り仮名(がな)」 표기법을 묻는 문제로 「送り仮名」는 한자 밖으로 히라가나를 내보내어 읽기 쉽게 한다는 의미이다. 활용어미 앞에 「か、やか、らか」를 포함한 「な형용사」는 그 음절부터 가나로 적는다.
| 정답 | (C)

106
| 번역 | 상상하는 것조차 어려운 일을 내가 어떻게 할 수 있겠습니까?
| 단어 | ~さえ ~조차, ~마저, ~까지
難(むずか)しい 어렵다 どうして 어떻게
| 정답찾기 | 특히 한자 「像(ぞう)」(조각, 회화 등의 상, 영상)와 「象(ぞう)」(코끼리)를 구별해야 한다. 각각에 해당하는 어구를 확실하게 기억하는 것이 도움이 된다. 「像(ぞう)」와 관련 있는 주요 단어를 정리하면 「銅像(どうぞう)」(동상) 「映像(えいぞう)」(영상)이 있다. 이와 혼동하기 쉬운 한자인 「象(ぞう)」는 「코끼리」라는 의미 외에는 모두 「しょう」로 발음한다. 예를 들어 「印象(いんしょう)」(인상) 「現象(げんしょう)」(현상) 「抽象(ちゅうしょう)」(추상) 같은 어휘이다.
| 정답 | (C)

107
| 번역 | 법안 심의는 지체되는 일 없이 진척되었다.
| 단어 | 法案(ほうあん) 법안 審議(しんぎ) 심의
運(はこ)ぶ (자동사로)진척되다
| 정답찾기 | 「滞(とどこお)る」는 「渋滞(じゅうたい)する」(밀리다, 정체되다, 지체되다)를 비롯하여 「체납되다, 날짜가 지났는데도 지불이 밀리다」 등의 의미가 있다. 나머지 (A) 「携(たずさ)わる」(종사하다, 관계하다) (B) 「妨(さまた)げる」(방해하다, 저해하다) (C) 「止(とど)まる」(머무르다, 체재하다)
| 정답 | (D)

108
| 번역 | 같은 작품으로 보여도 거기에는 미묘한 차이가 있는 것이다.
| 단어 | 作品(さくひん) 작품 違(ちが)い 차이
| 정답찾기 | 역시 비슷한 음으로 발음되는 한자를 구별하는 문제로「微妙(びみょう)」또한 자주 출제되는 문제이니 잘 암기해 두도록 한다.
| 정답 | (D)

109
| 번역 | 우리 회사는 대기업에 필적할만한, 최신 설비를 갖추고 있다.
| 단어 | わが社(しゃ) 우리 회사 大企業(だいきぎょう) 대기업 設備(せつび) 설비
| 정답찾기 | '맞서 대응하다' 라는 의미는「匹敵(ひってき)」(필적)이고, 같은 의미로 자주 출제되는 관용어는「肩(かた)をならべる」(어깨를 나란히 하다)가 있다.
| 정답 | (D)

110
| 번역 | 영리한 아이만은 아니다.
| 단어 | 子供(こども) 아이 ~ばかり ~만, ~뿐
| 정답찾기 | (A)의「利口」와 (B)의「理工」모두「りこう」로 발음되나 (B)의「理工」는 '이공계 대학'을 뜻하고, (A)의「利口」는 '영리하고 똑똑함'을 뜻한다.
| 정답 | (A)

111
| 번역 | 5시가 되자마자 뛰어 나갔다.
| 단어 | 飛(と)び出(だ)す 뛰어나가다, 뛰쳐나오다
| 정답찾기 |「~(か)と思うと」/「~(か)と思ったら」는 '~하자마자' 라는 뜻이다. (A)의「~か~ないかのうちに」는 '~와 거의 동시에' 라는 의미다.
(A) 5시가 됨과 동시에 달려 나갔다.
(B) 5시가 되어도 갈 수 없는데, 달려 나갔다.
(C) 5시가 되어 시간이 생겨 달려 나갔다.
(D) 5시가 된 것도 모른 채 달려 나갔다.
| 정답 | (A)

112
| 번역 | 이 계획도 겨우 고비를 넘겼습니다.
| 단어 | 空気(くうき) 공기 書類(しょるい) 서류

熱(ねつ) 열 最悪(さいあく) 최악
| 정답찾기 |「山(やま)」는 '산' 외에도 '산더미와 같이 양이 많은 것, 고비, 절정' 등의 의미로도 쓰인다.「山がはずれる」는 '예상이 빗나가다' 라는 관용어이다.
(A) 병에는 산의 공기가 최고입니다.
(B) 회사에 돌아가면 서류가 산더미입니다.
(C) 열은 오늘밤이 고비겠지요.
(D) 예상이 빗나가서 시험을 망쳤습니다.
| 정답 | (C)

113
| 번역 | 창으로 아침 햇살이 비쳐 왔습니다.
| 단어 | 日差(ひざ)し 햇살 自宅(じたく) 자택 通(かよ)う 다니다, 왕래하다 天井(てんじょう) 천장 漏(も)れる 새다, 새나가다 新学期(しんがっき) 신학기
| 정답찾기 |「~から」는 '~부터(~까지), ~로부터, ~을 통해' 등의 뜻이 있다.
(A) 그녀는 자택에서 다니고 있습니다.
(B) 우리 아파트는 천장으로 비가 샙니다.
(C) 4월부터 신학기가 시작됩니다.
(D) 그 일은 어머니에게 들었습니다.
| 정답 | (B)

114
| 번역 | 이런 곳에 두다니, 어째서 그렇게 싫어하는 일을 일부러 하는 거냐.
| 단어 | あてつける 직접 관계가 없는 일을 일부러 보이거나 들려주어 상대를 비난하다, 빗 대여 욕하다, 나무라다 がましい (명사, 동사ます형, 형용사에 붙어)~인 것 같다, 마치 ~하는 것 같다, ~같아 보이다 あてつけがましい 빗대어 빈정대는 태도가 있다 ずうずうしい 뻔뻔스럽다
| 정답찾기 | (A) 기분이 나빠지지 않도록 신경을 쓰다.
(B) 언제나 같은 일을 하다.
(C) 싫어하는 일을 일부러 하다.
(D) 뻔뻔스럽다.
| 정답 | (C)

115
| 번역 | 들어 보았자 잊어버려요.
| 단어 | ~たところで ~해 봤자 忘(わす)れる 잊다, 망각하다
| 정답찾기 |「~たところで」는「~ても」와 같은 뜻이다.

(A) 들어도 잊어버려요. (B) 들으면 잊어버리지 않아요.
(C) 들으면 잊어버리지 않아요. (D) 들으면 잊어버려요.
|정답| (A)

116
|번역| 나가려고 하는 때에 전화가 걸려 왔다.
|단어| 出(で)かける 나가다, 외출하다 負(ま)ける 지다, 패하다 拭(ふ)く (걸레, 수건으로) 닦다, 훔치다
|정답찾기|「～よう」는 '～하도록, ～하려고/하자(의지)' 등의 뜻이 있다.
(A) 이번 계획은 실패였다고 말할 수 있을 것이다.
(B) 다른 사람에게 지지 않도록 노력해 주세요.
(C) 그렇게 재미있다면 읽어보자고 생각했다.
(D) 얼굴이 잘 보이도록 닦아주세요.
|정답| (C)

117
|번역| 오늘 마을에서 본 사람은 중학교 동급생이 틀림없다.
|단어| 見掛(みか)ける 눈에 띄다, 언뜻 보다 同級生(どうきゅうせい) 동급생 ～に似(に)ている ～을 닮다=「～とそっくりだ」 ～に決(き)まっている 반드시 ～하다=「～にちがいない」(～임에 틀림이 없다)
|정답찾기|「～に相違(そうい)ない」의 형태로 '～임에 틀림없다'는 뜻의 숙어다.
(A) 닮았다. (B) 정해져 있다. (C) 같다. (D) 다르다.
|정답| (B)

118
|번역| 찾을 것도 없습니다.
|단어| 探(さが)す 찾다 範囲(はんい) 범위 意欲(いよく) 의욕 必要(ひつよう) 필요
|정답찾기|「～までもない」는 '～할 필요가 없다'는 뜻의 숙어다.
(A) 찾을 시간은 없습니다.
(B) 찾을 범위는 없습니다.
(C) 찾을 의욕은 없습니다.
(D) 찾을 필요는 없습니다.
|정답| (D)

119
|번역| 그는 하잘것없는 인물에 지나지 않습니다.
|단어| 人物(じんぶつ) 인물 ～に過(す)ぎない ～에 지나지 않다 見過(みす)ごす 간과하다, 보고도 못 본 체하다, 못보고 빠뜨리다 大(たい)した (부정의 말을 수반하여)별, 이렇다 할, 큰 人並(ひとな)み 보통 사람과 같은 정도나 상태
|정답찾기|「取(と)るに足(た)りない」는 '문제가 되지 않는다, 하잘것없다'는 뜻의 관용어이다. 「～がち」는 '～하는 경향이 많은 것'을 나타낸다.
(A) 그는 간과하는 경향이 있는 사람입니다.
(B) 그는 건방진 사람임에 틀림없습니다.
(C) 그는 대단한 인물이 아닙니다.
(D) 그는 보통의 인물밖에 안 됩니다.
|정답| (C)

120
|번역| 친구와 술을 마시는 것은 즐겁습니다.
|단어| 友人(ゆうじん) 친구 実(じつ)は 실은, 사실은 入院(にゅういん) 입원 お姫様(ひめさま) 공주님
|정답찾기| 문제의「の」는 '～하는 것/일'의 뜻이다.
(A) 영화를 보는 것을 좋아합니다.
(B) 실은 입원했었습니다.
(C) 내가 좋아하는 요리입니다.
(D) 그녀는 마치 공주님 같았다.
|정답| (A)

121
|번역| 보기 시작했더니 의외로 재미있어서, 그 만화영화를 계속 봤습니다.
|단어| 案外(あんがい) 의외로, 예상외로 =「思(おも)いのほか」
|정답찾기| 자동사와 타동사를 구별하는 문제로, 목적어 만화영화가 있으므로 타동사「続(つづ)けて」를 써야 한다.
|정답| (D) → つづけて

122
|번역| 이번 여름은 추운 날이 계속된 탓으로 에어컨의 판매 실적이 늘지 않아서 전기 제품회사는 많은 손해를 봤습니다.
|단어| 今夏(こんか) 이번 여름 売(う)れ行(ゆ)き 팔림새, 매상 =「売(う)れ足(あし)」 延(の)びる 늘어나다, 연장되다 損害(そんがい) 손해
|정답찾기|「춥다」의「寒(さむ)い」와「날씨」의「天気(て

ん き)」는 어울리지 않는 단어이다. 따라서 같이 쓰이면 어색한 문장이 되므로 주의하도록 한다.

|정답| (A) → 寒い日

123

|번역| 저번 연휴에 아이치 박람회에 갔다 왔습니다만, 기대 이상으로 훌륭해서 좋았습니다.

|단어| 連休(れんきゅう) 연휴　万博(ばんぱく) 만국박람회,「万国博覧会(ばんこくはくらんかい)」의 준말　期待(きたい) 기대　すばらしい 뛰어나다, 멋지다=「見事(みごと)だ、立派(りっぱ)だ」

|정답찾기| 우리말의 '지난번, 요전' 등에 해당하는 말은「この間(あいだ)」이다.「さき」로 쓰고 해석해 보면 그지 어색해 보이지 않는 것에 주의한다.

|정답| (A) → この間

124

|번역| 지난번에 10년 만에 첫사랑 연인을 만났는데, 상당히 변해 있어서 실망했습니다.

|단어| この間(あいだ) 요전, 지난번　初恋(はつこい) 첫사랑　変(か)わる 바뀌다, 변하다　がっかり 낙담함, 실망함

|정답찾기| 시간의 흐름에 사용되는 조사는「に」이다. JPT 문제를 보면「に」와「で」를 바꾸어 놓은 문제가 상당히 많은데, 사전을 찾아보고 여러 가지 쓰임을 잘 익혀 두어 시험에 대비해야겠다.

|정답| (B) → に

125

|번역| 태어나서 처음으로 비행기에 탔을 때의 일을 기억하고 있습니까?

|단어| 生(う)まれる 태어나다　覚(おぼ)える 기억하다

|정답찾기|「はじめに」와「はじめて」의 구별 문제는 출제빈도가 상당히 높으니 잘 정리해 두도록 한다.「はじめて」는 '경험의 처음'을 나타낸다.

|정답| (B) → はじめて

126

|번역| 이성과 사귀기 전까지는 연애의 어려움을 몰랐습니다.

|단어| 異性(いせい) 이성　付(つ)き合(あ)う 사귀다, 교제하다　恋愛(れんあい) 연애

|정답찾기|「わかる」는 조사「を」가 아닌 조사「が」를 취하는 동사이다. 이런 것을 머리 속에 익혀 두고 문제가 나오면 빠른 시간에 답을 찾아내는 능력을 길러야 좋은 점수를 받을 수 있고, 이러한 것이 문제 푸는 요령인 것이다.

|정답| (D) → が

127

|번역| 시간이 부족하니 모르는 곳은 가능한 건너뛰고, 나중에 생각하는 것이 좋다.

|단어| 時間(じかん)が足(た)りない 시간이 부족하다　箇所(かしょ) 부분, 곳　飛(と)ばす 건너뛰다, 뛰어넘다

|정답찾기| 기초적인 일본어 문법 문제도 JPT시험문제에 섞여 나오면 잘 못 발견하는 대표적인 문제이다. 기초 일본어 문법으로 형용사 다음에 명사가 올 경우, 그대로 접속한다. 따라서「の」는 생략되어야 한다.

|정답| (B) → ×

128

|번역| 성에 대한 질문을 일본 여자 고등학생에게 했더니, 깜짝 놀랄만한 대답이 돌아왔습니다.

|단어| 性(せい) 성　質問(しつもん) 질문　女子高生(じょしこうせい) 여고생　驚(おどろ)く 놀라다　返(かえ)る 제자리·원상태로 돌아가다

|정답찾기|「~について」는 명사 등에 접속하여, 그 대상에 파고든다는 느낌을 나타낼 때 사용한다. 체언을 수식할 경우에는「~についての 명사」과 같이「の」가 들어간다. 이와 비슷한 표현으로「~に対(たい)して」가 있는데 이 것은 어떤 대상에게 물리적 심리적인 작용을 가한다는 의도가 내포되어 있다.

|예| 日本文学(にほんぶんがく)について研究(けんきゅう)する。
일본 문학에 관하여 연구하다.
趣味(しゅみ)についての話(はなし)。
취미에 관한 이야기.
警官(けいかん)に対(たい)して抵抗(ていこう)する。
경관에 대하여 저항하다.
質問(しつもん)に対(たい)する答(こた)え。
질문에 대한 대답.

|정답| (A) → についての

129

|번역| 때로는 아이를 엄하게 꾸짖는 것은 좋다고 생각합니다만, 체벌은 안 하는 것이 좋다고 생각합니다.

| 단어 | 時(とき)には 때로는, 가끔은 =「たまには、時(とき)として」 厳(きび)しい 엄하다 叱(しか)る 꾸짖다, 야단치다 体罰(たいばつ) 체벌
| 정답찾기 | 역시 기초적인 일본어 문법의 형용사의 접속 형태를 물어 보는 문제로 「い형용사」와 「な형용사」의 차이를 알아야 풀 수 있는 문제이다. 「いい」는 「い형용사」이지 「な형용사」가 아니므로 「だ」를 제거해야 한다.
| 정답 | (B) → ×

130
| 번역 | 어느 날, 길을 걷고 있었는데 어떤 사람이 나를 불렀습니다만, 나는 그 사람이 누군지 몰랐습니다.
| 단어 | ある 어떤, 어느 道(みち)を歩(ある)く 길을 걷다
| 정답찾기 | 모르는 어떤 사람, 즉 누군가가 나를 불렀으므로 「ある人(ひと)」가 정답이 된다. 「だれか」는 여러 사람 중에 분명치 않은 어떤 사람을 지칭할 때 쓰는 말이다.
| 정답 | (B) → ある人

131
| 번역 | 이 사진을 보면 고등학교 때 친구와 클럽 활동에 열심이었던 기억이 떠오른다.
| 단어 | 写真(しゃしん) 사진 部活動(ぶかつどう) 부서 활동 励(はげ)む 노력하다, 분발하다, 힘쓰다 甦(よみがえ)る 되돌아오다, 소생하다
| 정답찾기 | 잊고 있었던 일 등이 떠오를 때에는 「よみがえる」나 「思(おも)い出(だ)される」라고 하며, 지나간 일이 떠오른다는 의미에서의 '추억'은 「思(おも)い出(で)」, 지나간 일을 의도적으로 떠올리는 경우는 「追憶(ついおく)」로 표현한다.
| 정답 | (C) → 思い出

132
| 번역 | 지금 그가 설명하고 있는 것은 이 매뉴얼에 전부 써 있는 것이니, 주의 깊게 들을 필요는 없습니다.
| 단어 | 説明(せつめい) 설명 全(すべ)て 모두
| 정답찾기 | 먼저 자동사와 타동사의 특징을 간단히 설명하면 자동사는 동작과 작용이 주어에 영향을 미치는데 반해, 타동사는 동작이나 작용이 주어와 다른 사물에 영향을 미친다.
〈상태〉
① 자동사 + ている : 어(여) 있다 → 자연적 결과
　咲(さ)く → さくらが咲いている。
　　　　　　벚꽃이 피어 있다.
　閉(し)まる → 窓(まど)が閉まっている。
　　　　　　창문이 닫혀 있다.
　開(あ)く → 窓(まど)が開いている。
　　　　　　창문이 열려 있다.
② 타동사 + てある : 어(여) 있다 → 인위적인 상태의 결과
　開(あ)ける → 窓(まど)が開けてある。
　　　　　　창문이 열려 있다.
　閉(し)める → 窓が閉めてある。
　　　　　　창문이 닫혀 있다.
〈동작 진행〉
① 자동사 + ている : 고 있다
　歩(ある)く → 道(みち)を歩いている。
　　　　　　길을 걷고 있다.
　渡(わた)る → 川(かわ)を渡っている。
　　　　　　강을 건너고 있다.
　飛(と)ぶ → 空(そら)を飛んでいる。
　　　　　　하늘을 날고 있다.
＊ 자동사이지만 앞의 조사 「を」를 쓰는 것은 장소 즉, 이동을 나타내는 용법으로 사용되고 있기 때문이다. 이러한 동사는 그 외에도 「通(とお)る 통과하다, 走(はし)る 달리다」 등이 있다.
② 타동사 + ている : 동작의 진행
　開(あ)ける → ドアを開けている。
　　　　　　문을 열고 있다.
　閉(し)める → ドアを閉めている。
　　　　　　문을 닫고 있다.
| 정답 | (B) → ある

133
| 번역 | 식사를 한 후에 바로 조깅을 하는 것은 그만두는 편이 좋다.
| 단어 | 食事(しょくじ) 식사 止(や)める 그만두다, 중지하다
| 정답찾기 | 「後(あと)で」와 「後(あと)に」의 앞에는 항상 과거 완료형 「～た」가 와야 한다.
| 정답 | (A) → した

134
| 번역 | 수업 중에 이야기를 하는 것은 당치도 않은 일이다.
| 단어 | 授業中(じゅぎょうちゅう) 수업 중 もってのほか 말도 안 됨, 당치않음

| 정답찾기 | 뒤에 「する」라는 동사가 있으므로, 조사 「を」 앞에는 명사형이 들어가야 한다. 「話(はな)す」의 명사형은 「話(はなし)」이다.
| 정답 | (B) → 話

135
| 번역 | 옛날 무사는 허리에 칼을 차고 있었습니다.
| 단어 | 昔(むかし) 옛날 武士(ぶし) 무사 腰(こし) 허리 差(さ)す 칼을 차다
| 정답찾기 | 칼이라는 목적어가 있으므로 타동사가 들어가야 한다. 「ささる」(박이다, 찔리다)는 자동사이므로 타동사 「さして」로 고쳐 주어야 한다.
| 정답 | (C) → さして

136
| 번역 | 바닥에 우유를 흘렸으니 걸레로 닦아주시지 않겠습니까?
| 단어 | 床(ゆか) 마루, 바닥 牛乳(ぎゅうにゅう) 우유 零(こぼ)す 흘리다, 쏟다 雑巾(ぞうきん) 걸레 掃(は)く 비로 쓸다
| 정답찾기 | 「掃(は)く」는 '쓸다, 비질하다' 라는 뜻의 단어이다. 우유를 흘렸으므로 「拭(ふ)く」 즉, 걸레 따위로 '닦는다' 라는 의미가 들어가야 자연스런 문장이 된다.
| 정답 | (D) → 拭いて

137
| 번역 | 우리 집은 회사에서 그렇게 멀지 않은 곳에 있고, 가까운 곳에 상점도 있고, 매우 살기 좋은 곳입니다.
| 단어 | 近(ちか)く 근처 商店街(しょうてんがい) 상점가 住(す)む 살다, 주거하다
| 정답찾기 | 위치상에 거리가 '멀다, 가깝다' 를 나타내는 말은 「遠(とお)い」(멀다)와 「近(ちか)く」(근처, 부근)이다. 「長(なが)い」는 길이를 나타내는 말이다.
| 정답 | (B) → 遠くない

138
| 번역 | 다다음달 중순에 일본인 펜팔 친구가 도쿄에서 올 예정입니다.
| 단어 | 再来月(さらいげつ) 다다음달 中旬(ちゅうじゅん) 중순
| 정답찾기 | 「予定(よてい)」와 「つもり」의 차이에 대해 알아두어야 한다. 위의 문제는 마음속에서 계획하고 있는 자신의 생각을 나타내는 것이 아니므로 「予定(よてい)」가 자연스럽다.
〈つもり〉
「~할 예정」: 마음속에서 계획하고 있는 자신의 생각을 나타내는데 쓰인다. 한자로 쓰지 않고 히라가나로 쓴다
예 おみやげを買(か)うつもりです。
　　선물을 살 생각입니다.
〈予定(よてい)〉
「~할 예정」: 자기의 행동이나 행사 등 미리 정해진 일 또는 정해 놓는 것을 가리킨다.
예 あのたてもの(ビル)は12月に完成(かんせい)する予定だ。 저 건물은 12월에 완성될 예정이다.
| 정답 | (D) → 予定

139
| 번역 | 밤중에 갑자기 눈을 떴을 때, 시계의 바늘은 정확히 오전 2시를 가리키고 있었습니다.
| 단어 | 夜中(よなか) 밤중 目(め)が覚(さ)める 잠이 깨다 針(はり) 바늘 指(さ)す 가리키다
| 정답찾기 | 「타동사+てある」는 누군가의 행위의 결과로 남겨진 상태를 나타내므로, 이 문장에서는 「타동사+ている」를 사용해야 한다.
| 정답 | (D) → いました

140
| 번역 | 여보세요, 저는 기무라라고 합니다만, 총무부의 가토 씨는 계십니까?
| 단어 | 総務部(そうむぶ) 총무부 おる 「いる」의 겸양어
| 정답찾기 | '있다' 의 「いる」의 존경 표현을 묻는 문제이다. 경어, 겸양어에 관한 문제는 JPT 시험에 반드시 출제되므로 잘 암기해 두도록 해야 한다.
| 정답 | (D) → いらっしゃる

141
| 번역 | 일본의 여름은 온도가 높아서, 정말 지내기 힘듭니다.
| 단어 | 温度(おんど) 온도
| 정답찾기 | '온도가 높다' 는 의미로는 「高(たか)い」가 적절하다. 나머지는 의미상 어울리지 않는다.
| 정답 | (C)

142
| 번역 | 최근의 텔레비전 프로는 시시한 프로가 너무 많아

요. 조금이라도 뭔가 나아지지 않나요?
| 단어 | 番組(ばんぐみ) 방송, 연예, 시합의 프로그램=「プログラム」
| 정답찾기 | 뒤 문장에서는 방송의 부정적인 모습에 대해 긍정적으로 요구하는 의미가 나타나있다. 따라서 '시시하다, 하찮다' 라는 뜻의 (D)의 「くだらない」가 적절하다.
| 정답 | (D)

143
| 번역 | 외국에서 4년간의 생활은 한마디로는 표현 불가능합니다만, 귀중한 경험이 되어, 정말로 좋았다고 생각하고 있습니다.
| 단어 | 一言(ひとこと) 한마디 表現(ひょうげん) 표현 経験(けいけん) 경험
| 정답찾기 | 내용상 경험의 긍정적인 의미를 내포하고 있으므로 '귀중하다, 얻기 어렵다' 라는 (B)의 「えがたい」가 적절하다.
| 정답 | (B)

144
| 번역 | 좀 더 정성들인 글자로 적어 주세요. 너무나 마구 썼습니다.
| 단어 | 丁寧(ていねい)だ 정중하다, 공손하다, 공을 들이다
| 정답찾기 | 글자가 보기 힘들기 때문에 제대로 적어 달라는 내용이다. 내용상 이유를 말하고 있으므로 '거칠다, 조잡하다' 라는 의미인 (A)의 「らんぼう」가 적절하다.
| 정답 | (A)

145
| 번역 | 농촌의 생활은 너무나 지루합니다. 젊은이들이 도시로 가고 싶어 하는 것도 이해할 수 있네요.
| 단어 | 農村(のうそん) 농촌 都会(とかい) 도회지, 도시
| 정답찾기 | 뒤에 문장에 농촌을 떠난다는 부정적인 의미를 담고 있으므로, '지루함 따분함' 의 의미를 지니는 (C)의 「たいくつ」가 적절하다.
| 정답 | (C)

146
| 번역 | '아줌마' 라고요! 무례한 말은 하지 말아 주세요. 저는 이제 25살이에요.
| 단어 | 複雑(ふくざつ) 복잡 大変(たいへん) 굉장함, 대단함

| 정답찾기 | 아줌마라는 소리를 들은 아가씨가 화를 내고 있는 상황이다.
| 정답 | (C)

147
| 번역 | 뭐를 해도 성공하지 못하니깐, 나처럼 몹쓸 녀석도 없어요.
| 단어 | 駄目(だめ) 못씀 邪魔(じゃま) 방해
| 정답찾기 | 앞 문장이 부정의 의미를 지니고 있으므로, 뒤따라 오는 내용 또한 부정적인 의미를 덧붙여야 내용상 자연스럽게 어울린다. 따라서 '소용없는, 안 되는' 이라는 뜻의 (A) 「だめな」가 가장 적절하다.
| 정답 | (A)

148
| 번역 | 별이 반짝반짝 빛나고 있는 바닷가를 둘이서 산책하다니, 어쩌면 이렇게 낭만적이지요?
| 단어 | 星(ほし) 별 輝(かがや)く 빛나다, 반짝이다 海辺(うみべ) 해변, 바닷가 散歩(さんぽ) 산책 クラシック 클래식, 고전적 エキゾチック 이그조틱, 이국적임 トロピカル 트로피컬, 열대의
| 정답찾기 | 가타카나의 정확한 표현을 묻는 문제로 내용상 낭만적인 「ロマンチック」(로맨틱, 낭만적임)가 가장 적절하다.
| 정답 | (D)

149
| 번역 | 여러분의 오해를 불러일으킬 행동을 한 것에 대해서는 사죄합니다.
| 단어 | 誤解(ごかい) 오해 謝罪(しゃざい) 사죄
| 정답찾기 | '불러일으키다, 초청하다, 초래하다' 라는 뜻의 「まねく」가 가장 적절하다.
| 정답 | (B)

150
| 번역 | 시합에 임하는데 있어, 제일 중요한 것은 잡념을 없애는 것입니다.
| 단어 | 臨(のぞ)む 향하다, 임하다, 직면하다 ~にあたり ~에 즈음하여 雑念(ざつねん) 잡념
| 정답찾기 | 내용상 시합을 위해 잡념을 없애다가 가장 적절하다. 따라서 '지우다, 없애다' 라는 의미인 「はらう」가 가장 적절하다. (A) 「おく」 두다 (B) 「どける」 치우다

(D) 「うる」 팔다

| 정답 | (C)

151
| 번역 | 이 지방이 발전하기 위해서는, 강의 흐름을 막는 댐을 만드는 것이다.
| 단어 | 地方(ちほう) 지방　発展(はってん) 발전
流(なが)れ 흐름
| 정답찾기 | 빈칸에는 '흐르는 물이나 사물의 기세 따위를 막다' 는 의미인 (D)의 「せきとめる」가 와야 한다. (A)의 「さまたげる」와 (C)의 「じゃまする」는 '방해하다' 란 의미이다.
| 정답 | (D)

152
| 번역 | 김 씨가 놀러 왔을 때, 일본 요리를 만들어 드렸더니 맛있어, 맛있어 하고 기뻐해 주셨습니다.
| 단어 | 料理(りょうり) 요리　喜(よろこ)ぶ 기뻐하다
| 정답찾기 | 화자가 만들어 준 것을 상대방이 감탄하고 있고, 상대방이 타인으로 '주다' 란 뜻의 존경어가 들어가야 한다. (A)의 「さしあげる」는 「あげる」의 존경어, (C)의 「いただく」는 「もらう」의 겸양 표현이다.
| 정답 | (A)

153
| 번역 | 회는 역시 간장에 찍어 먹는 것이 맛있습니다.
| 단어 | 刺身(さしみ) 회　醤油(しょうゆ) 간장
| 정답찾기 | 간장을 찍어 먹을 때 '찍다' 라는 표현은 「つける」를 쓴다. (A) 「かける」 걸다　(C) 「ゆでる」 삶다　(D) 「あげる」 튀기다
| 정답 | (B)

154
| 번역 | 3박4일 여행으로 일본에 갔을 때, 싼 여관에서 묵었습니다.
| 단어 | 3泊4日(さんぱくよっか) 3박4일
旅館(りょかん) 여관
| 정답찾기 | 여관이나 호텔에서 잠시 숙박했을 때는 「とまる」를 쓴다. (A) 「すむ」는 어딘가에 장기간 거주할 때 쓰인다. (B) 「くらす」는 '무언가 동작을 하면서 지내다' 란 뜻으로 쓰인다. (C) 「すごす」는 '시간을 보내다' 란 뜻이다.
| 정답 | (D)

155
| 번역 | 선생님의 이야기를 듣고 눈이 번쩍 뜨이는 기분이 들었습니다.
| 단어 | 無(な)くなる 없어지다　消(き)える 사라지다
| 정답찾기 | 「目(め)から鱗(うろこ)が落(お)ちる」를 직역하면 '눈에서 비늘이 떨어지다' 로 '눈이 번쩍 뜨이다' 란 뜻의 관용구이다.
| 정답 | (C)

156
| 번역 | 기무라 씨는 지난달 규슈의 지점에 전근 가셨습니다.
| 단어 | 支店(してん) 지점
| 정답찾기 | 직업을 바꾸거나 이사를 한 게 아니고, 다른 지점으로 전근을 간 것이므로 「転勤(てんきん)」이 정답이 된다. (B) 「引(ひ)っ越(こ)しする」 이사하다　(C) 「就職(しゅうしょく)する」 취직하다　(D) 「転職(てんしょく)する」 전직하다
| 정답 | (A)

157
| 번역 | 일본의 비즈니스 사회에서는 처음 만난 사람에게 명함을 건네는 것은 예의입니다.
| 단어 | 名刺(めいし) 명함　礼儀(れいぎ) 예의
| 정답찾기 | 명함을 건네는 것이므로 '넘기다' 란 뜻을 가진 「渡(わた)す」가 정답이다. (A) 「分(わ)ける」 나누다　(B) 「受(う)ける」 받다　(D) 「集(あつ)める」 모으다
| 정답 | (C)

158
| 번역 | 이번 보너스를 받으면 사고 싶은 것이 많이 있습니다.
| 단어 | 今度(こんど) 이번
| 정답찾기 | 화자 자신이 보너스를 받는 것이므로 「もらう」가 와야 한다. 「受(う)ける」는 물질적인 것이 아닌 정신적이나 심리적인 것을 받을 때 쓰인다.
| 정답 | (B)

159
| 번역 | 그런 속 보이는 아부 그만두세요.
| 단어 | 歯(は)が浮(う)く 역겹다, 아니꼽다, 속이 보이다
お世辞(せじ) 아부, 아첨　止(よ)す 그만두다 =「止(や)め

る」
| 정답찾기 | 「歯がうく」는 「歯のうくような」의 꼴로 '속보이는, 역겨운' 이란 뜻으로 쓰이는 관용구이다.
| 정답 | (D)

160
| 번역 | 전철 안에서 책을 읽으면 눈이 나빠지기 때문에, 전철 안에서는 나는 가능한 한 읽지 않기로 했습니다.
| 단어 | できるだけ 될 수 있는 한, 가능한 한=「できるかぎり」
| 정답찾기 | 「～ことになる」는 자신의 의지가 아닌 타인에 의해 어떠한 것을 하게 되었다는 것이고, 「～ことにする」는 자신의 의지로 무언가를 하기로 했다는 의미이다. 위에서는 화자가 읽지 않기로 한 의지의 표현이므로 (C)「読(よ)まないことにしています」가 정답이다.
| 정답 | (C)

161
| 번역 | 오랜만에 짐을 정리하고 청소기를 돌렸다.
| 단어 | 久(ひさ)しぶりに 오래간만에 荷物(にもつ) 짐 整理(せいり) 정리 掃除機(そうじき) 청소기
| 정답찾기 | 도구나 기계 등을 움직여 작동시킬 때는 「かける」를 쓴다. 「クーラー」나 「テレビ」 같은 것을 켤 때는 「つける」를 쓴다는 것도 알아두자.
| 정답 | (C)

162
| 번역 | 비슷한 또래의 아이 목소리를 듣고 있다 그만 자기 아이의 목소리와 착각을 하고 말았습니다.
| 단어 | つい (절제해야 한다고 생각은 하지만 자신도 모르게)그만
| 정답찾기 | 한자 단어 구별 문제이다. 한자 구별하는 문제는 꼭 나오므로 한자가 있는 단어를 외울 때는 한자도 같이 외울 수 있도록 하자. (A)「同感(どうかん)」 동감 (B)「確認(かくにん)」 확인 (C)「混乱(こんらん)」 혼란 (D)「錯覚(さっかく)」 착각
| 정답 | (D)

163
| 번역 | 언제라도 편하게 상담할 수 있는 친구가 있습니다.
| 단어 | 相談(そうだん) 의논, 상담
| 정답찾기 | 「気軽(きがる)」는 '소탈함, 선선함, 깊은 생각 없이 가벼움' 이란 뜻으로 쓰이는 말이다. 「気(き)」와 관련된 관용구가 많으므로 반드시 정리해 두도록 하자. (B)「気長(きなが)」 (마음, 성질이)느긋함 (C)「気短(きみじか)」 성급함 (D)「気晴(きば)らし」 기분 전환
| 정답 | (A)

164
| 번역 | 이 잡지는 읽기 쉽다. 게다가 사진도 예쁘다.
| 단어 | 雜誌(ざっし) 잡지   写真(しゃしん) 사진
| 정답찾기 | 앞뒤 문맥상 첨가의 뜻을 지닌 접속사를 선택해야 한다. '게다가' 라는 첨가에 뜻을 지닌 (B)「それに」가 정답이다. (C)의 「それとも」는 선택 여부를 묻는 '그렇지 않으면' (D)의 「そうしたら＝そしたら」는 '그랬더니' 란 의미로 쓴다.
| 정답 | (B)

165
| 번역 | 이것만 있으면 괜찮아요.
| 단어 | 大丈夫(だいじょうぶ) 괜찮음, 문제없음, 안심임
| 정답찾기 | 「さえ～ば」는 '～만 있으면(～하다」란 뜻으로 쓰인다. 자주 출제되는 문제 중의 하나로 구문으로 암기해 두어야 한다. 고득점 문제 해결을 위해 다음 내용을 정리해 둘 필요가 있다.
「さえ」
① 「～조차, ～마저, ～까지도」 첨가의 의미를 나타낸다.
② 「～さえ～ば」 「さえ～たら」 (～만～면)의 꼴로 한 가지 예를 들어 다른 것을 유추시키거나, 가정 조건을 나타내는 글에서, 그 조건만으로 일이 충족됨을 나타낸다. 또는 하나의 사항을 한정지어 다른 것은 상관하지 않는다는 뜻을 나타낸다. 명사, 동사ます형에 접속하여 「～さえすれば」 또는 「～さえ～ば」(～만～면) 「～でさえ」(～조차)의 꼴로 사용한다.
| 정답 | (D)

166
| 번역 | 될 수 있는 한 많은 사람들이 와 주었으면 하고 생각하고 있습니다.
| 단어 | 大勢(おおぜい) 많은 사람
| 정답찾기 | 부사를 선택하는 문제로서 '될 수 있는 한' 의 의미인 (D)의 「なるべく」가 정답이다. (A)의 「よほど」는 '상당히' (B)「あまり」와 (C)의 「それほど」는 부정의 뜻과 함께 쓰여 '그다지' 의 의미로 쓰인다.

|정답| (D)

167
|번역| 그럴 생각은 없었는데 강제로 오게 되었습니다.
|단어| 連(つ)れる 인솔하다, 동반하다
|정답찾기| 생각이 없었는데 강제로 오게 되었으므로 역접을 나타내는 접속사인 「のに」가 와야 한다.
|정답| (A)

168
|번역| 좀처럼 잘되지 않아서 애를 먹었습니다.
|단어| なかなか (문장 뒤에 부정의 말을 수반하여)좀처럼, 도저히, (긍정의 말을 수반하여)상당히, 꽤 =「かなり」
|정답찾기| 「手(て)を焼(や)く」는 '애를 먹다, 속을 썩이다'란 뜻의 관용구이다. 이러한 문제는 암기해 두지 않으면 해결할 수 없는 형태의 문제이므로, 많은 문제를 통해서 익혀 두어야 한다.
|정답| (A)

169
|번역| 두 사람에게는 밝은 미래가 기다리고 있습니다.
|단어| 未来(みらい) 미래 待(ま)つ 기다리다 みずみずしい 싱싱하다, 신선하다 厚(あつ)かましい 뻔뻔스럽다 甚(はなは)だしい 아주 심하다, 지나치다
|정답찾기| 「明(あか)るい (밝다)」는 명사를 수식할 때는 기본형이 그대로 온다.
|정답| (A)

170
|번역| 그가 과장이 되면 좋았을 텐데 유감입니다.
|단어| 残念(ざんねん)だ 유감스럽다 清々(すがすが)しい 상쾌하다, 시원하다 =「爽(さわ)やかだ」 華々(はなばな)しい 화려하다, 눈부시다, 두드러지다 穏(おだ)やか 온화함, 원만함=「円満(えんまん)、丸(まる)い」
|정답찾기| 「のに」는 '~텐데, ~함에도 불구하고'의 뜻으로 문맥상 '유감'이라는 뜻의 (C)가 답이 된다.
|정답| (C)

[171~174]

언어는 전달의 수단이다. 그것은 말 그대로 전달의 수단이지만, 타인에게 전달하고 싶은 것이 없을 때는 사용하면 안 된다는 것은 아니다. 특별히 말할 것은 없지만, 아는 사람끼리 마주쳤을 때 확인으로, 인사를 하는 것도 언어의 기능의 하나이다. 게다가 인간과 인간 사이에 발생할지 모르는 마찰을 해결해 준다.

아침에 만나서 「안녕하세요」, 헤어질 때의 「안녕히 가세요」라고 하는 것, 이른바 ①인사 이외에도, 언어는 여러 가지 사교적 기능으로 사용되어진다.

특별히 용무는 없지만, 오랜만에 친구를 방문에서 잡담을 하는 것도 확장된 인사라고 해도 좋다. 대부분의 ②쓸데없는 말과 세상 돌아가는 이야기는, 그 자체에 가치가 있는 것이 아니고, 그렇게 언뜻 보기에 무의미하다고 생각되는 말을 주고받음으로써 인간관계를 원만히 하는 효과가 있는 것이다. 단순한 잡담이 ③생각지도 못하게 도움이 되는 경우가 적지 않다.

|단어| 伝達(でんたつ) 전달 手段(しゅだん) 수단 ~同士(どうし) ~사이, ~끼리 機能(きのう) 기능 摩擦(まさつ) 마찰 解消(かいしょう) 해소 いわゆる 소위, 이른바 社交的(しゃこうてき) 사교적 雑談(ざつだん) 잡담 拡張(かくちょう) 확장 世間話(せけんばなし) 세상 이야기 自体(じたい) 자체 価値(かち) 가치 円滑(えんかつ) 원활 効果(こうか) 효과

171
_____①_____ 에 들어갈 말로 가장 적당한 것을 고르시오
|단어| 礼儀(れいぎ) 예의 お辞儀(じぎ) 머리숙여 인사함
|정답찾기| 앞의 내용에 인사를 언급하고, 「のほかにも」(이것 이외에도) 라고 표현하였으므로 당연히 앞에서 언급한 인사가 정답이 된다.
|정답| (D)

172
②むだ話や世間話에는 어떠한 효과가 있습니까?
|단어| 暇(ひま)つぶし 시간을 허비함 ぼけ 멍청함, 노망 防止(ぼうし) 방지
|정답찾기| 본문에서 살펴보면 「인간관계를 원만히 하는 효과가 있는 것」이라고 하였으므로 (C) 인간관계를 부드럽게 해준다. 가 정답이 된다.
|정답| (C)

173
③생각지도 못하게의 바른 의미는 어느 것입니까?
| 단어 | 案(あん)の定(じょう) 예상대로
あいにく 공교롭게도
| 정답찾기 | 「思いがけない」는 '뜻밖이다, 예상 밖이다'란 의미로 (B) 「思ってもみなかった」와 같은 의미이다.
| 정답 | (B)

174
언어의 기능에 대해서 본문의 내용에 가장 적당한 것을 고르시오.
(A) 타인에게 전하고 싶은 것이 없을 때 하는 인사도 언어의 기능의 하나이다.
(B) 언어는 타인에게 전하고 싶은 것이 있을 때 처음으로 그 기능을 발휘한다.
(C) 언어는 전달의 수단이고, 전달 목적이 없는 인사는 오히려 문제를 발생시킨다.
(D) 최근 몇 년간 유행어가 침투했기 때문에, 타인과의 마찰 발생이 적어졌다.
| 단어 | 発揮(はっき) 발휘　浸透(しんとう) 침투
| 정답 | (A)

[175~178]

　'해외에 가는 일본인이 몰래 트렁크에 숨겨 가는 음식'이라면, 우선 '우메보시(매실 장아찌)'가 생각날 것입니다. 익숙지 않은 이국 음식으로 위장이 지쳐 있을 때 같은 경우, ①문득 매실 장아찌가 먹고 싶어지는 법입니다. 매실 장아찌는 옛날부터 보존 식품, 건강 식품으로서 일본인에게 친숙해져 왔습니다. 최근에는 슈퍼 등에서도 팩에 든 매실 장아찌를 팔고 있습니다만, 원래는 각각의 가정에서 만들었던 것으로, 지금도 여름에 시골에 가면, 마당에 매실 장아찌를 말리고 있는 모습을 볼 수 있을지 모릅니다. 그런데, 그 맛으로 말하자면, 조금이라도 매실 장아찌를 베어 먹어 본 적이 있는 사람은 이미 알고 있겠지요. 매우 시어 ②얼굴을 찡그릴 정도입니다. '정말 맛없는 거로군!'이라고 생각하셨던 분도 계시겠지요. 그러나 그 신맛과 독특한 풍미가 오랫동안 일본인에게 친숙해져 온 것입니다. 밥과 함께 먹거나, 주먹밥에 넣거나, 차에 넣거나, 또 풀어서 다른 야채 등과 함께 무치거나 하는, 여러 가지 먹는 법이 있습니다.

| 단어 | ひそか 몰래, 은밀함　忍(しの)ぶ 숨다　梅干(うめぼ)し 우메보시, 매실 장아찌　思(おも)い当(あ)たる 생각이 미치다, 짐작이 가다　保存(ほぞん) 보존　親(した)しむ 친하다, 익숙하다　干(ほ)す 말리다　かじる 갉아먹다, 베어먹다　酸(す)っぱい 맛이 시다　しかめる 찡그리다　独特(どくとく) 독특　風味(ふうみ) 풍미　ほぐす 딱딱한 것을 풀다, 굳은 것을 부드럽게 하다　和(あ)える 무치다, 버무리다

175
매실 장아찌가 일본인에게 사랑 받는 것은 왜입니까?
(A) 건강식품으로서는 가격이 저렴하기 때문에
(B) 보존이 가능하고, 손쉽게 집에서 만들 수 있기 때문에
(C) 매실 장아찌만의 풍미와 신맛이 일본인의 입맛에 맞기 때문에
(D) 슈퍼 등에서 팩에 든 것을 손쉽게 구입할 수 있기 때문에
| 단어 | 健康食品(けんこうしょくひん) 건강 식품　保存(ほぞん)がきく 보존이 가능하다　~ならでは ~가 아니고는, ~이외에는　口(くち)に合(あ)う 입맛에 맞다　手軽(てがる) 간단함, 간편함
| 정답 | (C)

176
①____에 들어갈 말로 가장 적당한 것을 고르시오.
| 단어 | ほっと 긴장이 풀려 마음을 놓음　はっと (깜짝 놀람)흠칫　ふっと 갑자기, 퍼뜩, 문득　やっと 겨우, 간신히
| 정답 | (C)

177
②顔をしかめてしまう는 무슨 의미입니까?
(A) 신맛이 나므로 웃어 버린다.
(B) 신맛이 강해서 상을 찌푸려 버린다.
(C) 신맛이 너무 강해 혀를 내밀어 버린다.
(D) 너무 시어서 눈물이 나와 버린다.
| 단어 | 酸味(さんみ)がきつい 신맛이 강하다　眉間(みけん)にしわを寄(よ)せる 미간에 주름살을 짓다, 상을 찌푸리다　舌(した) 혀
| 정답 | (B)

178
본문 내용과 일치하는 것을 고르시오.
(A) 매실 장아찌는 외국인에게도 인기가 있으므로 외국에

나갈 때는 반드시 휴대해야 한다.
(B) 최근에는 신맛과 독특한 풍미로 인해 매실 장아찌를 싫어하는 일본인이 늘고 있다.
(C) 건강을 위해 매실 장아찌를 자꾸자꾸 먹어야 한다.
(D) 예전에는 각 가정에서 매실 장아찌를 만들었다.

| 단어 | 携帯(けいたい) 휴대 酸(す)っぱい 맛이 시다 風味(ふうみ) 풍미

| 정답 | (D)

[179~180]

옆집의 정원에 ①유달리 키가 큰 감나무가 있다. 봄, 감나무의 새싹이 나올 때 즈음을 생각하면 정말 장관이다. 그 신록의 싹의 색을 말할 것 같으면 밝고 빛나고 있어 그것을 바라보고 있는 나에게는 어떠한 마음의 부담을 주지 않는다. 아니 그것보다 성장하려고 하는 역동감이 담긴 잎의 모양은 오히려 용기를 불어넣는 듯한 기분을 불러일으킨다. 그것은 나무의 가지가 뿜어내는 녹색의 불꽃으로 나에게는 보였다.

잎이 점차 녹색을 진하게 하고, 광택도 점차 자리를 잡아가는 것으로 변해 간다. 잎은 튼튼해져 간다. 그렇게 되어 가는 것에 저항을 느낀 경험은 없다. 그렇게 되어야 하는 것이다 라고 나는 생각하고 있는 것 같다. 언제까지나 계속될 리 없는 멋진 상태에 나는 ②끌려, 그렇기 때문에 집착을 한다.

| 단어 | 隣(となり) 이웃 庭(にわ) 정원 一際(ひときわ) 유달리 新芽(しんめ) 새싹 輝(かがや)く 빛나다 眺(なが)める 바라보다 負担(ふたん) 부담 育(そだ)つ 기르다 力感(りきかん) 역동감 こもる (감정, 정성 등이) 담기다, 깃들이다 勇気(ゆうき) 용기 枝(えだ) 가지 吐(は)く 뿜어내다 炎(ほのお) 불꽃 濃(こ)い 짙다 つや 광택 落(お)ち着(つ)く 자리 잡다 しっかり 확실히, 튼튼히 抵抗(ていこう) 저항 状態(じょうたい) 상태 執着(しゅうちゃく) 집착 = 「執着(しゅうじゃく)」

179
①ひときわ의 바른 의미는 무엇입니까?

| 단어 | 一際(ひときわ) 한층, 특별히=「ひとしお」 多少(たしょう) 다소 一段(いちだん)と 한층, 더욱 一方(いっぽう) 반면 若干(じゃっかん) 약간

| 정답 | (B)

180
_____ ② _____ 에 들어갈 말로 가장 적당한 것을 고르시오.

| 정답찾기 |「굉장히 멋있는 상태에 _____ 하여 집착하게 된다」는 의미로 괄호 안에는 '끌리다' 라는 표현이 들어가야 적당하다.

| 단어 | 崩(くず)れる 붕괴하다, 무너지다 引(ひ)かれる 끌리다 踏(ふ)まれる 밟히다 のまれる 휩쓸리다, 압도되다

| 정답 | (B)

181
감나무의 새싹이 나왔다는 것을 생각하면 작가는 어떠한 기분이 듭니까?
(A) 새싹이 나온 것에 대해 기쁜 기분
(B) 가을이 되면 낙엽이 되어 버린다는 아쉬운 기분
(C) 세상일에 두려움이 없는 강한 마음을 갖게 된듯한 기분
(D) 자신이 나이를 먹어 가는 것 같은 서글픈 기분

| 단어 | 芽(め) 싹 喜(よろこ)び 기쁨 残念(ざんねん) 아쉬움 恐(おそ)れ 두려움 寂(さび)しい 외롭다, 쓸쓸하다

| 정답 | (C)

[182~185]

물건을 산다고 하는 행위는 이 나라에서는 왠지 그다지 칭찬을 받을 수 없는 행위로 여겨지고 있습니다. 「낭비벽」이라든지 「충동구매」라든지 「쓸데없는 소비」라든지 그러한 말로 표현되고 있는 것처럼, 필요 이상의 물건을 사는 사람은 그다지 ①좋은 평판을 받을 수 없습니다. 그러나 이전부터 생각해 온 것이지만, 물건을 산다고 하는 것은 결코 단순히 돈을 낭비해 허영심을 만족시키는 것만이 아닌 것 같은 기분이 듭니다.

무언가 기분이 안 좋은 일이 있을 때 ②엉망진창인 기분을 억누르기 위해 쇼핑을 하는 사람이 있습니다. 필요하지 않은 것에 돈을 쓰다니 바보 같은 행위라고 이성적인 사람은 말하겠지만, 그래도 인간의 정신 밸런스를 맞추기 위해 비용을 쓴다고 생각하면, 그것은 그것으로 좋은 것이 아닌가요?

인간은 성인이 되어 죽을 때까지 돈 때문에 걱정을 하면서 살아가고 있습니다. 태어나면서부터 무한의 부를 받은 사람은 다르겠지만, 대부분의 사람은 돈을 얻기 위해 고생스럽게 힘을 소모하고 있습니다.

| 단어 | 褒(ほ)められる 칭찬 받다 行為(こうい) 행위 浪費癖(ろうひへき) 낭비벽 衝動(しょうどう) 충동 無駄(むだ) 쓸데없음 表現(ひょうげん) 표현 必要(ひつよう) 필요 芳(かんば)しい 바람직하다, 훌륭하다 評判(ひょうばん) 평판 虚栄心(きょえいしん) 허영심 満足(まんぞく) 만족 抑(おさ)える 누르다 愚(おろ)かしい 어리석다, 생각이 모자라다 理性的(りせいてき) 이성적 精神(せいしん) 정신 費用(ひよう) 비용 苦労(くろう) 수고, 고생 無限(むげん) 무한 与(あた)える 주다 すり減(へ)らす 문질러 닳게 하다, 소모시키다

182

①かんばしい의 바른 의미는 어떠한 것입니까?
(A) 좋지 않다
(B) 향기가 높다
(C) 쌉쌀한 맛
(D) 바람직하다
| 단어 | 芳(かんば)しい 훌륭하다, 좋다, 신통하다 かおり 향기 辛口(からくち) 쌉쌀한 맛 好(この)ましい 좋다, 끌리다, 바람직하다
| 정답 | (D)

183

_____② 에 들어갈 단어로 가장 적당한 것을 고르시오.
| 단어 | めちゃくちゃ 형편없음, 뒤죽박죽 ちんぷんかんぷん 종잡을 수 없음, 횡설수설 むちゃくちゃ 터무니 없음, 엉망임 しわくちゃ 쪼글쪼글
| 정답찾기 | 무언가 나쁜 일이 있었을 때, 그러한 기분을 다시 한 번 강조하는 의미이므로 엉망인 기분을 나타내는 단어를 찾으면 되겠다.
| 정답 | (C)

184

작자는 필요 이상의 물건을 사는 행위에 대해서 어떻게 생각하고 있습니까?
(A) 스트레스를 더욱 쌓는 행위이다.
(B) 정신위생상 허용할 행위이다.
(C) 고생해서 모은 돈을 쓸데없이 써서는 안 된다.
(D) 필요하지 않은 물건을 사는 것은 바보 같은 행위이다.
| 단어 | 余計(よけい) 더욱 精神衛生(せいしんえいせい) 정신위생 許(ゆる)す 허용하다 稼(かせ)ぐ 돈을 모으다
| 정답 | (B)

185

본문의 내용에 가장 적당한 것을 고르시오.
(A) 쇼핑은 스트레스의 발산이 되므로 많이 해야 한다.
(B) 고도 경제 성장기에는 쓸데없는 소비가 미덕이 되었다.
(C) 대부분의 사람은 돈 때문에 고생하며 살아간다.
(D) 물건을 산다고 하는 것은 허영심을 만족시키는 것 밖에는 없다.
| 단어 | 発散(はっさん) 발산 高度経済成長(こうどけいざいせいちょう) 고도 경제 성장 美徳(びとく) 미덕
| 정답 | (C)

[186~188]

회사 근처에 숟가락과 칼, 포크만이 아니고 반드시 젓가락을 첨가해 내는 작은 레스토랑이 있었다. 종이 젓가락 봉지에 들어 있는 나무젓가락으로 역에서 파는 도시락에 붙어 있는 것보다 조금 더 긴 나무젓가락이다. 호텔의 레스토랑 등에서는 우선 있을 수 없는 일본과 서양을 ①절충한 것이지만, 이것이 실제로 속 편하고 무엇보다도 식사하기 편했다. 이러한 곳이라면, 노인을 안내해도 서로 ②거북한 느낌 없이 식사를 즐길 수 있다.

일본 요리를 확실히 지탱해 주고 있는 것이 젓가락이고, 단지 한 쌍의 젓가락이라고 할지라도 3번의 식사에서 발휘되는 젓가락의 기능은 수륙양용이라고도 하고 싶은 믿음직함, 딱딱한 음식, 부드러운 음식, 길고, 짧고, 두껍고 가는 음식물을 입에 운반하기 적당한 움직임의 다양성은 높은 자리에서 볼 수 있는 부채와 일본 무명 수건 같은 종류는 아니다. 게다가 이 기능은 젓가락을 손가락으로 사용하는 사람에 따라 다른 점이 있어, 약간의 기능 밖에 사용하지 못하고 일생을 마치는 경우도 있다. 인간은 먼 옛날부터 부지런히 젓가락을 만들면서, 만든 젓가락의 암묵적인 요구에 어느 정도 대답을 할 수 있을까? 시험을 받아 왔다고 말할 수 있을 것이다.

| 단어 | 箸(はし) 젓가락 添(そ)える 첨가하다 箸袋(はしぶくろ) 젓가락 봉지 駅弁(えきべん) 역에서 파는 도시락 割(わ)り箸(ばし) 나무젓가락 和洋(わよう) 서양과 일본 気楽(きらく) 속 편함 気詰(きづま)り 거북함 膳(ぜん) 젓가락 한 쌍 発揮(はっき) 발휘 水陸両用(すいりくりょうよう) 수륙양용 頼(たの)もしさ 믿음직함 固(かた)い 단단하다 高座(こうざ) 높은 자리 柔(やわ)らかい 부드럽다 運(はこ)ぶ 옮기다 多様性(たようせ

い) 다양성　扇子(せんす) 부채　日本手(にほんて)ぬぐい 일본 무명수건　たぐい 같은 종류의 것, 비슷한 것　指(ゆび) 손가락　わずかな 약간의　營々(えいえい) 부지런히　暗黙(あんもく) 암묵　要求(ようきゅう) 요구

186

|단어| ____① ____ 안에 들어갈 단어로 가장 적당한 것을 고르시오.
|단어| 混同(こんどう) 혼동　創作(そうさく) 창작　折衷(せっちゅう) 절충　葛藤(かっとう) 갈등
|정답찾기| 어휘 문제로서 서양과 일본을 잘 조합한 것이므로 절충이 가장 적당하다.
|정답| (C)

187

②気詰まりな思い의 가장 바른 의미는 어느 것입니까?
(A) 마음이 긴장되는 생각
(B) 긴장하지 않고 편안한 기분을 느끼는 것
(C) 기분을 해치는 것
(D) 신경쓰며 거북함을 느끼는 것
|단어| 気詰(きづま)り 답답함, 갑갑함, 거북함　気詰(きづま)りな思(おも)い 답답한 마음, 거북한 느낌　引(ひ)き締(し)まる 긴장되다　緊張(きんちょう) 긴장　気楽(きらく) 편안함, 느긋함　感(かん)じる 느끼다　害(がい)する 손해보다　気兼(きが)ねする 신경을 쓰다, 눈치를 보다, 염려를 하다, 망설이다　窮屈(きゅうくつ) 답답함, 갑갑함, 숨이 막힘
|정답| (D)

188

본문의 내용에 가장 적당한 것을 고르시오.
(A) 젓가락은 일본 무명 수건이나 부채와 더불어 다기능적인 민예품이라 할 수 있다.
(B) 나무젓가락은 단지 한 번의 사용만으로 버려지기 때문에 아깝다.
(C) 호텔 레스토랑에 젓가락이 놓여 있으면 안심이 된다.
(D) 고급스러운 느낌을 내기 위해 레스토랑에서는 포크와 칼을 사용하는 것이 좋다.
|단어| 多機能(たきのう) 다기능　民芸品(みんげいひん) 민예품　高級感(こうきゅうかん) 고급스런 느낌
|정답| (C)

[189~192]

　고교 시절 3년간은 매일이 작은 여행이었다. 한 시간 걸리는 전차 통학. 한 개의 역마다 서는 역에는 저마다 표정이 있었다. 시작역인 추오린칸를 출발하여 4번째에 스즈카케다이라는 역이 있다. 언제나 거기서 타는 모자가 있었다. 다리가 불편해 보이는 소년을 꽤 연배가 ①있어 보이는 어머니가 업고 온다. 시골의 전차라고는 하지만 어쨌든 아침의 러시타임이다. 추오린칸역에서 대부분의 자리가 차 버리고 말아서, 두 번째 이후의 역에서 타는 사람은 전부 서야 한다. 통근과 통학하는 사람들이 대부분이어서 ②뭐라 하지 않아도 각각의 정 위치가 있어서 서로 말을 주고받지는 않지만, 그 시간의 그 차량에서 안면이 있는 관계가 된다.
　아무리 혼잡하여도 스즈카케다이까지 비어 있는 자리가 있다. 두 번째 차량의 한 가운데 주변. 그곳이 소년을 업고 오는 어머니의 자리다. 처음에는 탈 때마다 누군가가 자리를 양보해 주었을 것이다. 그렇지만 그곳에 같이 타는 사람들이 암묵적으로 승인을 해준 것 같은 것이 언제부턴가 생겨서, 아무리 혼잡하여도 그 자리에는 앉는 사람이 없었다.
　고등학교를 졸업하고 7년이 되었다. 그 전차에 같이 타던 사람들의 얼굴 모습도 꽤 변했겠지. 지금도 스즈카케다이에서 그 모자는 탈까? 그렇다면 지금도 스즈카케다이까지 그 자리는 비어 있을까? 두 번째 차량의 한 가운데 주변.

|단어| 旅(たび) 여행　電車通学(でんしゃつうがく) 전차 통학　止(と)まる 멈추다　表情(ひょうじょう) 표정　始発(しはつ) 최초로 출발, 첫차　親子(おやこ) 부자 또는 모자　不自由(ふじゆう) 부자유　年配(ねんぱい) 연배　おぶう (아이를)업다　座席(ざせき) 좌석　埋(う)まる 가득 차다　以後(いご) 이후　通勤(つうきん) 통근　定位置(ていいち) 정 위치　互(たが)い 서로　交(か)わす 교환하다　車両(しゃりょう) 차량　顔見知(かおみし)り 얼굴만 아는 정도　真(ま)ん中(なか) 한가운데　混雑(こんざつ) 혼잡　譲(ゆず)る 양보하다　暗黙(あんもく) 암묵　了解(りょうかい) 승인　*中央林間(ちゅうおうりんかん)、すずかけ台(だい) 일본의 역 이름

189

____① ____ 에 들어갈 가장 적당한 말은 무엇입니까?

|단어| 見(み)つける 발견하다　見(み)かける 보기 시작하다　見受(みう)ける 눈에 띄다, 판단되다　見違(みちが)える 착각하다
|정답|(C)

190
②なんとはなしに의 바른 의미는 어느 것입니까?
(A) 몇 명인가와 이야기를 해서
(B) 이렇다 할 이유도 없이
(C) 정확한 이유를 근거로
(D) 몇 번이고 이야기하는 중에
|정답|(B)

191
두 번째 차량 한 가운데 주변 자리가 스즈카케다이까지 비어 있는 것은 왜 그렇습니까?
(A) 걸을 수 없는 남자 아이와 그 아이를 업은 엄마가 앉기를 바라기 때문에.
(B) 몸이 불편한 사람이나 노인 전용의 우선석이기 때문에.
(C) 다리가 불편한 노인이 앉기를 바라기 때문에.
(D) 특별히 이렇다 할 이유가 없고, 그곳만 아무도 앉지 않는다.
|단어| 背負(せお)う 등에 업다　体(からだ)の不自由(ふじゆう)な人(ひと) 장애인　専用(せんよう) 전용
|정답|(A)

192
본문에 쓰인 전차 안의 광경으로 틀린 것은 어느 것입니까?
(A) 시골 전차이긴 하나, 아침은 거의 자리가 없어질 정도로 혼잡하다.
(B) 승객들은 서로 이야기조차 한 적은 없으나, 왠지 서로 얼굴만은 알고 있다.
(C) 통근이나 통학으로 이용하는 사람이 대부분이므로 승객들은 서로의 얼굴을 모른다.
(D) 승객들은 특별히 결정한 것은 아니나, 각각 자신의 위치가 정해져 있다.
|단어| 光景(こうけい) 광경　田舎(いなか) 시골　混(こ)む 혼잡하다　乗客(じょうきゃく) 승객　互(たが)い 서로　位置(いち) 위치
|정답|(C)

[193〜196]

멕시코의 기차가 산 속을 지나가면서 기적을 울리면, 인디오가 새를 팔러 온다. 운전수가 ①적당한 장소에 세우고 난 후 새의 깃털을 뜯어내어, 야외 바비큐를 즐긴 후에 다시 출발을 한다. 따라서 열차가 2, 3시간 늦는 것은 보통 일이다. 역에서 파는 메밀국수를 1분간에 먹어 치우는 것을 자랑으로 여기는 국민과는 상당히 다르다. 근대화의 경쟁이 되면, 우열은 처음부터 가려져 있다. 반대로 이야기하면 근대화라고 하는 것이 어떠한 상실 위에 성립하고 있는가라는 것을 이 에피소드는 생각하게 한다.

일본에서 통근 전철이 한 시간 정도 늦은 것 때문에 역의 승객의 폭동이 일어났다고 하는 뉴스는 멕시코에도 전해지고 있다. 그것은 반드시 선천적인 민족성을 ②운운하는 문제만이 아니고,「모든 생활이 걸려 있는 것」이다. 면밀한 시스템이 파탄될 때에 일거에 찢어진 눈을 분출하는 그 에너지는 1분 1분에 쫓기는 시간에 생활이 달려 있는 사회구조가 평소에는 보이지 않는 곳에 억제되어, 쌓여 있는 조바심의 정서와 같은 것의 무서움을 생각하게 해준다.

|단어| 汽車(きしゃ) 기차　汽笛(きてき) 기적　鳴(な)らす 울리다　運転手(うんてんしゅ) 운전수　羽(は) 깃털, 날개　むしる 잡아 뽑다　普通(ふつう) 보통　のみ込(こ)む 꿀꺽 삼키다, 목 너머로 넘기다　自慢(じまん) 자랑　喪失(そうしつ) 상실　精緻(せいち) 정치, 정교하고 치밀함　破綻(はたん) 파탄　一挙(いっきょ)に 일거에　裂(さ)ける 찢어지다　噴出(ふんしゅつ) 분출　刻(きざ)む 잘게 썰다　構造(こうぞう) 구조　平常(へいじょう) 평상, 평소　抑制(よくせい) 억제　蓄(たくわ)える 축적하다　情動(じょうどう) 정서=「情緒(じょうちょ)」

193
①ころあいの所의 바른 의미는 어느 것입니까?
|단어| ころあい 적당함=「手(て)ごろ、適当(てきとう)」　坂道(さかみち) 고갯길　谷間(たにま) 계곡 사이　集落(しゅうらく) 인가가 모여 있는 곳, 취락　適当(てきとう)な場所(ばしょ) 적당한 장소
|정답|(D)

194
　　②　　에 들어갈 가장 적당한 말은 무엇입니까?

| 단어 | なにがし 얼마간 うんぬん 운운(하다)
| 정답 | (C)

195
통근 전철이 늦어 폭동이 일어난 이유 중 바른 것은 어느 것입니까?
(A) 지각을 하면 회사 상사에게 야단맞을 뿐만 아니라, 앞으로의 승진도 영향이 있기 때문에.
(B) 일본인은 원래 성급한 성격이어서, 1분이라도 전철이 늦으면 용서하지 않기 때문에.
(C) 생활이 걸려 있는 사람들이 안고 있는 평소의 조바심 같은 것이 일시에 폭발했기 때문에.
(D) 보통은 점잖은 일본인이지만, 역원의 대응이 좋지 않아 화를 내지 않을 수 없었기 때문에.

| 단어 | 遅刻(ちこく) 지각 叱(しか)られる 혼나다 昇進(しょうしん) 승진 影響(えいきょう) 영향 短気(たんき) 성급함 抱(かか)える 안다 暴発(ぼうはつ) 폭발 駅員(えきいん) 역 직원 対応(たいおう) 대응
| 정답 | (C)

196
본문 내용에 맞는 것은 어느 것입니까?
(A) 현대인은 분을 쪼개는 듯 시간에 쫓기는 생활을 하고 있으므로 마음에 여유가 없어지고 있다.
(B) 멕시코의 기차는 시간대로 오지만, 도중에 바비큐를 하거나 하며, 여러 가지로 즐길 수 있다.
(C) 일본인은 시간에 까다롭고, 전철이 조금이라도 늦으면 폭동을 일으키는 민족성을 가지고 있다.
(D) 열차가 2, 3시간 늦어도 태연한 멕시코인과 빠른 것을 존경하는 일본인과는 상당히 다르다.

| 단어 | 追(お)う 쫓아가다 送(おく)る 보내다 余裕(よゆう) 여유 途中(とちゅう) 도중 暴動(ぼうどう) 폭동 民族性(みんぞくせい) 민족성 列車(れっしゃ) 열차 尊(たっと)ぶ 존경하다
| 정답 | (D)

[197~200]

진짜 수집가에게 있어서는 1장씩의 우표가 각각 무언가의 추억을 동반하고 있다. 몇 개월 몇 년을 구해서 ① _____ 겨우 손에 넣은 진귀한 우표도 있겠고, 해외에서 어쩌다 발견해 손에 넣은 것도 있을 것이다. 한 장의 우표가 과거의 어느 순간의 경우에 특정한 기억에 결합된 것이다. 따라서 수집가에게 있어서는 한 권의 우표첩은 단순한 우표의 집적이라고 하는 것 이외에 지금까지 몇 년에 걸친 인생의 이미지의 축적이기도 하다. 그 한 권의 우표첩을 펼칠 때, 수집가는 그곳에 과거의 인생을 파노라마처럼 보는 것이다. 그에 반해 ②가짜 수집가에게 있어서는 돈으로 산 수집은 하나의 상품에 지나지 않는다. 몇 백 장, 몇 천 장, 아무리 진귀한 우표가 있어도 그것은 어차피 상품이다. 그것은 별 다른 정서적인 기억을 수반하지 않는다. 그곳에는 축적 과정의 기쁨 등은 조금도 없다. 축적은 귀중하다. 능력의 축적, 지식·기술의 축적 그리고 정보의 축적 – 그것들은 그대로 가치가 있다. 그리고 실용적 가치도 있다. 그러나 중요한 것은 그 축적을 자신의 힘으로 만드는 것이다. 자신의 힘으로 쌓아 가는 것이다. 이미 되어 있는 것으로 간편하게 맞추는 것이 아니고 부지런히 노력해서 축적해 나가는 것 – 그 과정이 귀중한 것이다 라고 나는 생각한다.

| 단어 | コレクター 수집가 珍(めずら)しい 진귀하다 掘(ほ)り出(だ)す 파내다 特定(とくてい) 특정 記憶(きおく) 기억 集積(しゅうせき) 집적 心象(しんしょう) 심상, 이미지 蓄積(ちくせき) 축적 情緒的(じょうしょてき) 정서적 過程(かてい) 과정 貴(とうと)い 귀중하다 情報(じょうほう) 정보 実用(じつよう) 실용 価値(かち) 가치 こつこつ 부지런히 하다 プロセス 과정, 경과=「過程(かてい)」 貴重(きちょう) 귀중

197
① _____ 에 들어갈 가장 적당한 말은 무엇입니까?
| 단어 | そっと 살짝, 살며시, 남몰래 きっと 틀림없이 はっと (「はっとする」의 꼴로)깜짝 놀라다, 흠칫 놀라다 やっと 겨우, 간신히, 마침내
| 정답 | (D)

198

②いかさま의 바른 의미는 어느 것입니까?

| 단어 | 如何様(いかさま) 가짜, 사기, 엉터리=「ごまかし、いんちき、にせ」 プロ 프로 素人(しろうと) 미숙한 사람 偽物(にせもの) 위조품 未熟(みじゅく) 미숙

| 정답 | (C)

199

진정한 우표 수집가로서 가장 적합한 설명은 어느 것입니까?

(A) 1장의 우표에 이렇다 할 추억을 동반하지 않는 사람
(B) 정서적인 기억과 더불어 축적 과정의 기쁨을 맛보고 있는 사람
(C) 대단히 고가인 우표를 깨끗하게 정리해서 갖고 있는 사람
(D) 희귀한 우표나 많은 수집을 갖고 있는 사람

| 단어 | 高価(こうか) 고가 整理(せいり) 정리 コレクション 컬렉션, 수집

| 정답 | (B)

200

작자의 생각으로 바른 것은 어느 것입니까?

(A) 단순한 정보의 축적은 그 자체로는 가치가 없는 것이다.
(B) 수집가에 있어서 중요한 것은 과정보다 결과이다.
(C) 자신의 힘으로 열심히 축적해 가는 것은 소중한 것이다.
(D) 능력의 축적이나 지식, 기술 축적의 실용적 가치는 낮다.

| 단어 | 単(たん)なる 단순한, 그냥=「ただの、それだけの」 蓄積(ちくせき) 축적 知識(ちしき) 지식 実用的(じつようてき) 실용적

| 정답 | (C)

실전 모의고사 3

101

| 번역 | 최근 젊은 세대의 행동에는 정말로 곤혹스럽습니다.
| 단어 | 世代(せだい) 세대 行動(こうどう) 행동
| 정답찾기 | 「困惑」(곤혹)는 둘 다 음독으로 읽어 「こんわく」라고 한다. 「困」의 음독은 「こん」이고, 훈독은 「こまる」, 「惑」의 음독은 「わく」, 훈독은 「まどわす」이다.
| 정답 | (C)

102

| 번역 | 그의 철학적 개념에 의하면, 아름다움이라고 하는 것과는 관계가 없는 것이 된다고 한다.
| 단어 | 哲学的(てつがくてき) 철학적
| 정답찾기 | 「概」의 독음은 훈독이 존재하지 않고, 「がい」라는 음독밖에 없으므로 항상 「がい」라고 읽어 주면 된다. 「概論(がいろん)」 개론, 「概説(がいせつ)」 개설
| 정답 | (D)

103

| 번역 | 덕분에, 가게는 번성하고 있습니다.
| 단어 | おかげさまで 덕분에, 덕택에 店(みせ) 가게
| 정답찾기 | 「繁」은 음독으로 「はん」이라고 읽히며, 「盛」은 음독으로 「せい」와 「じょう」라고 읽히고, 훈독으로는 「盛(も)る」(그릇에 수북히 담다), 「盛(さか)ん」(번성함), 「盛(さか)る」(기세가 더하다)라고 한다. 문제의 「繁盛」(번성)은 모두 음독으로 읽어 「はんじょう」라고 한다.
| 정답 | (C)

104

| 번역 | 준비가 되면 출발하세요.
| 단어 | 出発(しゅっぱつ) 출발
| 정답찾기 | 「支」는 음독으로 「し」라고 하며, 훈독으로는 「支(ささ)える」(떠받치다)라고 한다. 「度」는 훈독으로 「たび」이고, 「ど」, 「と」, 「たく」 등 여러 가지 음독을 가지고 있는데, 문제에서는 「たく」로 쓰이고 있다. 「ど」의 음독의 예로는 「度胸(どきょう)」(배짱, 담력)가 있다. 「支度(したく)」는 ① 채비, 준비 ② (외출을 위한)옷차림 ③ 결혼 등의 준비금의 뜻이 있다.
| 정답 | (C)

105

| 번역 | 매년 결혼식은 화려해 지는 경향이 있습니다.

| 단어 | 結婚式(けっこんしき) 결혼식
| 정답찾기 |「派手」는 '화려하다'는 뜻으로,「手」의 독음을 「て」라고 생각하여「はて」로 읽기 쉬우나「はで」라는 독음에 주의해야 한다.
| 정답 | (B)

106
| 번역 | 이 예산에서 염출하는 것은 무리입니다.
| 단어 | 予算(よさん) 예산 無理(むり) 무리
| 정답찾기 | JPT 문제를 풀다 보면 흔히 볼 수 없는 한자어 읽기가 출제된다. 따라서 고득점을 받기 위해서는 비교적 쉬운 유형인 한자 읽기 문제를 소홀히 하지 않고 잘 암기해 두어야 하겠다. 이 문제는 '생각을 해내다, 변통해 내다'라는 뜻의「捻出(ねんしゅつ)」(염출)의 한자를 묻는 문제로 「비틀 염」에 한자를 잘 골라야겠다.「손 수」자가 들어가 있어 '비틀다' 라는 의미이다.
| 정답 | (A)

107
| 번역 | 이 앞은 허가증이 없으면 들어갈 수 없습니다.
| 단어 | この先(さき) 이 앞
| 정답찾기 | (A)로 답을 고르기 쉬운 문제로 단음과 장음의 차이를 잘 알아두어야겠다. 장음이 되어「しょう」로 발음이 되면 한자「証」,「しょ」로 끝나면「書」이다.
| 정답 | (D)

108
| 번역 | 느긋하게 편히 쉬세요.
| 단어 | ゆっくり 느긋하게, 천천히
| 정답찾기 | 기본형은「寬(くつろ)ぐ」(근심 걱정을 잊고 심신을 편안하게 하다)이다.
 例 温泉(おんせん)へ行(い)って寬(くつろ)ぐ。
  온천에 가서 느긋하게 쉬다.
| 정답 | (B)

109
| 번역 | 자세한 설명을 부탁드립니다.
| 단어 | 説明(せつめい) 설명
| 정답찾기 | 비슷한 의미의 한자들을 보기에 제시해서 한자만 보고는 쉽게 고르기 힘든 문제이다. (A) 紛(まぎ)らわしい 혼동하기 쉽다 (C) 煩(わずら)わしい 번거롭다 (D) 細(ほそ)い 가늘다

| 정답 | (B)

110
| 번역 | 그는 말끝을 흐렸다.
| 단어 | 言葉(ことば) 말
| 정답찾기 | '말, 태도, 표정 등을 애매하게 하다, 얼버무리다, 공기 따위를 탁하게 하다' 는「濁(にご)す」라고 한다.
| 정답 | (D)

111
| 번역 | 이 일은 나에게 역부족이다.
| 단어 | 能力(のうりょく) 능력 発揮(はっき) 발휘 機会(きかい) 기회 処理(しょり) 처리
| 정답찾기 |「力(ちから)に余(あま)る」는 '힘에 겹다, 힘에 부치다' 라는 관용구이다.
(A) 자신의 능력을 발휘하는데 좋은 기회다.
(B) 자신의 능력에 비해 이 일은 너무 쉽다.
(C) 자신의 능력으로는 기다린다면 간단하게 처리된다.
(D) 자신의 능력으로는 도저히 처리할 수 없다.
| 정답 | (D)

112
| 번역 | 저 선생님은 채점이 후하니까 괜찮을 거야.
| 단어 | 採点(さいてん) 채점
| 정답찾기 |「甘(あま)い」의 의미는 상당히 여러 가지가 있는데, ① 맛이 달다 ② 간이 싱겁다 ③ 냄새나 소리, 사람의 말 등이 달콤하다 ④ 엄하지 않다, 무르다, 후하다 ⑤ 느슨하다, 헐겁다 ⑥ 칼날이 무르다 ⑦ 주식 값이 내림세이다 등이 있다. 문제는 ④의 '후하다' 라는 의미로 (C)와 같다.
| 정답 | (C)

113
| 번역 | 친구니까 서먹한 말 하지 마.
| 단어 | よそよそしい 서먹서먹하다 昔(むかし) 옛날 つまらない 재미없다, 시시하다
面倒臭(めんどうくさ)い 귀찮다
| 정답찾기 | 친한 사이에도 남남처럼 덤덤한 것을 표현할 때「水臭(みずくさ)い」라고 하고, 동의어로는「よそよそしい」가 있다.
| 정답 | (A)

114
| 번역 | 이쪽에서 전화를 하려고 하던 참이었습니다.
| 단어 | 迷(まよ)う 망설이다, 헤매다
直前(ちょくぜん) 직전
| 정답찾기 | 「矢先(やさき)」는 무엇을 시작하려고 하는 그 때를 나타내는 말로서 풀어서 쓴 말은 (B)의 「電話(でんわ)する直前(ちょくぜん)だった」가 되겠다.
| 정답 | (B)

115
| 번역 | 그와 이야기하는 편이 좋아요.
| 단어 | 衝突(しょうとつ) 충돌 涼(すず)しい 시원하다
東洋(とうよう) 동양 西洋(せいよう) 서양
| 정답찾기 | 「と」의 용법도 크게 세 가지로 구분할 수 있는데 조사의 종류에 따라 ① 격조사로 동작, 작용의 상대를 나타내는 것 ② 병렬 조사로 대등한 관계에 있는 것을 모두 늘어놓거나 비교하는 데 쓰일 때 ③ 접속조사로 두 동작이나 작용이 동시에 일어남을 나타낼 때 등이 있다. 문제는 격조사로 대화 상대를 나타냈으므로 같은 의미는 (A)이다.
| 정답 | (A)

116
| 번역 | 매니큐어를 발라서 흐뭇했다.
| 단어 | 満足(まんぞく) 만족 入念(にゅうねん) 공을 들임
| 정답찾기 | '일이 잘 되어 흐뭇한 것'을 「悦(えつ)に入(はい)る」라고 표현한다.
   예 今度(こんど)の成功(せいこう)ですっかり悦(えつ)に入(はい)っている。
   이번에 성공으로 아주 흐뭇해하고 있다.
| 정답 | (B)

117
| 번역 | 이 신발은 나에게 딱 맞습니다.
| 단어 | 靴(くつ) 구두 価格(ねだん) 가격
仕上(しあ)げ 마무리
| 정답찾기 | '나에게 딱 맞다'는 의미를 쓸 때 「ちょうどいい」라고 한다. (A) 가격이 비싸다. (B) 그다지 마음에 들지 않습니다. (C) 끝손질이 깨끗합니다. (D) 나의 발에 맞습니다.
| 정답 | (D)

118
| 번역 | 10년에 걸친 연구가 학회에서도 인정받았습니다.
| 단어 | 研究(けんきゅう) 연구 学会(がっかい) 학회
犯人(はんにん) 범인 台所(だいどころ) 부엌
侵入(しんにゅう) 침입 異常(いじょう) 이상
| 정답찾기 | 「認(みと)める」는 ① 알아차리다, 인지하다 ② (그럴만한 가치가, 충분한 이유가 있다고 판단하여)인정하다 ③ 받아들이다, 시인하다 와 같은 뜻을 가지고 있고, 문제의 문장은 ② '인정하다'의 의미를 내포하고 있다.
(A) 성실하게 일을 하면 반드시 인정받을 것입니다.
(B) 범인은 부엌 창문으로 침입했다고 보여집니다.
(C) 뇌에 이상이 있는 것이 인지되었다.
(D) 그녀의 모습은 많은 사람 가운데서도 쉽게 알 수 있었다.
| 정답 | (A)

119
| 번역 | 의사는 그의 상처를 보자마자, 포기하고 말았다.
| 단어 | 投(な)げる 던지다 失敗(しっぱい) 실패
あきらめる 포기하다 成功(せいこう) 성공
| 정답찾기 | 「さじ」는 '숟가락'을 뜻하는 말로「スプーン」이라고도 한다. 그러나 이 문장에서 「さじを投(な)げる」라는 것은 실제로 '숟가락을 내던지다' 라는 뜻이 아닌, '가망이 없다고 단념하여 손을 떼다' 라는 의미이다.
| 정답 | (C)

120
| 번역 | 이곳에서 역까지는 엎드리면 코 닿을 데입니다.
| 단어 | 駅(えき) 역 地図(ちず) 지도 非常(ひじょう) 대단함, 심함
| 정답찾기 | 「目(め)と鼻(はな)の先(さき)」는 '거리가 아주 짧음'을 나타내는 말로 같은 뜻을 가지고 있는 말로는 「目(め)と鼻(はな)の間(あいだ)」 등이 있다.
(A) 지도에 없을 정도로 멀다.
(B) 눈과 코와 같이 상당히 가깝다.
(C) 차가 상당히 막힌다.
(D) 사람이 많이 있다.
| 정답 | (B)

121
| 번역 | 피해자의 가족은 전철사고 원인에 대한 자세한 설명을 철도 회사에 요구했다.

| 단어 | 被害者(ひがいしゃ) 피해자　鉄道(てつどう) 철도
| 정답찾기 |「~について」는 명사 등에 접속하여, 그 대상에 파고든다는 느낌을 나타낼 때 사용한다. 체언을 수식할 경우에는「~についての 명사」와 같이「の」가 들어간다. 이와 비슷한 표현으로「~に対(たい)して」가 있는데 이것은 어떤 대상에게 물리적, 심리적인 작용을 가한다는 의도가 내포되어 있다.
| 정답 | (B) → についての

122
| 번역 | 결혼할 때 아버지가 말한 것이 지금도 나의 마음속에 울려 퍼지고 있습니다.
| 단어 | 結婚(けっこん) 결혼　響(ひび)く 울리다
| 정답찾기 | 일본어에는 잘 알다시피「미우찌」와「미소또」라는 개념이 있어 자신의 주위 사람을 남에게 말할 때는 항상 낮추는 것이 예의이다. 문제는 지금 아버지가 말씀하신 것을 남에게 말하는 것이므로 존경어를 사용해서는 안 된다.
| 정답 | (B) → 言った

123
| 번역 | 이번 주말은 바다에 수영하러 갈까, 아니면 등산을 갈까 결정하기 어렵습니다.
| 단어 | 今度(こんど) 이번　週末(しゅうまつ) 주말
決(き)める 정하다　동사ます형+かねる ~하기 어렵다
| 정답찾기 | 동작의 목적을 나타내는 조사「に」앞에는 명사가 와야 한다.
| 정답 | (C) → 山登り

124
| 번역 | 앞으로도 선생님께 받은 '기합'이라고 하는 말을 마음 깊이 새기고, 열심히 할 것입니다.
| 단어 | 頂戴(ちょうだい) '받다, 얻다'의 겸사말
| 정답찾기 |「心(こころ)に刻(きざ)む」는 '마음속 깊이 새기다' 뜻의 관용구이다.
| 정답 | (C) → に

125
| 번역 | 학력과 성별에 휩싸이지 않고 능력을 발휘할 수 있는 것에 이 회사의 매력이 있다고 해도 지나친 말이 아니겠지요.
| 단어 | 学歴(がくれき) 학력　性別(せいべつ) 성별

能力(のうりょく) 능력　発揮(はっき) 발휘
魅力(みりょく) 매력　過言(かごん) 과언
| 정답찾기 | 장소를 나타내는「に」가 와야 한다. 여기에서「ところ」를 정리해 보면「~たところ」는 '~해 봤더니'라는 문법으로 문장의 상황을 만든다.「どころか」는 '~하기는커녕'으로「と」에 탁음을 꼭 찍어야 한다.「~たところで」는 '~해 봤자',「~ところに」는 '마침~할 때에'라는 뜻을 갖고 있다.
| 정답 | (B) → に

126
| 번역 | 지금까지 제일 마음에 남는 것은 역시 뭐라고 해도 도쿄 타워에서 바라본 도쿄의 야경입니다.
| 단어 | 眺(なが)める 조망하다　夜景(やけい) 야경
| 정답찾기 | 의미상 지금까지 가장 가슴에 남아 있는 것이라는 말이 들어가야 함으로「今(いま)までに」로 바꾸어 주어야 한다.
| 정답 | (A) → 今までに

127
| 번역 | 어제 사다리에서 떨어져 다리를 다쳐서 접골의에게 진찰을 받았습니다.
| 단어 | はしご 사다리　怪我(けが) 다침, 상처
接骨医(せっこつい) 접골의
| 정답찾기 | '상처가 나다, 다치다'는「怪我(けが)ができる」가 아니고「怪我(けが)をする」이다.
| 정답 | (C) → した

128
| 번역 | 어학연수를 위해 도쿄에 체재했을 때는 대단히 신세가 많았습니다.
| 단어 | 語学研修(ごがくけんしゅう) 어학연수
滞在(たいざい) 체재
| 정답찾기 | 어학연수를 했을 때의 일을 말하는 것이므로 과거 표현인「滞在した」가 와야 올바른 문장이 되겠다.
| 정답 | (B) → した

129
| 번역 | 이것은 작년 타계하신 조모로부터 받은 것이므로 지금도 소중히 간직하고 있습니다.
| 단어 | 他界(たかい) 타계　祖母(そぼ) 조모
| 정답찾기 |「の、こと、もの」의 구분 문제로「こと」는 추

상적인 것과, 대치할 명사가 없는 '것'(「の」도 가능)을 가리키고, 「もの」는 구체적이고 감각적으로 포착되는 대상을 가리키며 (「の」도 가능), 「の」는 대치할 명사가 있는 '것'이다 (「こと」「もの」는 불가능). 자세한 내용은 다음 문제를 통해서 이해를 해 두도록 한다.

| 정답 | (C) → もの

130

| 번역 | 최근 나의 유일한 스트레스 해소법은 운동을 해서 땀을 흘린 후 맥주를 마시는 것입니다.

| 단어 | 唯一(ゆいいつ) 유일 解消法(かいしょうほう) 해소법 汗(あせ) 땀

| 정답찾기 | 「の」와 「こと」와 「もの」의 구분문제이며, 시험에 자주 출제되는 문제이다. 다같이 '것' 이란 뜻이지만 그 차이는 상당히 난해하여 논문으로도 많이 사용되는 주제이다. 시험에 대비해 간단히 정리해보자.

*노력한다는 것은 괴로운 일입니다.
・努力するということはつらいことです。(○)
・努力するというものはつらいことです。(×)
*새 것을 주십시오.
・新しいものをください。(○)
・新しいのをください。(○)
・新しいことをください。(×)
*나의 포부는 자기 사업을 시작하는 것입니다.
・わたしの抱負は自分の事業を始めることです。(○)
・わたしの抱負は自分の事業を始めるのです。(×)
*부모의 사랑을 알 게 된 것은 내가 결혼을 한 이후이다.
・親の愛がわかったのはわたしが結婚してからだ。(○)
・親の愛がわかったことはわたしが結婚してからだ。(×)
・親の愛がわかったものはわたしが結婚してからだ。(×)
*친구가 결혼한 것을 몰랐어요.
・友だちが結婚したことを知りませんでした。(○)
・友だちが結婚したのを知りませんでした。(○)
・友だちが結婚したものを知りませんでした。(×)
*아르바이트를 한 덕택에 많은 것을 배웠다.
・アルバイトをしたおかげで多くのことを習った。(○)
・アルバイトをしたおかげで多いのを習った。(×)
*일찍 일어나는 것은 힘들다.
・早く起きることはつらい。(○)
・早く起きるのはつらい。(○)
・早く起きるものはつらい。(×)

*종이 울리는 것을 들었습니까?
・鐘が鳴るのを聞きましたか。(○)
・鐘が鳴るものを聞きましたか。(×)
・鐘が鳴ることを聞きましたか。(×)

| 정답 | (D) → こと

131

| 번역 | 어제는 잔업을 하고 늦게 돌아왔기 때문에 세수를 한 후 옷도 갈아입지 않고 자버렸습니다.

| 단어 | 残業(ざんぎょう) 잔업 着替(きか)える 옷을 갈아입다

| 정답찾기 | 문장 전체적으로 어제 있었던 일, 즉 과거의 사실을 나타내고 있는 문장이기 때문에 (C) 「洗(あら)った」의 형태로 사용해야 한다.

| 정답 | (C) → 洗った

132

| 번역 | 겨울이 되면 많은 철새가 날개를 쉬게 하기 위해서 찾아옵니다.

| 단어 | 渡(わた)り鳥(どり) 철새 羽(はね) 날개

| 정답찾기 | 자동사・타동사의 구분 문제이다. 「休(やす)む」는 자동사로 '휴식하다, 쉬다' 의 뜻인데, 문장에서는 날개가 쉬는 것이 아니라 쉬게 하는 대상이 되는 것이므로 타동사인 「休(やす)める」를 사용해야 자연스러운 문장이 된다.

| 정답 | (C) → 休める

133

| 번역 | PKO문제를 둘러싸고 일본에서는 의견이 둘로 나뉘어 있다.

| 단어 | 巡(めぐ)る 둘러싸다 意見(いけん) 의견

| 정답찾기 | (D)를 자동사 「分(わ)かれる」로 고쳐야 한다. 「分(わ)ける」는 타동사로 문맥상 적절치 않다. 단 표현법에서 조사의 쓰임새는 자・타동사에 관계없이 '나눔, 분리'를 표현하고자 할 때는 「～に分ける、～に分かれる」와 같이 사용한다.

| 정답 | (D) → 分かれて

134

| 번역 | 작년 여름은 징말로 더웠기 때문에 에어컨을 켜지 않을 수 없었습니다.

| 단어 | 去年(きょねん) 작년 クーラー 에어컨

| 정답찾기 | 형용사의 과거 표현은 기초적인 일본어 문법이

지만 역시 문제 속에 출제되면 쉽게 찾아내지 못하는 문제이므로 주의한다.「暑(あつ)い」의 과거 표현은「暑かった」이다.
| 정답 | (B) → 暑かった

135
| 번역 | 그리고 나서 며칠인가 지나서 우리들은 겨우 화해했다.
| 단어 | 経(た)つ (시간·세월이)지나다
仲直(なかなお)り 화해
| 정답찾기 |「いよいよ」가 '마침내'의 뜻으로 쓰일 때는 무엇인가 기대하고 있던 일이 일어났거나 일어나려고 할 때 자주 쓰인다. 따라서 이 문장에서는 싸움, 다툼 등이 있은 후에 '겨우, 간신히' 화해를 했다는 뉘앙스의「ようやく」가 적합하다.
| 정답 | (C) → ようやく

136
| 번역 | 집에 도착하면 먼저 목욕을 하고 나서, 가볍게 체조를 하는 것이 나의 일과입니다.
| 단어 | 柔軟(じゅうなん) 유연함 体操(たいそう) 체조
| 정답찾기 | 일본에서 '목욕을 하다'는 표현은「お風呂(ふろ)に入(はい)る」로 쓴다는 것을 명심하자.
| 정답 | (C) → お風呂に入って

137
| 번역 | 강물이 굉장히 차가웠기 때문에, 도저히 강물에서 헤엄칠 수 없습니다.
| 단어 | 川(かわ) 강 冷(つめ)たい 차갑다
泳(およ)ぐ 수영하다
| 정답찾기 |「は」는 조사로 주로 서술의 주제를 나타내어 '~은/는'의 형태로 해석되고,「が」는 문장의 주체나 대상과 함께 '~이/가'의 의미로 해석된다.「とてもじゃないけど」의 의미는 부정을 수반하는「とうてい、どんなにしても」(도저히, 아무리 해도)의 뜻과 동일하다.
| 정답 | (A) → が

138
| 번역 | 다나카 선생님과 처음으로 만난 것은 틀림없이 5년 전 겨울이었습니다.
| 단어 | 確(たし)か 확실함, 틀림없음
| 정답찾기 | '처음으로, 비로소'의 뜻을 가진 부사는「はじめて」이다.「はじめて、はじめに」는 항상 출제될 가능성이 높은 표현이므로 의미를 잘 알아두어야겠다.「お目(め)にかかる」는「会(あ)う」(만나다)의 겸양 표현이다.
| 정답 | (B) → て

139
| 번역 | 아무런 연락도 없었기 때문에 무슨 일이 있는 것은 아닐까 하고 굉장히 걱정했습니다.
| 단어 | 連絡(れんらく) 연락 心配(しんぱい) 걱정
| 정답찾기 |「たくさん」은 '많음, 충분함'을 나타내는 부사로 주로 양적으로 많음을 나타낼 때 쓰인다. 따라서 이 문장에서는 걱정을 한 정도를 나타내어야 함으로「とても」가 자연스럽다고 하겠다.
| 정답 | (D) → とても

140
| 번역 | 그 사람은 내가 일본에 가면 반드시 만나고 싶다고 생각하고 있던 사람이기 때문에 하숙집에 만나러 갔던 것입니다.
| 단어 | 下宿(げしゅく) 하숙
| 정답찾기 |「きっと」와「必(かなら)ず」,「ぜひ」는 '꼭, 반드시'라는 뜻으로 혼동하기 쉽다. 그 중「きっと」와「必(かなら)ず」는 판단이나 예상이 확실하다고 여겨지는 경우에 쓰이고,「必ず」는 의무, 약속 등을 말하는 문장에서 자주 볼 수 있으며, 명백한 논리에 따라서 어떤 결과가 얻어질 때 사용하므로 판단에 대한 확신도가 높다.「きっと」는 다소 주관적인 느낌이 있으며 의지, 희망을 나타내는 문장에서 주로 쓰이고 불확실한 요소를 포함하는 술어와 호응한다. 또한 판단한 내용이 동작이 아니고 상태인 경우에는「きっと」를 쓴다. 반면「ぜひ」는 어떤 일의 실현, 실행을 강하게 희망하는 뜻(아무쪼록, 어떻게 해서라도, 제발)을 지닌 부사로「ぜひ~お願(ねが)いします(제발 ~부탁합니다)」「ぜひ~行(い)ってみたい(꼭 가보고 싶다)」의 형식으로 쓰인다.
| 정답 | (A) → ぜひ

141
| 번역 | 적어도 영어 정도는 능숙하지 않으면 저 회사에 취직하는 것은 어렵다.
| 단어 | せめて 최소한, 적어도 英語(えいご) 영어
就職(しゅうしょく) 취직
| 정답찾기 | な형용사의 부정 꼴을 찾으면 된다. 부정 꼴로

문장이 끝나는 경우 우리가 익숙한 「上手(じょうず)ではない」를 생각할 수 있으나, 단정해서 문장이 끝나는 경우가 아닌 서술하는 내용의 경우 조사 「は」가 없이 「上手でなければ」로 표현한다.
| 정답 | (B)

142
| 번역 | 여기부터 신주쿠까지 버스로 가려면, 어떻게 가면 좋습니까?
| 단어 | 新宿(しんじゅく) 신주쿠(지명)
| 정답찾기 | 「〜には」는 동사를 받아 목적을 나타낸다. '〜에는, 〜하려면'의 뜻이 있다. (A) 「〜のは」는 '〜하는 것은'이란 뜻의 사실을 말하며, (B) 「〜かは」는 '〜할지 안할지 모르는'이란 뜻의 불확실한 미래, (C) 「〜とは」는 '〜라는 것은'이란 뜻의 추측 표현이다.
| 정답 | (D)

143
| 번역 | 비행기가 무섭다고 하여, 타지 않을수도 없겠지요.
| 단어 | 飛行機(ひこうき) 비행기   怖(こわ)い 무섭다   乗(の)る 타다
| 정답찾기 | 「〜からといって」는 '〜라고 해서'라는 뜻의 구문이다. 외워 두면 쉽게 해결할 수 있는 문제이다.
| 정답 | (A)

144
| 번역 | 인구는 5년 전의 약 1.5배로 증가하였다.
| 단어 | 人口(じんこう) 인구   膨(ふく)れ上(あ)がる 부풀어 오르다, 급증하다
| 정답찾기 | 「に」는 「する、なる」 등의 동사에 대하여 그 변화의 결과를 나타낸다. '〜이〜으로'란 뜻이 된다.
| 정답 | (C)

145
| 번역 | 봄이 되면, 예쁜 꽃이 많이 핍니다.
| 단어 | 春(はる) 봄   咲(さ)く (꽃이)피다
| 정답찾기 | 「と」는 순접의 가정 조건을 나타낸다. '〜하면 ~되면'이란 뜻으로 뒤에 문장은 '〜하게 되다'란 문장이 온다.
| 정답 | (D)

146
| 번역 | 해외는커녕 국내조차 제대로 여행한 적이 없습니다.
| 단어 | 海外(かいがい) 해외   国内(こくない) 국내   旅行(りょこう) 여행
| 정답찾기 | 「すら」는 '〜조차 〜마저'란 뜻으로 비슷한 단어로는 「さえ」가 있다. (B) 「しか」는 '〜밖에' (C) 「だけ」는 '〜만' (D) 「ほど」는 '〜정도'란 뜻으로 문맥상 어색함을 보인다.
| 정답 | (A)

147
| 번역 | 부모의 사소한 행동이 아이에게까지 영향을 끼치고 만 것입니다.
| 단어 | 親(おや) 부모   行動(こうどう) 행동   影響(えいきょう) 영향   与(あた)える (손해 등을)끼치다, 입히다
| 정답찾기 | 「〜にまで」는 '〜에게 까지'란 뜻이다. (A) 「〜にでも」(〜에게도) (C) 「〜からも」(〜에서부터도) (D) 「〜までで」(〜까지)
| 정답 | (B)

148
| 번역 | 대학생이 되기 전에 다시 한 번, 장래 자신이 하고 싶은 일은 무엇인가에 대해 생각해 봅시다.
| 단어 | 大学生(だいがくせい) 대학생   将来(しょうらい) 장래
| 정답찾기 | 조사 「に」는 동작, 작용이 이루어지는 시간을 나타낸다. (B)의 경우 우리말로는 어색하지 않지만, 동작, 작용의 주체나 성질, 상태의 주체를 나타내는 조사이므로 어색하다. (A)와 (D)는 상황에 맞지 않는 예시이다.
| 정답 | (C)

149
| 번역 | 어제의 실습 내용을 좀 더 상세하게 써 주실 수 없겠습니까?
| 단어 | 悔(くや)しい 분하다   詳(くわ)しい 자세하다, 상세하다   煩(わずら)わしい 번거롭다, 귀찮다, 성가시다
| 정답찾기 | 「い형용사」가 동사에 접속할 때는 어미 「い」가 「く」로 바뀌면서 접속이 된다. 「くわしい」의 어미 「い」가 「く」로 바뀌면서 (B) 「くわしく」가 답이 된다.
| 정답 | (B)

150
| 번역 | 이 전자사전은 글자의 크기를 3배까지 크게 할 수 있으므로 매우 편리합니다.

| 단어 | 電子辞典(でんしじてん) 전자사전 字(じ) 글자 重(おも)い 무겁다 深(ふか)い 깊다 多(おお)い 많다 大(おお)きい 크다
| 정답찾기 | 「さ」는 「い형용사」, 「な형용사」의 어간에 붙어 상태, 정도, 마음 등을 나타내는 명사를 만든다. 「い형용사」인 「おおきい」의 어간이 「おおき」이므로, 「おおきさ」가 답이 된다.
| 정답 | (D)

151
| 번역 | 만약 사정이 되시면, 이번 일요일에 찾아뵈도 괜찮을까요?
| 단어 | 都合(つごう)がいい/よい 형편이 되다, 시간이 나다 伺(うかが)う 찾아뵙다
| 정답찾기 | 형용사 「いい」에 가정형 「〜ければ」를 붙이면 어간과 어미가 모두 변하여 「よければ」가 된다.
| 정답 | (B)

152
| 번역 | 최근 일은 잘 되어 가고 있습니까?
| 단어 | 最近(さいきん) 최근 うまくいく 일이 잘 되어 가다 細(こま)かい 자세하다, 세세하다 柔(やわ)らかい 부드럽다
| 정답찾기 | 형용사는 동사를 수식할 때 어미 「い」가 탈락하고 「く」가 붙는다. 「うまくいく」는 '어떠한 일이 잘 되어 가는 모양'을 뜻하므로 정답은 (C)이다.
| 정답 | (C)

153
| 번역 | 그는 당신이 전화 한 통 안 했기 때문에 대단히 쓸쓸해 하고 있었어요.
| 단어 | 寂(さび)しい 쓸쓸하다, 외롭다 羨(うらや)ましい 부럽다 嬉(うれ)しい 기쁘다 美味(おい)しい 맛있다
| 정답찾기 | 제3자의 상태 희망을 나타내는 「〜がる」는 형용사의 어간에 접속을 하게 되므로 「さびしがる」가 되고, 여기에 진행을 나타내는 「〜ている」를 접속하여 「さびしがっている」가 된다.
| 정답 | (A)

154
| 번역 | 아무리 그녀가 나쁘다고 해도, 그건 좀 말이 심하지 않습니까?

| 단어 | 話(はな)す 대화하다 言(い)う 말하다 語(かた)る 이야기하다 喋(しゃべ)る 지껄이다
| 정답찾기 | 「すぎる」는 동사의 ます형이나 형용사의 어간에 붙어 '지나치다' 란 뜻을 부여한다. 「いう」(말하다)란 뜻의 동사의 ます형 「いい」에 「すぎる」를 접속하여, 「いいすぎる」(말이 지나치다)가 된다.
| 정답 | (B)

155
| 번역 | 그의 아내는 신경이 세밀한 만큼 작은 데까지 신경을 잘 씁니다.
| 단어 | 鋭(するど)い 날카롭다, 예리하다 こまめだ 성실하고 바지런하다 鈍(にぶ)い 둔하다, 무디다 細(こま)やかだ 자상하다, 세밀하다 気(き)が利(き)く 작은 데까지 주의가 미치다
| 정답찾기 | 「な형용사」인 「こまやかだ」의 연체형이 「だけに」에 접속해야 하므로 (D)가 정답이 된다.
| 정답 | (D)

156
| 번역 | 그의 연기는 언제나 틀에 박혀 있어 신선함이 없는 듯한 느낌이 드는데.
| 단어 | 演技(えんぎ) 연기 型(かた)にはまる 틀에 박히다 慎重(しんちょう) 신중 前向(まえむ)き 적극적인 자세, 전향적인 태도 新鮮(しんせん) 신선 真剣(しんけん) 진지함
| 정답찾기 | 「み」는 「い형용사」와 「な형용사」에 붙어 이를 명사로 만들어 정도, 상태를 나타낸다.
| 정답 | (C)

157
| 번역 | 나의 영어 선생님은 언제나 나에게 친절하게 가르쳐 주십니다.
| 단어 | 丁寧(ていねい) 공손함, 정성을 들임 疎(おろそ)か 소홀히 함 緩(ゆる)やか 완만함
| 정답찾기 | な형용사의 의미를 묻는 문제이다. 공통적으로 동사를 수식하므로 활용인 '〜하게' 란 뜻의 방법을 나타내는 조사 「に」가 왔으나, 전후 문맥을 완성시키기 위해 의미를 생각해 봐야 한다. (A)는 '정성껏 주의를 기울임, 자상함' 의 뜻으로 문맥상 가장 합당하다.
| 정답 | (A)

158
| 번역 | 어제 텔레비전에서 본 만담은 너무나 우스꽝스러워서 눈물이 나와 멈추지 않을 정도였습니다.
| 단어 | 漫才(まんざい) 만담　涙(なみだ) 눈물
| 정답찾기 | 어제 본 텔레비전의 내용이므로 과거형이 와야 한다.
| 정답 | (C)

159
| 번역 | 다다음달 초에 해외여행이라도 가려고 생각하고 있습니다.
| 단어 | 再来月(さらいげつ) 다다음달　海外旅行(かいがいりょこう) 해외여행　一週間(いっしゅうかん) 일주일　はじめて (경험상)처음　年頃(としごろ) 알맞은 나이, 적령기
| 정답찾기 | 화자가 가고 싶어 하는 여행의 시기에 관한 내용을 묻고 있다. 「月(つき)のはじめ」(월초)의 명사형을 취하므로 (A)의 「はじめ」가 가장 적절하다.
| 정답 | (A)

160
| 번역 | 고속도로는 상행도 하행도 막혀 있어서, 평소의 세 배 이상의 시간이 걸렸습니다.
| 단어 | 高速道路(こうそくどうろ) 고속도로
普段(ふだん) 평소　戻(もど)る 원위치로 되돌아오다
往復(おうふく) 왕복　片道(かたみち) 편도
| 정답찾기 | 「行(ゆ)き」에 반대되는 말로 '돌아오다' 라는 의미가 들어가야 된다. 가장 적절한 형태는 명사형으로 「行きも帰(かえ)りも」가 가장 자연스럽다.
| 정답 | (B)

161
| 번역 | 무심코 어딘가에 지갑을 잃어 버린 것 같습니다.
| 단어 | うっかり 깜박, 무심코　財布(さいふ) 지갑
落(お)とす 잃어버리다, 분실하다 ＝「無(な)くす」
落(お)ちる 떨어지다　無(な)くなる 사물이 없어지다
いなくなる 있던 사람이 없어지다
| 정답찾기 | '지갑을 잃어버리다' 는 의미로 「落(お)ちる」를 사용하는게 아니라 「落とす」를 사용한다. 「~てしまう」(~해 버리다)라는 표현에 연용되기 위해서는 (A)의 「おとしてしまう」의 꼴이 적절하다.
| 정답 | (A)

162
| 번역 | 실은 어제, 동료와 늦게까지 아카사카의 술집에서 마셨습니다.
| 단어 | 実(じつ)は 사실은　同僚(どうりょう) 동료
飲(の)み屋(や) 술집　怒(おこ)る 화내다 ＊おごる 한턱내다　帰(かえ)る 돌아가다, 돌아오다　暮(く)らす 살다, 지내다, 생활하다
| 정답찾기 | 어제라는 의미상 과거형이 와야 된다. 따라서 단순한 술을 마셨다는 「飲(の)んだ」에다가 이유를 나타내는 「ん」을 붙인 (C)의 「飲んだんです」가 가장 적절하다.
| 정답 | (C)

163
| 번역 | 어제는 밤새도록 자지 않고 책을 읽거나 사색을 하거나 하였습니다.
| 단어 | 昨日(きのう) 어제　一晩中(ひとばんじゅう) 밤새도록　寝(ね)たまま 누운 채
| 정답찾기 | 「ないで」와 「なくて」는 시험에 자주 출제되는 문제이므로 반드시 정리해 두고 넘어가야 한다.
일본어 문법에 있어서 「い형용사, な형용사, 명사」에 「ない」가 접속되느냐, 아니면 「동사」에 「ない」가 접속되느냐에 따라 그 용어가 달라지는데, 이때 전자의 「ない」를 보조형용사라고 하고, 후자의 「ない」를 부정의 조동사라고 한다.
① なくて
보조형용사인 「ない」가 접속되어 '하지 않다(이 아니다)' 라는 의미로, 이에 다시 「て」가 접속되면, 「なくて」의 형태를 취하게 되는데, 이때의 「なくて」는 '하지 않고(상태), 하지 않아서(원인 이유)' 라는 의미가 된다.
★ 高(たか)い ＋ ない ＝ 高くない
　高くない ＋ て ＝ 高くなくて(상태, 원인 이유)
예 高くなくて、安(やす)い。비싸지 않고, 싸다.(상태)
　高くなくて、もう一(ひと)つ買(か)った。
　비싸지 않아서, 하나 더 샀다.(원인)
② ないで
문제는 부정의 조동사이다. 부정의 조동사는 「ない」가 접속되어, 「하지 않는다」라는 의미로, 이에 다시 「て」가 접속되면, 보조형용사와는 달리 「なくて」와 「ないで」두 가지 형태를 취한다. 이때 「なくて」는 '하지 않아서' 라는 원인 이유가 되고, 「ないで」는 '하지 않고' 라는 상태의 의미가 된다.

★ 行(い)く＋ない＝行かない
行かない＋て＝行かなくて (원인 이유)
★ 行く＋ない＝行かない
行かない＋て＝行かないで (상태)
예 行かなくて、しかられた。 가지 않아서 혼났다.(원인)
行かないで、やめた。 가지 않고, 그만두었다.(상태)
아울러,「ないで」는 '하지 말고, 하지 말아' 라는 부정의 소망과 금지의 의미도 갖는다.
예 一人(ひとり)で行かないで、いっしょに行こう。
혼자서 가지 말고, 같이 가자.(소망)
行かないで。 가지 마.(소망)
| 정답 | (A)

164
| 번역 | 과거 10년간의 경험을 살려, 꼭 앞으로 열심히 해 주세요.
| 단어 | 過去(かこ) 과거　経験(けいけん) 경험　頑張(がんば)る 노력하다, 분발하다　伸(の)ばす 늘이다, 펴다
| 정답찾기 | 문장에 적절한 동사를 고르는 문제이다. 「いかす」는 경험을 '살리다' 라는 표현이므로 (A)의 「いかして」가 답이 된다.
| 정답 | (A)

165
| 번역 | 차를 탈 때는 안전벨트를 확실하게 매는데 주의하지 않으면 안 됩니다.
| 단어 | くっきり 뚜렷이, 선명히　たしかに 확실히, 똑똑히　はっきり 확실히, 분명히
| 정답찾기 | 안전벨트를 맬 때는 확실하게 매는 인상이 강하므로 견고한 모양을 나타내는 「しっかり」가 적절하다.
| 정답 | (D)

166
| 번역 | 위험하기 때문에 공장 안에서는 절대로 담배를 피우지 않도록 해주세요.
| 단어 | 危険(きけん) 위험　工場(こうじょう) 공장　タバコを吸(す)う 담배를 피우다
| 정답찾기 | 우선 부사의 의미를 알아두어야 한다. (A)「きっと」 꼭 (B)「きちんと」 정확히, 깔끔히 (C)「ぜったいに」 절대로 (D)「どうも」 아무리 해도, 어쩐지
| 정답 | (C)

167
| 번역 | 대지진 후, 다음날 아침부터 3일간에 걸쳐 여진이 있었습니다.
| 단어 | 大地震(だいしん) 대지진　翌朝(よくあさ) 다음 날 아침　余震(よしん) 여진
| 정답찾기 | '~에서부터 ~에 걸쳐서' 라는 의미의 구문은 「~から~にわたって」이다.
| 정답 | (D)

168
| 번역 | 죄송합니다만, 지난주에 빌려 드린 일본어 사전은 언제쯤 돌려 받을 수 있겠습니까?
| 단어 | 先週(せんしゅう) 지난주　貸(か)す 빌려주다　辞書(じしょ) 사전
| 정답찾기 | '빌려 준 것을 받는다는 의미' 로는 「かえす」가 가장 적절하다. 보기의 단어들은 헷갈리기 쉬우므로 한 번은 정리해 두도록 하자.
| 정답 | (A)

169
| 번역 | 완전히 그녀의 아버지 맘에 들어 버렸다.
| 단어 | すっかり 완전히, 아주　父親(ちちおや) 아버지
| 정답찾기 | 「気(き)にいる」(맘에 들다)가 수동형으로 쓰인 것이다.
| 정답 | (B)

170
| 번역 | 그러면, 내일 오후 5시쯤 그쪽에 방문하겠습니다.
| 단어 | 午後(ごご) 오후
| 정답찾기 | '방문하다' 의 「うかがう」를 사역표현으로 바꾸고, 「もらう」의 겸양 표현인 「いただく」를 접속시켰다. 「うかがわせていただきます」는 '방문해 받겠습니다' 라고 직역하면 어색하므로, '방문하겠습니다' 라고 해석한다.
| 정답 | (C)

[171~174]

　내가 어릴 때는, 학비·생활비에 지장이 있는 집도 많아, 딱한 학생도 있었다. 나는 비교적 풍족한 학생 생활을 해서, 도시락을 못 싸는 일은 없었지만, ①말하자면 내 멋대로의 행동으로 인해서, 도시락을 싸가지 못하는 경험했다. 즉, 아침에 일찍 일어날 수 없었던 것이다. 도시락을 쌀만큼 시간적인 여유를 가지고 일어날 수 없었던 결과다. 학교와 우리 집과의 거리는 멀어서, 한 시간 반은 걸린다. 8시에 시작됐기 때문에, 학교에 시간 맞춰 가려면, 6시 반에 집을 나가지 않으면 안되었고, ②따라서 그 사이에 식사를 준비해서 동생에게도 먹이고, 도시락을 싸고, 나도 몸치장을 하거나 하면, 아무리 빨리 해도 5시 반에는 일어나야 하는 것이 된다. 그 5시 반이 괴로웠던 것이다. 어머니가 병약하셨기 때문에, 여자 일손은 나 혼자여서, 당연히 등교 전의 가사 잡일이 돌아온다. 어쨌든, 동생에게는 반드시 도시락을 가져가게 하려고 했기 때문에, 이것은 무리해서라도 준비했지만, 나는 점심을 거르고 공복인 편이 지각보다는 그래도 나았다. 부모님은 내 체력과 노동력을 믿고 있었기 때문에, 도시락 없이 갈 것이라고 전혀 눈치 채지 못하셨지만, 나는 실은 그 신용을 저버리고, 졸음에 못 이겨, 자주 도시락 없이 가는 일을 반복했다.

| 단어 | 学費(がくひ) 학비　生活費(せいかつひ) 생활비　差(さ)し支(つか)える 지장이 있다　気(き)の毒(どく) 딱함, 안쓰러움　割合(わりあい)に 비교적　恵(めぐ)まれる 좋은 환경 등이 주어지다　弁当(べんとう) 도시락　いわば 말하자면, 이를테면, 비유하건데　わがまま 제멋대로　굼 つめる 채우다, 담다　余裕(よゆう) 여유　距離(きょり) 거리　間(ま)に合(あ)う 시간에 맞추다　家事(かじ) 가사　こしらえる 마련하다, 준비하다　身(み)づくろい 몸차림을 갖춤　手早(てばや)い 재빠르다　女手(おんなで) 여자의 일손　~ときては ~라고 하면, ~로 말할 것 같으면　いきおい 당연히　登校(とうこう) 등교　雑用(ざつよう) 잡다한 용무　是非(ぜひ) 꼭, 반드시　空腹(くうふく) 공복　まだしも 그래도 그 편이 낫지만　てんで(부정어를 동반하여)아예, 애당초, 전혀　気(き)がつく 눈치 채다, 알아차리다　信用(しんよう) 신용　裏切(うらぎ)る 배신하다, 기대를 저버리다　負(ま)ける 지다, 패배하다　繰(く)り返(かえ)す 되풀이하다, 반복하다

171
①いわば의 정확한 의미는 무엇입니까?
(A) 말할 것도 없지만
(B) 말해 보자면
(C) 바꿔 말하면
(D) 덧붙여 말하면
| 단어 | 正(ただ)しい 맞다, 바르다　言(い)うまでもない 말할 것도 없다　言(い)いかえる 바꿔 말하다　付(つ)け加(くわ)える 덧붙이다
| 정답 | (B)

172
②　에 들어갈 가장 적절한 말은 무엇입니까?
| 단어 | ところが 그런데, 하지만　なぜなら 왜냐하면　したがって 따라서　たとえば 예를 들면
| 정답 | (C)

173
필자가 종종 도시락을 못 싸는 것을 반복하는 이유는 무엇입니까?
(A) 학비를 내는 것도 어려울 정도의 생활을 하고 있었으므로.
(B) 다이어트를 위해, 일부러 엄마가 만들어 준 도시락을 먹지 않았기 때문에.
(C) 도시락을 만들기 위해 일찍 일어날 수 없었기 때문에.
(D) 생활이 어려운 딱한 친구에게 자신의 도시락을 주었기 때문에.
| 단어 | 筆者(ひっしゃ) 필자　早起(はやお)き 일찍 일어남　気(き)の毒(どく) 딱함, 안됨, 가엾음
| 정답 | (C)

174
본문 내용에 맞는 것은 어느 것입니까?
(A) 아침식사 준비를 하거나, 동생에게 먹이거나 해서 항상 학교에 지각을 했다.
(B) 매일 아침 일찍 일어나는 것은 습관이 되어 있어서 전혀 괴롭지 않았다.
(C) 일찍 일어날 수가 없어서 동생 도시락을 만들어 줄 수가 없었다.
(D) 엄마가 병을 자주 앓았기 때문에 학교에 가기 전에 가사를 하지 않으면 안 되었다.

|단어| 支度(したく) 준비, 채비　習慣(しゅうかん) 습관
家事(かじ) 가사
|정답| (D)

[175~178]

우리들의 매우 일상적인 경험으로서, 어린 아이와 함께 있으면 아이가 하는 말이 매우 시적으로 들리는 경험을, 아마 누구든지 많든 적든 한 적이 있지 않습니까? ① 예를 들면 아이들이 사이다를 처음 마시고, 그때의 인상을 '물이 목을 물고 늘어진다' 라고 표현하고 있다. 우리들이 들으면, 왠지 매우 시적인 느낌으로 재미있다. 또, 정원에 떨어져 있는 나뭇잎이 바람에 불려 흩날리고 있을 때 '나뭇잎이 춤추고 있다' 라든가, 바람이 불어와서 책의 페이지가 ②팔랑팔랑 넘어가는 것을 보고, '바람이 책을 읽는다' 와 같은 표현을 한다.

아이의 언어가 시의 언어와 비슷하다는 것이 있다는 것 이것은 과연 무엇 때문일까요? 어쩌면, 전통적인 설명 방법이라면, 아이란 순진해서, 그런 순진한 마음이 꾸미지 않고 나온다. 그것이 그대로 시가 되는 것이다 — 그런 식으로 설명하는 것은 아닐까하고 생각합니다.

|단어| 日常的(にちじょうてき) 일상적　経験(けいけん) 경험　詩的(してき) 시적　だれしも 누구든지, 누구라도　多(おお)かれ少(すく)なかれ 많든 적든　印象(いんしょう) 인상　かみつく 물고 늘어지다　吹(ふ)く (바람이)불다　めくる 넘기다　伝統的(でんとうてき) 전통적　純真(じゅんしん) 순진

175

_____ ① 에 들어갈 가장 적절한 말은 무엇입니까?
|단어| それで 그래서　たとえば 예를 들면
一方(いっぽう) 한편　しかし 그러나
|정답| (B)

176

_____ ② 에 들어갈 가장 적절한 말은 무엇입니까?
|단어| サラサラ ① 사물이 막힘없이 나아가는 모양, 술술, 졸졸 ② 물기도 찰기도 없이 보송보송한 모양, 메마른 모양　パチパチ ① 콩 등이 튀는 모양, 툭툭 ② 나무가 타는 소리, 탁탁 ③ 박수치는 소리, 짝짝　シトシト 비가 조용히 내리는 모양, 부슬부슬　パラパラ ① 큰 빗방울, 우박 등이 쏟아지는 모양, 후둑후둑 ② 책장 등을 빠르게 넘기는 모양, 훌훌
|정답| (D)

177

아이들의 말이 왜 시를 닮은 경우가 있는 것입니까?
(A) 상상력을 풍부하게 하는 그림책 등에 많이 접하고 있으므로.
(B) 학교에서 교육을 받고 있으므로.
(C) 오염되지 않은 마음씨를 갖고 있으므로.
(D) 일부러 재미있게 들리도록 하고 있으므로.
|단어| 似(に)る 닮다　想像力(そうぞうりょく) 상상력
接(せっ)する 접하다, 접촉하다
|정답| (C)

178

본문 내용과 맞는 것은 어느 것입니까?
(A) 아이는 순진한 것처럼 보이나, 때로는 잔혹한 일면을 보이는 경우도 있다.
(B) 상상력은 아이 안에서 길러지는 것이므로, 책을 많이 읽히는 것이 좋다.
(C) 어린 아이가 하는 말이 매우 시적으로 들리는 경험이, 우리들에게는 있다.
(D) 어린 아이는 표현력이 부족하기 때문에, 본 것을 능숙하게 말로 전할 수가 없다.
|단어| 残酷(ざんこく) 잔혹　培(つちか)う 기르다, 배양하다　表現力(ひょうげんりょく) 표현력
|정답| (C)

[179~181]

음악가라고 불리는 예능인에는 두 종류가 있다. 작곡가는 물론 멋진 음악가지만, 그의 일은 주로 악보에 음의 흐름을 기록하는 것이다. 작곡가 자신이 악보 없이 즉흥연주하는 것도 물론 상관없다. 하지만, 일반적으로는 악보에 기록된 그것을, 다른 연주가가 음으로 변환하는 작업을 한다. 연주가도 또한 음악가라고 불리는 것은 주지의 사실이다. 즉, 작곡가에 의해서 창작된 음악이, 우리의 청각을 즐겁게 하기 위해서는, 연주가의 연주라는 행위가 필요한 것이다. 연주가가 재현 예술가라고도 불리기도 하는 것은, 그 예술의 성질상, 반복 재현 행위가 필요로 하기 때문이고, 우리는 그때마다 감상의 기회가 주어진다.

그런데, 연주가가 단순히 악보의 지시에 충실히 따라

서 음으로 바꿔 나가는 기능자라면, 그는 음악가라고 불릴 자격은 ①없을 것이다. 예를 들어, 피아노 학원에 다니는 아동은 반복 연주 기법을 배우고, 학원의 ②예능 발표회에서, 평소의 수련의 성과를 피로한다. 기특한 연주에 큰 박수. 피아노 선생님도, 아동의 엄마도, 잘 했다고 칭찬은 하지만, 그것은 악보의 지시에 따라서 틀리지 않고 쳤다는 것으로, 아동의 연주가로서의 숙달을 칭찬한 것은 아니다. 원래, 연주가에게 요구되는 것은, 연주 기법도 물론 이거니와, 악보가 가리키는 의미의 해석, 그것은 단적으로 말해서 작곡가의 의도라는 것이지만, 그것을 어떻게 해석해서 현실의 음으로 바꿀 것인가 하는 과제이다.

| 단어 | 音楽家(おんがくか) 음악가 職能(しょくのう) 직능 種類(しゅるい) 종류 作曲家(さっきょくか) 작곡가 立派(りっぱ) 훌륭함 楽譜(がくふ) 악보 即興(そっきょう) 즉흥 演奏(えんそう) 연주 変換(へんかん) 변환 作業(さぎょう) 작업 周知(しゅうち) 주지 創作(そうさく) 창작 聴覚(ちょうかく) 청각 再現(さいげん) 재현 芸術家(げいじゅつか) 예술가 性質(せいしつ) 성질 繰(く)り返(かえ)す 되풀이하다, 반복하다 鑑賞(かんしょう) 감상 指示(しじ) 지시 忠実(ちゅうじつ) 충실 技能者(ぎのうしゃ) 기능자 資格(しかく) 자격 塾(じゅく) 학원 おさらい発表会(はっぴょうかい) 예능발표회 修練(しゅうれん) 수련 披露(ひろう) 피로 拍手(はくしゅ) 박수 児童(じどう) 아동 褒(ほ)める 칭찬하다 習熟(しゅうじゅく) 숙달 賞賛(しょうさん) 칭찬 解釈(かいしゃく) 해석 とりもなおさず 즉, 곧, 바꿔 말하자면 단적으로 말하자면 意図(いと) 의도 課題(かだい) 과제

179
①   에 들어갈 가장 적절한 말은 무엇입니까?
| 단어 | あるまい 없을 것이다   ありうる 있을 수 있다   あるべし 있어야만 한다
| 정답 | (B)

180
②おさらい의 바른 의미는 어느 것입니까?
(A) 틀린 부분을 선생님으로부터 주의를 받는 것
(B) 견본이 되는 선생님의 연주를 듣는 것
(C) 연습해서 습득한 것을 발표하는 것
(D) 누구의 연주가 뛰어난지를 서로 겨루는 것

| 단어 | おさらい 예능 발표회   見本(みほん) 견본, 샘플 習得(しゅうとく) 습득   競(きそ)い合(あ)う 서로 다투다, 경쟁하다
| 정답 | (C)

181
본문 내용과 맞는 것은 어느 것입니까?
(A) 작곡가는 악보에 음의 흐름을 기록할 뿐이므로, 음악가라고는 부를 수 없다.
(B) 연주가는 악보를 보고 얼마나 작자의 의도대로 해석하고, 연주할 수 있는지가 요구된다.
(C) 악보가 나타내는 음조차 틀리지 않고 칠 줄 안다면, 피아노 학원에 다니는 아동도 훌륭한 음악가라고 말할 수 있다.
(D) 아동의 피아노를 숙달시키고 싶은 거라면, 꾸짖는 것보다 많이 칭찬해 주어야만 한다.

| 단어 | 弾(ひ)く 현악기를 연주하다   叱(しか)る 꾸짖다, 야단치다   誉(ほ)める 칭찬하다
| 정답 | (B)

[182~184]

아무도 모르는 자신 — 아무리 친한 사람도 알아주지 못하는 자신. 아니, 알아 줄 필요가 없는 자신. 그것을 응시할 때, 사람에 따라서는, 인간관계 따위는 아주 하찮다고 하는 결론을 내릴지도 모른다. 하물며 다른 사람과 아무리 사귀어 봐도, ①결국 인간은 마지막까지 혼자인 것이다. 태어날 때도 혼자라면, 죽을 때도 혼자다. 그 고독한 하나의 생명이, 여기저기서 다른 생명과 스치는 것이 인간관계라고 하더라도, 그것은 그 생명에게 있어, 각별한 관계는 아닌 것 같다고도 생각할 수 있다. 그런 식으로 생각해 가면, 인간관계는 ②덧없다.

하지만, 그런 시각을 가지고, 인간관계를 부정하려는 것은 아니다. 일단 그와 같은 덧없음을 확인하고 나서, 새롭게 인간관계를 생각하려고 하는 것이, 실은 여기서의 결론인 것이다.

| 단어 | 親(した)しい 친하다   凝視(ぎょうし) 응시   人間関係(にんげんかんけい) 인간관계   くだらない 시시하다, 하찮다   結論(けつろん) 결론   所詮(しょせん) 어차피, 결국＝「つまるところ」 孤独(こどく) 고독   生命(せいめい) 생명   触(ふ)れ合(あ)う 스치다, 접촉하다   はかない

덧없다, 허무하다　見方(みかた) 견해　否定(ひてい) 부정　見極(みきわ)める 끝까지 지켜보다, 확인하다　改(あらた)めて 새삼스럽게

182
①所詮의 바른 의미는 무엇입니까?
| 단어 | 大部分(だいぶぶん) 대부분　結局(けっきょく) 결국　かえって 오히려, 도리어　一方(いっぽう) 한편
| 정답 | (B)

183
_____ ② 에 들어갈 가장 적당한 단어는 무엇입니까?
| 단어 | 深(ふか)い 깊다　はかない 덧없다, 허무하다　複雑(ふくざつ)だ 복잡하다　素晴(すば)らしい 훌륭하다, 멋지다
| 정답 | (B)

184
작자의 생각으로서 바른 것은 무엇입니까?
(A) 어차피 죽을 때는 혼자이므로 생명에 있어서 인간관계는 필요 없다.
(B) 친한 사람만 자신의 일을 알아주면 된다.
(C) 아무리 인간관계가 좋아도 죽을 때는 혼자다.
(D) 인간관계는 덧없고, 쓸모없는 것이다.
| 단어 | 作者(さくしゃ) 작자　どうせ 어차피　親(した)しい 친하다　はかない 덧없다　くだらない 시시하다, 하찮다
| 정답 | (C)

[185~188]

한숨이 나오는 글을 읽었습니다.
11월 2일부 어떤 신문 지면에 게재되었던 12세의 여중생의 글입니다. 이런 주지할 점이 있었습니다. 친구끼리의 이야기를 듣고 있으면, 말이 아무래도 하나의 틀에 박혀있다. 원인은 ①책을 읽지 않은 탓이지 않을까. 자신은 도서 위원을 하고 있지만, 도서실에는 정말로 한 명도 오지 않는다. 이 여자 중학생이 지적한 틀에 박힌 말투라고 하는 것은 나도 전철 또는 지하철에서 자주 들던「エーホント(뭐, 정말이야)」라든가「ウッソー(정말)」과 같은 구체적인 단어를 예를 들어서 지적합니다.
일상에서 그때 그 장소의 자신에 들어맞는 단어를 찾아 쓰는 것은 일단 의식하기 시작하면 결코 쉽지 않습니다만, 인간은 ②하루종일 긴장하며 사는 것이 아니기 때문에 점선과 같은 의식적인 시간을 가짐으로 해서 오히려 얻어지는 점도 있을까 하는 기분이 듭니다.
그래도 결과는 별도로 해도, 그때 그 장소에 자신에게 맞는 ③단어를 찾는 것을 게을리 하여, 평소 알고 있던 단어로 전후 문맥을 맞춰 버리는 습관이 몸에 배면, 자칫하면 틀에 박힌 말투가 되기 쉽습니다. 연소자만을 비난할 수는 없습니다.

| 단어 | ほっと 한숨짓는 모양　文章(ぶんしょう) 문장　某(ぼう) 모, 어느　紙面(しめん) 지면　掲載(けいさい) 게재　主旨(しゅし) 주지, 주된 의미　ワンパターン 한 가지 형태로 표출되는 경향　図書(としょ) 도서　委員(いいん) 위원　図書室(としょしつ) 도서실　地下鉄(ちかてつ) 지하철　具体的(ぐたいてき) 구체적　指摘(してき) 지적　即(そく)する 딱 들어맞다　緊張(きんちょう) 긴장　点線(てんせん) 점선　ふさわしい 어울리다, 걸맞다　怠(なま)ける 게으름 피우다　辻褄(つじつま)を合(あ)わせる 조리에 닿게 하다, 이치에 맞게 하다　習慣(しゅうかん) 습관　年少者(ねんしょうしゃ) 연소자　非難(ひなん) 비난

185
_____ ① 에 들어갈 가장 적당한 단어는 무엇입니까?
(A) 밖에서 놀지 않게 되었다
(B) 책을 읽지 않게 되었다
(C) 게임을 하게 되었다
(D) 집에서 공부하지 않게 되었다
| 정답 | (B)

186
_____ ② 에 들어갈 가장 적당한 단어는 무엇입니까?
| 단어 | 四六時中(しろくじちゅう) 하루종일, 늘
| 정답 | (B)

187
_____ ③ 에 들어갈 가장 적당한 단어는 무엇입니까?
| 단어 | 宿題(しゅくだい) 숙제　カンニング 컨닝　勉強(べんきょう) 공부　言葉探(ことばさが)し 단어 찾기
| 정답 | (D)

188
말이 한 가지 틀에 박혀 버리는 원인은 무엇이라고 필자는 말하고 있습니까?
(A) 시간에 쫓겨 생활하는 중에 약어를 많이 이용하는 경향이 있기 때문에.
(B) 그때 그 장소에 자신에게 맞는 말을 찾아내는 언어 능력이 부족하기 때문에.
(C) 자신에게 맞는 단어를 찾아내지 않고, 적당한 말에 맞춰 버리기 때문에.
(D) 어려운 말을 일부러 선택해서 쓰기보다 유행어 쪽이 상대를 이해시키기 쉽기 때문에.

|단어| 原因(げんいん) 원인 略語(りゃくご) 약어 多用(たよう) 많이 사용함 乏(とぼ)しい 부족하다, 빈약하다 流行語(りゅうこうご) 유행어

|정답| (C)

[189~192]

인간은 서로 교환하거나 열심히 기억한 정보를 아주 자연스럽게 잊어버릴 수가 있다. 혹은 또 어느 틈엔지 틀리게 기억하게 되는 경우도 있다. 즉, 인간의 뇌 세포는 지극히 미묘한 삶의 운영 속에서 활기를 띠거나 쇠퇴하는 것을 반복하기 때문에 전체를 한 마디로 말하면 그 역할에는 끊임없이 어떤 종류의 밝혀지지 않은 점이 있어 애매한 부분이 있다.

컴퓨터라고 하는 인공 전자두뇌는 정확하게 작동하고 있는 ①한 기억이 도중에 끊어져 버리거나 혼선하는 일은 없다. 방대한 기억을 축적할 수 있을 뿐만 아니라 순식간에 그 기억 창고에서 필요한 데이터를 지면 위에 꺼내어 나열해 주는 것도 가능하다. 밝혀지지 않은 점이나 애매함은 이 인공두뇌에 자리 잡고 있을 여지가 없다. 애매한 것을 나오게 하는 것은 가능하지만, 그것도 정확히 의도해서 나오게 된 애매함이다.

저절로 잊혀져 버린 것을 ②우연한 기회에 기억해 내는 매우 신선한 또는 신비적인 감동을 주는 것 같은 경험은 컴퓨터에는 없을 것이다.

그렇지만 인간은 이런 경험을 통해, 예를 들면 그때까지는 숨겨져 있던 사랑에 하루 아침에 눈을 뜬다고 하는 매우 심오한 체험을 하는 경우도 있다. 그리고 그 같은 체험과의 만남이야말로 한 사람의 인간을 진정한 의미로 개성적으로 만든다.

|단어| 交換(こうかん) 교환 懸命(けんめい)に 열심히 記憶(きおく) 기억 情報(じょうほう) 정보 ごく 극히, 지극히 あるいは 또는, 혹은 脳(のう) 뇌 細胞(さいぼう) 세포 微妙(びみょう) 미묘함 営(いとな)み 일, 작업 活気(かっき) 활기 衰(おとろ)える 쇠퇴하다 人工(じんこう) 인공 電子(でんし) 전자 頭脳(ずのう) 두뇌 作動(さどう) 작동 混線(こんせん) 혼선 膨大(ぼうだい) 방대 蓄積(ちくせき) 축적 倉庫(そうこ) 창고 吐(は)き出(だ)す 내놓다 曖昧(あいまい) 애매 生(う)み出(だ)す 창출해 내다 正確(せいかく) 정확 意図(いと) 의도 きっかけ 계기 新鮮(しんせん) 신선 神秘的(しんぴてき) 신비적 覆(おお)う 표면을 덮다, 감싸다 一朝(いっちょう)にして 하루아침에 深甚(しんじん) 매우 깊음

189
____①____ 에 들어갈 가장 적당한 단어는 무엇입니까?
(A) 당연히~일 것이다
(B) 나름이다
(C) 인 한
(D) 일 때

|정답| (C)

190
②ふとしたきっかけ의 바른 의미는 어느 것입니까?
(A) 비열한 방법
(B) 인위적인 방법
(C) 적절한 기회
(D) 현명한 수단

|단어| ずるい 교활하다, 약삭빠르다 手口(てぐち) (범죄 등의)수법, 수단 人為的(じんいてき) 인위적 ちょっとした 대수롭지 않은, 약간의 *역설적으로 '괜찮은, 상당한' 機会(きかい) 기회 賢明(けんめい) 현명 手段(しゅだん) 수단

|정답| (C)

191
인간 두뇌의 설명으로서 맞는 것은 어느 것입니까?
(A) 평소에 사고하면 쇠퇴하거나 하는 경우는 없다.
(B) 한 번 어렵게 기억한 것은 좀처럼 잊을 수 없다.
(C) 잘 활동하거나 둔해지거나 하는 것을 반복하고 있다.
(D) 방대한 기억 축적에 견딜 수 있다.

|단어| 頭脳(ずのう) 두뇌 常(つね)に 늘, 항상 衰(おと

ろ)える 쇠퇴하다, 본래의 기능이 약해지다　働(はたら)く 활동하다, 움직이다　鈍(にぶ)る 무디어지다, 둔해지다　厖大(ぼうだい) 방대　蓄積(ちくせき) 축적　堪(た)える 견디다, 참다 =「我慢(がまん)する」

| 정답 | (C)

192
본문에 내용에 맞지 않는 것은 어느 것입니까?
(A) 컴퓨터는 혼선되고, 기억의 일부가 없어져 버리는 경우가 많다.
(B) 인간은 자기도 모르는 사이 잘못된 기억을 하곤 한다.
(C) 인간은 열심히 외운 정보도 잊어버릴 수 있다.
(D) 컴퓨터도 의도적으로 애매함을 만들어 낼 수가 있다.

| 단어 | 混線(こんせん) 혼선　消(き)える 사라지다

| 정답 | (A)

[193~196]

　구마모토시 이즈미 2번가에 시 종합 체육관·청년 회관에서 열린 2005(평성17)년 성인식. 화려한 후리소데를 입은 여성과 젊은 양복 차림의 남성들이 가득 찬 회장 주변에는 담배꽁초, 빈 주스캔이 눈에 띄었다. 시 직원도 새로 성인이 된 사람들의 나쁜 매너에 곤혹스러운 얼굴이었다.
　「앞으로 20분정도 후에 식이 시작합니다. 접수를 끝내세요.」확성기에서 새로 성인이 된 사람들을 부르는 시 직원. 원래 체육관에서는 모인 약 4500명의 사람을 수용하는 것은 불가능하지만, 처음부터 시 직원의 안내를 무시하는 새로 성인이 된 사람들도 있었다. 일단 식장에 들어①왔지만 도중에 나가는 젊은이도 눈에 띄었다.
　큰 혼란 없이 식은 정오에 종료. 그렇지만 새로 성인이 된 사람들이 왔다 간 회장 주변에는 담배꽁초, 맥주 또는 주스 빈 캔, 헌혈을 요청하는 전단지 등이 버려져 있다. 구마모토시 시로야마우에다이 마을의 대학 2년생 야마무로 카즈요시 씨(20)는「담배를 피우는 것은 좋지만 왜 슬쩍 버리는 것인가? 성인은 뭔가를 해도 책임이 있다고 생각한다.」라고 동료의 무례한 행동에 기가 막혀 놀란 모습. 약 70명의 시 직원이 약 1시간 반을 들여 회장의 청소를 하였다. 직원 중의 한 사람은「흡연 구역에서 피우도록 요청했지만 이 ②꼴이다. 성인이 되었으니까 더욱 자각을 가졌으면 한다.」고 하였다.

| 단어 | 総合(そうごう) 종합　体育館(たいいくかん) 체육관　青年会館(せいねんかいかん) 청년회관　成人式(せいじんしき) 성인식　色(いろ) 색　鮮(あざ)やか 선명함　振(ふ)りそで 소맷자락이 긴 소매　着飾(きかざ)る 화려하게 옷을 차려 입다　吸(す)い殻(がら) 담배꽁초　困惑(こんわく) 곤혹　拡声器(かくせいき) 확성기　呼(よ)び掛(か)ける 호소하다　収容(しゅうよう) 수용　退席(たいせき) 퇴석, 자리를 뜸　混乱(こんらん) 혼란　式典(しきてん) 식, 의식　終了(しゅうりょう) 종료　周辺(しゅうへん) 주변　献血(けんけつ) 헌혈　ポイ捨(す)て 도로 등에 슬쩍 버림　責任(せきにん) 책임　行儀(ぎょうぎ) 예의 범절　清掃(せいそう) 청소　喫煙(きつえん) 흡연　自覚(じかく) 자각

193
　　　①　　　에 들어갈 가장 적당한 단어는 무엇입니까?
(A) 하자마자
(B) 하는 김에
(C) 하면서
(D) 하는 대로

| 정답 | (C)

194
　　　②　　　에 들어갈 가장 적당한 단어는 무엇입니까?
(A) 마땅히 그래야 할 상태·자세
(B) 인 꼴이다
(C) 있을 수 있다
(D) 있기 쉽다

| 정답 | (B)

195
어째서 야마무로 카즈요시는 놀라 버렸습니까?
(A) 이제 성인이 되었음에도 담배를 일반 사람의 바로 앞에서 폼을 잡고 피우고 있기 때문에.
(B) 성인이면서 떨어져 있는 담배꽁초를 주워 피우는 등 꼴사나운 행동을 하고 있었기 때문에.
(C) 성인이 되었는데도 담배꽁초를 재떨이 이외의 장소에 버리기 때문에.
(D) 이제 성인인데 담배꽁초를 버리는 곳이 꽉 차 있는데도 신경 쓰지 않기 때문에.

| 단어 | 公衆(こうしゅう) 공중　灰皿(はいざら) 재떨이　かっこつける 모양을 내다, 폼을 잡다 *원래는「かっこうをつける」이다.

| 정답 | (C)

196
본문의 내용과 맞는 것은 어느 것입니까?
(A) 새로 성인이 된 사람들에 의해 버려진 빈 캔 또는 전단지 등을 자원 봉사자들이 1시간 반이 걸려 치웠다.
(B) 새로 성인이 된 사람들은 시 직원의 안내에 따라 거의 전원이 접수를 끝내어 식에 임했다.
(C) 성인식 도중에 퇴석하고, 회장 주변에서 담배를 피우거나 술을 마시는 등 난동 부린 새로 성인이 된 몇 명인가가 눈에 띄었다.
(D) 성인식은 큰 소란 없이 무사히 끝났지만, 빈 캔과 담배 꽁초를 슬쩍 버리는 등의 좋지 않은 매너를 보였다.
| 단어 | 片付(かたづ)ける 정리하다, 정돈하다   式典(しきてん) 식   臨(のぞ)む 임하다   暴(あば)れる 소란스럽게 날뛰다   騷(さわ)ぎ 소동, 소란
| 정답 | (D)

[197~200]

문자의 발생은 큰 변화를 사회에 가져왔다. 문자라고 하는 새로운 매체는 어떠한 영향을 인간사회에 끼치는가. 그때까지의 말에 의한 커뮤니케이션은 발음에 억양이 있고, 대부분은 동작을 수반했을 것이다. 중요한 것은 계속 반복하면서 큰 목소리로 말을 하게 된다. 한편, 문자나 문장은 억양도 동작도 없이 인간미가 없는 차가운 표현 방법이다. 정보와 기호의 세계이지만, 필요하다면 몇 번이라도 다시 읽어서 같은 내용을 접하는 것이 가능하다.

문자의 제일의 효용은, 말 또는 사항을 기록하는 것이다. 문자의 의해 남겨진 매일 매일의 생활에 관한 데이터, 순간의 ①번뜩이는 지혜는 기록에 의해 후세에 전해진다. 문자를 읽은 사람은 선인의 지혜를 이용해 그 수준에서부터 사고를 시작하는 것이 가능하다. 문자의 형태로 남겨진 정보의 축적으로 지금까지는 들었던 것을 잊고 몇 번이고 ②같은 실수를 반복했을 인간의 지혜는 ③눈덩이처럼 증대된다. 시간을 초월한 커뮤니케이션의 시작이다.

| 단어 | 文字(もじ) 문자   発生(はっせい) 발생   もたらす 가져오다, 초래하다   影響(えいきょう) 영향   投(な)げかける 제기하다, 제시하다   発音(はつおん) 발음   抑揚(よくよう) 억양   繰(く)り返(かえ)す 반복하다   文章(ぶんしょう) 문장   人間味(にんげんみ) 인간미   情報(じょうほう) 정보   記号(きごう) 기호   接(せっ)する 접하다   効用(こうよう) 효용   事柄(ことがら) 사항, 사정   記録(きろく) 기록   知恵(ちえ) 지혜   後世(こうせい) 후세   借用(しゃくよう) 차용   思考(しこう) 사고   蓄積(ちくせき) 축척   過(あやま)ち 실수, 잘못   人類(じんるい) 인류   増大(ぞうだい) 증대

197
_____ ① _____ 에 들어갈 가장 적당한 단어는 무엇입니까?
| 단어 | はるめく 봄다워지다   きらめく 반짝이다   ときめく 가슴이 설레다   ひらめく (생각 등이)번쩍 떠오르다
| 정답 | (D)

198
②同じ過ちを繰り返していた의 바른 의미는 어느 것입니까?
(A) 과거의 똑같이 일어난 일을 반복하였다.
(B) 같은 순간을 다시 보냈다.
(C) 같은 실패를 몇 번이나 하였다.
(D) 몇 번씩 똑같은 사과만 했다.
| 단어 | 過(あやま)ち 실수, 잘못   繰(く)り返(かえ)す 반복하다   過去(かこ) 과거   謝(あやま)る 사과하다
| 정답 | (C)

199
_____ ③ _____ 에 들어갈 가장 적당한 단어는 무엇입니까?
(A) 후지산
(B) 눈사람
(C) 금융다단계조직
(D) 인형
| 단어 | 雪(ゆき)だるま式(しき) 눈덩이처럼
| 정답 | (B)

200
시간을 초월한 커뮤니케이션의 시작은 어떤 의미입니까?
(A) 오랜 시간을 걸쳐서 계속 반복되어 큰 목소리로 말하기 시작한 것.
(B) 젊은이가 노인에게도 통용하는 언어로 커뮤니케이션을 시도하려 하는 것.
(C) 문자를 읽은 사람에게 유행어를 일절 사용하지 않고서

다른 사람에게 의사를 전달하기 시작한 것
(D) 문자를 읽은 사람이 옛날 사람의 지혜를 빌려서 거기서부터 여러 가지 생각을 짜내기 시작한 것.

| 단어 | 若者(わかもの) 젊은이 老人(ろうじん) 노인
知恵(ちえ) 지혜 めぐらす 이리저리 생각하다

| 정답 | (D)

강성광

국제대학 일어일문학과 수석졸업
일본 문부성 초청 국비유학(京都大学)
중앙대학교 교육대학원 졸업(일본어교육학)
現 청문외국어학원 JPT강사
주요저서
일본어어휘의 달인이 되는 법 / 사람in
일본어 능력시험에 꼭 나오는 핵심정리 / 사람in
일본어문법백과사전 / 사람in
e-mail : khi8896@hanmail.net
daum cafe : http://cafe.daum.net/KingJPT

JPT독해 달인이 되는 법™ 〈해설서〉

저자	강성광
초판발행일	2007년 1월 15일
초판 5쇄발행일	2012년 8월 21일

발행인	박효상
편집	신제찬 · 김진아
마케팅	이종선 · 이태호 · 이전희
표지디자인	손호준
본문디자인	글사랑(2278-3053)
출판등록	제10-1835호
발행처	사람in
주소	121-839 서울시 마포구 서교동 378-16
전화	(02)338-3555(代)
팩스	(02)338-3545
e-mail	saramin@netsgo.com
홈페이지	www.saramin.com

*책값은 뒤표지에 있습니다.
*파본은 바꾸어 드립니다.
*저자와의 협약에 따라 인지는 생략했습니다.

ISBN 978-89-6049-015-4
   978-89-6049-013-0(Set)

일본어 달인 시리즈

일본어의 달인이 되는 법

- 저자 : 시마다 카즈코
- 가격 : 8,000원 (테이프 1개 포함)

저자가 오랫동안 한국인들에게 일본어를 가르치면서 늘 안타깝게 여기던 사항들, 즉, 한국인들이 잘 틀리는 발음 극복법 9가지와, 보이지 않는다고 소홀히 할 수 없는 억양과 액센트 그리고 일본어 학습을 원활하게 하는 사회문화 관습 14가지 등 異문화커뮤니케이션에 관한 문제들을 꼼꼼히 다루고 있습니다.

일본어 한자의 달인이 되는 법 (개정증보판)

- 저자 : 황인영
- 가격 : 10,800원

초등학교 학습지도 요령에 의거한 교육한자 1006자를 1학년~6학년까지 각 학년별로 배열하고, 1945자의 상용한자에 포함된 교육한자를 제외한 상용한자 939자와 상용한자표에는 없지만 일상생활에서 널리 쓰이는 표외자 110자를 히라가나 순으로 배열하여 일본어능력시험의 급수표기와 함께 실었습니다. 일본문화 전문가인 저자가 각주를 달아 문화, 역사적 배경을 통해 재미있는 한자학습이 되도록 쉽고 재미있게 그림과 함께 흥미롭게 설명하였습니다. 개정증보판에서는 주요단어의 해석을 보강하여 보다 쉽게 한자를 공부할 수 있도록 하였습니다.

일본어 문법의 달인이 되는 법

- 저자 : 이경수
- 가격 : 9,800원

기초 학습자뿐만 아니라 중·고급자들까지 필요한 문법을, 기존의 딱딱한 문법책과는 달리 그냥 읽기만 해도 이해하기 쉽도록 풀어쓴 책입니다.
정확한 문법설명과 다양하고 적절한 예문이 수록되어 있어 자연스럽고 세련된 회화와 작문을 돕습니다. 또, 본문에서의 어려운 부분이나 꼭 읽어야 할 사항을 영심이가 Tip을 통해 알려 주므로 더욱 흥미롭습니다.

일본어 어휘의 달인이 되는 법

- 저자 : 강성광 / 아키야마 쵸쿠
- 가격 : 12,000원

일본어능력시험, JPT 등 각종 일본어시험 출제단어를 한 권으로 정리할 수 있는 잘 짜여진 어휘집. 명사, 동사, 형용사 등 품사별로 단어를 나누고 이를 다시 3급단어, 2급단어, 1급단어로 나눠 난이도별로 정리했습니다. 시험에 포커스를 맞췄으나 예문의 수준이 훌륭하고 유사표현 관련어구 등을 깔끔하게 비교해 일어독해, 회화, 일작 등 여러 가지 쓰임새에 도움이 됩니다. 초·중급학습자의 어휘정리용으로 적합합니다.

일본어 시험 시리즈

JPT의 달인이 되는 법 - 완전공략 600점 / 800점 / 990점

- 저자 : 최종훈 / 이치우
- 가격 : 16,800원 / 17,800원 / 18,300원 (테이프 각 3개 포함)

출제경향 분석, 문제 푸는 요령에서부터 시험에 꼭 나오는 문법사항, 중요표현, 품사별, 분야별 어휘에 이르기까지 시험대비에 필요한 사항을 빠짐없이 총 정리해 놓았습니다.
각 권별로 연습문제(200문항) / 예상문제(200문항) / 문법보강문제(200문항) / 실전모의테스트(200문항)를 자세한 해설과 함께 실었습니다.

목표달성 JPT 700점 / 990점 (문제집)

- 저자 : 최종훈
- 가격 : 12,600원 / 12,800원

목표달성 JPT시리즈는 학습자들의 효과적 점수향상을 위하여 저자의 다년간의 현장교육 경험과 연구 경력, 다수의 문제출제 경험을 바탕으로 시험 출제경향을 분석하고 보다 다양하고 폭넓은 문제를 실어 학습자의 목표달성 기간을 확실히 단축할 수 있고 어떤 종류의 TOEIC 방식 일본어능력 검정시험에도 대비할 수 있도록 하였습니다. 목표달성 JPT 770점은 500 - 700점대를 목표로 하는 초·중급자, 목표달성 JPT 990점은 700 -만점을 목표로 하는 중·상급자 대상입니다. 각각 3회분의 예상문제가 수록되어 있습니다.

점수upJPT 문법·독해 / 청해

- 저자 : (문법·독해) 김기범 (청해) 김유영 / 김기범 / 다카하시 하루코
- 가격 : (문법·독해) 10,800원 (청해) 15,600원 (테이프 3개 포함)

고도의 집중력과 빠른 스피드가 필요한 JPT시험에서 실력을 향상시키고 요령을 습득시켜 점수를 확 끌어올리게 하는 파트별 트레이닝 시리즈 점수upJPT!
문법·독해(오문정정 100문제 / 최신 예상문제 3회분)와 청해(질의응답 10회분 / 실전모의고사)를 집중적으로 훈련하여 실력 향상에 도움을 줍니다. 최신경향에 맞춘 철저한 문제분석과 각 파트별 문제풀이 요령, 청해 스크립트 해설을 통해 자신감을 높이고 실력을 탄탄히 만들어 줍니다. 어려웠던 취약부분만을 골라 실력을 트레이닝 시키는 실전을 위한 훈련서! 이제 까다로운 JPT 파트에 자신 있게 도전해 보십시오.

급소적중 JPT 실전문제집 / 문제풀이 비법과 해설

- 저자 : 이장우 김유영 / 다카하시 하루코
- 가격 : 13,800원 / 19,500원 (테이프 각 3개 포함)

실전에 가장 근접한 패턴의 JPT 문제집은 각 PART별로 실전문제 3회분 600문제를 다양하게 수록하였습니다. 또한, JPT 시험이 요구하고 있는 종합적 능력과 집중력, 순발력을 동시에 향상시켜 나갈 수 있도록 실전에 가까운 문제를 엄선했습니다. 문제풀이 비법과 해설에서는 실전문제들을 쉽고 자세하게 설명해 놓았으며, 문제풀이 비법을 수록하여 JPT 점수 향상에 도움이 되도록 하였습니다. 본 문제집의 일부 해설은 JEI 재능방송의 「완전정복 JPT 일본어」라는 프로그램을 통해 들으실 수 있습니다.

일본어 시험 시리즈

JPT 파트 1·2 / 3·4 / 5·6 / 7·8을 지배하는 법

- 저자 : 이장우
- 가격 : 파트 1·2 / 3·4 각 21,000원
  파트 5·6 / 7·8 각 15,000원

JPT를 파트별로 완벽하게 분석하여 다양한 예상 문제들과 빈출어휘를 수록한 JPT 파트별 공략서입니다. 각 파트별로 출제방식에 걸맞은 문제를 수록하고 바른 예문도 제시하였습니다.「파트5」에서는 다양한 한자의 구별법을 빈출어휘와 함께 정리하고,「파트6」에서는 기초적인 문법, 어휘의 뉘앙스, 접속형태 등을 분야별로 정리하였습니다.「파트7」에서는 다양한 문제와 함께 자주 쓰이는 숙어와 중요어휘, 문법을 알기 쉽게 정리,「파트8」에서는 생활, 문화, 시사 관련의 충실한 지문으로 구성하고, 속독속해를 위한 포인트와 풀기요령을 첨가하였습니다.

일본어 능력시험의 달인이 되는 법 1급 / 2급 / 3·4급

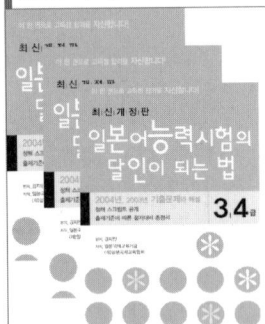

- 저자 : (1급·2급) 신현정   (3·4급) 김지민
- 가격 : (1급·2급) 16,000원 / 15,500원   (3·4급) 17,400원

지난 10여년 간의 시험문제 완전분석, 출제 경향, 출제 유형 분석과 아울러 시험 대비에 필요한 분야별, 문제별 필수 어휘 / 청해표현 / 필수문형 / 부사분석 / 기타 조사 조동사·관용구·경어 등의 총정리는 물론 최근 2개년의 기출문제와 해설, 청해 스크립트 등, 일본어 능력시험 고득점 합격에 필요한 모든 것을 담았습니다.

일본어 능력시험 1급 / 2급 / 3·4급에 꼭 나오는 핵심 정리

- 저자 : (1급·2급) 강성광 / 신상윤 / 다카하시 하루코   (3급·4급) 강성광 / 신상윤
- 가격 : (1급·2급) 11,000원 / 12,000원   (3급·4급) 11,500원

일본어 능력시험을 대비한 핵심 정리집으로, 출제 가능성이 있는 내용을 총정리 하였습니다. 시험과 동일하게 '문자·어휘' '청해' '문법·독해' 로 파트를 나누어 각각의 구성방식을 설명하고 문제 해결을 위한 공략방법을 상세한 설명과 함께 수록하였습니다. 또한 회화체 문장을 예문으로 제시하여, 시험대비는 물론 일상 회화를 위한 실용적인 측면도 보충하였습니다.

일본어를 지배하는 핵심어휘와 예문

- 저자 : 황인영 / 카네다 아키노리
- 가격 : 17,600원

일본의 정치, 경제, 사회, 문화 등 각 분야를 이해하기 충분한 2,378개의 핵심어휘와 6,000여개의 예문을 수록한 일본어 어휘 책입니다. 일본어 특유의 표현과 단어로 이루어진 예문을 통해 적절한 일본어 표현을 익힐 수 있으며, 존경어, 겸양어, 속어, 남성어, 여성어 등으로 표현된 살아있는 예문으로 다양한 표현법과 적절한 어휘 사용법을 배울 수 있습니다.
부록으로 831개의 기본어휘표를 별도 편집해 놓아 일본어 학습에 필요한 기본어휘를 확인 학습할 수 있습니다.